KB125013

전환기
현대사의
역사상

전환기 현대사의 역사상

초판 1쇄 발행 2021년 11월 29일
초판 3쇄 발행 2023년 4월 21일

지은이 서중석
펴낸이 정순구
책임편집 정윤경 이지안
기획편집 조원식 조수정
마케팅 황주영

출력 블루엔
용지 한서지업사
인쇄 한영문화사
제본 한영제책사

펴낸곳 (주) 역사비평사
등록 제300-2007-139호 (2007.9.20)
주소 10497 : 경기도 고양시 덕양구 화중로 100(비전타워21) 506호
전화 02-741-6123~5
팩스 02-741-6126
홈페이지 www.yukbi.com
이메일 yukbi88@naver.com

ⓒ 서중석, 2021

ISBN 978-89-7696-450-2 93910

책값은 표지 뒷면에 표시되어 있습니다.
잘못 만들어진 책은 구입하신 서점에서 바꾸어 드립니다.

1946
1948
1950

전환기
현대사의
역사상

서중석
지음

1960
1975
1979

전환기 현대사의 역사상

책을 펴내며

1.

필자는 사학과에 입학할 때 근현대사를 공부하겠다고 했다. 그런데 입학한 지 얼마 안 되어 한 교수님으로부터 해방 이후는 학문의 영역이 될 수 없으므로 연구의 대상이 될 수 없다는 말씀을 들었다. 학위논문으로 받아줄 수 없다는 말씀 같기도 했다. 나중에 훨씬 나이가 많은 선배 교수로부터 한말이나 일제시기 공부도 못하게 했다는 얘기도 들었다.

그러나 얼마 안 있어 전공 문제로 고민할 필요가 없어졌다. 3학년 때 제적당했다가 정부 정책으로 제대 후 복학했는데, 또 민청학련 사건으로 학교를 떠나게 되었다. 이제 영영 학교로 돌아가지 못할 것이 확실했다. 그러다 10·26으로 다시 복학했는데, 5·17로 또 떠나야 했다. 직장을 다니면서 근현대사 관련 논문들을 발표하기는 했는데, 뜻밖에도 1984년 봄에 사면 복권되었다.

필자가 과거사를 얘기하는 것은 부푼 꿈이 있었기 때문이다. 현대사는 너무 잘못 알려졌고, 너무 모르는 것이 많아서, 현대사가 베일을 벗고 사실과 진실이 밝혀지면 우리 사회가 바뀔 것이라는 믿음이 그것이다. 필자는 석사논문을 쓸 때 후배 원혜영의 도움을 받아 『역사비평』 편집을 맡았다. 그 무렵 현대사 연구가 찬란하게 꽃피는 것 같았다. 필자가 강단에 설 때 수년간 첫 시간 강의 주제가 "왜 현대사는 연구되지도 교육되지도 못했는가"였다. 드디어 필자의 꿈이 이루어지는 것처럼 보였다. 그렇지만 그럴 만한 이유가 있어서 나타난 '현상'이겠지만, 많은 사람들이 자신의 현대사 지식 결핍을 채워주거나 잘못된 인식에 변화를 줄 수 있는 새로운 사실이나 주장에 별 관심을 보이지 않았다. 현대사 연구가 1990년대에 들어와서야 어느 정도 폭과 깊이를 갖기 시작했는데, 그보다 약간 시차를 두고 박정희 신드롬이 퍼져가고 역사전쟁이 일어났다.

역사전쟁은 역사 논쟁이 아니다. 필자는 사실이 자료에 의해 구체적으로 밝혀지면 그것에 관심을 가질 것이라고 생각했다. 그러나 그렇지 않았다. 외면하거나 명백한 사실조차 받아들이지 않았다. 특히 박정희 신드롬 앞에서는 속수무책이었다. 과거 극우반공체제의 이데올로기나 냉전논리 또는 현대사 해설이 변경할 수 없는 불변의 진리로 여전히 유효했다.

역사전쟁이 학술 논쟁이 되기 어렵다는 것은 언론이 역사전쟁의 선봉에 나서는 행태를 통해서도 짐작할 수 있다. 특히 모 일간지는 퇴색해가는 극우반공세력의 보호자를 자임하며 역사전쟁의 선봉에 섰다. 이 신문은 그때그때마다 표적을 만들어 집요하게 공격했다. 필자도 김영삼 정부 초기에 국사교과서 집필 준거안(準據案) 현대 부문 담당자로서 악랄하게 당한 적이 있지만, 악의 화신이었다. 역사전쟁에서는 고소·고발이 자주 일어난다. 주민 집단 학살 문제, 특히 제주4·3사건특별법이나, 이 특별법에 의한 희생자 명예회복과 관련해, 또는 이승만과 관련해 빈번히 고소·고발 '사건'이 있었다. 이러한 고소·고발도 모 모 신문처럼 앞장서서 하는 쪽이 있었다. 21세기에 들어와서는 뉴라이트가 등장했다. 언론을 중심으로 1990년대에는 '이승만 살리기', '박정희 키우기' 운동이 집요하게 벌어졌다면, 21세기에는 '이승만 건국 대통령 만들기', '광화문에 이승만 동상 세우기'가 끈질기게 일어나면서 '건국 논쟁'이 벌어졌다. 역사전쟁은 뉴라이트 역사교과서 채택률이 제로에 가깝다는 현실이 드러나고 국정교과서 만들기가 박근혜 탄핵으로 실패에 돌아감으로써, 그리고 박근혜 정권의 국정농단이 밝혀져 박정희 신드롬이 크게 약화되면서 한물가나 했더니 '조국 사태'가 벌어져 극우반공세력이 재집결하면서 새 국면을 맞았다.

벽은 다른 곳에도 있다. 1990년대 이후에야 현대사 연구는 폭과 깊이를 갖게 되었는데, 진보세력 상당수가 1980년대 또는 1990년대 초에 '학습'한 수준에서 더 나아가려 하지 않았다. 1980년대에 운동권 논리로 다져진 현대사 지식은 단순한 주장이 많고, 북의 영향을 받기도 했으며, 흑백논리로 '적'과 '우리 편'을 가르는 편싸움 논리도 적지 않다. 이들은 역사전쟁에 등장하는 극우 논리를 진취적으로 비판하려는 의욕도 없었다.

2.

한국 근현대사는 대체로 10년을 주기로 큰 변화나 사건이 일어난다. 이것은 근현대사를 이해하는 데 하나의 열쇠가 될 수 있다. 현대사의 경우 몇 시기로 나누어 살필 수 있다. 연구자에 따라 견해가 다를 수 있지만, '1945년 해방, 1948년 (분단)정부수립, 1950년 전쟁'을 하나의 전환기로, '1960년 4월혁명'을 또 하나의 전환기로, 1972년 10·17 유신 쿠데타, 그리고 '1979년 부마항쟁, 10·26, 12·12쿠데타, 1980년 5·17 쿠데타, 광주항쟁'을 전환기로, 1987년 6월항쟁을 또 하나의 전환기로 볼 수 있다. 이 저서에는 '역사전쟁'과 직간접적으로 관련된 글을 제외하면 주로 전환기에 있었던 민주화운동이나 사건을 다룬 글을 실었다. 전환기에는 역사의 퇴행이었던 10·17 쿠데타를 제외하면 대개 분단정부가 들어서는 것에 맞선 활동이나 규모가 큰 민주화운동이 일어났다. 민주화운동은 직접적인 계기나 요인도 중요하지만, 그동안 쌓여 있었던 불만이나 분노가 직접적인 계기나 요인과 연결되어 폭발한 점도 중시해야 한다. 민주화운동을 통해 한 시기의 흐름을 이해할 수 있다는 점에서 민주화운동사는 현대사 전체의 흐름을 이해하는 데 도움을 줄 수 있다. 민주화운동은 이승만 정권이나 박정희 유신정권, 전두환·신군부 정권에 대한 전반적인 부정이나 비판의 성격을 띠게 된다. 그러면서 우리가 역사적 의의라고 얘기하는 변화가 일어난다.

전환기 중에서 특이한 존재가 유신체제다. 박정희 유신체제는 히틀러나 프랑코의 집권처럼 당시의 상황에서 나온 역사의 산물이 아니다. 10·17 유신 쿠데타는 중앙정보부 국장들도 전혀 예상하지 못했지만, 박정희 한 사람이 '결단'을 내린 쿠데타였다. 필자가 유신체제에 관한 글을 쓰게 된 것은 부마항쟁 관련 글을 제외하면 박근혜가 대통령 후보로 나오면서 위기감을 가졌기 때문이다. 박근혜 정권이 출현한 것은 박근혜 지지세력이든 민주화운동 세력이든 유신체제의 성격 및 유신체제와 박근혜의 관계를 잘 몰랐기 때문이라고 볼 수밖에 없었다. 아마도 마지막 저서가 될 이 책을 내려고 한 것도 유신체제 문제가 계기가 되었다. 「박형규·본회퍼와 박정희 유신체제」는 원래 발표한 글이 있었지만, 이 저서를 내기 위해 대부분을 새로 썼다. 이 글에서 새로이 박정희의 유신 쿠데타 과정과 히틀러의 집권 과정도 비교해서 살펴봤다. 「김재규와 박정희, 그리고 10·26」은 이 책을 내기 위해 새로 쓴 글이다. 『서중석의 현대사 이야기』도 거의 절반이 유신체제를 다뤘지만, 앞의 글도 분량이 많아 50쪽이 넘고, 뒤의 글은 120쪽이 넘는다.

유신체제 연구에서 가장 큰 문제가 자료다. 중앙정보부 자료는 그래도 국정원 과거사위원회에 일부 제공되었지만 가장 중요한 청와대 자료는 찾아보기 어렵다. 김대중 납치 사건과 같은 엄청난 일이 발생했으면, 박정희가 어떻게 보고받았다든지, 또 그 문제를 논의하기 위해 무슨 회의를 열었다든지 하는 자료가 있어야 할 터인데, 전혀 없다. 유신체제는 박정희 일인체제다. 이 저서에 수록된 「박정희 유신체제의 사법살인, '인혁당재건위 사건'」을 보면 이승만이 1960년 3·15선거의 총기획자로서 한 역할보다도(「'건국 대통령'의 민낯과 3·15 부정선거」) 박정희가 더 직접적으로 이 사건을 지휘한 것이 드러난다. 언론도 전두환 정권의 보도지침보다 월등 강도가 높은 긴급조치의 제약을 받았으므로 중요 사건이나 정치적 내막 보도가 제한적이었다. 따라서 개인 회고록이나 기자들이 채집한 증언이 상당한 비중으로 활용될 수밖에 없다.

후기 유신체제에서 크게 논란이 될 수 있는 것이 박정희가 왜 김재규를 중용했느냐이다. 사실 김재규는 유신체제 이전에도 박정희의 각별한 신뢰를 받았다. 김재규와 박정희의 관계를 써놓은 많은 글이 왜 박정희가 김재규를 중용했는지가 중요하다고는 썼지만, 정작 그것을 밝히지는 않았다. 필자도 『서중석의 현대사 이야기』 등에서 밝히지 않았다. 자신이 없어서였다. 이 글에서는 그것에 비중을 두고 다섯 가지로 나누어 설명을 했는데, 그것은 크게 보면 두 가지로 간추릴 수 있다. 하나는 김재규의 충직함에 대한 해명이다. 다른 하나는 유신체제의 성격에서 찾았다. 필자는 다섯 가지 이유로 김재규를 중용했지만, 어느 것이나 박정희가 잘못 판단한 것으로 결론을 내렸다.

필자는 10·26을 일으킬 때 자유민주주의를 회복시키려 한 것은 인정되지만, 유신체제에서 중책을 맡았기 때문에 김재규를 민주주의 신봉자로 평가하는 것에 아직도 망설여진다. 그러나 김재규가 대의를 지키려고 했다는 평가는 검토할 필요가 있다고 본다. 동서고금을 통해서, 또 나치 치하에서도 대의를 지키려는 사람들이 있었고, 그들은 어느 시대나 평가를 받았다.

「김재규와 박정희, 그리고 10·26」에서 가장 역점을 두고 서술한 것이

10·26의 역사적 의의다. 지금까지 이 부분이 간과된 데는 두 가지 이유가 작용했다. 하나는 10·26이 김재규 한 사람의 결단으로 일어났다는 점이다. 그렇지만 10·26은 부마항쟁과 직결되어 있다는 점을 간과해서는 안 될 것이다. 다른 하나는 전두환·신군부의 쿠데타로 유신체제의 변종이자 사생아로서 전두환·신군부 정권이 탄생했다는 점이다. 이 점도 유념해야 할 것이 있다. 비록 변종이 나와 변화를 약화시키고 왜곡시켰다 하더라도 적지 않은 변화가 일어날 수밖에 없었다. 또 부마항쟁-10·26-광주항쟁의 긴밀한 관계를 깊이 들여다볼 필요가 있다. 이승만 집권 12년 동안 막히고 쌓여 있던 것이 4월혁명으로 뚫려 정치·경제·문화·사회 등 거의 모든 면에 걸쳐 '제2의 해방'을 맞아 잘못된 과거를 단죄, 씻어내고 '새 사회'를 건설하고자 했고, 5·16 군부 쿠데타 이후에도 지대한 영향을 미쳤는데, 김재규의 의도를 떠나 10·26은 큰 변화를 초래한 역사적 전환이었다.

유신체제를 정치에만 연관시켜 생각하기 쉽지만, 전체주의 체제는 나치의 경우처럼 경제·사상·문화 등 여러 면에 걸쳐 함께 작동하는 체제다. 유신체제에서도 나치처럼 복고주의가 큰 역할을 했는데, 충효사상, 그리고 유비무환 같은 총력안보사상으로 나타났고, 경제 면에서는 박정희의 성장제일주의로 나타났다. 이 글에서는 먼저 10·26 직후 집권층의 반응과 민주주의를 향한 움직임, 10·26과 유혈방지 문제를 살펴보았다. 그리고 경제, 반공주의-병영체제-군사문화의 변화, 가요계 대학살 등 총력안보체제의 제물이 된 대중문화와 충효사상 등 복고주의의 변화를 살펴보았는데, 경제 문제와 경제정책 변화에 비중을 두었다.

3.

왜 현대사를 가까이 하지 않을까. 반성 또는 성찰을 달가워하지 않는 것도 한 요인이 아닐까 한다. 6월항쟁에서 기본적 민주주의와 자유를 쟁취했는데, 왜 촛불시위가 일어났을까. 필자는 6월항쟁 후속으로 있었던 1987 대선, 1988 총선에서의 6월항쟁 주도세력의 부적절한 대응, 민주화운동-민주주의에 대한 회의나 정치 허무주의가 불러온 박정희 신드롬, 수구냉전세력의 역사전쟁에 대해 반성이나 성찰을 소홀히 하다 보니까 촛불시위를 하지 않으면 안 될 사태가 발생했다고 생각한다. 필자는 1987 대선, 1988 총선에서처럼 2012년 대선 때 위기의식을 크게 가졌다. 박근혜 후보의 유신체제 관련 활동에 대해서, 박 후보와 최태민의 관계에서 드러난 국정 수행 능력의 문제에 대해서, 위세당당한 박정희 신드롬에 대해서 진보 진영의 대응이 무력했기 때문이다.

태극기-성조기 부대가 어찌 저렇게 끈질기고 기세등등할까. 현대사에서 40년간이나 계속된 극우반공독재, 그중에서도 유신체제 수호를 위해 반공주의가 전체주의 방식으로 작동된 총력안보운동과 함께 6월항쟁의 감격이 채 마르기도 전에 등장한 박정희 신드롬, 그 신드롬 열풍 속에 '묻지 마' 선거로 당선된 이명박-박근혜, 이러한 슬픈 역사가 여기에 들어 있다.

필자는 민통련30주년기념행사준비위원회로부터 주제 발표를 해달라는 부탁을 받았다. 그것도 1987 대선을 중심으로 발표해달라는 것이었다. 30주년이 되었으니 반성과 성찰이 필요하다는 주문이었다. 필자는 1987 대선에서 6월항쟁을 이끈 민주화운동세력 주력이 적절하게 대응하지 못한 것이 박정희 신드롬이나 역사전쟁이 생겨난 주요 요인 중 하나라고 강연이나 글을 통해 지적한 바 있었다. 다음 해에는 인천민주화운동계승사업회에서 주최한 인천 5·3항쟁 30주년 발표회에서 발표를 하게 되었다. 필자가 5·3 인천사태로 부르면서 비판적으로 발표했지만 주최 측이나 청중들한테서 싫어하는 표정을 발견할 수 없었다.

필자는 한국인은 '역사 망각증'이 있다는 얘기를 무수히 들었다. 큰 사건이 있을 때 반성하는 것 같다가 곧 잊어먹고 또 다시 잘못을 좌시하거나 호도한다는 주장이었다. 반성과 성찰이 없는 사회에 미래는 없다. 특히 해방 3년기에는 우리에게 지혜와 용기를 줄 수 있는 사례들이 많다. 지금 한국은 미국과 중국의 초강대국 경쟁에 끼어 어떻게 처신해야 할 것인가가 우리 사회의 명운을 결정할 과제로 등장했다. 이 경우 여운형·김규식의 좌우합작 노선은 많은 것을 되새겨보게 한다. 미·소가 남북에 점령군으로 와 있는 상황에서, 또 미·소 한쪽에 기댄 극좌 극우가 남과 북에서 세를 과시하며 합작파를 공격하는데, 이들은 한반도의 지정학적 중요성이 갖는 양면성을 성찰하면서 조금도 굴하지 않고 확고히 중도 노선을 견지했다. 그 길만이 미·소 양군을 안심시켜 내보내 통일독립을 가져오고, 민주주의를 진전시키며, 민중이 바라는 바를 이뤄낼 수 있다고 확신했기 때문이다.

분단이 코앞으로 다가온 시기, 성공할 가능성이 거의 없지만 실패하더라도 나서지 않을 수 없었던 김규식은 북행을 했다. 북에 이용당해서도 안 되고, 남의 분단세력에 빌미를 주어서도 안 되었다. 또 현실적으로 5·10 선거는 너무도 중요했기 때문에 그 점을 중시하지 않을 수도 없었다. 이러한 난제 중의 난제들을 안고 북행했던 김규식은, 분단이 되면 반드시 있게 될 전쟁이 일어났던 해, 북으로 끌려갔다. 그해 연말 눈물을 흘리며 압록강가에서 숨을 거두었던 김규식의 마음을 헤아리면서 우리 현대사를 되돌아본다.

끝으로 이 책을 출판해준 정순구 대표와 역사비평사에 감사드린다.

2021년 폭염 속에서
서중석

1946

1948

1950

제1부
현대사와 역사전쟁

1960

1975

1979

광복절 유감
─'해방'의 기억을 둘러싼 역사전쟁

1. 광복절 행사가 제대로 치러지지 못한 이유

과거에도 그러한 장면을 TV에서 많이 보았지만, 금년(2015년)에 카리브해의 조그마한 섬나라가 독립 기념 축제를 대대적으로 벌이는 장면을 보고 새삼 감회에 젖은 적이 있다. 저렇게 작은 나라인데도, 또 독립운동의 오랜 산고 끝에 독립이 된 것이 아니라 제국주의 국가가 뒤늦게 세계의 대세에 발맞춰 독립을 인정해준 것에 불과한데 우리와는 대조적으로 독립 기념 축제를 크게 벌이니 갖가지 상념이 들지 않을 수 없었다. 멕시코에선가 하루도 아니고 여러 날에 걸쳐 정열적인 사람들답게 흥에 겨워 독립 기념 축제를 벌이는 걸 보고는 충격을 받았다. 누구에게나 독립은 소중하지만, 먼저 건너온 스페인 사람들이 스페인에서 파견된 지배자들을 몰아내고 독립을 선언한 것이었는데도 말이다. 정부가 주도하는 기념행사라기보다는 국민들 스스로 독립의 기쁨을 되새기는 자발성이 강한 축제였다는 점도 인상 깊었다.

올해는 광복(해방) 70년을 맞는 해이자 한일국교정상화 50주년이 되는 해이다. 어느 해보다 분명히 의미를 부여할 수 있는 해인데도 새해 벽두에 언론

대한민국 정부수립 경축식 전경　1948년 5·10 선거를 통해 구성된 제헌국회는 같은 해 7월 17일 헌법을 공포하고 초대 대통령으로 이승만을 선출, 8월 15일 대한민국 정부수립을 선포하는 기념식을 거행했다. 국가기록원 소장.

에서 약간 언급한 것을 빼놓고는 올해가 광복절 70주년이 되는 해라는 분위기를 느끼지 못하겠다.

　해방의 날이나 정부수립일이 감격스러운 날로 가슴에 와닿지 않는 것은, 처음부터 그럴 수밖에 없는 면이 있었다. 꿈 같이 온 해방을 온 나라 사람들이 환희에 젖어 감격스럽게 맞았지만, 그것이 바로 독립으로 이어지지 못하고 38선을 경계로 남과 북이 나뉘어 어쨌든 외국 군대의 지배를 받게 되었다. 조금 있으니 친일파가 외세를 등에 업고 다시 발호했고 좌와 우가 사사건건 대립하니 해방의 기쁨도 잠시였다. 더구나 한반도는 장기간에 걸쳐 같은 땅에 하나의 국가를 발전시켜온, 지구상에서 희귀한 역사를 지닌 지역이었다. 그러한 지역에 역사상 처음으로 분단정부가 들어선 것이다. 당시 한반도 주민들에게 분단은 허리가 두 동강 난 것과 다름없어서 그 자체로 도저히 용납할 수 없는 사태였지만, 그것에 더해서 외세를 등에 업은 전쟁이 난다는데, 또 경제 혼란은 어떻게 되나 등등 불안과 걱정이 끊이지 않았다. 그러니 정부수립이 감격스럽다거나 기쁘고 반갑다는 생각이 들 리 없었고, 통일만이 살 길이라는 김구, 김규식 등의 노애국자에게 기대는 마음이 컸다. 특히 정부수립과 함께 친일파 등 단정세력이 설쳐대는 모습에 더욱 분단이 섬뜩하고 꺼림칙했다. 두 분단정부가 이데올로기 싸움의 일환으로 해방을 다르게 인식하는 것도 해방을 뜻깊게 맞이하지 못하게 했다.

대한민국 정부수립 이후에도 해방의 날과 정부수립일 두 가지 의미가 다 들어 있는 광복절을 뜻깊게 맞이하기 어렵게 하는 여러 상황이 나타났다. 해방 5년이 되는 1950년에는 우려되던 처참한 동족상잔의 전쟁이 일어났고, 정부수립 5주년이던 1953년 8월 15일은 얼마 전에 휴전협정이 맺어졌다고 하지만 여전히 전시 상태나 다름없었으며 휴전협정 반대 시위 여파로 어수선했다. 1955년이나 1958년은 해방 10년, 정부수립 10년이 되는 해였으므로 성대한 민족적 축제를 치를 만도 했다. 그렇지만 친일파 세상이어서 그랬는지 해방 10년은 주목을 받지 못했다. 이승만 정권은 정부수립 10주년은 꽤 크게 행사를 벌여 1958년을 전후해서 여러 부처에서 정부수립 10주년 기념 책자까지 냈다. 1960년은 4월혁명으로 이승만 정권이 무너져 해방 15년을 의미 있게 보낼 만도 했지만, 장면 민주당 내각이 8월 23일에 출범했으므로 행사를 주도할 정부도 민간단체도 마땅치 않았다.

해방 10주년을 헛되이 보냈다면 20주년이라도 제대로 경축해야 했다. 그렇지만 해방 20년이 되는 1965년은 더욱 어수선하고 소란했다. 1964년의 굴욕적인 한일회담에 대한 학생들의 격렬한 반대 데모에 이어 1965년 6월 22일 한일협정 조인 이전부터 일어났던 한일협정 체결 반대운동은 이제 학생들과 사회 각계각층의 비준 결사반대 투쟁으로 확대되었다. 7, 8월에는 정국이 경색될 대로 경색되어 있었다. 야당이 의원 사퇴서를 제출한 가운데 여당 단독으로 8월 13일 월남파병 동의안이 통과되었고, 다음 날 한일기본조약 및 제협정비준동의안이 통과되었다.

그런데 해방 20년을 해방 10년과 똑같이 어수선하고 의미 없게 보낸 데는 다른 이유도 있었다. 해방 당시 만주국 군인이었던 박정희는 '대일본제국'에 걸었던 자신의 미래가 산산조각 나는 침통한 정신적 공황 상태에 빠져 있었다. 그때를 박정희는 잊기가 어려웠을 뿐만 아니라, 일제 군인 시절의 향수에 젖어 있던 터라 만주국을 주무르던, 대륙 침략의 원흉이자 전범이었던 기시 등과 맥을 통하며 저자세로 한일협정을 맺으려 했다. 그러니 해방 20년이 그에게 다가올 리 없었다.

해방 30년이 되는 1975년에도 우리의 현대사는 달라지지 않았다. 일제 잔재가 청산되지 않아 군국주의 파시즘이 한국적 형태로 나타난 유신체제를 수호하기 위해 안간힘을 쓰던 박정희는, 뜻밖에도 1975년 4, 5월 인도차이나 사태로 상황이 크게 바뀌자 그 기회를 이용해 유신체제를 굳건히 하는 데 모든 정력을 다 쏟고 있었다. 4·29 특별담화가 나오면서 대학마다 직장마다 총력안보궐기대회가 열렸고, 전시 4대 입법이 통과되고 긴급조치 9호가 선포되었으며, 학교에는 학도호국단, 동네에는 반상회·예비군·민방위로 철통같이 대학 병영화, 사회 병영화 작업이 진행되고 있어 광복절은 안중에 들어오기 어려웠다.

1985년이라고 광복절 기리기에 좋은 해는 아니었다. 그해에 치러진 2·12 총선으로 무소불위의 막강한 권력을 자랑하던 전두환·신군부 정권은 흔들리기 시작했다. 또한 나카소네 정권으로부터 막대한 경제 지원을 받는 등 박정희 정권에 이어서 일본 군국주의 세력으로부터 강력한 지원을 받고 있어서 광복절 행사는 뒷전으로 밀려날 수밖에 없었다. 그것이 아니어도 애초에 광복절 행사에 관심을 가질 만한 사람들이 아니었다.

2. 광복절이 국민적 경축일이 되지 못한 또 다른 이유

1987년 6월항쟁으로 새로운 역사를 맞이했다. 자유가 쟁취되어 금지곡도 풀리고 영화도 자유롭게 보게 되었다. 정치적인 민주주의뿐만 아니라, 사회·문화 각 부문의 민주화도 촉진되었다. 대학에서 학생들의 활동이 활기를 띠었고, 총장 직선에서 한 걸음 더 나아가 학장도 직선으로 뽑았다. 필자는 4월혁명을 '제2의 해방'이라고 부르고, 6월항쟁을 '제3의 해방'이라고 부르는데, 새로운 시대가 열린 것이다.

6월항쟁 직후인 1987년 8월 15일은 해방 42년이자 정부수립 39년이었다. 40주년 또는 50주년과 같은 특별한 해는 아니었지만, 새로운 시대에 맞은 첫 광복절이라는 점에서 전두환·신군부 정권과 별도로 민간 차원에서 그날을 뜻깊게 경축할 수도 있었다. 그러나 6월항쟁 주도세력은 대통령 후보 문제로 사분오열되어 있었다. 그리고 설령 그렇지 않았다 해도 그것에 관심이 그다지 없었다.

상식적으로 생각해보면, 해방과 정부수립을 가장 환영하고 경축할 이들은 일제의 압박에서 신음하던 민중들과 독립운동자여야 했다. 한국의 독립운동은 다른 지역과 달리 일제의 혹독한 억압정책으로 만주 등 이역만리에서 온갖 풍파를 견뎌내면서 전개되었고, 국내에서도 지하에서 투쟁을 해야 했다. 이들에게는 항상 고문과 죽음이 뒤따랐다. 한국 민중들은 영국·프랑스·미국 등의 지배를 받은 동남아시아나 인도와 다르게 언론·출판·집회·결사의 자유가 극도로 제한된 통치를 받았다. 그 때문에도 각별한 마음으로 해방과 정부수립을 반기는 게 당연했으나, 우리의 역사는 그것을 허락하지 않았다.

많은 독립운동자들이 대한민국정부를 수립하기 위해 1948년 5월 10일에 치러진 5·10 선거를 단독정부수립 선거라고 하여 부정적으로 보았고, 이승만 정권을 친일파 정권으로 인식했다. 그들은 이승만 정권에 의해 수난을 당하거나 감시를 받기도 했다. '친일파는 3대가 흥하고 독립운동자는 3대가 망한다'는 말 그대로, '해방촌'이라는 이상한 이름이 붙은 달동네 판잣집에 얹혀살기도 했다. 독립운동세력의 주력이었던 김규식·여운형 등의 '합작파'(좌우합작운동을 벌인 사람들)나 김구·김규식 등의 '협상파'(남북협상에 참여한 사람들)는 이승만 정권에 의해 사갈(蛇蝎)시, 역적시되어 친일 경찰의 사찰을 받았다. 그러다 보니까 김구의 이름조차 감히 꺼내기가 쉽지 않았다. 1950년대에 독립운동은 온통 이승만이 다 한 것으로 강조되었고, 그저 초대 부통령이었던 이시영이 약간 거론되는 정도였다. 독립운동자들은 박정희 정권에 와서 생활이 조금 나아지긴 했으나, 때로는 반공단체 등의 관변단체들처럼 박정희 3선 개헌이나 유신 쿠데타를 지지하는 성명을 낸 단체도 있었다.

적지 않은 독립운동자들이 이승만이나 박정희가 지배하는 '국가'에 대해 사랑하는 마음을 갖기가 쉽지 않았다. 그들은 통일조국을 조국으로 그리고 있었지만, 그 조국은 현실 속에 존재하지 않았다. 광복절은 그들의 생일날이나 다름없었지만, 정부가 주도하는 관행적인 광복절 행사는 낯설게 느껴질 수밖에 없었다.

주민들 역시 삼일절이나 광복절이 다른 국경일보다는 뜻깊다고 느끼면서도 그다지 가슴에 와닿지는 않았다. 오히려 거창하게 치러진 '이승만 생신 축하 행사'나 유신 시기의 '국군의날 행사'가 구경거리로는 더 좋았다. 그들은 독립운동자를 존경하고 친일파를 나쁘게 생각했고, 하루 빨리 통일이 되

이승만의 84회 생일을 축하하기 위해 세종로에 도열한 시민들과 군장비 1959년 3월 26
일, 이승만 대통령의 84회 생일을 맞아 전국에서 각종 경축행사가 거행되었다. 서울운
동장 야구장에서 경축식이 있었고, 세종로에서 군 분열식, 창경원에서 경축 음악회, 시
공관에서 시립교향악단의 경축 연주회 등이 열렸다. 경향신문사 소장.

어야 한다고 생각했지만, 그것은 몸에 밀착된 감정이 아니었다. '괴뢰'나 '가
짜 김일성'에 대한 두려움, 레드 콤플렉스 같은 것이 몸 안 깊숙이 자리잡고
있었다. 주민들에게 근현대사는 가장 가까이 있어야 했지만, 근현대사를 두
려워하거나 멀리하는 경우가 많았다. 그들은 장기간 억압 통치를 받았고, 지
하투쟁을 하거나 마을에서 입바른 소리를 하던 사람들이 학살당하거나 투
옥되는 것을 목도했다. 주민들에게 '아는 것이 병이고 모르는 것이 약'이라는
말처럼 실감나는 것이 없었다.

유신 시기에 들어 국적 있는 교육을 실시해야 한다면서 국사교육이 강화
되었다. 그때부터 꽤 오랫동안 국사를 달달 외워야 사법고시 등 각종 시험에
통과할 수 있었다. 그렇지만 한국사 교육에서 현대사 교육은 '반공'이나 '국
민윤리'로 대치되다시피 했다. 그런가 하면 한국의 고대사가 같은 시기 중국

국군의날 행사에서 행진하는 육군사관학교 생도들 1963년 10월 1일 국군의날을 맞아 육군사관학교 생도들이 행진하고 있다. 경향신문사 소장.

보다 위대했다거나 중국을 지배했다는 공상과학소설 같은 '위대한 고대사'가 '민간(재야) 학자'들에 의해 주창되었고, 적지 않은 사람들이 근현대사를 외면하면서 이것에 흥미를 보였다. 또한 박정희의 창씨개명인 다카키 마사오나 오카모토 미노루를 아는 사람은 거의 없었고, 그가 만주군관학교와 일본 육사를 나온 만주국 군인이었다는 사실도 별반 의식되지 않았다.

3. 6월항쟁 이후 광복절과 해방의 의미

다시 6월항쟁 직후로 돌아가면, 6월항쟁의 선봉이자 주력이었던 학생운동세력과 재야 민주화운동세력은 전두환 정권만 부정적으로 본 것이 아니었다. 이승만 정권부터 박정희·전두환 정권에 이르는 모든 정권을 신식민주의와 연결시켜 사고하는 것이 일반적이었다. 따라서 이들 중 일부는 1948년 정부수립을 독립운동자들보다도 더 단호하게 부정적으로 인식했다.

6월항쟁을 전후해서 거대담론을 중심으로 한 진보적 이론이 도도한 물결을 이루었다. 역사학은 물론 정치학 등 사회과학 분야에서도 학술운동의 일환으로 적극적으로 현대사 연구에 참여했다. 여러 학회가 우후죽순처럼 생겨났다. 그러나 부정적인 측면도 있었다. 급진적 사고가 강해서 사회민주주의마저 기회주의적인 주장으로 치부되기 일쑤였고, 든든한 뿌리가 되어야할 근현대사 연구는 미진한데, 그러한 상태에서 사구체(사회구성체) 논쟁이 넘쳐흘러, NL, PD 등 이념을 달리하는 운동권끼리 치열한 논쟁을 벌였다. 그러나 그다지 생산적이 아니었고 밑도 끝도 없는 소모전에 말려 들어갔다. 그런가 하면 민중주의, 민중사학의 일각에서는 대단히 급진적이면서도 현실과 유리된 추상성을 띤 주장들이 나왔다.

해방 50주년이었던 1995년은 몇 가지 면에서 기억할 만하다. 50주년이나 100주년은 특별히 더 의미를 부여하기 때문에 6월항쟁 이후 맞이하는 해방 50주년은 '50주년'이라는 무게도 있고 해서 뜻깊게 맞이할 수 있었다. 그러나 그렇지 못했다. 오히려 그해 벽두부터 수구 언론들이 대대적으로 지면을 할애해 광복절 무렵까지 '이승만 살리기'와 '박정희 키우기'에 열을 올렸다. 6월 항쟁을 전후해 고개를 숙였던 일부 극우세력이 이승만·박정희를 앞장세워 자신들의 정치적 입지를 회복하고 넓히려 한 것이다. 이때를 전후해 민주주의에 대한 회의가 커졌고, 그러면서 박정희 신드롬이 생겨나 확산되었다. 반면 진보적 이론은 창조적 생명력을 잃어가는 것처럼 보였다. 부분적으로는 사구체 논쟁처럼 화석화되어갔고, 1980년대 중반 이후 가졌던 현대사에 대한 관심도 점차 퇴조했다.

1990년대 중반부터 퍼져 나간 박정희 신드롬은 1997년 IMF 사태를 맞으면서 더욱 거세게 확산되었다. 박정희 신드롬은 당시 사회를 어떻게 생각하고 있느냐와 긴밀한 관계가 있다. 2001년에 있었던 한 여론조사에 따르면 '우리 사회가 살기 좋은 사회인가'라는 질문에 대해 77.8%가 '그렇지 않다'고 응답했고, 30대 연령층은 82%나 부정적인 답변을 내놓았다. 그리고 '기회가 된다면 이민 갈 생각이 있느냐'는 질문에 50.8%가 '그렇다'고 응답했는데, 그중에서도 20대는 67.1%, 30대는 64.8%였다(『동아일보』 2001. 4. 12). 어떻게 이렇게까지 되었을까. 젊은이들일수록 한국을 떠나고 싶어 했고, 사회적으로 유리한 위치에 있는 대학생들 중에도 이민 가겠다는 이들이 적지 않았다. 2003년 고대신문이 고려대 학생을 상대로 조사한 것을 보면, 44.8%가 미국 국적을 선택하겠다고 응답했고, 한국 국적을 선택하겠다는 학생은 55.2%였다(『조선일보』 2003. 10. 7). 이러한 사회에서 '조국'은 과연 어떠한 의미를 가질 수 있을까.

해방 60주년이 되는 2005년은 모처럼 국민적 경축일로 만들 수 있는 좋은 기회였다. 앞에서 언급한 바대로, 대부분의 역대 정권은 해방을 반기지 않았다. 그래서 마음에서 우러나오는 것이 아니라 억지춘향으로 행사를 위한 행사를 치렀다. 독립운동자들은 해방은 중요시했으나 정부수립에 대해서는 다른 시선이었고, 일반 주민들은 광복절이 중요하다고 생각하기는 했으나 가슴에 와닿는 건 별로 없었다.

돌이켜보면 그때까지 광복절에 해방의 의미가 충분히 되새겨졌다고 보기도 어려웠다. 일제의 억압에서 벗어나 자유를 찾고 민족국가를 건립할 계기를 갖게 된 것이 '해방'이라는 정도의 인식에 머물렀다. 그렇지만 '해방'의 의미는 그것을 훨씬 뛰어넘는다.

해방은 한국 역사 전체를 통틀어 가장 의미심장한 변화였다는 점에서 한국인에게 각별한 의미를 지닌다. 역사상 처음으로 해방된 그날부터, 외국 군대가 들어오기 전에 이미 언론·출판·집회·결사의 자유 등 기본적 자유를 행사했다. 끊임없는 테러의 위협이 있었지만 정치적 자유가 있었고, 그것과 표리의 관계에 있는 사상의 자유도 있었다. 노동자·농민·여성·청년운동 등 사회운동이 활발히 일어났고, 토지(농지) 개혁 등 경제적 변화도 컸다. 해방은 정치적 혁명이자 시민혁명이었고, 사회적 혁명이자 경제적 혁명이었다. 한글이 반포된 지 500년 만에 국민 문자로 정착되는 등 문화적 혁명도 일어났다. 해방은 봉건적 사고나 인습으로부터 탈피하는 데 중요한 계기가 되었던 바, 이 점에서 해방은 사회적 혁명이자 문화적 정신적 혁명이었다.

그래서 해방 60주년이 되는 2005년은 해방의 의미도 새롭게 되새겨보고 겨레나 조국을 사랑하는 마음을 키우는 계기로 삼을 수 있었다. 그럴만한 분위기도 있었다. 새천년을 맞이해 6·15 남북공동선언이 나온 것은 분단정부가 들어선 이래 최대의 경사였다. 한반도 평화, 남북 화해와 협력은 노무현 정권에 와서 더욱 진전되었다. 그 무렵 한국은 언론의 자유 등 민주주의에서도 진전이 있어, 때로는 일본의 양심적 지식인들이 부러운 눈으로 바라볼 정도였다. 그들이 특히 부러워한 것은, 일본과 달리 주민 집단학살 문제 등 과거사 문제를 화해와 상생의 차원에서 진지하게 풀어 나가려 애쓰고 있다는 점이었다. 경제도 꼭 전망이 좋은 것은 아니었지만 규모가 커졌고, 여행을 다니면서 느꼈지만 다른 나라 사람들보다 씀씀이도 괜찮아 보였다. 비슷한 시기에 2002 월드컵 경기를 그야말로 국민적 축제로 치러낸 경험도 있었다. 이렇게 광복(해방) 60주년을 자부심이나 긍지를 갖고 맞이할 만한 여러 여건이 갖춰져 있었다.

그렇지만 우리는 광복 60주년 역시 국민적인 축제로 뜻깊게 보내지 못했다. 60년 동안의 과정을 볼 때, 그리고 분단과 남북 관계의 역사를 볼 때 여러 면에서 국민적 축제를 가질 만한 인프라가 조성되어 있지 못했기 때문이다.

4. 건국절 논쟁과 역사전쟁

그로부터 3년 뒤, 정부수립 60년이 되던 해에 역사를 뒤집어엎으려는 해괴한 일이 일어났다. 광복절 명칭을 건국절로 바꿔 행사를 치르자는 것이었다. '광복절'이라는 이름은 1949년에 제헌국회에서 결정한 것이었고, 여기에는 '해방'과 '정부수립'의 의미가 다 들어 있다. 구태여 덧붙인다면, 해방 직후에 한 지식인이 광복은 원래 국권회복이나 빼앗긴 국가를 되찾는다는 뜻이므로 우리 정부를 가져야 광복이라고 할 수 있지 미군정하에서는 그 말이 적절치 않다고 지적한 것처럼, 분단정부이기는 하지만 정부수립에 더 가까운 말이었다. 이승만 정권 아래서도 '건국'이라는 말은 즐겨 썼지만, '건국절'이라는 발상은 없었다. 친일파 정권이나 친일파 대통령이 어떠한 심정으로 광복절 경축사를 읽었는지 알 수 없으나, 그들조차 '광복절'이라는 말에 이의를 제기하지 않았다. 그런데 뉴라이트로부터 의식화 교육을 받고 수구 언론의 지원을 받은 정부, 여당이 '건국절'이라는 이름으로 정부수립 60년 행사를 치르자고 나선 것이다.

한국 현대사에서 '건국'이라는 말을 사용할 때도 그런 위험이 따르듯이, '광복절'을 '건국절'로 바꾸면 이승만·친일파의 단정운동만 부각되면서 해방에 이르기까지 국내외의 독립운동은 시야에서 멀어지고, 그와 함께 해방의 의미도 무색해지고 퇴색되기 마련이다. 그런 의미에서, 한국 근현대사의 의의나 성격을 다르게 해석하는 뉴라이트 또는 수구세력의 건국절 주장은 '올 것이 온 것'이었다. 다 알다시피 뉴라이트는 독립운동과 4월혁명 등 민주화운동을 폄하하고, 친일파와 일제의 지배, 이승만·박정희 독재를 은근히 두둔하고 미화해왔기 때문이다. 또 해방을 혼란만 가져왔다고 비난했다.

뉴라이트는 해방이 혼란만 가져왔다고 주장하면서 이승만의 건국에 의해 한국은 바른 길로 들어섰다고 역설했다. 뉴라이트가 해방을 싫어한 것 또한 그들의 논리를 볼 때 당연하다. 해방과 독립운동은 뗄 수 없는 관계가 있는데, 우리처럼 외세 지배 35년간 끊임없이, 그것도 무장투쟁 의열투쟁을 전개한 지역은 찾기 힘들고, 외세의 지배를 받고 있던 전 세계의 여러 지역 중 중경의 대한민국임시정부 등 한민족의 독립운동세력처럼 해방을 맞을 준비를 하고 있었던 지역도 많지 않다. 더구나 우리는 여운형·안재홍 등이 중심이 되어 건국준비위원회와 치안대를 조직해 해방을 주체적으로 맞이한 자랑스러운 역사를 가졌다. 자유는 연합국이 선사한 것이 아니라 우리가 쟁취해 누리고 있는데, 연합군이 들어온 것이었다. 이 모든 것이 뉴라이트에게는 인정하고 싶지 않은 것들이다.

그뿐만이 아니다. 해방은 일제의 참패요 항복이었다. 그래서 연합군의 지배를 받았고, 침략전쟁을 일으키고 만행을 저지른 군국주의자들이 인도에 반하는 행위를 저지른 전범으로 재판에 회부되었다. 이것도 뉴라이트에게는 달가운 일이 아니었다. 해방이 기본적 자유를 누리게 하고 정치적 자유와 사상의 자유를 가져온 것에 대해서도 부정적이었다. 그들은 언론·출판·집회·결사의 자유가 무책임하게 주어졌다고 생각했고, 정치적 자유, 사상의 자유에 족쇄를 채웠던 국가보안법 체제야말로 대한민국의 안전을 지켜준 것으로 확신했다.

뉴라이트에게 '건국절'은 단정운동을 합리화하고, 나아가 그것에 정통성을 부여하는 것으로 이해되었다. 해방을 모두가 감격으로 맞이하지는 않았다. 친일파에게는 청천벽력과 같은 날벼락이었다. 해방 이후 그들에게는 분단만이 살길이었다. 그들에게 미국은 일제에 이어 재생의 길을 열어준 은인이었고, 이승만은 구세주였다. 친일파 또는 민족개량주의자로 일제 시기부터 비난을 받아온 지주·부르주아 세력을 대표한 한민당은 미군정에서 세도가 대단했지만, 이승만 같은 인물은 당내에 없었다. 이승만은 미국에서 편안히 지내다가 한국에 온 지 3개월 만인 1946년 1월에 단정에 대해서 시사했고, 그 해 6·3 정읍 발언으로 그것을 표면화했다. 필자는 현실적으로 1948년 5·10 선거는 받아들이지 않을 수 없었다고 판단하고 있다. 하지만 아무리 분단만이 권력을 가질 수 있는 길이라고 판단했더라도, 그래서 비록 속마음과는 다르더라도, 한국의 정치지도자라면 미국이 한국에 통일정부를 수립하겠다고 공언했던 1947년 제2차 미소공동위원회 초기 시기까지는 미국의 정책에 협조했어야 한다고 생각한다.

수구세력이 광복절을 건국절로 대치하고자 한 가장 큰 이유는, 이승만을 건국의 아버지 곧 국부로 모시기 위해서다. 1950년대에도 이승만 추종세력을 중심으로 건국이라는 말을 자주 썼고, 남산과 탑골공원에 거대한 동상을 세우면서 이승만을 민족의 태양, 국부라고 칭송했지만, '건국'이라는 말만 가지고는 이제 약효가 떨어지니 '건국절'이라는 비상약을 써야 된다고 판단한 것이다.

이승만은 초대 대통령임에는 틀림없지만 건국의 아버지가 될 수 없다. 지금은 여행이 자유로워 전 세계 곳곳을 다닐 수 있는데, 세계 어디를 가도 그 나라에서 각별히 존경하거나 '국부'라고 칭송하는 사람은 그 나라 사람들에게 자유, 독립국가를 갖게 한 위인으로, 대개는 독립운동을 주도한 사람들이다. 중남미도 그렇고, 버마나 베트남 등 동남아도 그렇다. 미국도 워싱턴에게 특별한 의미를 부여한다. 그렇지만 이승만은 대한민국임시정부에서 탄핵받은 사람이고, 독립운동을 분열시켜 크게 비난을 받았다. 독립운동 하면 김구나 다른 사람이 떠오르지 이승만이 떠오르지는 않는다. 또 이승만이 주도한 단정운동은 친일파가 앞장선 것도 중요한 이유가 되어 몹시 비난을 받았고, 의혹의 눈초리를 받았다. 뿐만 아니라 학자들을 포함해 많은 사람들이 잘못 알고 있지만, 이승만은 대한민국정부를 수립하는 데 주도적인 역할을 할 위치에 있지 않았고, 단지 해방 정국에서 주요 인물 중 이승만만이 분단정부를 세우자고 역설했고, 일찍부터 친일파, 친일파가 다수인 한민당과 함께 단정 운동을 벌였을 뿐이다. 1947년 하반기 미국의 세계정책이 바뀌면서 대한 정책이 달라져 유엔총회에서 한반도 전체에 걸친 선거를 결정했고, 1948년 2월에는 유엔소총회에서 남한만의 선거를 결의했다. 유엔총회나 소총회 의결은 미국이 주도한 것으로, 이승만은 영향을 미칠 수 있는 위치에 있지 않았다. 선거법을 만들고 대한민국정부수립에 가장 중요한 5·10 선거를 결정하는 데도, 그것을 집행할 때도 이승만은 관여할 수 없었고, 제헌국회에서 제헌헌법을 제정할 때도 이승만은 의장이었을 따름이었다. 헌법이 공포되자 국회에서 7월 20일 대통령에 이승만을, 부통령에 이시영을 선출했다. 그 다음 날 대통령과 부통령은 집무에 들어갔으며, 7월 24일 대통령과 부통령 취임식을 가졌다. 대한민국정부수립 공포는 역사적인 해방의 날, 8월 15일 행해졌다.

　이승만은 대통령이 된 이후의 행적을 볼 때도 '국부'라는 말과 어울리지 않는다. 제주 4·3 및 여순 사건, 전쟁이 일어난 해와 그 다음 해에 차마 눈 뜨고 볼 수 없는 주민 집단학살이 대규모로 벌어졌다. 이처럼 규모가 큰 집단학살은 일제 시기에도 없었고, 한국사 전체를 살펴봐도 나오지 않는다. 이승만 대통령은 이 학살에 가장 큰 책임이 있다. 이승만은 장기집권을 위해 악명 높은 발췌개헌과 사사오입개헌을 행했다. 또 1952년 8·5 정부통령 직선을 시작으로 혹심한 부정선거가 1950년대 내내 자행되었고, 그 노하우가 쌓여 결정판으로 등장한 것이 3·15 부정선거였다. 개헌과 부정선거로 자유민주주의는 만신창이가 되었다. 이승만은 3·15 부정선거와 '백색독재'에 항거하여 200명 가까이 피를 흘린 4월혁명에 의해 물러났다. 다른 것은 차치하고 이것 한 가지만 보더라도 그는 국부가 될 자격이 없다. 심지어 이승만은 1961년 5·16 쿠데타에서 1987년 6월항쟁에 이르는 극우반공독재 정권 아래서도 부정적인 인물로 비판받았다.

'건국절'을 주장하거나 이승만을 국부로 모시자고 하는 사람들은, 이승만을 국부로 해놓으면 모 신문들이 쓴 바처럼 이승만을 비판하기가 쉽지 않을 것이라는 점을 대단히 중시하고 있다. 이승만을 비판하면 '감히 국부를 욕한다'고 비난을 퍼부을 수 있다. 앞에서 이승만이 국부가 될 수 없다는 점을 여러 측면에서 지적했는데, 그런 지적도 못하게 막을 수 있다. 친일파도, 분단세력으로 분단고착화운동을 편 자들도, 독재협력세력도 이승만이 국부만 되면 자신이 한 짓을 합리화하고 정당화할 수 있을 뿐만 아니라 애국 행위로 세탁할 수 있다고 믿고 있다. 이때 동원되는 것이 삼단논법이다. 조지 워싱턴은 미국의 국부다. 이승만도 한국의 국부다. 그러므로 이승만을 욕하는 건 미국인이 워싱턴을 욕하는 것과 똑같은 짓이다. 용납해서는 안 된다. 그런 자들은 이 나라에 살아서는 안 된다. 그리고 덧붙였다. 어떻게 만든 대한민국인데, 대한민국을 욕하느냐, 대한민국을 떠나라.

5. 왜 수구세력은 역사전쟁에서 패배하는가

정부수립 60주년을 맞이하여 광복절을 건국절로 바꾸려는 수구세력의 행위는 역사 뒤집기, 역사의식 뒤집어놓기였다. 그것은 이전의 친일파 전성시대나, 친일파의 집권과 확연히 다른 점이 있었다. 이전에는 은연중에 또는 장막을 치고 일을 벌였다. 박정희의 창씨개명을 국민들이 몰랐던 것도 그러한 상태의 반영이었다. 그런데 '건국절'로 하려는 짓은 친일파를 복권시키고 독립운동을 폄하하려는 뚜렷한 역사 의도를 가지고 진행되었다. 반민족행위에 정통성을 부여하고 민족해방운동을 격하함과 동시에 분단고착화운동을 애국운동으로, 통일운동을 대한민국을 해치려는 행위로 단죄하려는 짓은, 유구한 독립의 역사와 단일민족성이 상대적으로 강한 한국과 같은 경우가 아니더라도 전 세계에서 유례를 찾기 어려운 망발이고 해괴망측한 행위였다.

수구세력은 원래 민족이라는 말을 좋아하지 않았지만, 수구세력의 이데 올로그인 뉴라이트는 특히 민족, 민족주의에 대해 대단히 공격적이었다. 친일파는 20세기 거의 대부분의 시기에 반민족행위자라는 말을 들어왔고, 분단세력 역시 반민족세력으로 취급되는 데 대해 불만을 가졌는데, 뉴라이트가 21세기에 출현한 것이다.

광복절을 건국절로 바꾸려는 시도는 성공을 거두지 못했다. 일부 의원이 2008년 7월 3일에 '건국절' 법안을 제출했으나 통과되지 못했다. 광복회에서는 "건국절로 치러지는 행사에 참여할 수 없다"고 불참을 선언했다. 이명박 정권은 '건국'을 크게 부각시키는 '건국 60년 및 제63주년 광복절 중앙경축식'이라는 이름으로 행사를 치르려고 했지만, 독립운동자가 보이콧하는 8·15 행사는 대한민국 정부수립의 근본을 부정하는 행사가 될 수 있다는 자가당착에 빠졌다. 식민지에서 독립운동세력을 탄압하며 제국주의 국가의 앞잡이노릇을 한 자들이 '독립국가'를 세울 때 제국주의 지배자들과 협력해 독재정부를 세운 경우가 아프리카의 몇 나라에서 있었다. 그러나 콩고의 루뭄바와 촘베의 예와 같이, 이 경우조차도 독립을 위해 싸운 사람은 독립의 영웅으로 앞잡이는 배신자로 기록되었다. 친일파들이 과도하게 자신들의 '건국' 마인드를 강요할 경우 근대 국민국가, 민주주의사회에서 용납할 수 없는 자가당착에 빠질 수밖에 없는데, 이명박 정권이 그러한 경우를 만난 것이다. 결국 이명박 정권은 경축 행사 명칭을 '제63주년 광복절 및 건국 60년 중앙경축식'으로 변경했다. 상당수의 독립운동자와 야당들은 이 행사에 불참하고 따로 행사를 치렀다.

그해 12월 연말 광복회는 이명박 정부가 배포한 '건국 60년' 홍보 책자가 친일 부역 세력의 건국 공로를 인정하고 대한민국임시정부 법통을 무시한 역사적 만행이라고 비판하고 그들이 받은 건국훈장 반납을 결의했다. 같은 달 황우여 의원 등에 의해 '건국유공자 예우에 관한 법률안'이 제출되었던바, 광복회의 한 간부는 이 법안이 건국유공자라는 이름으로 친일파에게 면죄부를 주려는 책략이라고 비판하고, 이명박 정권이 자신의 뿌리인 친일 반공 세력을 복권시키려 하고 있다고 성토했다(『한겨레신문』 2009. 2. 26).

정부수립 60주년이자 이명박 정권 출범 첫해였던 2008년은 건국절 논란이 아니더라도 역사전쟁이 심하게 벌어진 해였다. 그해 봄에는 1970년대 중앙정보부 간부였던 자, 모 신문 논설위원을 포함해 수구 이데올로그들이 총동원되어, 전국 각지에서 해방 전후사, 그중에서도 이승만에 대한 평가를 중심으로 강연을 했다. 1980년대 이후 운동권에 의해 훼손된 극우반공 이데올로기를 재교육시켜 '오염'된 역사의식을 '바로잡기' 위해서였다. 그해에는 또한 정부 부서와 각 이익단체 명의로 잘못 쓰여진 역사 교과서를 고쳐달라는 주문이 쇄도했다. 그리고 일선 역사 교사들은 교장에게 불려가거나 다른 여러 루트를 통해 역사 교과서를 바꾸라는 집요한 '설득'을 당해야 했다.

2012년에는 독재자의 딸이자 친일파의 딸이라는 말을 듣던 박근혜 후보가 대통령에 당선되었다. 다음 해인 2013년에는 교학사 역사 교과서 파동이 일어났다. 1982년 일본 정부가 일으킨 역사 교과서 파동에 이어 일본에서 2001년 후소샤 교과서가 출현하면서 한일 시민단체, 중국 유관단체, 한국과 중국 정부가 항의와 불채택운동을 10여 년 동안 벌여왔는데, 그 교과서와 판박이 교과서가 뉴라이트에 의해 세상에 나온 것이다.

그런데 그 교과서는 어이없게 참패했다. 채택한 학교가 한두 군데에 지나지 않았다. 어째서 정권과 정치세력, 언론 등 수구세력이 온갖 힘을 기울여 비호하고 밀어주었는데, 또 특정 지역을 포함해 이승만·박정희를 추앙하고 찬양하는 학교재단도 적지 않을 것으로 생각했는데, 이러한 놀라운 결과가 나온 것일까. 워낙 잘못 기술한 곳이 많았던 것이 직접적인 요인이었을 것이다. 뉴라이트 진영에는 현대사 연구자가 없다 보니 비전문가가 무모하게 총대를 메게 되었고, 근대사를 서술한 교수도 전공자가 아니었다. 그렇지만 독립운동을 폄하하고 식민지 근대화를 주장하면서 친일파를 두둔하고, 분단세력을 옹호하는 것은 사실을 틀리게 쓰는 것을 넘어서서 역사 교육에 어긋나도 크게 어긋난다는 인류 역사의 대의(大義)가 작용하였다는 점을 경시해서는 안된다.

인사는 만사라는 말도 있는데, 박 대통령은 유신왕국의 재정립이라는 꿈 때문인지 최악의 인사를 거듭했다. 4성 장성 출신으로 군인과 ROTC 생도들을 대상으로 한 20여 차례의 특강에서 제주 4·3을 북한의 지령으로 일으킨 무장폭동이라고 허위 선전하는 등 심각한 이념적 편향을 드러낸 자를 국정원장에 앉히고, 이승만 숭배자를 국사편찬위원회 위원장에 임명했다. 그러한 인사의 연속에서 전혀 생각지 않은 역사문제가 발생해 총리 지명자가 순식간에 낙마하는 사태가 일어났다. 일제 식민 지배를 받은 것도 해방 후 분단이 된 것도 하나님의 뜻이라고 얘기하면서 민족성 문제를 건드린 것이 식민사관이라는 거센 비판을 받으면서 그렇게 된 것이다. 박정희처럼 식민사관을 격정적으로 쏟아놓은 사람도 찾기 힘들지만(박정희의 『우리 민족의 나갈 길』, 『국가와 혁명과 나』 참조), 역사의 대의를 거슬리는 행위가 어떠한 대가를 치르는가를 박 대통령은 거듭 맛보게 되었다.

박 정권이 금년에 맞는 광복 70주년 기념 행사를 어떻게 치르려고 하는지는 아직 안갯속에 있다. 7월 초순이면 최소한 윤곽이 드러날 터인데, 뉴라이트가 기념행사에서 핵심적인 역할을 한다고 해서 문제가 제기되었던 것을 제외하고는, 역사전쟁이라면 라만차의 기사처럼 물불 가리지 않고 결연히 뛰어드는 조선일보조차도 별다른 보도를 하지 않는다. 70주년을 '뜻 없게' 보내려고 하다 보니까 국민한테 알려지지 않는 것이 아닐까. 그래서 박정희 집권 시기인 광복 20주년(1965년), 30주년(1975년)처럼 씁쓸하게 맞이하게 되지 않을까 싶기도 하지만, 식민사관의 변종인 뉴라이트의 역사관이 어떠한 형태로든 담겨 있을 것이다.

6. 끝맺으며

우리도 남들 같은 광복절 축제를 가질 수 없을까. 해방 70년이 되고, 필자 나이도 70을 바라보면서—필자는 정부수립 공포 후 10일 뒤에 태어났다—그런 생각을 더 많이 하게 된다.

분단 때문에 그렇게 되었다면, 통일이 되면 가능할까. 통일이 되고서도 시일이 요구될 것이다. 그렇다면 적어도 통일되기 전에 광복절이 국민적 경축일이 되도록 인프라를 조성하려는 노력이 있어야겠다. 그러한 인프라는 민주주의와 남북협력 및 한반도 평화, 시민사회에 의해 형성될 수 있다.

현대사의 전반기를 차지하는 이승만·박정희 집권기는 이 모든 것을 위태롭게 했고, 특히 유신체제는 심각했다. 6월항쟁 이후 한국사회는 새로운 출발을 했고, 김대중 정부에 들어와 남북교류와 화해, 협력, 한반도 평화는 해방 이후 처음으로 신기원을 맞았다. 한국인은 새천년이 시작되는 2000년에 열린 6·15 정상회담을 열렬히 환영했다. 6월항쟁 이전의 극우반공체제를 생각해볼 때 참으로 혁명적인 변화였다. 그렇지만 다른 한편으로는 1990년대 중반 이후, 특히 2000년대에 들어와 박정희 신드롬이 민주주의와 남북협력 및 한반도 평화, 시민사회를 위협하는 어두운 힘으로 우리 사회를 짓눌렀고, 이명박 정권이 출현하면서 6월항쟁 이전으로 퇴행하는 듯한 모습까지 보여주었다.

박정희 통치는 6월항쟁 이후 정치적 민주주의의 최대 위협인 지방주의의 바탕을 만들어냈는데, 유신체제의 망령으로 배회하는 박정희 신드롬은 '묻지 마 투표'를 강제했다. 2007년 대선에서 이명박 후보에 대한 몇 가지 의혹 사건은 중대한 사안인데도 불구하고 '묻지 마'에 휩쓸려 검증이 되지 못했다. 유신 시기에 저녁식사를 마치고 부지런히 흑백 TV 화면을 봤던 사람들, 또 초중고에서 유신교육을 받았던 사람들이 50대, 60대, 70대가 되어 2012년 대선에 참여했던 바, 50대 투표율 82.0%, 60대 이상 80.9%의 투표율을 보였다(『경향신문』 2013. 2. 16). 이들 중 다수가 묻지 마 투표를 하였을 것이다.

묻지 마 투표는 박정희 신드롬의 근간을 이루는 성장제일주의에 밀착되어 있다. 이명박 정권은 '박정희 경제'를 그대로 계승하여 '과격'한 수출 정책이나 토건 경제, 친재벌 정책으로 어려운 경제를 더욱 어렵게 했고, 박근혜 정권도 유신 시기의 부동산 띄우기 정책이나 친재벌 정책을 고스란히 이어받았다.

유신체제를 수호하는 데 핵심적 역할을 한 극단적인 반공정책과 빨갱이 몰이도 이 정권과 2012년 대선에서, 그리고 박 정권에서 '창조적'으로 계승되었다. 막힌 것을 힘들여 뚫는 사람도 있지만, 소통을 원수처럼 생각하면서 뚫린 것을 다시 막고 다니는 사람들도 있다. 뚫린 것을 열심히 막고 다니던 이명박 정권은 2010년 5·24 조치를 통해 남북 간에 뚫린 것을 모두 두드려 막았다. 그런가 하면 금년에 들어와 '통일대박'을 풍선 터트리듯 계속 터트리고 있는 조선일보와 박 정권은 여전히 5·24 조치를 고수하고 있다. 남북 관계 개

선이 광복 70주년을 맞아 최대의 '대박'이 될 텐데도 그렇다.

필자는 2012년 대선 때 박 후보의 정치이념 형성에 유신체제가 얼마나 결정적인 영향을 미쳤는가를 중시해야 하고, 최태민 목사와의 관계를 대통령 직무수행과 직결된 판단력 문제로 특별히 부각시켜야 한다고 생각했다. 그러나 정말 놀랍게도 그 어떤 것도 선거에서 쟁점이 되지 않았다. 대통령에 당선되었을 때 필자는 박 후보가 우리 사회에 크게 기여할 수 있는 것이 한 가지 있다고 강조했다. 박정희 신드롬을 깨는 데 박근혜 대통령만큼 적절한 사람은 없고, 그 면에서 박 후보는 대단한 기여를 할 것으로 내다보았다. 그 점은 세월이 지날수록 분명해지고 있지만, 문제는 박정희 신드롬을 부정적인 양태로 지워 나가는 데 기여할 따름이어서 그것이 바로 우리 사회를 긍정적으로 변화시키는 것은 아니라는 점에 있다. 박정희 신드롬을 사라지게 하고 우리 사회를 긍정적으로 변화시키는 일은 새로이 충전된 진보세력과 유승민 같은 합리적 보수주의자의 몫으로 남았다.

마지막으로 필자는 역사전쟁이 더 이상 계속되어서는 안 된다는 점을 강조하고 싶다. 이명박 정권이 출범하자마자 시작된 역사전쟁은 예외 없이 수구세력에 의해 시작되었다. 해방된 지 70년이 지났다. 그것은 일제 강점 35년의 두 배나 되는 긴 시간이다. 적어도 해방 70년의 전반기에 해당하는 해방 전후사, 이승만 집권기, 4월혁명 시기, 박정희 집권기는 이제 역사가에게 맡겨야 한다. 뉴라이트도 더 이상 수구정치세력이나 언론을 부추기지 말고 학문적으로 대응해야 한다.

역사전쟁은 친일파, 분단세력, 독재협력세력이 흘러간 역사에 묻히지 않고 형태만 바꾸어 오늘까지 권세를 누리고 있고, 계속 권세를 움켜쥐려고 한다는 점을 발가벗은 모습으로 보여줄 따름이다.

우리는 해방 70년을 맞으며 해방 직후, 4월혁명 직후, 6월항쟁 직후에 보여주었던 새로운 사회를 향한 순수한 마음, 뜨거운 열정을 다시 살려내기 위해 더불어 함께 힘을 모을 필요가 있다. 기성세대는 자라나는 세대들이 자신들에게 미래는 있다는 희망을 가지도록 조금이라도 무언가를 보태야 한다.

[덧붙이는 말]

필자는 광복절, 삼일절 등 국경일을 모두가 뜻깊게 국가적 경사로 맞아 즐기는 문제가 논의됨과 동시에 국호나 국가 의례에 관해서도 논의가 있어야 한다고 생각한다. 정부수립이 분단의 법적·제도적 결정체로 나타나다 보니까 그러한 문제가 정부수립 때 충분히 논의되지 못했다. 국호는 뜻있는 몇 분이 문제를 제기했으나 더 나아가지 못했고 제헌헌법 심의 과정에서 잠깐 논의가 있었을 뿐이다. 4월혁명 직후 이러한 문제가 대두하기는 했지만 거의 여론화되지 못했다. 필자는 『역사비평』 편집주간일 때 1992년 겨울호에서 「대토론: 한국 민족은 언제 형성되었나」를 다루었다. 1993년 여름호에서는 「특별기획: 통일조국의 이름짓기」를 마련해 한·조선·고려에 담긴 역사 계승 의식, 일제 시기·해방 후 나라 이름에 반영된 좌우 갈등, 중국·일본에서의 한·조선·고려의 사용 등에 대한 전문 연구자들의 글을 실었고, 고은·박현채·한영우 세 분을 모셔 통일조국의 국호에 관해 토론을 벌였다. 『역사비평』 1994년 여름호에서는 「특별기획: 통일조국의 국가를 생각한다」를 마련했다. 노동은이 애국가 작사·작곡 문제를, 다른 전문가가 북한·중국·대만의 국가를 살펴봤고, 통일조국의 국가에 관해 조동걸·강만길·백기완·이건용·김준태의 의견을 들었다.

21세기에 들어와 특히 안익태 문제가 불거졌다. 필자는 윤병석 등 어른들 앞에서 안익태에게 독립운동 서훈을 하자는 의견에 대해 고성을 지르며 격렬히 반대한 바 있다. 올해(2020년) 고인이 된 윤병석 선생 앞에서 소리를 지른 것에 대해서는 늘 미안한 마음이 있다. 안익태 문제는 언론에서도 여러 번 다루었다. 나치 시기의 망명 음악으로 독일에서 음악학 박사학위를 받은 이경분의 저서, 최근에 나온 임진택의 저서 등 여러 저서·글들이 있고, 불가리아 민요와 애국가의 관계, 코리아 판타지와 에텐라쿠(越天樂), 만주 환상곡, 교쿠토(極東)의 상호 관계에 대해서도 깊이 있는 논의가 있었다. 필자는 안익태가 애국가 작곡가라는 점도 심각한 문제지만 가사에 대해서도 객관적인 논의가 있어야 한다고 본다. 지금 부르고 있는 애국가 1절은 풍전등화 같은 위기에 놓였던 대한제국과 한민족을 기독교의 하느님이 보우해주시기를 바라는 개신교 신자들의 애절한 사연을 담고 있다.

태극기에 대해서도 논의가 있어야 할 것이다. 왜 태극이 국가의 표징이 되어야 하는지, 특히 괘는 우리와 무슨 관계가 있는지, 태극과 괘가 우리가 지향하는 바와 무슨 관계가 있는지 설명할 수 있어야 할 것이다.

개천절을 지금도 국경일로 하는 것이 적절한지도 논의가 필요하다. 거의 대부분의 한국인이 개천절 날 그 의미를 새기지 못하고 하루 쉬는 날 정도로 생각하는데, 그러다 보니까 다른 국경일까지 그 의미나 의의를 망각하게 하는 것은 아닌지 살펴봐야 할 것이다.

앞으로 통일조국의 국호·국기 문제, 애국가 가사 문제, 작곡가 문제, 국경일 문제가 심도 있게 논의되었으면 좋겠다.

※ 이 글은 『역사비평』 2015년 가을호에 「광복 70주년에 생각나는 것들―해방·정부수립 기념일을 회고하며」라는 제목으로 실렸다. ※

한국 현대사 연구와 이데올로기
—1948년 4월 평양남북지도자회의를 중심으로

1. 문제제기

1) 현대사가 연구되지 않은 이유

각국의 역사 교육에서 근현대사가 차지하고 있는 비중을 볼 때, 근현대사의 중요성을 새삼 강조하는 것은 오히려 이상하게 보일 것 같다. 그렇지만 한국에서는 근현대사, 그중에서도 현대사는 현대의 역사가 시작된 이래 별반 연구되지도 교육되지도 못하였다. 교육의 영역에서는 20세기를 넘어선 오늘날에도 현대사는 별반 다루어지지 않고 있다. 2003년에 고교 교육에서 근현대사가 선택으로 바뀌면 어떻게 될지 궁금하다.

근현대사가 연구되지 않은 이유는 그렇게 단순하지만은 않다. 이렇게 된데는 유럽의 진보사상 수입이나 사회구성체론과 같은 추상적인 논쟁에 바친 열정에 비해 너무나 차이가 있게 현대사 연구에 관심을 보이지 않은 진보세력한테도 분명히 책임이 있다.[01] 그러나 국가보안법과 사찰·정보기관, 극우반

---

01 근현대사 연구가 되지 않은 이유에 대해서는 서중석, 「1980년대 이후 진보적 연구자들의 남

공이데올로기를 중요 수단으로 구사한 극우반공독재에 가장 큰 원인이 있음이 명백하다.

극우반공이데올로기가 현대사 연구에 제약을 가하였다는 것은 우익과 좌익의 이데올로기가 현대사 인식에 큰 영향을 미쳤음을 시사한다. 실제로 1987년 6월민주항쟁 이전의 경우 현대사 인식에 이데올로기는 거의 절대적인 위력을 발휘하였다. 6월민주항쟁 이후에도 일반 대중의 현대사 인식에 이데올로기는 강력한 힘을 지니고 있다.

이데올로기는 최근까지 현대사 교육에서 위력을 발휘하고 있다. 현대사 연구의 경우 1990년대 중반 이후 이데올로기의 영향은 현저하게 감소하고 있지만 일부 '연구자'들한테는, 또 특정 주제와 관련해서는 이데올로기가 아직도 상당히 작용하고 있다.

20세기는 이데올로기의 시대라고도 불려지는 만큼, 이데올로기는 학문 분야를 포함하여 모든 분야에 영향을 미쳤다. 한국에서는 특히 유례를 찾기 어려울 만큼 심했다. 세계적으로 냉전을 백열화시키는데 한국전쟁이 계기가 되었지만, 한국은 유난히 냉전이 치열하였고, 문자 그대로 좌우 이데올로기 대립의 첨예한 전시장이었다.

2) 현대사와 이데올로기

이데올로기 대립의 전시장으로 몹시 냉전이 심하였던 것은 미소, 그중에서도 미국의 대한 정책이나 동아시아 정책이 기본적인 동력으로 작용하였지만, 남과 북의 지배 블럭이 그것을 통하여 권력 또는 기득권을 유지하고 강화하고자 한 것이 직접적인 요인이었다.

한 현대사 연구의 동향과 전망」, 『한국의 '근대'와 '근대성' 비판』, 역사비평사, 1996 참조.

해방이 되었을 때 한국인은 식민체제를 청산하고 민족국가를 건설하기 위하여 노력하여야 했을 터인데, 미소의 냉전이 본격화되기 이전부터 우익과 좌익은 협조해야 할 문제는 협조해야 했음에도 불구하고 매사에 불꽃 튀기는 싸움을 벌였다.

1945년 9월 8일 해방된 지 한 달도 못되어 나온 한국민주당 발기인 성명서는 여운형 등이 반역적인 소위 인민대회라는 것을 개최하고 '조선인민공화국' 정부를 조직하였다고 '광태(狂態)' 등의 표현을 써 가며 격렬히 비난하고, 여운형 등을 '일본제국의 주구들'이라고 몰아세웠다. 이 성명서는 놀랍게도 건국준비위원회가 해방이 되면서 자주성을 발휘하여 치안을 담당하고 각종 기관이나 회사 등을 접수한 것조차 비난하였다. 중경임시정부를 추대하여야 한다는 주장을 제외하면 해방을 의미 있게 맞이하겠다는 정견은 찾아볼 수 없고, 대부분이 중상모략의 흑색선전과 악선전으로 가득차 있다.[02]

조선공산당은 어떠한가. 1945년 9월 11일 재건되었음을 선포한 조선공산당은 8월 20일 박헌영이 초안을 마련하였다는 「일반정치노선에 대한 결정」을 9월 20일에 수정 통과시킨 「현정세와 우리의 임무」 일명 8월테제를 당의 테제로 채택하였다. 12월테제의 영향 아래 작성된 이 테제는 지주와 부르주아지는 모두 다 일제의 살인강도적 침략적 전쟁을 지지한 자들이라고 비판하고, 한민당을 지주와 자본계급의 이익을 대표한 반동적 정당으로 규정하였다. 뿐만 아니라 민족급진주의자, 민족개량주의자, 사회개량주의자, 사회파시스트 등을 배격하였다. 급진적인 계급 노선을 견지하고 있음을 알 수 있다.[03]

---

02 한민당의 발기인 성명서는 국사편찬위원회 편, 『자료 대한민국사』1, 1968, 60~63쪽 참조.
03 8월테제의 분석은 서중석, 『한국현대민족운동 연구』, 역사비평사, 1991, 233~242쪽 참조.

좌우 양극은 그해 12월에 가서 뚜렷한 대결의 양상을 보였다. 한국에 돌아온 지 두 달이 된 이승만은 민족대동단결 조직체 구성에 공산당이 친일파 문제 등을 따지면서 자신의 복안을 거부하자, 12월 17일 「공산당에 대한 나의 입장」이란 제목으로 공산당을 비난하는 방송을 하였다. 이 방송에서 이승만은 "나라와 동족을 팔아다가 사익(私益)과 영광을 위하여 부언위설(浮言僞說)로 인민을 속이고 도당을 지어 동족을 위협하며 군기(軍機)를 사용하여 재산을 약탈하며 공화국(인민공화국을 가리킴—인용자)이라는 명사를 조작"한 자라고 공산주의자들을 몰아세웠다. 이들은 러시아를 조국이라고 부르면서 독립국을 없이 해서 남의 노예로 만들고 사욕을 채우려는 자들이라는 것이었다.[04]

조선공산당에서도 곧 응대하였다. 12월 27일 조선공산당은 인민공화국 중앙인민위원회 이름으로 이승만이 민족 분열 책임자로 전락하여 신형 파시스트로 변환(變幻)한 것을 통탄하고 경계하며 반성을 기대하는 성의를 아끼지 않았다고 주장하고, 뒷방에서 대지주 반역자본가와 긴밀하게 야합하며 좌익을 사갈시하는 그의 형모(形貌)는 히틀러·무솔리니의 축소 발악을 방불케 한다고 꼬집었다.[05]

필자는 한민당·이승만의 주장과 공산당·인민공화국 중앙인민위원회의 주장이 무척 귀에 익은 느낌을 준다는 데 주목한다. '괴뢰' 또는 '괴뢰도당'이라는 말만 추가하면 수십 년간 들어온 소리와 너무나 흡사하다. 신탁통치는 모스크바 삼상 회의에서 한반도 적화를 위하여 소련이 주장하였다는 식의 모략선전과 비슷한 논리로 좌익과 우익, 남과 북의 기득권 세력은 20세기 내내 지칠 줄 모르는 정력을 자랑하며 흑백논리로 현대사를 설명해왔다. 이러

---

04 『서울신문』 1945. 12. 21(국사편찬위원회 편, 앞의 책 1,612쪽).

05 인민공화국 중앙인민위원회, 「파시즘의 대두와 이박사」, 김남식 편, 『남로당연구자료집』 1, 고려대출판부, 1974, 77~78쪽.

한 주장들은 상대방을 악의 화신으로, 그래서 자신을 그것을 처부숴야 할 십자군으로 묘사하는 냉전논리의 일종이겠으나, 아무래도 수준이 낮은 냉전논리라고 아니할 수 없다.

해방 첫해에 있었던 좌우의 대립은 신탁통치 문제가 발생하면서 더욱 격화되어 1946년 초 좌우의 분립으로 나타났다. 1945년 12월만 해도 좌익의 색채가 강한 단체에 우익 지도자가 가서 축사를 하기도 하고, 중경임시정부 내에는 좌우가 함께 활동하였다. 그러나 한국 문제를 해결할 수 있는 유일한 연합국 합의인 모스크바 삼상 회의 결정이 임시정부 수립(1항) 중심이 아니라 신탁통치 실시(3항) 중심으로, 그것도 소련이 신탁통치를 주장한 것으로 국내에 잘못 전달되면서, 중경임시정부 추대운동 및 반소반공운동과 결합된 반탁투쟁이 전개되었다. 그리고 곧 이어 조선공산당이 모스크바 삼상 결정을 지지함으로써 좌우의 충돌은 불가피하게 되었다. 그리하여 1946년 2월에 우익은 김구가 주도한 비상국민회의(비국)와 이승만이 의장인 남조선대한국민대표민주의원(민주의원)에, 좌익은 민주주의민족전선(민전)에 집결하였다. 중경임시정부 요인들도 좌우로 갈라섰다.

비국·민주의원과 민전으로 좌우가 분립되면서 한국인은 좌익과 우익의 어느 한쪽에 줄을 설 것을 강요당하며 극좌나 극우로부터 시달려야 했다. 중도 또는 중립을 지키려고 애를 썼던 잡지 『신천지』는 출발할 때부터 우익으로부터는 좌라는 칭호를 받는 동시에 좌익으로부터는 반동이라는 칭호를 받게 되었다.[06] 트루먼 독트린이 출현하기 1년여 전이었다.

냉전시대에 한국이 어떠한 상황에 놓여 있었는가는 두 가지 예로써 충분히 짐작할 수 있다.

---

06 「본지가 1년 동안 걸어온 길」, 『신천지』 1947. 2.

하나는 김일성 가짜설이다. 왜 그때 한국인의 거의 전부가 조금만 객관적으로 사고해도 의심이 들지 않을 수 없는 김일성 가짜설을 신봉하였을까. 왜 남과 북의 주민들은 근대도 아니고 현대라는 정보의 홍수 시대에 살면서 한쪽에서는 김일성을 신과 같이 전지전능한 불세출의 위인이라고 생각하고, 다른 한쪽에서는 그를 항일투쟁 명장의 명의를 도용한 사기꾼이라고 생각하였을까. 왜 이러한 불가사의한 일이 생겨났을까.

다른 하나는 학살 문제다. 특히 박정희 유신 치하에서는 북의 남침설과 공산당의 학살 만행이 끊임없이 교육되어 학살 하면 공산당이 떠오르고, 북은 인간이 사는 사회가 아니라 흡혈귀나 이리떼가 사는 지역으로 연상되어 두려움의 대상이었다. 이렇게 치떨리는 북과는 통일은커녕 접촉하는 것도 끔찍하고 무서운 일이었다. 그런데 1987년 6월민주항쟁 이후 학살에 대한 진상이 밝혀지면서, 빨치산이나 좌익, 인민군도 학살 만행을 저질렀지만, 문명사회에서 전쟁범죄로 엄격히 금지되고 있는 주민 집단학살은 3만 명 내외가 희생된 제주 4·3의 경우건, 그보다 훨씬 많은 수가 희생된 것으로 추정되는 보도연맹원 학살이건, 고창, 남원, 함평, 산청, 거창 등지에서의 학살이건 주로 군·경에 의해 저질러진 것으로 밝혀졌다. 그렇다면 박정희 유신정권은 무엇을 가르쳤단 말인가.

문제는 1980년대 말 90년대 초 소련과 동유럽 사회주의 정권이 붕괴되면서 세계적 차원에서는 냉전시대가 끝났다고 하는데, 한국만은 아무래도 그 이전보다는 덜하다고는 하지만, 냉전 이데올로기가 계속해서 기승을 부리고 있다는 점에 있다.

한국은 6월민주항쟁 이후에도 대통령 선거 때마다 '색깔 논쟁'으로 한바탕 홍역을 치렀다. 금년(2002년)의 경우 이미 예비선거에서부터 색깔 문제를 둘러싸고 격렬한 공방이 있었다. 이번에는 본인이 아니라 장인 문제를 가지고 일어났다는 점에서 더 퇴영적이라고 할까.

한국에서 냉전 이데올로기의 주된 전사(戰士)는 신문 잡지 등 언론매체라고 볼 수 있다. 언론매체는 이데올로기 문제에 관한 경우 주로 북과 관련된 보도에서 '전가의 보도'를 휘두르고 있지만, 여기서는 다른 예를 두 가지 들기로 하자.

하나는 2, 3년 전부터 MBC 텔레비전에서 힘을 들여 방영하고 있는 〈이제는 말할 수 있다〉라는 프로그램에 대한 극우 언론매체의 반향이다. 이 프로그램은 제목이 시사하듯 현대사에서 매우 중요한데도 그간 밝혀질 수 없었던, 1940년대에서 80년대에 걸친 여러 사건을 다큐멘터리 형식으로 방영하고 있다. 따라서 지금까지 왜곡하여 가르쳐왔거나 무지를 강요하였던 중요 사건의 진상이 밝혀져 현대사 교육면에서도 기여하는 바가 크다. 새로운 사실도 꽤 많이 밝혀냈다. 그런데 필자가 지금까지 살펴본 바로는 텔레비전 프로 소개 보도에서 극우 언론은 줄곧 이 프로를 묵살하였다. 왜 이렇게까지 진실을 외면할까.

다른 하나는 역시 학살 문제다. 6월민주항쟁 이후 중요한 학살 사건의 진상이 계속 밝혀지고 있지만, 극우 언론매체는 이것도 침묵으로 일관하였다. 뿐만 아니라 거창 등지의 양민학살에 대한 특별법이나 제주 4·3 사건에 관한 특별법이 통과되고 공포될 때도, 대단히 의미 있는 일인데도 1단 기사로 내보내는 정도였다. 그렇지만 이러한 특별법과 관련해서 극우세력이 소송을 하는 등 '이의'를 제기하면 그것은 사설로도 써주었다. 또 하나 이채로웠던 것은 1999년에 미군에 의한 충북 노근리학살사건이 한국 언론이 아닌 미국의 AP통신에 의해 밝혀지자 그것은 대서특필하였다는 것이다. 그러고는 사설로 미국이 주민 집단학살을 적당히 호도하려고 해서는 안 된다고 경고하고, 철저히 조사해서 엄격히 진상을 밝히라고 요구하였다.

필자는 현대사에 관한 글을 쓸 때 불안감을 떨쳐버리기 어려운 때가 퍽 많았다. 잡지에서 「간첩이 국회에서 안보세미나 주도」(『한국논단』 2002. 3), 「대한민국의 반역자는 누구인가」(『한국논단』 2002. 4), 「친북좌익 400만의 세상—'김정일은 선'이라는 사람이 유권자의 12%, 김대중 정부하에서 급팽창, 대구·경북 지역 유권자보다 많아 차기 정권 선택에 큰 영향」(『월간조선』 2002. 5) 등의 제목을 볼 때마다 섬뜩한 두려움을 느끼는 것은 필자뿐일까.

냉전 이데올로기, 곧 분단국가주의가 깊숙이 침투되어 있는 곳이 중학교 고등학교 '국정' 국사 교과서다. 필자는 1945년에서 1953년 시기에 관한 기술, 북과 통일 문제에 관한 기술이 6·15 정상회담 이후인 2001년에 사용된 교과서에서조차도 분단국가주의의 영향을 받아 이데올로기성을 강하게 띠고 있으며, 이 때문에 명백히 틀린 곳을 포함하여 부정확하게 기술된 곳이 중학교 것이든 고교 것이든 수십 군데에 이른다고 지적한 바 있다.[07] 그런데 분단국가주의에 의해 잘못 기술된 곳은 현대사뿐만이 아니고, 근대사 부문도 적지 않게 많았다.[08]

1988년 대만인의 중국 본토 방문이 허용된 이래 1997년 10월까지 1,143만 명의 대만 사람이 중국을 갔다는데,[09] 한국인은 1999년까지 이산가족 상봉이 딱 한 번밖에 없었다. 한반도가 이데올로기성이 얼마나 강한 지역인가를 단적으로 말해준다고 하겠다.

07 서중석, 「국사교과서 현대사 서술, 문제 많다」, 『역사비평』 2001 가을; 서중석, 「한국 교과서의 문제와 전망」, 『한국사연구』 116, 2002.
08 서중석, 「한국 교과서의 문제와 전망」, 『한국사연구』 116, 2002.
09 『한겨레신문』 1998. 2. 16.

3) 이데올로기와 사료

현대사의 경우 사료가 너무 많아 취사선택하기가 대단히 어렵다는 것은 E. H. Carr가 『역사란 무엇인가』에서 구체적으로 예를 들어 설명한 것을 참고하지 않더라도 일반적으로 받아들여지고 있다. 그렇지만 한국의 경우, 1987년 6월민주항쟁 이전에는 소장되어 있는 자료도 보여주지 않았지만, 그 이후에도 여전히 사료난 때문에 연구하는 데 많은 지장을 받고 있다. 공문서건 사문서건 남아 있는 것이 얼마 되지 않아서이다. 이와 같이 사료가 제한되어 있을 뿐만 아니라, 남아 있는 사료도 이데올로기의 영향을 받아 편향성이 강하고 왜곡이나 허위가 많아 활용하는 데 어려움을 주고 있다.

해방 직후의 신문이나 잡지는 대부분이 특정 정치세력과 연관되어 있었고, 그중 상당수가 스스로 좌우익 대결의 선봉장으로 자임하였다. 정치적 사건이나 상대방 진영에 대한 신문의 편향 보도는 1950~80년대에도 계속되었고, 그 점은 세계적 규모에서 냉전이 사라졌다고 하는 1990년대에도 마찬가지였다.

현대사 연구에서 회고록이나 증언, 일기가 얼마나 중요한가는 구태여 얘기할 필요도 없을 것이다. 그렇지만 한국의 경우 사회적으로 중요한 활동을 한 사람일수록 윤치호(尹致昊)를 제외한다면 일기를 남긴 사람이 드물다. 극우 반공주의자들은 소수를 제외하면 증언에 나서려고 하지도 않았지만, 진보세력도 6월항쟁 이후 증언할 수 있는 여건이 좋아졌는데도 증언이 그다지 채록되지 않았다. 회고록을 쓴 유명인사는 꽤 있지만, 자신과 관련된 중요한 사건을 사실을 존중해서 어느 정도 객관적으로 쓰려고 한 사람은 그저 허정(許政)이나 정구영 등 몇 사람 되지 않는다.

정치적으로 중요한 위치에 있었던 인물들의 증언록을 보면, 대개의 경우 구체성이 결여되어 있고, 자신과 관련된 사건이 부정적인 이미지를 띠고 있을수록 견강부회나 왜곡이 심하다. 분명히 보도연맹원 대량학살 등을 지휘하였거나 잘 알 수 있는 위치에 있었는데도 불구하고 거의 언급하지 않은 경우도 있다.

필자는 한 논문에서 해방 3년 시기에 한민당 8인 총무 중 한 사람이었고 경무부장이었던 조병옥의 『나의 회고록』(민교사, 1959)이 신빙성에 문제가 많다는 것을 이 회고록의 해방 직후 상황을 그린 두 쪽(144~145쪽)의 분석을 통해서 입증하고자 한 바 있었다. 그리하여 이 두 쪽에 실려 있는 한민당 창당 과정이나 8인 총무 명단, 여운형·안재홍의 연설 등 건국준비위원회에 관한 기술 및 인민공화국에 관한 기술이 대부분 틀렸다는 것을 밝혔다.[10] 이 중 건준과 인민공화국에 관한 것은 이데올로기와 직결되어 있음은 물론이다. 이러한 심한 왜곡이나 오류는—이보다 더 중요한 것은 중요한 사실을 기술하지 않거나 적당히 넘어간다는 점이라는 것은 이미 지적한 바와 같다—이범석의 회고록(『철기 이범석 자전』, 외길사, 1991)이나 윤치영의 회고록(『윤치영의 20세기』, 삼성출판사, 1991) 등 여러 회고록에서 어렵지 않게 발견된다.

이승만·박정희 대통령의 담화·성명이나 정부의 발표가, 사실을 잘 알고 있으면서도 그것과 전혀 다르게 되어 있는 경우도, 시국 사건일수록 그러하지만 자주 볼 수 있다. 예컨대 여순반란사건이 일어났을 때, 이범석 국무총리, 윤치영 내무부장관 등의 발언이나 국회에서의 설명, 1958년 2월 25일 오재경 공보실장이 진보당 등록 취소를 발표하면서 그 이유로 내세운 세 가지 사항은 모두 사실과 맞지 않는 허위, 오류다.[11] 또 하나의 예를 보자. 거창 양민학살이 문제가 되자 이승만은 1951년 4월 24일 이철원 공보처장을 통하여 다음과

---

10   서중석, 「현대사 사료의 문제」, 『국사관논총』 73, 1997, 66~67쪽.
11   위의 글, 79~80쪽.

같은 발표를 하였다.

> 거창 사건의 희생자는 대부분이 통비자(通匪者)였고… 아(我) 군경이 불리한
> 상태로 포위당했을 때에는 공비들과 함께 죽창을 들고 군경에 반항한 사실이
> 있다. 군은 마땅히 이러한 자로 규정하고 체포하여 군법회의에 회부함으로써 남
> 자 187명을 고등군법회의의 판결에 의거하여 사형을 집행했다.[12]

거창 양민학살 사건 희생자가 통비자가 아니라는 것은 희생자 719명 중
10세 이하가 313명, 10~20세가 106명, 60세 이상이 66명이라는 점이나, 여자가
388명이라는 점으로도 알 수 있다. 희생자들이 군경이 포위당했을 때 공비들
과 함께 죽창을 들고 반항하였다는 것은 지금까지 전혀 확인이 되지 않고 있
다. 희생자들이 군법회의에서 재판을 받지 않았다는 것도 분명하다. 희생자
도 남자보다 오히려 여자가 많다. 그 숫자도 크게 축소하여 발표되었다.[13]

현대사가 이데올로기의 대립이 심각하였고, 사료가 그것에 의해 큰 영향
을 받게 된 것은 현대사 연구에 기본적인 제약을 주고 있다. 현대사 자료가
제한되어 있고, 객관적이지 못하고 판독하는 데 어려움을 주기 때문인지 적
지 않은 연구자들이 미국 측 자료에 의존해서 현대사를 연구하고 있는 것은
어쩔 수 없는 상황을 반영하는 측면이 있다 하더라도 씁쓸한 느낌을 지울 수
없다. 또 미국 측 자료의 이데올로기성에 혹시 영향을 받지 않을까 하는 우려
도 없지 않다.

일부 연구자들은 자신의 주장을 강화하기 위해서 아이러니컬하게도 이

---

12 부산일보사, 『비화 임시수도 천일』 상, 1983, 110~111쪽에서 재인용.
13 서중석, 『조봉암과 1950년대』 하, 역사비평사, 2000, 638~639쪽 참조.

데올로기적으로 자신과 다른 위치에 있는 자료나 연구자들의 신빙성에 문제가 있는 주장을 수용하는 현상도 있다. 극우반공주의자들이 북을 적극적으로 이해하려는 연구자들이 내놓은 자료를 이용하여 자신의 논거를 강화하려고 하는가 하면 반대의 경우도 있다. 예컨대 1980년대와 1990년대에 걸쳐 조봉암·진보당에 대한 연구는 1950년대와 관련된 어떤 연구보다도 많은 논문이나 글이 나왔다. 그렇게 된 데는 '실천적' 인식이 적지 않게 작용하였다. 진보적 연구자들은 진보당의 변혁적 성격에 관심을 갖고, 김기철의 평화통일론과 정태영의 강평서, 그리고 진보당의 비밀당원과 이중조직 등을 중시하였다. 일부 연구자들은 조봉암과 북과의 연계 가능성을 조심스럽게 주장하기도 하였다. 그런데 이러한 주장은 40년 전의 수사당국의 공작적 차원의 주장, 그것을 집대성했다고 볼 수 있는 윤기정의 『한국공산주의운동비판』(통일춘추사, 1959), 이 저서를 무비판적으로 수용한 이기하의 『한국정당발달사』(의회정치사, 1961) 등의 영향을 받았다.

해방 정국에서 2000년 6·15 남북정상회담에 이르기까지 이데올로기가 작용하여 일부 연구자들 사이에 사료 이용이나 평가를 달리하고 있는 사건이나 주제는 무수히 많다. 이하에서는 6·15 남북정상회담 이전에 이승만을 제외하고 남북의 중요 지도자들이 1948년 4월에 평양에서 자리를 같이하였던 연석회의와 남북협상(남북요인회담)에서 이데올로기가 연구자들한테 어떻게 영향을 미쳤는가를 고찰해보기로 하자. 연석회의와 남북협상=남북요인회담 연구에서 이데올로기가 어떠한 영향을 미쳤는지는 연구자가 연석회의와 남북협상 곧 남북요인회담 가운데 어느 쪽 중심으로 서술하였고, 어느 쪽에 역사적 의의를 더 두었는가를 고찰하면 어렵지 않게 밝혀질 수 있을 것이다.

2. 연석회의·남북협상=남북요인회담 연구와 이데올로기

잘 알다시피 1948년 4월 평양에서는 참석자와 회의 진행 방법, 회의의 의도나 결과 등 여러 면에서 성격을 달리하는 두 가지 회의가 열렸다. 4월 19일에서 23일까지 있었던 남북연석회의(남북조선제정당사회단체대표자연석회의)와 4월 26일에서 30일 사이에 열린 남북요인회담 및 남북조선제정당사회단체지도자협의회가 그것이다. 이 두 회의는 당시에 명확히 구분하여 보도되지 않았다. 그러나 남쪽에서는 김구·김규식이 참여하는 회의였다는 점에서 큰 관심과 반향을 불러일으켰으며, 그래서 대체로 남북협상으로 통칭했다. 그런데이 두 회의 중 김구·김규식이 주도적으로 참여한 회의는 남북요인회담밖에 없으며, 바로 뒤에서 자연스럽게 설명이 되겠지만, 이 남북요인회담만이 남북협상이라고 할 수 있는 회의였다. 그와 대조적으로 북에서는 연석회의 중심으로 이 회의를 바라보았고, 역사적인 의의도 주로 그 부분에 두었다. 따라서 당시 부정확한 보도 등으로 양자가 명확히 구분되어 알려지지는 않았으나, 어느 쪽을 중시하였는가는 뚜렷이 구별할 수 있다. 이 두 회의에 대한 연구에서 어느 한쪽에 더 큰 비중을 두고 분석, 서술한 것은 연구자의 연구 의도나 주제에 따른 현상으로 볼 수 있지만, 연구자의 이데올로기 편향이 작용한 경우도 많이 있었다. 전문적인 연구일수록 연석회의 중심, 또는 남북협상중심으로 이 회의를 분석하고 서술한 것이 이데올로기적 편향 때문이 아니고 연구자의 연구 주제에 따른 것이겠지만, 그 경우도 의식적이든 무의식적이든 이데올로기의 영향을 전혀 받지 않았다고는 말하기 어렵다고 생각하여이 글에서는 이데올로기와의 관련성을 연석회의 중심의 서술과 남북협상 중심의 서술로 나누어 분석하였다.

그런데 1990년을 전후하여 나온 일부 개설서류는 남북협상과 연석회의를 구별하지 않거나 못한 채 기술하였다. 『한국민중사』 2(한국민중운동사연구회 편, 풀빛, 1986)의 경우 "김구와 김규식은 (…) '전조선정당사회단체대표자연석회의'에 참석하였다(1948. 4. 19). 남북협상에서 돌아온 김구와 김규식은"이라고 서술하여, 두 김이 연석회의에 참석한 것으로 기술하고 남북협상에 대해서는 언급하지 않았다. 한쪽 자료를, 그것도 부정확하게 사용한 것인데, 평양회의를 연석회의만 알고 있었기 때문이었다(241쪽). 『바로보는 우리 역사』 2(구로역사연구소 편, 거름, 1991)도 연석회의와 남북협상을 구별하지 못했고, 김규식이 연석회의에 참석한 것으로 기술하였다(154쪽). 『강좌 한국근현대사』(역사학연구소 편, 풀빛, 1995)는 김구·김규식의 남북협상 제의에 북에서는 연석회의를 제안하여, 연석회의에서 미소 양군의 철수와 단독선거를 반대하는 결의를 하였다고 기술하고 남북협상에 대해서는 언급을 하지 않았다(264쪽).

1980년대까지는 남북협상과 연석회의에 대하여 안철현의 연구를 제외하면 깊이 있는 연구가 없었다고는 하지만, 송남헌의 『해방30년사 1. 건국전야』(성문각, 1976)에 양자가 구별되어 서술되어 있고, 송남헌의 「남북협상 결렬」(『전환기의 내막』, 조선일보사, 1982), 송남헌의 「비사—내가 겪은 1948년의 남북협상」(『신동아』 1983. 9) 등에서 더 자세히 서술되어 있다. 강만길의 『한국 현대사』(창작과비평사, 1984)에도 양자가 구별되어 서술되어 있고, 안철현의 「남북협상운동의 민족사적 의미」(『한국 현대사』 1, 열음사, 1985)는 깊이 있는 연구라는 점을 볼 때 위와 같은 서술은 아쉽다.

1) 연석회의 중심의 서술

북의 역사서는 1948년 4월의 회의를 큰 비중을 두고 서술하되, 두 회의 중 연석회의 중심으로 설명하고 있는 것이 특징이다. 또한 김구·김규식·김일성·김두봉의 4김회담에 관해 전혀 언급하지 않고, 4김회담에 의하여 마련된 4월

民族怨恨의 38線
金九氏無事通過

令息秘書만다리고 一路平壤에

민족원한의 38선 김구 씨 무사통과　김구의 북행을 보도한 『조선일보』 1948년 4월 21일 기사와 38선 팻말 앞에서 촬영한 사진. 사진 가운데가 김구, 오른쪽은 아들 김신, 왼쪽은 비서 선우진이다.

30일의 「공동성명서」를 사실상 추인하기 위해 열린 15인 확대회의를 가리키는 '남북조선제정당사회단체지도자협의회'에 대해서만 간략히 기술하고 있다. 그리고 1948년 3월 25일 북에 의한 제안으로 연석회의가 열린 것으로 설명하고 있으며, 1947년에서 1948년 2월에 걸쳐 중도파 민족주의자들과 한독당 등에서 남북지도자회의의 소집을 주장하였거나 김구와 김규식이 남북요인회담을 북에 제안한 것에 대해서는 언급조차 하지 않고 있다.

　1950년대까지의 근현대사 연구와 평가가 담겨 있는 『조선통사』 하(과학원 역사연구소 편, 1958. 남에서는 1989년 오월에서 펴냈다)는 제23장 「민주기지의 강화 발전과 조선민주주의인민공화국 창건」의 제5절로 「4월 남북연석회의와 5·10 단선 반대투쟁」을 서술하였다. 연석회의 중심의 서술이지만, 4월 30일에 남북조선제정당사회단체지도자협의회가 소집되었다고 밝히고, 이 협의회 이름으로 채택한 공동성명서의 내용도 요약하여 소개하였다.

수령 유일체제 성립 이후 한국사의 상세한 연구와 평가가 담겨 있는 『조선전사』는 현대편 24권(과학·백과사전출판사, 1981) 제4장 「통일적 중앙정부를 수립하기 위한 투쟁, 조선민주주의인민공화국의 창건」의 제3절 「4월 남북련석회의와 구국 대책의 수립」에서 4월회의를 다루고 있는데, 앞의 『조선통사』 하권보다도 훨씬 김일성 수령 중심으로 기술하고 있는 것이 특징이다. 또 연석회의에 대해서는 성과에 대한 기술을 포함하여 8쪽이나 할애하였는데, 남북협상과 관련해서는 "남북련석회의에 뒤이어 1948년 4월 30일에는 위대한 수령님의 지도 밑에 남북조선 정당, 사회단체들의 지도자협의회가 열렸다"는 기술을 포함하여 8줄 정도에 그치고 있으며, 「공동성명서」의 내용 요약도 오히려 앞의 『조선통사』 하권의 서술보다 구체적이지 못하다(158쪽).

근래에 일어로 나온 『조선통사』 하(김창호 강근조, 외국문출판사, 1996)의 서술은 『조선전사』의 서술과 비슷하지만, 김일성 주석이 1947년 10월 3일 북조선민주주의통일전선회의에서 남북조선정당·대중단체대표회의를 제안하였고, 1948년 초부터 연석회의 구상을 실현시키기 위하여 정력적으로 활동하였다는 것, 5월 2일 대동강 쑥섬에서 남조선정당·대중단체지도자협의회가 열렸다는 것이 새롭게 들어가 있다(46~48쪽).[14]

한국역사연구회 현대사연구반에서 펴낸 『한국 현대사』 1(풀빛, 1991)은 1948년 평양회의를 연석회의 중심으로 파악하였다. 전체 장의 제목도 「남북연석회의의 배경 및 전개 과정」이고, 세 절의 제목도 「남북연석회의의 배경 및 추

---

14 앞의 두 가지는 논란이 될 수 있는 주장이지만, 김일성이 1990년대에 들어와 최초로 발설함으로써 밝혀진 쑥섬회의(2002. 5. 2. 쑥섬에서 안내원이 설명했음)는 사실로 인정된다.

진 과정」, 「남북연석회의의 전개 과정」, 「남북연석회의에 대한 남쪽 대표자들의 인식과 반응」으로 되어 있다. 「2. 남북연석회의 전개 과정」의 「(1) 남북조선제정당·사회단체대표자연석회의」에서는 김구나 김규식 등 중도파 민족주의자들의 참석 여부는 언급하지 않고, 참가자 분석, 김일성 등의 정세 보고, 「남조선 정치정세에 관한 결정서」 등이 서술되었다. 남북협상에 관해서는 「(2) 남북조선제정당사회단체지도자협의회(남북요인회담)」이라는 제하로 서술을 하였는데, 4월 30일에 있었던 지도자협의회에 관해서만 기술하고 있고, 26일부터 있었던 4김회담이나 김규식·김일성의 회담에 대해서는 언급하지 않았다. 또 지도자협의회 이름의 「공동성명서」에서는 '제2차 연석회의'의 가능성을 강력히 시사하고 있으며, 제2차 회의는 지도자협의회에 참석한 인사들이 "필연적으로 참석해야 할 프로그램이었다"라고 기술하였다(274쪽). 그러나 다 알다시피 6월 29일부터 열린 '제2차 연석회의'(「한국 현대사」 1의 표기에 따름)에 불참한 김구와 김규식은 평양에서 소위 제2차 남북협상을 열었다는 것은 괴이치 아니할 수 없는 일이라고 신랄히 비난하고, "시기와 지역과 수단 방법에 있어서 차이가 있을지언정 반조각 국토 위에 국가를 세우려는 의도는 일반인 것"이라고 밝혔다.[15]

김광운의 「통일독립의 현대사」(지성사, 1995)는 김규식의 '특사' 등으로 북을 왕래하면서 남북회의에 일정한 역할을 한 친북적 인사 권태양의 '통일독립운동'을 다룬 저서이다. 이 저서는 남북회의와 관련된 비화를 여럿 소개했는데, 소제목이 「역사적인 1948년 4월 남북연석회의」, 「남북조선정당·사회단체지도자협의회」 등으로 되어 있는 것이 눈에 띈다. 남북협상을 지도자협의회 중심으로 다루었지만, 4김회담에 대해서도 언급하였다. 이 글에서는 남북

15 국사편찬위원회 편, 「자료 대한민국사」 7, 1974, 577~578쪽.

협상에서 토의된 의제가 김일성 제의를 중심으로 이루어진 것으로 서술하였는데, 그러한 서술이나 지도자협의회 중심의 서술은 『조선일보』·『서울신문』이 5월 4일자에서 4월 30일의 공동성명서는 4김씨 간의 최종적 합의에 의하여 성립된 것이며, 양 김씨가 제의한 5원칙에—그것은 김규식이 제의한 것이었다— 김일성·김두봉이 양해하였다고 보도한 것과[16] 차이가 있다.

1948년 4월에 있었던 평양회의에 대하여 상세하고 정밀한 연구는 도진순에 의해 이루어졌다. 도진순은 박사학위논문을 가다듬은 저서 『한국민족주의와 남북관계』(서울대학교출판부, 1997)의 제4부 「1948년 4월 남북연석회의」, 그 중에서도 제10장 「남북연석회의와 남한민족주의자」에서 4월에 열렸던 연석회의와 남북협상을 상세히 고찰하였다. 연석회의와 관련해서는 참석한 단체와 대표의 분석, 연석회의의 진행과 「조선 정치정세에 관한 결정서」의 채택 과정 등 두 부분으로 나누어 서술하였으며, 남북협상은 3절 「4김회담과 남북지도자협의회」에서 다루었다. 그리고 남북협상이 4월 26일의 제1차 4김회담, 4월 27일의 남북 요인 15인의 남북지도자협의회, 4월 28일의 김규식·김일성 회담, 4월 30일의 제2차 4김회담 및 남북지도자협의회 등의 과정을 거쳤음을 밝혔다. 서중석과 차이가 있는 부분은 도진순은 「공동성명서」 중 가장 예민하고 논란이 많았던 문제는 미소 양군의 철수를 다룬 1항과 북의 남침 관계를 다룬 2항으로 파악하였는데(279쪽), 서중석은 통일국가 건설 방안을 다룬 3항으로 파악한 점이다.[17] 또 4절 「서로 다른 평가」에서 도진순은 연석회의 중심으로 서술하였지만, 이 경우 연석회의는 남북협상을 포함한 4월회의 전체를 호칭하는 것으로 표현되어 있으며, 오히려 김구·김규식의 북행에 대한 평

---

16 위의 책 7, 18~19쪽.
17 서중석, 『남·북협상—김규식의 길, 김구의 길』, 한울, 2000, 222~223쪽.

가 문제를 주로 다루었다.

반공보수주의자 또는 극우반공주의자들은 북의 공산주의자들과는 정반대의 입장에서 1948년 4월 평양회의를 연석회의 중심으로 설명하고, 남북요인회담을 폄하하거나 무시하였다.

이정식은 「1948년의 남북협상」(『신동아』 1980. 3)에서 "(북이 1970년대에 제의한 대민족회의와 비슷한 모임이 한 번 있은 적이 있는데) 즉 1948년 봄에 열렸던 전조선정당·사회단체연석회의가 바로 그것이다"라고 기술하고, 그 회의가 열리게 된 배경을 살펴본 다음 연석회의를 자세히 소개하고 신랄히 비판하였다. 그런데 이 회의와 관련하여 이정식은 김구·조소앙·조완구 등 3인은 22일 회의에 참석한 것을 제외하고는 다시는 회의에 참석하지 않았으며, 김규식은 칭병하여 한 번도 회의석상에 나타나지 않았다고 사실대로 기술하고는(180쪽), "그러나 김구와 김규식을 비롯한 남한의 지도층 인사들이 참여함으로써" 연석회의는 정당성을 부여받았다고 주장하였다(182쪽). 그리고 김규식이 연석회의를 단순한 공산주의자들의 선전을 위한 공식회의로 간주하고 요인협상회의를 공산측 수뇌부에게 요구하여 4김회담이 열렸다는 설국환의 증언을 소개하면서도, 연석회의를 더 비중을 두고 비판하면서 4김회담을 경시하였다. 그러나 4월 30일의 4김회담에서 미·소 양군의 철수 후에도 내전이 있을 수 없다는 것을 '확인'(따옴표—필자)하는 등 건설적인 항목이 들어가 있다는 점을 지적하였다(183쪽). 이정식의 연구에는 1973, 74년에 편찬된 국사편찬위원회의 『자료 대한민국사』 6·7을 참조하기 어려웠던 사정 등 자료의 제약이 있었을 것이다.

양동안의 저서 『대한민국건국사』(개정신편, 玄音社, 2001)는 제22장의 제목이 「우익 진영의 분열과 남북협상」이지만, 주로 연석회의에 초점을 맞추어 기술하였다. 양동안은 김구 등이 연석회의에 한 번밖에 참석하지 않았고, 김규식은 아예 참석하지 않았다고 기술하였으면서도(487~488쪽), "연석회의에서 채택된 문서들을 볼 때 김구·김규식 및 남한의 중도파는 북한 공산주의자들에게 일방적으로 이용당한 것이 분명하다"라고 단언하였다(492쪽). 그리고 2001년에 나온 저서인데도 4김회담이 열린 것은 4월 30일 하루라고 기술하고, "그나마 이 4김씨의 회담 내용은 문서화된 결과가 없는 것이었으며", 4자회담에서 합의된 사항들이 4자회담 직후에 개최된 15인의 남북지도자협의회 공동성명에서 전혀 언급되지 않은 것으로 파악하였다. 더욱 놀라운 것은 "남북한의 4김이 모두 서명한 4·30 공동성명의 내용은 (…) 연석회의에서 채택된 문건의 내용과 동일한 것이었다"라고 주장하였다는 점이다. 4월 23일 발표된 문건과 4월 30일 발표된 문건을 읽었는지 의아심이 든다. 공동성명에 서명한 단체가 56개라는 것도 오류다(492~494쪽).[18] '물 반 고기 반'이라는 말도 있지만, 2001년에 출판된 저서인데도 오류가 적지 않다. 더욱이 이 저서의 「개정판 서문」에는 "이 책은 80년대 이후 우리 사회에 홍수처럼 쏟아져 나온 대한민국의 건국과정 및 해방 후 3년의 정치 과정에 대해 잘못 기술된 논저들로 인한 독자들의 잘못된 역사 이해를 바로잡는 데 조금이라도 기여해볼 의욕에서 출판되었다"라고 밝혔는데.

2) 남북협상 중심의 서술

남북협상에 대한 최초의 깊이 있는 연구라고 볼 수 있는 「남북협상 운동의 민족사적 의미」에서 안철현은 "연석회의는 사실상 김구·김규식이 제의했던 남북정치협상과는 전혀 거리가 먼 것이었다"라고 주장하고, 그 회의는 사

---

18 4월 23일 발표된 「조선 정치정세에 관한 결정서」 등에 서명한 단체는 56개이지만, 4월 30일의 「남북조선제정당·사회단체공동성명서」에 서명한 단체는 42개이다. 도진순, 앞의 책, 387, 390쪽 참조.

전 논의가 전혀 없이 일방적으로 진행되어 "다른 사람들에 의해 이미 준비된 결혼식'이 되어버렸다"고 지적하였다. 그래서 설국환이 증언한 바와 같은 이유로 김규식은 회의장에 나타나지 않았다고 설명하였다(325쪽). 안철현은 남북요인회담을 15인 회의 중심으로 설명하였는데, 그러면서도 주로 김규식이 북행 전 김일성에게 제시한 5개 항 원칙을 중심으로 논의가 진행되었음을 밝혔다. 그는 4월 30일의 「공동성명서」에서 확인한 외군 철수와 그런 연후의 남북 총선거 및 남한 단정 반대의 대원칙은 북의 입장과 김구·김규식의 입장이 일치된 내용이었으며, 철수 후 내전이 있을 수 없다는 것의 확인, 통일국가를 수립하기 위한 구체적 방안은 상당히 현실성이 있어서, 김구·김규식이 만족스러운 반응을 나타냈다고 평가하였다(326~327쪽).

강만길은 「김구·김규식의 남북협상」(『현대사를 어떻게 볼 것인가』 1, 동아일보사, 1987)에서 "김구나 김규식이 남북협상을 제의하고 또 참석한 것은 남북한에서 외국군을 철수시키고, 남북한의 정치 대표자들로서 임시정부를 만든 후 총선거를 실시하여 완전한 독립국가를 만드는 일을 북쪽의 정치 지도자들과 협상해보자는 데 있었으며", 그래서 김규식은 5개 항을 제시하였는데, "연석회의는 양 김이 직접 참여하여 협상을 벌일 성격의 회의는 아니었다"고 지적하였다(214쪽). 그는 "「공동성명서」의 내전 부인 조항은 외군 철수 반대, 단독정부 수립론을 분쇄하기 위한 것이며, 나머지 3개 항 역시 김구·김규식 등이 남북협상 제의 후 일관되게 주장해온 통일독립정부 수립안 및 그 실천 과정과 같은 것"이라고 설명하여(215쪽), 「공동성명서」 4개 항을 적극적으로 평가하였다.

정해구의 박사학위논문 「남북한 분단 정권 수립 과정 연구」(고려대 정치외교학과, 1995)는 제4장 「남한 분단 정권의 수립」 제3절에 「남북협상의 모색」을, 제5장 「북한 분단 정권의 수립」 제3절에 「남북연석회의」를 배치한 것을 보더라도 연석회의와 남북협상을 공평하게 다루려고 노력하였다. 정해구는 남북연석회의의 방식은 북한 측이 주도권을 행사하는 가운데 단선단정을 반대하는 모든 정치세력들의 연대를 최대한으로 시위할 수 있는 방안으로 평가하면서도(201~202쪽), 남북협상 진영의 인사들이 원했던 것은 공산 측이 일방적으로 주도하는 연석회의가 아니라, 통일 방안 등 남북 간의 구체적인 문제들을 다룰 수 있는 남북요인회담이었다고 기술하였다(207쪽). 그래서 김규식은 병을 핑계 삼아 아예 회의장에 나타나지도 않았으며, 25일 만찬회에서도 「레베데프 비망록」을 인용하여 북은 "돌이킬 수 없는 일들을 벌여놓고 있다"고 토로하였음을 밝혔다. 정해구는 "공동성명은 그 내용으로만 본다면, 우선 보다 분명한 통일 방안과 절차를 제시하고" 있으며, "한마디로 그것은 그 내용만으로는 남북한의 자주적인 평화통일안이라 할 수 있었다"라고 평가하였다(207~208쪽).

서중석은 『남·북협상—김규식의 길, 김구의 길』 및 「우사 김규식의 남북협상」(『우사 김규식선생 학술조사보고서』, 강원도 홍천군·강원대학교향토문화연구소, 2001)에서 연석회의와 남북협상을 엄격히 구별해야 한다고 주장하고, 1948년 4월 평양에서 열린 두 회의 중 남북협상이라고 할 만한 남북지도자회의는 남북요인회담이며, 남북요인회담은 15인회담을 중심으로 열린 것이 아니라 4김회담을 중심으로 열렸다고 강조하였다. 그는 또 남북협상이 요식행위가 아니라 북으로 하여금 양보하게 하여 남북통일 방안을 구체화시킨 데는 김규식의 역할이 중요하였다고 주장하였다. 통찰력 있는 이성의 정치인 김규식은 1948년 2월 남북요인회담을 북에 제안하였을 때부터 어떻게 하면 북에 이용당하지 않으면서도 통일에 이를 수 있는 방안에 남과 북의 지도자가 합의할 수 있을 것인가로 고심하였고, 우선 자신과 김구가 제의한 남북요인회담을 그것의 한 단계로 생각하고 있었음을 지적하였다. 그는 통일은 대단히 지난한 일이지만 포기할 수 없으며, 전쟁은 어떻게 해서든 막아야 한다고 생각하였다.

3월 25일 평양방송을 통해 북이 제의한 남북회의의 진의를 묻기 위하여 보낸 안경근과 권태양이 평양에서 돌아온 며칠 후인 4월 13일 회의에서 김구는 북행을 결정하였으나 김규식은 북행을 보류한다고 발표한 것에 대하여 여러 연구자들이 김규식은 이 시기에 북행을 망설였던 것으로 이해하고 있다. 이정식은 김 박사는 연석회의에 참가하지 않을 것을 결정하고 그러기 위한 명분으로 이북 측에서 수리하지 않을 것이라는 추정하에 5원칙을 제시하였다고 주장하였다.[19]

김규식의 북행은 당시 하지 장군도 적극 만류하고 있었고, 그와 같은 노선을 걸어온 김병로·안재홍도, 그리고 민족자주연맹에서 측근이었던 원세훈·윤기섭 등도 반대하였다. 뿐만 아니라 그 자신 북을 신뢰하지 않았다. 따라서 4월 13일경 망설였을 가능성도 있지만, 자신의 신념과 판단에 따라 그날에서 그 다음 날 사이에 적극적인 남북협상 방안을 마련하고 북행을 결의하였다고 서중석은 주장했다. 먼저 김규식이 남북회의 참여의 조건으로 작성한, 평양회담을 예비회담으로 하고 첫 공식회담은 서울에서 열 것 등이 들어 있는 6개 항은 북에서 받아들일 수 없는 것이지만, 4월 14일 민련회의에서 장시간 논의하여 김규식의 6개 항을 4개 항으로 수정하고 이것에 1개 항을 김규식이 추가하여 만들어진 5개 항은[20] 북이 받아들일 수 있다고 보았기 때문에 민련과 김규식이 합의한 것이었다. 곧 13일에 김규식이 행동을 보류하고

---

19   이정식, 『김규식의 생애』, 신구문화사, 1974, 189쪽. 이와 함께 이정식, 앞의 글, 177~178쪽 참조.

20   이 부분에 관해서는 서중석, 앞의 책, 194~195쪽 참조.

추후로 떠나겠다고 표명한 것은[21] 심사숙고할 시간을 갖기 위한 것이었으나, 자신의 6개 항을 포기하고 민련 간부들과 5개 항에 합의를 본 것은 북행을 확고히 결심한 것으로 파악한 것이다.

그런데 김규식은 5개 항을 마련하고, 15일 민련에서는 김규식 등 북에 보낼 대표단 18명을 인선했으면서도[22] 바로 북에 '특사'를 파견하지 않았다. 왜 그랬을까. 이것에 열쇠가 있었다. 그는 앞서 안경근 등 두 '특사'의 보고를 받고—일종의 '얼굴마담'으로 이용하기 위해서였겠지만—김구나 자신의 북행을 북이 강렬히 바라고 있다는 것을 간취하였으며, 그래서 북이 마련한 연석회의는 참석하지 않되, 남북협상 곧 요인회담을 반드시 열게 하여 그것을 성사시키지 않으면 안 된다고 판단하였다. 그는 북에서 어쩔 수 없이 그것에 응하지 않을 수 없을 것이라고 내다봤다. 김규식은 15일이나 16일이 아닌 18일에야 특사를 보냈고, 그래서 연석회의 첫날인 19일 밤 10시, 김일성이 5개 항을 수락하였다는 방송이 나왔다. 김규식은 21일 서울을 떠났다. 김구 일행이 늦어도 18일까지는 북행을 할 것이라는 보도[23]와는 달리 19일에야 떠났고, 김일성의 강권에도 불구하고 연석회의에는 22일 딱 한 번 참석하여 인사말만 한 것도 김규식의 행보와 무관한 일이 아니라고 판단했다.

서중석은 4월 30일의 「공동성명서」를 각별히 중시하고 상세히 분석하였다. 이 공동성명서의 전문(前文)은 북의 입장이 쓰여진 것이지만, 핵심적인 4개 항은 크게 보면 김규식과 김구의 통일국가 건설 노선이 반영된 것이었다.[24] 서중석은 미소 양군 철수를 명기한 1항은 전쟁을 일으키지 않겠다는 2항과

---

21 『동아일보』·『조선일보』·『서울신문』 1948. 4. 15(국사편찬위원회 편, 앞의 책 6, 769쪽).
22 『조선일보』·『서울신문』 1948. 4. 17(위의 책, 787쪽).
23 『조선일보』·『서울신문』 1948. 4. 17.
24 「공동성명서」 전문과 4개 항은 도진순, 앞의 책, 389~390쪽 참조.

남북공동성명서에 서명하는 김규식　남북조선제정당사회단체대표자연석회의가 일방적으로 진행됨에 따라 김구·김규식은 김일성·김두봉이 참석하는 '4김회담'의 개최를 요구했다. 1948년 4월 26일에 열린 4김회담 자리에서 큰 틀이 잡혔고, 27일 15인 확대회의가 열렸으며, 30일에 공동성명서가 발표되었다. 한국학중앙연구원 소장.

연계되어 있는 것으로 파악하여야 하며, 3항이 특별히 중요하다고 주장하였다. 북에서 막연히 총선거에 의해 통일국가를 수립하자고 주장한 것과 다르게 '조선정치회의 소집-임시정부 수립-총선거에 의한 입법기관 구성-헌법 제정-정부수립에 의한 통일정부 수립 방안'을 제시한 3항은 북이 생각하고 있지 않았던 것이고, 또 곧 파기할 수밖에 없는 것이었기 때문에 북에서는 이 부분을 몹시 기피하였고, 그것은 4월 29일 밤에 김일성이 가진 기자회견에서도 드러났다고 주장하였다.[25] 그는 또 4항의 남한 단선단정 반대는 김구와 김규식이 평양에서도 주장한 바대로 북의 단선단정 반대를 포함하는 것으로

25　서중석, 앞의 책, 221~223쪽.

해석하여야 한다고 주장하였다.

　서중석은 2월 26일 유엔소총회에서 남한만의 선거를 결의한 뒤 김규식이 표명한 남한 단선의 '불반대 불참가'는 우유부단함이나 소극적인 태도에서 나온 것이 아니라, 민련 내부의 흐름, 또는 일부 중도파 민족주의자들의 판단과 관련이 있고, 냉철하게 정치 현실을 인식하여 주장한 것으로, 일부 중도파 민족주의자들이 5·10 선거에 참여할 수 있는 길을 터놓은 것으로 이해하였다. 김규식의 '불반대 불참가'는 그의 단계적 통일운동 논리, 그것의 일환으로 참여한 남북협상 논리와 상호적 관계를 가지며, 1949년의 민족진영강화위원회, 1950년의 5·30 선거 참가(김규식은 불참)로 이어졌다.

3. 이데올로기와 실사구시

　한국에서 객관적인 현대사 연구는 가능한가. 이 물음에 대한 답변은 그렇게 쉽지 않다. 오히려 왜 한국에서는 현대사 연구가 객관적이기가 어려운가에 대하여 답변하기가 용이하지 않을까.

　그런데 한국 현대사 연구는 많은 부분이 객관적인가를 따지기 이전의 상태에 있다. 다시 말해서 현대사 연구와 그것에 토대를 두고 쓰여졌을 개설서 등이 틀린 곳이 있고, 부정확한 서술, 또 중요하게 들어가야 하는데도 빠짐으로써 왜곡된 부분이 많다. 논문이나 전문적 저서, 개설서에서 정확히 기술하는 것은 미덕이 아니라 의무라는 것은 초보적인 상식인데도 아직 한국에서는 초보적인 의무가 지켜지지 않은 경우가 상당히 있는 것이다. 사실이 정확히 밝혀지지 않은 채 오류나 부정확한 것이 사용되다 보니까 사전이나 연표도 믿고 사용할 수 있는 것이 많지 않다. 심지어 중학교용 국정교과서나 고등학교용 국정교과서도 근현대편의 경우 앞에서 지적한 바와 같이 오류나 부정확한 서술, 고의로 중요한 사실을 누락시켜 왜곡시킨 것이 대단히 많다.

국정교과서는 한 번 제작하면 5년 정도 사용하게 되므로 수백만 명의 학생이 보게 된다. 그런데도 현대사 서술에서 오류나 부정확한 기술 등이 적지 않은 것은 아직 연구가 충분히 되어 있지 않고, 실사구시 정신이 강하지 못하다는 점도 작용하였지만, 이데올로기가 제약을 가하고 있기 때문이다. 국정교과서에서 해방 3년 시기에 관한 부분, 그중에서도 신탁통치 부분이나 좌익, 북한 관계 기술에서 오류나 부정확한 서술, 빠트리고 일방적으로 기술하는 왜곡 등이 특히 많은 것은 그 때문이다.

거친 이데올로기는 진실은 말할 것도 없고 사실도 외면하기 마련이다. 이데올로기가 조야(粗野)할수록 사실에 눈멀게 하는 힘을 가지곤 한다. 반공보수주의자 또는 극우반공주의자들이 북의 역사가와 비슷하게 1948년 4월 평양회의를 연석회의 중심으로 서술하고 4인 요인회담을 격하시킨 것은 이데올로기가 작용했기 때문이라고 볼 수 있지만, 오히려 이데올로기 등이 작용하여 사실을 제대로 쓰지 않은 점이 더 눈에 띈다. 2001년에 나온 국정교과서는 「공동성명서」가 15인회담의 산물이라고 썼다. 4김회담에서 중요한 문제가 논의되고 15인회담은 들러리 역할이 강하였는데도 말이다. 뿐만 아니라 4월 30일 이전에 있었던 4인회담, 김규식·김일성 회담, 15인회담은 아예 언급도 하지 않았다. 2001년 이전의 여러 연구에 대하여 눈감았기 때문에 나타난 현상일 테지만, 26일의 4인회담에 대해서는 이 책의 저자가 많이 참조하였다는 『자료 대한민국사』 7에 「4월 26일의 남북 4김회담(김구·김규식·김일성·김두봉)의 경과가 보도되다」라는 제목으로 자세히 실려 있는데(14~15쪽) 이것조차 인용되지 않았다. 더욱이 이 책은 자신의 논지에 유리하다고 판단되면 친북적 인사의 민족주의적 활동을 쓴 책에서도 몇 가지를 인용하였다. 이처럼 이데올로기의 영향 등이 작용하여 기초적인 사실조차 외면하는 현상은 이들뿐 아니라 일부 진보적 연구자들한테서도 나타났는데, 이는 앞서 1990년 전후에 출판된 개설서류에서 확인한 바 있다.

객관성이나 실사구시 정신에 접근하기 위해서는 남과 북의 기득권 또는 권력으로부터 자유로워질 필요가 있다. 그것은 분단국가주의로부터 자유로워질 것을 요구하는데, 그중에서도 주체사상, 극우반공주의로부터 자유로워질 것을 요구한다.

연구자 또는 지식인은 언제나 깨어 있고 열려 있는 비판적 정신을 지니고 있을 때 진실에 접근할 수 있다고 생각한다. 현재의 상황에 대하여 그러한 태도를 가져야 할 뿐만 아니라, 자신의 연구 주제에 대해서도 그러한 태도가 필요하다. 이러한 비판적 정신은 자신이 자유주의자나 마르크스주의자, 아나키스트가 되어서는 안 된다는 것을 결코 의미하지 않는다. 그렇지만 한국의 경우 극우반공주의자나 주체사상 옹호자는 비판적 정신을 갖기가 쉽지 않다. 극우반공주의나 주체사상이 분단국가주의를 체현하고 있기 때문이기도 하지만, 극우반공주의나 주체사상은 창조적 비판적 정신을 허용하지 않고, 지금까지 객관적 태도나 실사구시 정신을 억누르고 탄압해왔기 때문이다.

말할 나위도 없이 과도한 목적의식은 사실과 진실의 은폐, 왜곡 때문에 설득력이 떨어질 수밖에 없다. 조야한 이데올로기일수록 진실과 사실에 대해서 눈멀 것을 요구하는데, 남과 북의 보수세력은 분단국가주의에 기반을 둔 극우반공주의 권력이나 수령 유일체제를 합리화하기 위하여 역사를 동원하고 비판세력을 억압했다. 『대한민국건국사』는 제목부터가 목적의식을 드러내고 있는데, 그 점은 1948년 남북협상에 대해서도 그러하다. 이 저서에서 저자는 "4월 30일의 「공동성명서」를 분석해볼 때, 제3항에 있는 통일정부 수립 방식은 "미소공위에서 소련이 주장해온 것 즉 남한의 우익 진영을 배제하고 통일임시정부를 구성하자는 주장을 그대로 복사한 것이다. 단지 미소공위 때는 소련이 배제하려 했던 김구와 김규식 및 그들의 추종 정당과 단체들을 추가로 참여시킨 점이 다를 뿐이다. 김구·김규식 등이 이제는 소련의 제안을 지지했기 때문에 공산당 지배 정부수립에 참여할 수 있는 '혜택'(따옴표—필자)을 받게 된 것이다"라고 기술했다. 김구가 1948년 1월 26일 남북요인회담을 지지하는 견해를 발표하였을 때 한민당 등 극우세력이 낸 성명서를 방불케 하는 이러한 주장이 어떠한 목적의식을 가지고 쓰여졌는가는 분명하다. 문제는 이러한 주장이 학문적인 것과 거리가 있다고 해서 무시될 수 없다는 점에 있다. 중학교 교과서(교육부, 2001)에 "평양에서 개최된 협상에 남북한의 정치 지도자들이 참석하여 통일정부 수립 문제를 논의하였으나 성과를 거두지 못했고, 북한 공산주의자들의 술책에 이용당하는 결과를 초래하였다"라고 쓰여 있는 것은(169쪽) 반공보수주의자 또는 극우반공주의자들의 주장과 무관한 것이 아니기 때문이다.[26]

실사구시가 이루어지려면 연구 대상 시기에 대한 역사적이고 총체적인 이해가 있어야 한다. 관념이나 목적성이 강하여 당대의 상황을 무시할 경우 일면적 주장에 머물 수 있다. 더욱이 한국은 역사의 단절성이 심각하고 현대사가 왜곡되어 있거나 백지로 남아 있는 경우가 많은데, 관념이나 목적성이 앞선다면 실사구시는 훼손될 수밖에 없다. 앞에서 언급한 『한국 현대사』 1의 연구자는 "우선 연석회의의 주체를 김구, 김규식 개인이 아니라 광범한 중도파를 포함하는 통일세력으로 보면, 제1차 연석회의의 참여 주체들은 제2차 연석회의-해주대표자대회-인공수립까지 이어지고 있다"고 파악하였다(276

---

26 고등학교 교과서는 "남북협상을 추진하였으나 결국 실패하였다"라고 평가하여, "이용당하였다"라는 주장과 거리를 두었다. 교육부, 『고등학교 국사』 하, 2001, 195쪽.

쪽). 이러한 주장은 과연 제1차 연석회의나 제2차 연석회의가 민주적으로 진행되었는가, 그리고 통일을 실현시키기 위한 방안을 마련하였는가, 그렇지 않고 북의 방식대로 통일 문제를 다루고 북의 정부수립을 정당화하려고 한 것은 아닌가에 대하여 분명한 기술을 하지 않는다면, 어떠한 관념이나 목적의식과 연결되어 있는 주장으로 이해될 수밖에 없을 것이다. 그리고 과연 김구·김규식이 수백 명의 연석회의 참석자들과 마찬가지로 한 개인에 지나지 않았을까. 그렇다면 왜 김구나 김규식의 북행에 대하여 남은 말할 것도 없고 북이 그렇게 특별한 관심을 기울였을까.

남북협상과 관련해서는 당시 민중이나 지식인이 왜 분단정부가 들어서는 것을 두려워하고, 두 김의 북행을 열렬히 성원하였는가가 다각도로 고찰되어야 할 것이다. 그중에서도 내전이자 국제전의 형태로 나타나게 될 전쟁의 위협 문제에 각별히 관심을 기울여야 할 것이다. 그것과 연결되어 있지만, 남과 북의 갈등과 대립을 약화시켜 긴장을 완화시키고 남과 북의 이해와 대화를 촉진시켜 궁극적으로는 통일로 나아갈 수 있는 남북회의는 특히 1948년의 시점에서 외면하기 어려웠던 것이 아닐까, 남북요인회담마저 없었다면 한국인은 분단을 막기 위해 어떤 노력을 했느냐는 물음에 무어라고 답변할 것인가 등에 대해서도 당대의 상황과 연결지어 생각해보아야 할 것이다.

특히 실사구시 정신은 용어의 엄격한 사용을 요구한다. 동아시아, 그중에서도 외세의 지배를 받았고 분단을 겪었던 사회의 사회현상과 관련된 용어는 사실에 즉(卽)하여 진실을 구하고자 하는 엄격한 태도를 견지하여 하나하나 엄정하게 사용하여야 한다. 민족이나 자유민주주의라는 말을 사용하였다고 하여 민족주의자 자유민주주의자라고 한다면, 남과 북에서 민족주의자 아닌 사람이 없을 터이고 사대매판세력이나 독재세력 또는 전체주의자들이 민족주의자 또는 자유민주주의자로 둔갑하는 어처구니없는 비학문적 현상에 직면하게 될 것이다. 그런데 사실 이러한 어처구니없는 현상은 한국에서 다반사로 있어왔다. 남북협상의 경우도 용어를 정확하게 사용한다면, 연석회의와 요인회담의 차이점이 명료해질 것이다.

[덧붙이는 말]

이러한 글은 자신의 연구를 미화하고 정당화하고, 자신과 견해나 입장을 달리하는 연구를 깎아내리거나 충분히 이해하려 노력하지 않는 경향을 피하기 어렵다. 그 점 양해 바란다. 또 최근에 와서는 이데올로기 색채가 한층 엷어지고 있다.

※ 이 글은 2002년 국사편찬위원회와 한국사학회가 공동 주최한 『한국사 연구 방법론과 방향 모색』의 한 부분으로 발표되었고, 한국사학회 편, 『한국사 연구 방법의 새로운 모색』(경인문화사, 2003)에 「한국 현대사 연구와 이데올로기」라는 제목으로 수록되었다. ※

역사 앞에 선 제주 4·3

1. 역사 앞에 선 제주 4·3

이제 제주 4·3은 역사 앞에 서 있다. 제주 4·3을 역사적으로 평가하여 역사에서 차지하는 위상을 자리매김하고, 어느 때보다도 영령에 대한 추모와 참된 기억을 위한 교육, 제주 4·3정신의 계승에 매진해야 할 때다.

제주 4·3은 1947년 3·1절 시위와 발포 사건, 3·10 관민총파업 이후 미군정이 강경탄압 정책으로 나왔고, 그때부터 육지인들이 대거 들어와 평화로웠던 남도가 억압과 공포의 땅으로 바뀌고 분단이 가시화된 것이 기본 요인으로 작용했다. 그러면서 제주도 남로당의 연소한 급진세력이 중심이 되어 4월 3일 봉기했다. 도민들은 미군정의 실정과 육지 경찰, 서북청년회의 횡포에 반감을 가졌다. 극우 성향의 친일 행위자와 테러세력이 적지 않았던 군·경은 대량 주민 집단학살을 자행했다. 한국 역사상 한 지역에서 일어난 민간인 학살로는 최대의 참혹한 희생이 발생한 것이다. 그런 와중에서 제주 4·3은 평화와 통일을 갈구했다는 점에서 각별한 역사적 의의가 있다.

그 뒤 제주도는 피해의식과 레드 콤플렉스가 지배하는 캄캄한 침묵의 땅이 되었다. 4월혁명이 일어나면서 제주도에서도 주민 집단학살 진상규명 및 희생자 추모 활동이 있었으나 5·16 쿠데타가 일어나면서 즉각 탄압을 받았다.

희생자에 대한 진상규명과 추모·명예회복 운동은 6월항쟁 이후 제주 지역 및 서울 등지에서 강렬히 일어나 20세기가 끝나기 직전 특별법으로 결실을 보았다. 정부에 의한 진상규명과 명예회복 작업은 21세기에 들어오면서 구체화되었다. 2003년 제주4·3사건진상규명및피해자명예회복위원회(이하 '제주4·3위원회')에 의한 『제주 4·3사건 진상조사보고서』 채택과 대통령의 사과는 진상규명, 명예회복에 역사적인 큰 획을 그었다.

제주 4·3의 진상규명과 명예회복 작업과 함께 추모 활동, 역사 바로 세우기와 교육이 꾸준히 전개되었다. 『제주 4·3사건 진상조사보고서』를 채택할 때 제주4·3위원회에서 건의한 7대 사항 중 두 번째 사항 "4·3사건 추모기념일 지정"과 세 번째 사항 "진상보고서 교육자료 활용", 네 번째 사항 "4·3 평화공원 조성 적극 지원"은 추모와 역사 바로 세우기, 교육에 비중이 실려 있다. 그리하여 영령들이 편히 쉴 수 있고 영령들을 추모할 수 있는 제주 4·3 평화공원이 조성되었다. 뿐만 아니라, 제주 4·3 평화기념관이 세워졌고, 제주 4·3 평화재단이 설립되었다. 특히 2014년에 4·3이 국가기념일로 지정된 것은 영령들에 대한 추모가 전국적인 성격을 가져야 함을 뜻한다. 동시에 연구와 토론, 공론에 의해 4·3 이름짓기와 역사적인 자리매김이 하루빨리 이루어져야 함을 시사한다.

중요 사건에 대해 성격을 밝히고 역사적으로 평가하는 작업은 대개 50년 정도 되면 어느 정도 이루어질 수 있다. 그렇지만 한국은 극우반공이데올로기가 거의 반세기 동안이나 강력히 작동했다. 6월항쟁 이전까지는 제주 4·3도 그렇지만, 해방 공간과 전쟁 전후의 중요 사건에 대한 학문적인 연구와 논의가 공개적으로 이루어지기가 어려웠다. 6월항쟁 이후 제주 4·3은 해방과 전쟁 전후의 사건 중 가장 활발히 구술 작업과 자료 수집, 연구와 논의가 이루어진 영역에 들어간다. 하지만 아직도 4·3의 성격을 밝히고 역사적으로 평가하기에는 미흡한 실정이다.

2003년 제주4·3위원회에서 『제주 4·3사건 진상조사보고서』를 채택할 때 역사적인 평가를 할 것인가를 두고 위원회 위원장 고건 총리 주재하의 보고서 검토 소위원회에서 논쟁이 오고간 적이 있었다. 필자는 그때 특별법에 제주 4·3의 정의가 있으므로, 개략적으로 성격을 밝히고 역사적으로 평가하는 것은 가능하다고 생각했다. 결과는 신용하 위원의 의견이 참작되어 고건 총리는 위원장 명의의 서문에서 "4·3사건 전체에 대한 성격이나 역사적 평가를 내리지 않았습니다. 이는 후세 사가들의 몫"이라고 밝혔다.

제주 4·3에 대한 성격 구명이나 역사적 평가, 이름짓기는 전문 연구자들의 연구와 4·3 관계자, 일반 시민들의 토론에 의해 구체화되어야 한다. 이 경우 공론이 중요한 역할을 할 수 있겠다. 연구와 토론, 공론화는 개별적으로, 또는 연구소 등을 통해 이루어질 수도 있지만, 중추적인 역할은 제주 4·3 평화재단이 맡아야 한다.

제주 4·3은 『제주 4·3사건 진상조사보고서』가 채택되고, 대통령이 사과를 표명하고, 수형자 문제도 상당 부분 해결되고, 평화공원이 조성되면서 과거사 처리의 모범이라는 얘기를 자주 들었다. 노무현 대통령도 2005년 1월 27일 제주도를 평화의 섬으로 지정, 선포하는 자리에서 "제주도는 4·3이라는 역사적 아픔을 딛고 과거사 정리의 보편적 기준인 진실과 화해의 과정을 거쳐 극복해 나가는 모범을 보였다"라고 평가했다.

제주 4·3은 진상규명과 명예회복을 목적으로 한 최초의 과거사 특별법을 탄생시켰거니와, 여러 면에서 그 뒤에 생긴 다른 과거사위원회보다 일을 많이 했다. 진상조사 보고서도 많은 산고 끝에 나왔지만, 다른 과거사위원회의 보고서보다 자료나 체계, 내용에서 충실하다는 평가를 받았다. 대통령 사과도 제주 4·3에만 있었다. 제주4·3위원회에서 희생자 명예회복을 시키는 데도 장구한 시일에 걸쳐 진통을 겪었지만, 결과가 좋았다는 말을 들었다. 뿐만 아니라 일제강점하 강제동원피해진상규명위원회, 친일반민족행위진상규명위원회, 진실·화해를 위한 과거사정리위원회 등에서도 기념관을 건립하고 재단을 만들고자 했으나 성공하지 못했다. 제주 4·3은 평화공원에 이어 평화기념관을 건립하고, 평화재단을 설립했다. 또 진실·화해위원회에서는 일부 발굴된 유해조차도 제대로 모시지 못하고 있는 실정이다. 제주 4·3은 완전치는 못하다 하더라도, 일반인이 들어가기 어려운 제주국제공항 유해 발굴을 비롯해 채혈 및 감식에 의한 유족 찾기를 병행하였다. 유적지 발굴과 기념 시설도 상당 부분 이루어졌다. 무엇보다도 4·3이 2014년에 국가기념일로 지정된 것은 특기할 만하다.

제주 4·3이 21세기에 들어와 과거사 청산의 모범이 될 수 있었던 것은 여러 요인이 작용했다. 제주 4·3은 한 지역에서 일어난 주민 집단학살로는 최대 규모였는데, 과거사 청산을 제대로 하도록 제주 지역에서 시민운동세력과 학생, 언론인들이 앞장섰고 유족들도 큰 힘이 되었다. 진상규명과 명예회복 활동, 평화공원 조성, 평화기념관 건립이 김대중 정부, 노무현 정부 시기에 거의 다 이루어졌고, 평화재단 설립 등도 이 시기에 기본틀이 잡혔다는 것도 현실적으로 대단히 중요했다. 제주 4·3 특별법이 제주도민의 총의를 반영해 만들어졌고, 제주4·3위원회 및 제주 4·3사건 진상조사보고서 작성기획단도 진용이 좋았다. 그러나 제주 4·3 평화공원과 평화기념관의 설계, 평화재단 이사장 선임 등에서 미흡한 점도 없지 않았다.

2. 제주 4·3의 성격

1) 봉기

1948년 4월 3일 새벽 2시를 전후하여 한라산의 중허리 오름마다 봉화가 타올랐다. 남조선노동당(남로당) 제주도당에서 무장봉기를 일으킨 것이다. 이 날 새벽, 경찰지서 24개 중 12개 지서가 습격당했다. 무장대는 또 경찰과 서북청년회(서청) 숙소, 대동청년단(대청), 독립촉성국민회(국민회) 등의 단체 간부 집을 습격했다. 이로부터 1956년 9월, 한라산 금족 지역이 전면 풀릴 때까지 유혈사태가 지속되었다.

해방이 되자 6만여 명이 제주도로 귀환함으로써 실직자 문제가 발생했다. 경제 사정도 전반적으로 나빴다. 게다가 농민들에게 하곡과 추곡 할당량을 강제했다. 이런 점도 봉기가 일어난 배경이 되었다.

그렇지만 봉기의 직접적 요인은 경찰과 극우청년단체의 탄압과 횡포였다. 1947년 '제28주년 3·1 기념 제주도대회' 기념행사가 끝난 후 있었던 가두 시위에서 경찰의 발포로 6명이 숨지고 6명이 중상을 입었다. 제주도 공동체는 들끓었고, 3월 10일 총파업이 일어났다. 3·10 총파업은 제주도청 등 관공서와 신한공사 금융조합 전매서 등 공공기관, 학교, 기업체까지 참여한 세계 역사상 희귀한 관민 총파업이었다. 몇몇 지서에서는 제주 출신 경찰이 동참했다. 미군정은 총파업을 색깔로 덧씌우고 강경탄압으로 나왔다. 1947년 3월 중순까지 육지 경찰 421명이 들어와 원래의 제주 경찰 330명을 능가했다. 4월 10일경까지 고급 관리, 교원 등 약 500명이 검거되었다. 1948년 4·3 직전까지 무려 약 2,500명이 검속되었다. 경찰도 일부가 검속되었고, 66명이 파면 처분을 받았다. 주민과 경찰의 충돌 사건도 발생했다. 1947년 3월에 우도, 중문리 사건이 일어났고, 6월에는 종달리 사건, 8월에 북촌리 사건이 일어났다. 종달리 사건으로 42명이 검거되었고, 북촌리 사건으로 40명이 붙잡혀갔다. 이 해에는 삐라 살포와 무허가 집회가 많았는데, 30여 명이 검거되거나 재판에 회부되었다.

3·10 관민총파업 이후 도지사와 제주경찰 감찰청장으로 육지인이 부임하고 간부들을 육지인으로 교체한 것도 불안감과 불만을 조성했다. 이북 출신으로 구성된 서청 단원들은 이승만 사진 등을 강매하면서 주민들에게 테러와 고문을 가하고 횡포를 부렸다. 1948년 이른바 2·7 구국투쟁 때 제주도에서는 규모가 크지 않았지만 폭동과 시위가 있었고, 섬 전체를 통해 또다시 검거선풍이 불었다. 1948년 3월에 경찰에 연행된 청년 3명이 고문으로 잇달아 숨진 것도 제주 사회를 동요하게 했다. 같은 해 1월 26일까지 남로당 제주도위원회(남로당 제주도당) 당원 221명이 검거되었다. 그 후에도 남로당 제주도당 위원장 안세훈 등 간부들이 연이어 붙잡혀갔다. 이 또한 4·3 봉기의 직접적인 계기가 되었을 것으로 보인다(『제주 4·3사건 진상조사보고서』).

제주 4·3 봉기에는 남한만의 선거도 큰 영향을 미쳤다. 1947년 11월 14일 유엔총회 결의에 의해 1948년 1월 8일에 유엔한국임시위원단이 입경한 것은 분단이 코앞에 닥쳤다는 것을 의미했다. 2월 26일 유엔소총회에서는 미국의 주도로 남한만의 선거를 결의했다. 분단을 코앞에 두고 김구·김규식이 북에 남북협상을 제의하고, 북이 3월 25일 남북조선제정당사회단체대표자연석회의를 열자고 제안한 것은 분단을 두려워하는 민중들에게 큰 영향을 미쳤다. 남한은 불안한 분위기에서 김구·김규식의 남북협상에 거는 기대가 컸다. 한편 남로당은 남한 단독정부 수립을 반대하는 2·7 투쟁을 2월 7일부터 남한 각지에서 벌였다. 2·7 구국투쟁은 모험적인 투쟁으로 남로당의 힘을 소진시켜 남로당의 5·10 선거 반대투쟁을 약하게 만들었다. 제주 4·3 봉기는 남한 단선에 대한 민중들의 반응과 남로당의 과격 노선으로부터 영향을 받았다.

제주 4·3 봉기는 2월 남로당 신촌회의에서 결정된 것으로 알려져 있다. 무장투쟁에 대해 남로당 제주도당은 신중론과 강행론이 맞섰다. 이미 안세훈 등 장년파들이 제주도를 떠난 상태에서 열린 신촌회의에서 조몽구 등은 신중하게 움직일 것을 주장했으나, 젊은 김달삼(본명 이승진) 등은 단선단정을 반대해야 한다는 논리, 민심이 미군정을 등지고 있는 점, 단독정부가 수립된다면 당이 존립할 수 없을 것이라는 이유 등을 내세워 강경 투쟁을 주장한 것으로 알려졌다(『제주 4·3사건 진상조사보고서』).

남로당 신진세력에 의한 무장봉기 결정은 여러 문제점을 안고 있었다. 우선 무장투쟁 기획 과정에 중앙당의 지시를 받거나 적어도 중앙당과 논의를 거쳐야 했다. 그러나 제주 4·3 봉기는 이러한 과정 없이 제주도당에서 결정했다. 신촌회의에서 강경파의 주장대로 봉기가 결정되고, 당시 23세의 젊은이인 김달삼이 군사부 책임을 맡게 된다. 봉기 주도자들은 민중의 원성이 깊은 경찰과 서청을 공격 대상으로 삼았고, 국방경비대와는 싸움을 피했다. 미군에 대해서도 감정이 있었지만 공격하지 않았다. 무장대는 경비대는 물론이고 미군도 자신들을 적대시하지 않을 것으로 판단했을 수 있다. 또 봉기가 전면적인 무장 공격이 아니고 경찰과 서청에 대해 탄압이나 횡포에 굴복하지 않겠다는 시위용일 수도 있었다. 하지만 경찰에 대한 공격은 미군이 직접 무력으로 대응하는 사태로 바뀔 수밖에 없었다. 또 여순 사건에서도 드러났듯이 아무리 경비대와 경찰의 사이가 나쁘다 하더라도 경비대가 동원되는 것은 필연적이었다. 봉기 주도자들의 상황 판단 능력에 문제가 있었다.

무장대 인원과 무기가 경찰·서청 등에 월등히 뒤떨어진다는 면도 충분히 고려하지 않았다. 앞에서 본대로 육지에서 온 응원 경찰만 3·10 관민총파업 직후에 421명이었고, 서청 단원들은 불분명하지만 최소한 수백 명에 이르고 있었다. 총기도 미군정에서는 성능이 좋은 것을 경비대보다 경찰에 먼저 배분했다. 무장대는 무기가 빈약했고 인원이 많지 않았다. 신뢰성에 문제가 있기는 하지만, 「제주도 인민유격대 투쟁보고서」에 따르면 3월 28일 현재 320명이었고, 4월 3일 지서를 습격할 때는 350명이었다고 한다. 무기는 99식 소총 27정에 권총 3정, 수류탄 25발, 연막탄 7발이었고, 대다수는 죽창으로 무장했다. 여러 자료로 볼 때 봉기를 일으켰을 때 무장대 인원은 300명 내외였고, 4백 명을 넘지는 않았던 것 같다. 무장대는 민심을 등에 업었고, 지리적으로도 게릴라전을 펴는 데 유리했지만, 단시일 내에 경찰을 응징하거나 제압할 힘이 없었다.

군사전문가로 초기에 제주4·3위원회 중앙위원이었던 김점곤은 제주도의 지리적인 조건과 본토와의 거리, 공간 등으로 볼 때 남로당 중앙당 지령은 극히 회의적이라고 쓴 바 있다. 제주도는 외딴 섬이어서 미군 해군과 공군이 포위하고 감시하면 외부의 지원을 받기가 어려웠다. 시간을 끌수록 무장대에게 고립무원의 땅이 될 수밖에 없었다. 김달삼 등 봉기 주도자들은 이 점을 충분히 유념하지 않았다. 김달삼이 제주도를 빠져나간 것은 여러 이유가 있겠지만, 이런 점도 뒤늦게 작용하였을 것이다.

봉기 주도자들은 그렇게 잔혹하게 엄청난 규모로 집단학살이 자행될 줄은 예상치 못했을 것이다. 장기전으로 가면 주민의 희생이 따르게 마련이라는 점을 더 심각하게 고려했어야 했다.

그런데 관심을 갖게 하는 것은 경찰과 서청을 공격의 주요 대상으로 삼았던 무장대는 남로당 중앙과 크게 다르게 의외로 이데올로기 성향이 약했다는 점이다. 이 점은 그 이후에도 비슷했다. 소나무출판사에서 펴낸 『제주도인민들의 〈4·3〉 무장투쟁사』에 따르면, 봉기할 때 "미제는 즉시 물러가라!", "매국 단선단정 절대 반대!", "유엔 조선위원단은 철거하라!", "미제의 주구들을 타도하자!", "조선 통일독립 만세!" 등의 슬로건을 내세웠다. 모두가 민족 문제인 것이 특색이다. 무장대가 경찰에 보낸 호소문도 "친애하는 경찰관들이여! 탄압이면 항쟁이다"라고 하여 탄압에 대해 결연히 싸우겠다는 서두를 빼면 모두 민족적인 문제를 제기했다. 그 점은 '시민! 동포들에게!', '경애하는 부모 형제들에게!'라는 문건도 비슷했다. 미군정의 실정을 공격하는 것 외에는 통일독립과 민족의 완전 해방이라는 민족 문제를 전면에 내세웠다. 무장대의 주장이 온건하였다는 것은 비슷한 시기에 일어난 여순 사건과 비교해볼 때 확연히 드러난다. 1948년 10월 20일 여수인민대회는 인민위원회의 여수 행정 기구 접수, 인민공화국 수호와 충성 맹세, 대한민국 분쇄 맹세, 남한 정부의 모든 법령 무효 선포, 친일파 민족반역자 경찰관 등 철저히 소탕, 토지의 무상몰수 무상분배 등을 결의했다. 9연대장 김익렬의 「4·3의 진실」에 따르면, '4·28 구억리 평화회담' 때 김달삼은 공산주의 사상에 대한 언급이나 표현은 거의 없었고 제주도에서 민족 반역자와 일제 경찰, 서북청년단(서북청년회가 원명임)을 축출하고 제주도민으로 구성된, 선량한 관리와 경찰관으로 행정을 하여 주면 순종하겠다는 것이 그가 주장한 골자였다고 한다. 김달삼은 거듭 자신과 무장대는 공산주의자가 아니며 도민을 구출하기 위한 의거라고 김익렬에게 역설했다고 한다.[01]

---

01 제주 무장대는 다른 무장대 사건과 달리 1년 이상 전투를 했고, 도민들과의 관계가 대단히 중요했는데도, 무장대 측에서 생산한 자료가 앞에서 인용한 것을 제외하면 극히 드물다. 필자는 2019년에 제주4·3연구소 이사장 이규배 제주 국제대 교수의 도움으로 무장대가 생산한 소중한 자료가 포함된 글을 볼 수 있었다. 2019년 10월 24일 제주시에서 김영중 전 제주경찰서장이 강연회에서 발표한 이 글에는 군의 무장대 초토화 작전이 막 시작될 무렵이었던 1948년 10월 24일에 나왔다는 '인민군 사령관 이덕구' 명의의 「선전포고문」과 글의 주체를 밝히지 않은 「국방군과 경찰원들에게 보내는 '호소문'」이 들어 있다. 김영중 전 제주경찰서장은 1948년 10월 24일 남로당 제주도당 구국투쟁위원회가 혁명투쟁위원회로 개편하면서 이 두 문건을 배포해 대한민국에 선전포고했다고 밝혔다. 그런데 두 문건에서는 놀랍게도 사회주의 개혁을 주장하거나 북에 세워진 조선민주주의인민공화국을 지지, 찬양하는 내용이 보이지 않는다. 먼저 「선전포고문」을 보자. "잔인하기 이를 데 없는 경찰관들이여! / 미 제국주의와 이승만의 개들이여! / 너희들은 무고한 도민(島民)·남녀 노유(老幼)를 가리지 않

2) 항쟁

제주 4·3은 이덕구가 살해될 때까지만 계산해도 1년 이상 상당한 투쟁이 지속되었다. 이렇게 무장대가 장기간 활동할 수 있었던 것은 4·3이 처음부터 항쟁의 성격을 띠고 있었다는 것을 말해준다. 무장대는 나중에 군·경으로부터 무기를 빼앗고 인원도 보충하여 더 강력해진 시기도 있었지만, 그때도 군·경과 청년단원들에 비하면 인원이나 무력이 적었고 미약했다. 그런데도 1949년 여름까지 상당한 활동을 계속한 것이다.

무장대가 빈약한 무기로 장기간 싸울 수 있었던 것은 지리적 특성도 작용했지만, 민중들이 적극적이든 소극적이든 무장대에 심적으로 통하는 것이 있었고, 적어도 적대적이지 않았던 것이 한 요인이었다. 또 적지 않은 도민들이 무장대 편에 서지도 않았지만, 그렇다고 토벌대 편에 서지도 않았다. 살기 위해서는 토벌대 편에 서는 것이 나은데도 그렇게 하지 않거나 못한 것은 토벌대 편에 서는 것은 떳떳하지 않다는 의식이 작용하고 있어서였을 것이다. 존 메릴이 "제2차 세계대전 후 점령군에 대항하여 이처럼 치열한 민중 반란이 분출된 곳은 세계 어느 나라에도 없었다"라고 말한 것은 4·3의 항쟁적 성

고 학살하고 있다. / 천인(天人)도 용서할 수 없는 만행을 일편(一片)의 주저함도 없이 범해오고 있다. / 지금까지 우리들은 너희들의 극악 비도(非道)한 악사(惡事)를 동족으로서 부끄럽지만 참고 견디어왔지만, 은인자중도 이제는 한도에 달하였다. / 인민의 원한에 대한 복수심을 가지고 너희들을 처단하기 위해서 가까운 시일 내에 권토중래(捲土重來)하기로 결정하였다. —인민군 사령관 이덕구." 또한 「국방군과 경찰원들에게 보내는 '호소문'」의 내용은 아래와 같았다. "친애하는 장병, 경찰관들이여! / 총뿌리를 잘 살펴라! 그 총이 어디서 나왔느냐? / 그 총은 우리들의 피땀으로 이루어진 세금으로 산 총이다! / 총뿌리란 당신들의 부모, 형제, 자매들 앞에 쏘지 말라! / 귀한 총자 총탄알 허비 말라! / 당신네 부모, 형제, 당신들까지 지켜준다! / 그 총은 총 임자에게 돌려주자! / 제주도 인민들은 당신들을 믿고 있다! / 당신들의 피를 희생으로 바치지 말 것을! / 침략자! 미제(米帝)를 이 강토로 쫓겨내기 위하여! / 매국노 이승만 악당을 반대하기 위하여! / 당신들은 총뿌리를 놈들에게 돌리라! / 당신들은 인민의 편으로 넘어가라! / 내 나라, 내 집, 내 부모, 내 형제 지켜주는 빨치산들과 함께 싸우라! / 친애하는 당신들은! / 내내 조선인민의 영예로운 자리를 차지하라!"

격을 드러내고 있다.

조덕송은 1948년 『신천지』 7월호에 기고한 글에서, "선동만으로 전 도민이 다 총대 앞에 가슴을 내어밀 것인가. 제주도 사건은 그대로 조선의 축도라고 말할 수 있다"라고 썼다. 이어 조덕송은 32만 도민이 총칼 앞에 제 가슴을 내민 것은 그럴 만한 원인이 있었기 때문이라고 기술했다. 이제 그럴 만한 이유를 찾아보자.

남한 전체가 미군정의 실정으로 경제난과 모리배의 도량, 친일파, 특히 친일 경찰의 횡포에 시달렸지만, 빈곤한 제주도는 그 정도가 더욱 심했다. 육지에서도 모리배가 많았지만, 제주도는 밀무역이 성했다. 1947년 1월에는 복시환이 밀수선으로 적발되었는데, 그 배후에 경찰 고위간부와 미군정 장교까지 관계가 있다는 소문이 돌았다. 중앙에서 조사단이 내려와 결국 제주감찰청장이 직위해제되기에 이르렀다. 섬사람들 입에서 모리배라는 말이 유행어처럼 오르내렸는데, 그것에는 미군정 관리나 경찰에 대한 불신이 내포되어 있었다.

제주도는 자연환경상 논농사가 드물고 밭농사가 중심이다. 그런데 1946년에 밭작물이 흉년이었다. 보리의 경우 1944년에 26만 8,133석을 생산했는데, 1946년에는 그것의 31%밖에 안 되는 8만 3,785석에 지나지 않았다. 거기에다 미군정의 미곡 정책 부실 등으로 식량난이 가중되었다. 1947년에는 미곡 수매실적이 부진했다. 그보다 더 주민들을 자극한 것은 하곡 '수집'(미군정에서 일제말의 악명높은 '공출'을 바꾸어 부른 말)의 강제였다. 원래 보리는 '보릿고개'라는 말 그대로 춘궁기를 이겨내는 농작물이었다. 제주도는 1946년에 이어 1947년에도 흉년이었는데, 당시 유해진 지사는 행정력을 동원해 수집을 강제했다. 1947년 7월에는 우익 청년단원들을 동원해 하곡 수집에 나섰다가 주민들과 마찰을 빚었다. 그 다음달 8월에는 마을 주민 50여 명이 공무원들과 언쟁하다가 공무원을 구타하기도 했다.

3·10 관민총파업 이후에도 응원 경찰과 서청 단원들이 속속 들어왔다. 제주 사정에 밝은 제주 출신의 중도적 지사 박경훈이 육지 출신의 유해진으로 교체되었다. 제주감찰청장도 육지 사람이 오자 제주도민의 불안과 불만은 높아갔다. 뿐만 아니라 경찰감찰청 간부들도 육지 출신으로 줄줄이 채워졌다. 유해진 지사는 관공리 숙정 작업을 벌이면서 빈자리에 서청 단원 등 육지 사람을 앉혔다. 미군정 특별감찰실의 넬슨 중령은 「넬슨 특별감찰보고서」에서, 유 지사가 반복적으로 무능력을 드러냈으며 좌파를 지하로 몰고갔는데, 그 결과 좌익세력과 동조자들이 증가하고 있다고 지적했다. 또한 하곡 수집도 15%를 수집했는데 100%를 수집했다고 보고했음을 폭로했다. 그리고 4·3 직전인 1948년 3월에 유 지사 교체를 건의했지만, 군정 장관은 들어주지 않았다(『제주 4·3사건 진상조사보고서』).

살기가 어렵고 콜레라 사망자가 많이 나오고 모리배가 날뛰었으며, 미군정 관리의 부패, 추곡 하곡 수집 독촉으로 미군정에 대한 불신이 고조되었다. 응원 경찰의 압제와 악행, 서청 단원들의 금품 강요와 빈번한 불법행위로 주민들의 감정이 격화된 데다, 3·1 시위와 3·10 총파업 이후 대량 체포, 경찰의 고문과 고문에 의한 사망, 주민과 당국·서청의 충돌로 민심이 흉흉할 때 4·3 봉기가 일어났다.

주민들이 인민위원회 등의 활동을 어떻게 생각했는가도 항쟁의 성격을 이해하는 데 중요하다. 주민들은 해방 후 활동가들과 청년들에 대해 호감을 갖고 있었다.

제주도도 다른 지역과 비슷하게 해방을 맞으면서 건국준비위원회 지부를 결성했고, 이어서 그 후신 격으로 인민위원회가 만들어졌다. 건준 지부나 인민위원회 간부 중에는 친일 행위자도 있었고, 좌익도 우익도 있었다. 다른 지역도 인민위원회가 좌우 연합적인 성격을 띠고 있는 경우가 많았지만, 제주도도 좌우연합적인 성격을 띠고 있었다.『동아일보』1946년 12월 21일자에는 제주의 인민위원회는 건준 이래 양심적인 반일 투쟁의 선봉이었던 지도층으로 구성되었고, 우익 단체와도 대립 없이 도내를 지도하고 있다는 「제주도 시찰기」가 실려 있다. 인민위원회는 행정 기능도 맡았지만, 치안 활동이 눈에 띄었고, 일본군 패잔병의 횡포를 막거나 동족 간의 상쟁을 막았다. 적산을 관리하는 것도 주요 임무였고, 토지와 산업체, 차량 등의 군수품을 관리했다. 일부 지역에서는 주민들이 친일 행위자 처리를 묻기도 했다. 전남 미군정청 정보국장이었던 그랜트 미드는 "제주도 인민위원회는 이 섬에서 하나밖에 없는 정당인 동시에 모든 면에서 정부 행세를 한 유일한 조직체"라고 썼다. 미군정 자료나 존 메릴의 논문을 보면, 인민위원회는 육지의 인민위원회와는 달리 제주도 미 점령군과 오랫동안 협력 관계를 가졌고, 주민들로부터 광범위한 지지를 받았다. 또한 마을마다 학교가 세워졌다. 해방 이후 1947년까지 2년 동안 신설된 학교가 초등 44개교, 중등 10개교였고, 초등학교 학생수는 2만 명에서 3만 8천 명으로, 중등은 300명에서 3,600명으로 늘어났는데, 주민들이 이것을 얼마나 환영하였을까는 충분히 짐작할 수 있다.

　인민위원회 관계자나 활동가, 청년들의 영향력이 얼마나 컸던가는 1947년 3·1절 행사와 시위에서 유감없이 드러났다. 제주의 경우 2만 5천에서 3만 명이 모여 인산인해였다. 10개 면에서도 별도로 기념식을 가졌는데, 어디나 수천 명씩 모였다고 한다. 특히 대정면 인구가 2만 명인데, 대정국민학교에 6천 명이 모였다고 한다. 이것은 대단히 중요하다. 왜냐하면 당시 대정면 남로당 조직부장이 바로 22세의 김달삼이었다. 아마도 그는 이것에 고무되어 도당에 총파업을 건의했을 터이고, 그러면서 도당 조직부장으로 급상승하면서 적극 투쟁 노선을 폈던 것이다.

단선단정 반대운동도 주민들에게 영향이 컸다. 이승만이 이끈 단정운동에는 친일파들이 대거 적극적으로 참여했다. 제주4·3연구소에서 펴낸 『이제사 말햄수다』 1권에서는 한 증언자가 5·10 단선이 4·3의 주원인이라고 증언하면서, 그때 김구와 연계를 가졌어야 했다고 피력했다. 당시 제주도를 시찰한 양원일 판사는 제주도 소요 원인의 하나로 "남북협상을 과대 평가하고 이에 많이 의지했다는 점"을 들었다.[02] 한반도에는 1천 년 이상 하나의 국가만이 존재했기 때문에 통일조국을 세워야 한다는 주장은 호소력이 아주 컸다. 제주도 주민들이 단선에 반대하고 남북협상이나 통일독립운동에 지대한 관심을 보인 것은 이상한 현상이 아니었다.

김달삼이 4·28 평화회담에서 김익렬에게 말했다는 내용은 4·3을 이해하는 데 중요하다. 김달삼은 민족자주독립을 해야 할 때 악질 친일파들이 미제의 주구가 되어 압정을 가하고 있고, 만주나 이북에서 친일 행위를 한 자들이 월남해 반공애국자 노릇을 하고 있다고 성토했다. 특히 경찰은 살인, 강간, 고문 살인 등을 일삼고 서청과 합세해 도민의 재산을 약탈하고 있다고 구체적으로 사건을 열거하면서 친일파와 악질 경찰을 몰아내기 위해 의거를 일으켰다고 역설했다. 문제는 청년들이 마을에서 이러한 연설을 할 때 주민들이 호의적인 반응을 보일 수 있었다는 점에 있다. 4·3 당시 조선통신 특파원으로 제주도에 온 조덕송이 본 무장대의 문건에 무장경관대의 즉시 해산, 테러단체의 해산과 처벌, 유해진 지사 즉시 파면, 단정 반대, 남북통일정부 수립 절대 추진이 들어 있었는데, 이러한 주장에도 주민들 대부분이 공감했을 것이다.

제주 4·3사건에는 육지인들의 압제와 횡포, 방화, 학살에 대한 섬사람들

---

02 『조선일보』 1948. 6. 17.

의 분노와 울분, 절망이 담겨 있다. 옛날부터 제주 사람들은 육지인들을 '육지 것'이라고 불렀다. 몽골에 의해 탐라총관부가 설치된 이래 권력이나 육지인들로부터 갖가지 수탈을 당했고, 해산물 거래에도 육지인들이 갑, 제주인들이 을인 경우가 많았다. 19세기에는 어느 지방보다도 민란이 많았다. 특히 1898년 방성칠이 이끈 남학당의 난, 1901년의 이재수 등의 농민봉기는 4·3과 여러 면에서 유사성을 가지고 있다.

3·1 시위 때의 발포, 3·10 관민총파업 이후의 대량 검거와 고문, 살인 사건 등은 대부분이 육지인들에 의해 저질러졌다. 3·10 총파업 이후 부임한 도지사와 경찰감찰청장의 악행이나 경찰, 청년단체의 횡포와 약탈 또한 대부분 육지와 관련이 있다. 양민학살과 마을 소각도 육지인이 주축인 토벌군대가 저질렀다.

서청의 악행은 끝이 없었다. 이승만 사진과 태극기를 터무니없는 가격에 강매하던 서청 단원들은 4·3 이후 강매를 거부했던 사람들을 총살하기도 했다. 이들은 인륜에 어긋나는 만행도 서슴지 않았다. 시아버지를 엎드리게 하고 며느리를 그 위에 올라타게 하거나 딸이 아버지 볼기를 때리게 했다. 주민들을 발가벗긴 뒤 남녀를, 심지어 장모와 사위를 성행위를 시켰고, 여성들의 국부에 무를 넣거나 달군 쇠로 지지기도 했다. 끝이 없는 만행이 육지에서 온 군인과 응원 경찰, 서청에 의해서 도처에서 저질러졌다.[03]

군·경의 초토화 작전도 주민들을 항쟁으로 가게 했다. 군은 중산간 마을을 불태우고 남녀노소를 가리지 않고 학살하는 초토화 작전을 벌였다. 300여 마을이 피해를 입었고, 약 2만여 호가 소실되거나 피해를 입었다(『제주 4·3사건 진상조사보고서』).

---

03 김종민, 「4·3 이후 50년」, 역사문제연구소 편, 『제주 4·3연구』, 역사비평사, 1999.

겨울철에 접어들면서 초토화 작전이 본격적으로 전개되었을 때, 주민들이 집단학살당했고, 살던 마을이 불탔고, 굶주림에 시달렸다. 그렇다고 무장대의 거점인 산으로 갈 수도 없고, 만행을 저지른 곳으로 갈 수도 없어 죽음을 지척에 두고 중산간을 헤매면서 평화와 통일을 갈구했다. 4·3항쟁에는 이러한 평화와 통일의 간절한 비원, 갈구가 어려 있다.

3) 집단학살

제주 4·3이 역사에서 중요하게 자리매김돼야 하는 가장 큰 이유는 광기 어린 주민 집단학살이 자행되었기 때문이다. 한 지역에서 민간인이 이렇게 대규모로 집단학살당한 것은 한국 역사상 유례를 찾기 어렵다. 이러한 학살이 일어났기 때문에 진상규명 운동이 치열하게 전개되었고, 특별법이 제정되었으며, 대통령이 사과하고, 국가기념일로 지정됐다.

1950년 제주도지사는 4·3 희생자를 2만 7,719명이라고 언급한 바 있다. 그리고 1953년 제주도에서 펴낸 『제주도세일람』에도 인명피해를 똑같은 숫자로 명기하고 있다. 제주 4·3사건 진상조사보고서작성기획단에서는, 여러 자료를 검토하고 1948년 초와 1949년 말의 인구 감소 등 이 시기 인구 변화 추이를 분석해 인명피해를 2만 5천에서 3만 명으로 추정했다. 이 추정이 사실에 가까울 것이다. 제주도의회에서 1993년부터 2000년까지 피해 신고를 받은 총인원은 1만 2,243명이다. 제주 4·3사건 진상규명 및 희생자 명예회복위원회에서 2001년 5월까지 받은 신고자는 1만 4,028명이다. 그 후 여러 차례에 걸친 추가 신고까지 포함하면 2020년 현재 1만 4,533명인데,[04] 2021년에도 추가 신고를 받을 예정이다.

---

04 『경향신문』 2020. 12. 23.

제주4·3위원회에서 2007년까지 희생자로 확정한 인원은 1만 3,564명이었다. 이 중 여자가 21.2%로 2,872명이나 된다. 연령별로 보면 10대와 그 이하가 3,002명, 50대가 928명, 60대 이상이 885명이다. 이는 남녀노소를 가리지 않고 무차별적으로 집단학살을 자행했음을 보여준다. 희생자 확정자 중 마을별 희생자를 보면 제주도 163개 마을에서 100명 이상 희생된 마을이 44개로 거의 30%에 육박했다. 신고하여 심사를 거쳐 확정된 인원만 해도 이 정도니 실제 마을에서 희생된 인원은 그보다 훨씬 많을 것으로 추정된다. 가해자별로 보면 토벌대에 의한 것이 84.4%, 무장대에 의한 것이 12.3%이며 기타가 3.3%이다.[05]

무차별적인 집단학살은 주로 계엄이 선포된 1948년 11월 중순 이후에 자행되었다. 제주4·3위원회에 신고된 통계를 보면, 15세 이하의 어린이 희생자 중 76.5%가 1948년 11월부터 그 다음 해 사이에 희생되었다. 61세 이상의 노인들도 비슷한 수치를 보였다(『제주 4·3사건 진상조사보고서』). 그야말로 광기 어린 제노사이드인 것이다. 왜 이러한 잔혹한 주민 집단학살이 자행되었을까.

미군 철수 문제도 한 요인이 되었을 것이다. 미국은 미국대로, 이승만 정부는 이승만 정부대로 미군이 철수하기 전에 제주도 사태가 종식되기를 바랐을 것이다. 그러나 제주도 사태는 무장대의 무장력이 빈약했기 때문에 굳이 국제적으로 비인도적인 행위로 규탄받는 초토화 작전까지 펼 필요는 없었다. 문제는 어째서 초토화 작전이 벌어졌느냐에 있다.

제주도에서의 초토화 작전은 10월 19일 일어난 여순 사건도 촉매제가 되었을 가능성이 있다. 여순 사건은 군대의 반란 사건이었고, 육지에서 일어났

---

05 제주4·3사건진상규명및희생자명예회복위원회 편, 『화해와 상생—제주4·3위원회백서』, 2008.

다는 점에서 이승만 정부건 미군이건 육지 사람들이건 제주도 사태와 다르게 볼 수 있었다. 더욱이 국군은 23일의 여수 공격 실패에 이어 24일 공격을 다시 감행했으나, 미평고개에서 반란군의 매복 기습으로 사령관 송호성 준장이 중상을 입었고, 사상자가 200여 명에 달했으며 일부 병력이 포로가 되는 등 큰 피해를 입었다. 이날 공격에는 내외신 기자가 동행했던 터라, 이 패배는 세계에 널리 알려져 이승만 정권은 궁지에 몰렸다.[06]

여순 사건과 초기 여순 사건 진압 작전의 패배는 파장이 아주 컸다. 여수가 탈환될 때 저항세력이 빠져나갔는데도 이틀이나 불바다가 되었다. 논란을 일으킨 계엄령은 현지군에 의해 이미 10월 22일에 내려졌는데, 25일 국무회의 결의를 통해 공포되었다. 이 대통령이 제주도에 계엄을 선포한 것이 11월 17일이니까 여수·순천이 20일 이상 빨랐다. 주민들에 대한 집단학살도 제주도보다 여수·순천 일대가 빨랐다고 볼 수 있다. 이 사건으로 국가보안법이 제정된 것도, 군 숙정 작업이 벌어진 것도 특기할 만하다. 물론 이미 제주도에서는 경찰청장이 10월 5일자로 친일파 강경파로 바뀌고, 경비사령부가 10월 11일 설치되었다. 10월 17일에는 9연대장 송요찬에 의해 학살로 이어질 수 있는 포고문이 나왔고, 그 다음 날 해안이 봉쇄되는 등 여순 사건 발발 이전에 이미 제주도에서 강경조치가 취해지고 있었다. 하지만 주민 집단학살로 이어지는 초토화 작전은 여순 사건이 촉매제가 되었을 가능성이 있다.

제주도는 고립된 섬이어서 육지보다 공공연히 주민 집단학살이 자행될 수 있었다. 일찍부터 언론에 대한 통제도 이루어져 1948년 7월 『제주신보』 기자가 끌려갔고, 『제주신보』는 한동안 휴간됐다. 10월경에는 언론인들이 군부대로 끌려가 『경향신문』과 『서울신문』 제주지사장 2명이 희생되었고, 11월 20

---

06 황남준, 「전남 지방정치와 여순 사건」, 박현채 외, 『해방전후사의 인식』 3, 2006.

일부터는 검열이 실시되었다. 해안도 언론도 봉쇄된 속에서 학살이 자행되었다. 월남해 '38 따라지'라는 소리를 들었던 서청이 제주도 사람들에게 몹쓸 짓을 한 것은 앞에서 살펴봤지만, 육지에서 온 군·경은 제주도 사람들을 깔보면서 학살하여, '육지 것'들에 대한 반감을 더욱 크게 했다.

군·경에 의한 대학살이 자행된 것은 이승만 정권을 지탱하고 있던 극우 단정운동세력(이들 중에는 친일파가 많았다)에 대한 반감, 김구·김규식 등의 통일 독립운동에 대한 민족적 성원, 또 군 반란 같은 큰 사건들의 발생도 한 요인이 되었다. 그들은 이러한 것들에 대해 위기감을 가지면서, 또 전과를 올리기 위해 고립된 섬이라는 점을 이용해 본래 지니고 있던 극우적 성향을 한층 더 강렬히 드러냈다. 군·경 내부에는 친일 행위자들이 적지 않았다. 경찰의 경우 간부를 포함한 다수의 경찰관이 친일 행위자였다. 그 점은 군도 비슷해 지휘관급이나 간부들이 친일 행위자가 많았다. 만주에서 항일세력을 초토화 작전으로 섬멸하기 위해 벌인, '태워 없애고, 굶어 없애고, 쏘아 없앤' 삼광(三光) 작전 또는 삼진(三盡) 작전으로 불린 초토화 작전이 몸에 밴 경우도 있었을 것이다. 미군정 시기에 서청은 테러 하면 연상되는 '공포와 무법'의 청년단체로, 전국 각지를 다니며 테러를 자행했다. 미군 정보보고에 잔혹한 테러 활동이 무수히 기록되어 있다. 이처럼 테러에 습성화된 극우반공 성향이 고립된 섬에서 적나라하게 표출되었다. 미군은 육지에서든 섬에서든 서청의 테러를 방관했다.

미국은 국제사회에서 엄격히 규제하고 있는 주민 집단학살이 대규모로 일어난 것에 책임이 크다. 제주 4·3 봉기는 미군정의 실정이 주된 요인이었다. 미군 수뇌부는 5월 1일 '오라리 방화 사건'에 대한 항공촬영 사진이 말해주듯, 4·28 평화회담을 결렬시킨 책임이 있다. 김익렬 유고에 의하면, 그때 미군은 그에게 초토화 작전을 벌이도록 사주했다. 9연대장을 김익렬에서 박진

경으로 교체한 것도 사태를 악화시켰다. 제주도 군·경을 통합 지휘한 6사단 20연대장 브라운 대령은 상부에 "지나친 잔혹 행위와 테러가 응원 경찰에 의해 자행되었다"고 보고하면서도, "원인에는 흥미가 없다. 나의 사명은 진압뿐이다"라고 말했다.

1948년 여름에 소강상태가 지속된 것은 미군이 초토화 작전을 새로 수립된 한국 정부에 떠넘기려는 의도가 아니었을까 하는 의혹을 갖게 한다. 초토화 작전이 벌어졌을 때 작전권을 보유하고 있었던 미군은 실탄과 총기, 차량 등 모든 것을 미군으로부터 지급받고 있는 군대가 각처에서 마을 주민들을 대량학살하고 있다는 사실을 잘 알고 있었다. 미군은 주민 대량학살을 방임하고 조장한 것이다. 이러한 방임과 조장에는 인종차별적인 성격이 있었다.

계엄령의 이름 아래 중산간 마을을 불태우고 재판 절차도 없이 무차별적으로 주민들을 학살한 것은 군 지휘관이 임의로 할 수 있는 일이 아니었다. 국무회의록이 보여주듯, 이승만 대통령의 의지도 작용했다(『제주 4·3사건 진상조사보고서』). 1948년 12월 이 대통령의 서청 총회 연설을 듣고 제주도에 온 한 서청 단원은, 1948년 늦가을에 서청을 대거 투입하여 섬을 초긴장 상태로 만든 것은 대통령의 책임이라고 말했다.[07] 당시 제주제일중학교 교장서리는 "이승만 대통령이 '건국에 장애가 된다면 사상에 문제가 있는 제주도민 전부를 격리시키고 대신 이북에서 월남한 사람들을 보내 제주도민으로 만들겠다'고 말했다"라고 증언했다.[08]

이 대통령은 여순 사건 담화에서 어린아이들, 여학생들이 앞잡이가 되어 심악(甚惡)한 짓을 하였다고 하면서, 남녀 아동까지도 일일이 조사해서 불순

---

07   제민일보 4·3취재반, 『4·3은 말한다』 4, 전예원, 1995.
08   김종민, 「4·3 이후 50년」, 역사문제연구소 편, 『제주 4·3연구』, 역사비평사, 1999.

제주도에 출동하는 경비대 대원들을 격려하는 이승만 대통령 『제주 4·3사건 진상조사보고서』18쪽(동아일보사 소장).

분자는 다 제거하라고 지시했다. 이 대통령은 한국전쟁이 나자 혼자 피신해서 대전에서 국무회의를 열고 '비상사태하의 범죄 처벌에 관한 특별조치령'을 공포했던 바, 단심으로 증거 설명 없이 사형 무기를 선고할 수 있는 이 조치령으로 '부역자'들이 무수히 처단되었다. 전쟁이 나자마자 해방 후 최대의 집단학살인 보도연맹원 학살이 전국에서 자행된 것도 이 대통령의 뜻과 무관하다고 보기 어렵다.

1949년 1월 21일자 국무회의록에는, 이 대통령이 "제주도 전남 사건(여순 사건을 가리킴—인용자)의 여파를 완전히 발근색원(拔根塞源)"하여야 한다는 유시를 내린 것이 기록되어 있다. 그것도 못 미더웠던지 이 대통령은 1949년 4월 9일 제주도를 방문해 잔존 폭도들을 완전히 소탕하라고 지시했다.

3. 진상조사와 명예회복

1) 특별법 제정, 진상조사보고서 채택, 대통령 사과

전 세계 각처에서 유난히 집단학살(제노사이드)이 대규모로 자행되었던 20세기를 마감하는 1999년 12월 16일 '제주 4·3사건 진상규명 및 희생자 명예회복에 관한 특별법'이 표결 없이 국회를 통과했다. 정부수립 직후, 전쟁 전후에 군·경에 의한 민간인 학살 사건이 대거 자행되었는데도, 20세기가 다 가도록 과거사를 청산하기 위한 특별법은 제주 4·3특별법을 제외하면 없었다. 다만 '거창 민간인 학살 사건'에 한해 그 사건 얼마 후 군법회의가 있었고, 거창 주민들이 1990년 '거창 양민학살 명예회복 및 배상에 관한 특별입법'을 촉구해 1995년에 '거창 사건 등 관련자의 명예회복에 관한 특별조치법'이 국회를 통과했지만, 실효가 없는 특별법이었다.

여러 과거사 문제 중 제주 4·3이 먼저 특별법 제정을 이루어낸 것은 시민운동세력, 대학생, 언론인들과 정치인들이 적극적으로 활동했기 때문이었다. 4월혁명 직후 제주도에서도 진상규명과 추모 운동이 벌어졌으나, 5·16 군부 쿠데타로 된서리를 맞아 신문사 간부(신두방)와 대학생들(이문교·박경구)이 구속되었고, '백조일손지묘' 위령비는 부수어져 땅속에 묻혔다. 그 뒤 현기영의 「순이삼촌」처럼 문학 작품을 통해 진실 찾기를 모색하다가 1987년 6월항쟁 이후 진상규명운동과 희생자 명예회복운동이 제주도 및 서울에서 요원의 불길처럼 일어났다.

제주 4·3특별법은 진상규명과 희생자 명예회복에 의한 인권신장과 민주 발전, 국민 화합의 취지가 잘 살려져 있다. 그중에서도 4·3의 기점이 적절히 제시된 것이 특별법 운용에서 대단히 중요했다. 특별법은 제2조 1항 '정의'에서 '제주 4·3사건'이라 함은, "1947년 3월 1일을 기점으로 하여 1948년 4월 3일 발생한 소요 사태 및 1954년 9월 21일까지 제주도에서 발생한 무력 충돌과 진압 과정에서 주민들이 희생당한 사건을 가리킨다"라고 명시했다. "1947년 3월 1일을 기점"으로 한다고 한 것은, 4·3의 발발 원인이 경찰과 미군정에 의해 조성되었음을 시사하는 등 4·3의 성격을 이해하는 데 도움을 준다.

2003년 3월 제주4·3위원회에 진상조사보고서작성기획단에서 작성한 '진상조사보고서(안)'가 올라왔다. 기획단에서 2년 동안 12차례 회의를 갖고, 미국문서보관소에서 장기간 체류하며 수집한 문서를 포함해 국내외에서 모은 원고 6만 매 분량에 달하는 1만 594건의 문서를 분석하고, 군·경 93명, 입산자 52명, 미국인 3명, 재일동포 35명 등 총 234명으로부터 청취한 증언 등으로 작성한 보고서를 논쟁을 거듭하면서 심도 있게 검토하여 위원회에 제출한 것이다.

2003년 3월 21일 위원회에서는 격론이 벌어졌다. 군 측의 한광덕 위원은 '진상조사보고서(안)'가 피해 보고서에 지나지 않다며 반대했다. 일부 민간위원은 이 보고서를 즉각 통과시켜야 한다고 주장했는데, 여기에 강금실 법무부장관, 김화중 보건복지부장관이 가세했다. 위원장인 고건 총리는 일주일만 기다려달라며 소위원회를 구성해 자신과 함께 축조, 심의하겠다고 하여 그렇게 결론이 났다. 소위원회에서도 격론이 있었지만, 3월 29일 다시 위원회를 열어 "6개월 이내에 새로운 자료나 증언이 나타나면 추가 심의한다"는 단서를 붙여 통과시켰다. 제주 4·3사건을 '국가 공권력에 의한 인권유린'으로 규정한 정부 보고서가 통과된 것이었다. 군·경이 그동안 주장한 '폭동'이 인권유린으로 바뀌었다는 것은 제주 4·3에 대한 중대한 인식의 변화였다. 위원회는 조건부로 보고서를 통과시키면서 정부의 사과, 정부의 추모기념일 지정 등 7가지 사항을 건의했다. 그 뒤 376건의 수정 의견이 들어왔지만, 새로운 자료나 증언이라고 할 만한 내용은 아니었다. 그리하여 고건 총리 주재하에 검토소위원회를 조직해 수정 의견을 검토해 10월 15일 다시 위원회를 열어 표결에 들어갔다. 위원 20명 중 17명이 참석해 12명이 찬성, 군경 측 위원 3명이 반대, 국방부장관 등 2명이 기권해 진상보고서 최종안이 통과되었다. 그러자 군·경 측 두 위원이 사퇴했다.[09]

『제주 4·3사건 진상조사보고서』는 민간인 집단학살에 대한 최초의 정부 보고서다. 4월혁명 직후 국회에서 위원회를 만들어 보고서를 제출한 적은 있었지만 정부에서 민간인 학살에 관한 보고서를 발표한 것은 그 이전에는 없었다. 4월혁명 직후 국회에서 나온 보고서는 소략하고 학살도 일부만 다뤘지만, 『제주 4·3사건 진상조사보고서』는 해방 직후의 상황, 4·3 무장봉기가 일어나기까지의 과정과 상황, 주민 집단학살의 실태를 소상히 기술하였다는 점에서 역사적 의의가 크다. 민간인 학살에서 군과 경찰의 책임을 명백히 했을 뿐만 아니라, 나아가 이승만 대통령과 미군의 책임을 적시했다는 점에서도 그렇다. 이 보고서에서는 4·3에 대해 '폭동'이라는 용어보다 '무장봉기'라는 용어가 적절하다고 밝혔고, 초토화 작전의 실상과 군법회의의 성격을 명백히 한 것도 의미가 있다. 희생자의 입장에서 서술하려고 노력해 희생자의 눈으로 제주 4·3을 보려고 했다는 점도 평가를 받을 수 있다. 그러나 가해자 문제에서 신중을 기하지 않을 수 없었고, 보고서의 성격상 '항쟁적인 면'을 부각시키지 못한 점이 있다.

『제주 4·3사건 진상조사보고서』가 채택되자 노무현 대통령은 10월 31일 "대통령으로서 과거 국가권력의 잘못에 대해 유족과 제주도민 여러분들에게 진심으로 사과와 위로의 말씀을 드립니다"라고 말하고, "무고하게" 희생된 영령들을 추모하고 명복을 빌었다. 해방 이후 일어난 학살에 대해 대통령

09　양조훈, 『4·3 그 진실을 찾아서』, 선인, 2015.

이 사과한 것은 처음 있는 일이었다. 과거 정부의 잘못을 직시하고 사과할 만큼 우리 사회가 성숙한 시민의식을 가졌음을 말해주지만, 그 당시 보수세력이 청와대에 거세게 반발했던 것을 볼 때 원칙에 충실한 노무현 대통령이었기에 어려움을 무릅쓰고 용단을 내린 것으로 볼 수 있다. 그는 대선에서 정부 차원의 잘못이 있으면 사죄하겠다고 약속한 바 있는데, 정부의 너무나 큰 잘못은 바로잡아야 한다는 신념을 가지고 있었다. 노 대통령은 이 발표문에서 4·3 평화공원의 조성, 신속한 명예회복 등 위원회의 7대 건의사항을 적극적으로 지원하겠다는 뜻을 밝혔다.

2005년 1월 27일 노무현 대통령은 "제주도는 4·3이라는 역사적 아픔을 딛고 과거사 정리의 보편적 기준인 진실과 화해의 과정을 거쳐 극복해 나가는 모범을 보였다"라고 지적하면서, "세계 평화에 기여할 수 있도록 제주도를 세계 평화의 섬으로 지정한다"라고 선언했다. 4·3이 진행되는 내내, 특히 마을이 불타 정처 없이 떠돌던 중산간 마을 사람들이 더욱 간절했겠지만, 제주도 사람만큼 평화를 갈구한 사람들도 없었다. 대통령의 사과와 평화의 섬 선포를 계기로 제주도는 한반도 평화와 세계 평화에 더욱 크게 기여해야 할 사명을 맡게 되었다.

2) 희생자 명예회복

2000년 제주 4·3특별법에 의해 제주4·3위원회가 발족하고, 그 안에 소위원회가 구성되었을 때 맨 처음에 부딪친 문제가 희생자 명예회복 대상자의 범위였다. 이 문제와 관련해서 헌법재판소가 제시한 명예회복 제외 대상자를 존중할 것인가, 무시할 것인가가 논쟁이 되었다. 위원회는 헌재의 뜻을 존중해 "① 제주 4·3사건 발발에 직접적인 책임이 있는 남로당 제주도당의 핵심간부, ② 군·경의 진압에 주도적·적극적으로 대항한 무장대 수괴급 등"을 제외하기로 하고, "이 경우 그러한 행위를 객관적으로 입증할 수 있는 구체적이고 명백한 증거 자료가 있어야 함"을 덧붙여 2002년 3월 이한동 총리 주재하에 통과시켰다.

그렇지만 희생자 명예회복은 순조롭게 진행되지 못했다. 수형자 문제 때문이었다. 수형인도 일반법원에서 재판받은 경우는 문제가 안 되었다. 문제는 사형·무기 등 중형을 무더기로 선고한 것으로 나와 있는 군법회의였다. 여러 증언과 자료를 검토한 결과 공판조서와 재판(조)서가 없고, 판결문도 찾을 수 없다는 점이 확인되었다. 군법회의 재판의 존재 및 적법절차 준수 여부도 논란이 되었다. 군 또는 경찰이 조사 단계에서 이미 형량이 결정된 상태에서 재판 없이 처리하거나 수십 명 내지 수백 명씩 집단적으로 출석시켜 호명 등의 방식으로 본인 여부 정도나 확인하고 처리하는 등 적법한 절차를 거치지 않았음이 확실했다.

하산하면 살려준다 하고 군법회의에 회부한 것도 용납하기 어려운 처사였다. 수형인으로 행방불명된 사람들은 다수가 전쟁 직후 군경에 의해 자행된 형무소 재소자 학살로 인해 사망했는데, 이러한 정부의 범죄적 행위를 인정할 수 없다는 것도 납득하기 어려웠다. 4·3사건 민간법정의 판례가 무수히 보여주듯 사형을 받은 사람들도 민간법정에 섰더라면 유죄가 확실한 경우 벌금형이나 단기형을 받았을 것이다. 현장에서 사살당한 사람들은 희생자로 인정했는데, 수형자는 안 된다는 것도 억지 논리였다.

수형인 문제는 진상조사보고서가 통과될 때 두 위원이 항의하여 사퇴하고, 다른 분이 위원으로 오면서 숨통이 트였다. 군 측에서 한용원 교수가 온 것은 천만다행이었다. 그러나 군·경 측의 입장은 집요했고, 2005년 3월 위원회에서는 법무부장관이 제동을 걸고 국방부장관이 동조하여 격렬한 공방전이 벌어졌다. 이 회의에서 이해찬 총리는 어렵게 수형인 606명을 희생자로 통

귀순자 심사 1949년 4월경, 농업학교로 보이는 학교 운동장에서 심문반이 귀순자 가운데 무장대 협력자를 가려내고 있다. 『제2연대 제주도주둔기』 앨범에 실린 사진이다. 『제주 4·3사건 진상조사보고서』 21쪽.

과시켰다. 수형인 논란은 제주 4·3특별법이 개정되어 자동적으로 수형자는 희생자로 포함하게 된 이후에도 계속되었으나, 큰 테두리에서 원만하게 처리되었다고 볼 수 있다.

4. 추모와 교육

1) 제주 4·3 평화공원, 평화기념관, 평화재단

추모위령공원 사업은 특별법 제정 이전에 이미 추진되고 있었다. 김대중 대통령이 1999년 6월 위령공원 조성을 위한 정부 지원을 약속했고, 이에 따라 1999년 12월부터 2000년 7월까지 공원 조성 기본구상 현상공모가 있었다.

추모위령공원 조성은 2002년 3월 제주4·3위원회에서 제주 4·3 평화공원 조성 기본계획과 위령제단·위령탑·추념광장 등 공원의 기본 골격을 시행하는 1단계 사업 시행을 심의, 의결하면서 구체화되었다.

　제주 4·3 평화공원과 기념관 건립 사업은 2002년 평화공원 기본설계 현상공모가 있고, 기념관 기본설계소가 결정된 이후, 기념관 설계와 모녀상 등 상징 조형물을 둘러싸고 4·3의 역사성과 진정성이 잘 담겨 있느냐에 관한 논란이 계속해서 일어났다. 이 문제는 제주4·3위원회에서도 제기되어 2004년 4·3 평화공원조성사업자문위원회가 구성되어 평화공원 조성에 따른 전문적인 사항과 기념관 전시 계획 등에 대해 논의했으나, 공간종합건축사무소의 기념관 기본설계 변경은 불가하다는 것을 확인했다.

　제주 4·3 평화기념관 개관은 이명박 정부가 출범한 직후인 2008년 3월 28일 이루어졌다. 개관을 앞두고 재향군인회 등이 군·경의 진압 과정에서 발생한 불행했던 사태들을 침소봉대하고 남로당 폭도들의 만행은 축소·은폐함으로써 대한민국의 정통성을 부인했다고 주장하며 총리실 등에 압력을 넣음으로써 암운이 드리우기도 했으나, 4·3의 진실을 가로막지는 못했다.

　제주 4·3 평화기념관 내부 전시 내용은 화려하지는 않으나 진정성이 담겨 있다. 중국의 남경대도살기념관 등 전쟁 참화와 관련된 중국의 여러 전시관, 독일 뮌헨에 있는 다하우기념관이나 우크라이나 키예프에 있는 전쟁기념관, 아르메니아 예레반에 있는 아르메니아인 학살기념관 등에 비해 그 감동이 뒤지지 않는다. 한국에서 근현대사를 다룬 민주화운동 관련 기념관이나 박물관 중 제주 4·3 평화기념관은 현대사 교육을 시키는 데 가장 적절한 장소라고 말할 수 있다. 해방 직후 조덕송은 제주 4·3을 취재한 뒤 제주도 사건은 그대로 조선의 축도라고 썼지만, 4·3기념관은 현대사 연구를 잘 집약한 현대사의 축도로서, 4·3을 통해서 본 한국 현대사라고 말해도 결코 과장이 아니다.

해방의 감격에서부터 3·10 관민총파업, 4·3 무장봉기, 초토화 작전과 주민 집단학살, 처절한 피난민 등의 장면이 회화, 애니메이션 영상 등과 조화를 이루고 있다.

평화공원이 4·3 영령 추모의 중심이라고 한다면, 기념관은 4·3 교육과 역사화의 중추다. 2015년 4·3 추모식 때 평화재단에서 기념관 시설을 보완하겠다는 말을 들었는데, 기념관은 재단이 중심이 되어 끊임없이 쇄신 작업을 가져야 한다. 덧붙인다면, 오키나와 평화공원의 평화기념당 같은 상징물, 4·3을 쉽게 접근할 수 있는 비디오 같은 영상매체의 마련과 상영실 같은 것이 설치되었으면 좋겠다. 제주 4·3에는 잊을 수 없는 인물들과 활동이 있는데, 김석범·현기영 등의 4·3 문학관, 강요배의 4·3 연작 같은 작품이 들어 있는 미술관이나 4·3 관련 시민·학생운동과 언론인 활동 등을 잘 알 수 있게 한 4·3 이후의 4·3 진상규명운동과 희생자 명예회복 운동관 같은 것도 있었으면 좋겠다.

제주4·3위원회가 진상규명과 희생자 명예회복, 추모와 교육 시설 만들기에 치중했다면, 평화공원과 기념관 운영 관리를 맡은 평화재단은 추모와 교육의 센터이다. 이 때문에 평화재단이 빨리 설립되어야 기념관 전시 등에 관여하고 추모와 교육 사업을 본격적으로 펼칠 수 있었다. 진상규명과 희생자 명예회복이 4·3 영령을 편히 잠들게 하고 4·3에 대한 역사 바로 세우기 1단계 작업이라면, 평화재단은 그것을 이어받아 영속적으로 4·3 영령을 추모하고 교육 등의 활동을 통해 세상에 4·3의 진실을 알리고 4·3의 의미를 새기는 임무를 맡았다. 그래서 4·3 영령을 추모하고 4·3의 진실과 의미를 세상에 알릴 수 있도록, 평화재단이 그 목적에 가장 충실하게 일할 수 있는 인적 요소로 하루 빨리 구성되었어야 했다.

그러나 평화재단 구성은 이사장 선출 문제를 둘러싸고 유족회와 4·3 관련 단체 사이에 '밥그릇' 문제도 작용하면서 극명한 입장 차이를 드러냈다. 그러면서 기념관이 개관한 지 반 년도 더 지난 2008년 11월에야 간신히 재단이 출범했는데, 행정부지사가 이사장을 맡는 비정상적인 일이 벌어졌고 예산 문제도 발생했다.[10] 이렇게 된 데는 정권이 바뀐 것도 작용했다. 그 뒤 각계의 여론을 수렴해 이사장을 추대해 수습은 되었으나, 관과의 관계에서 독립성은 여전히 심각한 문제로 대두되었다.

육지의 민주화운동 기념재단 중에는 제 역할을 하지 못한다는 얘기를 듣는 경우가 있다. 제주 4·3 평화재단이 위에서 언급한 역할을 제대로 하려면 4·3에 헌신적으로 일해온 사람들 중심으로 운영이 되어야 할 것이다. 무엇보다도 독립성, 독자성이 관건이다. 관에서 이사회 구성이나 운영에 관여를 하면 그만큼 4·3 영령 추모와 교육은 제 역할을 하기가 어려운 것이 현실이다.

2) 국가기념일 지정과 제주 4·3의 역사화

2014년 3월 24일 박근혜 정부는 제주 4·3을 국가기념일로 지정했다. 집단학살에 대해 국가에서 기념하는 경우는 많지 않다. 이스라엘은 유대력(曆)으로 4월에 홀로코스트 기념일을 갖는다. 국제연합은 2005년에 와서야 소련군이 아우슈비츠수용소를 해방시킨 1월 27일을 대학살 피해자를 추모하기 위한 기념일로 정했다.

제주 4·3이 국가기념일로 지정된 것은 한 지역에서 발생한 집단학살로, 인간 세상에 어떻게 그러한 일이 발생할 수 있을까 싶게 참혹하게, 그것도 대규모로 희생자가 발생했기 때문이다. 여기에는 전쟁을 전후에서 발생한 집단학살에 대한 정부의 사죄의 뜻도 내포되어 있다고 해석할 수 있다. 그만큼 한국의 시민사회가 성숙해 더 이상 과거의 잘못을 외면할 수 없게 되었다는

---

10 양조훈, 『4·3 그 진실을 찾아서』, 선인, 2015.

증좌이기도 하다.

4·3이 국가기념일로 지정된 것은 정부가 집단학살이 잘못된 것이라고 사죄하는 것에서 한 걸음 더 나아가 온 국민이 그러한 학살에 대하여 추모해야 하며, 다시는 그러한 학살이 일어나지 않도록 기억하고 참회하자는 의미를 가지고 있다.

국가기념일로 지정되어 국민적 차원에서 추모를 하게 되었기 때문에, 4·3이 남로당 중앙당의 지시에 의해서 일어났다거나 북한이나 소련의 사주에 의해서 일어났다는 중상모략이나 허위사실 유포는 더 이상 해서는 안 될 것이다. 제주 4·3특별법이 대한민국의 정통성을 부인한다고 주장하거나 『제주 4·3사건 진상조사보고서』나 희생자 명예회복을 비난하는 행위도 국가기념일을 모독하는 것이므로 삼가야 한다.

제주 4·3 평화재단과 제주도는 4·3이 국가기념일로 지정되어 한층 더 의미 있는 활동을 하지 않으면 안 되게 되었다. 추모도, 교육도 제주도민만 상대로 하는 것이 아니라 국민적인 차원에서 전개해야 하는 것이다. 이제는 국민 모두가 4·3 영령을 추모하고 4·3의 진실을 알아야 하고, 4·3이 오면 그날을 뜻 깊게 맞도록 해야 한다.

제주 4·3은 한반도의 축도였다. 따라서 제주 4·3의 진실과 함께 4·3이 일어날 당시의 해방 공간과 분단의 과정에 대해서도 알게 해야 한다. 다른 지역에서의 집단학살의 진실에 대해서도 같은 마음을 가질 때 4·3의 진정성이 살아나지 않을까 싶다. 또 4·3의 진상규명과 희생자 명예회복을 가능하게 한 민주화운동에 대해서도, 4·3이 추구했던 평화와 통일에 대해서도 교육되어야 할 것이다.

제주 4·3의 진상규명과 희생자 명예회복, 대통령 사과와 국가기념일 지정은 민주주의와 인권신장, 화해와 상생의 길을 여는 데 크게 기여했다. 이제 제

주 4·3은 한 걸음 더 나아가 남북 화해와 협력, 상생과 평화, 통일의 길을 여는 데 기여해야 할 것이다. 60여 년 전의 4·3이 남과 북의 화해와 통일을 갈구하는 면을 품고 있어서 진상조사보고서와 희생자 명예회복, 평화기념관은 그 자체에 남북 화해와 통일을 요구하는 성격을 내재하고 있다. 나아가 동아시아 평화를 지향하고 있다. 제주 4·3은 제주도의 화해와 상생을 넘어서 남북의 화해와 상생, 평화의 길로 나아가야 한다. 그것이 한국 현대사에서 부과한 4·3의 역할이다.

[덧붙이는 말]

이 글을 쓸 당시 공공기관·기구에서 4·3항쟁을 거론할 때는 신중을 기해야 했다. 필자는 4·3의 명칭은 '4·3항쟁'으로 하는 것이 적절하다고 본다. 항쟁으로서의 4·3이 본격적으로 연구되려면 왜 무장대에 가담했는가를 포함한 무장대의 심정이나 의식, 무장대와 토벌대 간의 전투에서 보여준 무장대의 모습, 무장대·토벌대와 주민들의 관계, 4·3에 대한 주민들의 의식이나 반응 등에 대한 검토가 중요하다. 지금까지 4·3 관련 조사나 증언 채록이 거의 다 피해에 초점을 맞춰 이루어졌는데, 늦었지만 지금이라도 항쟁에 초점을 맞춘 물음으로 증언 채록이나 조사가 이루어져야 4·3항쟁의 성격이나 면모가 드러날 수 있다. 기초 자료, 기본 자료가 새로 갖춰져야 4·3항쟁이 연구될 수 있다.

※ 이 글은 제주4·3평화재단에서 펴낸 『제주 4·3 70년 어둠에서 빛으로』 (2017)에 「서장: 역사 앞에 선 제주 4·3」이라는 제목으로 실렸다. ※

한국전쟁 전후 민간인 집단학살의 연구 방향

1. 머리말

정부수립 직후부터 한국전쟁 시기에 걸쳐 군·경 및 미군에 의해 일어난 대규모 민간인 집단학살은 분단과 전쟁이 가져온 최대의 참극일 뿐만 아니라, 한국사 전체를 통틀어 보아도 찾아보기 어려운 비극인데도 1980년대까지 진실규명도 거의 안 되었고, 학문적 접근도 없었다. 그렇지만 20세기가 끝날 무렵부터 진실규명 작업과 학문적 연구가 진행되어, 21세기에는 정부 차원에서 대대적으로 진실규명과 희생자 명예회복이 이루어졌고, 갑오동학농민전쟁 1백주년을 맞아 이루어졌던 농민전쟁 연구에는 훨씬 미치지 못하지만 부분적으로 연구도 진전되었다.

금년(2010년)은 한국전쟁 발발 60주년이 되는 해인데, 특히 민간인 집단학살에 대한 학문적 토론과 연구가 한층 활발히 이루어져 전쟁 60주년이 뜻깊은 해가 되도록 해야 할 것이다. 한국전쟁 40주년이 되는 1990년에는 6월항쟁을 전후하여 민주·민족운동이 활발히 전개되었기 때문에 전쟁과 관련해서 많은 연구와 학술 토론이 있었으나, 정작 50주년이 되는 2,000년에는 연구도

경주지구 피학살자합동위령제 1960년 11월 6일, 경주에서 피학살자합동위령제가 거행되었다. 4월혁명으로 이승만 정권이 무너지자 한국전쟁 전후로 전국에서 발생한 민간인 학살 사건 피학살자 유족들은 각 지역별로 유족회를 결성하고 진상규명운동에 나섰다. (사)한국전쟁 전후 민간인 희생자 경주유족회 김하종 회장 소장.

토론도 활기가 없었다.

민족 최대의 비극이라는 민간인 집단학살이 1980년대까지 진실규명이 거의 되지 않고 학문적 접근이 이루어지지 않은 것은 극우반공체제라는 엄혹한 상황이 장기간 지속되었기 때문이었다. 이승만 대통령 재임 시기에는 집단학살로 희생당한 사람들의 시신 처리도 어려웠고, 가족들이 제삿날도 모르는 경우가 많았다. 뿐만 아니라 제사도 마음놓고 지낼 수 없었으며, 통곡도 할 수 없는 형편이었다.

1960년 4월혁명이 일어나자 거창에서 학살 당시 면장이 불태워져 크게 이목을 끌고, 그러면서 민간인 집단학살의 참상이 『영남일보』 등 지방지와 중앙 일간지에 연일 보도되었다. 급기야 자유당이 다수당인 국회에서도 양민학살 사건 진상조사특별위원회를 구성해 진상조사에 나섰지만, 조사 기간이

제한되었고, 양민 학살에 책임이 있는 경찰기관 등의 협조를 얻지 못해 성과를 내지 못했다. 그러나 처음으로 국가 차원에서 조사가 이루어졌다는 점에서 의의가 있었다. 그 뒤 경상남북도를 중심으로 유족회를 결성해 당국에 유해 발굴과 합동묘 설치, 장례, 가해자의 법적 조치 등을 요구했다. 그러나 유족회 활동은 5·16 군부 쿠데타로 된서리를 맞았다. 박정희 쿠데타 권력은 유족회 관계자들이 군·경에 대한 증오감을 조성케 하여 용공적 사상을 고취하였다고 몰아세워 구속하고 '혁명재판'에 회부하였다.[01] 뿐만 아니라 합동묘지를 파헤쳐 공동묘지 등으로 이장하도록 지시했고, 위령비 비문은 정으로 지워져 땅속에 묻히게 되었다. 쿠데타 권력에 의한 제2의 학살이었다. 민간인 집단학살에 대한 진상조사는 합동묘지처럼 수십 년간 땅속에 묻혔다. 이러한 상황에서 학문적으로 접근한다는 것은 엄두도 낼 수 없었다. 6월항쟁 이전에는 민간인 집단학살 사건을 다룬 소설, 시 등의 문학작품이 판금되기도 했고, 작가가 수사·정보기관에 끌려다니며 고통을 당하거나 구속되기도 했다.

6월항쟁 이후 보도연맹원 집단학살, 제주 4·3 집단학살 등 민간인 학살 사건이 『말』 등 언론에 보도되거나 시민단체, 유족단체 등에 의해 진상규명운동이 전개되었고, 지방 신문이나 TV 매체 등을 통해 진상규명 활동이 이루어졌다. 30여 년 만에 등장한 전북도의회, 제주도의회에서도 진상조사 차원까지는 못 갔지만 피해자 조사를 했다. 정부 차원에서도 민간인 집단학살 문제에 접근해 1996년에는 '거창 사건 등 관련자의 명예회복에 관한 특별조치법'이 공포되었다. 2000년 벽두에는 '제주 4·3사건 진상규명 및 희생자 명예회복에 관한 특별법'이 공포되고 얼마 후 제주 4·3사건 진상규명 및 희생자 명예회복위원회(이하 '제주4·3위원회')가 구성되었다. 정부 차원의 진상규명 활동

---

01 재판 과정과 형 선고는 한국혁명재판사편찬위원회 편, 『한국혁명재판사』제2·4집, 1962 참조.

은 노무현 정부에 이르러 더욱 적극적이었다. 다행히도 노무현 정부가 끝날 때까지 '거창 사건 등 관련자 명예회복위원회', '제주4·3위원회', '노근리 사건 희생자 심사 및 명예회복위원회' 등이 실질적 활동을 마쳤다. 가장 규모가 큰 '진실·화해를 위한 과거사정리위원회'(이하 '과거사정리위원회')는 조사 등이 끝나지 않았지만 전쟁 발발 60주년이 되는 2010년 6월 25일 이전에 기본 활동이 사실상 끝나게 되어 있다. 제주 4·3사건, 노근리 사건을 제외한 민간인 집단학살 사건을 맡고 있는 과거사정리위원회의 활동이 끝나면 정부 차원의 진상조사는 일단락되기 때문에, 이제 과거사정리위원회에서 하지 못한 집단학살 진상조사는 추후로 미뤄질 수밖에 없게 되었고, 진실규명 연구 등 민간인 집단학살에 대한 연구는 주로 연구자의 손에 넘어오게 되었다. 그것은 '추정된다', '추정하기는 어렵다', '확정할 수 없다', '확인할 수 없다', '특정할 수 없다' 등의 정부위원회 보고서에 자주 보이는 표현이 연구자들의 노력에 의해 바뀌어야 한다는 것을 의미하기도 한다.

군·경 및 미국에 의한 민간인 집단학살 연구는 이제 가해자 문제에 비중을 두어야 한다고 생각한다. 진상 또는 진실규명에서 피해자 조사는 정부 위원회 등을 통해 상당 부분 이루어졌지만, 정부 위원회에서 왜 그러한 집단학살이 일어났는가와 관련해 가해자가 누구인지 별반 조사하지 않았고, 나아가 가해자의 성격이나 심리, 전력이나 행태에 초점을 맞춰 조사하는 데는 한계가 뚜렷했다. 위원회의 진상조사보고서와 관련해서 진실규명이 미흡하다는 지적이 나온 데는[02] 가해자가 제대로 밝혀지지 않았던 점이 중요하게 작용했다. 가해자 문제에서 특히 최고 책임자를 밝히는 것은 정권의 성격과 관련해서 중요한 의미를 갖는다.

---

02   정호기, 「진실규명의 제도화와 다층적 재조명」, 『제노사이드연구』 6, 선인, 2009, 101쪽.

2. 민간인 집단학살의 희생자 규모

제주4·3위원회건 과거사정리위원회건, 정부 위원회는 진상규명이나 명예회복을 위해 피해자를 정확히 가려내는 것이 1차적 임무였다. 그렇지만 민간인 집단학살이 불법으로 저질러진 것이어서 극소수 지역을 제외하고는 자료를 남기지 않았고, 사건이 일어난 지 반세기가 경과하여서 정확히 신고하기가 어려웠던 점, 위원회의 피해자 조사가 신고 또는 신청된 '죽음'을 대상으로 하고 있어서 미신고자 또는 미신청된 건은 조사 대상이 되지 않았다는 점 등이 작용하여 정확한 인명 피해를 가려내기가 여간 어려운 일이 아니었다. 따라서 민간인 집단학살에서 희생자 규모를 더 명확히 하는 것은 추후 과제로 남게 되었다.

규모가 큰 민간인 집단학살 사건에서 희생자 규모가 비교적 정확히 파악된 것이 제주 4·3사건이다. 제주도라는 고립된 섬에서 발생한 사건이고 마을 단위로 집단학살 당한 경우가 대부분이어서 누가 어디서 어떻게 희생되었는가를 비교적 잘 기억하고 있어서였다. 그렇지만 이 경우도 더 정확히 희생자 수를 밝혀내는 것은 추후 과제로 남았다.

제주 4·3사건으로 2000, 2001년에 신고한 희생자는 후유장애자 142명, 행방불명자 3,171명을 포함해 1만 4,028명이었다. 이 중에는 중복 신고자, 추가 신고자 등이 있어 2007년 3월까지 심의하여 결정한 희생자는 신고자 1만 3,595명에서 31명이 제외된 1만 3,564명이었다. 그러나 제주4·3위원회에서 통과된 『제주 4·3사건 진상조사보고서』에는 희생자 수를 25,000명에서 3만명으로 추정했다. 미국 측 자료에 나와 있는 1948년 1월 1일자 인구와 1949년 5월 1일 정부의 인구 집계 차이가 2만 6,411명인데, 그것에 1947년 3·1사건 이후의 도피자 수와 1950년 6·25 직후에 있었던 예비검속 희생자, 형무소 재소 중 희

생자를 가감했고, 1950년 제주도지사가 밝힌 2만 7,719명 등을 고려하여 추정한 것이다.[03]

과거사정리위원회에서 취급한 사건의 경우 희생자 규모를 정확히 하는데 더 많은 어려움이 따르고 있다. 이 위원회에 민간인 집단희생으로 신청되어 2009년 12월 31일 현재, 조사 대상 사건이 된 건수는 8,177건인데, 이 중 같은 시기에 5,195건이 진실규명된 것으로 나와 있다.[04] 5,195건은 이 위원회에서 진실규명을 할 수 있는 사건의 대부분이 포함된 것으로 볼 수 있을 터인데, 엄밀하고 정치하게 조사 분석하였지만, 정확한 희생자 수와 관련해서는 계속 논쟁이 따를 것으로 보인다. 예컨대 함평 양민학살 사건을 살펴보자. 국군 11사단 20연대 2대대 5중대에 의해 1950년 11월 20일경부터 1951년 1월 14일까지 전남 함평군 월야면·해보면·나산면과 광산군 본량면 덕림리 및 장성군 삼서면 수해리와 인근 지역에서 희생된 사건에 대해 과거사정리위원회에 신청한 사건 건수는 192건, 그들이 주장한 희생자 총수는 283명(부상 9명 포함)이었는데, 이 위원회에서는 부상자 9명을 포함, 258명을 희생자로 최종 결정했다. 그런데 1960년 6월, 국회 양민학살 사건 진상조사특별위원회에서는 함평 현지에 내려와 조사를 하여 524명을 희생자로 발표했다.[05] 김영택의 저서에는 5중대에 의한 민간인 희생이 5백명 이상으로 쓰여 있다.[06] 거창 사건과 함께 11사단에 의해 많은 희생자가 나온 대표적 사건인 함평 사건에서 너무 큰 차이가 나서 필자는 과거사정리위원회에 위원으로 참여해 이 사건에 관여한 김영택에게 문의했던 바, 그는 1960년 국회 조사가 더 정확하다고 답변했다.

---

03 제주4·3위원회, 『제주 4·3사건 진상조사보고서』, 2003, 353~366쪽.

04 과거사정리위원회, 『2009년 하반기 조사보고서 01』, 16쪽.

05 과거사정리위원회, 『2007년 상반기 조사보고서』, 467~520쪽.

06 김영택, 『한국전쟁과 함평양민학살』, 사회문화원, 2001, 17~18, 96쪽.

1960년에는 피난민 희생자 등 21세기에는 신고할 수 없었던 많은 사람들에 대해서 여러 가지 방법으로 신고했다는 설명이었다.[07]

민간인 집단학살 사건 중 가장 많은 희생자를 낸 보도연맹원 집단학살에 대해서도 사실에 가까운 희생자 수를 알아낸다는 것은 쉬운 일이 아니다. 경남 의령군의 경우 보도연맹 결성식에 참여한 인원은 130명인데, 과거사정리위원회에서 보도연맹 사건으로 희생된 인원은 100여 명 안팎으로 추정했으나, 이 위원회에서 조사 결과 신원이 확인된 희생자는 20명밖에 안 되었다.[08] 아주 드문 경우지만, 보도연맹원 명부와 희생자 명부를 남긴 울산과 경북 청도, 경남 김해의 경우 보도연맹원 수 대비 희생자 수가 각각 55.7%, 27.4%, 75.5%여서[09] 차이가 크기 때문에 이 수치를 가지고 전체 희생자 수를 가늠하기도 어렵게 되어 있다.

보도연맹원 집단학살과 관련해 2006년 9월 경찰청과거사진상규명위원회의 「보도연맹원 학살의혹 사건 중간조사결과」 발표[10]와 과거사정리위원회의 『2009년 하반기 조사보고서 07』에 330여 쪽의 분량이 수록되어 있는 '국민보도연맹 사건'을 비교 검토하는 것은 연구자들에게 많은 시사를 줄 수 있다. 경찰청위원회는 중앙정보부에서 발간한 『6·25 당시 처형자명부』를 활용했고, 청도경찰서와 경산경찰서의 보도연맹원 명부를 찾아내 활용했으나, 우선 자료 처리 방법과 관련해서 많은 문제가 있다. 보도연맹 조직과 운영, 가입자 총인원, 집단학살의 명령 계통과 관련해 보도연맹 조직의 핵심 인물인 오제

---

07 2010년 5월 5일 16시 40분, 김영택과의 통화.

08 과거사정리위원회, 『2009년 하반기 조사보고서 07』, 253쪽.

09 위의 조사보고서, 546쪽.

10 경찰청위원회의 발표는 중간조사결과로 되어 있으나, 더 이상 발표가 없었으므로 실제로는 최종조사결과였다.

도·선우종원·정희택 등의 기록과 증언을 활용하지 않았고, 군·경 관련자들의 증언이나 피학살자 측의 증언도 별반 활용하지 않았으며, 특히 명령 계통 파악이 부실하다는 인상을 주었다. 보도연맹원 구금 체포와 관련해서 1950년 7월 12일에 내린 '체포·구금특별조치령'에 대한 성격 파악에서도 과거사정리위원회와 다르지만, 보도연맹 가입자 수를 6만 2,053명 이상이라고만 기술하고, 보도연맹원 희생자에 대해서도 신원 확인된 희생자는 3,593명이지만 전체 피해 규모는 확정하기 어렵다고 판단한 것은[11] 논란이 될 수 있다. 과거사정리위원회 조사 결과는 경찰청위원회 조사 결과와 다르다. 과거사정리위원회에서는 희생자 수 추산이 가능한 몇 개 군의 경우 보도연맹원 중 30~70%가 학살된 것으로 나타났고, 각 군에서 적게는 100여 명, 많게는 1,000여 명 정도가 살해된 것으로 추정했다. 그리고 자료나 진술을 통해 '추정 희생자 수'를 산출했다. 이에 따르면 남한 149개 시·군 중 114개 시·군에서 희생 사실이 확인되었고, 희생자 수를 확인한 71개 시·군 중 100명 미만이 11곳, 100~199명이 18곳, 200~299명이 12곳, 300~499명이 9곳, 500~999명이 18곳, 1천 명 이상이 충남 대전(대덕 포함)과 경북 청도로 나타났다.[12] 대단히 치밀한 조사, 연구로 연구자들에게 여러 모로 시사를 주었다.

규모가 큰 민간인 집단학살 사건 중 과거사정리위원회 조사가 미흡한 대표적 사례가 여순 사건이다. 여순 사건 희생자에 대해서는 1948년 11월에 있었던 전남도당국 조사, 1949년 1월에 있었던 정부 파견 조사관의 현지 조사, 『국제연합한국위원단보고서 1949·1950』에 나와 있는 수치 등이 있으나,[13] 명

---

11 경찰청과거사진상규명위원회, 「보도연맹원 학살의혹 사건 중간조사결과(언론발표문)」, 6, 8, 14쪽.
12 과거사정리위원회, 앞의 보고서, 304, 532~549쪽.
13 김득중, 『'빨갱이'의 탄생』, 선인, 2009, 347~350쪽.

확하지 않은 부분이 있고, 신뢰성에도 문제가 있다. 홍영기는 여수·순천의 경우 사망자를 3천 명~1만 명으로 잡았는데,[14] 3천 명과 1만 명의 차이가 너무 크다. 이영일은 『여순 사건 실태조사보고서』 1·2·3에 의거해 여순 사건 희생자를 여수 5,000명 등 만 명으로 추정했다.[15]

여순 사건, 제주 4·3사건의 희생자 규모에 대해서도 연구가 많이 진전되어야겠지만, 보도연맹원 희생자 규모가 특히 문제다. 이 점과 관련해, 과거사정리위원회에 진실규명을 신청한 건수가 인민군이 점령하지 못했거나 다른 지역에 비해 짧은 기간 점령했던 경남북 지역이 전체 신청 건수의 59%나 되고, 그 다음이 충북 21%, 전남 16% 순인데, 전남의 신청도 적지만, 충남과 전북은 불과 2% 안팎이어서,[16] 어째서 전남북과 충남에서 이렇게 신청이 적은지를 구명해내는 것이 연구자들의 중요한 과제로 남게 되었다. 이 문제는 보도연맹원 학살 사건 진실규명 차원을 넘어 전쟁의 성격을 밝혀내는 데도 중요하게 기여할 수 있을 것이다.

3. 가해자 문제

1) 불법·범법 행위—어떠한 불법·범법인가

독일뿐만 아니라 프랑스, 이탈리아 등 유럽의 다른 지역에서도 유태인 학살에 가담한 자들은 비인간적 반문명적 행위로, 즉 인도에 반한 죄 등으로 오늘날까지도 체포해서 재판에 회부하고 있다. 민간인 집단학살의 경우 가해

---

14 홍영기, 「문헌 자료와 증언을 통해 본 여순 사건의 피해 현황」, 『4·3과 역사』, 2001, 61쪽.

15 김득중, 앞의 책, 353~354쪽.

16 과거사정리위원회, 앞의 보고서, 307쪽.

자 책임을 엄중히 묻는 것은 역사의 교훈으로서나 그러한 범죄가 다시는 나타나지 않도록 하는 데 대단히 중요하기 때문에 필수적인 것으로 인정되었다. 한국의 경우 4월혁명으로 이승만 정권이 붕괴된 직후인 1960년 5월 11일 거창 사건 유족들이 학살 사건 당시 신원면 면장이었던 박명보를 타살한 사건이 알려지면서 이승만 정부 수립 직후부터 전쟁 시기에 이르는 민간인 집단학살 문제가 언론에 크게 보도되었다. 그리하여 진상규명 운동이 활발히 일어났는데, 이때 유족들은 진상규명, 유해 발굴, 장례와 함께 가해자 처벌을 강하게 주장했다. 그러나 6월항쟁 이후 민간인 집단학살 사건 특별법이 만들어질 때 가해자 처벌은 배제되었다. 학살 사건의 법적 특성은 '국가 공권력에 의한 조직적인 인권유린 행위'로, 가해자 문제가 제대로 밝혀지고, 그러한 가해자의 행위에 대해 책임을 물어야만 학살 사건의 본질이 구명되고 해결될 수 있는데,[17] 가해자의 반발과 방해를 받지 않고 피해자를 명예회복시켜 학살 사건을 해결하고, 가해자와 피해자의 '화해'를 이끌어내는 것에 치중했기 때문에 가해자 처벌을 배제한 것이다. 가해자 반발을 막기 위해 진상조사보고서에서 되도록 가해자 이름을 밝히지 않으려는 노력도 있었다. 그런데도 가해자 측은 특별법과 위원회 활동을 무효화시키고 허사로 돌아가게 하기 위해 계속 소송 등의 행위를 했다.

가해자 문제에서 연구자들이 먼저 구명해야 하는 것은 민간인 집단학살이 어떠한 형태의 불법·범법 행위인가를 가려내는 일이다. 민간인 집단학살은 어느 것이나 모두 불법·범법 행위였고, 그것도 중대한 불법·범법 행위였다. 보도연맹 사건의 경우 보도연맹이 가입자에게 심대한 인권유린이 될 수

---

17   강금실, 「민간인 학살 사건에 관한 법적인 문제점과 해결 방안」, 『전쟁과 인권』, 한국전쟁직후 민간인학살 심포지움(2000. 6. 21), 51, 59쪽.

있고 경제적으로 피해를 줄 수 있는 것인데도 불구하고, 관계법을 제정하지 않고 사상검사가 주동이 되어 임의로 만들었다. 보도연맹원을 소집한다거나 인권에 큰 위협이 되는 '양심서'[18]를 강제로 작성하게 한 것, 회비를 내게 한 것, 전쟁이 발발하자 예비구금을 한 것도 모두 법에 근거하지 않은 행위였다.

제주 4·3사건과 관련해 가해자 측, 곧 군·경 측은 군법회의에 의해 형을 받은 사람들은 희생자 명예회복 대상에서 제외시키려고 했다. 그렇지만 사형 384명, 무기징역 305명 등 2,530명이 사형 또는 중형을 선고받은 것으로 되어 있는 군법회의 판결은 법적 요건을 갖춘 것이 아니었다. 군법회의가 법적 절차를 밟았다고 증명할 수 있는 재판서(판결문), 공판조서, 예심조사서 등 소송 기록에 대해 국방부 등 관계기관에 수차례 문의했으나 대답이 없었고 발견도 되지 않는다는 점, 하루에 238명이 무기징역형을 받는 등 불과 며칠 사이에 그 많은 인원을 정상적인 절차를 밟아 재판한다는 것은 물리적으로 불가능하다는 점, 여순 사건 군법회의와도 다르게 이 재판에 대해서 정부나 국회의 언급이 없고 신문에도 관련 기사가 전혀 없다는 점, 사형이 비공개로 집행되었고 시신을 암매장했다는 점, 적지 않은 사람들이 형무소로 이송된 후에야 비로소 형량 등을 알았다는 점 등을 들어 제주4·3위원회에서는 이 군법회의를 정상적인 절차를 밟은 재판으로 볼 수 없다고 판단했다.[19]

문제는 보도연맹원 집단학살 등 민간인 집단학살이 일반적인 의미에서의 불법·범법 행위를 넘어선 불법·범법 행위라는 데 있다. 이 점과 관련해 과거사정리위원회는 주목할 만한 판단을 하였다. 이 위원회는 민간인에 대한 조직적 공격으로서 보도연맹 사건은 전국에서 체계적으로 자행되었던 학살

---

18 과거사정리위원회, 앞의 보고서 325~326쪽에는 문제의 양심서 내용과 원본이 수록되어 있다.

19 제주4·3위원회, 앞의 진상조사보고서,465~467쪽.

사건으로, 보도연맹원에 대한 가해 행위는 전형적인 국가폭력이자 정치적 집단학살이라고 규정하고, 이어서 '인도에 반한 죄'에 해당하는지 여부를 따졌다. 이 위원회는 보도연맹원 소집과 살해가 군·경에 의해 매우 조직적이고 전국적인 단위에서 행해졌고, 가해자들이 자신의 행위를 보도연맹원들에 대한 공격의 한 부분으로 정당화하여 짧은 시간 내에 잔인하게 살해한 것으로, 사망 행위의 성격이나 결과 면에서 국가가 정책적 차원에서 보도연맹원을 조직·관리·통제·가해하는 과정의 일부로서 간주될 수 있기 때문에 인도에 반한 죄에 해당한다고 결론을 내렸다.[20]

과거사정리위원회가 이와 같이 판단할 수 있었던 것은 역사 연구자뿐만 아니라 경찰·검사 등 여러 전문인이 함께 참여해 활동했기 때문이다. 이 위원회의 조사 연구로 정부수립 직후부터 전쟁 시기에 있었던 민간인 집단학살이 나치의 유태인 집단학살과 어떠한 유사성과 차이를 갖는지에 대한 연구로 진전될 수 있게 되었다. 또 민간인 집단학살을 이승만 대통령과 이승만 정부의 일반적인 불법·폭력성과 연관지어서도 연구자들의 한층 더 심도 있는 연구가 요청된다.

2) 군인과 경찰

민간인 집단학살에 관한 연구는 가해자가 어떠한 성격의 인간, 어떠한 성격의 권력(정권)이기에, 또 가해자가 어떠한 정신·심리 상태에 있었기에 그와 같은 학살이 자행될 수 있었는가에 중점을 두어야 한다.

보도연맹원 학살사건을 취재한 기록인 『부산매일』의 『울부짖는 원혼』, 제주 학살을 다룬 『제민일보』 4·3취재반의 『4·3은 말한다』 1~5권, 그 밖에 집단

---

20 과거사정리위원회, 앞의 보고서, 522~527쪽.

학살 사건을 다룬 책이나 글을 읽으면 장교든 사병이든 순사든 경찰 간부든 청년단원이든 공권력을 가졌거나 공권력과 밀착된 자들이 어떻게 이렇게까지 잔인한 행위를 서슴없이 저지를 수 있는가 하는 의문이 계속 든다.

그러한 잔인한 행위가 저질러지는 데는 사병의 처우도 따져볼 필요가 있다. 빈농 출신이 대부분이고 교육 수준이 낮은 상태에서 식량·피복 등이 결핍돼 있거나 중노동, 기합과 구타가 다반사로 행해지는 잔인한 내무반 생활이 계속되면 일본 병사의 예를 들지 않더라도 인간은 잔인해질 수 있다.[21]

잔인한 행위가 서슴없이 자행된 데는 천인공노할 학살이 '전공(戰功)'으로 둔갑한다는 점도 작용했다. 특히 11사단에 의한 함평 집단학살에서 그러한 예가 많이 드러났다. 월야지서 토벌대장으로서 사건 직전 군경작전회의에 참석했던 오정인은 "중대장이 대대에서 내려온 공문을 보고 공산주의자라고 인정하고 부역을 한 사람은 무조건 50명씩 죽이라고 했는데, 결국은 덮어놓고 죽이라는 얘기였습니다"라고 증언했다.[22] 문제는 이 지시가 상부에서 내려왔다는 것이다. 1951년 1월 15일 함평군 나선면장의 항의로 끝나는 일련의 학살 사건에서 희생된 사람들은 모두가 경찰 신원카드에 좌익 유격대원으로 기록되었다.[23] 역시 11사단에 의해 집단학살 당한 남원군 대강면 강석리 사람들은 통비로 몰려 공비 사살 전과로 보고되었다고 주민들은 분노했다.[24] 대통령 이승만은 1951년 4월 24일, 공보처장을 통해 발표한 담화문에서 "거창 사

21 일본 병사의 경우 와카쓰키 야스오(若槻泰雄) 지음, 김광식 옮김, 『일본 군국주의를 벗긴다』, 화산문화, 1996, 113쪽 등 참조.
22 과거사정리위원회, 『2007년 상반기 조사보고서』, 531~532쪽.
23 김영택, 앞의 책, 144~145쪽.
24 전라북도의회 6·25양민학살진상실태조사특별위원회, 『6·25 양민학살 진상 실태조사보고서』, 1994, 52쪽.

건의 희생자는 대부분이 통비자"였다고 몰아세웠다.[25]

　나치 중에는 유태인이나 슬라브계는 죽여도 된다고 생각했던 자들이 있었지만, 극우반공체제에서 빨갱이는 가만 놔둬서는 안 된다는 일종의 이데올로기로서 통념이 있었는데, 이 점도 민간인 집단학살을 야기시킨 한 요인이었다. 의학사 전공인 황상익은 빨갱이 하면 문둥이가 떠오른다면서 '빨갱이'라는 낙인이 찍히면 더 이상 인간이 아니므로 차마 짐승에게도 할 수 없는 어떤 만행도 가능했다고 지적했다.[26]

　문제는 어째서 '빨갱이'라면 어떠한 잔인한 행위도 할 수 있다는 심리를 갖게 되느냐이다. 그것에 대한 하나의 해답은 '반공'·'백색' 테러의 상습화와 연관된다. 주지하다시피 미군정 시기는 우익 청년단체에 의한 테러가 난무했고 살상 행위가 적지 않았다. 좌익으로 낙인찍히거나 좌익단체 집회에는 서북청년회 등의 청년단원이 나타나 테러를 가했고, 그 배후에는 경찰이 있었다. 이러한 테러를 다반사로, 또 상습적으로 저지른 자나 그것을 방관한 자는 테러나 인명 살상이 잘못이라는 생각을 갖기는커녕 자연스럽게 느끼는 심리가 생겨날 수 있었고, 심지어 '정의감'의 발로라는 망상도 할 수 있었다.

　잔학 행위는 가해자의 친일 경력과 관련해서도 살펴봐야 한다. 1946년 10월항쟁, 제주 4·3사건이나 여순 사건이 일어난 데는 친일파, 그중에서도 친일 경찰의 횡포가 주요 요인의 하나였다.[27] 제주 4·3사건에서의 집단학살, 11사단에 의한 집단학살은 초토화 작전과 긴밀한 관계가 있는데, 일제는 만주와 화북 지방 등 여러 지역에서 태워 없애고 굶어 없애고 쏘아 없앤 삼광(三光, 三盡)

25　부산일보사, 『비화 임시수도 천일』 상, 1993, 110~111쪽.
26　황상익, 「의학사적 측면에서 본 '4·3'」, 『제주4·3연구』, 역사비평사, 1999, 336~337쪽.
27　10월항쟁과 친일 경찰의 관계에 대해서는 서중석, 「제주 4·3의 역사적 의미」, 『제주4·3연구』, 97~120쪽 참조.

작전, 곧 초토화 작전을 편 바 있었고, 이 작전에는 조선인 군인들도 투입되었다. 친일 경찰은 동포에 대하여 어떠한 짓을 저지르건 범죄 의식을 갖지 않았다. 그들에게 고문은 상습적이고도 관행적인 일이었다. 일제는 특히 일제 말에 이들에게 공산주의자라면 가혹한 행위를 자행해도 좋다는 사고를 주입시켰다. 조선총독부 검사장 마쓰나가(增永)는 "공산주의 사상의 배격은 일관된 부동의 국시로서 이러한 종류의 사상 범죄에 대해서는 가차없이 탄압"하도록 지시했다.[28]

　　제주 4·3사건 시기 제주경찰에서 친일파가 차지하는 비중과 그들의 행위는 양봉철에 의해 연구되었다.[29] 과거사정리위원회는 국민보도연맹 사건 조사·연구에서 가해자 명단을 상당 부분 밝혀놓았는데, 이들의 전력을 살펴볼 필요가 있다. 다만 보도연맹원 집단학살뿐만 아니라 형무소 재소자 학살 등 민간인 집단학살 사건에 핵심 역할을 한 CIC의 명단은 하급자의 경우 알기가 쉽지 않다. 그렇지만 방첩부대장 김창룡의 악질적인 친일 행위는 많이 밝혀진 편이고, 다른 방첩대 간부도 자료를 찾아보면 상당수 전력을 알아낼 수 있을 것이다.

3) 이승만 대통령 및 이승만 정권

　　현대사에서 김구 암살 사건이 수십 년 동안 특별히 논란이 된 것은 이승만 대통령이 어떠한 형태로든 그 사건에 관련된 것으로 파악된다는 점 때문이었다. 마찬가지로 민간인 집단학살 사건 가해자나 책임 문제에서 가장 중요하게 논란이 되는 인물이 이승만 대통령이다. 가해자 문제와 관련해 이승

28　조선총독부 고등법원 검사국 사상부, 『사상휘보』 21, 1939, 7쪽.
29　양봉철, 「제주경찰의 성격과 활동 연구―제주4·3을 중심으로」, 성균관대 교육대학원 석사논문, 2002 참조.

만의 역할을 연구하는 것은 이승만 집권기에 있었던 다른 여러 사건이나 사태, 상황을 이해하는 데 도움을 줄 수 있다.

　이도영이 미국 국립문서보관소에서 발굴한 자료에는 대전형무소 재소자 1,800명이 1950년 7월 첫째 주에 학살당한 것으로 기록되어 있다. 이 문서를 작성한 주한미대사관 육군무관 밥 에드워드 중령은 총살 명령은 의심할 바 없이 최고위층에서 내렸다고 기술했다.[30] 『조선 종군 실화로 본 민간인 학살』의 저자인 신경득은 이도영이 형무소 재소자와 예비검속자 살해의 최상급 명령권자는 이승만 대통령이라고 쓴 글을 인용하면서, 또 이도영이 발굴한 「예비검속자 총살집행 의뢰의 건」을 분석하여, "리승만은 '육군정보국 CIC' 방첩대장 김창룡에게 학살 명령을 내리고, 방첩대는 민간인 학살을 지휘 감독하게 된다"고 결론을 내렸다.[31] 이승만이 민간인 집단학살에 직접 관련이 있다는 증언은 과거사정리위원회의 보고서에도 꽤 많이 나온다. 예컨대 제6사단 헌병대 상사였던 김아무개는 1950년 6월 27일에 '헌병사령부를 통해 대통령 특명'으로 '처형'하라는 지시를 받았다고 증언했다. 전쟁 당시 포항경비사령관이었던 남상휘는 자신이 군 계통을 통해 학살 명령을 받았는데, 명령권자는 군통수권을 가진 이승만 대통령이라고 증언했다. 안동경찰서에 근무했던 권아무개 또한 "최초 명령권자는 이승만으로 알고 있다. 보도연맹원들이 인민군과 합세하지 못하게 하기 위해 사살 지시가 내려진 것"이라고 증언했다.

　보도연맹원 또는 요시찰인이나 형무소 재소자 학살과 관련해서는 이승만이 대전을 빠져나가기 전날인 6월 30일경 대전에서 열린 임시 각료회의가

30　『한국일보』 2000. 1. 6. 참조.
31　신경득, 『조선 종군 실화로 본 민간인 학살』, 살림터, 2002, 302~304쪽.

학살 직전의 재소자들 1950년 7월, 학살 직전에 미군 장교가 촬영한 대전형무소 수형인 또는 요시찰자·보도연맹원 모습이다. 미국립문서기록관리청 소장. 『4·3추가진상조사보고서』 19, 20쪽.

주목된다. 이 회의에서는 "임시 대책, 피난민 관계, 포로 관계, 사상범 처리 문제 등 여러 가지가 논의되었을 것"이라는 증언이 나왔다. 보도연맹원 집단학살의 두 주체인 사찰계 경찰 책임자인 치안국장 김태선과 육군정보국 CIC의 김창룡은 이승만을 직접 '독대'하는 위치에 있었다. 김창룡이 보고하면 이승만은 "임자가 알아서 해"라는 식으로 지시했다. 보도연맹원과 요시찰인은 전국에 걸쳐 집단살해되었다. 전국 각처에서 지휘 계통이 다른 여러 기관이 협력해 일사불란하게 처리한 것은 최고 상층부의 지시가 있었기 때문이었다.[32]

제주 4·3사건이나 여순 사건, 전쟁 시기에 이승만이 아닌 다른 사람이 대통령이었더라면 인명 희생은 훨씬 줄었을 것이다. 1949년 1월 국무회의에서 이승만은 제주도와 전남 사건(여순 사건)의 여파를 발근색원하라고 지시했다.[33] 제주도에서 한창 주민 집단학살이 참혹하게 진행되고 있고, 군법회의 등으로 여순 사건 연루자들이 엄혹하게 다루어지고 있는 상황에서 설상가상으로 엄벌을 지시한 것이다. 이승만은 이미 1948년 11월 5일 여순 사건 관련 담화에서 "남녀아동까지라도 일일이 조사해서 불순분자는 다 제거"하라고 지시한 바 있었다.[34] 주한미대사관의 『합동주간분석보고서』(1949. 10. 7)에는 제주도 군법회의의 선고는 모두 이 대통령에 의해 승인되어 대규모 사형집행이 이루어졌다고 쓰여 있다.[35] 앞에서 지적한 대로 법적인 절차를 제대로 거치지 않은 군법회의에서 무더기로 사형을 선고한 것인데, 그것을 이승만은 일일이 승인한 것이다. 무서운 사람이었다.

이승만은 자신의 안위에 대해, 또 적이나 정적으로 간주된 사람들에 대해

32 과거사정리위원회, 『2009년 하반기 조사보고서 07』, 500~503쪽.
33 김종민, 「초토화의 배경과 피해 실태」, 『4·3문화아카데미』, 4·3평화재단, 2009, 49쪽.
34 공보처 편, 『대통령 이승만 박사 담화집』, 1953, 8쪽.
35 박찬식, 「한국전쟁기 제주 4·3 관련 수형인 학살의 실상」, 『4·3과 역사』, 2001, 41쪽.

과대한 피해의식을 지니고 있었다. 그의 그러한 사고 속에는 자신은 반드시 안전해야 하고, 자신만이 영속적으로 권력을 장악해야 한다는 집착이 강하게 자리잡고 있었다. 엄벌주의도 이러한 정신상태에서 나온 것이었다. 주지하다시피 전쟁이 발발한 지 2일이 되는 6월 27일 새벽 2시경, 이승만은 국무위원에게도 군 수뇌부에도 알리지 않고 혼자서 대전으로 피신했다. 그는 그곳도 미덥지 않아 7월 1일 새벽 3시에 임시 수도에서 떨어져나와 목포를 거쳐 해로로 부산에 갔다. 그러한 짓을 한 그가 6월 28일 대통령 긴급명령 제1호로 '비상사태하의 범죄 처벌에 관한 특별조치령'을 6월 25일자로 '소급'하여 공포했다. 이 조치령으로 부역자들이 단시간에 무더기로 엄벌을 받았다. 판사는 증거가 불충분하더라도 사형과 무기 등 중형을 즉석에서 선고해야 했고, 부당한 판결이라고 인정되더라도 일단 판결을 내린 뒤에는 단심이어서 시정할 수 없었으며, 피고인도 불복할 방법이 전혀 없는 그야말로 무서운 법이었다.[36] 필자는 자신만의 안전을 도모한 이승만의 피신 행위와 특별조치령의 엄벌주의는 긴밀한 관계가 있다고 생각한다.

이승만은 자신의 지위를 '넘보거나' '위태롭게' 하는 자를 정적 또는 적으로 간주했고, 이들에게 빨갱이 딱지를 붙이는 데 조금도 주저하지 않았다. 조봉암이 1951년 신당을 결성하려 하자 이승만 정권은 대남간첩단 사건을 조작해 그것을 좌절시켰고, 부산 정치파동에서 이승만에 맞서 내각책임제 개헌을 추진했던 국회의원들을—이들은 나중에 자유당 고위 간부가 되기도 했는데—국제공산당 사건으로 구속시켰다. 두 차례의 대통령 선거에서 차점자였던 조봉암은 끝내 간첩으로 몰려 처형당했다. 이승만은 1960년 마산에서 부정선거와 김주열 죽음에 항의하는 시위가 거세게 일어나자 "이 난동에는 뒤

---

36 서중석, 『조봉암과 1950년대』하, 역사비평사, 2000, 673~683쪽.

에 공산당이 있다는 혐의"도 있다는 특별성명을 발표했다.

민간인 집단학살 가해자 문제와 관련해 이승만이 법치주의를 무시하는 행위가 적지 않았던 점, 인권에 대한 관념이 희박했다는 점이 어떠한 작용을 했을까를 분석하는 것도 중요하다. 이승만의 법 관념이나 민간인 학살에 대한 생각이 어떠했는가를 잘 보여주는 사례 가운데 하나가 김종원 문제다. 김종원은 여순 사건에서 학살로 악명을 떨쳤고, 그 이후에도 여러 학살에 관여했다.[37] 그는 거창 학살 사건 국회조사단이 현지 조사를 나왔을 때 계엄사령부 민사부장이자 헌병부사령관으로 가짜 공비를 매복시켜 습격케 함으로써 조사단을 되돌아가게 한 혐의로 다른 거창 학살 사건 관련자들과 함께 재판에 회부되어 3년형을 선고받았다. 거창 사건은 2010년 오늘에 이르기까지 규모가 큰 민간인 집단학살 사건에서 가해자가 재판을 받은 유일한 사건인데, 이승만은 김종원 석방을 이기붕 국방장관에게 명령했으나 이기붕은 이 대통령을 만류하다 사표를 냈고, 할 수 없이 이종찬 육군참모총장이 대통령 뜻을 받들어 석방시켰다.[38] 이승만은 석방된 김종원을 서남지구 전투사령관, 전남북과 경남북의 경찰국장에 임명했다. 1956년 5·15 정부통령 선거에서 표가 적게 나오자 분노한 이승만은 선거 직후 일제 경찰서장 출신인 이익흥을 내무부장관에, 역시 친일파인 김종원을 치안국장에 임명했다. 김종원 치안국장은 결국 이승만의 최대 정적 중 한 명인 장면 부통령 저격 사건에 연루되었고, 법정에서 방약무인한 태도를 보이자 서울지방법원은 법정모욕죄로 김종원을 고발했다. 어쩔 수 없이 이승만은 그를 해임했다. 4월혁명 후 장 부통령 저격 사건으로 이익흥·김종원 두 사람 모두 중형을 선고받았다.

---

37 한국전쟁 전후 민간인 학살 진상규명 범국민위원회, 『민간인 학살 주요 사건』, 2006, 28, 34~35쪽.

38 서중석, 앞의 책 하, 683~686쪽.

이승만 정권 고위인사들의 법에 대한 관념, 인권유린 행위, 수많은 사건의 조작 행위 등도 민간인 집단학살 사건에 영향을 미쳤다. 이와 관련해서도 연구가 이루어져야 할 것이다.

4) 미국

민간인 집단학살 문제와 관련해 미국의 책임은 제주 4·3사건에서건 여순 사건에서건 다른 집단학살 사건이건 그러한 학살을 잘 알고도 묵인하고 조장했다는 점에 초점을 맞춘 지적이 많았다. 1,800명이나 되는 많은 사람이 희생된 대전형무소 재소자 학살 사건도 극동사령부 연락장교 애버트 소령이 처형 장면을 직접 촬영했고 총살 현장에 미군이 있었는데, 어떤 자료에도 미군이 그것을 말렸다는 기록은 나오지 않는다. 1951년 4월, 대구 인근에서 육군 헌병들이 부역자들을 처형할 때도 주한미군 군사고문단 소속 군사고문이 촬영하였고, 미대사관 육군무관실에서 이것을 현상, 인화했다.[39] 이임하는 부역자 처형에 관한 최근 발표에서 국제적십자사와 다르게 미국과 언커크는 전쟁 초기부터 학살 사건이 커져 세계에 알려지는 것을 막는 데만 관심을 두었고, 사건을 축소·은폐·방관하는 자세를 취했다고 지적했다.[40] 제주 4·3사건과 관련해 로버츠 미 군사고문단장은 1949년 2월 로얄 미국 육군부장관에게 보낸 문서에서, 은폐·축소에서 한 걸음 더 나아가 민간인 대부분은 게릴라 공격으로 살해당했고, 약간이 한국군에 의해 살해당했다고 설명해 사실을 명백히 왜곡했던 바,[41] 미국의 의도를 잘 드러낸 행위였다.

---

39 위의 책, 586쪽.
40 이임하, 「부역자 처벌과 '홍제리' 사건」, 『미국 자료로 본 한국전쟁의 재해석』, 수선사학회 2010년 춘계학술회의(2010. 4. 24), 58쪽.
41 김종민, 앞의 글, 61쪽.

AP통신 기자 최상훈은 1년 4개월에 걸친 취재 끝에 20세기가 끝나가는 1999년 9월 말부터 미군에 의한 노근리 학살 사건을 생생히 보도해 세계와 국내에 충격을 주었고, 그리하여 커밍스와 헐리데이의 공저인 『한국전쟁의 전개과정』(차성수·양동주 역, 태암, 1989)에 이어 미군의 한국인 집단학살 사건에 대한 연구를 크게 진작시켰는데,[42] 김태우의 박사학위논문 「한국전쟁기 미공군의 공중 폭격에 관한 연구」(서울대 국사학과, 2008)는 미국 자료의 풍부한 수집과 적절한 활용이 민간인 집단학살에 관련된 미군의 행위와 책임에 관한 연구의 지평을 크게 열어놓을 수 있다는 것을 실증했다는 점에서 의미 있는 연구였다. 김태우의 연구는 커밍스와 헐리데이가 『한국전쟁의 전개과정』에서 기술한 미군의 학살이 과장이 아니라는 것을 연구 방법과 실증으로 입증했다. 이러한 연구가 축적되고 더 많은 자료가 확보되면 그간 민간인 피학살 단체의 미군 폭격에 의한 피해 주장에 대해 과거사정리위원회 등에서 조사, 분석한 것에서 한 걸음 더 진전된 연구 성과를 기대할 수 있을 것이다.

4. 민간인 집단학살의 영향

지금까지는 민간인 집단학살에 대한 진상규명과 피해자 명예회복이 중요하였기 때문에 그것에 치중해서 시민단체의 활동이나 정부 위원회 활동이 이루어졌고, 연구자들의 활동도 대체로 그러했다. 그렇지만 민간인 집단학살이 한국인들의 삶이나 정치·사회·문화에 어떤 영향을 미쳤는가를 연구하는

---

42 AP 기자들의 노근리 학살에 대한 생생한 취재는 최상훈·찰스 핸리·마사 멘도자, 『노근리 다리』, 잉걸, 2003 참조.

것도 그것 못지않게 중요하다.

민간인 집단학살은 가족들한테 지울 수 없는 큰 상처를 남겼다. 그중 하나가 피해의식이다. 피학살자 가족들이 엄청난 수난을 당해야 했던 그 자체가 피해의식을 갖게 하거나 패배주의에 빠지게 했다. 너무나 심하게 당하기만 한 사람들은 권력에 대해 공포를 지니게 되고, 당하는 것을 숙명처럼 생각한다. 그래서 많은 한국인들이 피해의식이 깊이 내면화되어 제2의 숙명처럼되었다. 제주도에서 역대 대통령 선거가 1970년대까지 여당 후보가 압도적으로 높았고, 제주와 여수에서 1987년 6월항쟁 이전에 정부를 비판하는 시위가없었던 것도 피해의식이 크게 작용했다.

부역자들은 감옥에서 나온 이후에도 법적 근거가 없는 요시찰인으로 묶여 활동을 제한당했고, 피학살자 유족들은 법적 근거가 없는 연좌제로 고통을 겪었다. 과거사정리위원회에서 공무원 임용이나 직장 취업, 대학이나 사관학교 입학에 보도연맹 피학살자 유족들과 방계 가족들이 어떤 피해를 입었는가를 조사한 것은[43] 연구자들에게 유용하게 활용될 수 있을 것이다.

왜 한국에서 극우반공체제가 그렇게 장구한 시일 동안 강력히 위력을 발휘하였는가도 현대사 연구자들의 숙제인데, 민간인 집단학살 사건을 빼고그것을 설명하기란 쉽지 않다. 1950년 전쟁 이전에도 이승만 정권은 극단적인 반공체제를 강요했으나, 여러 연구자들이 주장하는 바대로 그것이 내면화된 것은 전쟁을 겪고난 이후였다. 극우반공이데올로기, 극우반공체제는 남한 도처에서 자행된 민간인 집단학살을 매개로 하여, 또 연좌제 등도 작용해굳건한 기반을 마련했다. 박정희 등이 쿠데타를 일으켜 혁신계 인사, 학생들을 대거 체포하고, 피학살자 유족회 관계자들을 구속하고 공동분묘 등을 훼

---

43 과거사정리위원회, 『2009년 하반기 조사보고서 07』, 624~634쪽.

손한 것도 극우반공체제를 지탱하는 데 중요한 역할을 했다. 후자는 피학살자 피해자들의 공포와 피해의식을 끊임없이 상기시키고 증폭시켰다.

민간인 집단학살이 현대사를 왜곡하고 그것에 관심을 갖는 것을 기피하게 하는 데 기여한 것도 주목할 필요가 있다. 제주 4·3사건 등 집단학살을 역사교과서 등에서 어떻게 가르쳤나도 분석할 필요가 있다. 특히 박정희 유신체제에서 반공교육의 핵심으로 유별나게 강조한 6·25전쟁 시기의 만행, 곧 집단학살은 역사왜곡의 현저한 예가 될 수 있다.

5. 끝맺으며—자료의 문제

민간인 집단학살 관련 증언 또는 진술, 신고는 정부 과거사위원회, 민간단체, 개별 조사자와 연구자의 활동과 노력으로 이제 꽤 많이 집적되었다. 그렇지만 가해자, 그중에서도 이승만 대통령이나 정부 고위층에 관한 증언은 아직도 미미한 편이다. 증언해줄 사람들이 점점 노쇠하고 죽어가고 있지만, 최상훈 등의 저서 『노근리 다리』에 나오는 미군 병사들의 증언과 같은 진실 고백을 받아내기 위한 노력이 계속되어야 할 것이다. 경찰청과거사진상규명위원회와는 대조적으로 국방부과거사진상규명위원회에서 '강제징집, 녹화사업' 등의 조사에서 성과를 거둔 것은 국방부의 자료 협조가 크게 작용했는데, 아직도 접근하기 어려운 정부 자료를 어떻게 세상에 드러내게 하는가도 문제다.

지금까지 정부 위원회가 가지고 있는 증언(진술), 신고 자료 및 국내외에서 발굴한 자료의 활용도 연구를 진전시키는 데 중요하다. 제주4·3위원회에서 생산·수집한 방대한 자료는 정리와 분석, 공개가 제주 4·3 기념관과 같은 유관 기구의 일로 남겨졌다. 과거사정리위원회의 경우, 사료관 운영·관리·추가 진상조사·진상규명과 관련한 연구·문화 활동 등을 할 수 있도록 과거사연구 재단을 설립하게 되어 있지만,[44] 실제 재단 설립은 기대하기 어렵게 되어 있다. 과거사정리위원회 등 정부 과거사위원회의 문서 또는 자료는 국가기록 문서보관소 등 다른 정부 기관으로 넘어갈 가능성이 많은데, 이 경우 연구자들이 당사자나 가족이 아니라는 이유로 증언(진술)이나 신고 등의 문서를 열람, 복사하기가 어려울 수 있기 때문에 이 부분에 대한 대처도 중요하다.

민간인 집단학살 관계 자료는 미국에 많다. 이임하 등의 연구팀은 미국 문서보관소 자료 중 주한유엔민간원조사령부 자료를 중심으로 연구를 진행해 한국전쟁 60주년을 맞아 지난 4월에 『전장과 사람들』(선인, 2010)을 출판한 바 있고, 같은 시기에 〈미국 자료로 본 한국전쟁의 재해석〉이라는 이름으로 학술대회를 가진 바 있다. 이 학술대회에서는 팀 연구자들이 미국 자료를 가지고 민간인 집단학살에 깊이 간여한 방첩대(CIC)의 조직과 활동, 형무소 학살, 부역자 처벌과 '홍제리' 사건, 포로수용소 학살 문제, 인민군의 학살, 미군의 전쟁범죄 조사 등을 집중적으로 연구, 발표하여 미국 자료가 한국전쟁 시기 학살 문제 연구에 유용하다는 것을 보여주었다. 앞에서 언급한 대로 김태우는 미국 자료로 박사학위논문 「한국전쟁기 미 공군의 공중 폭격에 관한 연구」를 썼던 바, 북한 폭격의 경우 평양·원산·강계·청진·성진·홍남·신의주와 그 밖의 도시, 농촌 폭격을 사진과 자료 기록으로 고찰해, 그동안 이와 관련하여 논쟁이 있었던 국제민주법률가협회조사단, 국제민주여성연맹조사단, 조국전선위원회 등의 조사에 대해 일정하게 평가를 할 수 있었다. 김태우가 북

---

44 정근식, 「우리는 진실과 화해를 위하여 어디까지 갈 수 있는가」, 『제노사이드 연구』 5, 2009, 9쪽.

한 측의 폭격 관련 신문기사나 조국전선위원회 등의 보고서를 대외적으로 알리기 위한 것이었지만 과장되지는 않았다고 기술한 것은[45] 주목할 만하다. 민간인 집단학살의 연구에서 미국 자료 발굴이 중요하다는 것을 이임하 팀 이나 김태우의 연구는 보여주고 있다.

　　※ 이 글은 제자들과의 공동 작업의 일환으로 쓰여졌다. 2010년 「한국전쟁 전후 민간인 집단학살의 연구 방향」이라는 제목으로 『사림』 36호에 실렸고, 2011년에 제자들의 글과 함께 같은 제목으로 『전쟁 속의 또 다른 전쟁』(선인) 에 실렸다. ※

45　김태우, 앞의 글, 91쪽.

'건국 대통령'의 민낯과 3·15 부정선거

1. 4월혁명 51돌에 벌어진 돌출 사건

2011년 제51회 4·19기념일에는 뜻밖의 사건이 벌어져 이목을 집중시켰다. 51년 동안 아무 말 없던 이승만의 양자 이인수 씨와 '건국대통령이승만박사기념사업회'(회장 이기수 전 고려대총장)에서 4·19유족에 대해 사과를 하겠다고 나서서 평지풍파를 일으킨 것이다.

4·19민주혁명회, 4·19혁명유공자회, 4·19혁명희생자유족회 등 3개 단체에서는 "마음에도 없는 사과를 내세워 4·19 묘역을 참배하는 행위는 단연코 거부한다"고 밝히고 이인수 씨 일행이 묘역에 들어오지 못하도록 막았다. 이들 세 단체는 "영구 집권을 꾀하다가 학생과 국민의 힘으로 추방된 대통령의 동상을 광화문에 세우겠다는 그들의 간악한 흑심을 엿보게 하는 추태를 즉시 중단하라"고 요구했다.[01] 세론은 이승만의 동상을 광화문에 세우기 위한 전초 작업으로 가장 큰 반대세력인 4월혁명 유관 단체를 무마하기 위해 51년 동안

---

01 『조선일보』 2011. 4. 19.

가만히 있다가 돌연히 4·19 묘역을 참배하겠다고 나선 것으로 풀이했다. 근 자에 들어와 4월혁명 세대가 특히 지식인이나 정치인일수록 오락가락하는 소리를 하는데, 4월혁명 유관 단체에서 4월혁명을 욕되게 하는 묘역 참배를 단호히 거부함으로써 4월혁명 정신이 의연히 살아 있음을 보여주었다. 4·19 민주혁명회 등 세 개 단체에서 "그들이 사과해야 할 대상은 유족뿐만 아니라 국민 전체"라고 천명한 것도 4월혁명 단체다운 발언이었다.

필자는 4월혁명 50주년이 되는 2010년 4·19날보다도 돌출적 사건에 대한 인터뷰 때문에 금년(2011년)이 더 바빴다. 김미화 씨가 진행하는 오후 방송 프로에도 출연했다. 전에도 4·19날 8분 정도 김미화 씨와 전화 인터뷰를 했는데, 이번에도 그 정도 한 것 같다. 그런데 며칠 후 김미화 씨가 그 프로를 그만두게 되어 마음이 아팠다. 이번에 한 이야기는 대충 다음과 같이 기억난다.

"4월혁명 단체에서 이인수 씨 일행의 4·19 묘역 참배를 막은 것은 그들의 사과가 진정성을 지니지 못했고, 모종의 의도가 있다고 판단했기 때문인 것 같다. 3·15 부정선거에 대해 최고 책임자로서 과오를 사죄해야 하는데, 그 점이 애매하다. 무엇에 대해서 사과를 하겠다는 것인지 알 수 없다. 더욱이 이승만 정권은 1950년대에 치러진 선거에서 심한 부정선거를 저질렀고, 그 연장선상에서 3·15 부정선거가 저질러졌기 때문에 그것에 대해서도 사죄를 하는 것이 마땅하다고 본다. 뿐만 아니라 4월혁명은 부정선거에 의해 촉발되었지만, 이승만 대통령, 이승만 정권의 독재·비리·부정·부패에 대한 총체적 심판이었다는 점을 중시해야 한다. 일각에서는 이승만 대통령이 초기에는 잘하지 않았느냐고 하지만, 친일파 청산을 방해해 국가의 기강을 흐트러지게 하고 민주주의를 형해화하고 사회 가치관을 혼란에 빠지게 하는 등 처음부터 문제가 심각했다."

이인수 씨는 『조선일보』와의 인터뷰에서 "그 전에는 이 대통령에 대해 부정적으로만 생각해온 세월이었다"고 피력했는데, 사실 4월혁명 이후에는 이 승만의 행위에 대해서 부정적인 시각이 지배적이었다. 박정희 정권 시기에 도 이승만 정권에 대해서 부정적이었다. 그런데 6월항쟁 이후 해방전후사 연 구가 활기를 띠고 민족지를 자임해온 모모 신문이 친일파 신문으로 비판받 으면서 상황이 달라졌다. 1995년 해방 50주년을 맞으면서 '이승만 살리기'가 나타나더니만, 해가 지날수록 이승만 찬양의 강도가 심해졌다.

그렇지만 이승만을 '건국 대통령'으로 떠받들면서 광화문에 동상을 세우 자고 주장한 것은 그다지 오래되지 않았다. 이명박 정부가 들어서면서 뉴라 이트에 의해 본격화되었고, 그것이 2011년 4·19 51주년에 돌출적인 사건으로 까지 나타난 것이다. 수구냉전세력이 말하는 '잃어버린 10년'에 생각해낸 것 이 고작 이 수준일까.

이승만에 대해 1950년대 『조선일보』, 『동아일보』 기사와 사설은 대단히 비 판적이었다. 그런데 어째서 두 신문이 지금은 그때와 다른 목소리를 내는지 궁금하다. 동아일보 기자들이 취재해 쓴 6권으로 된 『비화 제1공화국』에는 해방 직후부터 이승만 정권이 붕괴되기까지의 과정이 상세히 기술되어 있 다. 김구 암살 사건 등 수많은 의혹 사건과 이승만 대통령의 독재·폭정이 이 승만 정권의 비리·부정·부패와 함께 적나라하게 묘사되어 있다. 이 여섯 권 의 책은 훌륭한 통사이자 자료집이다. 필자는 근래에 이승만에 관한 칼럼, 사 설 등에서 너무나 심한 억지와 왜곡을 보는데, 그때마다 제발 이승만 집권 시 기 자신의 신문을 꺼내보든지 이 책을 읽어보라고 권하고 싶다.

필자는 뉴라이트나 수구냉전세력과 논쟁하고 싶지 않다. 그렇지만 반세 기 이상의 세월이 흐르다 보니 진실과 사실을 잘 모르고 막연히 3·15 부정선 거는 아랫사람이 과잉충성으로 저지른 것이고 이승만은 잘 몰랐을 것이라고 생각하거나, 이승만이 3·15 부정선거를 빼놓고는 특별히 잘못한 것은 없다고 알고 있거나, 또 이승만 실정은 주로 후기에 나타나는 것이지 초기에는 그렇지 않았다고 주장하거나, 이승만이 아무리 과오가 많다 하더라도 '건국 공로'는 인정해야 한다고 주장하는 것에 대해서는 논의할 필요가 있다고 본다.

2. 이승만과 부정선거

1) 이승만은 선선히 물러났나

많은 사람들이 박정희는 독한 사람이어서 10·26과 같은 일이 일어나지 않았더라면 엄청난 인명 희생이 발생했을 터인데, 이승만은 순순히 물러나 더이상 희생이 일어나지 않도록 한 점은 인정해야 한다고 말한다. 필자는 박정희와 달리 전두환이 임기를 지킨 것, 이승만이 사퇴한 것은 아주 잘한 일이라는 주장에 동의한다. 그러나 박정희가 어떠한 희생을 치르든 권력을 지키겠다고 한 것이 권력욕이 왕성한 60대 초반기였고 이승만이 물러날 때는 만 85세였다는 점을 고려해야 한다. 또 이승만이 어떠한 상황에서 사표를 냈으며, 그 이후 어떻게 나왔는가는 정확히 알고 넘어갈 필요가 있다.

먼저 4월혁명으로 이승만 정권이 붕괴되지 않고 3·15 부정선거가 기정사실화되었더라면 국가는 수습하기 어려운 위기에 빠질 수 있었다는 점을 지적해둘 필요가 있다. 대통령중심제인 데다 이 대통령의 권력욕은 끝이 없어 독재자라는 말 그대로 모든 것을 전단(專斷)하려 했다. 하지만 노인의 나이는 속일 수 없어 1958년경부터는 멍하니 허공을 쳐다볼 때가 많았다. 선거와 같은 예민한 권력 문제를 제외하고는 대개 이기붕 국회의장이 국정을 대행하다시피 했고, 박찬일 경무대비서와 곽영주 경무대경무관도 권력이 대단하다는 얘기를 들었다. 또 워낙 나이가 많아 언제 사거할지도 알 수 없었다. 그런데 후계자인 이기붕은 뇌중추마비라는 불치의 병에 걸려 1958년부터는 국회 의장으로 사회를 본 적이 없었고, 거동이 불편했기 때문에 소(小)경무대로 불리는 서대문 자택에 여당 간부, 국무위원들을 불러들여 중요 정사를 처리했다. 3·15 정부통령 선거에서도 부통령 후보였는데도 유세장에 나가지 못했으며, 4·19날 그는 반신불수가 되어 자신의 몸도 돌보기가 어려웠다. 이러한 이승만과 이기붕을 압도적인 표차로 당선시키기 위해 상상을 초월한 부정선거가 저질러졌으니 어처구니없는 일이었다.

이승만은 3·15 마산의거 이후 자신이 어려운 상황에 빠지고 있음을 느끼고 있었다. 여러 기록을 살펴보면 역정을 자주 냈고, 신경질적으로 아랫사람에게 부정선거의 책임을 돌리려고 했다. 4·19 이후 고립감은 한층 더 심해졌다. 4월 23일 이승만이 허정에게 사태 수습 방안을 물으며 입각을 권유할 때는 거의 애걸조였고, 목소리가 떨렸으며 흥분되어 있었다.[02] 그러나 이때까지만 해도 이기붕의 부통령 당선 사퇴와 모든 공직 사퇴로 문제를 해결하려고 했다. 하지만 4월 25일 대학교수 데모에서부터 "이 대통령은 즉시 물러가라!"라는 구호가 본격적으로 나왔고, 26일에는 통금 해제 시각인 새벽 5시경부터 데모가 시작되어 더욱 강하게 "이승만 정권 물러가라!"고 외쳤다. 이승만은 고립무원이었다. 4월 19일 계엄이 선포되었지만 군은 충성을 바치지 않았고, 미국도 자신을 떠나고 있었다. 친일파가 대부분인 자유당 간부와 장·차관, 경찰도 위기에 처하자 친일파답게 자기 안전을 먼저 계산했다. 26일 아침, 김정열 국방부장관이 하야를 진언했고, 부인 프란체스카도 귀에 대고 결심을 재촉했으며, 4월 25일 수석 국무위원으로 입각한 허정도 권했다. 85세의 노인은 어느 것에도 기댈 수 없고, 모든 것이 무너져 내리고 있음을 깨달았다. 물러나

---

02   허정, 『사실의 전부를 기록한다―허정편』, 희망출판사, 1966, 207쪽.

겠다는 말을 안 할 수 없었다. 그때 송요찬 계엄사령관이 데리고 온 시민·학생 대표 5명도 하야와 3·15 선거 무효를 주장했다. 비슷한 시각인 9시 45분경 파고다공원에 몰려든 데모 군중이 이승만 동상의 목에 철사줄을 걸어 쓰러뜨렸다. 10시 30분 라디오에서 이승만의 사임 성명이 발표되었다.

문제는 그 이후 발생했다. 4월 27일 이승만은 국회에 사임서를 제출해야 하는데 막무가내로 거부했다. 이미 방송으로 다 나갔는데도, 비서들이 사임서에 사인을 해달라고 하는데도 버텼다. 권력을 놓지 않으려는 늙은 독재자의 최후의 몸부림이었다. 허정도 노력했으나 실패했고, 김정열이 나서서 또 촉구했지만 대답은 역시 사임하면 온 국가가 혼란에 빠질 것이 확실하다는 것이었다. 허정이 질서를 확고히 유지할 수 있다고 역설하자 그때서야 어쩔 수 없었던지 사임서에 사인을 해 국회에 제출할 수 있었다.[03]

2) 이승만은 부정선거를 몰랐나

이승만은 3·15 부정선거가 있은 지 한 달이 넘은 4·19 때도 부정선거를 모르는 것처럼 말했고, 그 점은 대통령직을 사퇴할 때도 비슷했다. 뿐만 아니라 자유당 간부들과 장관들도 최인규를 제외하고는 법정 증언이나 회고록을 통해 부정선거를 몰랐다고 잡아뗐다.

이승만 추종자들이 이승만이 3·15 부정선거를 몰랐다고 주장하는 것은 이승만을 모독해도 아주 심하게 모독하는 행위다. 3천만 국민이 다 알고 있는데도 3·15 선거가 부정선거인 줄 몰랐다면 그러한 바보 천치가 이 세상 어디에 있을까. 또 그런 대통령과 국무위원, 여당 간부들을 둔 국민은 얼마나 불쌍

---

03 김정열, 『김정열 회고록』, 을유문화사, 1993, 268~269쪽; Quee-Young Kim, *The Fall of Syngman Rhee*, Institute of East Asian Studies, University of California·Berkeley, 1983, pp. 199~200.

한 사람들일까.

이승만·자유당 정권은 1950년대에 너무 심하게 부정선거를 저질러 무엇이 부정선거인지도 몰랐을까. 1958년 5월 2일 치러진 5·2 선거는 부정선거의 백화점이라고 불릴 만큼 관권과 폭력배가 총동원된 선거였고, 개표 부정 수법만 해도 올빼미 개표, 샌드위치표, 닭죽 개표, 빈대잡기표, 쌍가락지표 등 가지가지였다. 한 신문의 사설 제목이 「어찌 하늘이 무심하랴」였고, 선거 무효 판결이 난 지역구만 해도 8곳이었는데, 자유당 정권은 모르쇠였다. 그 뒤 재선거도 부정선거 일색이었다. 예컨대 1960년 1월에 치러진 영일 을구 재선거의 경우 공포 분위기 속에 부락별 인솔 및 시간제 투표, 투표함의 부락별 지정, 3인조 공동 투표, 공개 투표 등 두 달 후의 선거를 방불케 하는 선거가 행해졌는데, 대통령도 집권당 간부도 국무위원도 그것을 몰랐다면 그 정부는 어떠한 정부일까. 1960년에 들어와서는 3·15 선거와 관련된 부정 사례가 거의 매일 같이 보도되었고, 3월 3일에는 민주당에서 경찰·공무원의 선거 대책 비밀 공문을 폭로해 도하 각 신문이 여러 면에 걸쳐 도배질하다시피 대대적으로 보도했는데도, 그리고 1, 2차에 걸쳐 마산의거와 크고작은 고교생 데모가 있었고, '피의 화요일' 4·19와 대학교수 데모, 4·26 데모가 있었는데도 몰랐다고 잡아떼는 것은 역시 3·15 부정선거를 기획하고 저지른 자들은 다르구나 하는 생각만 들게 한다. 이 시기에는 이승만이 관심을 가졌다는 외국 언론도 자주 부정선거 관련 기사를 비중 있게 다루었다.

3·15 정부통령 선거 결과를 보면, 1956년 선거에서 20만여 표차로 장면에게 패배한 이기붕 부통령 후보가 833만여 표를 얻어 184만여 표를 얻은 장면 후보를 누르고 당선된 것으로 되어 있다. 특히 서울의 경우 장면과 이기붕의 득표가 1956년에 45만여 표 대 9만여 표였는데, 3·15 선거에서는 37만여 표 대 50만여 표로 서울에서도 이기붕이 이겼다. 이승만 정권의 무능 부패가 더욱

소각되고 남은 투표용지를 가지고 노는 아이들 　자유당은 부정선거 사실이 알려지자 투표함 소각을 지시했다. 어린아이들이 불타고 남은 투표용지를 가지고 놀고 있다. 3·15 의거기념사업회 소장.

심해졌고 1958년부터 미국의 원조 감소로 경제가 나빠졌는데도, 또 장면과 대조적으로 이기붕은 한 번도 유세장에 나가지 못했는데도 그러한 발표가 나왔다. 이기붕 득표를 보고 받은 대통령이 부정선거가 치러졌는지 몰랐다면, 그 대통령은 정신 상태가 이상한 사람이었다고 볼 수밖에 없을 것이다. 진실이 이처럼 명명백백한데도 일부 수구냉전세력이나 뉴라이트가 이승만은 부정선거를 몰랐다고 주장하면서 광화문에 동상을 세우자고 한다면, 그들은 어떠한 정신상태를 갖고 있는 사람들일까.

　이승만이 부정선거를 잘 알고 있었다는 증거는 얼마든지 있다. 3월 16일에 '당선' 사실을 알고 있었는데도 이승만과 이기붕은 당선 인사를 하지 않았다. 후안무치라는 말이 있지만, 너무나 심한 부정선거를 저지른 것이어서 차마 당선 인사를 하기가 민망했을 것이다. 이승만은 3월 19일에야 마산에서 철

없는 아이들을 앞장세워 난동이 일어난 것은 법대로 다스려야 한다고 밝히고, 그것에 이어서 몇 마디 당선 인사를 했다. 이기붕은 그 다음 날에야 당선 인사를 했다. 부정선거를 지휘했던 최인규가 3월 18일 내무장관 사임서를 제출했고, 이 대통령이 3월 23일 홍진기를 후임으로 임명한 것도 이승만이 부정선거를 잘 알고 있었다는 증거다. 이승만은 장관이 큰 잘못을 저질러 야당과 언론이 아무리 인책을 요구해도 쉽게 들어준 적이 없었다.

4월 11일 김주열 군의 시신이 부두에 떠오르면서 13일까지 4·19의 도화선이 되는 제2차 마산의거가 일어났다. 마산경찰서는 제1차 의거가 일어나자 즉각 '빨갱이' 조작에 착수했다. 국무회의는 4월 13일 오제도 검사, 조인구 치안국장, 하갑청 육군특무부대장으로 하여금 대공3부 합동수사위원회를 차리도록 결의했다. '마산 사건 적색분자 색출의 능률화'가 목적이었는데, 이승만 정권답게 빨갱이 조작을 위해 엄청난 기구를 만든 것이다.[04] 이날 이승만은 특별담화에서 "이 난동에는 뒤에 공산당이 있다는 혐의도 있어서 지금 조사 중"이라고 협박했다. 전가의 보도를 빼어든 것이다. 이 대통령은 그것으로도 부족하다고 생각했던지 4월 15일에 다시 마산에서 일어난 폭동에 공산당이 들어와 뒤에 있다고 한다는, 이틀 전보다 한층 강도 높은 담화를 발표했다.

4·19가 일어나자 이승만은 4월 20일 담화에서 이를 '난동'으로 규정하고 소요 사건을 조사하겠다고 했을 뿐, 시위가 워낙 커지니까 빨갱이 얘기는 하지 않았으나 백수십 명이 목숨을 잃었는데도 부정선거에 대해 어떠한 사과나 해명을 하지 않았다. 이승만은 4월 24일 발표한 장문의 담화에서도 부정선거에 대해 언급하지 않았다. 이승만은 원래 자신의 과오를 시인하지 않는 특

---

04 합동수사본부의 빨갱이 조작 연출의 상세한 내막에 대해서는 『경향신문』 1960. 6. 12. 석간 참조

이한 성격의 소유자였는데, 4월 26일 사퇴 성명에서도 "3·15 선거가 많은 부정이 있다 하니 다시 선거하도록 지시하였다"고 밝혔을 뿐이다. 남들이 3·15 선거가 부정이 있다고 하니 선거를 다시 실시하겠다는 주장이어서 당시 물의를 빚었다. 이승만은 부정선거로 180여 명의 고귀한 인명이 희생되었고, 자신이 물러나지 않을 수 없게 되었는데도 끝내 3·15 선거가 부정선거임을 시인하지 않았다. 3·15 선거에 가장 책임이 큰데도, 이승만의 궤변에 따르면 이승만은 왜 물러나야 하는지 이유도 모르고 물러난 셈이다.

3) 이승만은 3·15 선거의 총기획자

3·15 선거는 관계 자료들을 살펴보면 살펴볼수록 이 대통령이 이 선거의 최고 책임자였을 뿐만 아니라 총기획자였다는 생각을 확인하게 된다.

1960년에 치러질 정부통령 선거 작전은 1958년 12월 24일 경호권을 발동해 국가보안법 개정안, 지방자치법 개정안을 통과시킨 것으로부터 시작했다고 볼 수 있지만, 더 직접적으로는 1959년 3월부터였다. 그달에 이승만의 측근 장관들로 '6인위원회'가 구성되었다. 대통령 특명 사항과 공무원 선거 대책을 맡은 이 위원회가 이승만 측근으로 구성되었다는 것은 권력과 거리가 있는 교통장관, 체신장관이 들어가 있는 것으로 짐작할 수 있다.

6인위원회 출범 직후 42세의 최인규가 교통장관에서 내무장관으로 임명되었다. 그는 어떠한 목표를 달성키 위해서는 수단 방법을 가리지 않는 사람으로 알려져 있었고, '최후로 써먹을 총알'이라는 말도 들었다. 최인규는 이승만이 직접 발탁한 인물이었다. 1958년 5·2 선거가 끝나자 이기붕이 국회 예산결산위원회 위원장이라는 요직을 맡겼는데, 그 다음 날 이 대통령이 교통장관에 임명했고, 교통장관이 된 지 불과 몇 달 만에 언론의 예상을 뒤엎고 선거 주무장관인 내무장관에 기용되었다.

최인규는 취임하면서부터 이승만의 기대에 어긋나지 않는 사람임을 입증했다. 그는 취임사에서 이 대통령이 없으면 이 나라는 망하게 되어 있으므로 이 대통령을 위하는 일은 거룩한 일이라고 밝혀 공무원의 선거 개입을 독려했다. 대담한 취임사였다. 최인규는 도경국장과 경찰서장, 시장, 군수들 앞에서 "세계 역사상 대통령 선거에 소송이 제기된 일이 있느냐? 법은 나중이니 우선 당선시켜야 한다. 콩밥을 먹어도 내가 먹고 징역을 가도 내가 간다"고 말하며, '국가 대업'을 수행하기 위해 4할 사전투표 등 부정선거 방법을 지시했다.[05]

1959년 6월 29일에 열린 자유당 전당대회는 뜻밖에도 정부통령 후보 지명대회가 되었다. 자유당 간부들도 이 전당대회에서 정부통령 후보가 지명되리라고는 예상하지 못했는데, 전당대회 진행 도중 대통령 선거에 출마하겠다는 이 대통령의 '유시'가 있자, 돌연히 정회하고 대회를 정부통령 후보 지명대회로 바꾸었다. 선거가 1960년 5월에 치러질 것을 감안하면 무려 10개월 또는 11개월 전에 지명한 것이다. 1956년 정부통령 선거에서도 선거 실시 두 달 전이었고, 1952년은 발췌개헌이 늦어서 17일 전에 후보를 정했는데, 또 다른 나라 예를 보거나 1960년대 이후 한국의 예를 보더라도 너무나 조기에 후보를 정한 것이었다. 이렇게 이승만이 조기에 후보를 정하도록 한 것은 장관이나 자유당이 일찍부터 선거운동에 돌입하여 총력전을 펴라는 지시에 다름 아니었다. 아닌 게 아니라 최인규는 그해 11월부터 거의 매일같이 경찰 간부와 군수, 시장, 구청장 등 공무원들을 안배해서 불러 만반의 대책을 세우도록 독려했다.

7월 31일 이승만 최대의 라이벌 조봉암이 서대문형무소에서 형장의 이슬

---

05   학민사편집부 편, 『혁명재판』, 학민사, 1985, 11~12쪽.

로 사라졌다. 상고심을 맡았던 대법원의 그 재판부에서 7월 30일 재심을 기각해 변호인들이 다시 재심을 청구하려 했는데, 그 다음 날 바로 처형한 것이다.

자유당 전당대회에서의 후보 지명보다 더 놀라운 사태는 그 다음에 왔다. 이승만은 12월 11일 발표한 담화에서 특이한 주장을 폈다. 반드시 농번기를 피해 조기 선거를 해야 한다는 주장이었는데, 그 이후 계속 그 주장을 했고, 1월 27일에는 '농번기 전의 선거가 나의 수년 동안의 지론'이라고 못 박듯이 말했다. 당시는 하지 무렵에 모내기를 하고 있어서 5월 초는 농번기가 아니었다. 발췌개헌으로 변칙적으로 치러진 1952년의 정부통령 선거를 제외하면, 1948년 5·10 선거, 1950년 5·30 선거, 1954년 5·20 선거, 1956년 5·15 선거, 1958년 5·2 선거 등 정부통령 선거와 국회의원 선거가 모두 5월에 치러진 것도 그 때문이었다. 또 이승만은 5·2 선거를 실시할 때까지 농번기 때문에 안 된다는 주장을 하지 않았다. 그런데 돌연히 농번기를 피해 조기 선거를 해야 한다고 주장한 것이다.

이승만의 조기 선거 주장은 두 가지 점에서 문제가 있는 것으로 지적되었다. 하나는 조병옥의 건강 문제였다. 조병옥이 중병을 앓고 있음은 1960년 1월 중순에 보도되었다. 정치인은, 특히 대통령 후보는 병을 감추고 알리지 않는다. 그러나 당시는 메디컬 센터 등 몇 개 병원밖에 좋은 곳이 없어서 정권의 핵심부는 조병옥이 얼마나 심한 중병을 갖고 있는지 알고 있었을 터였다. 조병옥은 1월 29일 조기 선거는 등 뒤에다 총을 쏘는 격이라고 조기 선거를 반대하면서 치료 차 미국으로 떠났다. 야당과 언론은 하소연도 하고 비열한 짓이라고 비난도 퍼부었지만, 그러한 반대에 아랑곳없이 2월 3일, 정부는 3월 15일에 정부통령 선거를 실시한다고 공표했다. 조병옥은 2월 15일 미육군병원에서 사거했다. 민주당은 등록 기일이 지나서 대통령 후보를 낼 수 없었다. 이승만 정권은 등 뒤에서 총을 쏘고 있었다.

언론과 야당이 조기 선거를 반대한 이유는 또 있었다. 대통령 취임이 8월 15일이어서 만일에 야당 후보가 3월 15일 당선된다면 그간 이승만 정권의 행태를 볼 때 5개월 동안 아무 일도 안 일어난다는 보장이 있느냐는 것이었다.

정부통령 후보 등록 마감일인 2월 13일, 이승만은 무서운 발언을 했다. 1956년 선거에서처럼 정부통령 당선자가 다른 당에서 나오면, 자신이 대통령에 당선되더라도 '응종'치 않겠다고 말한 것이다. 헌법 위에 군림해 헌법을 유린하는 발언을 또다시 공공연히 한 것이지만, 그의 담화는 단순히 국민을 협박한 것만이 아니었다. 최인규나 자유당 간부들에게 무슨 수를 써서라도 이기붕을 당선시켜야 한다는 지시로 들릴 수 있었다. 최인규는 나중에 법정에서 2·13 담화가 자신에게 큰 압박을 가해왔음을 고백했다.[06]

4) 이승만은 절대적인 지지를 원했다

이승만의 양자 이인수 씨는 2011년 4월 18일자 『조선일보』에 보도된 인터뷰에서 당시 이승만 대통령은 3·15 선거가 부정선거였다는 사실을 알지 못했다고 말하면서, "이 대통령은 조병옥 박사의 서거로 단독 후보가 되었기 때문에 부정선거를 할 이유가 없었다"라고 주장했다. 양자라지만 이승만에 대해서 잘 모르고서 한 말이 아닐까 싶다.

이승만은 국부로 모셔지기를 바랐다. 그러한 명예욕은 나이가 들수록 심해져 1950년대 중반에는 도를 넘치는 일이 잇달아 발생했다. 1956년에는 파고다공원과 남산에 이승만 동상이 세워졌는데, 후자는 당시 동양 최대 규모였다. 뚝섬에 그의 호를 따서 만든 우남송덕관에 반신상이 세워졌고, 남산에는 우남정(지금의 팔각정)이, 남한산성에는 송수탑이, 파주 용미리에는 이승만 대

---

06   학민사 편집부 편, 앞의 책, 39쪽.

통령 기념탑이 세워졌다. 이 밖에도 우남회관(세종문화회관의 전신인 시민회관의 전신), 우남학관, 우남도서관이 신축 중이거나 들어섰다.[07] 이승만은 1955년에 서울시 명칭을 바꾸도록 지시해 충성파들이 우남시로 하자고 주장했지만, 1956년 시의회 선거에서 민주당 후보들이 압도적으로 많이 당선됨으로써 유야무야되었다.

아첨배들의 아부는 끝이 없었다. 자유당 제2인자인 이기붕은 "배달민족의 영원한 지도자이시요 세기의 영도자이신 국부 이승만"으로, 제3인자인 이재학은 "3·1정신의 권화이시고 자주독립의 사도이신 세기의 지도자"로 이승만을 칭송했다. 그는 '국부'이자 '민족의 태양'이었고, '세기의 위인'이자 '세계적 지도자'였다. 그의 생일인 3월 26일에는 3군 분열식이 거행되는 등 국경일보다 더 성대했고, 학생들은 그를 찬양하는 글을 써야 했다.

이승만이 다른 선거보다도 1960년에 치러질 정부통령 선거에 더욱 큰 관심을 보이고 그 이전과도 차이가 있게 총기획자로서 역할한 것은 1956년 정부통령 선거 때문이었다. 1952년 8·5 정부통령 선거 때처럼 전시 체제도 아니었고, 1954년에 치른 5·20 총선처럼 준전시 체제도 아니어서 유권자들이 조심스럽게라도 자신의 의사를 표출시킬 수 있었던 1956년 선거에서, 이승만은 자존심에 회복하기 어려운 상처를 입었다. 발표에 따르면 유효표 721만여 표 중 이승만이 504만여 표, 조봉암이 216만여 표였는데, 대부분이 신익희 추모표인 무효표 185만여 표를 감안하면 이승만은 전체 투표자의 과반수를 약간 넘는 수준에 지나지 않았다. 항상 '민의'를 따르겠다면서 국민의 절대 다수가 자신을 지지하고 있다고 과시했던 이승만에게는 치명적인 모욕이었다. 더구나 부정 투개표가 적은 서울의 경우 자신은 20만여 표밖에 안 되고 무효표가

07 『경향신문』 2009. 6. 17.

28만여 표였다(조봉암은 11만여 표). 죽은 신익희보다 월등히 적게 나온 것이다. 사실 자유당은 시민들의 야유 때문에 서울에서 선거운동을 하는 데 무척 애를 먹었다.

그런데 이승만 정권 말기에 법무·내무부장관을 역임한 홍진기의 전기 『유민 홍진기 전기』에는 개표 부정이 없었더라면 조 후보가 비록 졌다고 하더라도 근소한 차이였을 것으로 기술되어 있다. 최인규는 『옥중자서전』에서 강원도 개표 부정을 예로 들면서 전국에서 조 후보가 우세해 자신이 앞장서서 3·15 부정선거를 저지른 것으로 주장했다. 1956년 선거에서 조봉암·진보당추진위원회는 개표 참관인을 내보낼 수 없어 개표 부정이 극심했다. 조봉암이 투표에 이기고 개표에 졌다고 공공연히 주장한 것은 이유가 있었다. 그러니 신익희가 급사하지 않았더라면 민주당은 참관인도 확보하고 있었으므로, 또 약속대로 조봉암이 중도에 사퇴했을 것이어서 많은 사람들의 예상대로 승리 가능성이 아주 높았다. 권력에 대단히 민감한 촉각을 지녔던 이승만이 이런 저런 사실을 모를 리 없었다. 자유당은 초상집이었다. 민주당의 장면이 부통령에 당선된 것이다. 늦가을 날씨와 늙은이 죽는 것은 알 수가 없다는데, 만 81세를 넘긴 이 대통령이 죽는 날에는 정권을 '빼앗기게' 된 것이다.

이승만의 분노는 대단했다. 선거 끝난 지 일주일도 안 된 5월 21일, 내무장관에 일제 때 박천경찰서장이었던 이익흥을, 치안국장에 역시 친일파인 김종원을 임명했다. 일제 경찰서장이 내무부장관이 된 것은 처음이었는데, 이승만 정권 초기에 신성모가 아부 장관의 대명사였다면, 말기는 이익흥이었다. 여순 사건에서 무자비한 학살로 악명 높았던 김종원은 계엄사령부 민사부장으로 국회의 거창 민간인 학살 사건 조사에 가짜 공비를 매복시켜 방해한 것이 탄로 나 3년형을 선고받은 자였다. 그러나 이승만의 특별 배려로 석방되어 경남북, 전남북 경찰서장, 서남지구 전투사령관을 지냈다. 이승만은 5

월 26일에는 국내외 기자단이 '미리 제출한 질문에 대한 답변'에서 "이번 선거 결과로 보아 친일하는 사람과 용공주의자를 지지하는 사람이 많은 것 같다"고 밝혔다. 신익희 투표자를 친일하는 자 지지자로, 조봉암 투표자를 용공주의자 지지자로 몰아부친 폭언이었다.

이익흥·김종원의 충성심은 신속했다. 8월에 치러진 지방자치단체 의원 선거에서 특히 야당성이 강한 부산·경남 지방이 그랬지만, 민주당원들이 아예 후보 등록을 못하게 방해할 정도로 부정선거가 심했다. 그리하여 7월 27일 헌정사상 초유의 야당 의원 데모가 벌어지자 두 사람이 진두지휘하여 경찰의 의원 폭행이 속출했다. 선거 결과 예상대로 여당이 휩쓸었으나, 서울에서만은 47명의 시의원 당선자 중 자유당은 1명, 민주당은 40명이었다. 한 신문은 「들어라, 국민의 절규를!」이라는 제하의 사설을 썼다. 이익흥과 김종원은 오래가지 못했다. 장면 부통령 저격 사건에 연루되어 이익흥은 이승만의 낯간지러운 옹호에도 불구하고 사임하지 않을 수 없었고, 김종원은 법정모욕죄로 고발까지 당하다가 사임했다. 두 사람은 4월혁명 후 중형을 선고받았다.

박정희는 1971년의 대선을 경험하고 유신 쿠데타를 일으켰는데, 이승만은 1956년 선거의 상처가 너무 컸던 탓에 1960년 선거를 미리 너무 서둘렀다. 이 선거에서 압도적인 지지를 받아 자신이 국부적 존재라는 것을 국내외에 명확히 '입증'할 필요가 있어서였다. 한 가지 더 생각할 것은 정적 문제다. 김구는 암살당했고, 조봉암은 재심 판결 하루 만에 사형당했다. 장면은 취임한 지 한 달 만에 저격당했다. 1952년 부산 정치파동 이래 미국이 장면을 지지한다는 소문이 떠돌았는데, 이승만과 자유당은 1960년 선거에서는 장면이 부통령이 되는 것을 용납할 수 없었다. 교통장관에 임명된 지 얼마 안 된 최인규가 내무부장관이 되었고, 자유당 전당대회가 돌연히 조기 정부통령 후보 지명 대회로 바뀌었다. 그러고는 조병옥의 중병·사거와 비슷한 시기에 조기 선거가 주장되고 시행되었다. 2월 13일 이승만은 부통령에 이기붕이 당선되지 않으면 대통령 당선을 '응종'치 않겠다고까지 선언했다.

여러 증언이 밝힌 것처럼 1960년 3월 15일에는 구태여 부정선거를 치르지 않아도 자유당이 승리를 거두게 되어 있었다. 민주당은 정부통령 후보를 지명하는 데 신·구파가 몇 달 동안 이전투구의 싸움을 벌였고, 조병옥은 이 대통령과 싸울 의지가 박약했다.[08] 무엇보다도 공포 분위기가 1958년 5·2 선거와 그 이후 여러 차례에 걸친 재선거에서 감돌았다. 3·15 정부통령 선거유세장은 싸늘하고 암울했으며, 선거는 하나마나라는 여론이 나돌았다. 이기붕은 유세는커녕 기동도 잘 못했으나 그의 당선을 의심하는 사람은 없었다.[09] 그런데도 자유당 간부들과 국무위원, 최인규와 경찰은 부정선거 작업을 멈추지도 축소하지도 않았다. '어른'의 의중을 잘 알고 있어서였는데, 그러다 보니 일부 지역에서는 이승만·이기붕 표가 투표자보다도 많이 나오는 등 너무 표가 쏟아져, 자유당 간부들이 최인규에게 감표를 지시하는 웃지 못할 소동마저 벌어졌다.

3. 극우반공주의와 자유민주주의

1) 이승만과 자유민주주의는 상극 관계

이승만의 양자 이인수 씨는 2011년 4월 18일자 『조선일보』에 보도된 인터

---

08 홍진기는 조병옥이 이승만과 대결할 수 없다고 하면서 후보 사퇴를 고려하고 있었다고 증언했다. 홍진기, 「나의 옥중회고」, 『신세계』 1962년 2월호, 208~209쪽. 이와 비슷한 증언은 정치부 기자들한테서도 나왔다.
09 송원영, 『제2공화국』, 샘터, 1990, 91쪽.

뷰에서 이승만은 3·15 선거가 부정선거였다는 사실을 알지 못했다고 말했을 뿐만 아니라, "이 대통령과 4·19혁명은 대립되는 것이 아니라 자유민주주의를 사랑하는 정신에 있어서 같은 것"이라는 주장도 폈다.

필자는 앞에서 이승만이나 자유당 간부들, 국무위원들이 3·15 선거가 부정선거임을 몰랐다고 주장하는 것은 도저히 성립할 수 없는 기만적인 주장이라고 강조한 바 있다. 그것은 손바닥으로 태양을 가리는 짓이나 다름없고, 국민을 한없이 얕잡아보는 우민관에서 나온 억지 주장이다.

이승만을 자유민주주의자라고 주장하거나 자유민주주의를 지켰다고 주장하는 것도 자유민주주의를 독재 또는 파시즘 같은 것으로 해석한다면 몰라도 사실과 다른 기만적인 억지 주장이다. 이승만과 친일파를 비롯한 추종자들은 자유민주주의를 형해화했고 파괴하는 짓을 서슴지 않았다. 자유민주주의는 4월혁명에 의해 다시 소생할 수 있었다.

외국인들은 이승만 통치하의 한국을 종종 '경찰국가'로 불렀다. 『조선일보』는 전쟁 전인 1950년 4월 1일자 사설에서 언제 빨갱이 모략에 걸릴지 불안해서 안심하고 살기 힘든 세상이 되었다고 개탄했지만, 특히 전쟁의 폐허 위에서 맹렬히 위세를 떨친, 이승만이 특별 신임한 김창룡, 원용덕, 김종원—세 사람 다 친일파인데—으로 대표되는 극단적인 반공주의는 자유민주주의를 질식 상태에 몰아넣었다.

과거에는 제헌절만 오면 독재자에 의해 우리 헌법이 얼마나 유린되었는가를 개탄하는 기사로 메워졌다. 이승만은 제헌헌법으로 대통령 재선이 어렵다고 판단되자 부산 정치파동을 일으켜 헌법을 유린하고 발췌개헌을 강요했다. 그리고 2년 후에는 영구 집권을 위해 '사사오입'이라는 전대미문의 억지 논리로 이미 부결된 개헌안을 다시 국회를 열어 불법적으로 '통과'되었다고 선언했다.

이승만과 자유민주주의의 관계를 가장 잘 보여주는 것이 선거다. 이승만은 권력에 대한 촉수가 대단히 예민했다. 권모술수나 기만적인 속임수도 마다하지 않았다. 그는 미국에 살면서 선거가 얼마나 중요한지를 잘 알고 있었다. 그는 선거에 대해서만은 항상 각별한 관심을 보였다. 이승만은 집권 말기에만 선거에 예민한 반응을 보이고 총기획자로서 역할한 것이 아니었다. 그가 집권기에 치러진 선거에 대해서 각별히 관심을 가지고 얼마나 깊숙이 개입했는가를 부분적으로라도 살펴보는 것은, 1960년 선거에 그가 얼마나 비상한 관심을 가지고 선거의 전개를 하나하나 면밀히 기획하고 체크했을까를 충분히 짐작하게 할 것이다. 그것은 또한 자유민주주의의 근간이자 보루인 보통선거가 이승만에 의해 어떻게 파손되었는가를 보여줄 것이다.

대한민국 정부수립을 위한 1948년 5·10 선거에서 가장 큰 비난과 빈축을 받은 지역구가 이승만이 입후보한 동대문 갑구였다. 안창호 계열로 일제 때 옥고를 치렀고 해방 후 경찰 간부였던 최능진이 훌륭한 대한민국 정부를 수립하기 위해서는 이승만을 떨어뜨려야 한다고 판단하고 후보로 나섰는데, 서북청년회 회원들에게 등록 서류를 날치기 당하는 등 후보 등록 자체가 어려웠다. 그가 갖가지 방해공작에도 불구하고 등록해 인기가 높아져 이승만 후보가 위태로울 수도 있게 되자, 이제는 수도경찰청장 장택상의 지휘하에 후보 등록 무효화 작업이 벌어졌다. 그리하여 입후보 등록 취소를 받았다. 그 뒤 다시 등록 수속을 마쳤으나 경찰의 방해로 또다시 무효화되었다.[10]

1950년 5·30 선거에는 김구·김규식과 노선을 같이한 중도파 민족주의자들이 대거 입후보했다. 이들의 인기에 위협을 느낀 이승만은 공산당이 국회

---

10 최능진의 후보 등록이 취소되기까지의 내막은 서중석, 『한국현대민족운동연구』 2, 역사비평사, 1996, 171쪽 참조.

에 침투하기 위해 노력하고 있다고 경고했고, 청주·대구 등지에서 공산당 동정자를 엄정 비판하라고 촉구한 뒤, 부산에 가서 반정부 인사들에게는 투표를 고려해야 하고 당선된 뒤에도 소환해야 한다고 위협했다. 부산 정치파동에서 자주 나왔던 '소환'이라는 말이 벌써 5·30 선거에서 나온 것이었는데, 헌법을 무시하는 발언이었다. 장건상 등 부산 지역 입후보자들은 무수히 협박을 받다가 선거 일주일을 앞두고 구속되었다. 그러나 선거 결과는 조소앙이 전국 최다 득표를 하고 장건상·김칠성이 옥중 당선되는 등 중도파 민족주의자들이 압도적 표차로 당선되었다. 그 반면 이승만 지지자나 민국당 간부들은 추풍에 낙엽 떨어지듯 우수수 떨어졌다. 민중들은 애국자를 존경하고 있었다.

예상과 달리 한민당 후보나 이승만 지지자들이 저조한 성적을 보인 5·10 선거나 중도파가 두각을 나타낸 5·30 선거는 유엔이 감시했고, 아직 이승만 정권의 부정선거 노하우가 쌓이지 않아 비교적 공정히 치러졌다. 두 선거는 집권자가 영구 집권을 기도해 부정선거를 저지르지 않는 한 한국인은 자유민주주의 선거를 잘 치를 수 있음을 보여주었다.

발췌개헌으로 치러진 최초의 직선제 선거인 8·5 정부통령 선거에서 이승만은 기상천외의 몰염치한 사전 선거운동을 벌였다. 부산 정치파동까지 벌여가며 발췌개헌을 하도록 한 사람이 출마를 하지 않겠다고 한 것이다. 그러자 한두 달 전의 부산 정치파동에서처럼 벌떼같이 민의부대가 동원되어 350만 명에 달하는 지지 추대 탄원서가 제출되었다. 이승만은 제1착으로 후보 등록을 했다. 이승만의 불출마 선언은 그의 우민관을 잘 드러낸 것으로 국민을 우롱한 행위였는데, 다른 후보자들의 선거운동 기간이 열흘도 안 되었다는 점을 생각하면 그가 어떠한 품성을 지닌 사람인가를 더욱 잘 알게 한다. 그는 또 부당수인 이범석이 자유당 부통령 후보로 지명되었는데도, 자기보다 더

연로한 함태영을 출마하게 했다. 경찰이 나섰고, 그래서 국민이 이름조차 잘 모르는 함태영이 압도적 표차로 이범석을 누르고 당선되는 슬픈 희극이 연출되었다. 자신과 권력 성향이 비슷한 이범석 대신 순종적인 노인네를 택한 것이었지만, 그만큼 자유민주주의는 깊은 상처를 입었다.

1954년 5·20 총선에서 이승만은 특이한 담화를 잇달아 발표했다. 총선 공고 하루 전 날 '개헌 조건부로 입후보케 하라'는 담화가 발표되었다. 개헌의 핵심은 이승만 대통령에 한해 대통령 중임 제한을 철폐하자는 것이었다. 5·20 선거에서 자유당 공천자들은 "민의원이 된 후에는 민의에 의한 당 결정의 개헌을 절대로 지지함"이라고 쓰여 있는 서약서에 도장을 찍고 공천증을 받았다. 대한민국 최초의 정당 공천제는 이렇게 악용되었던 바, 이 또한 서글픈 민주주의 역사의 한 단면이었다. 개헌 담화에 이어 바로 이승만은 친일파에 대해 '새로운 해석'을 해준 특별담화를 발표했다. 아무리 왜정시대에 악질적 해악을 저질렀다 하더라도 지금 잘하는 일이 있으면 애국자라는 주장이었다. 이승만 '건국'대통령 동상을 광화문에 세우자는 이승만 추종자 일부와 어쩌면 그렇게 비슷한 사고를 하는지 탄성이 절로 나올 뿐이다. 5·20 총선에서 당선된 이재학·한희석·장경근 등 친일파들은 자유당 최고 간부로 발탁되어 사사오입 개헌에서 3·15 선거까지 앞장서서 '애국'할 터였다.

5·20 선거는 5·2 선거와 함께 대표적인 경찰 선거로 꼽힌다. 조봉암은 인천·부산·서울의 세 군데 지역구를 전전하며 후보 등록을 하려고 했으나 서류를 날치기 당하는 등 끝내 등록을 못했다. 1952년에 국무총리서리였던 허정은 부산에서 출마했는데, 도경국장 김종원이 선거운동 방해를 진두지휘해 할 수 없이 선거운동을 포기했다.

1956년 5·15 선거에서 이승만은 또다시 4년 전의 비열한 수법을 써먹었다. 그렇게 심한 비난과 야유를 받으면서 사사오입 개헌을 했는데도 1956년 3월

5일 자유당이 대통령 후보로 지명하자 발췌개헌 때처럼 출마하지 않겠다는 '유시'를 내렸다. 즉각 민의가 동원되었던 바, 아부의 천재인 노총에서는 소와 말까지 이 박사 출마를 원한다는 '우의마의 소동'을 벌였다. 그러자 이승만은 민의는 글로 써서 해도 된다고 타일렀다. 그리하여 내무부 지시로 5백만 명에 달했던 시위는 사라지고 3백만 명 이상이 날인한 탄원서와 혈서가 들어왔다. 이승만은 3월 23일 '할 수 없이 민의에 양보하기로 했다'는 담화를 발표했다. 후보 등록 방해로 국회의원 선거에서는 끝내 입후보할 수 없었던 조봉암도 아무런 방해 없이 대통령 후보 등록을 마쳤다. 야당 표가 분산될 거라는 계산 이 작용했던 것이다. 3월 23일 이승만은 대통령 후보 한 사람이 백만 환 이상 쓰지 못하게 해야 한다고 밝혔다. 그리고 정부는 4월 15일부터 5월 15일까지 아예 은행 대출을 중단시켰다. 한 신문은 자유당 선거운동은 비행기, 민주당 은 버스, 진보당은 지게에 비유된다고 보도했는데, 야당 후보 돈줄까지 차단 했으니 비열하기 짝이 없는 짓이었다. 이러한 이승만이 3·15 부정선거를 몰 랐다고 한다면 그것이 이상한 일이 아닐까.

2) 이승만과 잔류파, 피해 대중

마지막으로, 왜 3·15 부정선거의 진원지가 되는 1956년 5·15 정부통령 선 거에서 이승만·자유당이 서울에서 선거운동을 할 수 없을 정도로 야유를 받 았고, 조봉암이 특히 경상도에서 그랬지만 인기가 높았는지 그 이유를 간략 히 서술하자.

이승만·자유당 정권이 서울 시민 등 도시 사람들에게 손가락질을 받은 데는 부정·비리·불의가 심하다는 점이 작용했지만, 민생고를 해결하지 못하 는 무능하기 짝이 없는 정권인데도 사사오입 개헌이나 발췌개헌, 부산 정치 파동이 말해주듯 장기 집권욕에 사로잡혀 있고, 불법 무법 탈법이 판치는 데다 경찰과 깡패 등쌀에 서민들이 살 수 없다는 점도 작용했다.

서울 사람들이 이승만을 미워한 데는 다른 이유도 있었다. 전쟁이 나자 이승만은 피신에만 급급해 1950년 6월 27일 오전 2시경에 국무위원들에게도 국회의원들에게도 군 지휘관에게도 아무런 통고 없이 혼자서 대전으로 피신했다. 그러고는 그날 밤 자정 무렵까지 '국군이 적을 물리치고 있으니 동요하지 말고 안심하라'는 방송을 내보냈다. 전쟁이 발발한 후 이승만이 한 최초의 방송이었다. 함석헌은 『사상계』 1958년 8월호에 발표한 「생각하는 백성이라야 산다」라는 명문에서 "밤이 깊도록 서울을 절대 아니 버린다고 열 번 스무 번 공포하고 슬쩍 도망을 쳤으니, 국민이 믿으려 해도 믿을 수 없었다. 문서 한 장, 도장 하나 아니 가지고 도망한 것이 무슨 정부요 관청인가?"라고 썼지만 정부는 그때까지 한 일이 별반 없었다. 그러고는 28일 새벽 2시 30분경 상부의 지시를 받은 공병감이 한강 인도교를 폭파시켰다. 이날 인민군이 서울에 들어왔는데 서울 사람들은 피신할 방법이 없었다. 남부 지방에 비해 보수적이었던 서울 사람들은 어쩔 수 없이 '잔류파'가 되어 인민군 치하 3개월 동안 노역에 시달리고 굶주림으로 고생했다. 이승만은 대전에서도 안심이 안 되어 7월 1일 오전 3시경에 목포를 거쳐 부산으로 피신했다.

서울을 버리고 간 것은 크게 논란이 되어 국회에서는 이 대통령이 국민에게 사죄할 것을 결의했지만, 이승만 정부는 사죄하기는커녕 수복 후 서울에 들어와서 부역자 엄단 방침을 선포했다. 잔류자들은 부역자 심사 대상이 되었다. 더구나 돈과 차가 있고 영악해 눈치 빠르게 서울을 빠져나간 사람들이 돌아와('도강파') 애국자 행세를 하면서 잔류파를 당국 못지 않게 몰아치고 닦달했다. 도강파·잔류파 문제로 서울은 오랫동안 갈등에 시달렸고, 세태는 험악해졌다. 서울 사람들이 이승만과 자유당을 좋아할 리 없었다.

조봉암이 1956년 5·15 정부통령 선거에서 역설한 평화통일과 피해 대중

5·15 정부통령 선거 입후보자들의 기호 추첨 현장 1956년 4월 9일 오전 10시, 중앙선거위원회에서 각 후보자들의 대리인에 의한 기호 추첨이 시행되었다. 추첨에 따라 대통령 후보는 기호 1번 조봉암, 2번 신익희, 3번 이승만으로 결정되었고, 부통령 후보는 기호 1번 장면, 2번 이기붕, 3번 윤치영, 4번 박기출, 5번 이윤영, 6번 이종태, 7번 백성욱, 8번 이범석으로 결정되었다. 경향신문사 소장.

을 위한 정치는 민중들에게 호소력이 컸다. 그는 수탈당하고 억압·학대받는 민중을 피해 대중으로 설정했는데, 피해 대중은 다수가 4·19 선언문이 지적한 백색독재, 곧 극단적인 반공독재에 의해 생겨났다. 조봉암은 극우반공세력에 의한 학살이 피해 대중을 양산한 것에 주목했다. 그는 1956년 정부통령 선거를 앞두고 차기 대통령이 될 사람은 동족 동포를 사랑하고 아낄 줄 알아야 한다면서 "6·25 사변 이래로 얼만지도 모를 수많은 동포가 가지각색의 죄목으로 살해되는 것을 목도하였는데, (…) 평상시에도 음모와 모략으로 동포를 해하고 또 혹은 체포로서 유위한 인재를 살해"했다고 지적했다.

정부수립 직후, 전쟁 발발 직후와 중국군 개입 시기에 한국사 최대의 비극인 주민 집단학살이 군·경에 의해 자행되었다. 제주 4·3사건은 미군정 시기에 발생했지만, 2만 5천 명에서 3만 명이 살해된 것으로 추정되는 희생자의 대종을 이루는 주민 집단학살은 1948년 11월에서 그 다음 해 2, 3월 사이에 일어났다. 전쟁 발발 직후 발생한 형무소 재소자 학살도 규모가 컸지만, 같은 시기에 발생한 국민보도연맹원 등 예비검속자 집단학살로 희생된 사람이 최소한 5만 명 이상이고, 10만 명 이상일 수도 있다고 필자는 추정했지만, 20만 명 이상이라는 주장도 많다. 제11사단에 의한 함평, 고창, 거창, 산청 등지에서의 집단학살도 규모가 컸다.

　군·경에 의한 대규모 집단학살에는 이승만 대통령의 '우리 편이 아니면 적'이라는 2분법적 사고 및 인명 경시 사상과 결합되어 있는 반공주의, 발근색원주의, 엄벌주의가 영향을 미쳤다. 주민 집단학살에 이승만이 관련 있다는 주장도 있다. 조봉암이 특히 분개한 보도연맹원 학살과 관련해서 진실·화해를 위한 과거사정리위원회 보고서에는 포항 경비사령관이었던 남상휘 등 여러 사람이 '이승만이 이 학살의 명령권자였다'고 증언한 것이 수록되어 있다. 보도연맹원 등 예비검속자 학살은 전국 각처에서 일어났다. 전국 각처에서 지휘 계통이 다른 여러 기관이 협력해 일사불란하게 '처리'한 것은 최고 상층부의 지시가 있었기 때문이었다.[11]

　4월혁명 후 유족회 활동이 말해주듯, 보도연맹원 집단학살에 대해 인민군이 들어오지 않은 경상도 지역에서 특히 반발이 거셌다. 대규모 주민 집단학살은 이승만 및 자유당에 대한 반발로 나타날 수 있었고, 그것은 반사적으로 조봉암 등 야당에 대한 지지로 귀결되었다. 1950년대에 경상도가 야당세가

11　진실·화해를 위한 과거사정리위원회, 『2009년 하반기 조사보고서 07』, 500~503쪽.

아주 강한 지역이었던 이유 중 하나다.

필자는 주민 집단학살에 관해서 쓰면서 우리 역사에서 그 이전에 그러한 참사가 있었는가를 살펴보았다. 찾지 못했다. 폭군은 연산군 정도가 떠오르는데 연산군도 그러한 짓을 하지 않았다. 의병 학살, 경신년 대학살, 관동 대진재 학살 등 일제에 의한 학살도 주민 집단학살에 비해서는 규모가 작았다. 역사상 최대의 비극이 전근대도 아닌 현대에 와서 이승만 정권 초기에 발생한 것이다.

4. 이제는 진실에 눈 돌려야

3·15 선거는 이승만·자유당의 영구 집권욕과 함께 절대적인 존재로 모셔지기를 바랐던 이승만과 이승만·자유당에 대해 몹시 부정적이었던 국민과의 괴리 사이에서 발생했다. 이승만은 국부로 모셔지기를 바랐지만, 전시체제가 아니어서 유권자 의식이 어느 정도 표출될 수 있었던 1956년 5·15 선거에서 그것이 산산이 부서지는 것을 목격했다. 이쯤 되면 이승만은 자신의 기대가 과대망상임을 인정하고, 권력 유지를 현실에 맞춰 냉정히 조정했어야 했다. 그러나 그것을 인정하지 않고 이기붕과 최인규, 자유당 간부들을 앞세워 자신이 얼마나 국민의 존경을 받는 지엄한 존재인가를 국내외에 과시하고자 했다. 3·15의 비극은 피할 수 없었다.

이승만과 자유당이 3·15의 파국을 비켜갈 수 있는 방안을 모르지는 않았다. 내각책임제나 정부통령 러닝메이트제로의 개헌이 그것이었다. 자유당은 민주당이 가장 중요하게 내세우고 있는 내각책임제로 개헌하면 영구 집권이 가능할 것으로 판단했다. 경찰을 앞장세워 5·2 선거와 비슷한 폭력·부정선거를 저지르면 농촌과 중소 도시에서 당선되어 다수당으로 계속 집권할 수 있다고 본 것이다. 그러나 자신의 절대권력에 조금이라도 손상이 생기는 것을 추호도 용납할 수 없었던 이승만은 자유당의 대통령중심제를 약간 변형시킨 내각책임제조차 받아들일 의향이 없었다.

정부통령 러닝메이트제는 야당도 반대할 명분이 없었기 때문에 어렵지 않았다. 이것이 발췌개헌이나 사사오입 개헌에 포함이 안 된 것은 이승만의 허영심 때문이었다. 1952년 8·5 선거나 1956년 5·15 선거에서 무소속 부통령 후보들이 한결같이 이승만을 국부로 떠받들면서 자신에게 표를 던져 이승만을 모실 수 있게 해달라는 선거운동을 한 것이 이승만을 흐뭇하게 했던 것이다. 그러나 5·15 선거에서 민주당의 장면이 부통령에 당선되자 이승만은 달라졌다. 러닝메이트제로의 개헌은 장면·신파를 자유당보다 더 미워했던 민주당의 조병옥·구파가 받아들일 수도 있었으나 복잡한 절차와 거래가 따를 수 있었고, 너무 늦게 제기되어 시일도 문제였다. 자유당 측이 1960년 1월까지 분위기를 띄우다가 3·15 조기 선거를 확정지으면서 이 문제는 사라졌다. 개헌보다는 이미 다질 만큼 다져놓았던 부정선거가 손쉽다고 판단했기 때문이었다. 투표함 바꿔치기를 고발하고 경찰·공무원 선거 대책 비밀 공문을 민주당에 넘겨준 소수를 제외하면, 자유당원이건 관공리건 경찰이건 지시에 따랐다. 그들은 부정선거에 익숙해져 있어서 어떠한 부정선거를 저지르든지 그다지 심한 양심의 가책을 받지 않았다. 그들은 자신의 행위가 대한민국에 얼마나 심대한 해악을 끼치는지 생각하려고 하지 않았다.

이승만 정권은 후기에만 잘못한 것이 아니었다. 정부수립 직후에 제주도에서 대규모 주민 집단학살이 일어났고, 극우반공정책은 정권 초기부터 강행되었다. 초기부터 독립운동-해방이 가져온 정치적 자유와 언론·출판·집회·결사의 자유가 크게 위축되었고, 최대의 정적이었던 김구에 대한 위해가 추종자들에 의해 이미 여순 사건 때부터 있었다. 친일파 청산을 무산시킨 것은 이승만의 중대 과오였다. 악질 경찰 등 친일파들은 이승만 정권을 떠받친 지주였는데, 일제강점기에 했던 것처럼 민중 억압과 부정선거에 앞장서는 것을 조금도 부끄러워하지 않았다. 반민법 파동이 1960년 3·15 부정선거를 잉태시켜 이승만 정권을 파멸로 이끈 것은 역사의 아이러니다.

이 글에서는 일부 뉴라이트의 '건국', '건국절'이 얼마나 잘못된 주장이고 대한민국에 해악을 끼치는 주장인가를 다루지 않았지만(이에 대해서는 이 책 제1부 1장 「광복절 유감」 참조), 광화문에 이승만 동상을 세우겠다는 세력은 이제라도 양심에 귀 기울이고 진실에 눈 돌려야 한다.

※ 이 글은 이른바 역사전쟁에서 논란이 되었던 '이승만 건국 대통령' 주장을 비판한 것으로, 「이승만과 3·15 부정선거」라는 제목으로 『역사비평』 2011년 가을호에 실렸다. ※

1946
1948
1950

제2부
분단과 독재에 맞서다

1960
1975
1979

여운형의 통일국가 건설 전략과 21세기 한반도

1. 들어가는 말—한반도의 지정학적 위치와 국가 전략

한반도는 대단히 특수한 지정학적 위치에 있다. 한국이 전근대 시기에 전세계 다른 국가·지역과 달리 외국의 직접적인 지배를 받지 않은 데는 이런 점이 중요하게 작용했다. 그러나 해양세력과 대륙세력이 전 지구적으로 세력 분할을 하던 제국주의 시대가 도래함에 따라 한국은 열강의 각축장이 되었고, 국권을 상실하게 되었다. 결국 해양세력인 영국과 미국의 지원을 받은 일본이 대륙세력인 러시아와 전쟁을 벌임으로써 한국은 역사상 처음으로 외국의 직접적인 지배를 받았다. 여기서 눈여겨볼 것은 한국의 지배층이 제국주의 시대를 맞아 친일파, 친청파, 친러파, 친미파 등으로 분열되어 열강에 적절하게 대응하지 못한 것도 외국의 지배를 받게 된 내적 요인이었다는 점이다.

한국은 일제의 침략으로 자주적인 근대화를 이루어내지 못하는 등 이루 말할 수 없는 피해와 고통을 받았다. 그런데 그러한 피해와 고통은 일제가 패망하고서도 계속되었다. 1945년 해방이 되었지만 한반도는 38선을 경계로 미국군과 소련군의 점령하에 놓였다. 그리고 역사상 처음으로 남과 북에 (분단) 정부가 수립되었고, 이어서 동족상잔의 전쟁을 치렀다. 여기서도 간과할 수 없는 사실은 일제의 지배와 군국주의 침략전쟁에 '협력'한 친일파 등 극우세력과 친소 극좌세력이 분단이 되는 데 내적 역할을 했고, 한국전쟁 전후 시기에 집단학살을 일으키는 등 전쟁의 피해와 고통을 크게 하는 데 기여했다는 점이다.

박근혜 정부 출범 직후인 2013년 봄 한반도는 일촉즉발의 전쟁 위기에 휩싸였다. 한·미 연합 독수리훈련이 진행되는 가운데 3월 19일부터 핵폭탄 투하에 쓰일 수 있는 B-52 전략폭격기가 괌 기지에서 날아왔다. 북이 이에 대응하겠다고 하자 세계 최강의 전투기로 평가되는 F-22 전투기, 스텔스 B-2 폭격기가 출동했고 핵잠수함 샤이엔이 배치되었다. 그러자 북은 3월 26일 인민군 최고사령부 성명을 통해 전략로케트군부대와 장거리포병부대에 1호 전투근무태세를 내리고 괌, 하와이, 미 본토 공군기지를 타격하겠다고 선언했고, 곧 핵실험(4차)이나 미사일 발사를 할 것처럼 보였으며 개성공단을 잠정 폐쇄했다. 그에 이어 박근혜 정부가 개성공단 인원 철수를 지시하자 천안함 사건 발표 이후에도 남북 교류·협력과 한반도 평화의 마지막 보루로 남아 있던 개성공단은 폐쇄의 위기에 놓였고, 6월항쟁으로 자유와 민주주의 시대가 열림으로써 일구어진 남북 관계와 한반도 평화는 시계 제로의 상태에 놓였다.

분단으로 말미암은 피해와 고통은 일제의 침략 다음으로 심대했다. 분단의 고통은 특히 7·4 남북공동성명이 발표되고 박정희가 유신체제를 반공·반북 캠페인으로 유지하려던 1970년대에 들어오면서 각별히 강조되었다. 함석헌은 인격이 통일되지 못하면 사람이면서 사람 아니듯이, 통일된 나라를 이루지 못하면 민족이 아니라고 설파했는데,[01] 장준하는 이렇게 말했다.

생각해보면 지난 4반세기의 민족 분단은 얼핏 말하듯 이념과 제도의 차이만
을 말하는 것이 아니었다. 민족 한 사람의 생활의 분단이자 곧 파괴요, 나 자신의
분열이요 파괴였다. 남북한에 걸쳐서 민족의 정력은 모든 민족의 적대, 자기 파
괴를 위해 고갈될 지경에 이르렀다.[02]

분단으로 치른 비용은 남북의 군사비(국방비)와 체제유지비 외에도 정신
적 물질적으로 엄청났다. 그런데 남북의 갈등과 대립, 분단비용은 강대국과
긴밀한 관계를 갖고 있다. 한국전쟁에서도 화력 등 전력 면에서나 작전에서
주도적 역할을 한 것은 미국과 중국이었다고 말해도 지나친 평가가 아닐 것
이다. 냉전 시기에 북·중·소, 남·미·일의 삼각축은 시기에 따라 차이는 있으
나 일종의 진영(陣營) 전쟁을 벌였다. 뿐만 아니라 분단을 극복하는 데도 강대
국과의 협력이 요구된다. 일찍이 조봉암이 1956년 정부통령 선거에서 외교
안보 정책으로 집단안전보장 체제를 들고 나온 것이나, 김대중이 1971년 대
통령 선거에서 4대국의 한반도 안보보장 정책을 제시한 것, 2003년 이래 북핵
문제를 다루기 위해 6자회담이 열렸던 것도 이처럼 한반도의 문제가 단순히
한반도 내부의 문제로 끝나는 것이 아니기 때문이었다. 요컨대 한반도는 전
근대사회와는 대조적으로 근대 이후 지정학적 위치 때문에 강대국과의 관계
가 대단히 중요해졌다. 한반도는 해방 이후 미국과 소련이라는 두 초강대국
냉전의 최전선이었고, 냉전이 해체된 이후에는 경제적으로 급속히 커진 중

---

01 함석헌, 「민족로선의 반성과 새 진로」, 『6천만 민족 앞에 부르짖는 말씀』(함석헌전집 12), 한
길사, 1984, 30쪽.

02 장준하, 「민족주의자의 길」(유고), 법정 편저, 『아! 장준하』, 동광출판사, 1982, 208쪽.

국과 미국, 일본, 러시아의 4강에 둘러싸인, 세계에서 유례를 찾기 힘든 지역이 되었다.

이러한 상황에서 국가 전략을 어떻게 세우는 것이 최선의 길인가에 대해 하나의 답안을 제시한 지도자가 여운형이다. 좌우합작 하면 여운형이 떠오를 정도로 여운형처럼 일제 말 해방 후에 좌우합작운동에 전력을 바친 지도자는 없는데, 그가 좌우합작운동에 매진한 것은 좌우합작만이 통일민족국가를 건설하는 유일한 방안이라고 확신한 것에서 한 걸음 더 나아가, 좌우합작에 의한 통일민족국가 건설을 통해 한반도를 둘러싸고 있는 강대국들이 한반도에서 자파세력을 부식시키고자 하는 영향력을 최소화하고, 이 강대국들로부터 경쟁적으로 외교적, 경제적 지지와 지원을 받을 수 있기 때문이었다. 여운형은 민족해방운동을 펼칠 때도 국제관계를 대단히 중시했다. 한반도의 지정학적 위치를 볼 때 독립운동을 위해서는 국제적 기회를 적절히 포착하는 것과 함께 국제관계가 대단히 중요하다고 판단했기 때문이었다.

2. 좌우합작운동의 논리와 주체성

근현대 전체를 통틀어 민족 내부의 각 정파 이해관계와 결합되어 있는 외세 문제에 대해 통찰력 있는 전략적 사고를 한 대표적 인물들이 1946년 5월경부터 추진된 좌우합작운동의 지도자들이었다. 먼저 이들은 미·소 양국에 대해 균형 있는 관계를 가져야 한다고 주장했다. 좌우합작위원회 우익 대표인 김규식은 1947년 신년사에서 일부 노선이 친미 반소 또는 반미 친소로 독점 정권의 수립을 몽상한다고 하면서 다음과 같이 피력했다.

이 두 노선은 우리 민족의 자주적 입장을 망각한 것이며, 민족적 통일 단결을 파괴하는 것이며, 좌우 양익의 협조에 의한 민주주의 임시정부의 수립을 저지하는 것이며, 미·소 양국의 조선에 관한 진정한 협조를 방해하는 것입니다.[03]

국제 정세에 밝고 국제관계를 잘 아는 김규식은 1945년 11월 23일 김구 등과 함께 귀국한 지 닷새 만에 가진 정동교회 환영회에서 이미 "카이로회담에 '적당한 시기에 조선 독립을 준다'고 한, '적당한 시기'란 우리가 늦출 수도 있고 빠르게 할 수도 있는 것입니다. 즉 우리 손에 달렸단 말입니다. 우리가 바로만 하면 미군과 소련군이 내일이라도 없어질 것입니다"라고 말한 바 있다. 김규식이 말한 미군과 소련군을 물러나게 하는 길은 한 가지밖에 없었다. 미국과 소련 두 나라가 모두 다 어느 정도라도 한반도에 대한 자국의 이해관계를 관철시켰다는 생각을 할 수 있게 하는 방안이 그것이었다. 모스크바 삼상 회의에서의 한반도 문제에 대한 결정은 한반도 문제에 대해 유일하게 연합국이 합의한 것이었다. 이 때문에 모스크바 삼상 결정이 지켜져야만 한반도에서 민족국가를 건설할 수 있었는데, 이 결정이 미소공동위원회 등을 통해 구체화되게 하기 위해서는 미국과 소련이 합의할 수 있도록 여건을 조성하는 과제가 따르지 않을 수 없었다. 어느 한 나라에 기울어져 있으면, 다른 나라가 합의해줄 리가 만무했다. 따라서 '친미 반소'나 '반미 친소'를 지양하고 양국에 호혜적인 등거리 관계를 가져야 했는데, 그렇게 하기 위해서는 좌우합작의 방안밖에 어떠한 방안도 있을 수 없다는 것이 합작운동 지도자들이 확신하는 바였다. 반탁 투쟁만 중시하고, 더구나 반소 반공 투쟁의 일환으로 반탁 투쟁을 벌이면서 모스크바 삼상 결정 이행에 성의를 보이지 않거나,

---

03 『조선일보』 1947. 1. 4.

반탁운동세력 배제를 주장하고 소련에 편향된 활동을 하면서 민전이나 좌익 중심으로 모스크바 삼상 결정 제1항에 명시된 임시정부를 구성하려고 하는 것은 국제정치나 한반도의 현실을 무시하는 처사였다. 여운형은 좌우합작 외의 방법을 추구하는 것은 결국 점령지 현상만 연장시킨다고 지적했지만,[04] 좌익과 우익이 계급적 또는 정파 간의 이해에서 한 걸음 물러나 합작을 하여 임시정부를 구성하는 것은 미·소 양군을 안심, 퇴각케 하는 확실한 근거였다.

좌우합작 지도자들이 합작만이 통일민족국가 건설을 가능케 한다고 주장한 것은 미군과 소련군이 한반도에 주둔하기 때문만이 아니었다. 지정학적으로 강대국에 둘러싸인 한반도는 국가의 독립을 존속시키고 발전시키기 위한 장기적 전략을 세워야 한다고 인식했다. 안재홍은 1946년 1월에 한 방송에서, 특수한 지정학적 위치에 있는 한반도는 좌우의 합작에 의한 전 민족의 뭉쳐진 힘으로 미묘하고 복잡한 국제관계의 틈을 헤쳐 나가 자주독립국가를 건설하고 유지해야 한다고 역설했다. 그는 극우와 극좌가 각각 남방세력인 자본주의 국가 미국과 북방세력인 사회주의 국가 소련에 대한 의뢰심을 지나치게 갖고 있다고 우려하고, 이를 지양하고 '중앙당'으로서 나아갈 길을 똑바로 나아가지 않으면 한국 문제는 해결될 수 없다고 주장했다.[05]

여운형은 한반도의 지정학적 위치를 전략적으로 사고했다. 그는 강대국이 간섭하거나 강대국의 영향력에 휘말리지 않도록 적절히 대응해야 한다는 점을 강조함과 동시에, 한반도의 지정학적 위치는 국익에 적극적으로 활용될 수 있고 그렇게 되어야 한다고 사고했다. 여운형은 앞에서 살펴본 대로 한반도가 유라시아 대륙의 동방에서 북방세력과 남방세력이 접합하는 위치에

---

04 『조선인민보』 1946. 7. 22.
05 안재홍, 「중앙당으로서의 건국이념」, 『민세안재홍선집』 2, 지식산업사, 1983, 84~85쪽.

있고, 세계 최강국의 이해관계가 걸려 있는 지역이기 때문에, 자주국가의 건설과 유지 발전은 한국의 역사가 증명하는 바와 같이 좌우의 통일과 협력을 통해서만 가능하다고 강조했다.[06] 그는 어떤 일국에 편중해 타국을 배척하고 혹은 각국 간의 분쟁을 이용, 격성(激成)하여 어부지리를 구하는 등의 외교 정책을 절대로 배격하고, 불편부당한 태도로 민주주의 제국(미국과 소련 등 연합국을 가리킴—인용자)에 대한 공정한 친선관계를 확립하여 지속하지 않으면 안 된다고 지적했다. 그리고 그것에서 한 걸음 더 나아가 한민족의 이러한 국제적 제약성을 십분 인식하여 자주적 노력을 기울이는 능력에 따라, 한반도는 지정학적인 약점이 강점으로 전화되어 세계 정치에서 상당한 발언권을 확보할 수 있고, 민주주의 제국의 원조도 적극적으로 활용할 수 있을 것이라고 판단했다.[07] 이러한 적극적 능동적 대외관계는 통일민족국가의 건설과 불가분의 관계가 있었다.

좌우합작운동 지도자들은 안재홍이 '중앙당'으로 표현한 바와 같이 주체성 또는 자주성을 강조했다. 특히 여운형은 이 점을 쉬지 않고 역설했다. 여운형은 그의 정치이념이 잘 담겨 있는 「건국 과업에 대한 사견」에서 "국제적 원조(신탁을 가리킴—인용자)가 우리 민족의 자주성을 침해하거나 혹은 우리나라를 전략기지화 혹은 상품시장화에 의하여 일방적으로 이용하려는 여하한 의도에 대하여서도 철저히 항쟁할 권리를 갖는다"고 강한 톤으로 언명했지만, 미소공위가 지지부진했던 1946년 4월 5일 기자단과의 회견에서 불원 수립될 신정부는 조선제가 되어야지 외국제가 되어서는 안 되겠다고 천명하고 "우리의 자율통일이 없는 곳에 조선제 정부도 없을 것을 잊지 말자"고 좌우 정치세

---

06 여운형과 러치 군정장관과의 요담, 『독립신보』, 1946. 5. 26.
07 여운형, 「건국 과업에 대한 私見」 상, 『독립신보』, 1946. 10. 18.

력에게 호소했다.[08] 여운형은 4월 19일 조선제 임시정부 수립 문제와 관련해 북과 공동대응 또는 합작을 논의하기 위해 평양으로 떠났는데, 그는 다음과 같이 주체성을 강조하기도 했다.

> 정부수립은 어디까지나 조선 민족이 주체가 되어야 한다. 외국인의 원조는 받을망정 결코 외국의 괴뢰가 되어서는 아니 된다. 우리가 주체가 되어 정부를 수립하려면 우리 민족의 자율적 통일이 없어서는 아니 된다. 미소공동위원회에 모든 문제를 전가한 채 수수방관함은 무책임한 행동이매 (…).[09]

여운형의 주체성 견지는 그의 모든 활동에서 보인다. 그것은 일제강점기 그의 국제적 활동에서도 잘 드러났다.

3. 일제강점기 여운형의 국제적 활동

여운형과 김규식은 독립운동자 가운데 국제적 연대 활동 등 국제적 활동을 활발히 전개했다. 여운형은 3·1운동과 직결된 독립운동을 최초로 전개했다는 점에서 높이 평가되어야 한다.

여운형은 제1차 세계대전이 종결될 즈음부터 상하이 지역의 청년들을 규합했다. 1918년 11월 대전이 끝나자, 상하이에서도 환호의 분위기 속에서 주민들이 2일간 행진을 벌였다. 그 직후 미국 윌슨(Thomas Woodrow Wilson) 대통령

---

08 『조선인민보』 1946. 4. 6.
09 몽양여운형선생전집발간위원회 편, 『몽양여운형전집』 1, 한울, 1991, 287쪽.

의 특사 크레인(Charles R. Crane)이 상하이에 오자 여운형은 그에게 독립 호소의 운동을 펼 것을 밝혀 지지를 받았고, 곧이어 조동호·장덕수 등과 함께 독립청원서를 작성했다. 그와 함께 조국을 위기에서 구하기 위한 청년터키당의 영향을 받아 신한청년당을 조직해 총무간사로 취임함과 동시에, 이미 중국 혁명운동에 참가한 바 있는 김규식을 신한청년당 총무간사 명의로 파리강화회의에 파견했다. 김규식이 상하이를 떠난 것이 1919년 2월 1일이니 3·1운동이 일어나기 한 달 전이었고, 도쿄에서의 2·8독립선언서 발표보다도 앞섰으며, 김규식을 민족 대표로 인정하고 지원한 상하이 대한민국임시정부가 조직되기 두 달 전이었다. 그리고 신한청년당 동지인 장덕수·선우혁 등이 국내에 파견되어 각각 이상재·손병희 등과 양전백·이승훈 등을 만나 독립운동을 벌일 것을 호소했고, 조소앙은 도쿄에서 유학생과 접촉했다. 여운형 자신은 러시아, 만주, 연해주 일대에서 이동녕·박은식·강우규 등을 만나 독립운동을 논의했다.

한국인을 민족으로 새롭게 태어나게 한 3·1운동은 여러 국내외 조건이 가세한 것이어서 신한청년당의 활약이 없었다고 하더라도 일어났을 터이지만, 제1차 세계대전 종전에 여운형이 놀라울 정도로 기민하게 움직여 신한청년당이 파리강화회의에 독립을 호소하고 나중에 3·1운동의 주역이 될 지도자들을 만나 독립운동 방략을 논의한 것은 민족해방운동에서 잊을 수 없는 기여를 한 것으로 평가된다.

적국인 일본제국의 수도인 도쿄에 국수주의자 등 일부 독립운동자들의 반대가 있었는데도 여운형이 과감히 들어간 것 또한 그가 아니고는 해낼 수 없는 쾌사였다. 그는 1919년 11월 18일부터 12월 1일에 걸쳐 도쿄에 머물면서 고가렌조(古賀廉造) 척식장관과 4차례 만났고, 하라 다카시(原敬) 수상, 다나카 기이치(田中義一) 육군대신, 도코나미 다케지로(床次竹二郎) 내상(內相), 노다 우타로(野田卯太郞) 체신대신, 미즈노 렌타로(水野練太郞) 조선총독부 정무총감과 회견을 했으며, 일본의 대표적 개명 지식인 요시노 사쿠조(吉野作造)와도 흉금을 터놓았고, 후에 일본의 대표적 사회주의자로 활동한 오스기 사카에(大杉榮), 야마카와 히토시(山川均) 등과 한국인, 중국인들이 모인 신인회(新人會) 주최의 모임에서 연설했다. 특히 일본인과 외국인, 언론인 등 명사 5백여 명이 참석한 제국호텔 기자회견 자리에서 "한족의 장래가 신세계 역사의 한 페이지를 차지할 시기가 반드시 오리라고 자신한다"며 기염을 토한 명연설은 일본에 충격을 주었다. 일본제국의 유력자들은 여운형을 회유하려고 했지만, 여운형은 오히려 이들을 압도하는 논리로 한국의 독립을 주장했다. 1920년 2월 하라 내각이 궁지에 몰려 중의원을 해산시켰는데, 하라 내각이 궁지에 몰린 데는 여운형의 방일 문제가 한몫하였다.

한편, 김규식과 함께 1922년 극동민족대회(극동노력자대회, 극동피압박민족대회, 극동인민대표대회)가 열린 모스크바, 페트로그라드(현재의 상트페테르부르크) 등을 방문한 것은 여운형에게 깊은 인상을 남겼고 평생에 걸쳐 영향을 미쳤다. 그는 제국주의와 자본주의의 이중의 속박을 받고 있는 약소국의 혁명가라면 누구든지 소련의 혁명에 귀를 기울여야 한다고 강조하면서도, 다른 사회주의자들과는 달리 한국의 현실에 맞는 혁명을 일으켜야 한다고 주장했다. 한 번은 일본인 가타야마 센(片山潛)과 함께, 또 한 번은 중국인 취추바이(瞿秋白)와 함께 레닌을 만났는데, 지금 공산주의를 실행하려고 하는 것은 잘못이라는 레닌의 지적에 크게 공명했다. 그는 일제의 재판을 받을 때도 피력했지만, 마르크스의 이론에는 찬성하지만 그대로 실행하는 것은 불가능하다고 판단했다. 그는 조선 같은 지역에서는 노농독재를 실행해서는 안 된다고 보았다. 여기서 여운형의 "맑스주의는 소련에서는 레닌주의가 되고 중국에서는 삼민주의가 되었으니 조선에서는 두 나라와 달라야 한다"는 '여운형주의'라고도

부를 수 있는 좌우합작주의가 탄생했다. 여운형주의는 후술하겠지만, 좌우연합 또는 합작에 의해 민족해방투쟁을 전개하고, 일제 패망 이후에도 그 주의에 따라 새 나라를 세워야 한다는 노선이었다. 그것이 한국이 처한 국내외 조건에 가장 올바르게 대응하는 길이라고 판단했고, 강대국에 둘러싸여 있는 한반도의 지정학적 위치와 떼려야 뗄 수 없는 관계 때문에도 그 길로 나아가야 한다고 확신했다. 여운형이 러시아에서 목도한 바도 그의 신조를 공고하게 했다. 볼셰비키혁명을 좌절시키기 위해 영국·프랑스 등의 군대가 러시아로 들어올 때 러시아 우경파(右傾派)들이 "공산당에게는 패하여도 다시 흥할 수 있지만 외국에게 패하면 나라가 망한다"는 슬로건을 내걸고 공산당과 합작해 공동보조를 취하여 국가적 단합을 하는 것에 여운형은 감격해 마지않았다.

여운형은 신규식 등 민족주의자나 이회영 등 아나키스트들처럼 중국과의 연대를 중시했다. 여운형은 김규식과 비슷하게 중국혁명이 곧 조선혁명이라는 신념을 강하게 가지고 중국과 긴밀한 관계를 가졌다. 그는 국민당, 공산당 모두와 깊은 관계를 맺었다. 1917년 이래 쑨원(孫文)과 친밀한 사이였고, 다른 국민당 간부들과도 교분이 두터웠으며, 마오쩌둥(毛澤東)과 몇 차례 만났고, 취추바이 등 공산당 지도자들과 사이가 좋았다. 1921년에는 조동호 등과 함께 중한호조사(中韓互助社)를 만들어 연대 활동을 하였으며, 1926년 국민당이 제2의 국민혁명운동, 곧 중국 통일을 위한 북벌전쟁을 일으켰을 때 김규식 등 수많은 한국인 혁명가들과 함께 적극 가담했다. 여운형은 광동에서의 연설에 이어 20여만 명이 참가한 우한 승첩(勝捷)축하식에서 다음과 같이 축사를 했다.

중국이 통일되는 때는 조선의 해방도 곧 실현될 줄로 안다. 조선인인 나로서

는 열의와 환희로 축하한다. 이어서 조선혁명이 성공되기를 비노라.[10]

4. 국익의 극대화 노선인 좌우합작주의

드골(Charles de Gaulle)은 오늘날 프랑스에서 존경받는 인물로 꼽힌다. 여러 차례 프랑스를 위난에서 구했기 때문이다. 특히 프랑스가 히틀러 나치 군대에 무참히 짓밟혔을 때, 1944년 자유프랑스군을 이끌고 파리를 해방시켰고, 연합국의 일원으로 독일과 오스트리아 등의 분할 점령에 참여했으며, 유엔안전보장이사회 상임이사국이 되어 프랑스가 자존심을 되찾고 '영광의 프랑스'로 새출발한 것은 드골을 빼놓고 생각할 수 없다.

한국인은 참담하게 나라를 빼앗겼지만, 1945년 해방을 주체적으로 맞았다. 8월 15일 해방 그날부터 건국준비위원회가 활동에 들어갔고, 다음 날부터 서울과 각지에 치안대 등이 조직되어 많은 지역에서 우리 스스로 치안을 맡았다. 이날부터 여운형이 직접 가거나 여운형 사자(使者)가 도착하면 옥문이 열려 '정치범'들은 새 사회 만드는 데 앞장섰다. 동시에 한국인은 역사 이래 처음으로 언론·출판·집회·결사의 자유 등 기본권을 누렸으며, 전무후무하게 정치적 자유를 행사했고 노동자, 농민, 여성, 청년, 문화·예술인, 지식인, 한글 운동자 등이 사회 각 곳에서 단체를 조직해 활동했다. 시민혁명이자 정치적 혁명, 사회적 혁명이 일어난 것인데, 곧이어 소작료 3·7제 실시, 토지(농지)개혁 등 경제·문화혁명이 수반되게 되어 있었다. 이처럼 뿌듯한 긍지로 해방을 맞

---

10 이만규, 『여운형투쟁사』, 총문각, 1946, 86쪽. 이 절은 이 책을 기본 자료로 사용했기 때문에 따로 전거를 밝히지 않았다.

은 한국인들의 한가운데 여운형이 우뚝 서 있었다. 여운형은 인민들로부터 지지받고 사랑받았다.

만일에 건준이 없었더라면 해방이 어떠했을까. 한국인은 나라를 빼앗긴 그 순간부터 독립운동을 펼쳤다. 일제가 패망할 때 중국 충칭과 시안에서는 대한민국임시정부와 광복군이, 옌안 지방에서는 독립동맹과 조선의용군이, 또 하바롭스크 부근에서는 빨치산 등이 해방을 맞을 준비를 하고 있었다. 하지만 그들은 조국으로부터 너무 멀리 떨어져 있었고, 연합국으로부터 조기 귀국을 제한받아 임시정부 요인들도 '개인 자격'으로 제1진이 11월 23일에야 서울에 올 수 있었다. 그러한 상황이었으므로 건준이 해방된 그날부터 주체적으로 해방을 맞고 각종 시설, 기계, 기구, 자재, 자본 등을 보존 관리하지 못했더라면, 한국인은 신탁통치를 받아야 한다는 주장이 설득력을 가질 수도 있지 않았을까.

일부 정치학자들은 기본적 자유나 정치적 자유가 연합군에 의해, 특히 미군에 의해 주어진 것으로 잘못 알고 있다. 그렇지 않다. 미군이 9월 9일 서울에 왔을 때 한국인이 앞에서 말한 권리를 행사하고 있었기 때문에 미군은 치안을 교란시키지 않는 범위에서 허용하겠다는 입장을 가지지 않을 수 없었다. 그러나 지방 인민위원회나 치안대 등은 탄압의 대상이 되었고, 친일파들을 모두 현직에 불러들여, 오히려 미군이 오고부터 상당 부분 해방이 훼손되기 시작했다.

여운형은 또 하나 당대와 후대의 한국인에게 잊을 수 없는 자취를 남겼다. 어떠한 조직을 만들든지 우익과 좌익이 함께 하도록 하고, 외국에 대해서는 등거리외교와 자주성을 보여준 것이 그것이다. 이렇게 해야만 한반도가 처한 국제적 제약을 능동적 적극적으로 극복하고 강대국의 지지와 지원을 받아 국익을 극대화할 수 있기 때문이었다.

건국동맹 회의에서 발언하는 여운형 1945년 해방 후 서울 YMCA에서 열린 건국동맹
회의에서 여운형이 발언하고 있다. (사)몽양여운형선생기념사업회 소장.

여운형은 해방을 맞기 위해 조직한 건국동맹 간부들을 제1차건, 제2차건 좌우 모두를 포함시켰고, 공산주의자 조직과도 긴밀한 관계를 갖는 한편 보수적인 김용기와 함께 농민동맹을 조직했고, 좌우를 막론하고 청년, 여성, 교사, 노동자, 만주군관학교 군인들과 관계를 가졌으며, 해외 독립운동단체와 연결했다. 여운형이 건국동맹 강령의 첫 번째로 각인각파를 대동단결케 하여 일제를 구축하고 자유와 독립을 회복하겠다고 한 것도 해방 후 한반도가 어떻게 나아가야 하는가를 명시한 것이었다. 그가 8월 11일경 연합군에게 제시할 조건의 첫 번째로 연합군에게 감사하지만 조선인 자체의 피 흘린 공이 큰 것을 인식시켜 우리의 권리를 주장하겠다고 한 것도 눈여겨보아야 할 대목이다.

여운형은 건준을 조직할 때 특히 민족대단결의 모습을 갖추려 했고, 좌우의 안배에 신경을 썼다. 안재홍을 부위원장으로 한 것이나 송진우를 끌어들이려 한 것에서도 그 점을 엿볼 수 있지만, 1차 조직에서 우파와 좌파를 고루 안배한 것은 남북에 들어와 있는 외국군과의 관계에 대한 대응이기도 했던바, 해방정국에서 중요 단체를 이와 같이 좌우를 동등한 비중으로 조직한 지도자는 여운형을 제외하고는 없었다. 여운형이 건준 선언에서 '완전한 독립국가'의 건설을 기하기 위해서 진보적 민주주의적 여러 세력이 통일전선을 펴야 하며, 건준은 바로 이러한 통일전선 결성을 갈망하는 사회적 요구에 의해 결성되었다고 밝힌 것도 강대국에 대해 능동적 적극적 관계를 갖기 위해서는 어떻게 해야 하는가를 보여준 것이었다.

여운형은 인민당에 대해서 이렇게 말했다.

우리 인민당은 전 근로대중을 중심으로 하는 것은 물론이오, 진보적이요 양심적인 자본가나 지주까지도 포섭하고 제휴해서 광범한 혁명적 민족전선을 지

어 현 단계에 적응한 가장 대중적인 정당으로써 긴급한 국내 문제를 현실적으로 해결하려는 것입니다.[11]

여운형이 지적한 인민당의 성격은 일반 정당론으로는 설명하기가 어렵다. 그것은 '현 단계'가 말해주듯 당시의 국내외 상황을 파악하지 않으면 이해할 수 없게 되어 있다. 여운형은 한반도는 산업발달이 미약하기 때문에도 이러한 '광범한 혁명적 민족전선'이 상당 기간 가야 한다고 보았는데, 그것은 당시의 대외적 상황에 대한 고려이기도 했다.

여운형은 유럽에서 강대국에 둘러싸인 국가가 어떻게 독립을 유지하고 국가 이익을 최대화하기 위해 노력했는가에 대해 각별히 관심을 보인 글을 쓰거나 연설을 하지 않았지만, 여운형의 노선은 강대국에 둘러싸인 유럽 약소국들의 전략과 유사한 점이 적지 않다.

이호재는 약소국의 강대국들에 대한 대응관계를 그의 국제정치학의 주요 관심사로 삼았다. 그는 약소국 외교의 근본문제는 주권 유지와 안전 보장에 큰 영향을 미치는 외세의 영향력을 어떻게 약화시키고 동시에 미약한 자주 역량을 어떻게 강화시키느냐에 있다고 인식했다. 약소국이 외세의 영향을 극소화시킬 수 있는 상태는 강대국들이 다원적 경합상태에 있도록 하는 것이라는 점은 누구나 쉽게 생각할 수 있다. 다만, 국내 정치가 분열되어 있으면 외세가 다원적 경합상태에 놓여 있다 하더라도 전혀 외세의 중화작용이 일어나지 않으며, 반대로 경합상태에 있는 여러 외세가 각기 약소국의 국내 정치에 세력을 뻗게 된다고 보았다. 또한 중심세력 없이 분열상태에 있는 국내 정파 혹은 정당들이 서로가 다투어 더 많은 외세를 끌어들여 그 힘으로

---

11 몽양여운형선생전집발간위원회 편, 『몽양여운형전집』 1, 한울, 1991, 246쪽.

다른 정파나 정당을 누르고 승자가 되고자 하기 때문에, 국내적으로 격심한 혼란이 오고, 결과적으로 외세에 대항할 수 있는 국내 정치력은 최소화되거나 분산되어 발칸화 현상이 일어나게 된다고 지적했다. 그래서 국내 정치에서 보다 많은 국민의 지지를 얻고자 할 때 어느 계층이나 이해 그룹의 요구에 치우치지 않는 중도 정책을 취해야 하는 것처럼, 대외 정책에서도 어느 1개 강대국에 치우치지 않는 균형 잡힌 중도적 외교정책이 국익을 극대화할 수 있다고 주장했다. 이와 함께 이호재는 약소국 외교는 탈이데올로기 혹은 비이념적일수록 좋다고 하면서 '외세 정치력의 극소화'와 '국내적 정치력의 극대화'가 모든 약소국에 해당할 수 있는 약소국 외교의 근본문제라고 강조했다.[12] 오스트리아가 제2차 세계대전이 끝나면서 미·소·영·프랑스의 4대국 점령에 놓였다가 1955년 독립할 수 있었던 것도 다수당인 사회민주당을 중심으로 좌우 양익이 협력해 소련을 안심시킨 것이 크게 영향을 미쳤다. 또 좌우합작에 의한 중도적 정부나 좌우 양익의 협조는 국내 복지를 최대화한다는 것을 강대국에 둘러싸인 네덜란드, 오스트리아, 핀란드 등의 예는 보여주었다.

5. 외세 정치력의 극대화와 여운형의 죽음

좌우합작주의는 외국군을 물러가게 하고 통일독립을 가져오는 첩경이었고, 국내적 정치력을 극대화하여 강대국에 대해 능동적 적극적 외교를 펼 수 있는 유일한 방안이었음에도 불구하고, 국내 정치세력의 자율성이 극도로 협소했기 때문에 현실은 그것을 수용하기가 지난하다는 것을 보여주었

---

12 이호재, 『한국 외교정책의 이상과 현실』, 법문사, 1986, 26~38쪽.

다. 일제의 폭압적 통치와 수탈은 지주·부르주아 세력의 물적 정치적 기반을 협애하게 했고, 사회주의의 주력이었던 공산주의자들은 고립된 투쟁과 오랜 감옥 생활로 협착한 시야를 갖지 않을 수 없었다. 뿐만 아니라 사회민주주의자나 중도적 민족주의자들의 활동 기반을 취약하게 해 민족개량주의자·친일파와 공산주의자들로 양극화되었다. 그것은 고스란히 해방 이후에 유산으로 물려져, 극우와 극좌는 외세와 결탁해 상대방과 중도세력을 공격했고, 분단정부의 수립으로 나아갈 수밖에 없는 활동을 전개했다. 그것은 전쟁을 불러일으킬 수 있었다. 안재홍은 1946년 7월 "만일 우리 조선에서 적정 타당한 합작으로 하루 빨리 통일정부를 만들어내지 아니하면 우리의 조국에는 다시 중대한 위기가 찾아올 것"이라고 경고하고, 당시 상황대로 극좌 극우 편향으로 세력이 부식되면 "멀지 않은 장래에 그야말로 내란적인 항쟁의 피를 흘리게 할"수 있다고 우려했다.[13] 비슷한 시기에 한 논객은 "미소 전쟁이 일어나면, 미국을 믿는 이는 소련의 패퇴와 거기 의하여 북벌을 꿈꾸고, 소련을 믿는 이는 미국의 패퇴와 거기 의하여 남정(南征)을 꿈꾸는 모양입니다"라고 썼다.[14]

미소 양군이 남북에 주둔하면서 자기 세력을 부식하는 데 전력을 기울이고 있었고, 좌우대립이 심한 상황에서 여운형 노선은 자리를 잡기가 어려웠다. 극우와 극좌는 중도우파인 김규식, 안재홍 등을 때리기보다 대중의 지지도가 높은 여운형을 집중적으로 공격했다. 한민당은 발기인 성명서를 낼 때부터 집요하게 건준은 조선총독부의 괴뢰 조직이고 여운형은 친일파라고 중상모략을 퍼부었다.[15] 여운형 노선과 박헌영의 극좌 노선은 화합하기 어려운 관계에 있었지만, 양자는 '탁치정국'에서 더욱 거리가 멀어졌다. 양자의 대립

13 안재홍, 「좌우합작의 정치적 의의」(방송), 『민세안재홍선집』 2, 132쪽.
14 오기영, 「속(續) 민족의 비원—경애하는 지도자와 인민에게 호소함」, 『신천지』 1946. 6, 24쪽.
15 서중석, 『한국현대민족운동연구』, 역사비평사, 1992, 267~268쪽.

1946년 5월 미소공동위원회 미국 대표들과 여운형 (사)몽양여운형선생기념사업회 소장.

은 1946년 7월 조선공산당이 신전술을 채택하고 이어서 좌익 3당의 통합운동이 전개될 때 극한으로 치달았다.

여운형은 좌우대립 등 해방정국의 협소함 때문에 운신의 폭이 좁았지만, 자신과 가까운 사이인 좌익들로부터도 끊임없이 견제를 받았다. 1919년 도쿄행이나 1922년 모스크바와 페트로그라드에서의 활동이 말해주듯 국제적으로 대단한 기량을 발휘할 수 있었는데, 해방정국에서는 그것도 쉽지 않았다. 그의 인도행 문제가 단적으로 그 점을 말해준다. 1947년 3월 네루의 요청으로 미군정에서는 인도에서 열리는 범아시아회의에 여운형을 대표로 위촉했다. 여운형은 즉각 지방에서 귀경하여 "3천만 동포는 하루빨리 미소 양국의 타협으로 남북을 통일한 임시정부 수립을 목마르게 기다리고 있어, 우리의 사정

1947년 8월 3일 여운형 장례식 행렬 현재의 광화문 사거리에서부터 장례식장이 있던
동대문운동장까지 인파가 넘쳐났다. 한민족 최초 최후의 '인민장'으로 치러졌다. (사)
몽양여운형선생기념사업회 소장.

과 요청을 전 세계에 알려야 할 필요는 지금에서 더 요청된 때는 없을 것"이

라고 포부를 밝혔다.[16] 그는 인도와 미국 등지를 들러 국제적 여론을 조성하

려고 했는데, 여운형을 대표로 한 근로인민당 창당 관계자들이 미군정에서

보내는 것을 따르면 안 된다고 극구 말려 인도행을 포기하지 않을 수 없었다.

제2차 미소공위가 파열음을 내면서 좌초의 위기에 처했던 1947년 7월 19

일 여운형은 백주에 저격당했다. 그는 분단이 확실시되는 시점에서 극우에

의해 죽음을 맞았다. 분단정부가 들어서면 그는 남에도 북에도 있어야 할 이

유가 없었다. 민족의 비극이었다.

---

16 『한성일보』 1947. 3. 12.

6. 여운형 노선의 부활—21세기 한반도의 전략

남과 북에 분단정부가 들어선 이후 두 정부는 단일민족이라고 하면서도 세계에서 유례를 찾기 힘들게 적대적이었고, 그것은 전쟁 이후 더욱 심화되었다. 이승만은 쫓겨날 때까지 북진통일을 부르짖었고, 박정희는 선건설을 외치며 모든 통일 논의를 억압하다가 유신체제를 만들기 위해 북과 비밀교섭을 해 7·4 남북공동성명을 발표했다. 장준하는 유신체제를 동·서 양극시대 분단의 논리를 제도적으로 완결한 것으로 파악했지만,[17] 박정희 유신체제는 체제 유지에 분단을 최대한 이용했고, 반공 캠페인을 극단적으로 벌였다.

한반도는 1987년 6월항쟁 이후 급격히 변화했다. 남한에선 통일운동이 거세게 일어났고, 노태우 정권은 북방 정책을 추진했으며, 1990년대에 들어와 남과 북은 남북기본합의서 채택 등 중요 문제에 합의를 했다. 21세기에 들어오는 길목에서 2000년 6·15 남북정상회담이 이루어짐으로써 여운형 노선이 반세기가 지나 부분적으로 실현되었다.

6·15 남북정상회담은 여운형이 예견한 바와 같이 한반도의 비중을 한껏 높였다. 이미 정상회담 직전인 2000년 5월 김정일이 중국을 방문해 8년 만에 김정일-장쩌민(江澤民) 북중정상회담을 가졌고, 그 뒤에도 10월까지 양국의 중요 인물이 오고갔다. 2000년 7월에는 푸틴(Vladimir Putin) 러시아 대통령이 평양을 방문해 김정일 국방위원장과 정상회담을 가졌다. '사태'는 여기서 끝나지 않았다. 그해 10월 올브라이트(Madeleine Albright) 미 국무장관이 미국 역사상 고위급 인사로는 처음으로 평양을 2박3일간 방문해 김정일과 포옹했다. 뿐만 아니라 올브라이트는 임기가 불과 몇 달밖에 남지 않은 클린턴(Bill Clinton)

---

17 장준하, 「민족통일 전략의 현단계」(초안), 『민족주의자의 길』, 사상, 1985, 47~48쪽.

대통령의 방북 가능성을 북에 타진했다. 놀라운 사태는 그 뒤에도 계속됐다. 2000년 3월에 북에 쌀 지원을 약속한 일본이 10월에는 그보다 5배나 많은 쌀 지원을 약속하더니 2002년 9월 총리로는 사상 처음으로 고이즈미(小泉純一郎)가 평양으로 달려가 국교정상화가 임박한 것처럼 보도되었다. 김정일이 뛰어난 인물이어서 이런 일이 일어났을까. 그렇지 않다. 남과 북이 분단정부 수립 후 처음으로 협력 관계를 갖자 남과 북이 갈등 관계를 가졌을 때 보여주었던 한반도의 지정학적인 약점이 이제 강점으로 전화되어 주위의 4대 강대국이 예민하게 대처하기 시작한 것이다. 지하에 잠든 여운형은 자신의 전략이 맞아떨어지는 것을 보면서 어떤 상념에 젖었을까.[18]

그러나 한반도는 일본인 납치 사건, 미국에서 부시(George W. Bush) 정권의 등장, 핵 문제 등으로 다시 긴장상태에 들어갔다. 특히 2008년에 등장한 이명박 정권은 남북 관계를 6월항쟁 이전으로 되돌려놓으려는 것처럼 보였다. 2010년 천안함 사건을 발표하면서 대북 교류·교역을 중단시켰다. 미국의 오바마(Barack Obama) 대통령은 한반도 긴장을 이용해 오키나와 문제 등에 대처하는 등 국익 챙기기에 나섰다. 맨 앞에서 본 것처럼 박근혜 정권이 출범한 직후인 2013년 봄 한반도는 일촉즉발의 전쟁 위기에 놓였고, 남북 교류·협력의 유일한 통로였던 개성공단이 잠정적으로 폐쇄되었다.

한반도가 국익을 극대화시키기 위해서는 언젠가 단일국가가 되어야 한다. 더구나 지난 역사가 말해주는 대로 한반도에 긴장상태가 고조되고 남과 북의 갈등이 심해지면 한반도 내의 정치력은 분산되어 최소화되고 외부의 정치력은 극대화되어 지금도 외세의존세력이 주장하듯 남과 북은 '전통적인

---

18 성격이 다르지만 2018년 6월 12일 북의 김정은과 미국의 트럼프가 싱가포르에서 북미 정상 회담을 가졌을 때 중국·러시아·일본의 뜨거운 반향을 상기해보는 것도 의미가 있을 것이다. 일본은 패싱(passing) 당하지 않으려고 안절부절 어쩔 줄 몰라했다.

우방국가'에 대한 의존도를 높일 수밖에 없다.

한반도를 둘러싼 4대 강국의 위상은 변하고 있다. 경제 면에서 보더라도 2000년의 경우 남한의 수출입에서 미국과 일본의 비중이 컸고 중국은 보잘 것 없었는데, 2005년에는 수출에서 중국이 미국, 일본을 훨씬 앞질렀고, 2010년에는 수입에서조차도 일본보다 중국의 비중이 컸다.[19] 2013년에 전쟁의 위기에 휩싸이고 개성공단이 잠정폐쇄되자 유라시아 철도 연결, 시베리아 가스관 설치 등 러시아와의 경제협력도 물 건너갔다는 지적이 있었지만, 중국이나 러시아와 지속적으로 좋은 경제 관계를 갖기 위해서도, 북 경제의 과도한 중국 경사를 막기 위해서도, 또 망언을 일삼는 일본과 미국에 외교력을 갖기 위해서도 최소한 한반도의 긴장은 완화되어야 하고, 남북의 교류와 협력이 강화되어야 한다. 나아가 노무현 정권이 거론하던 동북아 균형자 역할을 한다거나 2007년 노무현·김정일의 10·4 남북정상선언의 주된 합의였고 한반도 평화의 열쇠이기도 한 서해평화협력특별지대의 활성화와 남북, 중국을 연결하는 황해경제권의 실현,[20] 한반도와 만주, 시베리아, 일본 서북 지구를 연결하는 동북아 경제협력지대를 위해서는 남과 북이 개성 경험이나 과거의 차원을 뛰어넘는 새로운 관계를 설정해야 한다. 특히 미국과 중국과의 관계에서는 균형감각과 주체성이 각별히 요청된다고 하겠다. 21세기를 사는 한반도 주민들은 해방 직후 미소 양군 점령 상태에서 최선의 길을 찾으려고 고민을 거듭했던 당시의 중도 노선이 오늘에 어떤 의미를 주는가를 새삼 심사숙고해볼 필요가 있다. 한반도 미래는 여운형의 전략을 어떻게 얼마만큼 현실에 맞추어 잘 구현시키느냐에 달려 있는 것은 아닐까.

---

19 이종석, 『통일을 보는 눈』, 개마고원, 2012, 28쪽.

20 위의 책, 74~77쪽 참조.

※ 이 글은 2013년 (사)몽양여운형선생기념사업회·양평군 주최 학술심포지엄『여운형의 외교 활동과 21세기 한반도의 동북아 외교방향』기조 강연으로「여운형과 21세기 한반도의 국가 전략」이라는 제목으로 발표되었다. ※

남북협상과 백범의 민족통일 노선

1. 남북협상을 둘러싼 쟁점

'남북협상' 하면 김구가 떠오른다. 대개는 김구·김규식으로 병기하는데도 불구하고 일반인들이 김구를 떠올리는 것은 김구가 김규식보다 많이 알려진 것이 주요 요인이겠지만, 남북협상과 관련해 김구가 쓴 글이나 한 말들이 인상적으로 남아 있는 것이 많은 점, 그리고 남북협상에 대한 김구의 결연하고 비장한 태도도 한 요인일 것이다. 김구를 통일국가수립운동 또는 통일운동의 심볼로 생각하는 것도 주로 남북협상에서 연유한다고 볼 수 있다.

남북협상과 관련해서는 그 당시부터 찬반으로 갈라져 심한 논란이 있었다. 따라서 쟁점이 많을 수밖에 없다. 남북요인회담 또는 남북지도자회의는 1947년 9월 미국에 의해 한국 문제가 국제연합(UN)에 이관되어 분단이 가시화되면서 통일국가로 갈 수 있는 최후 방안으로 중도파 정치세력으로부터 본격적으로 제기되었는데, 처음부터 이승만과 한민당은 물론 남로당도 냉담한 반응을 보였고, 북에서도 별다른 반응을 보이지 않았다. 그 점은 1948년 1월 하순 이후 김구·김규식에 의해 남북요인회담이 제안되었을 때도, 또 같은 해 2월 26일 유엔소총회에서 남한만의 총선거를 결의할 때까지도 마찬가지였다. 그러나 미군정에 의해 남한 선거 일정이 구체화되면서 북의 태도가 달라졌고, 그 뒤 남로당도 마지못한 듯 동조했다.

남북협상과 관련해서 우선 입장에 따라 명칭이 다르다는 점을 주목할 필요가 있다. 주지하다시피 1948년 4월 평양에서는 남북조선제정당사회단체대표자연석회의(약칭 남북연석회의)와 남북요인회담(남북협상) 등 성격이 차이가 있는 두 종류의 회의가 있었다. 남에서는 이 회의가 열리기 전부터 주로 남북협상으로 불렸고, 때로는 남북요인회담, 4김회담 등으로도 불렸다. 김구와 김규식이 통일국가를 수립하기 위한 방안을 협상하러 북에 갔기 때문에 붙여진 이름이었다. 그렇지만 북에서는 남의 단선단정을 강력히 반대하는 데 초점을 두었던, 그리고 통일 방안은 평양회의가 열리기 전부터 역설한 바와 같이 미·소 양군이 즉시 철군하고 총선을 실시하자는 '자주정부' 수립 방안을 확인하는 수준이었던 남북연석회의에 중심을 두고, 별도로 남북협상에 대해 언급하지 않았다. 다만 연석회의에 뒤이어 4월 30일에 남북조선제정당사회단체지도자협의회가 열렸다고 간략히 기술했을 뿐이다.[01] 그런데 1980년대 이후 소장 학자들이 현대사에 새로운 관심을 표명하면서, 일부 개설서 등에서 이 두 회의의 차이를 구별하지 못하고 남북연석회의라는 제목으로 기술하거나, 일부 연구서에서 두 회의의 차이를 인식하면서도 남북연석회의라는 제목을 상위에 놓고 기술하는 경우가 있었다.[02]

남에서는 평양회의가 열리기 전부터 남북협상은 북에 이용당하기만 할 것이라는 주장이 극우단정세력을 중심으로 널리 유포되었다. 이와 맥락을

---

01 서중석, 「한국 현대사 연구와 이데올로기」, 『한국사 연구 방법의 새로운 모색』, 한국사학회, 2003, 497~498쪽.
02 위의 글, 498~500쪽.

같이하는 것이지만, 남북협상은 처음부터 실패하게 되어 있다거나 실패했다는 주장도 과거의 중고등학교 교과서를 포함해 최근까지 널리 유포되어 있다. 이러한 주장은 이 소론에서 지면이 허락하는 한 면밀히 검토하려고 하지만, 먼저 이러한 주장은 남북협상은 4월 30일의 공동성명서에 그 성과가 집약되어 있는데도 불구하고 그것을 중시하지 않고 고의적으로 연석회의를 염두에 두고 평가한 경우가 많다는 점만 지적하고자 한다. 실패했다는 관점에 대해서는 일단 김구의 다음과 같은 발언을 인용하는 것으로 넘어가고자 한다.

"남북회담이야 즉시로 한덩어리 된다 하여서 그를 예견, 확신하고 한 노릇이 아니지요."[03]

필자는 몇 년 전에 김규식을 중심으로 남북협상에 대해 쓴 바가 있는데,[04] 이 소론에서는 김구를 중심으로 남북협상을 고찰하려고 한다.

2. 김구의 남북요인회담 제의

김구는 1948년 1월 26일 유엔한국임시위원단 제2분과위원회 초청을 받아 회담을 마치고 나온 뒤 "미소 양군이 철퇴하지 않고 있는 현상으로서는 자유로운 분위기를 가질 수 없다. 양군이 철퇴한 후 남북요인회담을 하여 선거 준

---

03 「김구선생회견기」, 『삼천리』 1948년 9월호(『白凡金九全集』 8, 대한매일신보사, 696쪽. 이하 이 전집은 『전집』으로 약칭).

04 서중석, 『남·북협상 김규식의 길, 김구의 길』, 한울, 2000; 서중석, 「우사 김규식의 남북협상」, 『우사 김규식 선생 학술조사보고서』, 강원도·홍천군·강원대학교 강원향토문화연구회, 2001.

南北要人會談主張
協議後의 金九氏談

南北要人會談云々
軍政延長에 不過

民主議院聲明

김구의 남북요인회담 제의에 대한 단정운동세력의 반응 1948년 1월 26일, 김구의 남북요인회담 제의와 그에 대한 단정운동세력의 반응을 게재한 1948년 1월 28일자 동아일보의 보도 태도가 흥미롭다. 김구 담화는 귀퉁이에 2단 기사로 짤막하게 실렸고, 민주의원 명의의 성명은 "남북요인회담 운운 / 군정연장에 불과"라는 제목 아래 눈에 띄는 곳에 보도했다. 민주의원은 기능이 정지되어 해체 상태였는데, 단정운동세력이 당시에는 존재하지 않는 민주의원의 명의를 여러차례 이용했다. 동아일보는 이승만과 함께 단정운동세력의 주력인 한민당계 신문이었다.

비를 한 후 총선거를 하여 통일정부를 수립하여야 할 것이다"라고 담화를 발표했다. 폭탄선언이었다. 이틀 뒤인 28일 김구는 유엔임시위원단에 보내는 의견서를 발표했다. 이 의견서에서 김구는 ① 신속한 총선거에 의한 통일된 완전 자주적 정부를 수립할 것, ② 총선거는 인민의 절대 자유의사에 의해 실시할 것, ③ 북한에서 소련이 입경을 거절하였다는 구실로서 유엔이 그 임무를 태만히 해서는 안 됨. 통일적 한국 정부 수립을 포기하면 한국을 분할하는 책임을 미소로부터 유엔이 인계하게 될 것임, ④ 현재 남북한에 구금 체포되어 있는 모든 정치범을 석방할 것, ⑤ 미소 양군은 한국에서 즉시 철퇴하되 소위 진공상태로 인한 기간의 치안 책임은 유엔에서 부담할 것, ⑥ 한국 문제를 결국 한인이 해결하기 위해 남북지도자회의를 소집할 것 등을 요구했다.[05]

김구의 담화 발표와 의견서는 소련 대표 스티코프가 미소공동위원회에서 주장한 바 있는 미소 양군 철퇴 문제 말고도—김구는 스티코프 제안에 거부 반응을 보였다—남북요인회담 등이 이승만·한민당의 주장과 대립된다는 점으로도, 또 반공 노선이[06] 바뀌었다는 점에서도 놀라운 일이었다. 그렇지만 김구가 일찍부터 좌우합작운동을 펴왔고 남북지도자회의의 소집을 주장한 김규식과 비슷한 노선으로 '방향 전환'을 할 것임은 1월 26일 김구가 유엔임시위원단을 방문하기 전에 이승만과는 불과 30분만 얘기하고 김규식과는 두

---

05 『동아일보』 등 도하 각 신문 1948. 1. 28일자; 『서울신문』 1948. 1. 29(국사편찬위원회 편, 『자료대한민국사』 6, 1973, 155, 176~178쪽).

06 한독당은 1947년 7월 미 트루먼 대통령특사 웨드마이어 중장 내조(來朝)에 임하여 그의 극동내방은 중국·조선에서의 유화정책을 시정하는 트루먼 방공정책의 신전개가 될 것으로 크게 기대한다고 표명했다. 김구는 같은 해 10월 5일 서울운동장 국민대회에서 소련은 북조선에서 우선 철수하고, 유엔총회에서 북선(北鮮)의 무장을 총(總)해제하도록 해야 한다고 연설했다. 『전집』 8, 263, 269, 277쪽. 북은 1947년까지 김구를 이승만과 함께 최대의 적대자로 인식했다.

시간이나 요담했다는 점만 가지고도[07] 짐작할 수 있었다.

왜 김구는 미소 양군 철퇴와 남북요인회담에 의한 통일정부 수립을 주장했을까. 이 문제는 중요하기 때문에 면밀히 검토할 필요가 있다. 첫째로 유엔에 대한 신뢰다. 김구는 자신이 이끌어온 대한민국임시정부를 과도정부로 추대하여야 한다고 주장했고 모스크바 삼상 회의 결정을 반대했다. 하지만 분단 문제가 가시화된 1947년 하반기에 들어와서는 12월 1일 이승만 노선을 지지한다는 담화를 발표하는 등 이승만과 보조를 맞추려고는 했으나, 대체로 통일정부 수립을 주장했다. 그것은 미국과 유엔에 대한 신뢰와 연결되어 있었다. 김구는 미 국무장관대리 로베트가 8월 29일 사실상 모스크바 삼상 회의 결정을 파기하고 조선 문제를 해결하기 위해 4국회의를 열자고 제안하자 김구는 트루먼 대통령 이하 미국 관리에게 만강(滿腔)의 사의를 표하고 이제 단독정부설도 소멸할 것으로 믿는다고 말했다.[08] 물론 소련은 로베트 제안을 거부했다. 그러자 기다렸다는 듯이 미 국무장관 마샬은 9월에 한국 문제를 유엔에서 다뤄줄 것을 요청했다. 이에 대해서도 김구는 전 민족적으로 마샬 안을 지지할 필요가 있다는 담화를 발표했다.[09] 김구는 1948년 1월 1일 신년사에서도 유엔임시위원단이 내한해 남북 총선거에 의한 자주통일의 독립정부를 수립하게 해주면 이보다 더 큰 행복은 없을 것이라고 피력했다.[10]

이승만 및 한민당과의 관계가 파탄 상태가 된 것도 김구가 방향 전환을 한 직접적인 요인이었다. 김구는 이승만과의 협력을 중시했고, 1947년 9월에

---

07 국사편찬위원회 편, 앞의 책 6, 155, 176쪽.

08 『전집』 8, 269쪽.

09 위의 책, 272쪽.

10 위의 책, 301쪽.

도 한독당과 한민당과의 합당을 역설했다.[11] 우익 단결을 위해서였다. 그러나 12월 2일 한민당의 장덕수가 살해됨으로써 한민당과 한독당의 관계는 결정적으로 틀어졌다. 이승만도 이 시기에는 단정 운동에 더욱 박차를 가해야 한다고 보았기 때문에 김구와의 결합을 중시하지 않았다. 우익 단결이 기로에 서고 1948년 1월 유엔임시위원단이 내한하여 총선 문제를 논의하는 상황에서 더 이상 임시정부 법통론을 주장하기가 어렵게 된 점도 남북요인회담을 제안한 한 요인이 되었을 것이다.

김구가 외군 철수와 남북지도자회의를 주장한 기본 요인은 내부에서 찾아야 한다. 일제강점기에 온갖 어려움을 무릅쓰고 독립운동을 해온 사람들은 분단이 눈앞에 닥친 상황에서 이승만·한민당의 단정 운동에 동조하기가 어려웠다. 단정 노선은 독립운동의 대의를 부정하는 것으로 받아들여졌다. 때로는 애매하기도 했던 이승만의 단정 노선이 1947년 하반기에 훨씬 뚜렷하게 전개되고 또 분단이 가시화되자 이전부터 대체로 통일정부 수립을 주장했던 한독당은 통일정부 수립을 위한 남북대표회의 소집을 요구했다. 1947년 10월에 열린 임시중앙집행위원회에서는 남북대표회의를 조직하여 38선의 타개(미소 양군 철퇴), 남북 통일선거 실시 등을 결의했다.[12] 11월 한독당의 조소앙이 중심이 되어 한독당·근로인민당·인민공화당 등 10여 정당은 각정당협의회를 조직해 미소 양군 즉시 철병 후 총선거를 실시하되 보통선거 실시 방법과 양군 철퇴 절차, 철병 후 치안 확보 문제 등을 협의하기 위해 남북정당대표회의를 소집할 것에 합의했다.[13] 비록 각정당협의회 활동은 김구의 요청

11   위의 책, 271쪽.
12   위의 책, 278쪽.
13   위의 책, 281쪽.

에 의해 보류되었고,[14] 소련이 유엔임시위원단의 북조선 입경을 거부하자 한독당은 부득이한 경우 38 이남의 선거에도 참여할 용의가 있다고 밝혔지만,[15] 김구와 한독당은 막상 분단이 눈앞에 닥치자 단정을 반대하고 통일정부 수립에 매진하였다.

김구가 남북요인회담을 주장하자 극우세력은 맹렬히 비난하고 나섰다. 한민당이 중심인 한협(한국독립정부수립대책협의회)은 "김구를 조선 민족의 지도자로는 보지 못할 것이고 크레믈린 궁의 한 신자라고 규정하지 아니할 수 없음을 유감으로 생각한다"라는 표현까지 하면서 비방했다.[16] 그들은 필요하면 김구·김규식을 이승만과 함께 우익 3영수로 모시다가도 김규식이 좌우합작운동을 벌이자 공산주의자로 매도했듯이, 그들과 노선을 달리하면 태도를 표변했다. 김구는 극우의 비난에 정치범 석방은 주로 북에 구금되어 있는 조만식 같은 사람을 가리키고 파괴분자는 해당되지 않는다고 해명하기도 했지만,[17] 남북지도자회의에 적극적으로 임했다.

1948년 2월 4일 민족자주연맹(민련)은 김규식·김구의 남북요인회담 주장을 구체화시키기 위해 두 김이 북조선인민위원회위원장 김일성과 북조선노동당위원장 김두봉에게 서한을 보낼 것을 결의했다. 김구는 이 제안에 호응했다. 그리하여 김일성에게 보내는 서한은 민련의 신기언이, 김두봉에게 보내는 서한은 한독당의 엄항섭이 작성했다. 김구는 김두봉에게 보낸 서신에서 "우사(김규식의 호—인용자) 인형(仁兄)과 제(弟)는 우리 문제는 우리 자신만이 해결할 수 있다는 것을 확신하고 남북지도자회담을 주창"하였다고 밝히고,

---

14 위의 책, 284~285쪽.
15 『경향신문』 1948. 1. 25(위의 책, 305~306쪽).
16 『동아일보』 1948년 3월 31일자에는 극우단체의 비난 성명이 실려 있다. 위의 책, 308~310쪽.
17 위의 책, 310쪽.

남북지도자회담을 최속(最速)한 기간 내에 성취시키자고 간절히 요청했다.[18] 김일성·김두봉에게 보내는 서한은 유엔임시위원단 캐나다 대표를 통해 영국과 소련을 통해 북으로 정식 전달하였고, 그와 함께 2월 16일 서울에 있는 소련군대표부를 방문해 전달했다. 소련군 장교들은 이 편지가 2월 25일쯤 전달될 것이라고 답변했다.[19]

김구와 김규식은 독립운동에서 정치적으로 같은 길을 걷지 않았고, 해방 이후에도 다른 길을 걸었다. 김구는 임시정부 추대와 반탁 투쟁에 주력했고 우익 대단결을 이루기 위해 이승만과 협력 관계를 가졌다. 그러나 김규식은 모스크바 삼상 회의 결정이 지켜져야 통일민족국가를 가질 수 있다고 판단하고 미소공위에 협력했고, 어느 한쪽에도 치우치지 않는 친미 친소의 길을 역설하면서 통일정부를 세우기 위해 여운형과 함께 좌우합작운동에 전력을 기울였다. 그렇지만 해방 후 김구는 김규식의 견식을 높이 평가하면서 좌우합작운동에도 때로는 협조적으로 나오는 등 독립운동 시기와는 다르게 호의적인 태도를 보였다.

김구와 김규식은 1월 26, 27일 유엔임시위원단에 대해서 유엔총회 결의대로 반드시 통일정부를 수립할 것을 역설했는데, 2월 6일에 두 사람은 위원단의 메논(V. K. Krishna Menon) 의장 등을 방문해 남북지도자회의 문제를 논의했다. 그 뒤에도 두 김은 위원단과 여러 번 접촉했다. 김규식 등은 위원단에게 남북지도자회의와 관련해 선출된 남북 정당 대표자의 정치회담, 남북조선 정치범의 시민권 회복, 정치 요인의 체포령 취소 혹은 중지, 주둔군의 철퇴 조건과

---

18 이 서한 필사본은 날짜가 밝혀져 있지 않다. 서한 전문은 위의 책, 721~726쪽 참조.
19 송남헌, 「비사 내가 겪은 1948년의 남북협상—김구 김규식은 왜 38선을 넘었나」, 『신동아』 1983년 9월호, 205~207쪽.

시간에 관해 양 점령국 간에 합의를 볼 것 등을 구체적 방안으로 제시했다.[20] 위원단 중에서 오스트레일리아 대표와 캐나다 대표가 특히 1947년 11월 14일의 유엔총회 결의 이행 방안으로 남북지도자회의에 각별히 관심을 표명했다.

구정인 2월 10일, 김구는 「삼천만 동포에게 읍고(泣告)함」을 발표해 강렬한 통일에의 의지를 보였다. 직정적(直情的)으로 표현되어 있는 이 글은 "통일하면 살고 분열하면 죽는 것은 고금의 철칙이니 자기의 생명을 연장하기 위하여 남·북의 분열을 연장시키는 것은 전민족을 사갱(死坑)에 넣는 극악극흉의 위험일 것이다", "마음속의 38선이 무너지고야 땅 위의 38선도 철폐될 수 있다"는 등 가슴을 울리는 명구절이 많다.[21]

김구와 김규식은 유엔 소총회가 열리기 전에 북에서 회신이 오기를 간절히 기다렸고, 유엔 소총회에 대해 기대도 했다. 북에서 남북지도자회의를 찬동하면 유엔은 그 회의를 주시하지 않을 수 없을 터이고, 총회 결의에 어긋나게 남쪽만의 선거를 결의하기가 어려울 것이라고 판단했다. 임시위원단의 태도로 보나 총회의 결의로 보나 소총회에서 그렇게 간단히 분단정부가 들어서게 되는 남한만의 선거를 결의하지는 않을 것이라는 믿음이 어느 정도 있었기 때문이었다. 그렇지만 북에서는 남측의 4김회담 제안에 대해 아무런 반응이 없었다. 남로당은 김구·김규식을 이승만·김성수와 동렬에 놓고 나라를 팔아먹은 자들이라고 극렬히 비난했다. 그러면서 2월 7일부터 10일경까지 단선단정 반대의 '구국 투쟁'을 격렬히 벌였다.

2월 19일 열린 유엔소총회에서 유엔임시위원단 대표 메논은 김규식의 남

---

20   서중석, 앞의 책, 131~132쪽 참조.
21   백범사상연구소 편, 『백범어록』, 사상사, 1973, 233~243쪽.

북지도자회의 소집 요구를 중시해야 한다는 점을 여러 차례 언급하기는 했으나 핵심은 미국의 제안을 지지하는 것이었다. 미국은 강력히 남한 선거를 밀고 나갔다. 2월 26일 소총회는 오스트레일리아와 캐나다 대표의 반대에도 불구하고, 미국의 제안을 찬성 31, 반대 2, 기권 11로 통과시켰다. 오스트레일리아, 캐나다 대표가 부표를 던졌는데, 한국 문제에 대한 미국의 제안 중 기권과 부표가 가장 많았다. 이로써 유엔은 한국에 분단정부를 수립하는 일을 미군과 함께 떠맡았다. 주한미군사령부는 3월 1일에 5월 9일 선거를 치른다고 발표하고 선거를 실시하기 위한 구체적 활동에 들어갔다(선거 날짜는 기독교 신자들의 반발로 월요일인 5월 10일로 변경되었음). 이승만 등 단정세력은 소총회 결의와 선거를 열렬히 환영했다. 김규식은 침통한 표정으로 남조선 선거에는 불참하겠으나 반대하지는 않겠다는 유명한 '불참가 불반대'를 피력했다. 김구는 민주주의를 무시했다고 소련을 비판하고, "UN 소총회가 일개 소련의 태도도 시정하지 못하고서 한국 문제에 대한 UN의 결정에 위반되는 남한에서만의 단독선거를 실시한다는 것은 민주주의의 파산을 세계적으로 선고함이나 다름이 없다고 본다"고 강조했다.[22] 그리고 남한만의 총선거는 유엔의 입을 빌려서 ① 1국신탁을 실시하려는 기도이며, ② 미소 양국이 임의로 획정한 38선을 국제적으로 합법화하려는 기도이며, ③ 우리의 국토를 양단시킴으로써 민족을 분열시켜 동족상잔의 비극을 초래하는 것밖에 아무것도 아니라고 지적했다.[23]

유엔소총회 결의로 통일정부수립운동에 동요가 있었지만, 한독당은 3월 2일 남북요인회담추진위원회를 설치할 것을 결의했다. 이날 김구·김규식·홍

---

22 『전집』 8, 572쪽.
23 위의 책, 596쪽 등.

192 전환기 현대사의 역사상

명희는 행동통일 문제를 숙의했다. 김구가 3월 12, 15일에 장덕수 암살 사건으로 미군 법정에서 심문을 받은 것은 미국과 한민당에 대한 반감을 강화시켰을 것이고, 통일운동에 더욱 적극적이게 했을 것이다.

3월 12일 '7거두 성명'으로도 불리는 '7요인 성명'이 발표된 것은 통일운동을 활성화시키는 데 기여했다. 김구·김규식·김창숙·조소앙·조성환·조완구·홍명희 등 7인은 이 성명에서 단독선거에 참여하지 않을 것임을 명백히 했다. 그리고 분단이 되면 외세추수주의가 가져올 민족의 제약을 지적하면서, "남북의 우리 형제자매가 미·소 전쟁의 전초전을 개시하여 총검으로 서로 대하게 될 것이 명약관화한 일"이라고 우려하는 등 동족상잔의 전쟁을 각별히 경계했다.[24] 분단정부가 들어서면 필연적으로 동족상잔의 전쟁이 일어날 것이라는 우려는 이 시기에 자주 보인다. '7요인 성명'이 나오면서 통일정부수립을 위한 광범위한 협의체 구성이 구체적으로 진전되었다. 민련은 3월 23일 임시중앙집행위원회를 열어 외국군 주둔 연장 배격과 애국세력의 총집결 운동, 남북 정치협상 공작을 벌이겠다고 결의했다. 그런데 그 직후 새로운 사태가 전개되었다.

3. 북의 남북연석회의 제의

3월 25일 평양방송은 북조선노동당 김일성·김두봉, 민주당 최용건 등 북의 주요 정당·사회단체 대표 연명으로 "북조선 정당 사회단체의 지도자인 우리들은 남조선 단독선거를 반대 투쟁하는 남북조선의 모든 민주주의 정당·

---

24 『새한민보』 1948. 4. 상순, 9쪽; 국사편찬위원회 편, 앞의 책 6, 516쪽.

사회단체 대표자연석회의를 금년 4월 14일 평양시에서 개최할 것을 제의"했다. 초청 대상자는 남조선노동당·한국독립당·민주독립당 등 남의 정당과 전국노조평의회·전국농민연맹·민주여성동맹 등 사회단체 등을 포함한 남조선 정당 사회단체였다.[25] 남의 두 김이 북의 두 김에게 보낸 서한에 대해서는 언급이 없었다.

3월 27일 김일성과 김두봉이 연서로 보낸 서한이 김규식한테 도착했다. 남의 두 김이 보낸 서한에 대한 회답인 이 서한은 3월 15일자로 되어 있는데,[26] 대부분이 두 김, 그중에서도 김구를 비판하는 것으로 되어 있다는 점에서 우선 특이했다. 북의 두 김은 북과는 대조적으로 남조선은 모든 주권이 미국(米國) 사람의 손에 있기 때문에 인민들과 당신들은 아무 권리와 자유가 없다고 지적하고, 당신들은 인민의 기대와 배치되는 표현을 했고, 환국 후 금일까지 정확한 강령과 진실한 투쟁을 내놓지 않았다고 비난했다. 이어서 모스크바 삼상 회의 결정과 쏘미(蘇米)공동위원회를 적극적으로 반대하여 파열시켰고, 소련의 외군 철퇴 제의를 노골적으로 반대했으며, 더욱 유감스러운 것은 유엔총회 결정과 유엔조선위원단 입국을 환영하였다고 비판했다. 그리고 이어서 두 김을 비난하고, 분단 분열을 음모하는 유엔 결정에 반대하고 외군이 철거하고 인민 자체의 힘으로 조선의 운명을 해결하자는 소련 제의를 실현하려는 거족적 항쟁을 전개하겠다고 천명해 연석회의에서 무엇을 다룰 것인가를 시사했다. 북의 두 김이 이 서한에서 제의한 것도 남북요인회담 개최의 취지와는 거리가 있었다. 이 서한에서는 1948년 4월 초에 평양에서 요인회담이 아니라 소범위의 지도자연석회의를 열 것을 제의하고, 남조선 참석자로 15명

---

25 『전집』 8, 373~375쪽.
26 필자는 금년 봄 북한사를 연구하는 윤경섭 군이 3월 15일이라는 날짜를 알려주기 전까지는 백범기념사업회에 소장된 필사본(위의 책, 727~729쪽 수록)을 읽어보지 못했다.

을, 북조선 참석자로 김일성·김두봉·최용건·김달현·박정애 외 5명을 예상(豫想)한다고 했던 바, 남측 15명은 김구·김규식 등 6, 7명을 제외하면 좌익이어서 북의 참석자까지 합치면 좌익이 압도적으로 많았다.

북은 오히려 김구·김규식과 의미 있는 회담을 갖지 않겠다는 의사로도 읽힐 수 있는 회답을 왜 보냈을까. 그것은 3월 25일경까지도 공산주의자 중심의 편향적 사고에 빠져 있어서 남북회의에서 김구·김규식이 얼마큼 중요한지를 이해하지 못했고, 자신들이 세우려는 정권을 정당화하는 것에 급급했기 때문이었다. 북은 1947년 11월 14일 유엔총회 결의가 있자마자 곧 인민회의를 열어 조선임시헌법 제정을 결정했고, 1948년 2월 8일에는 인민군을 창설했다. 북의 무력의 우위성을 선포한 것이었는데, 그럴수록 김규식 등은 그것을 경계하지 않을 수 없었다. 임시헌법 초안은 1948년 2월 인민회의에 제출되어 전 인민 토의에 붙여졌는데, 이 시기에 와서는 소련군 측은 분단 책임을 미국 측에 떠넘기기 위해 미국 측의 분단 계획을 폭로하고, 북에서의 헌법 시행을 보류하여 남보다 늦게 정부를 수립할 계획을 세워놓고 있었다.[27]

북과 소련군 측이 김구·김규식 등과 연석회의 등을 가지려고 했던 것은 3월 15일 두 김한테 서한을 보내기 직전이었다. 당시 북과 소련군 측의 생각이나 계획을 잘 알게 해주는 『레베데프 비망록』에 따르면, 3월 9일자에도 레베데프 소장이 스티코프에게 김구를 이승만과 함께 민족 반역자로 상기시키는 구호들이 필요하지 않을까라고 물었다.[28] 그런데 그 다음 날짜 비망록에는 스티코프에게 김일성·김두봉 이름으로 남의 두 김한테 서신을 보내는 문제를 상의하였고, 김구 편지에 대해 김일성에게 묻는 대목이 나온다. 이때 김일성

---

27 윤경섭, 「1948년 북한 헌법의 제정 배경과 그 성립」, 성균관대사학과석사논문, 1996, 84쪽.
28 『매일신문』 1995. 2. 9.

은 "만날 수는 있다. 그러나 이러한 만남은 아무런 수확이 없을 것이다. 왜냐하면 단선 반대 투쟁을 행할 필요가 없고 남한에서 행해지는 선거에 우리가 반대한다는 공동성명서에 서명할 필요가 있기 때문이다"라고 말했다. 이날 스티코프는 레베데프에게 "신문 사설에서 다음과 같이 논할 것. 한국 문제에 관한 모스크바 결정에 대해서 김구가 취했던 입장은 결국 지금까지 통일정부의 수립과 한국의 통일을 이루지 못하게끔 만드는 결과로 귀결되었다. 바로 이 점을 상기시킬 것. 공동위원회에서 소련 대표단이 얼마나 옳았는가에 대해 언급할 것"을 지시했다.

김일성·김두봉이 김구·김규식에게 보낸 서한은 3월 12일 이후에 쓰여졌다. 이날 레베데프는 김일성이 김구가 김두봉에게 보낸 편지와 관련해 "어리석은 인간 김구이기 때문에 반드시 만날 필요가 있고 그를 설득할 수가 있다. 그러면 그는 동의할 것이다. 그는 심지어 북쪽에 머물러 있을 수 있다. 그에게 지위를 준다"라고 말한 것으로 기록했다. 같은 날 김두봉은 김일성에게 또 전화해서 김구에게 확답할 필요가 있다고 말했으나, 김일성은 "국가적 사업은 한 시간에 이루어지지 않는다. 왜 서두르는가"라고 말했다. 김두봉은 왜 항상 김구를 욕하느냐고 반문했다. 그는 빨리 만날수록 좋다는 생각이었다. 이날 김책도 김구 이름이 없으니 포함시키겠다고 전화로 말했는데, 김일성은 포함시킬 필요가 없다고 말했다.[29] 김책이 말한 것은, 김일성·김두봉이 김구·김규식에게 보낸 서한에 유엔 결정에 반대하는 투쟁 방계(方計)를 토의하기 위해 남조선 정당 사회단체들에게 남북회의를 소집하자는 서한을 보냈다는 것이 쓰여져 있는데, 이것과 관련이 있을 것이다.

3월 12일 이후 북의 두 김은 남의 두 김에게 소범위 지도자연석회의를 4월

---

29 『매일신문』 1995. 2. 11.

초 평양에서 열 것을 제의한 서한을 작성했던 바, 그 서한에는 스티코프의 지시와 김구에 대한 김일성의 평가가 짙게 깔려 있었다. 그리고 이 시기에는 단선단정을 반대하는 남북회의에 남의 대표적 민족주의자 참여가 대단히 중요하다는 것을 김일성이 인식하지 못했음을 알 수 있다. 『레베데프 비망록』 3월 17일자에는 소회의(소범위 연석회의) 날짜(4월 10일), 참석자(김구·김규식 등 우익, 백남운 등 중도, 박헌영 등 좌익, 김일성 등 북측) 등이 쓰여 있고, 그것에 이어 다수 단체 인원과 우익 정당단체별 인원 숫자가 나열되어 있는데,[30] 그것은 남북조선제정당사회단체대표자연석회의에 참여할 전체 인원과 우익 정당 사회단체별 배정 인원으로 보인다. 그리고 3월 24일자 비망록에는 대표자연석회의 일정에 대해 레베데프가 김일성에게 상세히 지시한 기록이 나온다.[31] 김구·김규식의 참석을 북측과 소련 측이 중시한 것은 4월에 들어선 이후였다.

김구와 김규식은 북의 서한을 받고 무척 고심했다. 두 김에 대한 무례함도 상궤를 넘은 것이지만, 북의 제안이 요인회담이 아니었고, 일방적인 면이 강했기 때문이었다. 민련은 3월 28일 절차와 준비 사항을 논의하기 위해 북에 연락원을 보낼 것을 결의한 것으로 보도되었다.[32] 김구와 김규식은 3월 31일 「감상(感想)」이라는 아주 특이한 제목의 글로 북에 보내는 답신을 발표했다. 두 김은 이 답신에서 제1차 회합을 평양에서 하자는 것이나 3월 25일 방송에서 남이 제안한 것을 언급하지 않은 것을 보면 미리 다 준비된 잔치에 참례만 하라는 것이 아닌가 하는 의아심이 없지 않지만, 우리 두 사람이 남북회담을 요구한 이상 여하간 가는 것이 옳다고 생각한다고 밝혀 평양회의에 참석할 뜻을 표명했다. 그리고 10여 차라도 회담해 기어이 남북통일을 쟁취할 의사

---

30 위의 주와 같음.
31 『매일신문』 1995. 2. 14.
32 『조선일보』 1948. 3. 30.

가 있는지 알 필요가 있으며, 누락된 정당이나 개인 참여 문제를 논의하기 위해 연락원을 북에 보낼 필요가 있다는 것을 제기했다. 제1차 회합을 평양에서 하자는 것에 참석하겠다고 한 것은 그 다음 회의는 서울에서 할 수 있다는 것을 시사한 것이었다. 또 10여 차라도 회합하여 북의 진의를 파악할 필요가 있다는 것도 의미 있는 지적이었다. 김구는 이날 기자회견에서 남북정치지도자회의의 성공을 확신한다고 말하고, 장소가 평양인 것에 대해서 1차로 끝나는 것이 아니라 독립되는 날까지 계속할 것이니 다음은 서울에서 할 수도 있다고 피력했다.[33] 김규식은 4월 1일 김구·홍명희 등과의 회의석상에서 "남북회담이 제1차에 실패하여도 우리는 10차나 백여 차가 계속되더라도 성공할 때까지 분투 노력하겠다"고 결의를 다졌다.[34]

앞에서 언급한 대로 평양방송 직전 통일운동을 펴기 위한 통일협의체 구성이 진전되고 있었던 바, 3월 26일에는 국민의회·민련 등이 주동이 된 통일독립운동자협의회 발기 취지 성명서가 발표되었다. 4월 3일에는 한독당 등 백여 정당 사회단체가 참여해 "① 통일독립운동자의 총역량 집결을 기함, ② 민족 문제의 자주적 해결을 도(圖)함, ③ 민족 강토의 일체 분열 공작을 방지함" 등을 강령으로 한 통일독립운동자협의회 결성 대회를 가졌다. 이 자리에서 김규식은 장시간 열변을 토해 우리 민족이 얼마나 심각한 위기에 놓였는가를 거듭 상기시키면서 독립 전취의 유일한 방법은 민족자결 원칙에 의거할 뿐이라고 강조했다. 그는 막다른 골목에서 통일독립의 초보 공작으로 남북회담을 가지려 하지만, 남북회담을 한다고 바로 독립이 되는 것이 아니라고 말하고, 앞서 말한 대로 한 번 해서 안 되면 열 번이고 백 번이고 계속 노력

---

33 국사편찬위원회 편, 앞의 책 6, 681~682쪽.
34 『조선일보』 1948. 4. 4.

할 수밖에 없다고 역설했다.

3월 31일 김구·김규식이 '감상'이라는 제목의 글에서 남북지도자회의에 참여할 뜻을 밝히자 이승만은 4월 1일 소련의 공산화 계획을 지금도 모르고 홀로 요인회담을 주장한다면 대세에 애매하다는 조소를 받을 것이라는 비난 담화를 발표했고,[35] 하지 주한미군사령관, 딘 군정장관 등도 비난 성명을 냈다.[36]

김구·김규식이 안중근 사촌인 안경근과 민련 비서인 권태양을 4월 7일 북에 파견했을 때 『레베데프 비망록』에는 김구에 대해 3월과는 크게 다른 내용이 쓰여 있어 주목된다. 4월 7일 저녁 백남운에게 김일성은 "김구가 올 때까지 대표자회의는 연기한다. 김구가 꼭 와야 하고 우리는 그를 기다릴 것이다"라고 말했고, 김두봉은 "김구와 김규식에게 지위를 주고 헌법 채택 이후 범민족정부를 구성할 계획이다"라고 말했다. 4월 8일 스티코프는 김구가 꼭 회의에 참석토록 하라고 지시했다.[37] 북과 소련군 측은 3월 25일 평양방송을 할 무렵까지만 해도 남북회의를 그다지 중요하게 생각하지 않았고, 특히 김구의 참석이 갖는 의미를 이해하지 못했다. 그러나 3월 31일 두 김이 북의 회의에 참석할 뜻을 표명하고 연락원을 파견하자, 김구 등이 참석하는 남북회의가 미국과 유엔의 위신을 실추시키고 남의 단선단정을 반대하는 데 의미가 있을 뿐만 아니라, 나아가 북의 정부수립에도 중요한 의미를 부여할 수 있다는 것을 인식하게 된 것이다.

4월 8일 밤 안경근과 권태양은 김일성·김두봉을 만나고 10일 서울에 도착했다. 4월 13일자 『서울신문』 등은 북이 김구·김규식이 제안한 ① 4·14 회담을

---

35 국사편찬위원회 편, 앞의 책 6, 693~694쪽.

36 위의 책, 694~697, 728~729쪽.

37 『전집』 8, 961~962쪽.

연기할 것, ② 참가 인원을 광범위로 할 것, ③ 이 회담에서는 북의 제안을 백지로 환원하고 남북통일 문제에 한해서만 협의할 것 등의 조건을 전적으로 수락했다고 보도했다.[38]

4월 13일 경교장에서는 김구·김규식 등의 북행 문제를 토의했다. 김구는 북행을 결정했으나 김규식은 행동을 보류하고 추후에 떠나겠다고 표명해 항간에 구구한 설이 나돌았다. 여러 신문이 김규식은 통일 방도를 강구하기 위해 남북협상을 하자고 하는 것이지만, 북은 유엔 반대 등을 주장할 것이고, 양군 철퇴 후 문제 처리를 어떻게 합의 볼 것인가 등의 문제 때문에 보류한 것으로 보도했다.[39]

4월 14일 남의 대표적인 지식인들이 다수 포함된 문화인 108인의 「남·북협상을 성원함」이 발표되어 많은 영향을 주었다. 이 글에서 108인은 조국이 독립의 길과 예속의 길, 통일의 길과 분열의 길의 분수령 위에 서 있는 상황에서 민족 대의의 명분과 국가 자존(自存)의 정로를 밝혀 진정한 자주독립의 길을 성원한다고 밝혔다.

김규식은 왜 북행을 보류했을까? 남북협상이 북에 이용당해서도 안 되고, 극우단정세력이 중상모략을 하면서 위해를 가하려고 하는 것에 대해서도 적절히 대응해야 했다. 그는 무엇보다도 전쟁을 막는 것이 중요하다고 생각하였다. 108인 문화인 성명에서도 분단은 반드시 국제전이자 동족상잔의 내전을 유발할 것이니 이것을 막기 위해서도 남북협상에 나서야 한다고 역설했다. 북이 2월 8일 인민군을 설립했다고 발표했는데, 김규식은 북의 군사력이 심각한 위협이 될 수 있다고 판단했다. 뿐만 아니라 북이 자신들의 참여를 대

---

38 『레베데프 비망록』에는 3항과 관련해서 안경근 등이 지난 일은 잊어버리고 백지에서 출발하자고 말한 것으로 쓰여 있다. 위의 책, 963쪽.

39 위의 책, 392쪽.

단히 중시하고 있기 때문에 역으로 유리한 위치에서 북과 협상할 수 있다고 판단했다. 그는 평양회담은 예비회담으로 하고 서울에서 본회담을 열자는 등 6개 항을 생각했으나,[40] 4월 14일 민련 회의에서 독재정치 배격, 사유재산 제도 승인, 전국적 총선거로 통일정부 수립, 외국에 군사기지를 제공하지 말 것 등이 제시되자, 이 4개 항에 김규식은 "미소 양군 조속 철퇴에 관해서는 먼저 양군 당국이 철퇴 조건, 방법, 기일을 협정하여 공포할 것"을 추가하고, 김일성이 이 5개 항을 수락하면 북행할 것임을 밝혔다.[41] 민련 회의의 제안을 받아들인 것은 김규식이 북행할 의사가 확고했음을 보여준다. 그런데 김규식은 북의 연석회의에는 참여하지 않을 의향이었다.[42] 김구는 4월 14일 기자들에게 김규식은 추후로 갈 것이고 자신은 수일 내에 떠나겠다고 밝혔다.[43]

4. 남북협상

김구와 홍명희 일행은 출발 준비가 완료되어 늦어도 18일까지는 북행할

---

40 G-2 W/S, No. 135(1948. 4. 16), 『전집』 9, 445쪽.

41 6개 항은 다음과 같다. ① 스탈린 초상화를 공공기관에서 제거할 것, ② 평양회담은 예비회담으로 하고 첫 공식회담은 서울에서 열 것, ③ 북조선에서 100명 대표를 선정해 남에서 선출한 200인 대표들과 회합할 것, ④ 북조선은 유엔임시위원단을 선거 감독을 위해 최소한 1인 정도를 초청할 것, ⑤ 평양 혹은 서울회담은 독립 실현의 방법만 토의하며, 헌법 채택, 국가 명칭, 국기 선정 등이 토의되어서는 안 됨, ⑥ 군대 철수 조건에 관해 미소 간에 회합을 갖도록 소련 측에 요구함(도진순, 「1945~48년 우익의 동향과 민족통일정부 수립운동」, 서울대 국사학과 박사학위논문, 1993, 212~214쪽). 대부분이 북이 받아들이기 어려운 조건으로 되어 있다.

42 From Seoul(Jacobs) to Secretary of State, No. 241(1948. 4. 14), 『전집』 9, 671쪽.

43 『전집』 8, 394쪽.

것이라는 보도도 있었으나,[44] 4월 19일 떠났다. 북행을 눈앞에 두고 새벽부터 우익 학생들이 김구의 북행을 가로막았으나, 오후 3시경 모든 장애를 물리치고 아들 김신과 비서 선우진 등 수행원을 대동하고 서울을 떠나 5시 40분 개성을 지나 6시 20분에 38경계선인 여현에 도착했다.[45] 김구 일행은 20일 오후 4시경 평양에 도착해 상수리에 있는 호텔로 안내되었다. 김구는 평양으로 출발하기 앞서 발표한 담화에서 "이번 길에 실패가 있다면 그것은 전 민족의 실패일 것이요 성공이 있다 하여도 그것은 전 민족의 성공일 것이다"라고 말하고, 이번 회담은 민주 자주의 통일독립을 전취하자는 것이어서 원칙과 노선이 명백히 규정되어 있기 때문에 피차가 백지(白紙)로 임하기로 했다고 설명했다.[46]

김구가 서울을 떠난 19일 평양 모란봉극장에서는 남북조선제정당사회단체대표자연석회의 예비회의가 먼저 열리고 오후 6시에 46개 단체 대표 545명이 참석해 본회의를 열었다. 이 회의에서는 주석단 등을 선출하고 회의 안건을 채택하였다. 그리고 김구 등의 북행 소식을 듣고 김일성 제의로 20일은 휴회하고 21일 회의를 속개하기로 했다. 한편 김규식은 5개 항에 합의를 본 것이 14일이었는데도 18일에야 배성룡과 권태양을 북으로 보냈다. 4월 19일 밤 10시 평양방송은 김일성이 5개 항을 수락했다는 암호를 방송했다. 이 날짜 『레베데프 비망록』에는 두 연락원이 가지고 온 준비 조건은 전적으로 해결되었다고 쓰여 있고, 그래서 기술적 조건이 필요한 것은 모두 해결됐다고 자평했다.[47]

---

44 위의 책, 399쪽.
45 위의 책, 401~403쪽. 서울을 떠난 시간, 여현 도착 시간은 자료에 따라 차이가 있다.
46 위의 책, 397~398쪽. 이 글은 4월 20일에 발표한 것으로 나와 있다.
47 위의 책, 965쪽.

김구는 4월 20일 김두봉의 내방을 받고 그의 안내로 인민위원회 사무실에 있는 김일성을 예방했다.[48] 이 자리에서 김구는 "나는 김일성과 단독회담에 큰 의미를 부여한다"라고 말해 단독회담이 방북의 주요 목적임을 밝혔다. 이어서 김일성이 21일 연석회의에 참여할 것을 권유하자 연석회의 주석단에 들어가지 않겠다고 강조하고 연석회의에 큰 의미를 부여하지 않는다고 말하며, 거듭 김일성과 단독회담에서 당면한 긴박한 문제를 해결할 것을 요구했다. 그리고 "나는 김규식이 제안한 전제 조건을 작성하는 데 참여하지 않았다. 그것은 김규식이 한 것이다"라고 지적했다. 김구는 또한 북의 헌법은 단독정부수립을 의미하는 것이 아니냐고 공박했다. 이러한 사실을 기록한 『레베데프 비망록』은 결론에서 계획대로 21일 회의는 계속하고, 김일성·김두봉이 47명의 지도자 호소문에 '정부수립' 제안이 포함되어야 한다고 말했으며, 그와 함께 김구 등이 회의를 파탄시키고 퇴장하면 그들을 미국 간첩으로 몰고 회의를 계속한다, 김구와 대화를 계속한다고 기록했다.[49] 21일 김일성이 다시 김구에게 회의 참석을 종용하자 김구는 정치범 석방, 38선 철폐 등을 해결하러 왔다고 역설하고, 북이 주장하는 총선거에 동의하면 우리 당은 비합법적 처지에 놓이게 된다고 지적했다.[50]

21일 연석회의장에서는 김일성이 「북조선 정치정세」를, 백남운이 「남조선의 현정치정세」를, 박헌영이 「남조선 정치정세」를 보고했다. 김구 때문에 하루 쉬고 이날 회의를 속개하였지만 김구는 끝내 참석하지 않았다. 22일 회의에는 김구·조소앙·홍명희 등이 참석했다. 김구는 북에 이용당하는 것을 경계하여 연석회의 참가를 회피했지만, 평양에 온 최소한의 '예의'로 회의장을

---

48 송남헌, 앞의 글, 215쪽.
49 『전집』 8, 966~967쪽. 레베데프는 19일자 비망록에 함께 이 대화를 적어놓았다.
50 위의 책, 967~968쪽.

연석회의 자리에서 연설하는 김일성 1948년 4월, '전조선제정당·사회단체대표자연석 회의' 첫날 김일성 당시 북조선 인민위원회 위원장이 연설하고 있다. 위키피디아 소장.

들른 것이다. 김일성 제의로 김구·조소앙·조완구·홍명희 등 4명이 주석단에 보선되었고,[51] 김구는 5분간 축사를 했다. 앞부분은 다음과 같다.

> "친애하는 의장단과 각 정당, 단체 대표 여러분, 조국 분열의 위기를 만구(挽
> 救)하기 위하여 남북의 열렬한 애국자들이 일당(一堂)에 회집하여 민주자주의 통
> 일독립을 전취할 대계(大計)를 상토(商討)하게 된 것은 실로 우리 독립운동사의 위
> 대한 발전이며 이와 같은 위대한 회합에 본인이 참석하게 된 것은 큰 영광으로
> 생각합니다. 조국이 없으면 민족이 없고 민족이 없으면 무슨 당, 무슨 주의, 무슨
> 단체는 존재할 수 있겠습니까? 그러므로 현 단계에 있어서 우리 전 민족의 유일

---

51 도진순, 『한국 민족주의와 남북관계』, 서울대학교출판부, 1997, 266쪽.

최대의 과업은 통일독립의 전취인 것입니다. 그런데 목하(目下)에 있어서 통일독립을 방해하는 최대의 장애는 소위 단선단정입니다. 그러므로 현하(現下)에 있어서 우리의 공동한 투쟁 목표는 단선단정을 분쇄하는 것이 되지 않으면 아니 될 것입니다. 현하에 있어서만 조국을 분열하고 민족을 멸망하게 하는 단선단정을 반대할 뿐 아니라, 어느 시기 어느 지역에 있어서도 우리는 이것을 철저히 방지하지 않으면 아니 될 것입니다."[52]

김일성과 김두봉은 연석회의에서 '정부수립'을 제안하려고 했지만, 김구는 분명한 어조로 이 회의는 통일독립을 전취할 대계를 상토해야 하며, 남의 단선단정만 반대하는 것이 아니라 북의 단선단정도 반대한다고 역설했다. 북은 이 때문에 연석회의에서 '정부수립'을 제안할 수가 없었다. 이 점은 특별히 중시되어야 한다.

4월 23일 연석회의에서는 홍명희가 「조선 정치정세에 대한 결정서」를 낭독해 '만장일치'로 가결되었다. 이 결정서에 김구·김규식은 서명을 하지 않았지만, 한독당·민련 등의 단체명 서명은 있었다. 이극로가 「전 조선 동포들에게 격함」이란 격문을 읽었으며, 「사회주의쏘베트연방공화국 정부와 북미(北米)합중국정부에 보내는 남북조선제정당사회단체대표자연석회의의 요청서」도 채택했다. 어느 것이나 미국과 유엔을 격렬히 비난하고 남의 단선단정을 강력히 반대했다.

김규식은 21일에야 서울을 출발하여 22일 6시경 평양에 도착하였다. 22일 김일성·김두봉이 예방 차 상수리 호텔에 와 대화를 나눴으나, 병을 칭탁하고 끝내 연석회의에 참석하지 않았다.

---

52 『전집』 8, 601쪽.

4월 25일 연석회의를 경축하는 군중대회에 김구·김규식은 김일성의 사열 노대(露臺) 위에 주석단 일행과 함께 있었다. 오후에는 북조선인민위원회 회의실에서 남북정당사회단체 지도자들을 위해 김일성 위원장이 만찬연을 베풀었다. 『레베데프 비망록』에 따르면 김규식은 이 자리에서 솔직하면서도 대담한 인사말을 했다.

> "나는 항상 조선 문제는 조선 사람 스스로 해결해야 한다고 주장해왔다. 이번 회의에 실망했다. 이 만찬회에 참석하는 것이 양심에 거리낀다. (…) 나는 미국의 장단에 맞춰 춤을 추었지만, 지금부터는 조선의 장단에 맞춰 춤을 추겠다. (…) 나는 한때 (공산당) 이르쿠츠크파에 가입했으나 제명당했다. 그 후 나는 결코 공산주의자가 되지 않았다."

평양에 온 이후 김구와 김규식은 요인회담을 북에 요구했다. 연석회의는 남의 단선단정을 반대하고 북의 정부수립과도 연결되어 있었을 뿐만 아니라 회의 진행도 스케줄에 따른 요식 행위였다. 통일국가 수립 방안은 남북요인회담에서 논의할 수밖에 없었다.

남북요인회담은 4월 26일부터 4월 30일 사이에 열렸다. 26일 김구·김규식·김일성·김두봉은 약 4시간 동안 회담을 가졌다. 김규식은 이날 남한 단선 반대는 연석회의에서 해결될 일이 아니며, 공산당은 단선 반대만 일삼을 것이 아니라 협상할 수 있는 것을 협상해야 한다고 말했다.[53] 이 회의에서는 김규식의 5개 원칙이 북쪽 지도자들의 찬의를 얻었다.[54] 27일에는 남북 요인 15

---

53 이정식, 『김규식의 생애』, 신구문화사, 1974, 197쪽.
54 국사편찬위원회 편, 앞의 책 7, 1974, 14쪽.

인회담이 비공식으로 열려 김규식의 5원칙을 중심으로 토의되는 모양이라는 보도가 있었으나,[55] 불확실한 점이 많다. 15인을 누구로 할 것인가는 28일과 그 이후 북·소련 측과 남측 간에 논란이 되었다.[56] 28일에는 김규식과 김일성 회담이 있었는데, 『레베데프 비망록』이 비교적 김규식의 제안을 자세히 쓰고 있는 것으로 보아, 이날 남북 연합기구 창설 문제 등 중요 문제가 논의되었을 것이다.[57] 4김회담 등에서 논의되고 합의된 것은 김규식의 5원칙을 중심으로 하여 남측에서 김규식 비서 권태양, 북측에서 연석회의 준비위원장 주영하가 대변인으로서 공동성명서 초안을 다듬어갔다.[58]

각별히 주목할 것은 4월 28, 29일에 북조선인민회의특별회의가 열렸다는 점이다. 특별회의에서는 전 인민 토의에 붙여졌던 헌법 초안을 '찬동'하였는데, 남북회의 참가자들이 북의 헌법 초안을 찬동하도록 하거나 찬동한 것처럼 유도하려는 의도가 있었다.[59] 김구·김규식 등은 일찍부터 북의 정부수립과 관련해 이 헌법안을 경계하고 있었기 때문에 북의 권유에도 불구하고 인민회의특별회의에 참석하지 않았다.

4월 30일 가진 4김회담에서는 이미 작성된 공동성명서를 놓고 최종 검토를 했고, 그 후 4김이 '조인'(신문 보도 표현임)을 했다. 그러고는 남북 요인 15인 (김구·김규식·조소앙·조완구·홍명희·김붕준·이극로·엄항섭·허헌·박헌영·백남운·김일성·김두봉·최용건·주영하) 회담이 열려 다시 결의, 통과시킴으로써 폭넓은 대표성을 갖출 수 있도록 했다.[60] 그런데 이 공동성명서의 발표 명의는 그것과 다르게 남

---

55 『조선일보』 1948. 5. 3, 『전집』 8, 412~413쪽.
56 『전집』 8, 971~972쪽.
57 위의 책, 971쪽.
58 서중석, 앞의 책, 218쪽.
59 윤경섭, 앞의 글, 91~94쪽 참조.
60 『전집』 8, 417, 421~422쪽.

要人共同聲明書發表

聲明書內容

남북요인공동성명서 발표 「요인공동성명서발표」, 『조선일보』 1948년 5월 3일 기사.

과 북의 42개 정당사회단체들이 서명한 전조선정당사회단체지도자협의회
였다.[61] 이 때문에 여러 저서·논문 등이 이 명의만 보고 공동성명서 작성과 합
의의 주체를 부정확하게 기록하였다.[62]

공동성명서 요지는 다음과 같았다.

---

61 도진순, 앞의 책, 390쪽 참조.
62 공동성명서 머리말에서 4월 30일 남북조선제정당사회단체 지도자들의 협의회에서 상정된
    제문제를 토의한 결과 다음과 같은 합의가 성립되었다고 설명한 것도 이 공동성명서 작성
    과 합의의 주체를 잘못 인식하게 하는 데 한몫했다.

1. 소련이 제의한 외국 군대 즉시 동시 철거는 조선 문제를 해결하는 가장 정당하고 유일한 방법이다. 미국은 이 정당한 제의를 수락하여야 한다. 일체 애국인사들은 반드시 양군 철병안을 지지하여야 할 것이다. 우리는 우리 문제를 해결할 수 있는 준비된 간부들이 다수히 있다.

2. 남북제정당사회단체 지도자들은 외군 철거 후 내전이 발생할 수 없다는 것을 확인하며, 통일에 대한 조선 인민의 지망(志望)에 배치되는 어떠한 무질서도 용허하지 않을 것이다.

3. 외군 철거 후 하기(下記) [서명한 정당사회단체—인용자] 제정당들의 공동 명의로 전조선정치회의를 소집하여 민주주의 임시정부를 즉시 수립할 것이다. 이 정부는 첫 과업으로 일반적 직접적 평등적 비밀투표에 의하여 통일적 조선입법기관 선거를 실시할 것이며, 선거된 입법기관은 조선 헌법을 제정하여 통일적 민주정부를 수립할 것이다.

4. 천만여 명 이상을 망라한 남북제정당사회단체들이 남조선 단독선거를 반대하므로 단독선거가 설사 실시된다 하여도 우리 민족의 의사를 표현하지 못하며 기만에 불과할 뿐이다.

공동성명 1항의 외군 철수는 평양회의에 참석한 민족주의자들이 대체로 그 이전부터 주장한 바지만, 북과 소련 측의 주장에 가깝게 표현되어 있다. 1항은 김규식 등이 줄곧 주장해온 2항을 전제로 해서 이루어졌다는 점이 중요하다. 2항은 북이 내전을 일으키지 않겠다는 것을 완곡하게 표현한 것이다. 이 항목은 다른 해석을 할 수도 있지만, 4월 23일에 발표된 결정서, 격문, 요청서의 어디에도 들어 있지 않은 것으로, 북으로서는 하고 싶지 않은 양보였다.

3항은 바로 남의 민족주의자들이 북행한 주된 목적과 직접 관련된다. 김구·김규식이 북에 이용당할 수 있고 남의 극우세력으로부터 생명의 위협을 받을 수 있는데도 평양에 온 것은 통일독립국가를 수립하기 위한 방안에 합의를 보기 위해서였다. 그렇지만 북으로서는 받아들이기가 어려운 사항이었다. 그것은 29일 헌법 초안 통과 회의를 마친 김일성이 인민위원회 위원장실에서 가진 기자회견에서도 1, 2, 4항과 관련된 얘기는 했지만 3항과 관련된 사항은 언급하지 않았던 데서도[63] 확인된다. 공동성명서의 머리말에는 1, 2, 4항과 관련된 언급이, 말미에서는 4항과 관련된 언급이 있으나 3항과 관련된 언급은 없다. 3항과 관련해서 또 하나 중요한 것은 28, 29일에 인민회의에서 '찬동'의 형식으로 헌법 초안을 통과시켰는데도 총선거로 입법기관을 구성해서 조선 헌법을 제정한다고 명기해 북의 헌법을 인정하지 않았다는 점이다. 3항은 분단정부가 들어선 이후 통일정부를 수립하는 데 유력한 방안이 될 수 있다는 점에서도 의미가 있다.

4항은 김구·김규식도 강하게 주장한 바였다. 그런데 두 김은 평양에서 북의 단독정부수립도 반대한다는 것을 역설했고, 4항은 3항의 실천과 유기적으로 연계되어 있다는 점에 유의할 필요가 있다. 공동성명서는 1항이 북측에 가깝게 표현된 것이 약간 문제가 될 수 있지만, 연석회의에서 다루어지지 않은 2, 3항 등 핵심은 북이 원하지 않은 것을 할 수 없이 동의한 것으로, 김구·김규식 등 중도파 민족주의자들의 성과였고, 이후 통일운동의 중요한 자산이 될 수 있는 것으로, 실제로 이들이 서울로 돌아와 통일운동을 펼 때 강조한 방안이었다.

김구 등은 38선 이남의 연백평야에 중단되었던 북의 수리조합물을 내려보내는 문제, 남에 계속 송전하는 문제, 조만식 월남 허용 문제, 안중근 유골 이장 문제 등도 제기하였던 바, 김일성은 앞의 두 가지는 즉석에서 들어주겠

---

63 최성복, 「평양 남·북협상의 인상」, 『신천지』 1948년 4월호, 68쪽.

다고 말했으나, 뒤의 두 가지는 뒤로 미루었다.[64]

　남북지도자회의는 민중이 열망한 바였다. 민중은 한 번도 분단의 역사를 갖지 않았고 "우리 민족은 하나다"라는 단일민족 관념이 강했기 때문에도 분단은 있을 수 없다고 생각했다. 수십 년간 민족의 독립을 위해 헌신해온 애국자들이, 분단을 눈앞에 두고 민중이 북으로 가 어떻게 해서든지 분단을 막아달라는 외침을 어떻게 외면하겠는가. 독립운동을 한다고 곧 독립이 되는 것이 아니듯이 남북지도자회의가 바로 통일독립국가를 수립할 수 있게 할 것이라고 생각한 사람들은 거의 없었을 것이다. 그래서 열렬히 두 김이 북행을 해야 한다고 호소한 문화인 108인은 4월 14일 발표한 「남·북협상을 성원함」에서 "우리의 지표와 진로는 가능 불가능 문제가 아니라 가위(可爲) 불가위의 당위론인 것이니, 올바른 길일진대 사력을 다하여 진군할 뿐일 것이다"라고 역설했고, 두 김도 통일독립을 위해 남과 북이 10여 차례라도 만나야 한다고 강조했다.[65] 다만 나중에 제헌국회에서 소장파로 불린 의원들처럼 통일 문제에 호의적인 인사들이 5·10 선거에 참여하는 것도 중요하기 때문에 모순되기는 하지만 어떠한 형태로든지 그쪽으로의 길도 열어놓을 수는 없었을까 하는 아쉬움이 남는다.

　문화인 108인은 단독선거는 국토 양단의 법리화(法理化), 민족 분열의 구체화를 초래해 "그 후로 오는 사태는 저절로 민족 상호의 혈투가 있을 뿐이니 내쟁(內爭) 같은 국제전쟁이요 외전(外戰) 같은 동족전쟁"이라고 지적했지만, 남북지도자회의는 남과 북의 극단적인 대립, 특히 참혹한 동족상잔의 전쟁을 어떻게 해서라도 막기 위해 열렸고, 미흡하지만 북으로부터 약속을 받

64　송남헌, 앞의 글, 220쪽; 『전집』 8, 972쪽.
65　『새한민보』 1948년 4월 하순호, 14~15쪽.

아냈다. 또 남북의 대립, 미군정의 전기료 체납 문제 등이 얽혀 전기 송전은 중단되었지만,[66] 남과 북이 만나면 극단적인 대립을 완화시킬 수 있고, 연백평야에 물을 보내는 문제, 남에 전기를 보내는 문제처럼 해결할 수 있는 방안을 찾아낼 수 있다. 이처럼 남북협상은 대화의 통로가 될 수 있었다는 점에서도 의미가 있다. 남북협상은 남과 북 사이에 소통의 경험이자 선례로서도 역할을 할 수가 있었다. 어떤 형태로라도 '통로'가 있는 것은 남북 간의 현안 해법을 찾아내는 데나 갈등과 대립을 완화하는 데 기여할 수 있다.

남북지도자회의는 해방되고 분단정부가 들어설 때까지 처음이자 마지막으로 남과 북의 지도자들이 가진 회의였다. 이 회의가 없었더라면 한국인은 분단이나 동족상잔의 전쟁을 막기 위해 얼마나 노력했느냐, 무슨 노력을 했느냐는 물음에 대답하기가 쉽지 않을 것이다. 더욱이 남북정상회담은 2000년에 와서야 열렸는데, 남북협상마저 없었더라면 해방되고 남과 북의 지도자는 20세기가 다 가도록 한 번도 만나지 못했다는 수치스러운 '기록'을 세우게 되었을 것이다. 또 일반적으로 제국주의 침략 아래 있었던 지역에서의 '건국'은 반제 독립운동세력이 중심이 되어야 한다고 본다면, 남북지도자회의에 참석한 남측 민족주의자들은 독립운동에 평생을 바친 분들이어서 일정하게 대표성이 있다고 말할 수 있다.

5월 2일 대동강 쑥섬에서는 15인협의회에 참석했던 인사들이 참석해 그간 회의 성과를 확인하면서 경축연을 가졌다. 5월 4일 다른 대표들은 특별 열차로 남하했지만, 김구·김규식과 수행원은 테러에 대비해 자동차를 타고 평양을 출발해 금교에서 일박하고, 다음 날 서울에 도착했다. 5월 6일 두 김은 평양에서 미리 준비한 공동성명을 발표했다. 공동성명에서는 북조선 당국자

---

66 서중석, 앞의 책, 231~232쪽 참조.

도 단정은 절대 수립하지 않겠다고 확언했음을 밝히고, 4월 30일 공동성명서 3항은 우리 민족 통일의 기초를 전정(奠定)할 수 있게 하였으며, 자주적 민주적 통일조국을 건설할 방향을 명시했으며, 외력의 간섭만 없으면 우리도 평화로운 국가 생활을 할 수 있음을 확증했다고 주장했다. 그리고 2항에 명시된 대로 동족상잔에 빠지지 않을 것이라고 확신했다. 두 김은 이 성명에서 국제 협조와 기타 수개 문제에 대해 우리 종래 주장이 관철되지 못한 것은 유감이라고 언명했다.[67] 국제 협조란 미소 양군 철퇴 후의 안보 문제(내전 방지)와 관련된 문제일 것이고, 기타 수개 문제는 조만식 월남 문제 등을 가리킬 것이다.

5. 남북협상 이후

남북협상에 대해 미군사령부와 이승만 등 단정세력은 크게 비판적이었다. 하지 중장과 그의 막료들은 김구·김규식의 북행이 소련에 엄청난 선전 가치를 줄 것을 우려했다.[68] 하지는 5월 3일 장문의 특별성명에서 남북회담에는 폭동·살인·방화 및 파업을 지령 또는 감행했던 자들이나 공산당의 조종을 받는 자들이 참여했으며, 유일한 예외는 김구·김규식의 참가인데, 이들을 존경해온 동지들은 무견식(無見識)한 비공산주의자들을 끌어넣기 위해 만들어놓은 공산당 모략에 빠졌다는 사실을 통탄하고 있다고 주장했다.[69] 이승만은 같은 날 평양방송이 보도한 4월 30일 공동성명과 관련해 남북요인회담은 우리의 기정 계획에 조금도 변동이 있을 리 없으며, 공동성명이라는 것을 자신은

---

67   국사편찬위원회 편, 앞의 책 7, 30~31쪽.
68   From Seoul(Jacobs) to Secretary of State, No. 239(1948. 4. 14), 『전집』 9, 674쪽.
69   국사편찬위원회 편, 앞의 책 7, 10~13쪽.

중요시하지 않는다고 말했다.[70] 그러나 이승만은 두 김에 호의적인 여론이 신경이 쓰였던지 5월 7일 "남북협상을 주장하는 소위 정치 요인들이 우리 정부를 수립하여 우리 국권을 회복하려는 금반(今般) 총선거를 단정단선이라 하여 민심을 선동시키고 있는데, 그 의도가 나변(那邊)에 있는지 이해키 곤란하다. 그러나 우매하지 않은 우리 애국 동포는 이러한 모략과 선동에 동요되지 않을 것을 나는 확신하는 바"라고 언명했다.[71]

북과 소련군 측은 김구·김규식 등과의 회의를 정략적으로 임기응변적으로 이용하고자 했고, 민족의 대의에 서서 통일독립국가를 수립하는 데 성실히 임하고자 했다고 보기가 어렵다. 북은 또한 소련의 영향을 너무 많이 받고 있었다. 북과 소련군 측은 남북연석회의를 남의 단선단정 반대와 미국·유엔의 위신 실추에 초점을 맞추었고, 연석회의에서 '정부수립'을 제안하려고 기획했다. 미소공위 소련 측 대표였던 스티코프는 4월 24일에도 외군 철군·남북 총선 실시 후 정부를 수립하자는 자신들의 주장을 회의 참석자들에게 받아내야 한다고 레베데프에게 말했다.[72] 또 북과 소련군 측은 남북요인회담이 열리고 있는 시기에 맞춰 4월 28, 29일에 인민회의특별회의를 소집했던 바, 김구·김규식 등이 헌법 초안을 찬동하는 것처럼 보이게 하려고 했다.

1948년 4월 평양에서 열린 성격이 다른 두 회의는 당시 요인회담이 특히 그러했지만 베일에 싸여 상당 부분 알려지지 않았고, 남측 기자들이 취재하는 데 제한이 많았으며, 평양방송이 일방적으로 보도한 것이 적지 않아서 사실이나 진실을 알기 어려웠다. 게다가 비방이나 흑색선전이 끊이지 않았고, 남한 신문들도 사실을 제대로 파악하지 못한 채 당파적으로 보도하기 일쑤

---

70 위의 책 7, 9쪽.
71 위의 책 7, 39~40쪽.
72 『전집』 8, 970쪽.

였기 때문에 일반 시민들이 연석회의와 남북협상을 구별하면서 어떻게 일이 진행되었는지 정확히 안다는 것은 쉬운 일이 아니었다. 연석회의가 아닌 남북협상에 대해 남에서는 부정확하긴 하지만 5월 2일경부터 보도가 되었다. 『조선일보』와 『서울신문』은 5월 4일자에서 비교적 상세히 공동성명서에 대해 보도했다. 이날 두 신문은 "[남북협상에서] 진지한 토의가 계속돼왔다", "이번 남북협상은 예상대로 결정적 성과를 거둔 동시에 장차 구체적으로 진전될 남북통일 과업의 첫 단계를 누린 것으로 보고 있는 터"라고 평가했다.[73]

김구와 김규식은 북에 이용당하지 않으면서 민족의 대의인 통일독립국가를 수립하기 위해 혼신의 노력을 다했다. 그들은 연석회의에 참석하지 않거나 참석하더라도 축사만 하고 나왔을 뿐만 아니라, 통일독립을 전취할 대계를 토의하자고 역설하고 북이 단독정부를 수립하는 것을 반대한다는 뜻을 분명히 밝혔다. 연석회의와 요인회담 등에서 정부수립안이 제기되지 못한 것은 이 때문이었다. 또한 두 김은 헌법 문제를 다루는 인민회의에 초청받았지만 거부했고, 평양에 오면서부터 북의 헌법에 대해 경계하는 발언을 했다. 무엇보다도 김구와 김규식은 북이 전쟁을 일으키지 않겠다는 약속을 받아냈고(2항), 전조선정치회의를 소집해 임시정부를 수립하고 총선으로 새 입법기관을 조직해 조선 헌법을 제정해 통일정부를 수립하는 방안에 북이 동의하게 했다(3항). 국제적인 합의가 이루어지지 않는 한 2항은 사문화될 수밖에 없었고, 3항은 북이 지킬 수 없는 것을 할 수 없이 합의한 것이었으나, 북이 3항과 2항을 지키지 않으면 명백히 그들이 책임을 지게끔 되어 있다. 두 김은 6월에 제2차 남북회담에 참석해달라는 북의 요청을 거부했다. 그리고 6월 29일부터 평양에서 열린 남북조선제정당사회단체지도자협의회(제2차 연석회의)에

---

73 국사편찬위원회 편, 앞의 책 7, 18~19쪽.

서 '남북조선 대표'로 '조선중앙정부'를 수립할 것을 결의하고 그것이 구체적으로 추진되자 7월 19일 다음과 같은 공동성명을 발표했다.

"물론 시기와 지역과 수단 방법에 있어서 차이가 있을지언정 반조각 국토 위에 국가를 세우려는 의도는 일반인 것이다. 그로부터 남한 북한은 호상 경쟁적으로 국토를 분열하여 동족상잔의 길로 나아갈 것이다. 이에 우리는 진정한 애국 동포들로부터 민주적 자주통일의 국가를 건립하려는 그 노선을 더욱 굳게 지키며 최후까지 노력할 것을 천하에 정중하게 성명한다."

위의 성명에서 두 김은 북이 금차(今次)의 과오를 시정하고 4·30 공동성명 제정대로 실천할 것을 촉구했다.[74]

김구·김규식은 통일운동을 지속하기 위해 4월 3일 결성했던 통일독립운동자협의회를 확대 강화하려고 했으나 독립노동당 유림의 반발로 통일독립운동기구로 7월 21일 통일독립촉진회를 결성했다. 이날 치사에서 김구는 북이 또 하나의 정부를 세우려는 것을 배신적 행위라고 비판하고 희생을 각오하고 통일운동을 펴 나가자고 호소했다. 그런데 김규식은 치사에서 남의 정부수립에 반대도 안 하고 참가도 안 하겠다고 하면서, 북에 또 하나의 정부가 선다면 북 정부와 남 정부가 한데 합하여 우리가 살 길을 얻기 바란다고 밝혀 김구와 현실을 보는 데 차이가 있음을 드러냈다. 그러한 차이는 8월 15일 대한민국 정부수립이 공포될 때도 드러났다. 통일운동은 계속 난관에 부딪혔다. 홍명희 등 중도파 민족주의자들은 상당수가 북의 정부수립에 참여했고, 남에서도 이탈자가 생겨났다. 두 김은 9월 파리에서 열리는 유엔총회에 대표

---

74   국사편찬위원회 편, 앞의 책 7, 577~578쪽.

를 파견하는 문제와 유엔총회에 보낼 서한을 두고서도 부딪쳤다. 김규식은 자신이 유엔총회에 대표로 갈 수 없다고 피력했고, 유엔총회에 보낼 서한도 온건한 내용으로 할 것을 주장했다. 이러한 김구와 김규식의 견해 차이는 유엔총회에서 12월 12일 선거가 가능한 지역, 곧 남한에서 치러진 선거에 의해 수립된 정부가 그 지역의 유일 합법정부로 인정한다고 하면서 대한민국 정부를 승인하였고, 김구가 그러한 결정을 긍정적으로 바라봄으로써 좁혀졌다.

1948년 연말에서 다음 해 초에 걸쳐 이승만·김구·김규식 등 3영수가 합작한다는 3영수 합작설이 유포되었다. 이승만, 김구의 냉담한 반응을 볼 때 김규식 쪽에서 퍼트린 주장이었고, 그것은 중도파 정치세력이 현실을 인정하고 정치에 참여하려 한다는 것과 연관되어 있었다. 3영수 합작설은 1949년 5월에 다시 돌았다. 이때는 김구 쪽도 전과 다른 점이 있었다. 이처럼 남북협상에 참여한 세력들이 암중모색을 하고 있던 6월 26일, 김구가 군인에 의해 백주에 암살되었다. 김구는 이승만의 최대 정적이었고, 이승만의 분단 노선에 대한 강력한 비판자였을 뿐만 아니라, 여전히 대중적 인기를 누리면서 1952년에 선출될 대통령 후보로 이승만에 맞설 수 있었다. 독립운동·통일운동의 거목이 흉탄에 쓰러지자 장례일에는 50만 명이 운집했다. 그때까지 사상 최대의 인파였다.

중도파의 암중모색은 8월 20일 민족진영강화위원회 창립총회로 구체화했다(의장 김규식). 한민당 후신인 민국당을 포함해 우파 진영이 대동단결하자는 취지로 만들어졌지만, 남북협상에 참여한 중도파가 다음 해에 치러질 총선에 참여하기 위해서였다. 극우반공주의자들을 견제하고 대한민국을 훌륭히 만들기 위해서도, 통일운동을 펴기 위해서도 현실 정치 참여는 중요했다.

1950년 5·30 선거에 김규식은 참여하지 않았지만 독립운동을 한 중도파가 대거 입후보했다. 이승만은 부산 등 각지를 돌며 중도파를 색깔로 비난하고 그들에게 투표해서는 안 된다고 호소했다. 더 나아가 당국은 서울·경기 지역의 중도파 후보들을 성시백 간첩 사건에 연루시키고, 부산에서는 구속까지 시켰지만, 서울과 경기, 부산에서 중도파 바람이 불었다. 조소앙은 서울 성북구에서 조병옥을 누르고 전국 최다 득표로 당선되었다. 장건상과 김칠성은 부산에서 옥중 당선되었고, 장건상은 전국 4위의 득표를 했다. 안재홍·원세훈·윤기섭·여운홍·오하영·조시원 등이 당선되었고, 김붕준·최동오도 탄압 속에 선전했다. 조봉암도 중도파와 성향이 비슷했다. 반면 민국당과 친이승만 정당인 국민당의 중진들은 추풍낙엽처럼 떨어졌다. 유권자들은 독립운동, 통일운동 한 분들을 존경했다. 그렇지만 한 달도 안 되어 동족상잔의 전쟁이자 외전 같은 전쟁이 일어났다. 중도파 정치인들은 대거 납북되었고, 그러면서 정치는 극우단정세력의 극단적인 반공주의 중심으로 협소화됐다.

※ 이 글은 2004년 백범기념관 대회의실에서 열린 심포지엄 『광복 직후의 건국 운동과 백범 김구』의 일부로 발표되었고, 2005년 『백범과 민족운동연구』 제3집에 「남북협상과 백범의 민족통일 노선」이라는 제목으로 실렸다. ※

3·15의거 국가기념일 제정과 그 과제
—3·15 마산의거의 역사적 위상과 역할

1. 머리말

3·15 마산의거 50주년을 맞아 정부에서는 2010년 3월 12일 대통령령으로 3월 15일을 3·15의거 국가기념일로 정했다. 3월 15일 대통령과 국무총리가 참여하지 못해 보훈처장관이 기념식장에서 대독한 「3·15의거 50주년 대통령 기념사」에서 이명박 대통령은 3·15의거를 '시민에 의한 자유민주주의의 출발점'으로 위치 짓고, "자유·민주·정의의 숭고한 가치는 4·19혁명으로 꽃피웠고, 부마항쟁을 거쳐 한국 민주주의의 위대한 이정표가 되었습니다"라고 천명했다.

국가가 특별히 기념행사를 갖는 기념일로 국경일과 국가기념일이 있다. 다 알다시피 국경일로는 3·1운동을 기리는 3월 1일 3·1절, 해방과 정부수립을 경축하는 8월 15일 광복절, 제헌국회에서 의결한 제헌헌법 공포일인 7월 17일 제헌절, 제헌국회에서 논란이 되었듯이 10월 3일이라는 날짜의 근거에 문제가 있고, 역사적으로도 논란이 될 수는 있으나 단군 왕검이 나라를 개창한 10월 3일 개천절이 있고, 노무현 정부에서 10월 9일 한글날도 국경일로 정했다. 한글날을 제외하고 국경일은 모두 제헌국회에서 의결했다.

국가기념일은 3·15의거가 추가되어 41종류가 있으나(2010년 3월 현재), 이 중 3·15의거와 관련 있는 것으로는 독립운동 관련 국가기념일과 반독재 민주화 운동 관련 국가기념일이 있다. 전자로는 1919년 4월 13일 대한민국임시정부 수립 기념일,[01] 1929년 11월 3일 학생독립운동 기념일이 있다. 11월 3일은 한때 광주학생운동 기념일 또는 학생의 날로 기념행사를 가졌다. 그리고 11월 17일 순국선열의 날이 있다. 후자로는 1960년 4월 19일 4·19혁명 기념일, 1980년 5월 18일 5·18 민주화운동 기념일, 1987년 6월 10일 6·10 민주항쟁 기념일이 있다. 국가기념일은 행사를 주관하는 부처가 다르며, 기념일 지정 날짜도 다르다.

3·15의거는 4·19혁명, 5·18 민주화운동, 6·10 민주항쟁과 함께 민주화운동을 국가적으로 대표하는 날이 되었다. 4대 민주화운동의 하나가 되었다고 볼 수도 있다.[02]

3·15의거가 국가기념일이 된 것은 최초의 본격적인 민주화운동이자 민중 항쟁으로, 4월혁명의 중요한 한 축을 이루고 있기 때문이다. 청산리전쟁이 여러 지역에서의 전투를 총괄하는 역사 용어로 사용되고 있는 것처럼, 4월혁명은 2·28 대구 학생 시위, 3·8 대전 학생 시위, 3·15 제1차 마산의거, 4·11 제2차

---

01 학자들 가운데는 대한민국임시정부 수립일은 명백히 4월 11일이기 때문에 정부가 새로이 의결해서 4월 11일을 국가기념일로 해야 한다는 주장이 강해 임시정부수립 100주년이 되는 2019년에 4월 11일을 임시정부 수립일로 변경했다.

02 문재인 정부가 들어서고 나서 2018년에 1960년 2·28 대구 고교 시위를 2·28 민주 운동으로, 3월 8일 대전고 시위를 3·8 민주 의거로, 2019년에 부마항쟁을 부마 민주항쟁으로 명명해서 국가기념일로 정했다. 2·28 고교 시위나, 3·8 대전고 시위는 두 차례에 걸친 마산의거(마산항쟁)나 4·19, 부마항쟁, 광주항쟁, 6월항쟁과는 비교가 안 되는데도 정치적으로 고려해 국가기념일로 정한 것이다. 마산의거가 오랫동안 국가기념일 지정 운동을 폈음에도 불구하고 50주년을 맞으며 가까스로 국가기념일이 되었는데, 문재인 정부가 민주화운동 명분을 내세워 지역 안배를 함으로써 다른 국가기념일의 위상이 상대적으로 약화되었다.

마산의거, 4·18 학생 시위, 4·19혁명('피의 화요일'), 4·25 대학교수단 시위, 4·26 시위('승리의 화요일') 등으로 이루어져 있는데, 이 중 제1차 마산의거와 제2차 마산의거, 4·19 시위가 가장 중요하다고 볼 수 있다.

4월혁명에서 중요한 한 축을 이루는 이유이기도 하지만, 3·15 제1차 마산의거는 규모가 큰 최초의 본격적인 민주화운동, 민중운동으로서 중요한 역사적 의미를 갖고 있다. 그와 함께 특히 제2차 마산의거가 그러하지만, 3·15의거는 4·19혁명이 일어나는 데 중요한 역할을 했다. 제2공화국 행정수반 장면 국무총리는 3·15의거 1주년을 맞아 민의원·참의원 의장과 함께 직접 마산에 내려와 가진 기념식에서 '마산의거는 4월혁명의 씨가 되었다'고 지적했다. 1966년 중학교 사회과 교과서에는 4·11 마산의거를 신호로 4·19 시위가 일어난 것으로 기술되었는데,[03] 마산의거는 4·19의 도화선, 기폭제, 모체 등으로 표현되기도 했다. 어느 것이나 불완전한 표현이지만, 필자는 여러 차례 김주열 시신 발견과 4·11 제2차 마산항쟁이 없었더라면 4·19는 없었거나, 있었다고 하더라도 규모가 작았거나 늦추어졌을 것이라고 주장했다. 다시 말하면 필자는 4·11 마산항쟁이 없었더라면 4월혁명도 없었을 것이라고 판단한다.

그렇지만 한국인의 대다수는 물론이고 심지어 역사학자나 정치학자조차도 마산의거가 두 차례에 걸쳐 크게 일어났으며, 특히 김주열 시신 발견과 함께 시작된 제2차 마산항쟁이 4·19혁명을 불러왔다는 사실을 잘 모르고 있다.

마산의거가 그 뒤의 시위를 유발했다는 주장은 풍자적이지만 이미 이승만 정권에 의해 주장된 바 있었다. 4월 19일 오전 9시경에 열린 국무회의에서, 두 차례에 걸친 마산의거가 왜 일어났는지 삼척동자도 알고 있고, 모든 신문이 연일 대서특필했고, 이승만이 종종 인터뷰했던 AP통신 등 세계적으로 유

---

03   3·15의거기념사업회 편, 『3·15의거사』, 2004, 600쪽.

명한 대형 통신사와 해외 언론이 크게 보도했는데도, 권모술수로 살아온 노회한 이승만 대통령은 짐짓 모르는 체하며 왜 이렇게 난리냐고 물었다. 그러자 최인규에 이어 내무부장관에 임명된 홍진기는 "모든 사건의 발단이 마산 사건이고 또 그 원인이 부정선거라는 것"이라고 답변한 것이다.[04]

필자는 그동안 제1, 2차 마산항쟁 없는 4월혁명은 없다고 주장하면서도 구체적 증거를 찾아 제시하기가 쉽지 않았는데, 4월혁명 50주년을 맞아 4월혁명사료총집 편집위원장을 맡아 작업하면서 놀라운 사실을 발견했다. 4월혁명 직후 연세대에서는 4월혁명연구반이 꾸려져 교수 데모 실태 조사, 사후 수습 사항 조사, 연행자 조사, 부상자 실태 조사 등 여러 조사를 했던 바, 이 조사 자료를 보관해온 연세대 박물관에서 『4월혁명사료총집』에 그 자료를 수록하는 것을 허용했다.

4월혁명연구반 조사 중 가장 중요한 것이 주로 4·19 시위에 참여했거나 현장에 있었던 사람들의 기록인 「4·19 데모 목격자 및 인근 주민(시민)의 조사서」였다. 이 조사서 25번 문항은 "이번 4·19 사태를 가져온 동기는 무엇이라고 생각하나"였다. 이 문항에 답변한 26명 중 12명이 '마산 사건' 또는 '마산 사건의 잔인한 처사'라고 썼다. '이승만 일당독재' 또는 '경찰국가에 대한 반발'이나 '국민 억압'이라고 쓴 19명보다는 적었으나, '부정선거'라고 쓴 15명과 비슷했고, 고대생 피습은 두 명만 썼다(복수응답 가능).[05] 두 명 중 한 명이 마산 사건과 마산 사건에 대한 잔인한 처사가 4·19를 불러왔다고 술회한 것이다.

3·15의거가 50주년을 맞아 국가기념일로 지정된 것은 마산(또는 마산·창원·진해, 이하 같음) 시민과 3·15의거기념사업회에 긍지와 영광을 선사한 것이지

---

04 위의 책, 406쪽.

05 4월혁명사료총집발간위원회·민주화운동기념사업회 편, 『4월혁명사료총집』 7, 2010, 294~396쪽.

만, 그것 못지않게 큰 책무를 떠맡았음을 의미한다. 더구나 한국 민주주의 전당을 유치하기 위해서는 책무가 한층 무거울 수밖에 없다. 우선 3·15의거의 역사적 의의를 마산 시민들이 명료하고 분명하게 알아야 할 뿐만 아니라, 그것을 한국인 모두가 잘 알도록 힘써야 한다. 또한 마산에서 있었던 3·1운동, 1950년대의 야당 성향, 중립화 통일운동, 교원노조 운동 등 4월혁명기(1960년 4월 27일~1961년 5월 15일)의 민족적·진보적 활동, 부마항쟁, 6월항쟁에 대해서 마산 시민과 한국인 모두가 제대로 알게 해야 한다. 그뿐만 아니다. 마산 시민과 3·15의거기념사업회는 국가기념일 지정을 계기로, 또 한국 민주주의 전당을 유치하기 위해서 민주주의 저해세력에 대해 비판하고 민주주의의 신장과 그것의 국민생활화가 이루어지게 하는 데 적극적으로 노력하고 기여해야 한다는 책무도 맡았다.

2. 3·15의거의 역사적 의의

1) 제1차 마산의거, 최초의 본격적인 민주화운동이자 민중항쟁

3·15의거에 대한 최초의 역사적 평가는 역사가가 아니라 시인 박두진에 의해 이루어졌다. 박두진·조지훈은 박목월과는 다르게 4월혁명 정신에 충만했던 교수였다. 박두진은 4월혁명기에 연세대에서 친일파이자 어용교수의 대표적 인물을 축출하는 데 앞장을 섰다. 사실 박두진이 『새벽』 1960년 5월호에 쓴 장문의 글은 이승만 정권이 붕괴되기 전에 쓴 것으로, 대단한 정의감이 없으면 나올 수 없는 용기 있는 글이었다. 분노에 찬 시인 교수의 직감으로 3·15의거를 최초로 평가했다는 그 자체가 3·15의거를 빛낸 것이었다.

그러나 박두진의 3·15의거 평가는 정확하다고 볼 수 있을까. 박 교수는

3·15의거를 이승만 정권이 민주공화제의 기본이자 자유민주주의의 근간인 참정권을 말살하고 횡탈(橫奪)하는 것에 맞서 싸운 정당하고 획기적인 거사로 지적했다.[06] 이는 4월혁명동지회가 1965년에 3·15의거를 '이승만 정부에 대한 민중의 불편 불만이 누적된 상태에서 3·15선거에서 대다수 시민에게 번호표를 주지 않고, 관헌의 횡포, 경찰의 탄압이 극심했던 것, 더불어 민주당의 선거 포기 선언 등에 자극받아 일어난 자연발생적 민중봉기였다'고 설명한 것과[07] 대체로 부합된다. 박두진이 글의 시작에서 다음과 같이 기술한 것도 적절한 지적이었다.

무슨 일이 꼭 일어날 것만 같다가 기어이 일어난 것이 마산 사건이었다. 그러한 불안한 예감과 피비린내를 풍기는 살벌하고 무거운 공포와 암흑의 분위기 속에 조마조마하던 긴장의 절정, 그 가장 팽창된 초점에서 폭발해 터진 것이 3·15 마산 사건이었다.[08]

그러나 박두진의 글은 이어진 기술에서 논란이 있을 수 있었다. 그는 이런 자연적이고 절실 불가피한 항거가 하필 마산이라는 지역에서 일어날 수밖에 없었던 것은 아니며, 그렇지도 않았다고 주장하고는, 어느 도시, 어느 촌락, 어느 두메산골에서라도 그렇게 일어날 수밖에 없었던 일을 참말로 어쩔 수 없이 저절로 우발적으로 일으켜 낸 것이 마산에서의 사건이라고 지적했

06 박두진, 「우리는 우중(愚衆)의 나라인가」, 3·15의거기념사업회 편, 『3·15의거학술논문총서』, 2010, 746쪽.
07 이은진, 「3·15의거 정신과 그 현재성」, 3·15의거기념사업회 편, 앞의 총서, 140~141쪽.
08 박두진, 앞의 글, 741쪽.

민주당사 앞으로 집결하기 시작한 마산 시민들 3월 15일 오전 10시 30분경 민주당 마산시지부가 부정선거가 자행되고 있는 정부통령 선거에 대해 무효를 선언하자 투표권을 도둑맞은 마산 시민들이 민주당사 앞으로 모여들기 시작했다. 오후 1시경 민주당 출신 정남규 도의원과 동아대학교 학생 안종성은 마산시 당사 앞에 운집한 시민들에게 마이크를 통해 민주당 마산시당의 선거포기 경위와 부정선거의 실상을 밝히는 방송을 했다. 3·15의거기념사업회 소장.

다.[09] 3·15 마산의거가 저절로 우발적으로 일어났다는 주장도 논의의 여지가 있지만, 사상 유례없는 포악한 이승만 정권의 참정권 강탈이었던 3·15 부정선거에 대한 당일의 항거가 어느 도시, 어느 촌락에서도 일어날 수 있었다는 표현은 그만큼 이승만 정권의 횡포, 탄압 속에 공포, 암흑의 분위기였다는 점을 강조하기 위해서였겠지만, 사실과 차이가 있다는 지적이 나올 수 있다. 3월 15일에 마산 및 광주 등 몇 지역을 제외하고는 실제로 어느 도시, 어느 촌락에서도 시위는 일어나지 않았다. 광주 시위는 비교적 규모가 큰 편이었지

---

09 위의 글, 746~747쪽.

만, 서울·진주·부산·포항에서의 시위나 항의는 규모가 작았고, 민주당원이 주도했다. 3·15 이전에도 2·28 대구 시위, 3·8 대전 시위가 있었고, 그 외에도 서울·부산·수원·인천·원주·포항에서 학생 시위 등이 있었지만, 역시 규모가 3·15 제1차 마산의거보다 작았고 민중항쟁적인 성격이 약했다. 더구나 피해 규모는 비교가 되지 않았다. 따라서 3·15 제1차 마산의거는 (분단)정부수립 이후 규모가 큰 최초의 본격적인 민주화운동이었다고 말할 수 있다.

또한 3·15 제1차 마산의거와 4·11 제2차 마산의거는 여성(부녀자) 등 일반 시민들이 적극 참여한 (분단)정부수립 이후 최초의 민중운동이었다. 2·28 대구 학생시위나 그 이후 있었던 시위, 4·19 시위, 4·26 시위 등은 학생들이 주로 참여했다. 4월혁명 이후 30여 년간 계속된 민주화운동도 부마항쟁, 광주항쟁, 6월항쟁을 제외하면 대부분 학생들의 시위였다. 민중항쟁이라는 점에서 제1차 마산의거와 제2차 마산의거는 중요한 역사적 위상을 차지한다.

정부통령 선거의 해인 1960년에 들어와 이승만 대통령은 들끓는 반대 여론에도 아랑곳없이 3·15 조기 선거를 강행해 물의를 빚었다. 조병옥 민주당 대통령 후보가 '조기 선거라는 등 뒤에서 쏘는 총탄을 맞으며' 미국 육군병원에 입원했다가 사망함으로써 야당 대통령 후보가 없는—이것 또한 이승만 정권의 조기 선거 강행 때문이었다—초유의 사태를 맞았다. 부정선거 음모, 획책이 잇달아 터지고, 특히 3월 들어서는 부정선거 사례가 연일 크게 보도되었다. 그와 관련된 경찰과 반공청년단의 횡포가 극심해지고 야당 당원 사망 사건까지 발생했다. 3월 15일에는 3월 3일 신문지상에 대대적으로 폭로된 바와 비슷한 사전투표(이른바 4할 사전투표), 투표권 박탈과 유령유권자 조작, 3인조 투표, 투표장 부근에서의 완장부대와 경찰의 위협적 '시위', 대리투표, 투표장 밖에서 구멍을 뚫어놓고 유권자가 어디에 투표하는가를 지켜보는 사태, 투개표장에서의 야당 참관인 축출 등 상상을 초월하는 부정선거가 치러졌고 그것이 모두에게 목격되었다. 그래서 박두진이 표현한 대로 피비린내를 풍기는 살벌하고 무거운 공포와 암흑 속에서 무슨 일이 꼭 폭발할 것만 같은 분위기가 팽배했다. 그런데 어째서 마산 등 몇 지역을 제외하고는 어느 도시, 어느 촌락에서도 항쟁이 일어나지 않았을까.

그뿐만이 아니다. 더 거슬러 1950년대와 이승만 집권 초기로 올라가면 제주 4·3 주민 집단학살이 있었고, 마산에서도 양민 학살 사건이 큰 규모로 발생했다.[10] 보도연맹원·요시찰인에 대한 대대적인 집단학살, 대전·대구·부산·마산형무소 등에서의 대량학살과 형무소 이감(移監) 시 희생도 있었다.[11] 이어서 헌법을 유린한 부산 정치파동과 발췌개헌, 영구 집권을 위해 헌법을 유린한 사사오입 개헌이 저질러졌고, 1952년 8·5 정부통령 선거, 1954년 5·20 민의원 선거, 1956년 5·15 정부통령 선거, 1958년 5·2 민의원 선거에서 극심한 부정선거가 자행되었다. 이승만 정권의 부정, 부패, 비리는 극심했고, 민중 위에 군림한 관권과 경찰의 횡포가 이루 말할 수 없었다. 그랬는데도 왜 1960~80년대처럼 시위가 발생하지 않았을까.

1950년대와 1960년 1월 1일부터 3월 15일 사이에 대규모 항쟁이 발생하지 않아 3·15 마산의거가 최초의 민주화운동, 민중운동이 된 이유는 앞으로 두고두고 연구해야 할 과제지만 우선 몇 가지를 지적할 수 있겠다. 너무나 심한 대규모 양민 학살이 저질러졌을 경우 그것에 항의할 생각보다는 공포감에 사로잡혀 제주도의 경우처럼 수 년 또는 수십 년을 두려움 속에 살 수밖에 없다. 또 이승만과 경찰은 이 대통령 반대자나 반대 시위에 대해 1960년 3월 15일 이후 마산에서 했던 것처럼 온갖 탄압을 자행했고, 여기에 전가의 보도처

---

10   3·15의거기념사업회 편, 『3·15의거사』, 610쪽.
11   서중석, 『조봉암과 1950년대』하, 역사비평사, 2000, 584~590쪽.

럼 빼어든 것이 빨갱이나 폭도로 몰아붙이는 행태였다.

이승만의 라이벌로서 북진통일을 반대하고 평화통일을 외친 조봉암은 이승만 정권에 의해 간첩으로 몰려 형장의 이슬로 사라졌다. 오랜 시간이 흐른 뒤 그는 2011년 대법원 재심 판결에서 무죄를 선고받았다.

1950년대에 가장 큰 반정부 시위는 신익희 민주당 대통령 후보가 1956년 5월 5일 급서해 유해가 그의 자택인 경무대 부근 효자동에 도착했을 때 일어났다. 이때 경찰의 발포 등으로 10여 명의 사상자가 났고, 무려 7백여 명이 피검되었다. 서울시경국장은 5월 6일 "이 시위는 민주당의 지령에 의해 몰지각한 자들이 일으킨 계획적인 사고"라고 몰아세웠다. 그는 시위 군중을 폭도로 칭했다. 마산의거에 대해서 한 짓과 똑같지 않은가.

2) 제2차 마산의거, 대통령 사퇴를 요구하다

4월 11일 11시경 신포동 중앙 부두 앞바다에 포탄 같은 쇠붙이가 오른쪽 눈에 박힌 김주열의 시신이 떠올랐다. 김주열의 처참한 시신은 한국 역사를 뒤흔들었고 바꾸어놓았다.

한 사건이 중요한 역할을 하는 경우가 있다. 고려대 학생의 4·18 시위는 최초의 대규모 대학생 시위였다는 점에서 의미가 있지만, 4·19에 영향을 미친 것은 그 때문만은 아니었다. 학생들이 시위를 마치고 학교로 돌아가던 오후 7시 20분경, 종로4가 부근에서 반공청년단 예하 정치깡패들이 습격해 학생들이 피를 흘리며 쓰러졌다. 바로 이 장면을 찍은 사진이 4월 19일 조간 신문에 크게 실려 전 국민에게 충격을 준 것이다. 또 1987년 6월 9일 오후 연세대 학생 이한열이 최루탄에 맞아 쓰러져 빈사 상태가 된 모습은 6월항쟁에서 학생들이 격렬히 투쟁하는 데 큰 자극이 되었다.

마찬가지로 김주열의 참혹한 모습에는 이승만 정권의 폭정이 그대로 응

김주열 군의 사망을 애도하며 가두시위를 전개하는 여고생들　1960년 4월, 김주열 군 시신의 참혹한 모습으로 촉발된 제2차 마산의거는 4월혁명으로 가는 길을 열었다. 경향신문사 소장.

축되어 있었다. 신문에서 그의 사진을 본 전 국민이 분노에 치를 떨었고, 마산에서는 어머니와 여학생들이 다수 포함된 제2차 항쟁이 일어났다. 제1차 마산의거보다 규모가 컸고, 시위사상 드물게 4월 11일부터 13일까지 3일간 계속되었다. 항쟁 목표도 분명해서 이승만 대통령 사퇴를 정면으로 요구함으로써 이승만 통치 12년을 심판했다. 김주열의 참혹한 시신과 3일이나 계속된 제2차 마산항쟁을 지켜보며 학생들은 더 이상 머뭇거릴 수 없게 되었다. 이로써 이승만 대통령을 몰아내고 이 대통령에 의해 만신창이가 된 민주주의를 다시 일으켜 세우는 4월혁명으로의 큰 길이 열렸다. '피의 화요일' 4·19를 피할 수 없게 된 것이다.

4월 11일 시위에서는 초기부터 '리 대통령 물러가라', '이승만 정권 물러가라'라는 구호가 나왔다. 그날 오후 6시 15분경부터 고교생들이 "살인선거 다시 하라" 등의 플래카드를 들고 시체 안치실에 들어갔다가 나와 시가행진을 벌였다. 그때 나온 구호가 "이승만 정권 물러가라!" "고문 경관 찾아내라"였다. 시위대는 8시 30분경 자유당 마산시당 사무실을 파괴하고 서울신문 마산지국에 투석하며 "왜 우리를 빨갱이로 모느냐"고 외쳤다. 밤 9시 30분경 마산경찰서 경비주임 김봉진 경위 지휘하에 발포가 시작되어 사상자가 여러 명 나왔을 때, 시위대는 이리저리 흩어져 피신하면서 시위를 벌였다. 그 뒤 시위대가 구마산 쪽에서 합류했을 때는 약 2만 명이었고, 가두의 시민들을 합치면 4만여 명이 거리를 메웠다. 마산 역사상 초유의 큰 인파였다. 시위대는 "이승만 정권 물러가라", "이기붕을 죽여라", "정부통령 선거 다시 하라", "학살 경관 처단하라"라고 외치며 거리를 누볐다.[12]

제2차 마산의거는 어머니—여성들이 적극 항쟁에 나섰다는 점에서 한국 민주화운동사에서 획기적인 역사적 의의를 갖고 있다. 당시는 남존여비 경향이 많이 잔존해 있었고, 여성은 사회문제에 관심을 가져서는 안 된다는 풍조가 있었는데, 30여 년에 걸친 민주화운동 역사에서 드물게 제2차 마산의거 때 어머니—여성들이 특히 적극 참여해 맹렬히 반이승만 투쟁을 벌였다.

동아일보 기자는 4월 11일 시위에 "특히 부녀자들이 많았다. '죽은 내 자식을 내놓아라', '나도 죽여달라'면서 그동안 보복이 두려워 눌러왔던 설움을 격렬한 어조로 터트렸다"고 썼다. 4월 12일에는 도립병원에서 시체 해부가 늦어지자 부인들이 "아들을 가진 부모는 주열이 시체를 한번 보아라. 경찰이

---

12   4월혁명사료총집발간위원회·민주화운동기념사업회 편, 『4월혁명사료총집』 7, 2010, 649쪽.

얼마나 잔인한가를 알 수 있다"며 선동하기도 했다"고 썼다.[13] 4월 13일자 조간에서 『한국일보』 또한 "특히 데모에 호응한 다수의 부녀자들이 이채로왔다"고 보도했다. 『조선일보』는 4월 12일자 석간에서 부녀자들은 물을 떠다주며 성원했다고 보도했다. 4월 11일 여학생과 부녀자들은 시위를 하면서 "3월 하늘 가만히 우러러보며 유관순 누나를 생각합니다"라는 삼일절 노래를 불렀다. 4월 12일 밤 시위에서 부녀자들은 "고문 경관 체포하라", "권력 발동 하지 말라"고 외치며 "꽃잎처럼 떨어져간 전우여 잘 가거라"라는 노래를 불렀다.[14] 아침부터 비가 내리던 4월 13일, 이날부터 휴교가 시작되었는데도 성지 여자중고등학생 300~400명, 마산여중고 800여 명이 김주열 시신에 바칠 꽃다발을 앞세우고 시가를 행진하는 모습은 보는 이들을 울먹이게 했다. 이날 시위는 여학생들의 시위와 규모가 작은 해인대생 시위를 제외하고는 없었다. 여학생들이 "학살 경찰 처단하라"라고 외치며 시위할 때 소방차 두 대가 염색물을 뿌려 여학생의 하얀 교복이 붉게 물들었다.

마산에서 여성들은 그 뒤에도 시위를 벌였다. 마산의 어머니들은 김주열 어머니의 심정과 같았다. 4월 24, 25일 마산에서는 전국에서 보기 드문 이채로운 시위가 있었다. 4월 24일, 갓 쓰고 흰 두루마기 입고 지팡이 든 노인들 70~80명이(많을 때는 약 200여 명) "가라치울 때는 왔다", "책임지고 물러가라" 등의 플래카드를 들고 시위를 벌였다. 나중에는 3만여 명의 군중이 합류해 교통이 마비되었다.[15] 4월 25일에는 할머니 200~300명이 오후 1시 15분경부터 대오를 갖추고 시위를 벌였다. 이들은 할아버지들보다도 더 분명하게 이승만 퇴진을 요구했다. "죽은 학생 책임지고 리 대통령 물러가라", "총 맞아 죽은

13   동아일보사 편저, 『비화 제1공화국』 6, 홍자출판사, 1975, 228, 232~233쪽.
14   4월혁명사료총집발간위원회 등 편, 『4월혁명사료총집』 1, 2010, 648, 662쪽.
15   위의 책, 939~940쪽.

학생 원한이나 풀어주소" 등의 플래카드를 들고 애국가, 전우가를 손뼉을 쳐 가면서 부르면서 시위를 했다. 오후 3시 30분경에는 약 3만 명으로 추산되는 시민들이 호응해 마산경찰서 안으로 밀려들어가 "고문경찰 잡아내라", "살인 경관 잡아내라"고 외쳤다.[16] 이승만 퇴진 요구는 서울의 경우 25일 오후 대학 교수들 시위에서부터 본격적으로 나오는데, 그 이전에 마산에서 할머니 할 아버지들이 강렬히 외친 것이다. 1987년 1월 박종철이 남영동 대공분실에서 고문 사망했을 때 가장 먼저 이 대공분실을 향해 시위를 벌인 것도 여성들이 었다. 어머니의 마음, 여성의 마음은 같기 때문일 것이다.

'이승만 정권 물러가라' 또는 '이승만 대통령 물러가라'는 구호는 다른 시위에서는 찾아보기 어려웠다. 4·19 시위에서도 오후에 나왔으며 4월 25일 오후 시위부터 주된 구호가 되었다. 그런데 이처럼 이승만 대통령과 이승만 정권을 부정하는 강력한 구호가 제2차 마산의거에서 나왔다는 것은 마산 시민·학생의 분노가 얼마나 컸는가를 단적으로 말해준다 하겠다.

마산 시민들의 "이승만 정권 물러가라"라는 구호는 세계의 이목을 끌었다. AP통신은 4월 12일발 뉴스에서 제2차 마산 시위를 알리면서, 이 시위가 "첫째는 최초로 이 대통령을 공공연히 비난하고 있다는 사실이다"라고 지적했다. 그 증거로 "이기붕을 죽여라", "이승만 정권 물러가라"라는 구호를 절규한 것을 제시했다. AP통신 뉴스는 전 세계로 전달되었다.

제2차 마산의거가 이승만 물러가라고 외치는 등 격렬하고 대규모였던 것은, 김주열 시신 발견을 계기로 해서 3·15의거 이후 마산시민·학생들이 경찰에 당했던 것에 대한 분노가 한꺼번에 터진 것이 주된 요인이었다. 3·15의거 직후부터 마산 시민·학생들은 공포에 떨었다. 경찰은 거리에 나타나는 청년·

---

16 위의 책, 978~979쪽.

경찰의 만행에 항거하는 시위대 1960년 4월 25일, 시위대는 김주열 군의 시신이 안치되어 있던 도립마산병원까지 행진하며 경찰의 만행에 항거했다. 3·15의거기념사업회 소장.

학생들을 모조리 연행하려고 했다. 그들은 청년·학생들을 데모 주동자나 방화범으로 몰아세우려고 출근길 퇴근길에, 그리고 자택 사무실 등 때와 장소를 가리지 않고 닥치는 대로 붙잡아갔다.[17] 이렇게 연행된 사람이 3월 17일까지 253명이나 되었다.[18]

중앙정부건 마산 경찰이건 이승만 정권은 한편으로는 보복으로, 다른 한편으로는 시위가 확산되는 것을 막기 위해서 빨갱이 조작에 나섰다. 이들에게 생리현상처럼 자연스러운 수법이 3·15의거에서도 나타난 것이다. 그것은 또한 이승만 대통령의 반공주의 진면목이 그대로 드러나는 순간이었다.

3월 16일 국무회의에서는 마산의거 관련자를 형법과 국가보안법으로 엄

---

17 3·15의거기념사업회 편, 『3·15의거사』, 312쪽.
18 동아일보사 편저, 『비화 제1공화국』 6, 홍자출판사, 1975, 195쪽.

벌에 처한다는 방침을 세웠고, 최인규 내무부장관은 "(사건 관련자가) 폭동 소요 내란을 일으킬 의도가 충분히 있었던 것으로 본다"면서 공산당의 개입 여부를 철저히 밝혀낼 것이라고 강조했다. 그 다음 날, 이강학 치안국장은 마산 소요 사건은 공산당 수법에 의해 이루어진 증거가 있어 배후에 공산당 개재 여부를 조사중이라고 발표했다.

3월 15일 밤 검문에서 연행된 박세현은 그날 밤을 꼬박 세우고 16일에 모진 고문이 가해지자 북마산파출소 방화범이라고 거짓 자백을 했다. 그는 6·25 부역자로 발표되었는데, 연행되었을 때 22세밖에 안 되어 몹시 당황한 경찰은 32세로 올려 발표했다. 마산경찰서 사찰계 형사주임 노장현 경위 등은 마산경찰서장 손석래, 사찰계장 강상봉의 지시를 받고, 시위 중 경찰의 총에 맞아 사망하여 도립병원 시체실로 옮겨진 김영호·김용실·김효덕의 호주머니에 '이승만을 죽여라', '인민공화국 만세' 등을 학생들로부터 압수한 삐라 위에 적어 넣었다. 그리고 도립병원장에게 그 쪽지가 시체 호주머니 안에 있는 것을 보았다고 시체검안서에 써달라고 요구했다. 제1차 마산의거가 공산당의 선동에 의해 발생한 것처럼 조작하기 위해서였다. 하지만 병원장은 검안서에는 사인만 기입하는 것이라고 거부했다. 3월 15일 밤 데모가 한창일 때 월영산 일대에 산불이 나자 경찰과 자유당은 이 불이 봉화라고 우기면서 여순 사건이나 10·1 대구폭동 때와 같은 공산당 수법이라고 주장했다. 민주당 소속 도의원으로 3·15 시위에 앞장섰던 정남규는 남로당 당원으로 발표되었고, 역시 시위에 가담했던 그의 아들 정현팔(대학생)은 계속 고문이 가해지자 '방화 지령자'라고 거짓 실토를 했다. 경찰은 3·15의거를 공산당 조종에 의한 좌익 폭동으로 몰고가려 했다. 마산 시민들은 언제 어떻게 공산당으로 몰릴지 몰라 안절부절못했다. 가족이 3·15시위로 부상을 입었어도 병원을 찾지

못하면서 공포의 나날을 보냈다.[19]

경찰의 빨갱이 조작, 폭동 조작을 위한 고문은 일제 경찰로부터 익힌 기술이었다. 실제로 마산경찰서 사찰계장 강상봉, 사찰계 형사주임 노장현, 김주열 시체를 유기한 경비주임 박종표는 모두 친일파였다. 또 3·15의거 당시 고문 등에 앞장섰던 경찰들은 일제 고문기술에 숙련된 자들이었다.[20] 중앙은 어떠한가. 이승만 대통령이 임명한 장차관은 서너 명을 빼고는 거의 다 친일 경력의 소유자였다. 3·15 선거를 진두지휘한 내무부 본부와 서울시, 각도 이사관은 2명을 제외하고는 모두 친일 경력자였다. 치안국의 경우 치안국장, 2명의 경무관, 5명의 서기관과 서울시와 각도 경찰국장이 한 명을 제외하면 친일 경력 소유자였다. 그리고 총경의 70%, 경감의 40%가 친일파였다.[21] 이렇게 자유당 간부, 장차관에서 내무부 관료와 경찰국장 등이 친일파 일색이었기 때문에 이승만 대통령의 지시에 맹목적으로 복종했고, 전대미문의 3·15 부정선거도 하등 양심의 가책이 없이 해치웠으며, 3·15의거가 일어나자 빨갱이 조작에 나섰던 것이다.

앞에서 김주열의 시신에는 이승만 정권의 폭정이 응축되어 있었다고 지적했지만, 3·15의거에서부터 4·11 제2차 시위가 일어나기 직전의 마산 상황은 반공을 앞세운 이승만 독재의 진면목과 이승만 정권 12년의 학정이 고스란히 응축된 것이었다. 이처럼 마산 시민·학생들은 3·15의거 이후 불안과 고통, 공포 속에 살았기 때문에 김주열 시신 해부가 늦어지자 부인들은 "아들을 가진 부모는 주열이 시체를 한번 보아라. 경찰이 얼마나 잔인한가를 알 수

---

19 위의 책, 194~205쪽; 3·15의거기념사업회 편, 앞의 책, 312~333쪽.
20 3·15의거기념사업회 편, 앞의 책, 392~394쪽.
21 서중석, 「이승만 노선과 한국 민족주의」, 『한국 근현대의 민족문제 연구』, 지식산업사, 1989, 243쪽.

있다"고 울부짖었고, 제2차 마산의거에서 "이승만 정권 물러가라", "이기붕을 죽여라", "학살 경관 처단하라", "살인 선거 물리치자" 등의 구호를 외쳤다.

제2차 마산의거는 그보다 6일 후에 훨씬 더 큰 규모로 일어난 4·19혁명과 성격이 비슷했다. 4·18 고려대 시위에서 학생들은 "마산 사건의 책임자를 즉시 처단하라"고 외쳤는데, 4월 19일 서울대 선언문에는 적색 전제(專制)에 대한 투쟁과 함께 "민주주의를 위장한 백색 전제에의 항의를 가장 높은 영광으로 우리는 자부한다"고 시위에 나선 대의(大義)를 밝혔다. 제2차 마산의거를 이어받은 4·19 시위도 제2차 마산의거와 같이 반공을 앞세운 이승만 대통령의 반공 독재('백색 전제')와 이승만 정권의 폭정에 대한 항거였다. 앞에서 분석한 연세대 '4월혁명연구반'의 4·19 데모 참가자 및 목격자 앙케이트에 의하면 4·19 사태를 가져온 동기로 3·15 부정선거, 마산의거와 그에 대한 탄압도 중요하게 꼽았지만, 그것보다도 이승만 독재(이승만 정권 일당독재 장기집권 포함) 및 경찰국가, 국민 억압 등에 더 많이 응답했다.

제2차 마산의거가 일어나자 날카로운 정치적 감각을 가진 이승만 대통령은 제2차 항쟁이 틀림없이 거대한 태풍을 몰고 올 것으로 예감하고, 제2차 마산항쟁이 전국 각지에 미칠 영향을 막는 데 총력을 기울였다. 이 대통령은 전가의 보도를 빼들었다.

이 대통령 주재하의 국무회의를 마치고 홍진기 내무부장관과 신언한 법무부차관(장관은 공석 중임)은 마산 소요 사건의 배후조종에는 적색 마수가 개재된 혐의도 있어 수사 중이라고 마산 시민과 전 국민을 위협했다.

사태가 심각해져가고 있다고 판단한 이 대통령은 4월 13일 자신이 직접 나서서 담화를 발표했다. "이 난동에는 뒤에 공산당이 있다는 혐의도 있어서 지금 조사 중"이라는 것이었다. 이날 특별히 임시국무회의가 열렸고, 국무회의에서는 대검찰청 오제도, 치안국장 조인구, 육군특무대장 하갑청으로 대공

3부 합동수사위원회를 구성하도록 의결했다. 이로써 1950년 9·28 서울 수복 직후인 10월 4일 약 50만 명의 전국 각지의 부역자를 처리하기 위해 만들어진 군·검·경 합동수사본부(본부장 김창룡)와 비슷한 기구가 만들어졌다.

합동수사위원회는 신속하게도 사찰 전문 수사관 제1진, 제2진을 그날로 급파해 마산 시민을 놀라게 했거니와, 합수위는 빨갱이가 있는지 없는지를 조사하기 위해 설치된 것이 아니었다. 그러한 사실을 조사하기 위해서라면 기존의 경남 검찰·경찰 조직으로 충분했고, 그러한 방대하고 위압적인 기구를 만들 필요가 없었다. 신문 보도 표현대로 제1차, 제2차 마산의거에서의 적색분자들의 '준동'(준동이라는 단어를 음미해볼 필요가 있다) 혐의를 수사하기 위해,[22] 또 적색분자 색출 능률화를 목적으로[23] 만든 것이다. 그러나 이 대통령은 이것으로 마음이 차지 않았다. 그는 날카로운 후각으로 무언가 엄청나게 큰 격랑이 몰려오고 있는 것을 감지했다.

마산에서의 항쟁이 일단락된 4월 15일 오전 '대통령 리승만' 이름으로 특별성명이 발표되었다. 비교적 긴 이 특별성명은 그가 얼마나 마산 사태의 파고를 냉혹하게 잘 파악하고 있으며, 그것이 폭풍처럼 확대되는 것을 막기 위해 만 85세의 노인답지 않게 글자 하나하나에 얼마나 주도면밀하게 계산하고 신경을 썼는가를 잘 알게 해준다. 당시 어떤 정치가도 이처럼 앞뒤를 잘 계산한 노련한 담화문을 만들어내지 못했을 것이다.

이 대통령은 "'해내외'(따옴표—인용자. 왜 그가 이 말을 쓰는가를 잘 음미해볼 필요가 있다)에서 들어오는 소식은 마산에서 일어난 폭동은 공산당이 들어와 뒤에서 조종한 혐의가 있다는 것 (…) 공산당의 선전에 속아나 이런 일을 한다면 가

---

22 『조선일보』1960. 4. 13. 석간.
23 『한국일보』1960. 4. 13. 석간.

중 가탄할 것이다. 몰지각한 사람들이 또 선동하며 난동을 하다가 필경 이러한 불상사를 만들어놓았으니 이것을 우리가 그냥 둘 수는 없는 것이다.(…) 공산당의 선전에 놀아나는 것을 (…) 난동을 일으켜서 결국 공산당에게 좋은 기회를 주는 결과"라고 '공산당'이라는 말을 9번이나 써가면서 마산 사태와 공산당의 연관성을 여러 형태로 계속 강조했다. 4월 13일 발표한 담화보다 마산 시민이나 국민에 대한 위협의 강도가 월등 높았다. 『3·15의거사』 392쪽에는 마산 경찰들은 시위 진압 과정에서 휴식을 취할 때면 으레 여순 사건 당시 무용담을 늘어놓으며, "지금의 마산 폭동은 여순 사건과 흡사하다"고 주장하고, 그때 폭도들을 죽인 것처럼 자기들이 살기 위해서는 이번에도 죽여야 한다고 발언한 것이 나오는데, 4·15 담화에서 이 대통령 또한 여순 사건에서 조그만 아이들이 저의 부모들에게까지 수류탄을 던졌다는 전혀 터무니없는 얘기를 들먹이며 마산 사태를 여순 사건과 비교하여 설명하고 있다. 왜 이승만은 마산 시민과 국민에 대한 협박용으로 갑자기 여순 사건을 끌고나왔을까. 집권 초기에 발생한 여순 사건을 통해 보여준 이승만 및 이승만 정권 고위 당국자들의 행태는 이승만 반공주의의 정화(精華)를 보여주는데,[24] 마산 사태에서 여순 사건이 상징하는 것은 무엇일까. 민간인 대량학살일까. 마산 사태와 관련해서 이 대통령과 마산 경찰이 보여준 태도는 앞에서 시사한 바처럼 양자가—그것은 전국 경찰관의 상당수에게도 해당될 터인데—지위를 초월해서 무서울 정도로 일체감을 가지고 있고, 동일한 정신상태를 지니고 있다는 점이다.

4월 16일 이정용 경남도경국장은 국회조사단에 공산당 사주의 증거를 발

---

24 자세한 것은 서중석, 「이승만의 단정운동·반공국가와 여순 사건」, 『지배자의 국가 민중의 나라』, 돌베개, 2010 참조.

견하지 못했다고 답변하는데도, 합수위 오제도 검사는 마산에서 돌아와 마산 사건은 남로당의 수법과 동일하게 보였다고 주장했다. 실제로 합수위는 규모가 큰 관제 빨갱이 사건을 만들어내기 위해서 이미 파면된 사찰 경찰을 십수명 동원하고 있었다.[25]

이 대통령 및 오제도 등이 제2차 마산항쟁이 더 큰 규모의 시위를 몰고 오지 못하도록 전심전력을 기울였지만, 한국인에게 의분과 양심이 살아 있는 한 제2차 마산의거가 4·19혁명으로 확대되는 것을 막을 수 없었다. 뿐만 아니라 4·19 시위로 마산 시민들은 빨갱이 조작이라는 큰 재앙으로부터 무사할 수 있었다. 아이로니컬하게도 이제 이 대통령 및 오제도 같은 이승만 추종자들이 4·19혁명으로 어떻게 해야 권력을 계속 유지할 수 있느냐, 나아가 살아남을 수 있느냐 하는 절체절명의 위기에 봉착했다.

3. 민주주의의 신장, 민주주의의 일상생활화를 위하여

1) 민주주의 저해세력에 대한 비판

제1차 마산의거는 최초의 규모가 큰 민주화운동으로, 제1차, 제2차 마산의거는 최초의 민중항쟁으로, 제2차 마산의거는 이승만 대통령과 정권을 부정하고 4·19혁명을 불러일으켰다는 획기적인 역사적 의의가 있는데도, 제1회 3·15의거 기념식 이후에는 장기간 기념식조차 의미 있게 치르지 못하고 정부로부터 외면당했다.

1961년 5·16 군부 쿠데타 이후에 맞은 제2회 3·15의거 기념식은 그 기념식

---

25 『경향신문』 1960. 6. 12.

에 참석했던 경남지사 등 소수 고관 일행이 분향만 하고 해산해버렸다.[26] 1974년 3·15의거 14돌에는 여고 합창단을 제외하고는 남녀 고교생조차 참석하지 않았다.[27] 3·15의거는 1969년 박정희 대통령의 3선개헌 이후 아예 평가의 대상에서 제외되었고, 1970년대에 들어서면 정부 주도의 형식적 기념에서도 사라졌으며, 그 '전통'은 전두환·노태우 정권으로 이어졌다. 6월항쟁 직후인 1987년 11월에 쓰여진 이선관의 시 「함성을 위하여」에 묘사된 그대로였다.

그대들 어딜 떠돌다가 / 해마다 3·15 이날만 오는가 / 그것도 기념식을 하는
두 시간만 / 그대들을 위하여 지어놓은 3·15회관은 / 유흥가(극장)로 둔갑되고 /
둔갑된 그 건물 옆에 / 그대들의 혼백이 거처해야 할 / 영령봉안소는 단단히 열
쇠로 잠겨져 있고[28]

국사 교과서에도 1970년대 이후 거의 25년 동안 3·15의거는 실리지 않았다.[29] 하기야 그 시기에는 4·19혁명조차 '의거'로 격하되어 5·16 군부 쿠데타, 10월유신, 새마을운동 등에 밀려 불과 몇 줄밖에 서술되지 않았다.[30]

3·15의거와 3·15의거 유족, 부상자들이 박정희·전두환 정권에 의해 외면당한 이유는 삼척동자라도 다 알 수 있다. 이승만 정권과 똑같이 권위주의 독재정권이어서 3·15의거를 두려워했기 때문이었다. 그래서 1961년 3·15의거 제1회 기념식에 행정수반인 장면 국무총리와 민·참의원 의장이 참석하여

26   남재우, 「3·15의거의 성격 변화」, 『3·15의거 학술논문총서』, 52쪽.
27   위의 글, 54쪽.
28   위의 글, 48쪽에서 재인용.
29   3·15의거기념사업회 편, 『3·15의거사』, 599쪽.
30   서중석, 「1960년 3·15 마산의거의 역사적 위상과 한국 민주주의의 진로」, 『3·15의거 학술논문총서』, 119~120쪽.

성대하게 치러진 이후, 문민정부인 김영삼 정부가 들어선 1993년에야 비로소 3·15의거기념사업회가 창립총회를 갖게 되었다. 그리고 다음 해인 1994년 3·15의거 33주년을 맞아 3·15의거 위상 정립을 위한 마산 시민의 입장이 발표되었다. 이 발표에서 마산 시민은 지난 33년간의 오욕과 수치에 진실로 참회하고, 더 이상의 굴욕을 거부하는 결연한 자세로 3·15의거에 대한 기치를 바로세울 것임을 선언했다.[31] 이 점을 3·15의거기념사업회 백한기 회장은 「3·15의거 계승 방안」에서 "3·15의거정신을 바로세우고 계승 발전시키는 일은 비단 3·15의거뿐만 아니라, 비틀어지고 굽어진 우리 현대사의 줄기를 바로잡는 일"이라고 지적했다.[32]

그러나 3·15의거의 기치를 바로세우고 비틀어지고 굽어진 현대사의 줄기를 바로잡는 일은 결코 쉬운 일이 아니다. 일제강점기에 일제의 주구가 되어 일제의 억압과 만행, 수탈 정책에 앞장서고, 군국주의 파시즘 및 군국주의자들의 침략전쟁을 찬양하면서, 한국인의 민족의식을 말살하고 일제 천황의 황국신민으로 만들려는 황국신민화운동에 참여한 친일파는 해방 후 통일정부수립운동을 방해하고 반대하였다. 그리고 이승만·한민당과 한몸이 되어 분단정부를 수립하기 위한 단정 운동에 매진했고, 이승만 독재의 하수인이 되었다. 또한 친일파와 그들의 후예들은 박정희 유신체제, 전두환 정권과 협력하면서 민주화운동을 억압하고 탄압했다. 친일파 및 친일파 후예들은 6월 항쟁으로 민주주의가 쟁취된 이후에도 여전히 냉전의식과 반공이데올로기에 사로잡힌 채 민주주의의 진전을 방해하기 위해 온갖 책동을 다하고 있다. 이들은 합리적인 반공보수주의자들과 거리가 먼 수구냉전세력으로, 이승만·

---

31 3·15의거기념사업회 편, 『3·15의거 50주년 기념사업 백서』, 33~34쪽.
32 위의 백서, 38쪽.

박정희·전두환 집권기에 움켜쥔 기득권이나 각종 권력을 지키고 확대하기 위한 활동에 여념이 없다.

수구냉전세력의 한 부류로 뉴라이트가 있다. 이들은 21세기에 들어와 조직적으로 활동을 하고 있다. 이들은 일본의 극우 역사 모임인 '새로운 역사 교과서를 만드는 모임'(새역모)과 비슷한 역사관을 소유하고 있다. 이들은 식민지 근대화론에 서서 일제 지배와 친일파의 친일 반민족 행위를 변호하고 있으며, 독립운동을 축소·폄하하였다. 이들의 친일파 엄호는 일제강점기의 친일 행위에 멈추지 않는다. 해방 후 이승만·친일파의 분단 활동, 이승만·박정희·전두환 정권의 권위주의 통치를 변호하고 있으며, 독립운동과 마찬가지로 민주화운동을 축소·폄하하고 있다. 수구냉전세력 및 그들의 충실한 대변인인 뉴라이트는 6월항쟁 이후 민주주의에 위험한 세력이다. 그들은 3·15 의거의 기치를 바로세우고 현대사의 줄기를 바로세우는 데 저해적인 세력인 것이다.

뉴라이트가 민주화운동을 음해하는 세력이라는 것은 교과서 관련 서술에서 단적으로 나타난다. 그들이 국정에서 검인정으로 바뀌어 국정교과서보다 월등 좋아진 고교 근현대사 교과서를 비방하면서 나름대로의 대안교과서를 내놓은 것이 교과서포럼 저술의 『대안교과서 한국근·현대사』이다. 이 '교과서'에서 3·15 선거와 마산의거를 어떻게 묘사하고 있는가를 살펴보면 뉴라이트의 속성을 짐작할 수 있을 것이다.

이 '교과서'에 따르면 3월 15일 실시된 대통령 선거에서 이승만은 조병옥 사망으로 유효투표의 89%를 획득하여 대통령에 당선되었고, 부통령에 이기붕이 79%의 높은 득표율로 당선되었다고 적혀 있을 뿐 부정선거로 89%, 79%의 득표율이 나왔다는 언급조차 없다. 그러고는 그 뒤에 가서야 자유당 강경파가 부정선거를 실시했다고 간략히 서술하고 있다. 이승만은 물론이고 최인규 내무부장관이나 경찰의 부정선거에 대해서도 한마디도 없고, 어떤 식으로 저질러진 부정선거였는가도 쓰여 있지 않다.[33] 부정선거가 크게 축소되었고, 이승만과 이기붕이 마치 정당하게 당선된 것처럼 생각하도록 유도하고 있다. 3·15의거는 어떠한가. 그 부분 전체를 인용하자.

> 부정선거에 항의하는 시위는 3·15 부정선거 이후 더욱 격렬해졌다. 마산에서는 시위 도중에 고등학생 김주열이 경찰이 쏜 최루탄에 맞아 사망하였다. 경찰은 김주열의 시신을 바다에 던졌다. 4월 11일 김주열의 시체가 발견되자 국민의 분노가 크게 일었다. 4월 18일 고려대학교 학생들의 시위가 시발점이 되어 (…).[34]

우선 제1차 마산의거가 언제 일어났는지가 불명확하다. 그것마저도 3·15 선거 이후 있었던 부정선거에 대한 여러 항의 시위의 하나로 시사되어 있을 뿐이다. 왜 이처럼 제1차 3·15 마산의거를 격하시켰을까. 김주열을 고등학생이라고 한 것도 부정확하지만, 제2차 마산의거는 아예 서술되지도 않았다. 뉴라이트는 몇 년 전에도 4월혁명을 학생운동으로 격하시키는 주장을 하는 학술회의를 갖다가 4월혁명 단체로부터 호되게 질책을 당한 바 있다.

뉴라이트의 민주화운동 축소·폄하에 대해 침묵만 지켜서는 안 된다. 뉴라이트는 이승만·박정희 미화 작업의 일환으로, 국정교과서 등의 이승만 정권의 독재, 박정희 정권의 독재에 은근히 영합하는 논조를 지속적으로 펴왔다. 2011년 9월 이후 역사 교과서 집필안과 관련해 교육과학기술부에 영향력

---

33 교과서포럼, 『한국근·현대사』, 2008, 173쪽.
34 위의 책, 173~174쪽.

이 있는 일부 뉴라이트가 그때까지 '민주주의'라고 썼던 것을 '자유민주주의'로 써야 한다고 들고나와서 일대 파문을 일으키고 있는데, 그와 함께 이승만 독재, 박정희 독재도 모호하게 처리하도록 주장했다. 결국 정부수립 후 친일파 처리 문제나 5·18 민주화운동 등에 대한 기술이 빠지거나 약화되었고, 이승만 정권, 박정희 정권의 '독재'에 대한 기술도 모호하게 처리했으며, 학생들 교육에서 큰 혼란을 야기할 수 있는 '자유민주주의'가 '민주주의' 대신 들어가는 것으로 집필안이 확정되어, 이대로 가다가는 현대사가 역사 사실과는 무관하게 수구냉전이데올로기에 의해 변질, 변색되는 것이 아닌가 하는 심각한 우려를 갖게 하고 있다.

민주화운동세력은 민주주의를 지키기 위해서 해야 할 일이 계속 발생하고 있다. 근래에 들어 가장 큰 책무 중 하나가 수구냉전세력의 이승만 띄우기를 비판하는 일이 될 것이다.

한국자유총연맹에서는 지난 8월 25일 서울 자유총연맹 안에서 이승만 동상 제막식을 열었다. KBS에서는 여론의 반대를 무릅쓰고 지난 9월 하순 세 차례에 걸쳐 이승만 특집방송을 내보냈다.

이승만 동상을 세우고 특집방송을 하는 데 민족문제연구소 등 여러 시민단체가 열심히 반대운동을 전개했다. '친일파 비호·독재자 이승만 찬양 방송 전면 중단과 KBS 김인규 사장 퇴진을 촉구하는 무기한 1일 릴레이 단식·농성'에 김자동 등 독립운동자나 그 후손을 비롯해 한국전쟁 유족회 관련자, 사월혁명회 관계자를 비롯해 여러 4·19혁명 참가자들이 참여한 것이 주목된다. KBS처럼 역사를 과거로 되돌리려는 퇴행적 행태에 대한 반대운동도 의미 있는 민주화운동이다. 이러한 민주화운동에 여러 민주화운동기념사업회에서 적극적으로 나서지 않는다면 누가 나설 것인가를 생각해봐야 한다. 더구나 이승만 독재에 항거해 싸운 민주화운동 관련 기념사업회 책무는 다른 시민단체나 민주화운동단체보다 더 클 수밖에 없다.

금년 51주년에 4·19혁명 묘역에서는 생각지도 않은 평지풍파가 일어나 주목을 끌었다. 그간 한 번도, 더구나 작년은 50주년이었는데도 나타나지 않았던 이승만의 양자 이인수와 건국 대통령이승만박사기념사업회에서 4·19 유족에게 '사과'를 하겠다고 나선 것이다. 돌연히 이러한 행동을 보인 것은 광화문에 동상을 세우려는 움직임과 무관하지 않은 것으로 추측되었다.

이승만에 대해서는 편견이나 잘못 알고 있는 것이 무척 많다. 이승만은 초기에는 잘했는데 권력에 눈이 멀어 나중에 잘못하게 되었다느니, 3·15 부정선거를 제외하면 잘못한 일이 별로 없다느니, KBS의 이번 방영처럼 3·15 부정선거는 아부파들이 한 짓이지 이승만은 잘 몰랐고, 책임이 없다느니 등이 잘못 알고 있는 대표적 사례이다. 그러나 이승만 대통령 집권기 사료를 보면 볼수록 이 대통령은 절대권력을 추구했기 때문에 모든 중요한 문제는 이 대통령의 결정이나 의사 또는 '의중(意中)'에 의해 이루어졌고, 특히 권모술수의 대가답게 영구 집권과 직결되어 있는 선거 문제에 대해서는 아주 면밀히 검토하고 있었다는 점을 명확히 알 수 있다. 필자는 최근에 쓴 한 글에서 이승만은 3·15 부정선거를 잘 알고 있었을 뿐만 아니라, 그 선거의 총기획자였음을 명료히 밝힌 바 있다.

금년 4월 19일 이승만의 양자 이인수가 4·19 묘역을 참배하려 했을 때, 4·19민주혁명회, 4·19혁명유공자회, 4·19혁명희생자유족회는 "마음에도 없는 사과를 내세워 4·19 묘역을 참배하는 행위는 단연코 거부한다"고 밝혔고, "영구 집권을 꾀하다가 학생과 국민의 힘으로 추방된 대통령의 동상을 광화문에 세우겠다는 그들의 간악한 흑심을 엿보게 하는 추태를 즉시 중단하라"고 역설했다. 4월혁명 단체다운 당당한 거부로서, 4월혁명정신이 올곧게 살아 있음을 만천하에 과시하여, 다른 민주화운동단체, 민주주의를 지켜온 사람들에게 신선한 충격을 주었다.

2) 민주주의의 신장과 일상생활화

민주화운동으로 국가기념일이 된 것은 그 지역 주민들의 자랑으로 긍지를 갖게 하지만, 민주주의를 신장시켜야 한다는 책무 또한 크지 않을 수 없다. 강주성 전 3·15의거기념사업회장은 3·15의거 37년이 되는 1997년에 "형식적인 기념행사는 오히려 마산의거 정신을 잊게 하는 원인이 되는 것이다. 그날의 찬란한 의거 정신이 마산인의, 전 국민의 뇌리에서 점점 사라지고 해마다 기념식이나 하는 형식의 기념일로 퇴색하는 현실을 우리는 또 어떻게 설명해야 할 것인가"라고 개탄했지만,[35] 3·15의거의 역사적 의의, 의미를 마산시민이든, 다른 한국인이든 잘 모르고 있다든가, 잘 알고 있으면서도 민주주의를 후퇴시키려는 책동에 대해서 침묵을 지키고 있다면, 국가기념일로 지정되어 기념식은 예전보다 더 거창해지겠지만, 하등 자랑스럽다거나 긍지를 가질 근거가 없을 것이다.

여러 민주화운동이나 남북협상, 제주 4·3사건과 같은 역사적 행위 또는 사건을 국민에게 주지시키는 데 중고등학교 역사 교과서에 어떻게 쓰여 있는가는 큰 역할을 한다. 더구나 극단적인 반공·냉전 권위주의 정권이 했던 것처럼, 민주화운동이나 역사적 행위, 사건을 왜곡해서 기술한다면 그것이 민주주의에 미치는 악영향은 크지 않을 수 없다.

최근의 사태처럼 이승만 정권이나 박정희 정권의 독재를 애매모호하게 하고 민주화운동을 축소, 폄하하는 역사 교과서 집필을 강요한다면, 역사 관련 단체나 시민단체 못지않게 민주화운동단체가 나서야 한다. 예컨대 그러

---

35 3·15의거기념사업회 편, 『3·15의거학술논문총서』, 51쪽.

한 집필 요구에 3·15의거기념사업회, 4·19혁명 관련 단체, 6·3기념사업회, 민청학련기념사업회, 부산민주항쟁기념사업회 등 부마항쟁 관련 기념사업회, 5·18재단과 5·18광주민주항쟁 관련 단체, 6월민주항쟁계승사업회가 힘을 합쳐서, 또는 개별적으로 교육과학기술부나 국사편찬위원회, 역사 교과서 집필안 관계 위원회 등에 공한을 발송하고 언론계에 그러한 사실을 알린다면, 관련 역사학 단체가 운동을 전개하는 데 큰 힘이 될 것이고, 집필자에게도 큰 힘이 되거나 무언의 압력이 될 것이다. 또한 주민들은 이러저러한 기념사업회가 민주주의를 위해 일을 하는구나 하면서 뿌듯한 마음을 가질 것이다. 이러한 일은 큰 힘이 드는 것이 아니다. 성의만 있으면 된다. 이와 같이 민주주의를 지키고 신장시키는 활동을 할 때 민주화운동기념사업회는 그 지역 주민과 국민한테 뿌리를 내릴 수 있다.

최근에 민주화운동기념사업회와 민주화운동 관련 단체들 사이에 한국민주주의 전당 건립 문제가 논의되고 있고, 몇 지역에서는 유치 활동을 벌이고 있다. 민주화운동 관련 단체는 먼저 자신의 지역에서 지금까지 민주주의 신장을 위해 어떠한 활동을 했는가를 점검해보고, 그와 함께 각각의 민주화운동 기념관의 내용이 잘 갖추어져 있고, 그 기념관이 잘 운영되고 있는가, 교육 관련 활동은 얼마나 성실하게 잘했는가를 되살펴보아야 할 것이다. 각 지역의 민주화운동 기념관이 잘 운영되지 않고 있는데도 민주주의 전당을 건립하자고 하는 것은 선후가 바뀐 것으로, 사리에 맞지 않는 주장으로 보인다.

민주주의 전당과 관련해서 또 한 가지 중요한 것은 민주주의 전당 유치 활동을 벌이기 전에 민주주의 전당을 건립하기 위한 활동에 모든 지혜와 힘을 모아야 한다는 것이다. 현재의 상황에서는 민주주의 전당이 건립될 가능성이 그다지 크지 않다.

노무현 정부 시기에 여러 과거사위원회가 많은 활동을 하였고, 다대한 성

과도 내었으나, 각각의 위원회 특별법에 명시된 기념관 건립 등의 사후 활동
은 지금 실질적으로 정지 상태에 있다. 이들 위원회의 몇몇 관련자는 다음 정
부에 기대하면서 물밑작업을 하고 있지만, 아직은 힘이 붙고 있지 않은 편이
다. 다만 제주 4·3 평화공원과 4·3 평화기념관은 비교적 잘 꾸며져 있고, 잘 운
영되고 있는데, 모범적인 과거사위원회로 꼽혔던 제주4·3사건진상규명및피
해자명예회복위원회의 활동과 함께 주된 평화공원·기념관 조성 사업을 노
무현 정부 시기에 해냈기 때문이다.

여기서 3·15의거기념사업회가 문민 정권인 김영삼 정부가 들어서면서 발
족했고, 그때부터 의욕적으로 사업이 진행되어 1995년에 3·15 의거탑 석등
이 건립되었고, 1998년에 3·15 성역공원조성 기공식을 가졌고, 1999년에 유영
봉안소 상량식을 가졌으며, 2002년에는 3·15 성역공원이 국립3·15민주묘지
로 되어 다음 해인 2003년에 준공되었다는 점을 중시할 필요가 있다. 3·15 아
트센터도 개관은 2008년에 했지만 그 이전에 추진되었을 것이다. 국가기념일
지정은 50주년이라는 점이 중요하게 작용했다.

3·15의거기념사업회에서는 민주주의 전당이 마산 쪽에 건립되어야 하는
이유로, ① 마산이 최초로 민주화운동을 전개한 지역으로, 그 역사적 상징성
을 인정받아 3·15의거가 국가기념일로 제정되었으며, ② 고속도로 인터체인
지가 두 곳 있고, KTX가 개통되었고, 비행장과 국제무역항이 있어 육·해·공
의 교통망이 거미줄처럼 뻗어 있어 접근성이 용이하고, ③ 과거 민주화운동
을 한 곳으로 지목되어 낙후 일로를 걷고 있고, 매년 인구가 급속히 줄어들어
상존 인구의 생존권이 위협받고 있는 곳임을 감안하여 지역 균형발전을 도
모하고 민주 시설의 편중을 막기 위해서라는 점을 제시하고 있다. 특히 민주
주의 전당에 최대 애로점인 부지 확보 문제도 마산에서는 3만 평을 확보해놓

은 상태이며, 마·창·진 통합 시민 모두가 건립을 환영하고 있다고 강조했다.[36]

마산 지역에 민주주의 전당이 건립되기 위해서는 부마항쟁의 국가기념일 지정 문제를 포함해 마산 지역이 3·1운동, 부마항쟁, 6월항쟁에서 보여준 독립운동, 민주화운동에 대한 풍부한 연구와 홍보가 필요하다. 민주주의전당 건립지역선정위원회는 3·15의거와 함께 마산에서의 독립운동, 민주화운동을 중시하면서 3·15의거기념사업회에서 제시한 마산 지역 선정 논리를 진지하게 검토해야 할 것이다. 그와 함께 각 지역의 민주화운동단체가 민주주의 신장과 일상생활화를 위해 그동안 민주주의 저해세력에 대해 어떠한 비판 활동을 하였으며, 민주화운동단체의 기념관 운영, 교육 활동 실태 등이 어떠하였는지에 대해서도 검토해야 할 것이다.

4. 끝맺으면서

마산 출신 사학계 원로인 강만길은 3·15의거와 4·19운동으로 이승만 정권이 붕괴되어 민주주의가 일정하게 달성되자, 민족의 두 번째 과제인 평화통일을 위해 마산에서 대륙세력과 해양세력 어느 한쪽에 치우치지 않고 중립화 통일운동이 전개된 것을 중시했다.[37] 강 교수가 3·15의거의 역사적 성격을 논하면서 중시한 중립화 통일운동도 최초의 민주화운동·민중항쟁, 이승만 대통령 사퇴 요구 시위, 4·19혁명으로의 진전과 함께 의미가 있다.

마산에서의 중립화 통일운동은 다른 지역보다 열기가 고조되어 있어

---

36   3·15의거기념사업회 편, 『3·15의거 50주년 기념사업백서』, 41~42쪽.
37   강만길, 「우리 역사 속의 3·15의거」, 『3·15의거 학술논문총서』, 19~20쪽.

1960년 12월 28일 무학국민학교에서 열린 중립국추진위원회 등록 보고대회에 1천여 명의 대중이 모였고, 1961년 3월 25일 마산의 중립화 통일운동단체가 주도한 2대 악법(반공법 신설, 집회와 시위에 관한 법 개악) 반대 시민궐기대회에는 4천여 명이 몰려들어 무학국민학교를 입추의 여지없이 메웠다.[38]

국가기념일 명칭인 3·15의거와 제1차 마산의거, 제1차 마산항쟁, 4·11 제2차 마산의거와 4·11 제2차 마산항쟁 등을 병행하여 사용하는 방안을 검토해볼 필요가 있다. 필자는 『3·15의거』 12호에 수록된 「1960년 3·15 마산의거의 역사적 위상과 한국 민주주의의 진로」에서 3·15의거로만 쓸 경우 제1차 마산의거보다 규모가 컸고, 역사적 의의도 큰 제2차 마산의거가 일반 시민·학생들에게는 떠오르지 않아, 3·15의거가 의미나 내용이 반밖에 안 알려지게 된다는 점을 지적한 바 있다. 또 『3·15의거사』에도, 그 밖의 3·15의거 관련 책자에도 박정희 군사 정부가 격을 낮추기 위해 '의거'라는 말을 썼다고 지적되어있는데, 부마항쟁, 광주항쟁, 6월항쟁에서 사용되고 있는 '항쟁'이라는 용어의 의미가 말해주듯 의거보다는 항쟁이 더 적극적이고 강한 표현이라고 볼수 있다.

장동표 교수 또한 「1960년 마산 '3·15의거'의 역사적 재조명」에서 3·15라는 이름만 붙일 경우 역사적 의의가 큰 제2차 마산항쟁의 의미가 살아 있지못하고 3월의 것으로만 한정될 가능성이 있다고 지적하고, 이종률이 1960년4월혁명 직후 사용했던 3, 4월항쟁이라는 용어를 원용해, 3월 15일의 항쟁과 4월 11~13일의 항쟁을 포괄하는 용어로 3, 4월 마산항쟁이라는 용어를 쓰겠다고 말한 바 있다.[39]

---

38 3·15의거기념사업회 편, 『3·15의거사』, 489~490쪽.

39 장동표, 「1960년 마산 '3·15의거'의 역사적 재조명」, 『3·15의거 학술논문총서』, 396~397쪽.

혹자는 3·15의거가 국가기념일로 되었기 때문에 항쟁이라고 쓰기가 어렵다고 주장할지 모른다. 그렇지만 헌법 전문에 4·19로 되어 있고, 4·19혁명 기념일이 국가기념일 명칭이지만, 요즈음에는 그보다 폭넓은 의미를 가지고 있는 4월혁명이라는 용어를 많이 쓰고 있다. 법률이나 국가기념일로는 5·18 민주화운동으로 되어 있어도 근래에 광주항쟁이라는 용어를 많이 사용하는 것도 비슷한 예이다. 따라서 3·15의거와 3·15 제1차 마산의거, 3·15 제1차 마산항쟁, 4·11 제2차 마산의거, 4·11 제2차 마산항쟁 등을 병용해 쓰는 것은 별 무리가 없어 보인다.

※ 이 글은 (사)3·15의거기념사업회 주최로 2011년에 열린 국제학술심포지엄 『3·15의거 국가기념일 제정 후 그 과제』의 일부로 발표되었다. ※

박형규·본회퍼와 박정희 유신체제

1. 들어가며

먼저 필자는 비기독교인이어서 기독교 목회자의 신앙세계나 의식, 내면 및 신학을 이해하는 데 기독교인과 차이가 있을 수 있음을 밝혀둔다.

이 글은 박형규 목사(이하 박 목사로 통칭)와 서울제일교회(담임목사 박형규), 수도권도시선교위원회(위원장 박형규), 한국기독학생회총연맹(KSCF, 초대 위원장은 박 목사의 장남 박종렬) 등이 초기 반유신 민주화운동에서 대단히 중요한 역할을 한 것에 주목했다.

언론인 송건호는 독재자에 공개적으로 반대하기로는 박 목사가 처음인 것 같다고 술회했다.[01] 송건호의 말이 함축한 바를 이해하기 위해서는 당시의 상황을 떠올릴 필요가 있다. 1972년 10월 17일 군이 거리에 나오면서 하루아침에 민주주의 헌정이 무너졌다. 언론의 자유가 5·16 군사 쿠데타 때보다도

---

01 송건호, 「호인 목사를 만난 추억」, 『행동하는 신학 실천하는 신앙인』, (주)사회평론, 1995, 195쪽.

훨씬 참혹하게 유린당하는 등 기본권이 무참히 파괴되었다. 박정희에게 '찍힌' 야당 의원들이 모처에 끌려가 무지막지한 고문을 당하고 있다는 얘기가 은밀하게 떠돌았을 뿐, 총부리 앞에서 어떤 발언도 행위도 할 수 없었다. 김관석 목사의 표현을 빌면 어떻게 될지 한 치 앞을 내다볼 수 없는 캄캄한 현실이었다.[02]

이러한 엄혹한 상황에서 유신체제가 들어선 이후 최초로 대중적이고 공개적인 반유신 투쟁을 전개하려고 한 것은 특별한 각오와 결단이 없고서는 있을 수 없었다. 박 목사, 박 목사와 뜻을 같이한 서울제일교회·수도권도시선교위원회·KSCF의 목회자와 학생들은 최초의 대중적이고 공개적인 반유신 민주화운동을 기획하거나 참여했을 뿐만 아니라, 그것에 이어 일어난 반유신 민주화운동에서도 중요한 역할을 했다. 서울제일교회의 라병식·황인성 등은 최초의 반유신 학생 시위인 서울대 문리대의 1973년 10·2 투쟁에 앞장섰다. 10·2 시위가 일어나자 일파만파로 전국의 수많은 대학에서 반유신 시위나 동맹휴학이 일어났으며, 사회 각계의 민주화 선언이 뒤따랐다. 1974년 1월 8일 박정희가 긴급조치 1,2호를 발동해 반유신 개헌 운동을 억압하려 하자 서울제일교회·수도권도시선교위원회 목회자들이 앞장서 그것에 대항하는 투쟁을 전개했다. 유신체제 전반기 최대의 민주화운동 사건인 '민청학련' 사건에도 박 목사와 목회자, 학생들이 적극 가담했다. 이처럼 박 목사, 박 목사와 뜻을 같이한 목회자, 학생들은 한국 민주주의 역사에서 잊을 수 없는 한 페이지를 장식했다.

아래에서는 박 목사의 글·설교와 행위를 중시하면서 유신체제 초기의 민주화운동을 살펴보고자 한다. 박 목사는 서울제일교회, 수도권도시선교위원

---

02 김관석, 「고난을 나누는 공동체」, 『행동하는 신학 실천하는 신앙인』, 269쪽.

회에서 지도적·중심적 위치에 있었고, 서울제일교회 학생들과 대화를 나누었으며, 개신교 학생 조직에도 관여했다. 한국기독교교회협의회(NCCK) 총무였던 김소영 목사가 지적한 대로 박 목사는 1973년 4월 22일 부활절 예배 사건 이후 개신교의 인권운동, 사회정의 운동의 대부가 되었다.[03] 박 목사는 대다수의 종교인, 지식인들이 독재자에게 매달려 아부하며 창녀처럼 정조를 버렸을 때 예언자적 권위로 시대의 죄악을 폭로했다.[04] 격동의 1970년대에 박 목사는 예언자였다.[05]

1970년대의 박 목사를 이해하기 위해서는 당시 개신교계를 돌아볼 필요가 있다. 1970년대 개신교계는 여전히 부흥회가 위세를 떨치고 있었고, 교회의 주류는 영혼 구제에 치중하고 있었다. 개인의 구원 문제를 중시한 것이다. 사회 참여나 반독재 민주화운동은 일부 학생층을 제외하고는 관심사가 아니었고, 많은 목회자들이 반독재 민주주의 운동을 벌이는 목회자를 정치 목사라고 불렀고, 도시빈민 문제나 산업 선교에 나선 목회자들을 색깔을 갖고 보기 일쑤였다. 그런가 하면 교계의 지도자들은 '(유신) 대통령'을 위한 '구국기도회'를 열었다. 박 목사나 그와 뜻을 같이하는 목회자들이 개신교 내에서 목소리를 내기가 쉽지 않았고, 이단으로 외면당하기도 했다. 그런데도 박 목사 등이 쉬임 없이 반독재 민주화운동을 펼치고 도시빈민·산업 선교 운동에 몰두한 것은 각별히 눈여겨보아야 할 것이다.

박 목사가 담대하게 주저없이 결단을 내릴 수 있었던 데는 히틀러 나치와 결연히 맞서 싸웠던 본회퍼 목사의 언행이 큰 힘이 되었다. 중요한 순간에 박 목사가 결단을 내리거나 학생들과 대화할 때 디트리히 본회퍼라는 독일인

---

03 김소영, 「교회연합 운동을 사회참여 운동으로」, 『행동하는 신학 실천하는 신앙인』, 237쪽.
04 조지송, 「산업선교 현장에서 돋보인 인격」, 『행동하는 신학 실천하는 신앙인』, 137쪽.
05 이상윤, 「민주주의 건설의 마지막 증인」, 『행동하는 신학 실천하는 신앙인』, 143쪽.

목회자가 그의 곁에 있었다. 박 목사는 10·17 유신 쿠데타가 일어나자 1933년에 있었던 나치의 집권이 떠올랐다. 그러면서 디트리히 본회퍼 목사가 그때 어떻게 대응했는가를 되돌아보았다. 본회퍼는 박 목사가 결단을 내리거나 소명의식을 가질 때 언제나 용기와 영감을 주었다.[06] 유신 쿠데타가 발생하자 나치를 떠올린 것은 다른 사람들에게서는 찾아보기 어려운 일이었다.[07] 박 목사는 박정희가 유신 쿠데타를 일으키고 소위 '비상국무회의'에서 유신헌법을 제조하고 체육관에서 유신 대통령에 취임할 때('체육관 대통령') 「본회퍼와 독일 고백교회」를 집필한 것으로 보인다. 그의 글과 반유신 투쟁은 따로 있는 것이 아니었다. 그 글은 그 자신과 교회가 유신체제에 어떻게 대응해야 할 것인가를 말해주는 공증(公證)이었다.

이하에서는 먼저 「본회퍼와 독일 고백교회」를 살펴보고, 박 목사가 본회퍼를 알게 되고 영향을 받게 된 과정, 그의 사회참여 의식의 형성 계기, 유신 쿠데타 이전의 민주화운동과 빈민 운동 등을 간략히 살펴볼 것이다. 그에 이어 박 목사도 언급한 독일 히틀러의 독재 권력 장악 과정과 박정희의 유신 쿠데타와 유신체제 성립 과정을 비교해볼 것이다. 이 부분은 유신체제를 이해하는 데 의미가 있는데, 지금까지 거의 언급되지 않았다. 양자가 어떤 점에서 차이가 있는가는 양자의 권력 성격을 이해하는 데 도움을 줄 것이다. 그리고 남산 부활절 연합예배 사건을 세 개의 자료를 중심으로 살펴볼 것이다. 이어서 박 목사 등이 석방된 이후 긴급조치 1호가 발동되었을 때 박 목사와 함께

---

06 박형규 저, 신홍범 정리, 『박형규 회고록─나의 믿음은 길 위에 있다』, 창비, 2010, 216쪽.

07 이우정 교수는 유신헌법 직후 은명기 목사가 설교를 통해 박정희를 히틀러와 비교하면서 비판했다고 지적했다(이우정, 「민청학련 사건에서 겪은 고통」, 『행동하는 신학 실천하는 신앙인』, 244쪽). 1972년 12월 13일 연행 구속된 은 목사의 공소장에 기재되어 있는 혐의 사실 3개 항에는 박정희를 히틀러에 비교한 것이 들어 있지 않아 여러 자료를 더 들여다봐야 할 것 같다. 한국기독교교회협의회 편, 『1970년대 민주화운동』 1, 220~227쪽.

활동했던 목회자들이 그것에 어떻게 대응했고, 박 목사는 그 시기에 무엇을 했는가를 살펴볼 것이다. 마지막으로 박 목사와 '민청학련 사건의 관계'가 갖는 의미를 고찰할 것이다. 이 사건은 박정희가 공산주의자들의 적화통일을 위한 초기단계 활동으로 조작해 엄청나게 키웠고, 끝내는 8명을 법의 형식을 빌어 학살했던 바, 본회퍼가 말한 '미치광이가 모는 자동차'의 형상을 보여주었다는 점에서도 중요하다. 민청학련 사건으로 사회 인사들이 여럿 곤욕을 치렀지만, 지도급 인사 중 적극적인 의사를 가지고 학생들의 거사 계획에 동참한 이는 지학순 주교, 박 목사, 윤보선 전 대통령 세 분이었다.

박 목사는 민청학련 사건으로 옥고를 치르다가 1975년 2월에 석방되었는데, 석방된 이후에도 수많은 사건에 부딪혔다. 1976년 4월에는 수도권특수지역선교위원회 선교자금 사건으로 박 목사와 권호경 목사, 조승혁 목사 등이 징역 10월을 선고받고 1976년 2월 만기 출소했다. 옥중에서 박 목사는 미국의 선교단체가 주는 에드워드 W. 브라우닝 상을 받았다. 감옥에서 나오자 이번에는 박 목사를 빨갱이로 만들려는 공작이 집요하게 이어졌다. 이 일로 박 목사는 30여 일에 걸쳐 구금되었고, 권호경·이규상 목사 등 40여 명이 연행되어 시달림을 받았다. 1978년 9월에는 기독교장로회 청년회 전주대회 시위 사건으로 끌려가 긴급조치 9호 위반으로 징역 5년을 선고받았으나 1979년 7월 17일 제헌절에 형집행정지로 석방되었다. 그해 10월 4일 분별력을 잃은 박정희의 지시에 의해 김영삼이 의원직을 상실하자 이에 항의하는 성명을 내 대공분실로 끌려갔다. 이우정 교수가 박 목사는 간통죄 빼고 당시의 모든 죄에 다 걸렸다고 말했듯이, 유신체제에서 박 목사는 온갖 죄명으로 감옥을 내 집처럼 드나들었다.

더 큰 고뇌와 가혹한 시련은 1980년대 전두환·신군부 정권에 의해 초래되었다. 1981년 9월에 박 목사가 관례를 깨고 기독교장로회(기장) 총회장에 당선된 것은 전두환·신군부의 정권 탈취와 광주학살에 기장이 적절히 대응해야 한다는 교계의 요망과 함께 기장 교단의 명망 있는 목사 두 명이 전두환·신군부의 회유책에 넘어가 기장의 정체성을 확고히 할 수 있는 총회장이 필요하다는 공감대가 있어서였다.[08] 이 즈음 박 목사는 NCC 인권위원장 등도 맡았다. 박 목사는 평생 쫓겨나는 삶을 살았다고 권호경 목사는 회고했는데,[09] 실제로 이때부터 서울제일교회와 박 목사를 위협하는 보안사의 공작이 노골화되었다. 서울제일교회 내 일부 장로와 신도가 폭력을 일삼더니 보안사 요원이 폭력배들을 몰고와 박 목사와 교인들을 폭행하고 60여 시간 동안 불법 감금하는 사태가 벌어졌다. 1984년 10월부터 예배당 출입을 저지당해 길거리에서 예배를 드렸는데('길 위의 예배'), 12월 9일에는 폭력배들이 길 위의 예배까지 못하게 폭력을 휘둘러 할 수 없이 폭력을 피해 중부경찰서 앞 길 위에서 예배를 드리기 시작했다. 그러기를 1990년 12월까지 무려 6년이나 계속했다. 그러면서 '난민의 예배', '세계에서 제일 큰 교회'라는 말도 들었다. 그러나 이 글에서는 1975년 이후 박 목사와 관련된 일은 일체 다루지 않으려고 한다.

2. 박형규 목사의 반독재 사상 형성과 본회퍼

1) 유신 쿠데타와 본회퍼·독일 고백교회

유신 쿠데타·유신헌법·'체육관 대통령'의 탄생이라는 경악할 만한 사태가 일어났을 때 박 목사는 히틀러 나치를 떠올렸고, 그와 동시에 당시 독일의

---

08 권호경, 『권호경 목사 회고록—역사의 흐름, 사람을 향하여』, 대한기독교서회, 2019, 116~117쪽.
09 위의 책, 113쪽.

교회와 크리스천, 특히 본회퍼가 떠올랐다. 그러면서 박 목사는 「본회퍼와 독일 고백교회」를 쓰기 시작했다. 이 글이 발표된 것이 『제3일』 1972년 12월호, 1973년 1월호인 것으로 볼 때, 10·17 쿠데타 직후부터 썼거나 늦어도 11월경에는 쓰기 시작했다는 것을 시사한다.

박 목사의 「본회퍼와 독일 고백교회」는 두 부분으로 구성되어 있다. 앞부분에서는 히틀러가 집권해 전권부여법이 통과될 때까지 독일 교회와 크리스천들이 대체로 어떠한 반응을 보였으며, 그와 대조적으로 본회퍼는 어떻게 대응했는가를 다루고 있다. 뒷부분은 본회퍼, 마르틴 니묄러, 칼 바르트 등의 노력에도 불구하고 히틀러의 교회 문제 특별고문인 루트비히 뮐러가 1933년 9월 독일 복음주의교회 총회에서 제국 감독으로 선출되어 1934년 1월 4일 '독일 복음주의교회에서의 질서 있는 상태의 재건에 관한 조령(條令)'을 공포하기에 이르자, 같은 날 바르멘에서 167개의 개혁파 교회가 '자유개혁파 교회 신앙고백회의'를 열고, 5월 29~31일에 역시 바르멘에서 '독일 복음주의교회의 신앙고백회의'를 열어 역사적인 바르멘 선언을 채택하기까지의 과정을 기술했다.[10] 특별한 각오와 결단이 없었다면 나올 수 없는 글인데, 어느 글이나 박정희 유신체제 정권의 등장에 한국 교회와 신앙인이 어떤 각오를 갖고 결단을 내려야 할 것인가를 비슷한 상황의 독일의 예를 빌어 제시하고 있다.

이제 다시 이 글의 앞부분으로 가자. 히틀러의 악마성을 꿰뚫어볼 수 있었던 소수의 예언자적 감각을 가진 사람 중의 한 명이었던 27세의 본회퍼 목사는 히틀러가 1933년 1월 30일 독일 수상으로 임명된 그 다음다음 날인 2월 1일 라디오 방송을 통해 두 가지 메시지를 전달했다. 하나는 자기들의 영혼을 값싸게 사이비 지도자에게 팔아넘겨서는 안 된다는 경고였다. 다른 하나는

---

10 박형규, 『해방의 길목에서』, 사상사. 1974, 50~68쪽 참조.

본회퍼
디트리히 본회퍼
(Dietrich Bonhoeffer,
1906~1945). 위키피
디아 소장.

"스스로 메시아, 신국의 건설자로 자처하는 지도자야말로 반드시 나라와 국
민을 오도하는 자가 될 것"이라는 지적이었다.[11]

2월 27일 제국의회 의사당 방화 사건이 일어나자 '국민과 국가의 보안을
위한 긴급령'이 발동되었고, 3월 5일 치러진 총선거에 이어 3월 23일 전권부
여법이 통과됨에 따라 히틀러는 사실상 전권을 장악하고 독재를 할 수 있었
다. 이렇게 나치의 폭력적인 일당독재가 착착 진행되는데, 나치를 지지하는
('독일적') 기독인들은 말할 나위도 없고, 대부분의 전통적 크리스천과 교회도
히틀러의 말을 믿고 국가의 권위에 대한 순종을 설교하면서 '새로운 질서'에

---

11   위의 책, 51쪽; 박형규, 『박형규 회고록—나의 믿음은 길 위에 있다』, 111~112쪽.

대해 "아멘 아멘"하면서 열광적으로 호응했다.

히틀러의 악마적 요소가 뚜렷이 나타난 것은 공공연하게 유태인 박해가 일어나면서였다. 1933년 4월 1일 히틀러는 유태인 상점 불매령을 내렸고, 4월 7일 유태인 공무원은 전원 휴직 처분할 것을 지시했다. 본회퍼는 1933년 4월 하순에 '유태인 문제에 대한 교회의 입장'이라는 제목으로 강연을 했다. 이 강연에서 본회퍼는 "유태인이나 독일인이나 똑같이 함께 하나님의 말씀 아래 서 있는 것이 바로 교회"라고 힘주어 말하고, "교회는 역사 속에 하나님이 오신 것을 증거한다"고 역설했다. 그리고 "그러한 교회만이 역사의 본질과 국가의 본질을 알고 있다"고 선언했다. 그래서 "교회는 국가에 대해 합법적으로 국가다운 행동인지 아닌지, 다시 말해서 법과 질서 안에서 국가의 책임을 다하는 방식으로 하고 있는지 어떤지를 물을 수 있고 또 물어야 한다"고 했다. 본회퍼가 말한 '국가'를 박정희 유신체제, 또는 유신정권으로 대치하면 그대로 한국의 교회가 유신정권에 대해 어떻게 물어야 하는가가 될 것이다. 본회퍼의 물음은 거기서 멈추지 않았다. 교회는 국가라는 차에 깔려 희생된 사람들을 위해 봉사해야 할 뿐만 아니라, 더 나아가 궁극적으로 그 차를 저지하지 않으면 안 된다고 역설했다. 국가에 대항하는 이러한 투쟁은 교회의 정치적 행위, 반국가적 행동으로 보일지 모르나, 실은 이렇게 함으로써 교회는 국가로 하여금 (참다운) 국가가 될 수 있게 하는 것이라고 설파했다.[12]

박 목사에게 본회퍼는 신앙이 사회적 실천과 어떻게 연결되는가를, 신앙과 양심과 인간의 존엄이 어떻게 죽음의 세력을 이기는가를 보여준 인물이었다. 본회퍼는 니묄러와 함께 '목사 긴급동맹' 운동에 몸을 던졌으나, 이마저도 국가폭력에 의해 좌절되자 "미치광이가 모는 자동차를 멈추게 하는 길은

---

12 박형규, 『해방의 길목에서』, 53~54쪽.

이 미치광이로부터 자동차의 핸들을 빼앗는 길밖에 없다"고 보고, 히틀러 암살 계획에 참가했다.[13]

박 목사가 본회퍼에 대해 알게 된 것은 일본 도쿄 유엔군사령부에 근무하면서 도쿄신학대학에 입학한 때부터였다. 그는 이 학교에서 그의 신앙과 신학사상에 가장 큰 영향을 준 칼 바르트, R. K. 불트만, 본회퍼의 신학사상을 접할 수 있었다. 그러나 이때는 칼 바르트가 가장 큰 영향을 주었다. 칼 바르트의 "교회로 하여금 교회되게 하라"는 명언은 박 목사 신앙의 모토가 되었다.[14]

1960년 4월혁명은 한국 기독교인들에게도 정신적 혁명을 가져왔다. 특히 4·19는 양심적인 기독교 지도층 인사들의 사회적인 책임을 묻는 계기가 되었다.[15] 그 점은 박 목사도 비슷했다. 그때까지 그는 사회 부조리나 부정부패에 거의 관심을 두지 않은 채 평범한 목회 활동을 이어갔다. 그런데 박 목사는 4·19혁명을 직접 현장에서 지켜보았기 때문에 더욱 큰 충격과 영향을 받은 것 같다. 그날 박 목사는 경무대 부근 궁정동 큰 식당에서 화려한 결혼식 주례를 하고 밖으로 나왔는데, 총소리가 계속 들렸다. 가까이 가보니 학생들이 경무대 쪽으로 가다가 총을 맞고 밀려나오고 있었다. 총에 맞아 쓰러져 피 흘리는 모습도 보였다. 박 목사는 그 학생들에게서 십자가에서 피 흘리는 예수의 모습을 보았다. 하나님의 진노가 쏟아지는 것 같은 강렬한 느낌이었다. 박 목사는 물결처럼 밀려다니는 시위 군중 속에 섞여 계속 걸어 다녔다. 혁명적인 분위기를 실감했다. 이제 교회는 참다운 교회로 새롭게 태어나야 했고, 광

---

13 히틀러 암살 계획은 실패했고 본회퍼는 1943년 4월 5일 게슈타포에 체포되어 패전을 코앞에 둔 1945년 4월 9일 사형당했다. 39세였다. 박형규, 『박형규 회고록―나의 믿음은 길 위에 있다』, 113~114쪽.

14 위의 책, 84~89쪽.

15 이우정, 앞의 글, 243쪽.

야에서 외치는 소리가 되어야 했다.

새롭게 세상에 눈을 뜬 신앙인 박 목사에게 본회퍼가 성큼 다가온 것은 미국 뉴욕의 유니온 신학대학원에서였다. 일찌감치 박정희 군사정권에 찍혀 신원 조회에서 말썽이 나 여권도 간신히 발급되는 등 우여곡절을 겪었지만, 1962년에 들어간 개방적이고 진보적인 유니온에서 박 목사는 본회퍼를 깊이 있게 공부할 수 있었다. 본회퍼가 1930년에 이 학교에서 1년간 신학을 연구하기도 해서 더 가슴에 다가왔다. 그의 신학사상에도 깊은 감명을 받았지만, 무엇보다 그의 삶, 자신의 생명을 바쳐 신앙과 신념을 실천한 '순교자'의 삶이 박 목사의 마음을 사로잡았다. 박 목사는 본회퍼와 함께하면서 평범한 목회자의 꿈을 접고 사회와 역사를 고민하는 크리스천의 길을 택했다.[16] 박 목사는 학생들과 대화할 때도 본회퍼 얘기를 많이 했고, 본회퍼의 『제자의 길』, 『옥중서간』, 『나를 따르라』 등을 필독서로 권했다.[17]

박 목사는 유니온에서 열정적으로 본회퍼에 몰두할 때만 해도 국민의 기본권을 박탈하고 국가의 이름으로 폭력을 휘두르며 국민 위에 군림하는 나치의 전체주의화 과정이 우리나라에서도 비슷한 양상으로 전개되리라고는 상상도 못했다. 그러나 불행한 일이지만 그것은 머지않아 닥쳤고, 그 징조는 귀국 후 얼마 뒤부터 나타났다.

2) 박 목사와 개신교 목회자들의 반유신 활동의 배경

귀국 후 박 목사는 개신교에서 사회참여 활동을 하기에 적합한 일들을 맡았다. 1965년 기독교장로회 여신도회가 창립한 베다니평신도지도자학원 원

---

16 박형규, 앞의 책, 105~115쪽.
17 김종원, 「기독학생에게 신사도와 사명을 심으시고」, 『행동하는 신학 실천하는 신앙인』, 119쪽.

장, 1966년 한국기독학생회(KSCM) 총무로 활동하면서 동시에 한일회담 반대 운동에 나섰다. 1968년에 『기독교사상』 주간을 맡은 것은 박 목사에게 행운이었다. 진보적 신학이나 사회참여의 논리를 펴는 데 적절한 월간지였기 때문이다. 박 목사는 이 잡지의 편집 방향을 크게 바꾸었는데, 마침 박정희의 3선개헌이 다가오고 있었다. 3선개헌 반대는 기독교장로회 원로인 김재준 목사가 앞장섰다. 3선개헌 이후 나타날 장기집권의 흉모가 문제였다. 1969년 7월 김재준을 위원장으로, 사회 각계와 야당이 참여한 3선개헌반대범국민투쟁위원회 발기인 대회가 열렸다. 박 목사는 『기독교사상』 8월호 특집으로 개헌 문제를 다뤘다. 그 반면 9월 5일 개신교 주류로 보수계를 대표하는 김윤찬·박형룡·김준곤·김장환·조용기·박윤선 목사 등이 소속한 대한기독교연합회는 개헌 문제에 대한 대통령의 영단을 환영한다는 성명을 냈다.[18] 9월 14일 새벽 2시 50분경 여당은 개헌안을 국회 제3별관에서 변칙 처리했다. 변칙 통과 직후 박 목사는 『기독교사상』 10월호에 이렇게 썼다.

목적 달성을 위해 수단과 방법을 가리지 않는 그들의 폭거는 4·19를 촉발시킨 이승만 정권의 말기를 방불케 하고 있다. 이제 다시 흑암의 세력이 고개를 들기 시작했다. 빛의 아들도 하나님의 전신갑주를 입을 때가 왔다. (…) 한국 교회는 이제 다시 밤의 세력과 대결하지 않을 수 없게 되었다.[19]

"흑암의 세력", "밤의 세력"은 박정희의 장기집권 음모를 가리키는 것이

---

18 한국기독교교회협의회 인권위원회 편, 『1970년대 민주화운동』 1, 한국기독교교회협의회, 1987, 80~83쪽.
19 박형규, 앞의 책, 162~163쪽; 이유나, 「박형규의 기독교사회운동론의 형성과 활동」, 『신학사상』 197, 2019 겨울, 251~253쪽.

아닐까. 그러나 개신교 보수세력의 반격도 만만치 않았다. 그들은 권력자가 말한 것을 다시 읊조리는 것이지만 김재준·박형규 등을 '정치 목사'라고 불렀다. 박 목사는 4·19 10주년을 맞아 『기독교사상』 1970년 5월호에 그러한 소리를 비판하면서 이렇게 말했다.

> 4·19는 역사상 한 번 있었던 일이다. 그러나 역사는 되풀이될 것이고, 모든 되풀이되는 역사는 골고다에서 정치범으로 처형당한 나사렛 예수 사건의 끊임 없는 반복일 것이다.[20]

1970년 4월 박 목사는 기독교방송(CBS) 상무로 사회·정치 문제에 각별히 유념했다. 그해 11월 전태일의 죽음과 관련해서는 강원룡 목사가 이 부분에 대해 자세히 설교한 것을 그대로 방송으로 내보냈고, 1971년 대선과 관련해서 김대중 후보와 대담한 것을 내보냈다. 그러나 정보부가 손놓고 있을 리 없었다. 대선 투표 직후 박 목사는 CBS에서 쫓겨났다.

유신 쿠데타가 일어나기 1년 전쯤 박 목사를 중심으로 개신교 내 반유신 민주화운동에 앞장설 인적자원이 형성되었다. 박 목사는 1970년 3월 서울제일교회의 설교 목사가 되어 주일 설교를 맡았다. 그는 1971년 8월 권호경 전도사를 서울제일교회 전도사로 맞아들였다. 박 목사는 그해 11월 서울제일교회 담임목사가 되었다.

권호경 전도사를 서둘러 끌어들인 것은 도시빈민 문제 때문이었다. 당시에 일각에서 산업노동자 선교에 관심을 보였지만, 당장에는 도시빈민이 큰 문제였다. 1960, 70년대에는 대대적인 이농 현상이 있었다. 서울의 인구는

---

20 박형규, 「4·19와 한국 교회」, 『해방의 길목에서』, 216쪽.

1960년 245만 명 수준에서 1970년에는 그 두 배가 넘는 550여만 명으로 팽창했는데, 대부분이 이농민 때문이었다. 이농민의 상당수는 어쩔 수 없이 도시 빈민이 되었다.

미국연합장로교 측의 지원을 받으며 1968년에 개신교와 가톨릭이 연합해 도시문제연구소가 만들어졌다(소장 노정현 교수). 박 목사는 주민 조직 실무자를 훈련시키는 도시선교위원회를 맡았다. 이 도시선교위원회가 중심이 되어 미국연합장로교의 지원이 끝나갈 무렵 더 적극적으로 빈민 선교활동을 펴기 위해 가톨릭과 개신교가 초교파적으로 수도권도시선교위원회를 만들었다 (위원장 박형규, 총무 조승혁, 주무간사 권호경). 1971년 9월 1일로 성남에서 8월 10일에 대규모 빈민 폭동(광주대단지 사건)이 일어난 지 한 달도 안 되어서였다. 도시선교위원회는 권호경 간사가 필리핀에서 주민 활동 훈련을 마치고 돌아온 1972년 4월부터 더욱 본격적인 활동에 들어갔다. 남대문시장 김동완, 송정동 김진홍, 도봉동 이규상, 신정동 김혜경, 성남시 권호경, 인천시 동구 전용환 등이었다. 성남에서는 이해학 전도사가 새 실무자로 일했다.[21]

여기서 도시선교위원회 활동자들의 면면을 주시할 필요가 있다. 박 목사와 이들 도시선교위원회 목회자들은 서울제일교회·KSCF·새문안교회 학생들과 함께 개신교 반유신 민주화운동의 주축을 이루게 된다.

유신 쿠데타가 일어나기 약 1년 전쯤 박 목사는 『제3일』 1971년 12월호에 「국가권력과 양심의 명령—마르틴 니묄러의 교훈」이라는 의미심장한 글을 썼다. 마르틴 니묄러는 10·17 유신 쿠데타 직후 박 목사가 쓴 「본회퍼와 독일 고백교회」에 나오는 목사로, 독일 복음교회 제국감독 묄러에 대항해 목사긴급동맹을 조직했고, 바르멘 선언이 나오는 데도 중요한 역할을 했다.

---

21   박형규, 『박형규 회고록—나의 믿음은 길 위에 있다』, 205쪽.

수상 히틀러가 독일 교회 지도자들을 초청한 자리에서 "부디 성직자 여러분은 천국과 영혼의 구원에 관한 문제에만 전심해주시고, 나라의 정치에 관한 문제는 나에게 일임해주시오"라고 말하자 무거운 침묵만 감돌았다. 그때 니묄러가 일어나 "이 세상의 어떠한 권력이라도, 그것이 비록 독일의 수상인 당신일지라도 우리 조국인 독일을 위해 하나님이 우리에게 부과하신 책임을 박탈할 수는 없습니다"라고 말했다고 한다. 니묄러는 1937년 게슈타포에 의해 체포되었고, 작센하우젠의 집단수용소로 끌려갔다. 다행히도 그는 1945년 5월 독일이 항복한 날 기적적으로 풀려났다. 박 목사는 이 글에서 니묄러의 사상과 행동을 이해하지 않고선 독일 교회의 저항을 이해할 수 없고 본회퍼도 제대로 이해할 수 없다며, 니묄러가 국가와 양심이 충돌할 때 양심인은 어떻게 행동해야 할까에 대해 1950년대에 강연한 것을 자세히 소개했다.

박 목사는 왜 이 글을 썼을까. 먼저 쓰여진 시기를 살펴볼 필요가 있다. 1971년 12월 6일에 박정희는 유신 쿠데타의 전주곡이라고 할 만한 '국가비상사태선언'을 하고 국내 체제를 전시체제화하는 6개 항목을 발표했다. 이 글은 그 발표 직후에 쓰여졌을 수도 있으나, 같은 해 10월 15일 박정희가 서울 일원에 위수령을 발동해 10개 대학에 무장군인을 진주시키고 시위 학생들을 구속하거나 대거 제적시키고, 그러면서 학교에서 쫓겨난 학생들을 강제로 전방부대 소총병으로 보낸 직후에 썼을 수도 있다.

어느 경우나 박 목사는 박정희가 하는 짓이 대단히 불길하다고 생각한 것 같다. 3선개헌 직후에 그는 "흑암의 세력이 고개를 들기 시작했다"고 썼는데, 이제는 흑암의 세력이 자신의 정체를 드러내고 있다고 판단한 것으로 보인다. 거기에는 3선개헌 얼마 후부터 박정희가 스페인의 프랑코 총통제나 대만의 장개석 총통제 비슷한 독재체제를 만들기 위해 이들 나라의 총통제를 연구하고 있다는 얘기도 작용했을 것이다. 김대중 후보도 1971년 대선에서 이 문제를 부각시켰고, 4월 18일 서울 장충단 유세에서 "지금 어느 나라에 가서 총통제를 연구 중이다. 이번에 정권교체를 못하면 영구 집권의 총통제가 실시돼 선거도 없을 것이라는 확고한 증거를 가지고 있다"라고 말했다. 박 목사가 「국가권력과 양심의 명령」을 쓴 의도는 분명하다. 이 글은 니묄러가 말한 바 바로 '그 국가'가 출현하고 있으니 크리스천들은 하나님의 명령에 따라 각오와 결단을 하고 본회퍼와 니묄러가 싸웠던 전장에 나서라는 예언자적 외침이었다.

3. 박정희 유신체제 성립 과정과 히틀러 집권의 비교

1) 유신체제의 성격

박 목사는 박정희의 10·17 유신 쿠데타와 그 직후의 사태를 보고 다음과 같이 말했다.

> 역사책에서나 보았던 끔찍한 일이 이 땅에서 벌어지고 있었다. 일련의 사태는 불길하게도 1933년 봄에 시작된 나치의 등장을 떠올리게 했다. 국민의 자유와 권리를 박탈한 히틀러의 '국민과 국가의 보안을 지키기 위한 긴급명령', 입법권을 비롯해 헌법 수정 발의권 등 모든 권력을 독점하여 히틀러 일인독재의 길을 열어주었던 나치의 '전권부여법'은 박정희 유신체제와 무엇이 다른가? 이성의 상실, 문명 세계의 보편적 상식을 무시한 야만과 폭력, 광기가 다를 게 없었다.[22]

---

22 위의 책, 216쪽.

박 목사는 10월 17일의 이른바 '10월유신'은 사악한 인간들이 지배와 이익을 위하여 마련한 국민에 대한 반역으로 파악했다.[23] 그것은 민주주의 말살과 인권유린을 가져온[24] 독재체제였다.[25] 박 목사는 또 유신체제를 자신을 종신 대통령으로 만든 체제로, 유신헌법은 대통령 종신제를 내용으로 하는 헌법이라고 이해했다.[26]

박 목사의 위와 같은 인식은 근거가 있었다. 민주공화국은 주권재민국가인데, 유신체제는 유신헌법 제35조에서 "통일주체국민회의는 국민의 주권적 수임기관"이라고 아예 못을 박았다. 국민주권을 강탈해 입후보할 때부터 일거일동이 중앙정보부 통제하에 있는 '통대'(통일주체국민회의 대의원)라는 허수아비 기구에 넘겨, 대통령과 국회의원 3분의 1을 선출하는 주권적 수임기관의 역할을 행사하는 형식을 취했다. 대통령은 유신헌법과 대통령 선거법에 여러 제한 조항을 두어 박정희 혼자서 입후보하게 만들었고, 통대에서 '토론 없이'(39조) 투표하도록 했다. 박정희는 1972, 1978년 두 번 다 혼자 입후보해 99.9%, 사실상 100%의 찬성으로 장충체육관에서 대통령에 '당선'되었다. 자신이 자신을 임명해 종신토록 해먹을 수 있게 한 것이다. 다른 사람에게 죽임을 당하거나 스스로 자결하기 전에는 그의 영구 집권 의지를 꺾을 수 없게 되어 있었다.

민주공화국은 3권분립의 원칙을 지키거나 내각책임제처럼 의회주의에 입각한 정당정치를 하게 되어 있었다. 그렇지만 유신체제는 박정희 한 사람에게 모든 권력이 집중되어 있었다. 대통령은 국회의원의 3분의 1을 실질적

---

23 위의 책, 286쪽.
24 위의 책, 284쪽.
25 위의 책, 339쪽.
26 위의 책, 215~216쪽.

으로 임명하고, 한 선거구에서 2명을 선출하는 국회의원선거법에 의해 3분의 1을 확보할 수 있게 되어서 항상 국회의원의 3분의 2를 장악할 수 있었고, 무소속 출마를 허용해 야당은 3분의 1이 안 되는 의석밖에 차지하지 못하게 만들었다. 대통령은 국회를 해산할 수 있었고, 국회는 국정감사권을 박탈당했으며, 정기국회건 임시국회건 소집일도 대폭 줄었다. 대통령은 대법원장에서 판사까지의 임명권, 재임명권을 가지고 있어 사법부를 자신의 손아귀에 종속시켰다. 또 구속적부심 제도도 없었고, 고문 등에 의한 자백을 근거로 처벌할 수 없다는 조항도 삭제했다. 그만큼 권력이 자의적으로 재판에 개입 또는 관여할 수 있게 되었고, 고문이 공공연히 자행되는 등 인권유린 사태가 벌어질 수 있게 된 것이다. 또 대통령은 국가의 중요 정책을 명목뿐인 국민투표를 통해 결정할 수 있는 권한, 헌법 개정안을 발안해 국민투표에 의해 확정할 수 있는 권한을 가진 반면, 국민이나 야당은 개헌 발의조차 할 수 없었다. 국회 재적의원 과반수 발의 및 통일주체국민회의 의결로 확정된다고 했기 때문이다(124조). 대통령은 국가 지도의 최고 수임자였다.

민주공화국은 시민의 기본적 인권을 보호하는 체제다. 그러나 유신헌법에서는 언론·출판·집회·결사의 자유에 유보조항을 붙여 기본권을 제한했다. 문제는 더 심각한 데 있었다. 박정희는 자의적으로 긴급조치를 발동해 유신 권력을 수호하고자 했는데, 긴급조치란 다름 아닌 기본권 말살, 인권유린 조치였다. 긴급조치 아래서는, 특히 긴급조치 9호가 심했지만, 언론 출판 집회의 자유가 공공연히 제한, 금지되었고 유언비어 유포죄로 언제고 체포될 수 있었다. 또한 법관은 자신의 법률적 판단에 근거해 판결하는 것이 아니라 박정희가 내린 긴급조치에 쓰여 있는 대로 형량을 부과해야 했다(정찰제).

2) 히틀러 독재체제의 성립 과정

박 목사는 「본회퍼와 독일 고백교회」에서, 또 회고록에서 박정희 유신권력의 성립 과정을 보면서 히틀러의 권력 장악 과정과 유사함에 큰 충격을 받았음을 고백했다. 수긍이 가는 지적이지만, 엄밀히 분석하면 양자는 큰 차이가 있는 점도 발견할 수 있다. 일본의 한 연구자는 독일 파시즘과 일본 파시즘의 큰 차이가 전자는 합법적 절차에 의해 권력을 장악했는데, 후자는 그러한 절차를 무시했다는 점이라고 지적했다. 이 점은 박정희의 유신권력 장악 과정에서도 분명히 인지할 수 있다. 박정희는 법과 헌법에 의하지 아니하고 사사로이 군대를 동원해 국가 변란을 일으켜 민주공화국의 기본 원리에 반하는 유신헌법을 제조해 유신체제를 출범시켰다.

히틀러 나치는 1920년대 말까지만 해도 미미한 존재였다. 나치가 집권한다는 것은 상상도 하기 어려웠다. 그러나 1930년대에 들어서면서 달라졌다. 1928년 5월 선거에서 나치는 전체 투표자의 2·6%인 81만 127명의 지지밖에 못 받았다. 그런데 1930년 9월에 치른 전국 선거에서 전체 투표자의 18.3%인 637만 9,672명으로 급격히 늘었고, 제2당이 되었다. 그리고 1932년 7월 선거에서 나치는 37.3%의 지지로 제1당에 성큼 올라섰다. 나치 당원도 1928년 10월에 10만 명이었는데, 1930년 9월에는 30만 명으로, 1931년 말에는 80만 명으로 증가했다. 나치당이 돌파구를 마련한 것은 선거를 통해서였고, 당원수 증가가 선거 승리를 갖다준 것이 아니었다.[27] 뿐만 아니라 히틀러는 나치를 1932년 7월 무렵 독일 역사상 최초로 모든 계층을 포괄하는 거대 정당으로 만들었다.[28]

---

27 데이비드 웰시 저, 최용찬 역, 『독일 제3제국의 선전 정책』, 혜안, 2001, 25~26쪽.
28 로버트 O. 팩스턴 저, 손명희·최희영 역, 『파시즘』, 교양인, 2005, 164쪽.

나치가 미미한 정당에서 거대 정당으로 성장한 데는 몇 가지 요인이 있었다. 하나는 베르사유 조약 이행과 관련해 미국인 오언 영(Owen D. Young)이 주도하는 국제배상위원회가 1929년 줄어든 배상금을 제시했지만 독일 민족주의자들은 배상금을 지불할 필요가 없다며 강력히 정부를 비난했는데, 이것이 나치에게 유리하게 작용했다. 1929년에 시작된 세계 경제대공황으로 독일은 전체 인구의 4분의 1이 일자리를 잃었는데, 이것도 기존 정치세력이 해결하지 못했다. 다른 이유도 있었다. 히틀러는1928년 선거에서 패배한 뒤 농부들에게 눈길을 돌렸다. 대공황에 농민들의 피해가 아주 컸는데, 특히 북부 지역 농민들이 나치를 지지했다.[29]

1932년 7월 31일 선거에서 나치는 230석을 획득해 제1당이 되었으나 공산당도 높은 득표를 해(89석) 극우보수세력을 긴장시켰다. 그런데 1932년 11월 선거에서 나치는 제1당이기는 했지만 득표율이 7월의 37.2%에서 33.1%로 하락했고, 의석수도 196석으로 떨어졌다. 반면 공산당이 약진해 무려 100석이었고, 사회민주당도 121석이었다. 그러면서 히틀러의 부관들이 연립정부에 참여하고 당원이 이탈하는 등 심각한 어려움을 겪었지만, 히틀러는 부총리 등의 입각 권유를 거부하고 수상직에 모든 것을 걸었다. 그와 함께 히틀러는 합법성을 중시했다. 1931~32년에 나치는 폭력적인 모습을 강하게 보였다. 히틀러는 1931년 2월 돌격대원들이 노상 폭력 사태를 금지한다는 명령을 따르지 않자 자신의 합법적인 수단을 통한 권력 획득 전략에 반대한 동부 지역 돌격대 지휘관 발터 슈테네스를 돌격대에서 추방했다. 그 뒤에도 돌격대가 말을 듣지 않자 약 5백 명의 돌격대 과격 분자를 숙청했다.[30] 1934년 6월 30일에는

29 위의 책, 159~160, 165~166쪽.
30 위의 책, 230~236쪽.

돌격대장 에른스크 룀이 히틀러의 명령으로 살해되는데, 히틀러는 집권 뒤에는 돌격대가 불필요한 조직이 될 것이라는 것을 알고 있었다.[31] 룀의 제거는 많은 독일인들로 하여금 히틀러에게 호감을 갖게 했다. 이처럼 히틀러는 집권하는 데 합법성이 얼마나 중요한가를 이해하고 있었다.

1932년 11월 제국의회 선거에서 나치 지지가 상당히 저조했는데, 히틀러가 그것을 '감수'하자, 그때까지 파쇼 대중운동의 통제 가능성에 회의적이었던 경제계, 군부, 관가의 권력 엘리트들이 파시스트 운동을 동맹 파트너로 인정하기에 이르렀다.[32] 쿠르트 폰 슐라이허 수상에 앞서 수상이었고, 가톨릭계 귀족 정치가였던 프란츠 폰 파펜은 힌덴부르크 대통령을 설득했다. 노쇠한 힌덴부르크는 히틀러를 수상에, 폰 파펜을 부수상에 지명했다. 히틀러는 1933년 1월 30일 합법적으로 수상이 되었고, 국회의 의사 절차에 따라 정권을 인수했다.

히틀러는 2월 1일 안정 의석을 확보하기 위해 제국의회를 해산하고 언론의 자유를 탄압하고 테러 행위를 자행하면서 새로운 선거를 실시했다. 선거 일주일을 앞두고 선거에 크게 영향을 미치게 되고, 수많은 독일인들이 공산주의의 쿠데타 공포에 공감하면서 히틀러에게 거의 무제한적인 권력을 내주게 되는 의사당 방화 사건이 일어났다(1933년 2월 27일).[33] 히틀러는 아주 민첩하

31 귀도 크놉 저, 신철식 역, 『히틀러의 뜻대로』, 울력, 2003, 198쪽.
32 데틀레프 포이케르트 저, 김학이 역, 『나치 시대의 일상사』, 개마고원, 2003, 32쪽.
33 의사당 방화 사건에 대해 종래에는 나치가 방화한 것으로 보는 견해(크레인 브린톤·존 B. 크리스토퍼·로버트 L. 울프 저, 양병우·민석홍·이보형·김성근 역, 『세계문화사』 하, 을유문화사, 1963, 415쪽)가 많았으나, 그 뒤 변화가 보였다. 배영수는 오늘날까지 역사가들 사이에는 이 사건과 범인을 둘러싸고 논쟁이 분분하다며, 네덜란드 공산주의자의 단독범행이라는 나치의 주장이 있는가 하면, 이후의 테러 행위에 대한 핑곗거리를 만들기 위해 나치가 직접 방화했다는 가설이 있다고 썼다(배영수 편, 『서양사 강의』, 한울, 2007, 580쪽. 이 책은 1992년에 초판이 나왔는데, 쪽수는 2007년 개정판에 의거했음. 내용은 같다). 로버트 O. 팩스턴은 2004년에 출간한 『파시즘』에서 네덜란드 공산주의자 마리누스 반 데어 루베가 실제로 불을

게 대중에게 확산되던 공산주의자들의 '테러' 공포를 이용했다. 보수주의자들은 히틀러에게 기꺼이 무제한적인 권력을 내주었으며, 민간 사회단체들은 히틀러와 타협했다. 의사당에서 연기가 채 사라지기도 전인 2월 28일에 힌덴부르크 대통령은 '국민과 국가 보호를 위한 법령'에 서명했다. 언론·집회·재산·개인적 자유의 법적 보호를 모두 일시적으로 중지하고, '테러리스트', 다시 말하면 공산주의자로 의심되는 자에 대한 임의 체포가 허용되었다.

나치는 3월 5일의 선거에서 288석을 차지했으나, 공산당은 여전히 81석을, 사회민주당은 125석을 차지해 반파시스트 세력의 의석이 만만치 않았다. 공포 분위기에서 치러진 선거였지만, 나치는 전체 투표의 43.9%를 얻었을 뿐이었다. 히틀러가 전권을 휘두르려면 한 단계가 더 필요했다. 나치는 4년간 법률에 따라 의회나 대통령을 거치지 않고 히틀러가 단독으로 통치하도록 하는, 그리고 4년 후에는 히틀러가 퇴임하겠다고 약속한, 행정부에 법률을 제정할 수 있는 권한을 위임한, 소위 '국민과 나라의 고통을 덜어주기 위한 법', 일명 수권(授權)법, 박 목사가 전권부여법이라고 불렀고 전권위임법이라고도 하는 법을 제안했다. 히틀러는 '국민과 국가 보호를 위한 법령'을 근거로 공산주의 진영 의원들을 체포하고 사회민주당을 제외한 다른 정파의 협조로 1933년 3월 24일 통과시키는 데 필요한 의원 3분의 2 이상의 동의를 받아 수권법을 통과시켰다. 정부의 독재권을 인정하고 사실상 헌법 기능을 정지시킨 이 법은, 1937년 형식적인 국회의 인준으로 갱신되고 1943년에 다시 보강되었다.

이 법의 통과에 일부 민족주의자들과 가톨릭 정당인 독일중앙당(獨逸中央黨, Deutsche Zentrumspartei)이 적극 협조했다. 공산주의보다 나치즘이 낫다고 생각

질렀고, 이에 놀란 히틀러 일당은 공산주의 쿠데타가 시작된 줄로 믿었다는 것이 오늘날 대부분의 역사가들이 알고 있는 사실이라고 썼다. 245~246쪽.

한 로마 교황청도 협조적이었다. 수권법이 통과되자마자 히틀러는 자신의 본성을 드러냈다. 독일중앙당을 포함한 다른 정당들을 해산해 나치 일당독재체제를 구축했다. 히틀러는 국가의 영도자가 되었다.[34] 히틀러는 민주주의를 파괴하는 데 민주주의를 이용했다.

3) 박정희 일인 독재체제의 성립 과정

지금까지 본 것처럼 히틀러는 합법적인 과정을 거쳐 수상이 되었고, 수권법도 외형상으로는 법에 규정된 의회 통과의 절차를 밟았다. 그러나 박정희의 유신 쿠데타와 유신헌법은 전혀 그러하지 않았다.

박정희는 히틀러와 크게 다른 경로를 밟았다. 박정희가 유신 쿠데타를 일으킨 이유나 일으킬 수 있었던 배경에 대해서는 여러 가지를 살펴봐야 하지만,[35] 1971년에 실시된 대통령 선거와 국회의원 선거가 직접적인 요인이었다. 대선과 총선에서 드러난 민심을 보고 박정희는 선거로는 더 이상 집권하기가 쉽지 않다고 판단한 것이다.

1972년 대선은 1956년 정부통령 선거와 함께 멋진 선거였다. 야당의 선거 공약도 참신했고 유권자들의 관심도 아주 높았다. 워낙 백중세여서 결과를 장담할 수 없는 상황에 이르자 중앙정보부의 강력한 조언에 따라 "이번이 마지막 출마다. 후계자를 키우겠다"는 공약을 했지만, 특정 지역의 몰표가 아

---

34 로버트 O. 팩스턴, 앞의 책, 246~250쪽.

35 박정희가 유신 쿠데타를 일으킨 이유와 관련해서는 서중석 등, 『서중석의 현대사 이야기 9—유신 쿠데타 1. 왜 일으켰나』, 오월의봄, 2017; 서중석 등, 『서중석의 현대사 이야기 11—유신 쿠데타 3. 뿌리는 일본 군국주의』, 오월의봄, 2017 참조. 유신 쿠데타를 어떻게 해서 일으킬 수 있었나는 서중석 등, 『서중석의 현대사 이야기 10—유신 쿠데타 2. 왜 못 막았나』, 오월의봄, 2017 참조.

니었더라면 어떻게 될지 알 수 없는 선거였다.[36] 국회의원 선거도 역사상 가장 멋진 총선 중의 하나였다. 선거 분위기가 뜨거웠고, 경상도에서도 야당 바람이 불었다. 결과는 박정희를 경악케 했다. 야당이 서울 19개 선거구에서 18곳을 휩쓸었을 뿐만 아니라, 부산 8개 선거구에서 6곳을 야당이 이겼다. 놀랍게도 대선에서 엄청난 몰표를 몰아준 대구에서 5개 선거구 중 4곳에서 야당이 승리했다. 전국 32개 주요 도시에서 공화당은 겨우 17석이었고, 야당이 무려 47석이나 차지했다. 전체 의석수가 공화당 113석, 신민당 89석으로, 역사상 처음으로 균형 국회가 나왔다. 높은 유권자 의식의 발로였다. 이제 야당은 단독으로 국회를 소집할 수 있게 되었고, 국무위원 출석도 요구할 수 있게 되었다.[37]

박정희의 1972년 10·17 쿠데타는 위헌이고 불법이었으며 국가 변란 행위였다. 계엄의 요건을 전혀 갖추지 못했는데 사욕을 위해 계엄을 선포해 군을 동원한 것이다. 정치적 경제적 소란이나 위기가 없었고 남북 관계나 휴전선도 7·4 공동성명의 영향도 작용했겠지만, 역사상 아주 드물게 좋고 평온했다. 1971년에 치러진 대선이나 총선은 높은 민주 의식을 보여주었다. 이러한 상황에서 박정희는 느닷없이 계엄을 선포해 국회를 해산하고 모든 정치활동을 중지시켰다. 국회해산이나 정치활동 금지, 언론 자유 말살 행위도 헌법이나 계엄법 등 어떤 법률에도 없는 헌법 유린의 행위이자 무법 불법의 폭거였다.

박정희의 10·17 쿠데타는 자신이 일으킨 5·16 쿠데타나 1964년 계엄 선포와도 달랐다. 1964년 계엄은 한일회담 반대를 저지하고 학생운동, 언론을 탄압하기 위해 미국의 지원을 받으며 선포했지만 법적 절차에 따라 군을 동원

서중석 등, 『서중석의 현대사 이야기 10 ─ 유신 쿠데타 2. 왜 못막았나』, 81~134쪽.
위의 책, 135~147쪽.

했고, 국회는 건재했으며, 언론의 자유 등 기본권도 대체로 지켜졌다. 5·16 쿠데타는 쿠데타인 만큼 헌법을 유린하고 장면 정부를 무너트리고 국회를 해산시켰지만, 혁명공약에 명시한 것처럼 민간 정치인들에게 정권을 이양하겠다고 공약을 했다. 그렇지만 10·17 쿠데타는 박정희가 민주공화국의 기본 원리에 정면으로 배치되는 일인 독재체제를 만들어내기 위해 군을 사사로이 동원한 국가 변란 행위였다.

비상국무회의도 헌법을 유린한 불법 기구였다. 박정희는 10월 27일까지 헌법개정안을 공고한다고 했는데, 비상국무회의는 국무회의에 완장 차듯 난데없이 앞에다 '비상' 두 글자를 붙인, 어떠한 법적 근거도 없는 사적 기구로, 박정희가 이후락 중앙정보부장 등 몇 명과 작당해 궁정동 안가에서 비밀히 만든 헌법안을 심의도 없이 통과시켜 공고하는 허수아비 기구였다. 비상국무회의는 3공화국 헌법을 만든 국가재건최고회의와도 크게 달랐다. 최고회의는 쿠데타 세력이 만든 기구였지만, 일정하게 군부를 대표하는 성격을 갖췄고, 각 분과나 여러 위원회가 있어서 일정한 논의 절차를 거치게 되어 있었다. 그런데 박정희는 임의적으로 비상국무회의에 몇이서 밀실에서 만든 헌법 '개정'안이라는 것을 통과시키는 기능을 부여한다고 했다. 또 비상국무회의에서 국민투표 특례법을 만들어, 비상국무회의에서 통과시킨 그 헌법 개정안을 비상국무회의에서 만든 국민투표로 확정짓도록 했다. 뿐만 아니라 다른 법률 제조 기능까지 부여했다. 또 비상국무회의는 유신체제 대통령(체육관 대통령)이 취임한 뒤에는 없어져야 했을 터인데, 취임식 이후에도 계속 무더기로 법률을 제조했다. 박정희가 의원의 3분의 2를 장악하고 있는 유신국회에서 하는 것보다도 월등 '편리'했기 때문이다. 1972년 10월 17일부터 1973년

비상군법회의 현판을 다는 국방부장관 대통령긴급조치 2호에 따라 국방부에 설치된 비상고등군법회의와 비상보통군법회의의 현판식이 1974년 1월 9일 오후 3시, 서종철 국방부장관 등이 참석한 가운데 국방부에서 열렸다. 경향신문사 소장.

3월 12일까지 불과 5개월 동안에 비상국무회의는 270건의 법을 제조해냈다.[38]

박정희 유신권력은 막강한 것처럼 보였지만, 긴급조치가 없으면 유지하기 어려운 권력이었다. 그런데 이 긴급조치라는 것도 긴급조치를 선포할 요건이 갖춰지지 않았는데 박정희가 유신체제를 수호하기 위해 임의로 선포했다. 긴급조치 1호는 1974년 1월 8일 선포되었다. 유신헌법을 부정, 왜곡하는 자를 영장 없이 체포해 15년 이하의 징역에 처한다는 것이 주된 내용이었다. 같은 날 선포된 2호는 비상군법회의를 설치한다는 것이었다. '별 몇 개 단 자'들이 군법회의에서 민간인에게 배급 주듯 15년형, 또는 그 이하의 형을 나눠 주게 했다. 이명박 정부 시기인 2010년 12월, 대법원 전원합의체는 대법관 12명 전원일치로 긴급조치 1호가 "현행 헌법은 물론 당시 유신헌법상의 긴급조치 발동 요건조차 갖추지 못한 채 한계를 벗어나 국민의 기본권을 침해했기 때문에 위헌"이라고 판결했다.[39]

1975년 5월 13일 선포된 긴급조치 9호는 박정희가 살해될 때까지 계속되었다. 이 9호는 유신헌법 반대운동이 없었는데 선포되었다. 박정희의 1975년 4·29 특별담화 이후 총력안보궐기대회가 광풍처럼 도처에서 몰아쳐 반유신운동을 벌이기가 거의 불가능한 사회 분위기 속에서 선포된 것이다. '총력안보체제'에 만전을 기하기 위해서였다. 9호는 그 이전의 긴급조치와 달리 유신헌법 반대나 민주화운동만 표적으로 삼지 않았다. 유언비어를 유포, 전파하는 행위까지 문제 삼았기 때문에 박정희 정권에 대한 불만과 비판 모두가 처벌 대상이 될 수 있었다. 9호에서 가장 중요한 것은 유언비어나 유신헌법 반대 행위를 타인에게 전파하는 어떤 행위도 금지한다는 조항이었다. 반유신

38 서중석 등, 『서중석의 현대사 이야기 9—유신 쿠데타 1. 왜 일으켰나』, 25~31쪽.
39 서중석 등, 『서중석의 현대사 이야기 12—반유신민주화운동』, 오월의봄, 2018, 103~109쪽.

민주화운동을 보도하거나 알리지 못하게 해 일반 국민을 깜깜이로 만들었고, 반유신 운동을 일반 국민으로부터 차단했다.[40] 헌법재판소는 2013년 3월 21일 긴급조치 1, 2, 9호가 모두 위헌이라고 판결했다.

긴급조치와 유신체제의 관계에 대해서는 박 목사의 다음과 같은 지적을 귀담아들을 필요가 있다.

> 유신체제는 과연 뿌리박았을까. 내 생각에는 아무도 자신 있게 그렇다고 말할 수는 없으리라고 생각한다. 왜냐하면 유신헌법은 뿌리가 있는 것처럼 위장하기 위해 긴급조치라는 막대기를 받쳐야만 하는 체제이기 때문이다. 말하자면 막대기 체제이다. 이 막대기만 없어지면 넘어지는 체제이다. 유신체제가 뿌리를 박았다고 믿는다면 이 막대기를 치워보아야 한다.[41]

왜 박정희는 절대권력을 장악하고 유지하는 데 합법적인 절차를 밟지 않고 헌법 유린, 무법 불법의 수법을 사용했을까. 일본의 군인정신, 곧 군국주의 정신으로 무장되어 있었고, 일본군 소장 장교들의 정치관에 큰 영향을 받았기 때문이었다. 이에 대해서는 여러 자료가 있는데,[42] 소설가 이병주의 증언이 흥미롭다. 이병주와 박정희, 황용주는 5·16 쿠데타가 나기 얼마 전에 몇 번 만났다. 당시 박정희는 군수기지 사령관이었고, 이병주는 『국제신문』 편집국장이자 주필이었으며, 황용주는 박정희와 대구사범 동기동창으로 『부산일보』 주필이었다. 박정희가 5·15, 2·26 사건을 일으킨 일본의 장교를 들먹이며 찬사를 늘어놓자 황용주가 "놈들은 천황 절대주의자이고 국수주의자들로 일본을

---

40 서중석 등, 『서중석의 현대사 이야기 13—전 국가의 병영화』, 오월의봄, 2018, 80~93쪽.

41 박형규, 『박형규 회고록—나의 믿음은 길 위에 있다』, 339~340쪽.

42 서중석 등, 『서중석의 현대사 이야기 11—유신 쿠데타 3. 뿌리는 일본군국주의』, 202~300쪽.

망친 놈들"이라고 반박하자 박정희는 "일본의 군인이 천황 절대주의 하는 게 왜 나쁜가, 그리고 국수주의가 어째서 나쁜가!"라고 흥분했고, "일본이 망한 게 뭐꼬"하면서 반박하고 나섰다. 이병주는 "그(박정희)는 5·15, 2·26 사건을 일으킨 일본의 국수주의 장교들에게 심취하고 있는 것으로 보였다"고 썼다.[43]

5·15 사건은 1932년 5월 15일 청년 장교들이 수상 관저를 습격해 수상을 사살하고 경시청과 내대신 저택을 습격한 사건이다. 2·26 사건은 훨씬 규모가 큰 쿠데타로 미수에 그쳤다. 1936년 2월 26일 소장 장교들이 이끈 1,400명의 근위병들이 수상 관저를 습격해 비서를 수상으로 오인해 살해했고, 사이토 마코토(齋藤實) 내대신(內大臣), 다카하시 고레키요(高橋是淸) 대장상(大藏相) 등 여러 요인을 살해하고 국가 개조를 요구했다. 5·15, 2·26 사건을 일으킨 청년 장교들은 법이 필요 없었고, 총칼로 모든 것을 해결하려고 했던, 소위 일본 군인 정신에 투철한 군국주의자들이었다.[44]

유신체제는 외형상으로는 군과 중앙정보부에 의해 보위된 국가병영체제-국민감시체제여서 철옹성처럼 견고해 보였지만, 내부적으로는 정당성이

---

43 이병주, 『대통령들의 초상』, 서당, 1991, 94~96쪽.

44 박정희와 이승만은 둘 다 영구 집권을 꾀했지만, 이승만은 쿠데타나 '비상국무회의' 같은 것은 전혀 상상하지도, 꿈도 꾸지 못했다. 이승만은 민간인이었고, 미국에서 오래 생활했다. 1958년 5·2 총선에서 이승만 정권은 3·15 부정선거를 방불케 하는 온갖 부정선거를 저질렀지만, 자유당이 126석인데, 민주당도 79석으로 야당이 호헌선을 확보하게 되었다. 1956년 5·15 정부통령 선거의 치욕을 설욕하기 위해 자유당도 이승만도 1960년에 치러질 정부통령 선거에 일찍부터 대비했다. 자유당은 내각책임제로 개헌을 하면 농촌에서 부정선거로 이길 수 있기 때문에 영구 집권이 가능하다고 판단했다. 그런데 절대권력을 추구하는 이승만이 반대하기 때문에 대통령의 권한이 강력한 내각책임제로 개헌하자고 했지만, 역시 이승만이 반대했다. 또 한 가지 방법은 미국처럼 대통령 부통령 후보를 동일 티켓제로 하는 것이었다. 이 방법은 합리적이긴 했지만 개헌을 해야 했다. 야당도 반대만 하지는 않았지만, 야당의 요구를 많이 들어줘야 할 것 같아, 결국 자유당은 이것도 포기했다. 남은 방법은 하나였다. 1952년 정부통령 선거 때부터 노하우가 쌓인 부정선거였다(서중석, 『제1공화국』, 역사비평사, 2007, 213~215쪽). 자유당이건 이승만이건 형식적으로라도 헌법은 지켜야 하는 것으로 생각했다.

결여되어 있어 취약했다. 유신체제 자체도 정당성이 결여되어 있었지만, 성립 과정이 헌법 유린, 불법 행위로 점철되어 있어 전혀 정당성이 없었기 때문에 박정희는 반유신 민주화운동세력의 끊임없는 비판·도전에 직면했고, 언제 어떻게 붕괴될지 모른다는 불안감에 시달렸다. 민주화운동세력은 1971년의 대선과 총선을 잘 기억했고, 유신 쿠데타 이전에는 민주공화국이 지켜졌다는 점을 항상 중시했다. 그리고 그 점은 공화당 등 여당 측도 비슷한 생각을 가지고 있었다. 10·26을 일으킨 중앙정보부장 김재규는 항소이유서에서 1971년 대선 후 다시는 선거로 당선되기 어려울 것이라는 판단 아래 10월유신을 단행해 자유민주주의 헌법의 기본을 파괴한 유신헌법을 공포해 그때부터 박 대통령의 하야를 도모했다고 주장했다.[45]

4. 박 목사와 개신교 목회자들의 반유신 투쟁

1) 남산 부활절 연합예배 사건과 박 목사의 '신비한 체험'

유신 쿠데타가 일어나자 박 목사는 「본회퍼와 독일 고백교회」를 쓰면서 이렇게 자문자답했다.

> 본회퍼나 니묄러가 살아 있어 한국에서 일어나는 사태를 바라본다면 무어라고 할까? 유신체제 역시 '미친 자동차'로 보지 않았을까? 그렇다면 한국의 교회는, 나는 무엇을 어떻게 해야 하나?[46]

---

45 김대곤, 『10·26과 김재규』, 이삭, 1985, 212~213쪽.
46 박형규, 앞의 책, 216~217쪽.

남산 부활절 연합예배 사건은 박 목사, 권호경 전도사 등이 유신 쿠데타 이후 최초로 유신체제에 반대하는 공개적이고 대중적인 시위를 도모했던 사건이라는 점에서 의의가 있다. 반유신 투쟁은 유신 쿠데타가 일어났을 때부터 있었다. 고려대에서 학생 서클 한맥을 이어받은 NH회는 박정희가 유신 쿠데타를 일으켜(10.17) 소위 비상국무회의에서 유신헌법을 의결하고(11.21) 대통령을 선출할 통일주체국민회의 대의원 후보 등록을 마감한 날인 12월 2일, 고려대 정문에 걸려 있던 '한국적 민주주의 이 땅에 뿌리박자'는 현수막을 뜯어내 불태웠다. 그 전날 12월 1일, 유신 쿠데타 이후 학교가 비로소 문을 열었는데, 즉각 거사를 한 것이다. 이들은 1973년 3월 4일 개학날에도 '민족, 민주, 통일의 횃불을 들자'는 유인물을 배포했고, 3월 12일에는 지하신문 『민우』 1호를, 4월 15일에는 2호를 발행해 배포했다. 전남대에서도 이강·김남주 등이 지하신문인 『함성』을 제작해 12월 10일 광주 시내 대학과 고등학교에 뿌렸다. 이들은 1973년 3월에도 『고발』이라는 지하 유인물을 배포했다.

　　학생들의 반유신 투쟁에 대해 박정희 유신정권은 예상대로 가혹하게 나왔다. 그 이전에도 배후를 조작하여 발표하였지만, 두 사건 모두 배후를 만들었다. 중앙정보부는 NH회의 반유신 투쟁에 고려대 노동문제연구소에서 일하는 김낙중·노중선 등을 연결해주었다. 1971년 10월 위수령으로 한맥회가 해산된 이후 김낙중의 지령을 받고 공산주의 서적을 탐독, 북한 지령에 따라 현 정부를 타도하기 위한 지하 서클인 NH회를 결성해 불온 유인물을 살포했다는 것이다. 김낙중은 무기징역을 구형받았지만 7년형을 선고받았고, NH회 가담자에게도 징역 5년형 등이 선고되었다. 그리고 고려대의 한사회 후신인 등림회원들에게도 회보를 트집삼아 '검은 10월단'이라는 희한한 사건을 만들어냈다. 전남대 사건의 배후는 박석무로 했고, 대규모 변란 사건으로 만들어내고자 했다.[47] 유신체제에 반대하면 어떠한 고문, 사건 조작, 중형이 따르는가를 보여준 예고편이기도 했다.

그 다음에 일어난 것이 부활절 예배 사건이었다. 필자가 고려대 등의 반유신 투쟁을 언급한 것은 반유신 투쟁에 대한 박정희의 대응이 혹독하였으며, 유신권력의 살벌한 강압 조치로 학원도 사회도 극도로 위축되어 있었다는 점을 강조하고 싶어서다. 고려대는 위의 두 사건으로 워낙 큰 타격을 입어서 학생운동의 맥이 한동안 끊겼다는 얘기를 들을 정도였고, 그래서 민청학련 사건에도 참여가 상대적으로 약했다. 그러므로 대학도 아닌 사회에서, 그것도 최초의 본격적인 대중적 반유신 투쟁을 기획한다는 것은 대단한 각오와 결단이 아니고서는 있을 수 없는 일이었다.

1973년 4월 22일의 부활절은 개신교 진보세력을 대표하는 한국기독교교회협의회(NCCK)와 보수세력 연합체인 대한기독교연합회가 17년만에 함께 갖는 연합예배였다. 박 목사는 어디에서라도 돌파구를 열어야 하는데, 그렇다면 수많은 개신교 신자가 모이는 부활절 예배가 아주 좋은 기회라고 생각했다. 권호경 전도사도 부활절 연합예배가 하늘이 준 좋은 기회라고 판단했다. 권 전도사가 김관석·박형규 목사 등을 만났을 때 두 사람은 묵시적으로 젊은이가 행동에 나서라고 하는 것 같았다.[48]

권 전도사는 김동완 전도사를 만나 동의를 구했다. 그리고 신민당원이었던 남삼우를 만나 구체적인 방안을 논의했다. 플래카드는 남삼우가 맡고 권 전도사는 전단을 맡기로 했다.[49] 박 목사 또한 남삼우와 만났고, 그때 권 전도

---

47 민주화운동기념사업회 연구소 엮음, 『한국민주화운동사』 2, 돌베개, 2009, 93~98쪽.

48 권호경, 앞의 책, 218~219쪽.

49 위의 책, 193~196쪽. 박형규 회고록에는 박 목사가 며칠 동안 숙고한 끝에 유신체제를 비판하는 플래카드와 전단을 만들어 배포하기로 했다고 쓰여 있어(219쪽) 권호경 회고록과 약간

사와도 만났다.[50] 4월 16일 권 전도사는 박 목사에게 돈이 필요하다고 말해 그때 돈으로는 꽤 거금인 10만 원을 받았다.[51] 박 목사는 자금을 주면서 권 전도사에게 거사는 반드시 예배가 끝난 후에 해야 하며, 용어는 철저하게 기독교적인 표현을 써야 한다고 당부했다.

플래카드는 10장을 만들었다. "박정희 대통령을 불쌍히 여기소서"라는 문구로 하고 싶었으나 겁이 나서 "주여, 어리석은 왕을 불쌍히 여기소서"로 했고, "서글픈 부활절, 통곡하는 민주주의" 등의 문구도 있었다. "회개하라 이후락 정보부장"이 들어간 것과 "윤필용 장군을 위해 기도합시다"가 추가된 것이 특이하다. 윤필용 사건은 유신 쿠데타 얼마 후 윤필용 수경사령관과 그의 부하들이 대거 구속된 사건을 가리키는데, '반공투사'도 잡아먹는 독재체제를 실감해서, 또 권력 내부의 분열을 알리기 위해 넣었다.[52] "윤필용 장군을 위해 기도합시다"는 박정희의 화를 돋우었고, 이 사건을 확대하는 데 일조했다. 전단은 2,000매를 만들었는데, "회개하라, 때가 가까웠느니라", "회개하라, 위정자여" 등과 함께 플래카드와 똑같은 표현으로 이후락, 윤필용 관계 문구를 넣었다.

4월 22일 남산 야외음악당에서 6만여 명이 부활절 연합예배를 보았다. 박 목사는 지켜보면서 기자에게 예배 끝난 뒤 볼 만한 광경이 벌어질 테니 사진

차이가 있다.

50 한국기독교교회협의회 인권위원회 편, 앞의 책 1, 269쪽.

51 공소장(한국기독교교회협의회 인권위원회 편, 앞의 책 1, 260쪽)과 박형규 회고록에는(219쪽) 10만 원을 준 것으로 나와 있는데, 권호경은 회고록에서 자신의 전도사 월급의 7개월치에 해당하는 15만 원을 박 목사에게서 받아 10만 원을 남삼우에게, 5만 원을 김동완 전도사에게 주려고 했다고 썼다(197쪽).

52 박형규, 앞의 책, 219쪽. 윤필용은 방첩부대장으로 있을 때였던 1965~66년경 박정희에게 충성심을 보이기 위해 언론계 테러를 수차례 저질렀다(김충식, 『남산의 부장들』 1, 동아일보사, 1992, 103~106쪽). 윤필용은 수도경비사령관 때 군의 실력자로 문제가 많았다. 박 목사 등은 윤필용에 대해 잘 몰랐던 것 같다.

찍을 준비를 하라고 말했다. 그런데 끝내 플래카드는 펼쳐지지 않았다. 분위기가 너무 살벌해 무서워서 머뭇거리다가 버리고 도망친 것이다. 그중 하나를 어떤 사람이 집으로 가져갔다. 김동완 전도사 권유로 전단을 맡은 나상기 등 KSCF 회원들은 플래카드가 펼쳐지면 전단을 뿌릴 계획이었으나 아무리 기다려도 플래카드가 펼쳐지지 않자 행사장을 나오면서 길에 버리듯이 전단을 뿌리거나 몇몇 사람에게 배포했다. 경찰은 이 전단을 입수해 수사에 착수했으나 관련자들을 찾아내지는 못했다.

이렇게 묻혔더라면 부활절 연합예배 사건은 없었을 터이고 몇 사람이 회고조로 얘기하는 것에 지나지 않았을 것이다. 그러나 박 목사의 말대로 '하나님의 보이지 않는 손이 작용'하여 큰 사건이 되었고, 박 목사는 신앙생활에서 잊을 수 없는 '신비로운 체험'을 하였다.[53]

행사장에서 가져간 플래카드 하나가 사건의 발단이 되었다. 몇 가지 우여곡절을 거쳤고, 그러면서 보안사가 이 플래카드 및 전단 등을 만든 사람을 알게 된 것이다. 연합예배 후 두 달이 지난 6월 25일, 권호경 전도사가 연행되었다. 끌려간 곳에서 남삼우를 만났다. 박 목사는 6월 29일 연행되었고, 김동완 전도사와 전단 살포팀 학생들도 모두 끌려왔다. 보안사는 이 사건을 내란예비음모로 만들기 위해 심하게 고문을 가했다. 권 전도사는 전기고문을 두 번이나 받았다.

검찰은 부활절 연합예배 사건 관련자들을 내란예비음모로 기소했다. "일제히 가두 폭력 데모를 전개하여 현 정부를 타도"하기 위해 남삼우와 권호경이 각각 지휘하는 두 데모대가 중앙청과 국회의사당 등을 파괴, 점거한 다음 일반 국민과 윤필용 추종세력의 지지 아래 현 정부를 강제로 축출·타도하고,

---

53 박형규, 앞의 책, 231쪽.

각계각층의 민주 인사로 임시통치기구를 구성하려 했다는 것이다. 고려대 민우지 사건에서 한 걸음 더 나아간 조작이었다.

이 사건이 발표되자 NCC가 적극 나섰고, 기독교장로회·예수교장로회 등 6개 교단과 천주교 등까지 포함된 박형규 목사 사건 성직자대책위원회 결성으로 진전되었다. 이 사건으로 한국의 유신체제에 관심을 갖기 시작한 해외의 교회들과 연합 기구들도 한국에 조사단을 파견했다. 1973년 9월 25일, 박 목사와 권 전도사는 징역 2년을 선고받았다. 내란예비음모죄치고 너무 적은 형량이었다. 그 이유는 바로 드러났다. 이틀 만인 27일, 느닷없이 보석을 결정해 각각 10만 원씩을 내고 풀려났다. 박정희는 국내외 개신교 반향을 보며 적을 많이 만들면 득될 것이 없다고 판단한 것이다.

부활절 연합예배 사건은 주동자들 스스로 실패했다고 생각했고, 또 그대로 묻힐 뻔했지만, 정작 유신정권이 크게 키움으로써 의미 있는 민주화운동으로 자리 잡게 되었다. '하나님의 보이지 않는 손'이 작용해 국민들에게 이 사건을 알리고, 대처 과정에서 교파를 뛰어넘는 개신교계의 단결을 가져와 그 후 반유신 투쟁에서 교단들의 연대를 강화시킨 것도 소중한 소득이었다. 해외에서의 반향도 민주화운동에 힘을 실어주었다. 또 이 사건에 대한 기도회가 초교파적으로 열리고 대책위원회가 꾸려진 것은 NCC에 인권위원회가 만들어지는 토대가 되었으며, 1970년대와 그 이후에 종로 5가 기독교회관에서 구속자 석방을 위한 목요기도회가 열리는 계기가 되었다. 무엇보다도 민주주의를 희구하는 학생들과 시민들에게 박정희 유신체제가 두려움이나 공포의 대상만은 아니라는 것을 알게 해줬고, 도전할 수 있는 대상이라는 것을 알게 해 반독재 투쟁을 전개할 수 있게 한 디딤돌이 되었다.[54] 박 목사는 "하나

---

54 위의 책, 231~232쪽 참조.

님은 자유의지를 가진 사람을 통해 일하시지만 그 진행과 결과는 하나님께서 만들어가신다는 것을 그때 체험했다."[55]

2) '제2의 바르멘 선언'과 긴급조치 1호에 대한 개신교계의 대응

박 목사 등이 부활절 연합예배 사건은 실패했고 그대로 묻히게 되었다고 생각했을 무렵, 1973년 5월 20일 「한국 그리스도인 신앙선언」이 세상에 나왔다. 한국의 억압적 상황 때문에 비밀리에 전파되어 외국 교회에서 더 많이 읽은 이 선언은 한국 교회가 처해 있던 상황을 극명하게 밝히고 있다. 서구의 교회들은 이를 '제2의 바르멘 선언'이라고 불렀다.[56] 이 선언은 서남동 교수가 작성했고 국내 신학자들이 서명한 것으로 나중에 밝혀졌다. 서 교수도 본회퍼에게서 영향을 받았다.[57] 박 목사는 「본회퍼와 독일 고백교회」에서 제2의 바르멘 선언을 몹시 고대했는데, 「한국 그리스도인 신앙선언」은 국내에서도 읽을 만한 사람은 읽었을 것이고, 호소력이 큰 글이어서 영향을 미친 바가 적지 않았을 것이다. 「한국 그리스도인 신앙선언」은 1973년 10월 17일의 '10월유신'을 "사악한 인간들이 지배와 이익을 위하여 마련한 국민에 대한 반역"으로 규정했다. 그러면서 그리스도인이 가야 할 길을 딱 부러지게 말했다.

우리는 구체적인 역사적 상황 속에서 하나님의 말씀에 복종하여야 한다는 하나님의 명령을 받고 있다. 오늘 우리를 움직이고 있는 것은 승리할 것을 기대하는 감격이 아니다. 그것은 도리어 하나님을 향한 죄책에 대한 고백에서 오는 것이며 한국의 오늘의 상황 속에서 진리를 말하며 그것에 따라 행동하라는 주

---

55 위의 책, 231쪽.
55 위의 책, 231쪽.
56 한국기독교교회협의회 인권위원회 편, 앞의 책 1, 250~251쪽.
57 박형규, 앞의 책, 114쪽.

님의 명령에서 오는 것이다.[58]

이 선언은 "우리의 신앙을 표명"하는 절의 앞부분에서 이렇게 지적하고 있다. "현재의 한국의 독재정치는 법과 설득에 의한 통치를 파괴하고 있으며, 현재는 폭력과 위협만으로 통치하고 있다", "한국의 정권은 양심의 자유와 신앙의 자유를 파괴하고 있다", "한국의 독재정권은 국민을 통제하기 위하여 기만과 조직과 세뇌를 조직적으로 사용하고 있다", "한국의 독재정권은 음흉하고 비인간적이며 동시에 무자비한 방법으로 정적들과 비판적 지식인과 죄없는 국민을 탄압한다. 이러한 목적 수행에 쓰이는 정보부는 나치의 게슈타포나 스탈린 시대의 KGB의 악랄한 방법과 유사하다", "현재의 독재정치는 한국에서 강한 자가 가난한 자를 지배하는 경제체제를 낳았다", "현재의 남북한의 정권은 통일 논의를 권력 유지에 이용할 따름이다."

박 목사도 높이 평가했지만, 혜안과 식견을 가지고 당시의 현실을 예리하게 잘 지적하고 있다. 이 선언은 "행동과 지지를 호소함"에서 첫 번째로, "한국인에게 1972년 10월 17일 이후에 이루어진 독재정치의 모든 정치 과정과 법률, 명령, 정책 등을 어떤 형식으로든 인정하지 말 것. 남한에서 민주정치를 회복하기 위한 투쟁에 국민들을 어떤 형태로든지 뭉치게 할 것"을 천명해 반유신 운동 전략의 기본틀을 제시했다. 이 선언의 "맺는 말"은 "우리는 주님의 발자취를 따라 압박받고 가난한 인민들 가운데서 살고 정치적 탄압에 저항

---

58 박형규, 앞의 책, 284~287쪽. 「한국 그리스도인 신앙선언」은 한국기독교교회협의회 인권위원회, 앞의 책 1에 전문이 실려 있다. 그러나 이 자료집을 출간할 때까지 원문을 입수하지 못해 중앙정보부가 영문으로 된 것을 입수해 번역 출판한 자료를 사용했다. 박형규 회고록에는 앞부분만 나와 있는데, 원문이 틀림없이 보인다. 원문과 영어본 번역은 어감에서 꽤 차이가 난다. 위의 인용문이 박 목사 회고록에 실린 것이고, 그 아래의 것은 한국기독교교회협의회 인권위원회 편, 앞의 책 1, 251~253쪽에서 인용했다.

하여 역사의 변혁에 참여할 것을 결의한다. 이것이야말로 메시아 왕국에 갈 수 있는 유일한 길이기 때문이다"로 끝난다.

이렇게 소명의식으로 형극의 길을 가는 크리스천들이 있었지만, 개신교에서 다수 신도를 포괄하고 있던 국제기독교연합회(ICCC), 대한기독교연합회(DCC) 등은 한국기독교교회협의회(NCCK)를 비애국적이니 용공적이니 하면서 비난하였고, 박정희의 3선개헌과 유신헌법을 지지했다. 그들은 부흥운동과 성령운동을 한다면서 〈Expo 74 집회〉, 〈빌리 그레이엄과 함께〉 등을 여의도광장 같은 곳에서 엄청나게 대규모로 열었고, 보수적인 원로 목사들은 최고급 호텔 식당에서 '나라를 위한 조찬 기도회'를 열어 유신권력을 축복해 주었다.[59]

서남동 교수의 「한국 그리스도인 신앙선언」이 나온 지 두 달이 조금 지났을 때 김대중 납치 사건이 발생했다. 음흉하고 비인간적이며 무자비하게, 게슈타포나 스탈린 시대의 KGB와 유사한 악랄한 방법으로 충격적인 사건이 일어나자 학생들은 개학하면서 더 이상 좌시할 수 없다고 각오와 결의를 다졌다. 1973년 10월 2일 서울대 문리대에서 많은 학생들의 열렬한 호응을 받으며 최초로 반유신 시위 투쟁이 전개되자 기다렸다는 듯이 다른 대학에서 시위가 잇달아 일어났다. 그러면서 12월까지 전국의 대학에서 일파만파로 시위, 동맹휴학, 학기말시험 거부 등의 투쟁을 벌였다. 기자들도 언론 기본권 회복을 요구하는 투쟁에 나섰다. 김재준·함석헌·지학순·천관우 등도 민주화를 요구하는 선언문을 내놓았다. 개신교계에서도 적극 민주화운동에 나섰다. 사태가 계속 커지자 12월 7일, 박정희는 형사처벌 받은 학생 20명 등 구속된 학생들을 전원 즉시 석방하고 징계 받은 학생들도 처벌을 백지화한다고 발표

---

59 박형규, 앞의 책, 287쪽.

했다. 박정희로서는 보기 드물게 백기를 든 것이다. 그렇지만 민주화를 요구하는 재야, 종교인들의 활동은 계속되었고, 정치계에서도 일부가 호응했다. 특히 12월 4일에는 장준하가 주도한 '개헌 청원 100만인 서명 운동' 발기인 대회가 열렸고, 12월 24일부터 본격적으로 활동을 펼쳐 나가자, 박정희와 총리 김종필은 잇달아 협박성 담화 등을 발표했다. 그런데도 개헌 청원 운동에 대한 호응이 커지자 박정희는 1974년 1월 8일 긴급조치 1호, 2호를 발동했다. 유신헌법을 반대하거나 유언비어를 퍼트리는 자를 법관의 영장 없이 체포해 15년 이하의 징역에 처하고(제1호), 그들을 처단하기 위해 비상군법회의를 설치한다는 것이었다(제2호). 민간인인데도 군법회의를 통해 엄혹한 형벌을 부과해 유신헌법 개정을 요구하는 목소리를 탄압, 처단하겠다는 협박이었다. 엄동에 사람들의 마음은 한층 얼어붙었다.

그러나 감옥행을 두려워하지 않는 사람들도 있었다. 박 목사는 긴급조치 1, 2호가 발동된 5일 후인 1974년 1월 13일 본회퍼를 연상케 하는 설교를 했다. 『해방의 길목에서』에 「대결」이라는 제목으로 맨앞에 실렸는데, 박 목사는 이 설교에서 예수님 당시에도 가짜 평화에 만족하려는 사람들이 많아서 예수님은 "나는 세상에 불을 지르러 왔다. 내가 세상에 평화를 주려고 온 줄 생각하느냐. 그렇지 않다. 도리어 분열을 일으키려 왔다"는 누가복음 말씀을 인용하고, 이어서 마태복음에 나오는 '예수와 사탄의 대결'은 "어느 시대 어느 사회에서도 회피할 수 없는 대결"로 멈출 수 없는 대결임을 역설했다. 박 목사는 교회가 이 대결을 회피할 때 그 교회는 그리스도의 교회임을 포기하는 것이며, 십자가를 버리고 사탄과 타협하는 교회가 되는 것이라고 설파했다. 여기서 사탄은 물질만능주의나 경제성장제일주의를 가리키지만, 그와 함께 박정희 또는 박정희 유신체제를 가리킨다는 것이 명백하다. "하나님의 말씀이니, 자유니, 정의니, 평등이니, 다 제쳐놓고 물질을 풍족하게 하는 데 전력을 기울여라", 이러한 주장이 박정희 아니고 누구 것이겠나. "평화, 신의, 자유, 정의, 공평, 이런 것은 구호에 불과한 것이고, 현실은 힘이다. 무기이고 폭력이다. 그러니 그 모든 악의 세력의 상징인 사탄에게 굴복하고"에 나오는 사탄도 박정희임이 분명하다. 박 목사는 우리 주변에는 악마적 현실주의가 너무나 공공연하게 활개를 치고 다니기 때문에 "'사탄아 물러가라'라는 말조차 입 밖에 낼 수 없게 되었다"고 개탄했다. 그러나 이러한 개탄이 개탄에 그치는 것이 아니라 강렬한 실천을 요구한다는 것은 이 설교의 끝부분 "우리는 다시 광야에서 피의 대결을 할 수밖에 없는 궁지에 몰리고 있다"에서—이것이 이 설교의 마지막인데—분명해진다.[60] 유신 쿠데타가 발동되었을 때는 「본회퍼와 독일 고백교회」로 자신의 신앙고백을 했고, 부활절 예배 사건으로 구체화했는데, 이제는 긴급조치에 정면대결할 수밖에 없는 상황에 돌입했다는 예언자적 외침이었다.

긴급조치 1호가 선포되자 박 목사를 위원장으로 한 수도권특수지역선교위원회(1973년 12월 수도권선교위원회로 개칭) 목회자들은 긴박감이 감도는 속에서 사탄과 싸우기 위해 분주하게 움직였다. 긴급조치 1호가 발동된 다음 날 아침, 서울제일교회 부목사인 권호경과 김동완·이해학·허병섭·이규상 등 목회자들은 서울제일교회 안에 있는 수도권선교회 사무실에 모였다. 국민과 아픔을 같이하여 즉각 저항해야 한다고 마음들을 정했고, 이해학·김동완·권호경이 각각 제1팀, 제2팀, 제3팀을 만들어 순차적으로 투쟁에 나서기로 했다.[61]

1월 17일 이해학 전도사가 김경락 목사, 김진홍 전도사, 이규상 전도사, 박윤수 전도사 등과 함께 긴급조치 철회·개헌 논의 자유·유신체제 폐지를 요구

---

60 박형규, 『해방의 길목에서』, 12~18쪽.
61 권호경, 앞의 책, 221~226쪽.

했다. 이들과 인명진 목사가 구속되었다. 김동완 전도사는 이미경·차옥숭·김매자·박상희·김용상 등과 함께 유인물을 만들고,[62] 교인들과 함께 약수동 형제교회에서 장충체육관까지 행진하였다. 3차 거사를 맡은 권 목사는 감시망 때문에 일도 못하고 2월 28일 연행되었다. 목회자들은 거의 다 징역 15년에 자격정지 15년형 또는 징역 12년에 자격정지 12년형을 받았다(1, 2, 3심 모두 같음). '반성'은커녕 법정에서 거침없이 유신체제와 긴급조치에 반대한다고 말한 것이다. 권 목사는 부활절 연합예배 사건 내란예비음모로 받은 2년이 추가되어 17년형을 군법회의에서 선고받았다.

한 자료에 따르면 긴급조치 1호로 구속된 사람은 장준하(징역 15년, 자격정지 15년) 등 34명이다. 이 중 개신교 측이 14명으로 가장 많고, 학생 10명, 정치인 9명 등이다.[63] 개신교 측 14명은 서울제일교회, 수도권산업선교회, KSCF 관계자들이 많다. 한 가지 덧붙인다면 천주교 사제들은 민청학련 사건으로 지학순 주교가 구속되면서부터 조직적으로 활동했다. 긴급조치 1호로 구속된 신부는 없었다.

3) '민청학련' 사건과 박 목사의 역할

유신체제 시기에 널리 알려진 반유신 민주화운동이 민청학련 사건이다. 1973년 10·2 서울대 문리대 데모와[64] 그 이후 대학가의 반유신 투쟁을 목도하면서 문리대 복학생·재학생들은 11월 하순경부터 빈번히 만나 학생운동의 방향을 논의했다. 민청학련 사건은 주동자가 따로 있는 것이 아니고, 각 대

---

62 이들 중 박상희·이미경·차옥숭 등은 서울제일교회에 나갔다.
63 한국기독교교회협의회 인권위원회 편, 앞의 책 1, 317~318쪽.
64 서울대 문리대 10·2 시위에 적극 가담한 라병식·강영원·황인성 등은 서울제일교회에 나갔다.

학별로 얘기를 하는 것이 보다 정확하지만, 초기에는 서울대 문리대 복학생들이 주로 나섰다. 이들은 전국의 주요 대학을 연결하고 서울대 단과대끼리의 연대를 강화해 일제히 반유신 투쟁을 벌이기 위한 활동에 나섰다. 그들은 지학순 주교, 김지하가 있는 원주와 긴밀한 관계를 갖기 위한 활동도 가졌다. 1974년 1월 8일 긴급조치 1호가 발동되었을 때 이들은 더 적극적으로 나서기로 했다. 1월 10일경 이들과 라병식 등은 그때까지의 각 대학 조직 상황을 점검하고 당시의 상황에서 투쟁 방안을 논의했다. 유인태는 전국 각 대학을 연결하는 일에, 이철은 주로 서울대 문리대와 각 단과대학을 연결하는 일에 치중하고 고교 조직도 했으며, 서중석은 주로 선배들을 만나고 원주 쪽을 연결하는 일에, 서울제일교회에 나가던 라병식은 박형규 목사 등 개신교 쪽을 만나는 일에 중점을 두기로 했다. 이들은 선배나 사회 인사, 종교계 쪽과 접촉은 하되, 학생들의 투쟁은 이들로부터 어떤 지시나 압력을 받아서는 안 된다는 점을 그때도 그 이후도 거듭 확인했다. 활동 비용은 자력갱생을 원칙으로 하되, 3월 이후부터는 많은 비용이 소요될 것이므로 원주 쪽과 개신교 쪽으로는 좀 큰돈을 부탁하고 선배들한테도 받기로 했다. 3월 7일[65] 여러 관계자들이 만나 최종 점검을 했다.

전국 각 대학을 연결한다고는 했지만, 유신체제, 그것도 긴급조치 1호가 발동된 상황이라 분위기가 얼어붙을 대로 얼어붙어 있어서 서울의 주요 대학과 지방의 주요 대학을 연결한 정도였다. 최초의 선도 투쟁은 한신대에서 하기로 했는데, 3월 11~13일까지 음성적인 반유신 투쟁이 있었다. 3월 21일에 있었던 경북대 투쟁 때도 2백 명 정도가 시위에 참여했다. 3월 28일에는 서강대에서, 4월 1일에는 연세대에서 시위가 있었으나 성공적이지 못했다. 서울

---

65 공소장에는 3월 7일로 나오는데, 그날 참석자에 따라서는 3월 6일로 기억하는 경우도 있다.

대 등은 4월 3일에 일제히 시위에 돌입할 계획이었으나 서강대 시위 때부터 예비검속이 대대적으로 벌어진 가운데 서울대 의대, 상대, 성균관대에서 시위가 있었다. 서울대 문리대, 이화여대, 고려대, 서울여대, 감신대, 명지대에서도 시도가 있었으나, 교내로 진입한 경찰의 탄압 등으로 시위다운 시위를 하지 못했다. 이날 밤 10시에 박정희는 긴급조치 4호를 발표했다.

긴급조치 4호는 위반자를 사형 등에 처할 수 있고, 대학을 폐교 처분할 수 있으며, 병력도 출동할 수 있다는 그야말로 초강경 조치였다. 그와 함께 자신의 행위를 고지하면 처벌하지 않겠다고 하여 반유신 운동 적극 활동자와 단순 참여자를 분리하고 이간질하려 했다. 그런데 이 사건 관계자들에게는 이것 못지않게 가공할 만한 일이 기다리고 있었다.

박정희는 긴급조치 4호를 발표하면서 특별담화를 발표했다. 그런데 그 내용이 이상했다. 민청학련(전국민주청년학생총연맹)[66]이라는 불법단체가 불순세력의 배후조종하에 그들과 결탁하여, 인민혁명을 수행하기 위한 상투적 방편으로 합법을 가장, 정체를 위장하고 사회 각계각층에 침투하여 적화통일을 위한 통일전선의 초기 단계적 활동을 했다는 것이다. 주동자가 대부분 체포되지 않아 거사의 성격이나 의도를 파악할 수가 없었는데,[67] 박정희는 어떻게 민청학련이 불순세력의 조종을 받아 인민혁명을 수행하기 위해 각계각층에 침투했다는 사실을 족집게처럼 알았을까. 또 어떻게 그것이 적화통일을 위한 통일전선의 초기 단계적 활동이라고까지 구체적으로 판단했을까.

박정희가 말한 의도는 분명했다. 젊은 시절 남로당 군 프락치로 활동할

---

66 학생들은 박정희가 틀림없이 국가보안법 등을 걸려고 할 것이므로, 단체의 이름을 붙이지 않기로 했다. 전국민주청년학생총연맹이라는 이름은 단지 선언문에 아무 이름이 없으면 유령 선언문으로 볼 것 같아 임시방편으로 붙인 것인데, 그것을 단체명으로 만들어준 것이다.
67 위의 책 1, 352쪽 참조.

때 알았던 지식 등을 활용해 국민과 이 사건 당사자들이 두려움을 갖게 하려고 정보부로 하여금 사건을 그렇게 만들어내라고 지시한 것이다. 박정희는 긴급조치 1호로도 별 효력을 보지 못하자 초강경 조치와 빨갱이 만들기로 유신체제를 수호하고자 했다. 4월 25일의 신직수 정보부장 발표와 5월 27일 비상군법회의 검찰부 발표는 박정희의 특별담화에 자세히 살을 붙였고, 그것에 부활절 연합예배 사건처럼 폭력 투쟁으로 주요 공공건물을 점거해 임시과도정부를 세우고 궁극적으로는 공산주의 정권을 수립하려고 했다는 것이 덧붙여졌을 뿐이다.

이제 박 목사와 민청학련의 관계를 살펴보자. 1974년 정초에 박 목사 댁에 이현배·유인태가 새배를 와서 전국에서 동시에 조직적으로 들고일어나기 위해서는 목사님이 일정하게 역할을 맡아주셔야겠다고 부탁드렸다. 그들은 "목사님만 믿고 가겠습니다"라고 말하고 돌아갔다.

박 목사는 서울제일교회에 나오는 라병식과 황인성이 부지런히 뛰고 있는 것을 짐작하고 있었다. 추운 겨울날, 라병식이 찾아와 조직은 되었고 거사 날만 남겨놓고 있는데 자금이 필요하다며 자금 요청을 해왔다. KSCF 대학생부장 안재웅도 자금 요청을 했다. 전국적인 거사를 하기 위해서는 꽤 많은 돈이 필요할 것 같았다. 그래서 박 목사는 윤보선 전 대통령 집으로 달려가 부탁을 했다. 윤보선은 거금 45만 원을 이우정 교수를 통해 박 목사에게 전달했고, 박 목사는 안재웅을 통해 라병식에게 전달했다.

일각에서는 자금을 댄 것이 뭐가 그렇게 중요하냐는 반문이 있다. 그렇지만 활동비, 합숙비, 인쇄 시설 등의 구입비가 없으면 제대로 활동할 수 없기 때문에 자금은 활동의 성패를 가른다고 볼 수도 있었다. 이 때문에 자금을 댄 사람은 중형을 선고받기 마련이다. 학생들은 외부와 연대하고 지원을 받되 어떠한 제안도 내부 합의가 없으면 받아들이지 않기로 했기 때문에 외부에서 학생 활동에 간여하거나 관계를 가질 수 없었고, 모든 것이 비밀로 움직여야 해서 어른들은 직접 참여할 수 없었다.

민청학련 사건으로 투옥된 어른들 중 학생들과 한마음이 되어 학생들의 활동을 지원했을 뿐 아니라 긴급조치 4호가 발동된 이후에는 학생들을 보호하고 사회가 그 사건을 민주화운동으로 받아들일 수 있게 한 분들로 박 목사와 지학순 주교를 떠올릴 수 있다. 먼저 지 주교의 경우를 간략히 살펴보자.

지 주교는 4월 3일 당시 해외에 있었다. 7월 6일 공항에서 연행되어 10일까지 정보부에서 조사받을 때만 해도 박정희는 지 주교를 구속시키려 하지 않았던 것 같다. 천주교를 유신권력의 적으로 만들고 싶지 않아서였다. 그러나 지 주교는 7월 15일 김지하에게 돈을 준 것은 사실이며,[68] 유신체제는 삼권이 한 사람의 손에 장악되어 있는 체제여서 반대한다는 성명서를 냈다.[69] 결정타는 7월 23일에 나온 '양심선언'이었다. 이 양심선언에서 지 주교는 소위 유신헌법은 민주헌정을 배신적으로 파괴하고 폭력과 공갈과 국민투표라는 사기극에 의하여 조작된 것이고, "본인이 위반했다고 기소된 소위 대통령 긴급조치 제1호, 제4호는 역사상 가장 참혹한 인권유린"이라고 천명했다. 마지막 절에서는 이렇게 양심선언을 했다.

본인을 재판하겠다고 하는 소위 비상군법회의라는 것은 그 스스로 법과 양

---

68 돈의 액수는 약간 다르게 나온다. 이 성명서에서는 1973년 초겨울에 김영일(김지하의 본명)에게 백만 원 내외의 금액을 건네준 것으로 기억했다. 민청학련 사건 재심 판결문에는 108만 원으로 나온다(『한겨레』 2020. 9. 18). 김지하는 지 주교로부터 받은 돈을 조영래에게 넘겼고, 조영래는 서중석에게 1회에 10만 원씩 50만 원 또는 그 이상을 전달했다. 서중석은 유인태에게 1회에 10만 원씩 30만 원 정도, 이철에게 1회에 10만 원씩 20만 원 또는 그 이상을 전달했다. 조영래는 라병식에게도 자금을 전했다.

69 지학순, 「성명서—민청학련 사건에 대한 나의 입장」, 기쁨과희망사목연구소 편, 『암흑 속의 햇불』 1, 가톨릭출판사, 1996, 66쪽.

심에 따라 독립하여 재판할 수 없는 꼭두각시다. 저들은 지금 수많은 정직한 사람들을 투옥하고 처형하는 데 있어서 비상군법회의라 불리우는 형사 절차의 이름을 빌리고 싶은 것이다. 울부짖는 피고인들의 목소리가 밖으로 알려지지 않는 동안 당국에 의해 통제된 신문들, 방송들, 텔레비전들은 지금도 계속 증거가 희박한 검찰관의 주장만을 사실처럼 보도하고 있다.[70]

박정희는 지 주교가 성명서를 냈을 때 구속하는 것에 대해 약간 망설였을 것이다. 그러나 '양심선언'을 보고는 이해득실을 따질 것도 없이 단기(短氣)랄까 오기가 발동해 지 주교를 구속해버렸다. 지 주교 가까이에서 활동했던 민주화운동세력은 지 주교가 건강이 좋지 않지만 꼭 구속되어야 한다고 판단했다. 그래야만 학생들의 민주화 투쟁을 공산주의 운동이라고 조작, 선전하는 것을 막을 수 있고, 사제들과 신자들이 지 주교 석방을 요구하면서 민주화운동에 참여할 수 있게 될 것이기 때문이다. 또 유신체제 비판과 지 주교 석방 요구 등 해외의 반향도 뜨거워질 수 있었다. 실제로 지 주교 구속 얼마 후 유신체제에 대한 강력한 투사들의 조직인 천주교정의구현전국사제단이 뜨게 된다. 지 주교가 문을 연 '양심선언'은 이후 양심수들이 고문에 못 이겨 허위자백을 하거나 독재정권이 허위 선전을 할 것에 대비해 자신의 입장을 명확히 밝히는 데 적극 활용되었다.

박 목사는 4월 20일 자정쯤에 잡혀갔다. 처음 안재웅이 잡혀갔을 때는 심한 고문 속에서도 라병식과 입을 맞춘 대로 자신이 라병식에게 준 돈은 얼마 전 결혼할 때 받은 축의금이라고 주장해 조사관들은 그 각본을 신뢰했다고 한다. 그러나 라병식이 결국 박 목사가 줬다고 자백했고, 그러자 득달같이 박

---

70   지학순, 「정의의 이름으로 서명한 '양심선언'」, 위의 책, 67~68쪽.

목사가 연행된 것이다. 안재웅은 다시 끌려가 죽도록 두들겨 맞았다.

박 목사는 이 돈을 윤보선으로부터 받았다고 말했다. 수사관은 급히 자리를 떴고, 긴급회의가 열리는 것 같더니 부산하게 움직였다. 결국 박정희의 지시에 따라 밤중에 윤보선 자택에 가 거사 자금을 주었다는 사실을 확인했다. 박 목사가 보기에 윤보선 전 대통령이 돈을 댔다는 것이 밝혀진 이상 수사 방향은 새로운 국면으로 발전될 것이 틀림없었다. 공산주의자들의 내란 음모로 몰아가기가 아무래도 난처해질 수밖에 없었고, 국민이 이 사건을 보는 데도 변화가 있었을 것이다. 비상고등군법회의는 불구속 상태인 윤보선에게 징역 3년에 집행유예 5년을, 박 목사와 지 주교에게는 징역 15년에 자격정지 15년을 선고했다. 덧붙인다면 서울제일교회의 일꾼들인 이직형·김경남·안재웅·라병식·황인성·구창완·윤관덕 등도 민청학련 사건으로 12년에서 무기에 이르는 중형을 선고받았다.

유신체제에서, 그것도 긴급조치 1호가 발동되어 있는 상황이었기 때문에, 민청학련 사건을 전후한 시기 학생들의 반유신 투쟁의 효과는 학생들의 각오나 결단을 떠나서 제한적이지 않을 수 없었다. 그런데 민청학련 사건은 시위 차원을 넘어선 성과가 있었다. 민청학련 기획자들이 생각했던 사회적 연대가 예상을 넘는 결과를 가져왔다. 천주교정의구현사제단 결성과 활동도 그 성과의 하나지만, 상당수의 천주교 신자, 일부 개신교 신자를 포함해 국민들의 민주화에 대한 태도를 변화시킨 것도 적지 않은 성과였다. 해외 여론에도 영향을 미쳤다. 박정희가 워낙 빨갛게 만들어 터트려 처음에는 많은 국민들이 사건 관계자들을 위험시했으나, 박정희가 이 사건을 아주 크게 확대해 대대적으로 선전한 것이 나중에는 역작용이 있기도 했다. 민청학련 관계자들이 10개월 후인 1975년 2월에 석방될 때 각 교도소 문 앞에서 무등을 타는 등 대단히 호의적이거나 환영하는 뜨거운 분위기였고, 고향에 가서 환영을

구속에서 풀려난 박형규 목사　1975년 2월 17일, 민청학련 사건 배후로 지목되어 구속되었다가 풀려난 박형규 목사가 환영 인파에 둘러싸여 무등을 타고 있다. 경향신문사 소장.

받기도 했다. 이것은 신문 사진이나 기사로 확인할 수 있다. 그만큼 사회가 민주화에 대한 소망으로 바뀌었던 것인데, 천주교나 개신교 신자 가운데 더 적극적으로 출소자들을 환영한 사람들이 많지 않았을까 싶다. 이렇게 사태 또는 상황을 바꿔놓은 데는 지 주교나 박 목사, 윤 전 대통령의 역할이 있었다.

5. 끝맺으면서

이 글에서는 박정희 일인독재체제인 유신체제 전반기에 박 목사와 그와 뜻을 같이하는 목회자, 학생들의 반유신 민주화 활동을 살펴보았다. 1972년 10월 17일 유신 쿠데타가 일어났을 때 중앙정보부 국장들조차 "아니, 왜 이런 일이 일어났지" 하고 놀라움을 감출 수 없었고, 많은 시민들이 분노했지만, 군대를 동원해 워낙 험악하게 밀어붙였기 때문에 감히 맞설 엄두를 내지 못했다. 조직적으로 대응할 수 있는 학생들의 경우 이미 1971년 10월 위수령 때 극심한 타격을 입었고, 언론계는 1960년대 중반부터 계속 압력을 받아 역시 쿠데타 권력에 맞설 여력이 없었다. 야당 의원들 상당수는 쿠데타가 일어나면서 끌려가 고문을 당하고 있었다. 이러한 상황에서 쿠데타 직후에 고려대와 전남대 학생들이 비밀리에 투쟁을 벌인 것을 제외하면 그 다음 해 4월까지 반유신 민주화운동이 일어나지 않았다. 따라서 박 목사와 목회자, 학생들의 공개적이고 대중적인 투쟁 기획은 의미가 클 수밖에 없었다. 긴급조치 1호가 발동되었을 때도 이들은 즉각 투쟁에 나섰다. 박 목사는 나중에 민청학련 사건으로 알려진 학생들의 투쟁에도 지학순 주교와 함께 적극 참여했다.

10·17 쿠데타를 목도했을 때, 박 목사는 역사책에서나 보았던 끔찍한 일이 이 땅에서 벌어지는 것에 아연했다. 일련의 사태는 나치의 등장을 떠올리게 했다. 동시에 본회퍼가 떠올랐다. 유신체제 성립 과정에서 나치나 본회퍼를 떠올린 것은, 당시 그가 지식인 언론인 종교인으로서 보기 드물게 치열한 정신을 견지하고 있었다는 것을 말해준다. 박 목사는 쿠데타 직후, 혹은 11월에 들어와 「본회퍼와 독일 고백교회」를 집필해 기독교 잡지에 두 차례에 걸쳐 연재했다. 그리고 1973년 4월 22일, 박 목사와 박 목사가 서울제일교회로 맞아들인 권호경 전도사 등은 17년 만에 처음으로 보수와 진보 개신교의 합동예배가 열린다는 것을 알게 된다. 그들은 즉각 플래카드와 전단을 만들어 시위를 벌이기 위한 활동에 들어갔다. 여기에는 박 목사가 위원장으로 있던 수도권도시선교위원회 목회자들, 야당 인사 남삼우, KSCF와 서울제일교회

학생들이 참여했다. 플래카드를 펼치기로 했던 사람들이 머뭇거려 약간의 전단을 뿌렸을 뿐 4·22 부활절 연합예배 거사는 실패했으나, 유신 쿠데타 이후 최초로 6만 명이나 모인 남산 야외음악당에서 반유신 민주화운동을 시도했다는 것은 결코 의의가 적다고 할 수 없다. 그리고 이 사건에 대해 많은 사람이 알게 되고 개신교 쪽을 통해 해외로도 알려지면서, 박정희 유신체제에 도전할 수 있다는 용기를 불어넣어주었다.

박 목사 등이 부활절 연합예배에서 반유신 활동을 펴기 위해 플래카드와 전단을 마련한 것은 대학 밖에서는 아주 보기 드문 행위였다는 점을 주목해야 한다. 그때까지, 그리고 그 이후에도 원로 등 사회 인사들은 대개 성명을 내거나 기자회견을 가졌지 수만 명이 모이는 부활절 예배에서 반유신 투쟁을 벌이는 것 같은 대중적 투쟁 방식은 생각하지 못했다. 그런 점에서 이 사건은 특기할 만하다. 김대중 납치 사건이 하나의 계기가 되어 서울대 문리대에서 10월 2일 유신 쿠데타 이후 최초의 시위가 일어났고, 그러면서 봇물 터지듯 일파만파로 학생 시위와 재야의 민주화운동이 전개되었는데, 10·2 시위 주동자 중에는 서울제일교회에 나가는 라병식·강영원·황인성 등이 있었다.

유신헌법 개정 운동이 치열하게 일어나자 1974년 1월 8일에 박정희는 유신헌법을 반대하거나 비판하는 자들은 비상군법회의에서 15년 이하의 징역형에 처할 수 있다는 긴급조치 1호를 발표했다. 세상은 무섭게 얼어붙었다. 그러나 박 목사는 1월 13일 있었던 설교에서 "예수와 사탄의 대결이 피할 수 없게 되었다"고 역설하고, "교회가 이 대결을 회피할 때 그 교회는 그리스도의 교회임을 포기하는 것"이라고 직설적으로 말했다. 긴급조치와 정면대결할 수밖에 없는 상황에 돌입했다는 예언자적 외침이었다. 긴급조치 선포 다음 날인 1월 9일에는 권호경·김동완·이해학 등 수도권도시선교위원회 관계 목회자들이 중심이 되어 모임을 갖고, 3팀으로 나누어 긴급조치 1호에 반대하는 투쟁을 전개하다가 모두 구속되었다. 긴급조치 1호로 구속된 인사는 장준하 등 34명인데, 이 중 개신교 관계자들이 14명이나 된다. 개신교 관계자들은 서울제일교회, 수도권도시선교위원회, KSCF 관계 목회자·학생들이 대부분이었다. 이 시기 민주화운동에서 이들이 차지하는 비중을 읽을 수 있다.

박 목사는 '민청학련' 활동에도 적극 참여했다. 학생들은 천주교, 개신교 등의 종교단체와 연대하기를 바랐다. 나중에 사건화되었을 때 학생들의 든든한 '배후'가 될 수 있고 민주화운동의 외연을 크게 넓힐 수 있기 때문이었다. 이것 말고도 한 가지 이유가 더 있었다. 전국적으로 학생들을 조직하고 시위에 나서려면 합숙비, 교통비, 인쇄기 구입비 등 많은 비용이 들 수밖에 없었는데, 그런 큰돈을 지원해줄 수 있는 곳은 당시 상황에서 종교계밖에 없었다. 지 주교 쪽에서는 이미 도움을 주고 있었지만 박 목사에게도 부탁했다.

긴급조치 4호가 발동되고 박 목사가 끌려갔을 때, 박 목사는 윤보선 전 대통령으로부터 돈을 받아 학생들에게 건넸다고 밝혔다. 지 주교도 돈 준 사실을 밝혔다. 윤보선·박형규·지학순 세 분이 학생들의 진짜 '배후'로 밝혀지면서 박정희 유신권력은 학생들이 폭력으로, 궁극적으로 공산주의 정권을 세우려 했다고 대대적으로 선전하기가 난처해졌다. 일반 국민에게 미친 영향도 있었고, 국외에도 영향을 미쳤다. 이들이 학생들의 '공범'이 된 것은 그해 가을부터 언론계를 중심으로 다시 민주화운동이 활발하게 전개되는 데 일조했다. 그리고 1975년 2월에 박정희가 국내외의 압력으로 할 수 없이 긴급조치 1, 4호 관계자들을 대거 풀어주는 데도 일정한 역할을 했다.

※ 이 글은 2019년 박형규목사기념사업회가 주최한 학술회의에서 발표한 것을 전면 고쳐 쓴 것이다. ※

박정희 유신체제의 사법살인, '인혁당재건위 사건'

1. 전격적인 4·9 사법살인 지시

지금으로부터 40년 전인 1975년 4월 9일, 이른바 '인혁당(인민혁명당)재건위 사건'으로 사형을 선고받은 여덟 명(민청학련 관계자로 재판받은 여정남 포함)이 박정희 독재권력에 의해 법의 이름으로 살해당했다. 사법사상 최악의 암흑이었다.

사법살인은 대법원 확정 판결 18시간이 채 되지 않는 새벽부터 일어났다. 4시 55분에 서도원부터 시작해 5시 30분에 김용원, 6시 5분에 이수병, 6시 35분에 우홍선, 7시 5분에 송상진, 7시 35분에 여정남, 8시 5분에 하재완이 형장의 이슬로 사라졌고, 마지막으로 도예종이 8시 30분에 법의 이름을 빙자해 살해당했다(사형명령부에 쓰여 있는 처형 시간 기준). 이와 같은 끔찍한 사법살인이 자행된 것을 전혀 몰랐던 가족들과 인혁당재건위 사건 조작 진상규명을 요구하던 천주교 신부 등 사회 인사들은 이날 아침에 면회를 하러 서대문교도소에 갔다. 가족들은 남편이 1974년 4, 5월에 정보부에 끌려간 이후 이날까지 한 번도 면회를 한 적이 없었다. 면회를 할 수 없었기 때문이다.

소위 대법원 판결이라는 것이 있은 지 불과 20시간을 전후하여 형이 집행되었다. 상상을 초월하는 방식으로, 유례를 찾기가 힘들다. 인혁당재건위 사건처럼 처음부터 정치적으로 재판을 받았던 이승만 최대의 정적 조봉암도 상고심을 맡았던 바로 그 대법원 재판부가 재심을 기각한 다음 날인 1959년 7월 31일 전격적으로 처형된 바 있었다. 있을 수 없는 처형이었지만, 그래도 조봉암의 경우는 3심 판결이 있은 지 5개월이 지난 후였다.

가뜩이나 국내외적으로 고문에 의한 조작이라는 의혹을 받고 있는 데다 8명이나 무더기로 사형을 선고했기 때문에 최소한 재심의 절차를 밟는 시늉이라도 했어야 할 터였는데, 어떻게 판결이 난 지 하루도 안 되어 사형을 집행했을까. 그것을 지시한 자는 누구인가.

사형 판결을 받더라도 보통은 1년 이상, 대부분은 3년 또는 5년 이상 지난 후에 집행하는 것이 관례이다. 이들 8명은 민간인인데도 박정희의 명령(긴급조치 1, 2, 4호)에 따라 군법회의에서 재판을 받았는데, 군법회의법에 따르더라도 사형 판결이 확정된 이후 국방부장관은 6개월 안에 사형 집행명령을 내리고, 그 명령이 있은 지 5일 안에 집행하도록 되어 있었다.

도무지 있을 수 없는 전격적인 사형 집행이 일어난 것에 대해서는 2005년에 나온 '국정원과거사건진실규명을 통한 발전위원회'의 보고서와 김재명의 「유신독재의 제물 인혁당 사건」에 잘 나와 있다. 두 자료 모두 이용택의 증언을 인용하고 있다. 당시 중앙정보부 6국장으로 인혁당재건위 사건을 고문으로 조작하는 데 '실무적'인 역할을 한 이용택은 정보부 관계자들도 그렇게 빨리 사형이 집행되리라곤 생각지 못했던 것 같다며, "대법원에서 상고가 기각되면 집행명령을 내려라"라는 박정희의 지시가 국방부에 이미 전달돼 있었을 것이라고 말했다. 박정희는 1975년 2월 21일 문공부 순시에서 격앙된 목소리로 "'합법적인 정부'(따옴표—인용자)를 뒤집어엎으려 했다면 내란음모죄가 되고, 내란음모죄는 어느 나라 법에서든지 극형에 처하도록 되어 있다"고 말한 바 있다.[01] 이 시기 그런 사건은 인혁당재건위 사건과 민청학련 사건 밖에 없었다.

박정희는 유신체제를 유지하기 위해서는 무슨 짓이든 할 결의에 차 있었다. 극형도 불사하겠다는 박정희의 결의는 이미 긴급조치 4호에 드러나 있었지만, 그 이후 인혁당재건위 사건을 조작하는 과정, 두 차례의 군법회의 과정에서 더 구체화되었다. 대법원이 상고를 기각한 지 하루도 안 되어 사형시킨다고 하여 박정희가 이때 얘기한 것처럼 유신체제 반대세력이 바짝 움츠러드는 것도 아니었고, 오히려 국내외에서 반감을 살 수 있었지만, 유신체제를 지키기 위해서는 어떤 짓이든 할 수 있다는 의지를 국민 모두에게 보여주겠다는 박정희 단기(短氣)의 발로였다. 그는 1936년 2·26 쿠데타를 일으킨 일본 황도파 군인들처럼 단호하고 결의에 찬 모습만이 독재권력을 지켜준다고 확신했다.

박정희 독재권력의 횡포와 만행은 끝이 없는 것 같았다. 이승만 정권은 조봉암을 처형한 후 독립운동자를 사형에 처하고 공공연히 장례를 치르지 못하도록 한 총독부령 120호에 의거해 민심을 자극하고 적을 이롭게 한다고 하여 사형 집행 보도를 통제했으나, 시신 탈취 같은 만행을 저지르지는 않았다.

가족들은 4월 9일에는 세 구의 시신밖에 인도받지 못했다. 다음 날인 10일, 송상진의 시신을 마지막으로 5구의 시신이 오후까지 인도되었다. 고의적으로 시차를 두고 한 구씩 인도한 것이다.

시신들을 당시 함세웅 신부가 있는 응암동성당에 안치하려고 했으나, 경

---

01 『조선일보』 1975. 2. 22; 『중앙일보』 1975. 2. 22.

박정희 유신체제의 사법살인, '인혁당재건위 사건' 305

찰은 가족의 마지막 소원조차 묵살하고 일부 시신을 폭력으로 탈취하여 한 구씩 차에 싣고 벽제화장터에서 화장했고, 경상도 쪽은 아무도 접촉할 수 없게 하여 장지로 갔다. 처음에 나온 우홍선·이수병의 시신만 자기 집으로 갈 수 있었다.

마지막으로 송상진의 시신을 실은 차가 응암동성당으로 가고 있을 때 3, 4백 명의 경찰 병력이 영구차를 막아섰다. 신부 등 일행은 영구차를 뺏기지 않으려고 온갖 노력을 다하며 수 시간 버텼다. 문정현 신부는 영구차가 가지 못하도록 차바퀴 밑에 기어들어가 드러누웠다. 그러나 차바퀴에 깔리고 말았고 그때부터 다리를 제대로 쓰지 못하게 되었다. 영구차는 4시간 20분 만에 크레인에 견인되어 사람의 몸을 타넘고 벽제화장터로 끌려갔고, 가족들 확인도 없이 화장되었다. 국가 공기관에서 여정남·송상진 등의 시신을 강제로 탈취해 화장해버리는 비인도적 만행까지 저지른 것이다.

학생들의 반유신 시위가 계속되었던 이 시기에 박정희 독재권력은 유신체제를 수호하기 위해 잇달아 초강경 정책을 썼다. 박정희는 인혁당재건위 사건 관련자들을 처형할 결의를 오래전부터 가지고 있었던 것으로 보이지만, 그렇게 전격적으로 빨리 죽인 것은 초강경 정책의 일환이었다. 유신체제를 비판했던 동아일보 및 조선일보 기자들이 3월과 4월 초에 걸쳐 신문사에서 대량으로 해직되었다. 대법원에서 인혁당재건위 사건 상고를 기각했던 4월 8일 박정희는 고려대학교에 휴교령을 명한 긴급조치 7호를 공포하였다. 문교부는 한신대에 휴업령을 내렸다. 그렇지만 반유신 시위를 벌인다고 하여 한 대학을 상대로 긴급조치를 발동했다는 것은 황소 잡는 칼로 닭을 잡는 식으로 아무리 '체육관 대통령'이라 하더라도 대통령 체면을 몹시 손상시키는 일이 아니냐는 비판을 받았다. 일본 『세카이』 객원기자인 브라이언 우드워드는 일부 소식통은 정보부가 여러 루트를 통해 고려대 데모를 격화시킨 것이 아닌가 하는 의심을 가지게 되었다고 기술했다.

그렇지만 유신체제를 지키는 데 가장 효과적으로 작동한 것은 위와 같은 박정희의 초강경 정책이 아니었다. '북괴 남침' 임박설과 총력안보체제 구축을 촉구한 1975년 박정희의 4·29 특별담화와 함께 전시 4대 입법, 긴급조치 9호 선포, 반상회 개최, 학도호국단 설치, 박 정권이 주도하거나 사주, 지원한 각종 안보궐기대회 같은 것을 통해 국가 병영화를 이뤄낸 것에 있었다. 이 시기에 박 정권이 정보부 등 정보기관, TV 등 각종 매체 등을 통해 야당과 보수세력, 일반 국민이 인도차이나 사태로 '북괴 남침'에 공포심을 갖도록 조장한 것이 큰 효과를 봤다. 1975년 4, 5월에 남부 베트남과 캄보디아, 라오스가 차례로 공산 정권으로 넘어간 인도차이나 사태는 유신체제를 비판하면서 인혁당 재건위 사건의 조작 문제를 보도하던 뉴욕타임스의 리차드 헬로런이나 워싱턴 포스트의 돈 오버도퍼 기자의 관심을 인도차이나 쪽으로 쏠리게 하기도 했다. 일부 개신교 등 보수세력은 각종 궐기대회에 참여하거나 동조하면서 박정희의 총력안보단결 주장에 적극 동참했다. 박정희의 총력안보 논리에 저해되는 어떠한 행위도 용납해서는 안 되는 것 같은 살벌한 분위기가 조성되었다.

2. 유신체제의 성격과 긴급조치 4호 선포의 의도

이제 4·9 학살이 자행되기까지의 과정을 인혁당재건위 사건 조작 과정을 통해 살펴보자. 그러려면 먼저 긴급조치 4호와 유신체제의 성격을 살펴볼 필요가 있다.

1974년 4월 3일 박정희는 충격적인 특별담화를 발표했다. 민청학련(전국민주청년학생총연맹)이라는 불법단체가 불순세력의 배후조종하에 그들과 결탁하여, '인민혁명'을 수행하기 위한 상투적 방편으로 합법을 가장, 정체를 위장하고 사회 각계각층에 침투하여 '인민혁명'의 수행을 기도하고, 적화통일을 위한 통일전선의 초기 단계적 불법 활동이 대두하고 있어, 불순 요인을 발본색원하기 위해 긴급조치 4호를 선포한다는 것이었다. 긴급조치 4호는 석달 전인 1974년 1월 8일에 선포된 긴급조치 1호보다도 훨씬 강도가 높았다. 민청학련과 이에 관련되는 단체의 관련자는 극형에 처할 수 있게 했고, 대학 폐교 처분도 불사하겠다고 했고, 병력이 출동할 수 있으며, 긴급조치 4호를 위반한 자는 법관의 영장 없이 체포·구속·압수·수색하여 비상군법회의에서 처단하겠다고 엄포를 놓았다.

긴급조치 4호는 전혀 긴급한 사태가 일어나지 않았는데도 선포되었다는 데 가장 큰 특징이 있다. 정치적 경제적 사회적으로 주목할 만한 어떠한 일도 발생하지 않았다. 남북 관계도 평온했다. 다만 '전국민주청년학생총연맹'이라는 이름이 붙은 '민중·민족·민주선언'에서 학생들의 시위를 선동했고, 서울대의 몇 단과대, 성균관대 등 몇몇 대학에서 움직임이 있었으나 시위는 바로 차단당했다. 그러면 4월 3일 이전에 격렬한 학생 시위가 있었느냐 하면, 3월 중순과 하순에 한신대·경북대와 서강대 등에서 규모가 크지 않은 작은 시위가 있었거나 시위를 기도했을 뿐이다. 그나마 보도도 거의 안 되었기 때문에 일반인들은 이러한 일들이 있었는지조차 몰랐다.

그런데 엄청난 비상 상황에서나 나옴직한 긴급조치 4호가 선포된 것은 무엇 때문일까. 그 이유는 간단하다. 유신체제를 지키기 위해서 그런 짓을 한 것이다. 유신체제가 조금이라도 정상적인 체제였다면 이러한 일은 일어나지 않았을 것이 분명하다.

유신체제는 오로지 박정희 한 사람에게만 절대적인 권력을 부여한 박정희 일인지배체제였다. 박정희는 정치적 사회적 경제적으로 평온했고, 남북 관계도 7·4 남북공동성명으로 분단 이후 가장 좋은 상태였는데, 돌연히 1972년 10월 17일 군인들을 동원해 비상계엄을 선포하는 쿠데타를 일으켜, 민주주의 헌법을 유린하여 불법적으로 유신체제라는 일인 독재체제를 만들어낸 것이다.

박정희가 유신체제를 만든 직접적인 계기는 1971년 대통령 선거였지만, 10·17 쿠데타에 반대할 수 있는 세력을 이미 제거했기 때문에 일으킬 수 있었다는 점을 각별히 중시하지 않으면 안 된다. 공화당의 경우 김종필과 연결된 주류는 3선개헌 과정을 통해 제압했고, 비주류 보스는 1971년 10·2 항명파동 때 제거하면서 박정희 친정체제가 성립되었다. 사법부는 1971년 사법부 파동을 겪으며 권력에 종속되었다.

박정희 권력에 대한 최대의 견제세력은 학생과 언론이었다. 언론은 1964년 6·3 사태 이후 구속, 테러, 정보부 연행, 해직 등으로 무력해졌고, 동아일보도 천관우 등이 쫓겨나 힘이 빠진 상태였다. 학생들도 계속 탄압을 받아오다가 1971년 10월 위수령으로 군인들이 학원에 들어가고 학생 1,889명이 연행되고 177명이 제적됨으로써 더 이상 항거하기 어려웠다. 야당만이 남았는데, 쿠데타를 일으키면서 비판적인 야당 의원들은 붙잡아다가 혹독한 고문을 가하고 구속시켰으며, 다른 정치인들은 유신체제에 협력한다는 각서를 쓰고 출마하게 했다. 미국은 5·16 쿠데타가 일어났을 때 박정희로 하여금 민정 이양하겠다는 공약을 하게 했고, 1963년 3월 박정희가 군정 연장을 기도하자 그것을 저지했지만, 10·17 쿠데타에는 방관자가 되었다.

박정희는 유신체제를 흔들 수 있는 세력을 제거했기 때문에 걱정할 것이 없었지만, 유신체제를 더욱 반석 위에 놓기 위해 해외 반유신세력을 없애버리려고 했다. 그 과정에서 1973년 8월 김대중 납치 사건이 발생했는데, 이 사건 이후 유신체제는 흔들리기 시작했다. 10월 2일부터 다시 학생 시위가 시작되었고, 학생들의 강의 거부와 학기말시험 거부가 일파만파로 퍼져 나갔다. 재야도 움직이기 시작했다. 12월 24일 장준하 등 재야 인사들이 벌인 '개헌 청원 100만인 서명 운동'은 요원의 불꽃처럼 반유신 분위기를 타오르게 했다. 급기야 김종필 총리가 경고했고, 12월 29일에는 박정희가 특별담화를 발표했지만, 반유신 운동은 걷잡을 수 없이 퍼져 나갈 것만 같았다. 박정희는 1974년 1월 8일 긴급조치 1호와 2호를 선포했다. 유신헌법을 비방, 부정하는 자들을 영장 없이 체포 구속하고 15년 이하의 징역에 처하겠다는 것이 주된 내용이었다. 긴급조치 1호는 형사법·형사소송법 등을 근간부터 뒤흔들고 법치주의를 유린하는 행위였지만, 1호 위반자를 비상군법회의를 설치해(2호) 처단하겠다는 것도 군국주의 무단통치에서나 있을 수 있는 일이었다.

그렇다면 긴급조치 1호라는, 법치주의 사회에서 있을 수 없는 강권 조치를 발동했는데, 왜 4월 3일에 그보다 더 강경한 긴급조치 4호를 새로 내놓게 되었나.

긴급조치 1호가 발동되었는데도 개신교 목회자나 학생들이 조금도 두려워하지 않고 긴급조치 1호의 철회와 유신체제 철폐를 주장하는 등 유신헌법을 반대하는 활동을 계속했다는 점도 박정희를 참을 수 없게 했겠지만, 긴급조치 1호 위반자인 장준하·백기완이나 개신교 목회자, 학생 등이 비상군법회의에서 15~10년의 중형을 선고받았는데도 의연한 자세로 유신헌법은 잘못되었다고 당당히 발언하는 것에 더욱 더 '분노'를 참지 못한 것 같다. 박정희는 극형을 불사하는 초강경 극약처방만이 유신체제를 수호할 수 있다고 확신한 것으로 보인다. 극형에 처하려면 한국에서는 박정희가 4·3 특별담화에서 적시한 대로 '북괴의 적화통일'에 호응한 공산주의 단체여야 했다.

그런데 민청학련 사건을 잘 아는 사람이 볼 때 박정희의 4·3 특별담화는 이해하기 어려운 대목이 있다. "민청학련이라는 불법단체가 불순세력의 배후조종하에" "합법을 가장, 정체를 위장하고 사회 각계각층에 침투하여" "적화통일을 위한 통일전선의 초기 단계적 불법 활동이 대두"되었다는 것이다. 이 내용은 거의 한 달이 다 지나서야 나온 신직수 정보부장의 민청학련 사건 발표(4·25 발표)의 기본 뼈대를 형성하고 있다. 다시 말하면 발표 이전에 이미 박정희는 민청학련의 움직임을 소상히 '파악'하고 있었다는 것이 된다.

'전국민주청년학생총연맹'이라는 단체는 한 번도 존재한 적이 없다. 일부 주동 학생들이 4월 3일에 뿌릴, 시위를 선동하는 민중·민족·민주선언에 아무 이름도 없으면 안 될 것 같아 편의상 붙인 것이다. 그러나 민청학련 사건으로 이 사건이 알려졌기 때문에 그 이름을 쓰기로 하자. 민청학련 주동 학생으로 비상보통군법회의 재판정에서 사형 무기를 선고받은 1번에서 10번까지의 피고인 10명 중 4월 3일 이전에 붙잡힌 사람은 사전예비검속에 걸려든 한 사람뿐이었고, 그는 고문에도 불구하고 4월 3일 이후까지 상당 기간 구체적인 활동을 전혀 언급하지 않았다. 그런데 어떻게 박정희는 불순세력의 조종을 받으며 합법을 가장, 정체를 위장하고 사회 각계각층에 침투한 사실을 알았을까. 이러한 박정희 발표 중에 사실에 가까운 것이 아주 없는 것은 아니다. 시위 주동 학생들이 사회 각계각층과 연결지어 시위를 벌이려고 한 것은 과장된 표현이기는 하지만 분명히 사실이기 때문이다.

박정희는 어떻게 학생들이 사회 각계각층과 연결지으려는 것을 알았을까. 그에 대한 답은 하나밖에 없다고 본다. 민청학련 사건 주동자들은 모임에서 왜 경찰이나 정보부가 주동자 중 몇 사람은 10·2 문리대 시위 때부터 파악하고 있어 반유신 활동을 벌이고 있다는 것을 짐작하고 있었을 텐데도, 유신체제를 수호하기 위해 긴급조치까지 선포한 자들이 반유신 활동을 막기 위해 쫓거나 체포하지 않을까 이상하다고 생각했다. 그래서 이것은 분명히 키워서 나중에 대거 잡아들여 사건을 크게 만들어 어마어마한 조작 사건을 발표하려는 것이 틀림없다고 추측하기도 했다. 그 때문에도 정보부가 민청학련을 결성했다고 발표한 3월 7일 모임 같은 데서 절대로 단체 이름을 붙여서는 안 되고 화염병 같은 것도 만들지 말자고 했던 것이다.

정보부는 자세히는 몰랐겠지만, 사회 여러 인사들을 만나고 다니는 것을 포함해 학생들이 무엇을 하고 있는가를 대충은 파악하고 있었던 것으로 보인다. 학생들이나 박정희나 어느 정도 서로 알고 양쪽 다 결연한 자세(학생)나 결의에 찬 자세(박정희)로 '준비'를 하고 있었던 것이다. 3월 28, 29일의 사전에 비검속도 어느 정도 파악하고 있었기 때문에 드디어 행동 개시를 한 것이었다. 그렇다고 하더라도 "적화통일을 위한 통일전선의 초기 단계적"이라고 구체적으로 말한 것은 특별한 의도가 있지 않고서야 나올 수 없는 내용이었다.

박정희 권력이 학생들의 동정을 어느 정도 알고 있었다는 흥미 있는 사례가 있다. 4·3 직후 강구철은 이철·유인태와 함께 간첩 못지않은 현상금이 붙어 전국적으로 수배되었고, 수천 명의 경찰이 눈을 번득였다. 그러나 체포하고 보니 잘못 알았다는 것을 알게 되었다. 강구철은 서울대 문리대에서는 주동자였지만, 그 이상은 아니었다. 프락치가 말한 것을 잘못 판단한 것 같다. 정보부는 문리대 학생회 간부도 포섭하고 있었다. 전국 주요 대학에 프락치를 심어두었을 것이다.

4·3 특별담화에 사형 등에 처한다고 했지만 그것은 엄포용이었을 것이라고 추측하는 사람들도 있었다. 그러나 1973년 10월 이후부터 1975년 4월까지는 유신 말기를 제외하면 유신체제가 가장 심각하게 도전을 받았고 흔들리고 있었다. 또 긴급조치 4호 발동 이후의 살벌한 분위기를 볼 때 희생자가 나올 수 있다는 두려움을 갖지 않을 수 없는 상황이었다. 박정희는 여순 사건 직후 남로당의 군 프락치로 활동했었는데, 자신만 살기 위해 동지였던 프락

치의 명단을 당국에 알려주었고 그들은 예상대로 처형되었다. 그는 유신체제를 지키기 위해서라면 그 당시와 비슷한 선택을 할 수 있는 사람이었다. 그러려면 명분이 있어야 했다.

특별담화에 '인민혁명'이라는 말이 두 번이나 나오는 것도 주목된다. 학생이나 반대세력의 시위나 투쟁으로 정권이 위기에 몰렸을 때 시위의 확산을 차단하고 학생운동의 순수성을 훼손하고 시위 주동자를 처단하기 위해 상투적으로 써먹은 수단에 지나지 않았다고 볼 수도 있고, 박정희가 남로당의 군 프락치 주요 인물로 활동했기 때문에 자연스럽게 그러한 말을 썼을 수도 있다. 10년 전인 1964년에 한일회담 반대 학생 시위가 대규모로 일어나 박정희 정권이 궁지에 몰렸을 때, 그 시위를 불순세력이 배후에서 조종했다고 하면서 인혁당 사건이 발생했었다. 그런데 그 사건은 실패작이 되고 말았기 때문에 기억에 생생하게 남아 있었을 터인데, 그때 그 사건이 떠올라 '인민혁명'이라는 말을 썼을까?

4·3 특별담화에서 가장 중요하고 주목할 만한 부분은, 정보부가 반유신 투쟁을 벌이고 있는 학생들이 어떠한 사람들인가를 잘 알고 있었는데도, 인민혁명을 수행하기 위해 지하조직을 만들어 각계각층으로 침투하였고, 그것도 적화통일을 위한 통일전선의 초기 단계적 활동을 했다고 아주 구체적으로 적시했다는 점이다. 다른 사람도 아니고 절대권력을 행사하고 있는 유신 대통령이 그것도 유신체제를 수호하기 위해 이렇게 명확하게 사건을 규정지었다면 정보부는 그것에 따라 행동할 수밖에 없고, 구체적 사실에 근거해 그것과 다른 설명을 할 수 있는 여지가 아예 없었다. 정보부는 4·3 특별담화가 발표되는 순간부터 그 담화에 맞춰 엄청난 조작에 착수하지 않을 수 없었고, 그것은 정보부가 그때까지 해온 수법인 고문을 통해서 하게끔 되어 있었다.

3. 인혁당재건위 사건의 조작

1) 신직수 중앙정보부장의 4·25 발표

'민청학련' 사건의 주동자 대표격인 이철은 당국이 수많은 친구, 친지를 괴롭히며 서울 시내를 이잡듯 뒤지고, 현상금도 점점 치솟아 나중에는 간첩보다도 월등히 높아졌지만 4월 24일에야 체포되었다. 정보부는 부랴부랴 서둘렀다.

1974년 4월 25일 신직수 정보부장은 이른바 민청학련 사건 수사 상황을 중간 발표했다. 그 줄거리를 검토해보면 박정희의 특별담화를 구체화한 것에 지나지 않았다.

신직수는 민청학련을 조직, 국가 변란을 획책한 학생들은 그들의 사상과 배후관계로 보아 공산주의자임이 분명하다고 말했다. 그리고 이들 학생들은 통일전선 전략과 4단계 혁명을 통해 노동자·농민 정부를 세우려고 했던 바, 1단계로 민주 회복을 구실로 반정부세력을 규합했다고 말했다. 그런데 기자와의 일문일답에서 신직수는 지하공산당과 공산주의자들이 합쳐 일부 학생·교수·기독교 인사들을 선동, 조직적인 투쟁을 편다는 제1단계를 마쳤다고 설명했다. '지하공산당'이라는 말이 주목된다. 박정희가 특별담화에서 "적화통일을 위한 통일전선의 초기 단계적 불법 활동"이라고 주장한 것을 이렇게 덧붙여서 설명한 것이다. 그는 2단계로 4월 3일 전국 주요 대학이 일제히 봉기, 청와대 등 정부기관을 점거, 정권을 인수하고, 3단계로 민주연합정부를 세우고, 끝으로 노동 정권을 수립하는 것이라고 발표했는데, 발표와 일문일답에서 학생들이 노농 정권을 수립하려고 했다는 것을 거듭 강조했다. 신직수는 민청학련의 배후 관계를 ① 도예종 등 인혁당 계열, ② 조총련 비밀 조직원 곽동의의 사주를 받은 두 명의 일본인, ③ 유근일 등 좌파 혁신계, ④ 한국

「民靑學聯」勞農政權 수립 企圖

人革黨·朝總聯서 조종

暴力데모 4단계 革命

中植秀 情報部長 捜査중간發表

青瓦臺 占據계획도

2百40명 調査··日本人도 2명

민청학련 수사 중간 발표 1974년 4월 25일, 신직수 정보부장은 이른바 민청학련 사건 수사 상황을 중간 발표했다. 민청학련을 조직, 국가 변란을 획책한 학생들은 공산주의자임이 분명하고, 이들 학생들은 통일전선 전략과 4단계 혁명을 통해 노동자·농민 정부를 세우려고 했던 바, 1단계로 민주 회복을 구실로 반정부세력을 규합했다는 내용이었다. 『조선일보』 1974. 4. 26.

기독학생총연맹 간부 등 네 갈래로 나누어 설명했다.

'조총련 비밀조직원 곽동의'가 여기에도 등장하는 것이 우스꽝스럽고, 유근일을 좌파 혁신계로 부각시킨 것도 설득력이 떨어졌지만, 학생들을 공산주의자로 단정한 것도 납득하기 어려웠다. 신직수가 발표를 끝내고 기자들과 일문일답할 때 기자가 첫 번째로 이렇게 물었다. "주동자가 모두 젊은 학생들인데, 어떻게 국가 변란이라는 엄청난 일을 할 수 있는가?"

4월 25일 신직수의 발표는 발표문이나 일문일답이나, 민청학련 사건 수사 상황이나, 신문 사회면에 실린 민청학련 사건 수사 상보(詳報)나 모두 민청학련 사건 위주였다. 배후로 발표된 인혁당 계열 관련의 경우 도예종이 71년부터 73년 사이에 경북대 데모를 배후조종, 학생 폭거를 통한 사회주의 정권 수립을 기도했으나 당국의 저지로 실패하자, 이수병 등을 통해 이철 등에 접근, 민청학련의 구성과 활동을 배후조종하고 자금 지원을 했다는 것을 제외하면 별다른 것이 없었다.

2) 비상군법회의 검찰부의 5·27 발표

5월 27일 비상군법회의 검찰부는 민청학련 사건으로 총 1,024명을 조사하여(그중 266명은 자진 고지자) 253명을 비상군법회의에 송치했는데, 1차로 54명(민청학련 사건 여정남 포함 32명, 인혁당재건위 사건 22명)을 기소했다고 발표했다(나중에 전체 기소자를 180명으로 발표).

5·27 발표에는 놀라운 내용이 포함되어 있다. 공소장에 따르면 서도원·도예종 등이 인민혁명당 사건으로 복역하고 출소한 뒤 공산혁명으로 노농 정권을 수립하겠다는 망상을 버리지 않고 1969년경부터 지하에 흩어져 있는 인혁당 등의 잔재세력을 규합, 인민혁명당을 재건했다는 것이다. 그리하여 아지트를 설치해 공산주의 교육, 훈련을 감행하는 한편, 북괴의 대남적화전략

에 따라 남한 내에서 먼저 민중봉기가 일어나면 북으로부터 지원을 받아 공산혁명으로 유도할 목적으로, 여정남을 시켜 반정부 학생과 접촉해, 공산주의 사상을 가진 학생들이 폭동으로 정부를 전복, 공산 정권을 수립하려는 것을 알고 이들에게 폭력혁명의 필요성, 필연성을 강조하여 격려하고, 학생봉기의 민중봉기화를 위한 방법 등을 교시했다는 것이다. 5·27 발표는 신문을 읽어보면 이른바 인혁당재건위 사건 관련자들이 민청학련 사건 관련자들보다 더 심하게 당할 수 있다는 '와꾸'(틀)로 되어 있었다.

3) '인혁당재건위'란 조직은 존재하지 않았다.

'국정원과거사건진실규명을 통한 발전위원회'(이하 '국정원위원회'로 약칭)의 보고서(이하 '국정원보고서'로 약칭)에 따르면, 박정희의 4·3 특별담화에서 '인민혁명'이란 표현이 나오고, 4월 22일 도예종 진술서에 "꼭 인혁당을 재건해야 되느냐. 이미 무섭게 알려진 어마어마한 정당이 아니고 (…) 과거 조직생활을 같이 한 인혁의 인사를 한번 만나보자"고 한 데서 '재건'이라는 단어가 등장했고, 5월 3일 수사 상황 보고에 '공산지하당 재건준비위'라는 명칭이 처음 등장한다. 5월 2일 문호철 검사의 구속영장을 발부받아 우홍선과 박중기를 구속했을 때는 공산지하망 재건준비위 혐의였다.

정보부는 며칠간 공산지하망재건위와 공산지하당재건위 사건 등으로 명칭을 혼용했다. 조직 명칭이 인혁당재건위로 표기된 것은 5월 16일 유진곤에 대한 수사 상황 보고에서였다. 그때까지 피의자들은 국정원보고서, 법원의 재심 판결문 등 수많은 자료에 나오는 것처럼 전기고문, 물고문 등 인간이 감내하기 어려운 지독한 고문을 받았다.

그 이후에도 조직 명칭이 혼용되었는데, 5월 23일 우홍선의 '가칭 인혁당재건위'란 진술을 계기로 피의자들에게 '가칭 인혁당재건위'라는 진술을 받았다. '인혁당재건위'라는 명칭은 공안검사들과 정보부의 이름짓기 과정에서 나왔다. 그 점은 비상군법회의 공소장에서도 대법원 판결문에서도 확인된다. 정보부의 작명에서 조작의 냄새가 물씬 풍긴다.

5월 27일 비상군법회의 검찰부가 발표했을 때는 앞서 언급한 대로 '인혁당재건위'라고 표현했지만, 정작 기소할 때는 '서울 경북 지도부'로 지칭하는 등 조직 명칭을 구체적으로 거론하지 않았다는 것은 인혁당재건위가 존재하지 않았음을 말해준다. 덧붙인다면 대법원도 판결문에서 이들을 인혁당 재건을 위한 반국가단체로 규정하고 '인혁당재건단체'로 약칭하여 사용한다고 특정하였다(명칭 문제는 국정원보고서에 의거했음). '인혁당재건위'라는 조직과 인혁당재건단체는 조직의 성격이나 위상 등 그것이 의미하는 바가 다르다.

4) 제1차 인혁당 사건과 민비연 사건

여기서 인민혁명당 사건을 되돌아볼 필요가 있다. 세칭 제1차 인혁당 사건으로도 불리는 이 사건은 박정희 권력의 속성을 잘 보여주기 때문이다. 1964년 8월 14일 김형욱 정보부장은 인혁당 사건을 발표했다. 일당 57명 중 41명을 검거했다고 설명하면서 내놓은 명단에는 한일회담 반대 학생 시위를 주도한 혐의로 구속된 김중태·현승일·김도현 등과 다른 학생운동 관련자, 김정강·김정남 등의 불꽃회 사건 관련자가 포함되어 있었다. 중앙정보부가 민비연(민족주의비교연구회) 사건으로 널리 알려진 김중태 등과 이미 발표된 불꽃회 사건 관련자들을 모두 인혁당 사건으로 한데 묶어 발표함으로써, 국민에게 엄청나게 큰 공산당이 학생 시위를 배후조종했다는 생각을 갖게 하려고 한 것임을 알 수 있다.

이렇게 거창하게 발표를 한 것은 '이유'가 있었다. 1964년 3월 24일부터 굴욕적인 저자세 한일회담, 흑막 속의 한일회담을 즉각 중지하라는 학생 시위가 거세게 일어났다. 다급해진 박정희는 3월 27일 한일회담 타결을 위해 일본에 가 있는 김종필을 다음 날 귀국하도록 지시했다. 그런데도 학생 시위는 계속되었고, 그것의 칼날은 박정희·김종필의 정치이념으로 겨누어졌다. 5월 20일 서울대 문리대에서는 한일굴욕외교반대학생총연합회 명의로 민족적 민주주의 장례식이 있었다. 시위는 더욱 격렬해져 6월 3일에는 서울의 주요 대학 학생들이 거리로 쏟아져나왔다. 1960년 4월 26일 이승만 대통령 하야를 외친 시위('승리의 화요일') 이후 최대의 시위로, 학생들은 '박정희 정권 물러가라'고 외쳤다. 군복을 벗고 대통령에 취임한 것이 1963년 12월 17일이었는데, 반년도 안 되어 박정희를 물러나라고 외친 것이다. 박정희가 어떤 심사(心思)였을까 짐작할 만하다.

박정희 정권은 6·3사태에 미국의 지원을 받으며 계엄을 선포했다. 1964년 3월 24일 시작되어 6월 3일에 이르는 학생들의 한일회담 반대 시위는 이로써 일단락되었다. 문제는, 6·3시위에 1만 명 이상이 참여했다고 하더라도 학생들은 더 이상 시위를 계속할 여력이 약했고 경찰로도 통제할 수 있는 것을 비상계엄까지 선포했다는 데 있다. 박정희가 비상계엄을 선포한 데는 박 정권에 비판적인 학생운동세력과 언론을 휘어잡고, 그와 함께 큰 사건을 만들어 다시는 박 정권을 부정하는 사태가 일어나지 않도록 발본색원하겠다는 의도도 작용하였다. 그러면서 터진 사건이 인혁당 사건, 민비연 사건이었다.

김형욱이 처음에 발표한 인혁당 사건은 권력의 의도대로 되지 않았다. 당시만 해도 사법부가 어느 정도 살아 있었고 법조인 중에는 정도를 지키려는 사람이 있었다. 우선 민비연 사건, 불꽃회 사건 등이 분리되었다. 인혁당 사건이 특히 세인의 이목을 끈 것은 서울지검 공안부의 이용훈 부장검사와 장원찬 최대현 검사가 증거불충분을 이유로 이 사건에 이의를 제기하고 사표까지 제출했기 때문이다. 그러나 중앙정보부 차장이었다가 이 시기에 검찰총

1차 인혁당 사건에서 유죄판결을 받은 도예종 등 13명 당시 검찰총장이었던 신직수 등
이 기소를 강행한 도예종 등 13명은 2심 재판에서 유죄판결을 받았지만 형량은 그리 무
겁지 않았다. 경향신문사 소장.

장으로 기용된 신직수 등 검찰 수뇌부가 기소를 강행했다. 그런데 1심 재판에
서 두 사람만 유죄가 선고되고 나머지 11명은 무죄판결을 받아 다시금 사회
적 관심을 크게 끌었다. 기억력이 좋은 대통령 박정희, 중앙정보부장 김형욱,
법무부장관 민복기, 검찰총장 신직수, 정보부 5공 대공과장 이용택은 이 사건
을 유심히 지켜보고 있었는데, 참담한 사태가 잇달아 일어났다. 2심 재판에
서 피고들은 13명 전원이 유죄판결을 받았지만 형량은 발표된 사건에 비해
턱없이 약했다. 박정희·이용택 등은 이 사건을 결코 잊지 않았을 것이다. 더
구나 박정희는 남로당 군 프락치였었고, 두 사람 모두 다 인혁당 사건 관련자
다수가 연고가 있는 대구의 좌익계를 잘 알고 있다고 생각하고 있었다. 그런
데 1973년 하반기부터 유신체제가 곤경에 빠져들고 있었고, 긴급조치 1, 2호
를 선포했는데도 반유신 민주화운동은 계속되고 있었다. 특단의 조치가 필

요했다. 이때 대통령은 박정희, 대법원장은 민복기, 중앙정보부장은 신직수, 중앙정보부 정치 담당인 6국 국장은 이용택이었다. 1964년의 진용이 박정희만 빼고 한 계급씩 승진해 유신체제를 지키고 있었다. 10년의 세월이 흘렀는데도 놀랍게 심수봉 노래처럼 〈그때 그 사람〉이었다.

박정희 권력의 속성이 적나라하게 드러나는 민비연 사건도 인혁당재건위 사건을 살펴보는 데 도움이 된다. 서울대 정치학과 학생들로 구성되었고, 김중태·현승일·김도현 등이 간부였던 민비연은 박정희 정권의 미움을 아주 심하게 받았다. 3·24 학생 시위에서부터 박정희가 강행하려던 한일회담 조기 타결을 물거품으로 만든 것도 그대로 지나가기 어려웠겠지만, 이들이 박정희 대통령의 권위에 정면으로 도전했기 때문이다. 5월 20일 학생들은 '축 민족적 민주주의 장례식'이라고 쓴 만장이 펄럭이는 가운데 박정희 김종필이 내세웠던 민족적 민주주의 장례식을 가졌다. 10년 후 민청학련 사건으로 군사법정에서 무기형을 선고받게 되는 김지하는 이때 "시체여, 너는 오래전에 이미 죽었다. 죽어서 썩어가고 있었다"로 시작되는 조사를 읽었다.

김중태 등은 한때 국민적 영웅이 되기도 했으나, '민족적 민주주의 장례식' 등의 대가는 너무나 혹독했다. 1964년에 재판을 받은 것에 이어(1차 민비연 사건) 1965년에는 내란 음모 등으로 다시 구속되었다(2차 민비연 사건). 1967년 6·8 총선거는 3선개헌을 염두에 두고 다수 의석을 확보하기 위해 망국선거, 공무원선거로 불리는, 1960년 3·15 부정선거 이후 최대의 부정선거였다. 이현배(6·8 부정선거 규탄 서울대투쟁위원장) 등 학생들이 바로 시위에 들어가고 국회가 6개월이나 공전했다. 이때 김형욱은 부정선거 비판 여론을 약화시키고 국민의 관심을 다른 곳으로 쏠리게 하기 위해 동백림 간첩단 사건이라는 것을, 한번에 발표해도 될 것을 정치적 효과를 극대화하기 위해 여러 차례 나누어 발표했는데, 김중태 등은 또다시 끼워넣기에 들어갔다. 민비연 지도교수라고 하지만 명목뿐인 지도교수였던 황성모가 독일 유학을 했기 때문에 엮어놓은 것이다. 3차 민비연 사건은 동백림 사건에서 바로 분리되었으나, 이 사건은 수 년이나 끌었다. 김중태 등은 박정희 권력이 얼마나 무섭고 독한가를 실감할 수 있었다.

5) 중앙정보부의 조작

이제 다시 인혁당재건위 사건 조작 과정을 살펴보기로 하자.

4월 14일 자정 무렵에 유인태가 붙잡힌 지 불과 3일도 안 된 4월 17일에 여정남이 붙잡혀갔고, 이어서 18일에 이수병·김용원이, 이어서 도예종(4월 20일)·하재완·서도원 등이 끌려갔다. 신직수의 4·25 발표 이후인 5월 2일에는 우홍선·전창일·이창복·김한덕·나경일·전재권·이태환·조만호·정만진·이재형·임구호 등이, 5월 8일에는 강창덕이 대개 집에서 붙잡혀갔다. 이성재만이 피신했다가 나중에 끌려갔다. 이들이 4·25 발표를 보고도 잡혀갈 때까지 별다른 피신을 하지 않은 것은 자신들이 신직수가 발표한 인혁당 계열과 관련이 없다고 판단했기 때문이었을 것이다. 그러나 박정희가 어떤 사람인가, 유신체제가 어떠한 성격의 권력인가, 긴급조치 4호가 왜 발동되었는가를 충분히 고려하지 못한 게 아닌가 하는 생각이 들기도 한다.

조작의 징후는 4·25 발표 이전에 이미 있었다. 유인태가 정보부에 처음 끌려왔을 때는 여정남이 자신과 이철의 지시를 받는 것으로 진술서를 쓰라고 했다. 그런데 4, 5일이 지난 18, 19일 무렵에는 여정남과의 관계를 거꾸로 쓸 것을 강요했다. 여정남이 전부 배후조종을 한 것으로 만들어가고 있었다. 아마도 정보부가 잘 알고 있는 이수병과 도예종이 끌려온 이후에 그렇게 되었을 것이다.

박정희 권력의 핵심이 위에서부터 정보부 6국장 이용택에 이르기까지 도예종 체포에 어떠한 심리적 정신적 상태에 있었을까는 미루어 짐작할 수 있다. 10년 전 학생 시위·민족적 민주주의 장례식에 독이 오를 대로 올라 그 배후로 인혁당 사건을 크게 부각시켜 발표했건만, 공안검사는 사표를 내고 판사는 무죄를 선고하는 등 결과는 참담하였다. 도예종 등을 체포한 후부터 그림의 큰 틀이 잡히지 않았을까.

전창일은 중앙정보부에 끌려가 초기에 지하실에서 처참한 몰골로 물고문을 등을 당하며 허위 자백서를 쓰도록 강요받았다. 인민혁명당과 유사한 지하당을 만들었다는 자백서를 쓰게 하고 정보부에서 받은 조서인데도 중부경찰서에서 받은 것으로 쓰게 했다. 또 5인 지도부를 4인 지도부로 바꾸고 박중기를 빼라고 했다. 이렇게 하여 인혁당과 유사한 지하당의 '4인 지도부'가 만들어졌다. 여정남에게는 5월 25일부터 지하실에서 인민혁명당 재건을 위한 지도부 구성이란 말이 처음으로 등장했고, 그에게 학원 담당책, 학원 조직책 등의 감투가 씌워졌으며, 5월 28일, 30일 쓴 진술서 날짜를 고쳐쓰게 했다. 5월 27일 공소제기 날짜에 맞추기 위해서였다.

대통령 소속 의문사진상조사위원회 조사관 유봉인은 『신동아』 2002년 11월호에, 의문사진상위원회에서 1974년 인혁당재건위 사건을 수사한 수사관들은 "이 사건의 현장 수사 지휘 책임자였던 정보부의 윤 모로부터 '물건'(조직 사건)을 만들라"는 지시를 받았다고 구체적으로 털어놓았다고 썼다. 사건 조사가 마무리에 접어드는 시점에 윤 모가 세칭 1차 인혁당 사건 관련 자료를 열심히 들여다보더니 느닷없이 이 사건을 인혁당재건위라는 조직 사건으로 만들라고 지시했다는 것이다.

국정원 보고서에는 국정원위원회에서 조사할 때 정보부 6국 계장 윤종원이 여정남의 진술 내용 이외에 '민청학련'과 인혁당재건위의 연계성을 입증할 증거는 없다고 말한 것으로 쓰여 있다. 이 보고서는 '인혁당재건위'가 '민청학련'의 배후로서 조직적이고도 구체적인 활동을 하였다는 확증은 당시 '인혁당재건위' 관련자들의 진술조서 등을 제외하고는 구체적인 증거가 없다고 지적했다. 고문으로 쓰여진 진술서만이 유일한 증거였던 것이다. 국정원위원회는 일단 대통령이나 정보부장의 발표에서 규정된 인혁당이나 민청학련의 성격은 그대로 수사 지침이 되어 짜맞추기가 진행되어 이들 단체를 무리하게 반국가 단체로 만들어간 것이라고 결론을 내렸다.

6) 박정희와 이용택의 빈번한 회동

이제 핵심 중의 핵심으로 들어가보자. 『자료로 보는 인혁당재건위 재심재판에 이르기까지』에 나오는 인혁당대책위원회의 결성과 활동 중 재심청구 사유에는 "수사관들의 증언에 따르면 인혁당재건위 사건은 중앙정보부가 조작한 사건이며 중앙정보부의 이 모 국장이 박정희 전 대통령에게 직접 보고를 하고 결재를 받았음"이란 대목이 나온다. 연합뉴스 기자 맹찬영·이충원이 쓴 「인혁당 사건의 재조명」에는 다음과 같이 쓰여 있다.

> 인혁당재건위 사건 때 중정 6국장이었던 이용택 씨(11·12대 의원)는 모 월간지
> 와의 인터뷰를 통해 "박정희 대통령도 인혁당 사건에 상당한 관심을 갖고 있어
> 서 1주일에 두 번꼴로 보고를 했는데"라고 말하면서 [인혁당재건위 사건] 조작
> 을 부인했다.

대통령이 아무리 관심이 많더라도 중앙정보부장이 수시로 와서 자세히 보고를 하는데, 일개 국장을 만날 필요가 있을까. 보통 하듯이 수사현장 책임자를 한 번쯤 만나 수고한다고 격려하면서 금일봉을 건네주면 될 일이다. 박정희가 1964년에 인혁당 사건 수사를 담당했던 이용택을 일주일에 두 번꼴로

만난 것은 특별히 그럴 만한 이유가 있었기 때문일 것이다. 박정희는 인혁당 재건위 사건과 민청학련 사건을 유신체제의 명운이 걸린 사건으로 파악하고 있었던 것으로 보인다. 따라서 이 사건에 대해서 세세한 사항까지 보고를 듣고 검토를 하며 때로는 지시를 해야 하니까 일개 국장을 일주일에 두 번꼴로 만난 것이 아닐까. 인혁당재건위 사건의 핵심 비밀은 이 두 사람의 만남 속에 다 들어 있을 것이다. 그야말로 핵심 중의 핵심이라고 할 수 있다. 극형의 범위 등 중요한 사항도 포함되어 있지 않았을까.

두 사람의 만남과 관련해 다시금 상기해야 할 것이 있다. 박정희가 4·3 특별담화에서 민청학련이 불순세력 배후조종하에 '인민혁명'을 수행하려고 각 계각층에 침투하여 민청학련이라는 지하조직을 결성하여 '인민혁명'의 수행을 기도하고, 적화통일을 위한 통일전선의 초기 단계적 불법 활동이 대두하고 있다는 등 아직 사건의 단서조차 잡을 수 없는 시점인데도 아주 세세하게 구체적으로 언급하고 있다는 점 말이다. 또 긴급조치 4호 8항에 "사형 무기 유기징역 등에 처한다"고 쓰여 있는 것도 상기할 필요가 있다. 하나 더 상기할 것이 있다. 국정원위원회에서 결론으로 일단 대통령의 발표(4·3 특별담화)에서 규정된 것은 그대로 수사 지침이 되어 짜맞추기가 진행되어 무리하게 반국가 단체로 만들어갔다고 지적한 바로 그것이다.

박정희가 이 사건의 총기획자이자 지휘자라는 또 하나의 유력한 증거가 있다. 대통령 특별담화가 나온 다음 날인 4월 4일 청와대에서 정부·여당 연석회의가 열렸다. 이 자리에서 박정희는 "혹 어떤 사람들은 이번 긴급조치 4호가 일반적인 학원 사태에 대처하기 위한 편법인 것처럼 오해할지 모르나" 그게 아니라고 지적했다. 그는 "공산주의자들의 소위 통일전선이라는 걸 봐온 사람이라면 그걸 다 알게 될 것"이라고 말하고 이번 조치는 사회 각계각층, 학원 곳곳에 들어온 공산주의 분자들을 초기 단계에 근절하기 위한 것이라고 설명했다. 대단히 이상하지 않은가? 어떻게 4월 4일에 학생들의 움직임이 공산주의자들의 통일전선이라는 것을 알았는지도 이상하지만, 특히 이상한 것은 정부·여당 연석회의라면 정보부장이나 관계자들이 나와 보고하거나 설명하고, 대통령이나 참석자들은 질문을 하거나 어떻게 하라고 지시를 하기 마련인데, 대통령이 이 사건은 이렇다고 규정지었다는 점이다. 특별담화처럼 이것도 아랫사람에게는 대통령이 말한 대로 사건을 엮어내라는 지시로 들렸을 터인데, 박정희가 이렇게까지 나온 것은 유신체제 수호를 위해 이렇게 만들어내지 않으면 안 된다는 강한 강박관념이 있었기 때문일 것이다.

4. "사형에 처한다"

일부 사건 관련자들은 '재판'이라는 것이 시작될 때 1964년 인혁당·민비연 재판을 상기하며 조금은 기대를 가졌는지도 모른다. 그러나 10년 전의 사법부와 유신체제에서의 사법부는 크게 달랐다. 1960년대 후반에 조금씩 권력에 종속되던 사법부는 1971년 사법부 파동을 거치며 독립성이 아주 약해졌다. 1973년 1월 비상각의에서는 구속적부심제도와 법원의 위헌심사권을 없앴고, 법관의 임명 보직권을 대통령이 가졌다. 그해 3월 대법원판사 15명 중 9명이 재임명에서 탈락되었다.

이처럼 사법부는 박정희 권력에 종속되어 있었지만, 박정희는 긴급조치 위반자는 긴급조치 2호로 군법회의를 설치해 그곳에서, 그것도 군법회의 앞에 '비상'이란 말까지 붙여서 재판을 받도록 했다. 사법부가 박정희 권력이 주문하는 대로 판결하지 않을 수도 있었지만, 국민에게 엄포를 놓기 위한 면도 있었다.

7월 8일 인혁당재건위 사건 관련자 21명에 대해 비상보통군법회의의 재판장의 선고가 있었다. 7명 사형, 8명 무기, 6명 20년 징역형이었다. 구형 그대로였다. 그 뒤 추가 재판에서 이성재가 무기, 장석구가 5년을 받았다. 2심인 비상고등군법회의에서는 김종대와 전재권이 무기에서 20년으로 감형된 것을 빼고는 똑같았다.

그러나 민청학련 사건은 달랐다. 7월 9일 재판정에서 7명이 사형, 6명이 무기를 받고 나머지도 중형을 받았으나, 국방부장관 확인 과정에서 사형선고를 받은 관련자 중 여정남과 이현배만 남고 나머지는 무기로 감형되었으며, 무기도 대개 20년으로 줄었다. 그리고 고등군법회의에서 이현배가 무기로 감형되어 사형은 여정남만 남았다.

군법회의의 사형선고에 대해 일각에서는 대법원 판결에 희망을 가졌으나, 그러한 희망은 박정희 유신독재의 성격을 잘 모르고 가졌을 수 있다. 1심 판결을 받고 오던 날, 여정남은 차 안에서 "아무래도 박정희가 몇 명 죽이려고 하는 것 같애"라고 유인태에게 말했다. 구치소에 들어갈 때 다른 사람에게도 똑같은 말을 했다. 그는 죽음의 신이 어른거리는 것을 느끼고 있었다. 다른 데서도 박정희가 이번에는 몇 사람 죽이려고 한다는 얘기가 돌고 있었다. 1심 재판이 열리기 전 이용택 국장 밑에서 수사관들에게 조작 각본에 따르라는 쪽지 지령을 내리던 윤계장이란 자가 전창일에게 단도직입적으로 "이번 정보부 간부회의에서 전창일 씨는 대한민국 제거 대상에서 제외되었소"라고 말했다. 형 선고 이전에 이미 형량이 다 정해져 있었던 것이다. 이성재의 경우 피신하지 못하고 일찍 잡혔더라면 사형이 되었을지 모른다는 견해도 있지만, 전창일은 사형과 무기 사이에서 무기로 낙착된 것이었다. 그런 나라였다.

한국에서는 반정부 학생운동을 했다고 사형시키는 일은 있을 수 없다는 통념이 있었다. 아무리 빨간 색칠을 하려고 해도 일반 시민들이 믿지를 않았다. 신직수의 4·25 발표가 있던 날 기자가 맨처음 물은 것이 학생들이 어떻게 국가 변란을 일으킬 수 있느냐였다. 신직수는 공산주의자가 되어버린 학생들이 있다고 답변하면서 이승만 정권을 무너뜨린 4·19혁명의 전통을 얘기했고, 그와 함께 중앙청과 청와대에 불을 지르고 국가 변란을 꾀하는 학생들과 관련해, 학생들 짓이니 관용을 베풀어야 한다는 여론이 있다는 얘기도 안 할 수 없었다. 학생들을 공산주의자로 몰아붙이기가 쉽지 않다면, 공산주의자들이 배후에서 학생들을 조종했다는 각본이라도 만들어내야 했다. 그 경우 1차 인혁당 사건의 경험도 상기시키는 인혁당재건위 사건 관련자들을 희생양으로 하는 수밖에 없었다. 1964년 한일회담 반대 때부터 정보부에 찍힌 이현배가 2심에서 무기로 감형된 것은 긴급조치 4호의 "사형에 처한다"가 어떤 방식으로 정리되었는가를 말해준다고 하겠다.

대법원 판결을 앞두고 가족은 물론 외국인 신부나 외국인 언론인들까지도 살 수 있을지 모른다는 희망이 있었다. 너무나 터무니없는 조작극이었고, 시노트 신부의 『1975년 4월 9일』에 여러 차례 언급되는 것처럼 정보부 직원이나 정부 관계자들이 극형은 없다고 말한 것도 희망을 갖게 했다.

민간인들로 구성된 대법원의 판결에 대해서는 아예 언급하고 싶지 않다. 대법원장은 민복기였다. 일제로부터 자작이라는 훈작을 받고 한국인으로서 오를 수 있는 최고위직이라고 하는, 그래서 이완용 등 몇 사람만이 오른 중추원 부의장을 지낸 일급 거물 친일파이자 재산가인 민병석의 아들로, 일찍이 판사가 되어 일제 말에 한국인으로서는 오르기 어려운 자리인 경성복심법원 판사를 지냈고, 1961년 9월부터 1963년 4월까지 대법원판사였으며, 그 뒤를 이어서 1966년 9월까지 법무부장관을, 1968년 10월부터 1978년 12월까지 대법원장을 지냈다. 박정희 정권 내내 고위직에 있었고, 10년 넘게 대법원장을 지냈는데, 유신체제의 대부분의 시기에 걸쳐서 대법원장을 했음을 알 수 있다.

8인의 영정 1994년 4월 9일, 민청학련운동계승사업회 회원들이 사형 당한 8인의 영정을 들고 서대문형무소 사형장을 돌고 있다. 경향신문사 소장.

1964년 법무부장관 시절 민복기는 제1차 인혁당 사건에 대해 국회 답변에서 "인혁당은 북괴 노동당 강령을 골자로 하는 규약을 토대로 조직된 불법단체로 정부 전복을 목적으로 3·24에서 6·3까지 학생 데모를 배후에서 조종했다"고 말했고, 3명의 공안검사 사표는 항명이라고 주장했다.

5. 재심 판결

1998년 이돈명·문정현을 공동대표로 한 '인혁당 사건 진상규명과 명예회복을 위한 대책위원회'가 결성되면서 인혁당재건위 사건 진상규명 활동이 본격적으로 일어났다. 그 후 대통령 직속 의문사진상규명위원회에서 2001년 이 사건 관련자 장석구에 대한 직권조사를 개시했고, 2002년 9월 이 사건이 고문에 의한 조작이라는 결과를 발표했다. 2005년 12월에는 국정원위원회에서 인혁당재건위 사건과 민청학련 사건이 박정희 발표에 따라 수사 방향을 미리 결정해 조작한 사건이라고 밝혔다. 국정원위원회는 8명 사형은 정당성을 결여한, 독재정권을 유지하기 위한, 공포 분위기 조성을 위한 필요성 때문이라고 설명했다. 이 위원회는 북한 방송 녹취 노트를 돌려본 행위는 실정법 위반이지만, 그것은 반공법을 엄격하게 적용해도 징역 1~2년 정도에 그친다고 지적했다.

사법살인을 당한 가족들은 2002년 12월 서울중앙지방법원에 재심을 청구했고, 3년 뒤인 2005년 12월 재심 개시 결정이 내려졌다. 2007년 1월 23일 서울중앙지법 형사합의 23부(재판장 문용선, 판사 오태환·임형태)는 다음과 같이 판결했다.

"피고인 여정남을 징역 10월에 처한다. 다만, 이 판결 확정일로부터 2년간 위 형의 집행을 유예한다. 이 사건 공소사실 중 피고인 우홍선·송상진·서도원·하재완·이수병·김용원·도예종에 대한 국가보안법 위반의 점, 내란예비음모의 점, 반공법 위반의 점, 피고인 여정남에 대한 국가보안법 위반의 점 및 반공법 위반의 점 중 반독재구국선언문 제작 반포로 인한 부분을 제외한 나머지 반공법 위반의 점은 각 무죄. 이 사건 공소사실 중 피고인들에 대한 대통령긴급조치위반의 점은 각 면소"

검사가 이례적으로 항소를 하지 않음에 따라 일주일 뒤에 무죄판결이 그대로 확정되었다.

6. 관련자들의 민족민주 운동 조명

백서도 출간될 것이니 이제 정치하고 심도 있는 '인혁당재건위 사건' 연구가 이루어져야 할 것이다. 이와 함께 이 사건 관련자들의 민족민주 운동에 대한 조명도 필요하다고 할 것이다. 여기서는 간략히 일부를 소개하는 것으로 그치겠다.

4월혁명이 일어나기 전인 1955년에 부산 지역 고등학생들이 주축이 되어 암장(岩漿)이 만들어졌는데, 이 서클에서 이수병은 박중기·김금수·유진곤·김종대 등과 함께 진보적 서적을 읽었다.

4월혁명 운동 시기에 서도원·도예종·송상진·하재완·조만호 등은 대구 부산 등지를 주요 거점으로 하여 통일운동, 자주화 운동을 전개한 민족민주청년운동(민민청)에서 활동했다. 우홍선 등은 민민청과 함께 이 시기의 대표적 청년운동단체로, 민족자주통일중앙협의회(민자통)에 속했던 통일민주청년동맹(통민청)에서 활동했다. 이수병은 경희대 민족통일연맹 위원장이었다. 장면 정부가 반공법과 데모 규제법을 만들려고 하자 '2대 악법 반대 전국공동투쟁위원회'가 발족했는데, 전창일은 이 단체의 기획위원, 실무위원이었다. 전재권·강창덕·김한덕·전창일·이성재·이태환 등은 4월혁명 운동 시기 후반에 활동한 혁신정당인 사회당 간부였다. 나경일은 노동운동에 관여했다.

5·16 쿠데타를 일으키자마자 박정희 등 주동자들은 통일운동 등 민족민주 운동을 폈거나 전쟁 전후의 집단학살에 대한 진상규명 운동을 한 인사들을 일제히 구속하고 혁명재판소라는 데서 형을 선고했다. 서도원은 민민청 관계로 5년형을, 강창덕은 피학살자유족회 관계로 7년형을 받았다.

한일협정 반대 운동이 일어나자 이성재·전창일·장석구 등은 고문에 서민호를 모시고 자강학회를 조직했다. 1960년대 후반에 민족통일촉진회(통촉)가 조직되었는데, 1969년에 3선개헌 반대 운동을 폈다. 전창일·우홍선·이성재·이수병·박중기 등은 민족통일촉진회를 강화 발전시키는 활동을 했다.

1967년 대선을 앞두고 '반독재재야민주세력단일후보추진위원회'가 대구에서 조직되었을 때 강창덕(대변인), 서도원·도예종·송상진·하재완·이태환·전재권·정만진·조만호·나경일 등이 참여했다.

1969년 3선개헌반대범국민투쟁위원회 경북도지부에는 강창덕·정만진·서도원·도예종·송상진·하재완·이태환·나경일 등이 참여했다.

1971년 대통령 선거에서 국민당이 박기출을 대통령 후보로 지명하자 김정규·서도원·전창일·이수병·우홍선·이성재 등은 박기출의 후보 사퇴를 강권하고 야당 단일후보를 위한 활동을 벌였다. 그러자 정보부에서 김정규·우홍선·전창일·이수병·김세원 등을 연행해 협박했다. 비슷한 시기에 만들어진 민주수호국민협의회(민수협) 경북협의회에는 강창덕·서도원·도예종·송상진·하재완·이재형·나경일·이태환·정만진·임구호·여정남 등이 참여했다.

※ 이 글은 4·9통일평화재단 사료위원회 기획, 『인혁당재건위 사건 재심 백서』 1권(2015) 권두에 「인혁당재건위 사건 재심 백서가 말하는 인혁당재건위 사건 조작과 박정희 유신체제」라는 제목으로 실렸다. ※

1946

1948

1950

제3부
김재규와 박정희

1960

1975
1979

김재규와 박정희, 그리고 10·26

1. 왜 10·26 평가가 이루어지지 않았을까

현대사 75년이란 결코 짧은 시간이 아니다. 근대 전기에 해당하는 대원군 집권에서부터 일제의 강점에 이르기까지의 기간보다도 훨씬 길고, 일제강점기의 두 배가 넘는다. 결코 짧지 않은 이 시기에 한국인은 그 이전 수천 년 동안의 변화보다도 훨씬 크고 엄청난 변화를 겪었고 목도했다. 그러한 변화 중에 해방-분단정부 수립-전쟁, 4월혁명-5·16 쿠데타, 10·17 유신쿠데타, 부마항쟁-10·26-서울의 봄-5·17 쿠데타-광주항쟁, 6월항쟁은 역사적 분수령이라 할 만한 전환기였다. 이처럼 10·26은 현대사에서 중요한 위치에 놓여 있는데, 그런데도 '10·26을 어떻게 보아야 할 것인가'라는 문제는 별반 거론되지 않았다. 지난해는 10·26 40년이 되는 해였고, 부마항쟁이 국가기념일도 되고 해서 학술적인 행사라도 있을 줄 알았는데, 그렇지 않았다.

10·26이 역사적 평가를 받지 못한 것은 민주화운동세력에 의해 일어나지 않았고, 한 개인의 결단, 그것도 박정희 일인권력체제인 유신체제의 보위 임무를 맡은 중앙정보부 책임자에 의해서 일어났다는 점이 크게 작용했다. 이

때문에 김재규의 결단을 높이 평가하는 일부 천주교 사제 등을 제외하고는 김재규와 10·26에 대한 평가 활동이 그다지 이루어지지 않았다.

박정희 유신권력이 민주화운동세력에 의해 무너질 수 있었을까. 유신 말기에 경제는 급속도로 악화되고 있었고, '부익부 빈익빈'이란 말이 유행어처럼 돌았듯이 빈부격차가 심각한 양상이었다. 박정희의 성장제일주의 정책에서 소외된 계층의 불만이 컸으며, 박정희의 장기집권과 독재에 대한 염증도 강했기 때문에 미국 정보기관도 예측한 것처럼 대규모 시위나 봉기, 소요가 발생할 개연성은 높았다. 실제로 이 시기에 부마항쟁, 사북 사태, 광주항쟁이 일어난 것을 보더라도 미루어 짐작할 수 있다.

그러나 대규모 시위나 민중봉기, 소요 사태가 일어날 경우 박정희나 차지철 경호실장의 당시 정신상태를 볼 때 엄청난 유혈사태가 발생할 가능성이 대단히 컸다. 이 점을 어떻게 볼 것인가. 그리고 이 경우에도 민주화운동세력이 이러한 시위나 봉기를 주도해 박정희 일인 독재정권을 무너뜨리는 상황이 올 수 있었을까. 부마항쟁의 경우 10월 16일이건 17일이건 모두 낮에는 학생들이 이끌었지만, 민란 형태의 격렬한 시위가 일어난 야간에는 시민들이 중심이었다. 계엄이 선포되고 공수부대가 파견된 18일 부산 시위는 소규모였고 이날부터 마산에서 시위가 일어났다. 그러나 박정희 유신권력은 부마항쟁에 의해 바로 붕괴된 것은 아니다. 시위에 의해 정권이 무너진 4월혁명의 경우, 만 85세가 넘은 이승만이 4·19에 이어 1960년 4월 25, 26일에 부닥쳤던 상황을 정확히 인식할 필요가 있다.

10·26 이후 전두환·신군부에 의해 12·12 쿠데타, 5·17 쿠데타가 일어나 민주화가 이루어지지 못한 것도 10·26을 소극적으로 평가하게 한다. 그러나 이 경우에도 한국인들 대다수가, 아니 거의 전부가 '서울의 봄'으로 표현되는 민주화를 기대했다는 것은 의미가 있다. 또 최규하 정부나 여·야당 할 것 없이

민주화로 나아가겠다고 약속한 것은 그것대로 의미가 있다고 봐야 한다. 문제는 '서울의 봄'이나 최규하 대통령 권한대행의 공약, 국회의 개헌 과정이 왜 좌절되었는가에 있다. 여기서 김영삼·김대중 양 김은 당시의 상황에 적절히 대처했는가, 민주화운동세력은 어떠했는가도 논의해볼 수 있다.

적지 않은 사람들이 박정희 유신체제와 전두환·신군부 체제가 같은 것으로 생각하는데, 이 부분도 더 논의해야 한다. 다 알다시피 박정희 유신체제는 대부분이 긴급조치에 의해 유지되었으나 5공 헌법에는 '긴조'에 대한 인상이 워낙 나빠서 그것이 빠져 있다. 긴조는 오로지 박정희 일인권력을 지키기 위한 특수 강권 발동이었다. 따라서 언론에 대한 억압이라 하더라도 긴조에 의한 원천적 봉쇄와 전두환 정권의 보도지침에 의한 제약은 강도가 달랐다. 유신헌법과 전두환·신군부의 헌법은 여러 면에서 차이가 있다. 예컨대 전두환·신군부 체제에서 전두환은 한 번밖에 대통령을 못하게 되어 있었다. 전두환은 박정희 일인권력에 대해 나타났던 염증이나 반발을 고려하지 않을 수 없었고, 두 차례의 쿠데타에 함께 참여한 동료들의 입장을 무시할 수 없었다.

10·26은 부마항쟁이 없었더라면 일어나지 않았을 것이다. 광주항쟁이 10·26이 일어나지 않았더라도 일어날 수 있었을까. 이처럼 10·26은 다른 중대한 역사적 현상과 비슷하게 김재규 한 사람에 의해 일어난 형식을 밟고 있지만, 반유신 민주화운동의 결정판인 부마항쟁의 완성 형태로 일어났고, 그것에 의한 민주화의 길이 박정희가 키운 하나회 회원들인 전두환·신군부의 유신 잔당 쿠데타로 좌절되자 광주항쟁이 일어난 것이다. 10·26은 부마항쟁-'서울의 봄'-광주항쟁의 맥락 속에서 역사적 의미를 찾을 필요가 있다.

김재규에 대해서도 이제는 심도 있는 논의가 이루어져야 한다. 김재규에 대해서는 비화 중심으로 얘기되었고, 상호 모순되는 증언이 난무했다. 우선 김재규가 어떤 사람인가가 분석되어야 할 것이다. 그의 정치나 사회에 대한 관점, 인간성은 1978년 12·12 총선 이후 전개되는 박정희·차지철과의 관계나 유신체제에 대한 태도를 분석하는 데 중요하다. 그것의 연장선상에서 흔히 얘기되는 차지철과의 갈등도 김재규 대 차지철의 관점에 서느냐, 김재규 대 박정희·차지철의 관점에 서느냐에 따라 대단히 다를 수밖에 없다. 또한 1978년 12·12 총선 이후 박정희의 정치적 판단, 특히 김영삼이 총재가 된 1979년 5·30 신민당 전당대회 이후 박정희의 정치 행태를 어떻게 보느냐, 긍정적으로 보느냐 부정적으로 보느냐에 따라 큰 차이가 나게 되어 있다.

10·26을 김재규의 거사와 관련해서만 평가하는 경향이 있는데, 10·26은 그것을 넘어서는 역사적 의미가 있다는 점에 각별히 유념할 필요가 있다. 10·26은 박정희 집권 18년을 결산하는 의미가 있고, 특히 유신체제의 붕괴를 불러왔기 때문에 김재규의 의도와 상관없이 큰 변화를 가져올 수 있었다. 유신체제에는 일본 군국주의가 짙게 배어 있는 박정희의 정치관뿐만 아니라 사회관, 인간관도 들어 있다. 국민교육헌장과 국민윤리 교육, 그와 직결되어 있는 충효사상 등 복고주의도 10·26으로 상당 부분 바뀌게 되어 있었다. 박정희가 직접 지시한 장발족, 미니스커트 단속 등 소위 풍기 문제나, 가요계 '숙정'과 영화·가요·TV극 등 대중문화에 대한 통제도 달라질 수밖에 없었다. 특히 유신체제 수호를 위해 1975년 인도차이나 사태를 이용해 4·29 특별담화와 함께 시작된 거국적인 총력안보 캠페인, 극단적인 반공·반북 운동도 어느 정도는 변화를 맞게 되었다. 성장제일주의의 박정희 경제정책과 당시 안정화 정책으로 불린 10·26 이후의 경제정책 차이를 간과하기 쉬운데, 10·26으로 인한 경제정책의 변화도 눈여겨봐야 한다. 박정희가 유신체제를 지탱하기 위해 이용한 지역 차별 정책도 달라진 시늉이라도 해야 했다.

2. 김재규 거사의 직접적 계기

김재규는 체포된 뒤 법정에서 10·26 이전에도 박정희를 살해하려는 계획을 세웠다고 진술했다. 3군단장 시절에 유신헌법을 읽고 박정희가 방문하면 감금해 하야 성명을 발표케 하려고 계획을 세웠으나 박정희가 방문했을 때 실행하지 못했다고 한다. 그 뒤에는 박정희를 죽이고 자신도 죽는 방법으로 하려고 해, 1974년 9월 건설부장관 사령장을 받을 때 권총을 차고 청와대에 들어갔으나 실행하지 못했고, 1975년 1월 초도순시를 왔을 때 태극기 밑에 권총을 숨겼으나 역시 실행하지 못했다는 것이다. 1976년 12월 중앙정보부장에 임명된 후에는 권력의 핵에서 보필하게 되었으므로 몇 차례 설득을 해보았으나 받아들여지지 않아 박정희를 살해하려고 다시 결심해 1979년 4월 박 대통령의 궁정동 만찬 때 3군 참모총장을 모두 불렀으나 여건이 맞지 않아 실행에 옮기지 못했다고 진술했다.[01] 설득력이 있는 부분이 있지만, 입증하기 어렵다.

김재규의 10·26 거사는 부마항쟁, 그리고 부마항쟁에 대한 박정희의 반응이 직접적 계기였다. 부산에서 '유신철폐', '독재타도', '언론 자유'의 구호를 외치며 10월 16일에 이어 17일에 학생과 시민의 격렬한 시위가 일어났다. 1960년 마산에서 3월 15일, 4월 11일과 12일에 일반 시민들이 시위에 적극 참여한 적이 있었으나, '피의 화요일' 4·19나 '승리의 화요일' 4·26 시위 등 4월혁명 때 있었던 시위는 학생들이 주도했고, 시민들이 부분적으로 참여했을 뿐이었다. 그 이후 1960, 70년대의 반정부 시위, 반유신 시위는 거의 대부분 학생

---

01 김재홍, 『박정희 살해 사건 비공개 진술』 상, 동아일보사, 1994, 108~112쪽; 김대곤, 『10·26과 김재규』, 이삭, 1985, 53, 213, 218, 271~2, 275쪽.

철통 같은 유신체제를 무너뜨린 부마민주항쟁 부산 광복동 시위 현장. 정광삼 소장(부마민주항쟁기념재단).

들이 주도했다. 민중들이 시위에 적극 참여했을 뿐만 아니라 낮보다 더 큰 규모로 일어난 밤의 시위를 주도한 것은 부마항쟁이 처음이었다.

10월 17일은 박정희가 강권으로 유신 쿠데타를 일으킨 지 만 7년이 되는 날이어서 밤에 청와대 영빈관에서는 '유신 선포 7주년 기념 만찬'이 열렸다. 그러나 부산 시위가 격렬해지자 한밤중에 최규하 국무총리 주재로 국무회의가 열렸고, 11시 30분경 김치열 법무부장관, 신현확 부총리 등이 반대했으나 18일 0시를 기해 부산에 계엄을 선포하기로 의결했다. 박정희의 지시에 따른 요식행위였다. 부산에서 2관구 병력은 이미 8시 30분경부터 이동했고, 비상계엄이 17일 밤 11시를 기해 선포될 것이라는 통보가 부산의 경찰·정보부·군부대에 떨어진 것은 국무회의의 계엄 선포 의결 1시간 전인 밤 10시 30분경이었다. 부산 경찰은 강경책이 나온다 해도 위수령 정도가 있을 것으로 생각하고 있었다고 한다.[02] 1972년 10월 계엄을 제외하면 15년 만에 선포된 것이다. 박정희가 공수부대로 하여금 부산에서의 시위를 철저히 제압하게 하고 다른 지역에 시위가 확대되지 못하도록 강경 조치를 빼 든 것이다. 최초의 서울 지역 공수부대의 부산 파견 통고는 육군참모총장이 아니라 일개 경호실장인 차지철에 의해 이루어졌다. 명백히 군 지휘 체계를 유린한 월권 행위였다.

김재규는 10월 18일 오전 2시경 계엄사령부가 있는 군수기지 사령부에 나타나 계엄사령관인 박찬긍 군수기지 사령관에게 박 대통령이 "데모의 징후가 여러 타 지역에서도 엿보이니까 빨리 사태를 진정시키라"고 지시한 것을 전하고, 시위가 일어난 지역을 시찰했다.

김재규가 부산에서 보고 들은 상황 파악은 법정 진술과 그 자신이 직접 작성한 항소이유보충서에 나와 있다. 그는 항소이유보충서에서 부산 사태가 불순세력이나 정치세력의 배후조종에 의해 일어난 것이 아니라 순수한 일반 시민에 의한 봉기로 유신체제에 대한 반항, 정책에 대한 불신, 물가고 및 조세 저항이 복합된 문자 그대로 민란이었다고 썼다. 그리고 유신체제에 대한 저항이 일촉즉발의 한계점에 와 있고, 부산 사태는 서울을 비롯한 전국 5대 도시로 확산될 것으로 파악했다.

김재규는 18일 오후 항공편으로 귀경하여 곧장 청와대로 들어갔다. 박정희, 김계원 비서실장, 차지철과 함께 저녁식사를 하고 김재규는 박정희에게 보고했다. 부산 사태는 체제 반항과 정책 불신 및 물가고에 대한 반발에 조세 저항까지 겹친 민란이라는 것과 전국 5대 도시로 확산되리라는 것, 따라서 정부로서는 근본적인 대책을 강구하지 않으면 안 되겠더라는 것 등을 얘기했다. 그랬더니 박정희가 버럭 화를 내면서 "앞으로 부산 같은 사태가 생기면

---

02   조갑제, 『유고!』 2, 한길사, 1987, 47~48쪽.

이제는 내가 직접 발포 명령을 내리겠다. 자유당 때는 최인규나 곽영주가 발포 명령을 하여 사형을 당하였지만 내가 직접 발포 명령을 하면 대통령인 나를 누가 사형시키겠느냐'고 말했다. 최인규는 내무부장관으로 3·15 부정선거를 진두지휘했지만 부정선거 직후 사표를 냈고, 4·19 때 내무부장관은 홍진기였다. 곽영주는 경무대 경호책임자로 나중에 최인규와 함께 사형당했다. 박정희가 역정을 내며 말하자 차지철이 "캄보디아에서는 300만 명 정도를 죽이고도 까딱없었는데, 우리도 데모 대원 1, 2백만 명 정도 죽인다고 까딱 있겠습니까"라고 거들었다.

　김재규는 박정희의 말에 큰 충격을 받았다. 대규모 시위가 일어날 것 같은데, 발포 명령을 내린다면 4·19때와는 비교가 안 되는 유혈사태가 벌어질 가능성이 컸기 때문이다. 그 무렵 김재규는 마산에서 18일 낮의 학생 시위에 이어 그날 밤 스무 살 안팎의 젊은이들이 대거 참여해 "박정희는 물러가라"는 구호를 외치며, 부산의 밤 시위처럼 경찰 차량을 부수고, 파출소를 습격, 집기를 부수고 박정희 사진을 박살내며 방화하는 사태가 벌어졌다는 정보 보고를 받았을 것이다. 마산에서는 부유층 차량을 공격하는 등 계급 갈등 요소도 있었다. 김재규는 부산, 마산에 이어 대규모 유혈사태가 일어날 경우 국제적으로 고립되고 미국이 대한 정책을 바꿀 것이라는 판단도 했다. 김재규는 항소이유보충서에 다음과 같이 썼다. "결국 본인은 위와 같은 절박한 상황에서 도저히 더 이상 늦출 수가 없어서 10·26 혁명을 결행하였던 것입니다."

　김재규는 18일경부터 사람이 달라졌다. 김재규와 거의 매일 저녁식사를 한 그의 매부 김봉태는, 부산에서 돌아온 다음 날인가 식사를 할 때 김재규가 부산 사태에 대해 "그건 민중 봉기야, 민중 봉기"라고 말했다고 한다. 이날부터 김재규는 굳은 표정이었고, 무언가 골똘히 생각하는 것 같았다. 김재규와 내연의 관계에 있던 여인도 비슷한 말을 했다. 김재규가 10월 24일 이후락 의원을 만났을 때 지나치는 말처럼 "제가 싹 해치우겠습니다"라고 말했는데, 이후락은 10·26 이후에야 그것이 무엇을 의미하는지 알았다고 한다. 이 무렵 이종찬 장군이 "유정회 의원을 더 이상 못해 먹겠다"고 하소연하자 김재규는 "조금만 기다려주십시오"라고 사정했다고 한다.[03] 육군참모총장 재임 시 이승만의 군 파견 지시를 거부, 군의 정치 개입을 반대했고 4월혁명 직후 허정 과도정부에서 국방부장관이었던 이종찬이 유정회에 발을 디딘 것은 박정희의 부탁을 받고 이종찬을 각별히 존경하는 김재규가 강권했기 때문이었다. 김재규는 10월 24일에 부인과 딸에게 느닷없이 "대의를 따를 것인지, 소의를 따를 것인지" 물었다고 한다. 다음 날에는 사육신과 함께 단종의 복위를 꾀하다 참살당한 자신의 선조 김문기 묘소를 참배했다.[04] 김재규는 김문기를 추앙했다.

3. 10·26 거사의 배경 1—흔들리는 제2기 유신체제

1) 유신 붕괴의 문을 연 1978년 12·12 선거

김재규가 위기감을 갖게 된 것은 10월 18일 저녁 보고 때 박정희가 자신이 직접 데모 군중에 대한 발포를 지시하겠다고 했던 것 때문만은 아니었다. 김영삼이 9월 8일 총재 직무정지 처분을 받은 데 이어 10월 4일에는 의원직을 박탈당했다. 아무리 유신체제라 하더라도 당시 여권 측 인사들조차 경악할, 정치 도의상 있을 수 없는 일이 잇달아 일어난 것이다. 그런데 박정희의 상궤

---

03   조갑제, 앞의 책 2, 77~78쪽.
04   김정남, 『진실, 광장에 서다』, 창비, 2005, 316쪽.

뜨거운 열기 속에서 펼쳐진 12·12 선거 투표를 하기 위해 아침부터 길게 늘어선 유권자의 줄에서 당시의 열기를 엿볼 수 있다. 경향신문사 소장.

12·12 선거의 이변 「득표율 신민이 공화 앞질러」, 『조선일보』 1978. 12. 14.

를 벗어난 비정상적인 일 처리는 그 이전부터 쌓여 있었다. 이 때문에 박정희·차지철과 김재규의 갈등이 심화되었는데, 과거에 본 적이 없는 부마항쟁과 같은 민란 또는 민중 봉기가 일어났고, 그러한 사태에 대해 박정희와 차지철이 극단적으로 대응하겠다고 나선 것이었다. 그래서 10·26을 이해하기 위해서는 박정희·차지철과 김재규 사이의 골이 언제부터 깊어졌는지를 살펴봐야 한다. 김재규와 박정희·차지철의 갈등은 제2기 유신체제가 출범한 얼마 후부터 나타났다.

박정희는 대통령 임기와 민선 의원 임기를 6년으로 정했다. 그래서 1978년은 대통령과 의원을 선거해 유신 제2기가 출범하는 해였다. 박정희는 99.9%의 '득표'로 체육관 대통령에 선출되었으나, 의원의 3분의 2를 뽑는 12·12 선거에서 이변이 일어났다. 제1야당인 신민당이 32.8% 득표로 31.7%를 얻은 공화당보다 득표율에서 1.1% 이긴 것이다. 신민당보다 더 선명하다고 주장한 민주통일당 득표율 7.4%를 합하면 여당이 8.5%나 진 것이다. 더구

"공화 위에 재벌 있고, 신민 위에 서민 있다"
「신민 구호 "공화 위에 재벌 있다" 선거법 저촉, 선관위 해석이 쟁점으로」, 『조선일보』
1978. 11. 30.

選委해석이 爭點으로

新民구호「共和위에 財閥있다」 선거법 저촉

新民선 抗議 "계속 쓰겠다"

나 대도시에서 공화당은 27.1%밖에 못 얻었는데, 신민당은 20%를 상회하는 47.7%를 획득했다. 투표율도 박정희 정권 18년 중에서 가장 높은 77.1%였다. 농민들은 아침 일찍부터 투표장에 나섰고, 농촌에서도 야당이 현저히 진출해 여촌야도 현상마저 변화했다고 한 신문은 보도했다.[05] 김재규 정보부장과 김치열 내무부장관이 관권의 개입을 배제한다고 했으나, 유신체제하에서, 그것도 선거유세를 크게 제약한 긴급조치 9호가 작동하고 있었고, 금전 살포와 선심 공세가 난무한 금권선거였는데, 이러한 결과가 나온 것이다.

　이처럼 예상치 못한 결과가 나온 것은 유신독재와 장기집권에 대한 염증과 함께 경제가 큰 영향을 미쳤다. 신민당이 내놓은 "공화 위에 재벌 있고, 신민 위에 서민 있다"는 선거 구호에 공화당은 속수무책이었다. 그러자 중앙선거관리위원회에서 신민당의 선거 구호를 선거공보 등에서 직권 삭제하겠다

---

05 『동아일보』 1978. 12. 13.

고 해 선거 쟁점이 되었다. "공화 위에 재벌 있고"가 그렇게 인기를 모은 것은 박 정권의 재벌 편향 정책으로 부익부 빈익빈 현상을 실감할 수 있어서였다. 부가가치세의 졸속 시행 등 조세부담 가중은 상공인, 그중에서도 힘없는 중소상공인의 불만을 샀다. 또한 박 정권은 통일벼 계통의 다수확 품종인 노풍을 실험 기간을 제대로 거치지 않은 채 장려해 병충해로 농민들이 큰 피해를 입었다. 재벌 편향 정책, 부가가치세, 성급한 노풍 장려는 박정희의 성장제일주의와 결코 무관한 것이 아니었다. 물가상승, 공화당 성낙현 의원의 치정 스캔들, 압구정 현대아파트 특혜 분양도 불만을 샀다.

12·12 선거는 대단히 중요한 역사적 의미가 있는데도 지금까지 간과되었다. 이 선거는 유신체제의 운명과 관련되는 세 가지 중대한 결과를 가져왔다.

김재규 중앙정보부, 공화당, 경찰은 선거 패배의 원인이 경제정책 잘못에 있다고 보고, 경제통인 김정렴 비서실장, 유신체제에서 성장정책을 추진해온 남덕우 경제부총리, 김용환 재무부장관 등 '3인 체제'를 인책해야 한다는 보고를 세 차례나 올렸다.[06] 박정희는 이들에 대한 인책을 거부했으나, 거듭 보고가 올라오자[07] 12월 22일 이들을 포함해 대폭 개각을 했다. 김정렴은 부가가치세 실시 주장이 문제가 되었다. 1977년 5월 경제 실무팀에서 물가안정을 이유로 부가가치세 실시를 미룰 것을 주장했으나, 김정렴이 강력히 주장하고 박정희가 결론을 내려 그해 7월 1일부터 실시했다. 새로 경제기획원장관 겸 경제부총리를 맡은 신현확 등 경제기획원팀은 박정희의 성장제일주의 정책에 반기를 들고 경제 안정화 정책을 제시해 사사건건 충돌했다. 박정희는 신현확을 해임하려 했으나, 10·26으로 경제 안정화 정책이 자리를 잡게 되어

---

06 김정렴, 『김정렴 회고록—한국경제정책 30년사』, 중앙일보·중앙경제신문, 1990, 444쪽.
07 정보 보고를 세 번이나 올린 기관은 중앙정보부로 추정된다.

1980년대 경제를 이끌어갔다.

둘째, 김정렴의 사임은 차지철의 발호를 가져왔다. 9년 3개월간 재직한 김정렴을 밀어내는 데는 김재규만이 아니라 차지철도 거들었다. 차지철은 자신을 경호실장으로 천거했고,[08] 자신보다 5년이나 빨리 청와대에 들어온 김정렴이 비서실장으로 있는 한 청와대 안에서의 위계질서를 무너뜨리기가 어려웠다. 차지철의 정치적 개입은 그 이전에도 있었으나 은밀히 했고, 그다지 중요한 사항은 아니었다. 그러나 12·12 총선 이후 그는 박정희의 지지, 지원을 받으며 노골적으로 개입했고, 그것은 정보부와의 갈등을 낳았다. 수많은 글, 증언이 10·26의 원인으로 차지철과 김재규의 갈등을 중시하고 있고, 은연중 김재규가 중앙정보부장으로 재임했던 시기(1976. 12~1979. 10)에 그러한 갈등이 있었던 것처럼 쓰거나 시사하고 있다. 그러나 김정렴은 자신이 비서실장에서 물러날 때까지 차지철과 김재규의 관계는 원만하고 긴밀했다고 밝혔다.[09] 김재규와 차지철의 갈등은 신임 김계원 비서실장과 차지철의 갈등이기도 했는데, 1978년 12월 하순 이후 시작되었다.

차지철의 횡포와 월권은 박정희의 비호와 지지, 묵인이 있었기에 가능했다. 박정희는 1978년에 그 이전과는 다른 상황을 맞이했다. 코리아게이트는 1976년 10월부터 미국에서 크게 문제가 되었고, 잇달아 외교관이나 정보부 요원이 망명하는 정부수립 이후 초유의 사태를 맞이했지만, 국내의 경우 반유신 민주화운동은 소강상태였다. 그런데 제2기 유신체제에 연결되는 1978년 5월경부터 반유신 민주화운동이 치열하게 전개되었고, 급기야는 12·12 선거에서 공화당이 패배하기에 이르렀다. 박정희는 표면적으로는 대수롭지 않

---

08 김정렴, 앞의 책, 420쪽.
09 김정렴, 『아, 박정희』, 중앙M&B, 1997, 336쪽.

다는 듯이 행동했지만, 민정수석비서관실에서는 과거에 없던 장문의 선거보고서를 마련했고, 중앙정보부 등에서는 책임 문제를 들고 나왔다. 박정희도 민심이 떠나고 있다는 것을 인정하지 않을 수 없었다.

권력과 관련된 일에 대해 박정희는 영악했고 대단히 예민했다. 김재규나 김치열 내무부장관이 12·12 선거에서 관권을 배제한다고 한 것은 박정희의 양해나 승인이 없고서는 있을 수 없는 발언이었다. 어쩌면 박정희가 직접 지시했을 수도 있다. 박정희는 유신 2기 출범에서는 최소한의 정당성은 갖춰야 한다고 생각했을 것이다. 또 유신체제, 그것도 긴급조치 9호 아래 치러지는 선거이기 때문에, 더욱이 야당은 이철승 체제로 되어 있기 때문에 12·12 선거에서 패배할 것이라고는 전혀 예상하지 않았다. 그렇기 때문에 박정희는 12·12 선거에서의 패배—민심 이반을 한층 더 심각하게 받아들였고, 그만큼 심리적 압박을 강하게 받았다. 그것은 차지철의 발호를 통해서도 알 수 있지만, 백두진 파동, 신민당 전당대회에서의 박정희의 행태를 통해서 확연히 드러났다.

1978년 12월 27일 유신 2기 체육관 대통령 취임식에는 미국·일본·대만 어느 나라도 공식 축하 사절단을 보내지 않았다. 경제는 1976, 77년에 유신 최대의 호황을 끝으로 계속 내리막길을 가고 있었고, 신현확 경제팀은 자신의 성장제일주의에 찬물을 끼얹는 주장을 하고 나섰다. 12·12 선거 전후로 이란에서 반정부 시위가 거세게 일어났는데, 결국 1월에 팔레비 왕이 망명한 것도 개운치 않았을 것이다. 불안이 커질수록 박정희는 차지철에 점점 더 의존했다. 차지철은 한편으로는 박정희의 불안을 다독거리고 잠재우며, 다른 한편으로는 박정희를 주무르며 박정희의 입과 귀 역할을 했다.

셋째, 12·12 선거에서 야당의 승리는 야당의 야성(野性)을 일깨워줬다. 특히 김영삼이 야당 한 귀퉁이에 발판을 마련할 수 있는 기회를 줬다는 점에서 중요했다. 김영삼은 선거 다음 날 "앞으로 할 일은 민주 회복과 평화적 정권 교체를 위한 노력"이라고 말했다. 한 신문은 김영삼이 "당권 도전에 나설 가능성이 다분히 있다"고 보도했다.[10]

신민당 총재로 유신체제를 비판하면서 선명 투쟁을 주장하던 김영삼은 1975년 박정희의 4·29 특별담화 이후 총력안보 광풍이 몰아치자 1975년 5월 21일 박정희와 정상회담을 가졌다. 그런데 기이하게도 이 회담의 내용에 대해 꿀먹은 벙어리가 되었고, 선명 야당의 깃발을 내렸다. 그해 10월 8일 김옥선 의원이 국회 본회의에서 강도 높게 유신체제를 비판해 여당 측의 공격으로 결국 의원직 사퇴서를 냈는데, 당 총재로서 김영삼은 아무런 역할을 하지 않았다. 이 때문에 그는 주류 측뿐만 아니라 유신체제와 야합하고 있는 비주류 측으로부터도 맹렬한 공격을 받았다. 새 당지도부를 선출하는 전당대회가 1976년 5월 열렸을 때 주류와 비주류는 깡패를 동원해 난투극을 벌였고(각목대회), 결국 양측은 각각 따로 전당대회를 열었다. 그해 9월 다시 전당대회가 열렸을 때 중도통합론을 내세우며 유신권력과 야합한 이철승이 당권을 장악했고, 김영삼은 무력한 존재로 유신권력의 탄압 대상이 되었다. 그러다가 12·12 선거로 김영삼이 미약하나마 운신할 수 있는 틈이 생긴 것이다.

2) 백두진 파동

차지철의 화려한 정계 등장은 선거가 끝난 지 3개월도 되지 않아서였다. 1979년 3월 2일, 공화당·유정회에서 국회의장 후보로 백두진을 천거했다는 보도가 나왔다. 여기에 야당이 강하게 반발하면서 백두진 파동이 일어났다. 백두진은 유정회 소속 국회의원으로 이 파동이 있기 전에 차지철에게 '경호

---

10 『동아일보』 1978. 12. 13.

실장님 전상서'라는 편지를 써보낸 것으로 정보부는 알고 있었다.[11] 백두진은 국회의장 선출이 있기 며칠 전부터 차지철의 집에 부인과 함께 살다시피 하면서 의장 운동을 했다는 증언도 있다.[12] 당시 백두진은 71세, 차지철은 45세였다는 점을 생각해보면 백두진이 어떤 부류의 인간인지 짐작이 간다.

백두진은 일제 때는 조선은행 과장으로 간부였고, 이승만 정권에서는 재무부장관과 국무총리를 지냈다. 1971년 7월 박정희에 의해 국회의장으로 발탁된 뒤 박정희가 유신 쿠데타의 전 단계로 1971년 12월 비상사태를 선언하고 곧 이어 국가보위에 관한 특별조치법(국가보위법)을 국회에 제출했을 때, 1969년 3선개헌 때처럼 변칙적으로 제4별관에서 질의와 토론을 생략하고 단 2분만에 그 법을 통과시켰다. 유신 쿠데타가 일어나자 백두진은 유정회 의원으로 초대 유정회장을 맡았고, TV에 나와 정력적으로 유신체제를 홍보했다. 이런 인물이어서 12·12 선거로 불안해진 박정희가 백두진을 선택했는데, 차지철이 전면에 나선 것이다.

신민당은 반대 이유로 백두진이 국민 대표성이 없는 유정회 의원이라는 점을 제시했는데, 차지철이 밀고 있다는 점도 작용했다. 야당은 의장 선출 때 본회의장에서 퇴장하기로 방침을 세웠다. 그러자 여권이 그것은 유신체제에 대한 도전이라고 을러대며 본회의장에 출석해 반대하라고 강요했다. 야당 지도부는 여권이 하라는 대로 본회의장에서 반대하는 이유를 밝히고 투표에 참여하며, 일부 퇴장은 여권에서도 양해해주기로 했다는 기이한 절충안을 내놓았다. 추한 야당의 모습이었다. 국회의장을 선출하는 3월 17일 신민당 의원들은 여야 협상에 반발해 거의 다 퇴장하고, 이철승 등 최고위원들과 원내

---

11   김충식, 『남산의 부장들』 2, 동아일보사, 1992, 295~296쪽.
12   이상우, 『박정희 시대』 2, 중원문화사, 1985, 237쪽.

총무만 남았다. 김영삼은 뜻을 같이하는 16명의 의원과 함께 "백두진의 지명은 국민을 능멸하는 처사이며 더욱이 반대 의사의 자유마저 박탈당하는 것은 도저히 납득할 수 없다"면서 아예 국회 본회의에 불참했다. 60여 명의 신민당 의원 중 17명은 소수였다. 그러나 백두진 파동을 계기로 야당 내에서 선명 야당 호소력이 점차 세력을 넓혀갔다는 점도 유의해야 할 것이다.

차지철의 행보는 국회의장 선출에서 멈추지 않았다. 상임위원회 위원장에도, 공화당 당직자에도, 유정회 회직자에도 대통령의 뜻이라며 자신이 추천하는 사람을 임명케 했다.[13] 물론 대통령의 뜻을 확인할 수는 없었다. 여권에서 의원총회나 운영위원회가 열릴 때 지도부는 반공개적으로 대통령의 뜻이 차지철을 통해 시달되었음을 알려주곤 했다.[14] 공(功)만 있고 잘못 돼도 책임은 없는 차지철은 백두진 파동 때부터 마구 들쑤시고 다녔다.

아무리 일인 독재국가라 할지라도 애당초 경호실장이 정치의 한복판에 뛰어든다는 자체가 상궤를 크게 벗어난 것이고, 유신체제를 위태롭게 하는 일이었다. 백두진 파동에는 상당수의 공화당 의원들도 동조했는데, 김재규 정보부로서도 차지철이 백두진을 미는 것이 마땅치 않았다. 12·12 선거를 볼 때 민심의 동향을 무시할 수 없었을 터인데, 의장 선출에서부터 국회가 시끄러운 것은 정치를 풀어나가는 데 바람직한 방향이 아니었기 때문이다. 1979년의 파탄은 백두진 파동에서부터 시작되었고,[15] 그것은 박정희가 자초한 일이었다.

---

13 한용원, 『한국의 군부정치』, 대왕사, 1993, 338쪽 참조.
14 정병진, 『실록 청와대 궁정동 총소리』, 한국일보사, 1995, 343쪽.
15 김충식, 앞의 책 2, 295~296쪽 참조.

3) 유신 붕괴의 도화선이 된 5·30 신민당 전당대회 전날의 이변

1979년 5·30 신민당 전당대회는 박정희와 김재규 사이에 좁혀지기 힘든 간극을 만들어냈다. 이 전당대회 이후 박정희와 김영삼은 필사적인 격돌로 나아가게 된다.

신민당 전당대회 간여는 정보부 최대의 '업무'에 들어갈 만했다. 김재규는 김영삼이 총재 후보에서 물러나도록 공작을 벌였다. 전당대회 며칠 전 롯데호텔에서 김영삼을 만난 김재규는 "대통령 생각이 확고"하다는 것을 강조하고는, 회유와 협박을 번갈아 하며 끈질기게 총재 후보 사퇴를 설득했다. "(총재 선거) 결과가 어떻게 나온다고 해도 선거가 끝나면 100% 구속합니다" "절대 총재가 될 수 없을 것"이라고 말하기도 했다. 그러나 김영삼은 김재규의 제안을 일축했다고 회고록에서 밝혔다.[16] 이 회고록에는 사퇴할 경우 그 대가로 김재규가 무엇을 제안했는지는 나오지 않는다. 자신들에게 유리한 것만 쓰는 정치가들의 회고록에서는 흔히 있는 일이다. 김재규의 제안은 10·26 이후 변호인 접견 노트에 나온다. 우선 만난 장소가 "장충동 나의 공관"으로 나온다. 주요 내용은 다음과 같다.

> 나는 김영삼의 실정법 위반과 그의 참모들의 비위사실을 들이대며 어르고 위협했다. 결국 자기를 포함해서 참모들까지 불기소를 보장하라는 얘기까지 나와 극적인 합의가 이루어졌다. 그걸 들고 곧 청와대로 뛰어 올라갔다. 그러나 각하는 '총재 되지도 않을 자를 왜 영웅 만들어주느냐'고 역정을 내면서 '정보 더좀 수집해. 안 돼!'라고 했다. 그래서 수포로 돌아갔다.[17]

---

16 김영삼, 『김영삼 회고록—민주주의를 위한 나의 투쟁』 2, 백산서당, 2000, 106쪽.
17 김충식, 앞의 책 2, 304쪽에서 재인용.

'극적인 합의'가 무엇을 의미하는지는 불분명한 점이 있다. 다만 이 자리에서 김영삼이 김재규에게 무언가 언질을 준 것 같고, 그래서 김재규가 박정희에게 달려갔던 것 같다. 박정희는 왜 일언지하에 김재규가 가져온 것을 거부했을까. 김영삼의 총재 낙선을 자신하고 있었기 때문이었겠지만, 김영삼에 대한 악감정도 영향을 미쳤을 것이다. 박정희가 보기에 김영삼은 언제라도 박정희 타도에 나설 수 있는 유일한 자였다. 백두진이 국회의장에 '선출'된 4일 뒤인 3월 21일, 박정희는 청와대 출입기자들에게 백두진을 옹호하면서 김영삼이 백두진 파동 이후 선명 야당론을 들고 나올 것이라고 생각했는지 그를 격렬히 비난했다. 법을 어긴 것이 10여 건이라면서, "5월 신민당 전당대회가 끝나면 이거야!"라고 말하며 손으로 목을 자르는 시늉을 했다. 그러고는 "인간성이 돼 먹지 않았어. 김영삼이 유신체제를 뒤엎겠다고 나설 때 우리는 '예' '예' 하고 있을 줄 알아"라고 말했다.[18] 박정희의 악감정에는 1975년 5·21 회담 이후 김영삼이 자신에 대해 얼마나 절치부심하고 있는가를 잘 알고 있었던 점도 작용했을 것이다.

김영삼이 5·21 영수회담 이후 왜 꿀먹은 벙어리가 되었는가에 대해서는 수십 년간 수많은 괴담이 돌았다. 그러나 김정렴의 글 같은 것을 볼 때 김영삼이 회고록에서 말한 것이 비교적 사실에 가깝다고 본다. 이 회담에서 김영삼이 유신헌법을 철폐하고 민주주의를 하자는 주장을 거듭하자, 박정희는 육영수 피격 얘기를 꺼내며 "이런 절간 같은 데서 오래 할 생각 없습니다. 민주주의 하겠습니다. 그러니 조금만 시간을 주십시오"라고 말했다. 김영삼은 "언제 할 거냐?"라고 따져 물었어야 했을 터인데 박정희가 울고 있어서 그렇게 추궁을 못했다고 한다. 박정희는 이어서 공표하지 말자며, "조선놈들은 문

---

18 위의 책 2, 298~299쪽.

제가 있어요. 내가 정권을 내놓겠다고 미리 알려지면 금방 이상한 놈들이 생겨날 겁니다" 이렇게 말하고, 김영삼이 김한수 전의원 등의 석방, 『동아일보』 광고 문제 등을 요구하자 들어주었다고 한다.[19]

김영삼이 속았다는 것을 확실히 피부로 느낀 것은 그 다음 해 당수를 뽑는 각목대회에서였을 것이다. 그해 9월에는 비서 김덕룡이 구속되었고, 자신도 긴급조치 9호를 위반했다며 입건하고 계속 경찰이 찾아왔다. 그래도 김영삼은 5·21 회담에 대해서 입을 열 수 없었고 안팎에서 쏟아지는 비난을 감수해야 했다. 차마 박정희에게 속았다는 얘기를 꺼낼 수 없어서였다. 김영삼이 신민당 대회를 앞두고 김재규 만난 일과 관련해 김충식 기자한테 했다는 말에는 그의 심정이 잘 담겨 있다.

> "나는 오기가 치솟았다. (영수회담 때) 헌법도 고칠 것 같이 말하고 민주주의도 하겠다는 약속을 간절하게 해 (…) 나를 긴급조치 9호 위반으로 입건 조사 후 기소하고 김덕룡 비서를 구속하는 등 온갖 배신감을 주었다. 그 배신감 때문에 투지가 되살아났다. 이번엔 물러서지 않겠다고 결심했다. 나를 어떻게 죽이려 해도 나는 죽지 않는다고 믿었다."[20]

박정희·차지철은 김영삼을 확실하게 떨어뜨리기 위해서 공작을 벌였다. 5월 21일 청와대 출입기자에게 박정희는 이렇게 말했다. "전당대회를 앞두고 신민당 안에서 이철승 씨와 김영삼 씨가 극단적으로 대립하니까 중간적인 입장을 취하는 신도환 씨가 강세라고 해. 신씨 지지가 많다고 들었어." 신민

---

19 서중석 등, 『서중석의 현대사 이야기』 14, 오월의봄, 2018, 116~124쪽.
20 김충식, 앞의 책 2, 304쪽.

당 당권 경쟁 상황을 잘 알고 있는 기자들에게 은연중 자신의 입장 또는 행위를 노출한 것이다. 박정희가 청와대 출입기자들에게 이러한 얘기를 했다는 것도 문제가 있지만, 차지철을 앞장세워 정보부 '고유업무'에 끼어든 것은 그만큼 불안감이 크고 심리적 압박을 강하게 받고 있었다는 것을 시사한다고 하겠다.

차지철은 신민당 당수 포인트를 최고위원 신도환에게 맞춰 정치자금을 듬뿍 들고 공작을 벌였다. 신도환으로 하여금 대의원 표를 최대한 확보하도록 해 결선 투표에서 캐스팅 보드가 되어 김영삼 바람을 누르고 이철승 체제를 계속 유지시키겠다는 복안이었다. 김재규는 김영삼을 만나기 전에 신도환을 만나 이철승을 위해 사퇴할 것을 요구했으나 신도환은 응하지 않았다.[21] 정보부 '고유 권한'이자 최대의 중요 업무라고 볼 수도 있는 야당 전당대회 공작에 정보부를 제끼고 경호실장이 적극 나섰고, 그 뒤에는 박정희가 있다는 것을 정보부로서는 도저히 있을 수 없는 일로 받아들였을 것이다.

당수 후보들이 총력전을 펴는 전당대회 전날인 5월 29일, 박정희 권력체제에서는 상상하기 어려운 이변이 일어났다. 김대중이 이날 연금에서 풀려나 김영삼 쪽 단합대회에 나온 것이다. 더욱이 정보부 각 국장들이 김정섭 차장보를 통해 단합대회에 연금 상태인 김대중이 가세하면 이철승에게 불리하니 강권을 발동해서라도 김대중의 외출을 막아야 한다고 건의까지 했는데, 김대중이 자유의 몸으로 단합대회에 간 것이다.[22] 김대중은 이미 총재 후보로 나선 박영록·조윤형·김재광을 집으로 불러 사퇴하도록 했다.[23] 라이벌인 김영삼과 김대중이 손을 잡은 것은 이때가 처음이었다. 박영록 등은 5·21 영수

21 위의 책 2, 301~303쪽.
22 위의 책 2, 305쪽.
23 김대중, 『김대중 자서전』 1, 삼인, 2010, 374쪽.

신민당 전당대회 중 김대중의 김영삼 지지 연설   1979년 5월 30일자 『동아일보』 기사. "김 대중 씨는 한 시간 동안의 연설에서 이번 전당대회는 김영삼 이철승 씨의 싸움이 아니라 친유신과 반유신, 친민주와 반민주 세력 간의 싸움이라면서 친유신파가 당선되면 다시는 야당이라는 말이 없어질 것이라고 했다."

회담에서 침묵을 지키는 김영삼을 신랄히 비판하면서 선명 야당을 주장하고 있었다. 김대중이 자신과 가까운 세 사람을 사퇴시켰다는 것을 김재규나 청 와대가 몰랐을 리 없다. 김대중은 새로운 변수였다.

5월 29일 밤 김영삼 쪽은 아서원에서 단합대회를 가졌다. 800명이 들어갈 수 있는 규모였는데, 홀 주변 복도까지 1,000여 명이 입추의 여지없이 가득찼 다. 김대중은 이 자리에서 "김영삼 동지가 이번 경선에서 당선되는 것이 신민 당을 살리는 길이고 국민을 살리는 길"이라고 1시간이나 열변을 토했다.

운명의 날인 5월 30일 오후 3시 45분에 투표 결과가 발표됐다. 이철승 292 표, 김영삼 267표, 이기택 92표, 신도환 87표로 어느 누구도 과반수를 얻지 못 했다. 신도환이 이기택보다도 5표나 적은 것은 기자들도 예상치 못하였는데,

박정희·차지철은 경악했을 것이다. 신도환계였던 이기택이 5표나 더 얻었던 데는 두 사람의 과거 경력이 영향을 미쳤을 것이다. 신도환은 이승만 정권 말기에 반공청년단장으로 3·15 선거 부정에 가담해 중형을 선고받았던 반면, 이기택은 '4월혁명 세대'라는 자부심을 가지고 있었다. 오후 7시, 2차 투표 결과 발표가 나왔다. 김영삼 378표, 이철승 367표로, 김영삼이 재석 대의원 과반수보다 2표가 더 많아 가까스로 당선되었다. 이기택의 표는 그의 의향대로 대부분 김영삼에게 갔으나, 신도환 표의 상당수가 김영삼 쪽으로 가버린 것이 결정적으로 승패를 갈랐다. 이 점에서도 차지철은 할 말이 없게 되었다. 1971년 대선 후보를 결정한 1970년 9월의 후보 경선을 떠오르게 하는 숨막히는 역전승이었는데, 그때는 이철승 표가 김대중 쪽으로 가 김영삼이 2차 투표에서 패배했다. 김영삼이 총재로 당선되었다는 발표가 나오는 순간 마포 신민당사 안과 밖에서는 만세를 외치고 함성과 박수가 쏟아지는 등 흥분의 도가니였다. 김영삼은 당선 연설에서 "아무리 새벽을 알리는 닭의 모가지를 비틀어도 민주주의의 새벽은 오고 있습니다"라는 유명한 말을 남겼다.

한 정보부 간부는 1979년 말에 전두환 합수부에서 "김영삼이 총재가 되고 오늘날과 같은 정치 혼란 상태가 온 것은 김 부장 책임"이라고 증언했고,[24] "5·30 신민당 전당대회가 10·26으로 가는 길목이었다"는 평가도 적지 않은데,[25] 김재규는 박정희가 얼마나 김영삼 낙선을 원하는가를 너무나 잘 알고 있었고, 정보부 간부들이 그렇게 반대했는데도 불구하고, 또 이철승계의 절대 우위가 흔들리고 있어 김영삼·김대중 쪽을 한층 더 옥죄었어야 했을 터인데, 왜 김대중을 29일 밤에 연금에서 풀어준 것일까. 김대중이 1977년 12월 진

24 김충식, 앞의 책 2, 305쪽.
25 김진, 『청와대 비서실』, 중앙일보사, 1992, 115쪽.

주교도소에서 서울대 병원으로 이감된 데도 김재규의 입김이 작용했다. 그렇지만 그 일과 이번 일은 달랐다. 김영삼, 김재규처럼 김녕김씨였던 당시 상공부차관보 김동규는, 공관으로 찾아갔더니 김재규가 "내가 공작을 해보니 김영삼 씨를 밀어줘야겠다는 생각이 들었어. 그래서 김대중 씨의 연금을 그날 하루만 풀어준 것이야"라고 말했다고 한다.[26] 이 말은 박정희에 대한 명백한 항명이라고 볼 수 있다. 차지철이 박정희의 강력한 비호를 받으며 너무 깊숙이 뛰어들어 정보부 '고유업무'를 침해하는 것에 대한 반발일 수도 있지만, 김대중을 그날 연금에서 풀어준 것은 정보부장으로는 있을 수 없는 대담한 '행위'였고 박정희에 대한 도전이었다. 그것은 10·26 예비 행위였다.

신민당 전당대회가 끝난 지 일주일쯤 되었을 때 김재규는 박정희에게 사임 의사를 밝혔다. 그러자 박정희는 "이봐, 임자 혼자 잘못한 게 아니잖아. 그대로 있어"라고 말하며 받아주지 않았다.[27] 박정희는 1970년 김대중이 야당 대통령 후보가 되자 김계원 중앙정보부장을 밀어내고 그 자리에 이후락을 임명했는데, 왜 5·30 전당대회에 대해서는 책임을 묻지 않고 김재규를 내치지 않았을까. 1970년에 박정희·김계원은 대선에서 싸우기가 아주 쉬운 유진산을 신민당 대통령 후보로 만들려고 공작했는데 실패했고, 엎친 데 덮친 격으로 가장 싸우기 힘든 상대인 김대중이 대선 후보가 되었던 것이다.

박정희가 김재규를 내치지 않은 데는 몇 가지 이유가 있었다. 차지철이 박정희의 지원을 받으며 신도환 쪽을 집중 공작했으나 어이없게도 이기택보다도 표가 적게 나왔고, 2차 투표에서는 신도환 표가 이철승 쪽으로 쏠리지도 못한 점은 박정희·차지철로 하여금 할 말이 없게 만들었다. 더구나 차지철의

26   조갑제, 앞의 책 2, 79쪽.
27   김진, 앞의 책, 116~117쪽.

공공연한 행위는 정보부의 '고유 권한'을 침범한 것이어서 그 점으로도 정보부 쪽에 할 말이 없게 되었다. 정보 계통에서 권한 침범은 비난의 대상이 될 수밖에 없었다. 박정희로서는 김재규가 김영삼과 담판을 해서 공들여 일정한 방안을 마련한 것을 일언지하에 거부했던 것도 김재규에게 책임을 묻는 데 부담이 되었을 것이다. 그래서 사임하겠다는 것을 만류했겠지만, 박정희 개인으로 볼 때는 너무나 큰 실수를 저지른 것이었다. 박정희는 자신을 진짜 사무라이나 다름없는 사나이로 생각하는데, 김재규 사표를 수리하면 자신이 몹시 옹졸하고 치사하게 보일 수 있다는 점도 은연중에 작용했을 수 있다. 그렇다고 박정희가 김대중을 전날 밤 풀어준 것을 잊을 사람은 아니었다.

4. 10·26 거사의 배경 2—박정희와 김영삼의 격돌

1) 김영삼의 6·11 외신기자 클럽 연설

박정희는 일본 군인정신의 소유자답게 정치를 혐오했다. 군사정권 시기를 벗어나 1963년 민정기에 들어선 이후 박정희의 통치를 정보정치라고 부르거나 행정정치 또는 행정독재로 부르는 것도 박정희가 정치를 무시하고 정보부에 의존해서 행정부 위주로 통치한 데서 나온 말이었다. 정보부는 1961년 5·16쿠데타가 일어난 직후 출범할 때부터 군인들의 최고 권력기구인 국가재건최고회의보다 힘이 더 센 막강한 조직이라는 얘기를 들었다. 박정희에게 국회는 들러리였고 공화당은 그의 지시에 따라 행정부가 필요로 하는 법을 통과시켜주는 기구였다. 1960년대에 국회는 권력의 시녀 또는 통법부로 불렸다.

유신체제는 그러한 박정희의 정치 이념이 잘 구현되어 있는 권력체제였다. 국회의 기능은 한층 더 축소되었고, 유정회라는 어용기구를 만들어 국회 의석의 3분의 2를 항상 확보하고 있었다. 유신 쿠데타 이전에 야당이 존재하지 않았더라면 박정희는 대만이나 스페인처럼 일당 통치를 하려고 했을 것이고, 그것이 능률정치 생산정치의 이상적인 형태로 선전되었을 것이다. 그러나 박정희는 유신헌법에서 야당의 존재를 말살할 수 없었다. 그래서 야당을 유신체제에 순응하는 정치조직으로 만들려 했다. 중앙정보부의 역할과 기능은 유신체제에서 훨씬 막강해졌다. 정보부는 유신체제를 보위하는 핵심 권력기구였다. 학원·재야·언론·노동·문화 등에 대한 감시와 통제도 강화되었고, 야당에 대한 공작도 더 노골적이었다. 그런데 1974년 4월 신민당 총재 유진산이 사망함으로써 들러리 야당을 벗어나야 한다고 외친 김영삼이 총재가 되고 말았다. 그러나 김영삼의 반유신 활동도 1975년 5·21 영수회담으로 끝을 맺고, 다음해에는 총재에서 밀려났는데, 1979년 전당대회에서 민심을 등에 업고 다시 당권을 잡은 것이다. 이제 김영삼은 "나를 죽이려고 해도 나는 결코 죽지 않는다"고 울부짖으며 분노에 차 유신체제에 돌진했다. 그럴수록 독재자는 냉정해야 하는데 박정희는 그렇지 않았다.

총재가 된 이후 김영삼과 박정희 유신권력의 첫 충돌은 6월 11일에 있었던 외신기자 클럽에서의 연설을 두고 일어났다. 연설 제목이 〈민중이 역사의 주인이 되는 새 시대를 연다〉였는데, 연설 제목만으로도 박정희·여권뿐만 아니라 보수 성향이 짙은 일반 야당 정치인조차 받아들이기 어려운 주장이었다. 김영삼으로서도 과거에 볼 수 없었던 파격적인 모습이었다. 김영삼은 이 연설에서 "나는 이 땅의 민중과 함께 울고, 함께 아파하는 민중의 정당으로 신민당을 발전시켜 나갈 것"이라고 피력했다. 그는 또 "민중의 귀와 입이 한꺼번에 열릴 때 (…) 오늘날 이란의 혼란과 보복이 이 땅에도 일어나지 않으리란 법이 없습니다"라는 말도 했다.[28] 김영삼이 당시 운동권의 정치 이념을 자신의 정치관으로 선언한 것이 단순한 차용이나 허세만은 아니라는 것이 YH 여성노동자 농성에서 드러나기는 하지만, 외신기자 클럽 연설에서 문제가 된 것은 그가 새로 표명한 정치 이념 때문이 아니었다.

동아일보 등 보수 언론은 곧 있게 될 카터(Jimmy Carter) 미국 대통령의 방한에 대한 김영삼의 발언을 가장 중시했다. 김영삼은 이 연설에서 김대중 씨 납치 사건으로 국위를 여지없이 떨어뜨렸고, 박동선 사건으로 세계 만방에 한국의 이미지를 결정적으로 더럽혀 놓았다고 지적한 다음 "(카터의) 방한이 특정 정권을 도와주는 데 그치는 결과를 가져온다면 우리 국민은 크게 실망할 것"이라면서, "한국의 국민을 대표하는 야당의 총재로서 카터 대통령이 나와 단독으로 만나 국민이 주장하는 바를 듣는 기회를 갖기를 희망"한다고 밝혔다. 카터가 재야 지도자들과도 대화를 가지라고 권했다. 재야인사들과 학생들도 김영삼과 비슷한 주장을 하며 카터의 방한을 반대하는 시위를 벌였다. 야당이 국민을 대표한다는 주장은 12·12 선거에서 1.1% 더 득표한 것을 가리킨다. 그는 1979년 5월 23일 전당대회에 임한 기자회견문에서도 "(12·12 선거에서) 1.1%의 표를 더 던짐으로써 공화당 정권을 불신임하는 의사를 분명하게 표현"한 것은 "공화당에게는 정권 이양을, 신민당에게는 정권 인수 준비를 촉구하는 지상명령을 내린 것"이라고 역설한 바 있었다.[29] 김영삼은 유신정권 타도를 국민의 주권 행사로 강조하는 이러한 주장을 곳곳에서 했다.

김영삼의 카터 관련 발언은 박정희의 심기를 몹시 불편하게 했으나, 그것을 문제 삼기에는 어려움이 있었다. 그래서 다른 발언을 물고 늘어졌다. 김영

---

28 김영삼의 6월 11일 외신기자 클럽에서의 연설문 전문은 이상우, 『권력의 몰락』, 동아일보사, 1987, 241~249쪽 참조.
29 위의 책, 236쪽.

삼은 이날 당시 이슈화되고 있었던 통일 문제에 대해서 자세히 자신의 견해를 밝혔다. 그는 박정희 유신체제의 통일 주장이 갖고 있는 허구성을 신랄히 비판하면서, "야당 총재로서 통일을 위해서는 장소와 시기를 가리지 않고 책임 있는 사람과 만날 용의가 있다"고 말한 것이다. 그리고 책임 있는 사람에 김일성도 포함되느냐는 기자 질문에 "그렇다"라고 대답했다. 이 부분, 특히 후자를 문제삼으며 공화당과 유정회는 혹세무민의 무책임한 선동을 하고 있다고 김영삼을 용공으로 몰아 공격했다. 김영삼 발언이 있은 지 일주일 뒤 북이 호응하자 대한상이군경회·반공청년회 등에서 신민당사와 김영삼 집으로 몰려가 "북괴 김일성의 앞잡이 김영삼을 처단하라"는 등의 전단을 뿌리며 당사를 점거하는 등 난동을 부렸다.

2) 카터의 방한

카터의 방한은 많은 화제를 낳았다. 6월 30일 박정희와 카터 회담은 처음에는 정상 간의 회담으로는 상상할 수 없을 정도로 끔찍했다. 주한 미군 철군 문제와 인권 문제에 박정희가 강하게 나오자 카터는 짐보따리 싸라고 펄펄 뛰었다. 휴식 후 두 사람은 각자 태도를 누그러트려 카터는 미군 철수를 재고하겠다고 말했고, 박정희도 가능한 한 조속히 민주화 조치를 취하겠다고 나왔다.[30]

카터가 박정희와 정상회담을 가졌던 7월 1일, 카터는 국회를 방문하는 형식을 밟아 김영삼을 만났다. 칸막이를 둘러친 회견 장소에서 김영삼은 "귀하가 유엔 연설에서 '인권 간섭은 내정간섭이 아니다'라고 말한 것에 동감한다"

---

30 김충식, 앞의 책 2, 315~317쪽; 돈 오버도퍼 저, 이종길 역, 『두 개의 한국』, 길산, 2002, 168~174쪽 등 참조.

카터의 방한 카터 미 대통령의 방한을 맞아 광화문 사거리에는 지미 카터 미 대통령 방한을 알리는 아치가 설치되었다. 경향신문사 소장.

고 말하고, 인권을 유린하고 있는 독재자를 당신이 돕는 것이 인권을 내세우는 당신이 할 일이냐고 따져 물었다. 두 사람이 23분간이나 얘기할 정도로 얘기가 길어지자 배석했던 글라이스틴 대사가 끊으려고 했다. 카터는 종교계 지도자들도 만났다. 각계 종교의 대표적인 인사 12명을 만나는 형식으로 만났는데, 김수환 천주교 추기경과는 단독으로 얘기하고 싶다고 해 자리를 옮겨 10분간 요담을 했다. 카터는 "박 대통령과의 일정을 취소하는 한이 있어도 김대중을 만나겠다"고 했지만, 끝내 김대중은 만날 수 없었다.

3) YH 여성 노동자들의 신민당사 농성 사건

경제가 몹시 나빠지고 있다는 것을 더욱더 체감으로 느끼게 했던 제2차 석유파동 시기에 일어난 YH무역 여성 노동자들의 신민당사 농성 사건은, 사회에도 충격을 주었지만 노동문제에 막 관심을 보이고 있었던 학생들에게 큰 영향을 주었다. 부산대 10월 16일 시위를 일으킨 주동자들도 이 사건으로부터 영향을 받았다. 이 사건은, 1966년에 설립된 가발 제조업체 YH무역이 크게 사업에 성공하자 창립자가 거액의 자금을 미국으로 빼돌리고 그 뒤를 이은 사장도 회사 자금을 유용한 반면, 성장의 주역인 생산직 노동자들은 상여금도 못 받고 쫓겨나 거리로 나앉게 되는 등 극한상황으로 내몰리면서 일어났다. 이 사건은 노동운동과 노동자의 생존권이 유신권력에 의해 어떻게 짓밟혔는지를 잘 보여주었다. 유신체제의 경제성장, 경제발전의 총체적 허구성이 잘 담겨 있다는 점에서 주목할 만한 사건이었다. 더욱이 경제의 급속한 하강 속에서 일어나 더욱더 유신 경제정책의 모순과 파탄이 극명히 드러난 사건이기도 했다.

1979년 8월 9일, 200명 안팎의 노동자들이 신민당사에 들어갔다. 잘나가던 가발업체였던 YH무역이 무리하게 사업을 확장하여 경영 상태가 나빠지자 하청 공장으로 작업 물량을 빼돌리는 방식 등으로 인원을 대거 감축하다가 급기야 1979년 3월 30일 일방적으로 한 달 후 폐업하겠다고 나왔다. 하루아침에 거리로 나앉게 된 노동자들은 투쟁했고, 정부와 회사는 한 발짝 물러서는 것 같더니 8월 6일에 회사가 폐업하겠다고 공고하고 8월 8일에는 전기도 물도 끊고 식사 제공도 중지하겠다고 통보했다. 그러자 노동자들은 신민당사 농성에 돌입했다.

여성 노동자들의 신민당사 농성은 당시 일부 신문에 그런대로 보도가 되었다. 여성 노동자들은 "우리를 나가라면 어디로 가란 말이냐" 이런 플래카드를 내걸고 노래를 부르고 눈물을 흘리면서 폐업 조치 철회를 요구했다. 10일 밤 노동자들은 강제로 해산시키려고 하면 최후의 한 사람까지 죽음으로 맞서겠다고 결의하고, 창틀에 매달리거나 사이다 병을 깨서 들고 "정부 측은 뭣

YH 노동자들의 신민당사 농성 YH무역 여성 노동자들이 신민당사에서 농성하고 있다. 정태원 소장.

하느냐?" "우리를 나가라면 어떻게 살란 말이냐"고 외쳤다. 김영삼은 노동자들을 창틀에서 내려오게 한 다음 "내 이름 석자와 신민당의 이름을 걸고 조속히 여러분의 정당한 요구를 관철시키겠다"고 다짐했다.

11일 새벽 2시경 기동경찰이 들이닥쳐 총재실을 부수고 회의실에 들이닥쳐 김영삼 등을 몰아붙이고 방망이를 휘두르며 한 명씩 먹살 같은 것을 잡고 끌어냈다. "까불면 다 죽인다" 등의 폭언을 퍼부으며 폭력을 휘두르는 경찰에 맞아 신민당 대변인 박권흠 의원은 피투성이가 됐고, 황낙주 원내총무는 다리와 어깨에 부상을 입었다. 기자들도 12명이나 다쳤다. 4층에 있던 여성 노동자들은 경찰이 밀어닥치자 사이다 병을 들고 일제히 울부짖으며 저항했다. 일부 여성 노동자들은 창문을 주먹으로 깨고 뛰어내리려 했으나 경찰에 막혔다. 그러면서 10여 분 사이에 노동자들은 모두 당사 밖으로 끌려나갔다. 강제진압 과정에서 경찰의 폭력 진압으로 21세의 김경숙이 숨진 것도 사람

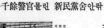

YH 노동자 농성 강제진압 「심야의 기습 울부짖은 여공들」, 『동아일보』 1979. 8. 11.

들을 무척 안타깝고 분노하게 했다. 기동경찰 버스 안에서도 울부짖으며 연행당하지 않으려고 안간힘을 쓰는 모습이 사진으로 보도되어 독자들을 울렸다.[31]

신민당 의원들은 "8·11 폭거는 말기적 발악이다", "국민의 분노가 무섭지 않은가"라고 쓰인 대형 플래카드를 내걸고 농성에 들어갔다. 신민당 전체 의원의 3분의 2에 가까운 42명이 동참했다. 유신체제가 막강해보였는데, 강경하게 싸울수록 김영삼 지지세력이 늘어나는 현상이 일어난 것이다. 미국 정부도 경찰의 잔인한 폭력 사용을 개탄한다며 "문책을 바란다"고 나왔다.

노동자들을 강제해산시킨 뒤 유신권력은 최순영 등 YH 노조 간부 3명과

---

31 『동아일보』 1979. 8. 11.

인명진·문동환 목사, 시인 고은 등을 구속하고 YH 노조와 별 관계없는 도시산업선교회를 좌경용공세력으로 맹렬히 공격했다. 나팔수는 언론이었다. 그해 8월 하순부터 『조선일보』, 『서울신문』, 『경향신문』 등은 '도산'이 들어가면 도산한다며, 도시산업선교회 관련 기사를 연속 특집 등으로 여러 차례에 걸쳐 연재했다.

경찰의 신민당사 농성 강제진압은 김재규의 지시였다. 김재규가 가장 크게 비난받는 것이 바로 이 지시다. 8월 10일 오후 김재규 주재로 김계원 비서실장, 유혁인 정무 제1수석, 고건 정무 제2수석, 유홍수 치안감 등이 대책회의를 열었다. 고건과 유홍수가 반대했지만, 김재규가 강행을 지시해 강제진압이 이루어졌다. 김재규는 "여공들이 투신 자살조를 편성했고 신민당 노동국장이 배를 가르려 한다는 정보를 입수, 희생을 막기 위해 속공을 편 것"이라고 법정에서 진술했다.[32]

이 무렵(1979년 8월) 김재규는 긴급조치 9호를 해제하고 10호를 선포하는 방안을 박정희에게 건의했다. 김재규는 정보부 기정국장 현홍주에게 9호의 규제 범위를 줄일 수 있는 10호를 연구하라고 지시한 바 있었다. 김재규가 제시한 10호 안은 박정희, 신직수 법률담당 특별보좌관, 김재규, 김계원, 유혁인, 고건 등 6명이 참석한 회의에서 검토되었다. 김재규가 10분 정도 보고하고, 신직수가 10분 가량 검토한 것을 보고하면서 10호를 선포해서는 안 된다는 결론을 내렸다. 회의는 바로 끝났다.[33] 신직수가 중앙정보부장이던 1975년 5월 선포된 긴급조치 9호는 운동권으로부터 긴급조치의 결정판이라는 얘기

---

32 고건, 앞의 책, 261쪽; 조갑제, 앞의 책 1, 145쪽; 김재홍, 앞의 책, 211~212쪽. 조갑제 책에는 대책회의가 열렸다고 쓰여 있으나, 김계원은 법정에서 그런 회의에 대해서는 언급을 하지 않고 보고를 받은 것처럼 진술했다.

33 고건, 앞의 책, 261~262쪽; 김대곤, 앞의 책, 214~215쪽; 김재홍, 앞의 책, 113~115, 151~152, 209~210쪽.

를 들었다. 그 앞의 긴급조치가 짤막한데, 9호는 아주 세밀하게 여러 부문에 걸쳐 제재 사항을 써놓았다. 특히 유언비어 유포죄는 누구나 걸고 넘어질 수 있었다. 김영삼이건 누구건 긴조 9호로부터 안전할 수 없었다. 박정희가 1975년 이후 9호로 권력을 지탱했다는 것은 결코 지나친 말이 아니다. 이런 9호를 박정희가 바꾸려고 할 리가 없었다.

덧붙인다면 김재규는 항소이유보충서에서 "박찬현 문교부장관에게 먼 훗날 우리가 어떤 심판을 받겠느냐면서 제적된 학생들을 모두 복교시키자고 세 번씩이나 간곡하게 애소도 해본 일이 있지만, 복교시킨 뒤에 학생들이 또 무슨 일을 저지르면 자기가 책임질 수 없다고 하면서 거절을 당한 일도 있었다"고 썼다. 당시 제적당한 학생들은 긴급조치 9호 위반자가 대다수였다.[34]

4) 신민당 총재단 직무집행 가처분 신청

YH 여성 노동자들의 신민당사 농성 사건은 도시산업선교회에 대한 탄압으로 끝난 것이 아니었다. 노동자들을 강제해산한 이틀 뒤인 8월 13일, 윤완중 등 원외 지구당 위원장 세 사람이 총재단 직무집행 가처분 신청을 낸 것이다. 윤완중 등은 당원과 대의원 자격이 없는 조윤형 등 22명이 전당대회에서 투표했기 때문에 김영삼의 총재 당선은 무효라고 주장했다. 신민당 당기위원회는 8월 18일 이들 3명을 해당 행위자로 규정하여 제명했다. 이 사건으로 대결의 정국은 한층 가파르게 치닫게 된다. 김충식 기자는 김영삼 '생포공작'(따옴표─원문)은 가처분 신청으로부터 시작되었다며, "이때부터 법은 공작의 도구가 되고 정책 판단에는 광기마저 엿보였다"고 썼다.[35]

---

34 조갑제에게 박찬현은 "그런 말을 듣긴 했으나 정보 책임자로서 나의 마음을 떠보는 것으로 생각했다"고 답변했다. 조갑제, 앞의 책 1, 95쪽.

35 김충식, 앞의 책 2, 319쪽.

대의원 자격 문제는 1976년 전당대회 때도 있었다. 그때는 영수회담 침묵에 대해 김영삼을 맹렬히 비난하고 이철승을 지지한 조윤형 등에 대해 김영삼 쪽이 문제삼았으나 이철승이 당수가 된 이후 아무런 문제가 없었다. 정치 무상이었다. 유신 쿠데타가 일어나고 신민당의 강성 의원 15명이 끌려가 지독한 고문을 당했고, 박정희에게 특별히 밉보였던 조윤형·김상현·조윤하·김한수 등이 실형을 선고받고 복역을 하는 등 유신체제에서 '법적 제재'를 받은 야당 인사들에 대해 전략적으로 대의원 자격증이 없다는 주장이 나온 것이다. 그렇다면 5·30 전당대회에서 상임고문으로 추대받은 윤보선과 김대중도 문제가 될 수 있었다.

공화당에서는 이미 6월 3일경 신민당 비주류 측으로부터 흘러나온 것으로 보이는 25명의 무자격 대의원 명단이 신형식 사무총장에게 보고되었다. 공화당은 김영삼에 대해 어떤 방책을 써야 한다고 생각하고는 있었지만, 신형식은 정치 도의상 공화당에서 이 문제를 들고나온다는 것은 도저히 안 되겠다고 판단했다. 그는 박준규 당의장서리 등에게 구두로 보고하고 25명의 명단은 서랍 속에 넣어두었다. 이때 신형식이 다른 한 가지도 고려했다는 점이 중요하다. 그는 공화당이 이렇게 알고 있는데, '정보부가 모를 리 없다'고 생각한 것이다.[36] 이 점이 눈여겨볼 대목이다.

가처분 첫 심리는 8월 25일로 잡혔다. 김 총재 측은 이택돈·박한상·홍영기 등 당내 의원들로 변호인단을 구성했다. 그때 이상한 일이 일어났다. 어찌된 영문인지 김 총재 재판이 열릴 때마다 재판 전날에 이택돈 의원이 법정에서 개진할 변론 요지가 청와대 경호실을 거쳐 남산으로 떨어져 그것을 토대로 대책회의가 열린 것이다. 차지철이 야당 변호인과 접촉해 특급 정보를 빼

---

36 조갑제, 앞의 책 1, 155쪽.

내 김재규에게 전달했을 때 김재규의 심정이 어땠을지 짐작할 만하다.[37] 더욱이 김재규는 가처분 사건이 발생한 배후에 대해 생각하는 바가 있었을 터이고, 처리 방법에 대해서도 차지철과 다른 생각을 가졌을 수 있었는데 말이다.

가처분 사건 처리 과정에서 차지철은 분주히 움직였다. 신민당사 앞 호텔에서 모 의원이 차지철에게 전화 보고를 하는 것을 봤다는 사람도 있었고, 차지철이 야당 의원들을 매수하고 있다는 소문도 퍼졌다. 법원 측 동향도 심상치 않았다. 정기 인사 이동이 아니면 합의부 판사가 바뀌지 않는데, 배석 판사가 바뀌었다.[38]

9월 8일 조언 재판장은 가처분 신청을 받아들이고 김영삼 대신 정운갑 전당대회 의장을 총재 직무 대행자로 결정했다. 신민당은 김영삼 총재 측과 정운갑 쪽으로 두 조각이 났다.

9월 10일 김영삼은 기자회견을 갖고 '박 정권 타도 선언'으로 얘기되는 성명을 발표했다. 그는 법원의 결정은 "정치권력의 지시에 의하여 재판이라는 요식만 갖춘 정치 조작극"이라고 규정하고 "선명 야당을 말살하고 관제 야당을 만들려는 쿠데타적인 폭거"라고 지적했다. 그러고는 "일당독재를 구축하여 일인 체제의 영구화를 노리는 망동"을 절대로 용납할 수 없다고 하면서 "나는 여기서 박정희 대통령의 하야를 강력하게 요구하며 폭력 정치로부터 나라와 국민을 구한다는 신념으로써 가능한 모든 것을 총동원하여 박 정권 타도 운동을 전개할 것을 다짐하는 바입니다"라고 선언했다.[39] 김영삼은 박정희 하야를 촉구하며 박 정권을 타도하겠다고 나섰다.

박정희는 김영삼의 기자회견 성명에도 분기가 솟았지만, 신민당 움직임

37 김충식, 앞의 책 2, 319~320쪽.
38 조갑제, 앞의 책 1, 156쪽.
39 기자회견문 전문은 이상우, 앞의 책, 249~253쪽 참조.

에도 부아가 치밀었다. 의원들이 정운갑 쪽에 줄을 서지 않고, 소속 의원 67 명 중 42명이 또 김영삼 쪽에 줄을 서 김영삼에게 정통성이 있다는 점을 분명 히 과시했기 때문이다. 그것은 자신의 권력에 대한 모독이고 도전이었다. 김 성진 문공부장관은 공화당 유정회의 성명을 기다리지 않고 이례적으로 같은 날 "신민당의 김영삼 총재는 이 시간부터 총재가 아니므로 의원으로 호칭한 다"고 발표했다. 그 무렵 전주중앙성당기도회에서 천주교 김재덕 주교는 박 정희 정권에 대한 직무집행정지 가처분을 주장했다. 기도회가 끝나자 1,800 여 명의 신자들이 침묵시위와 철야농성을 벌였다. 9월 25일 중앙선거관리위 원회에서 정운갑의 총재대행 등록 신청을 수리한 날 주류 측 당원 1,500여 명 은 '김영삼 총재 수호 전국 당원대회'를 열었다.[40]

5) 박정희, 김영삼을 국회에서 내쫓다

김영삼의 총재직을 둘러싼 갈등 이후 정국은 점점 파국으로 치닫고 있었 다. 김영삼이 9월 10일 기자회견을 하고 나서 며칠 뒤 뉴욕타임스 도쿄 특파 원 스톡스 기자와 한 인터뷰가 그 신문에 실린 것이 또 계기가 되었다. 9월 16 일자에서 "한국 정부에 대한 그의 거리낌 없는 반대로 체포 직전에 있는 것 으로 믿어지는 한국 야당의 지도자는 카터 행정부에 박정희 대통령에 대한 지지를 중단하라고 요구했다"로 시작하는 이 기사는 야당 지도자 김영삼 씨 가 "미국은 국민과 끊임없이 유리되고 있는 정권, 그리고 민주주의를 열망하 는 다수, 둘 중에서 어느 쪽을 선택할 것인지를 분명히 할 때가 왔다"고 말했 다고 전했다. 장문의 이 기사에서 카터의 방한이 박 대통령으로 하여금 반대 세력을 말살시키도록 용기를 불어넣어줬다는 대목도 박정희의 신경을 건드

---

40 김영삼, 앞의 책 2, 149~150쪽.

렸겠지만, 그 뒷부분에 실린 기사는 더욱 그를 자극했을 것이다. 뒤에서 김영삼은 "이란은 미국의 크나큰 외교적 불행이었다. (…) 이란과 같은 전철을 밟지 않기를 바란다"고 말하고, "내가 미국 관리들에게 미국은 박 대통령에 대한 공개적이고 직접적인 압력을 통해서만 그를 제어할 수 있다고 말할 때마다, 미국 관리들은 한국의 국내 정치에 개입할 수 없다"고 하는데, 그것은 억지 이론이라고 비판했다. 이어서 "3만 명의 지상군을 파견하고 있는데 그것은 국내 문제에 대한 간여가 아니란 말인가"라고 묻고, "보다 많은 민주주의, 보다 개방적인 제도와 더불어서만 대한민국은 이 지역에서의 미국의 이해와 부합할 수 있을 것"이라고 결론을 내렸다.

박정희는 긴급조치 9호로 언론을 철저히 통제했지만, 미국뿐만 아니라 세계적으로 영향력 있는 뉴욕타임스 보도는 국내에도 파장이 클 수 있었다. 인터뷰 기사가 나오자 9월 18일 미 국무부 동아시아 문제 담당 대변인이 한국 정부에 대해 김총재를 구속하지 말라고 말한 것으로 보도되었고, 그 다음 날에는 국무부 대변인 호딩 카터가 "우리는 모든 당사자들이 자제하기를 바란다"고 논평했다.[41] 이런 논평은 박정희를 더욱 자극했을 것이다. 박 정권은 김영삼을 사대주의자로 규정하고 이 인터뷰가 용공적인 이적행위이며, 내정간섭을 요청해 국회의원으로서 품위를 손상시켰다고 비난했다. 9월 22일 공화당과 유정회는 징계 동의안을 제출했다. 박정희는 김영삼을 교도소에 보내려 했지만 유혁인 정무수석이 반대해 29일경 의원 제명을 결정했다. 유신체제에서 유일하게 국민의 주권으로 선출한 의원직인데, 그것을 폭력으로 박탈하겠다는 발상이었다. 외국 여행 중인 여권 의원들에게 귀국 명령이 떨어졌다. 국군의 날로 당시에는 휴일이었던 10월 1일, 공화당 유정회 합동조정위

---

41 조갑제, 앞의 책 1, 162쪽.

원들은 10인 기획위원회를 구성해 제명에 대한 여권의 입장을 조율하게 했다.

그러나 정치의 실종 차원을 넘어선 정치 폭거에 대해 여권에서도 우려가 많았다. 육군참모총장과 국방부 장관을 역임한 유정회 총무 최영희는 신민당 황낙주 총무와 만나 타협안을 마련했다. 야당의 얼굴을 세워주는 조치를 하면 김영삼도 유화적인 제스처를 쓴다는 방안이었다. 박정희도 검토해보라고 했는데, 소심한 김계원 비서실장이 최영희에게 차지철을 설득해보라고 해 차지철을 만났다. 그러나 차지철은 김영삼을 당장 잘라야 한다고 펄펄 뛰었다. 신형식 공화당 사무총장도 제명만은 막아보려고 황낙주를 만나 국회에서 김영삼이 "회견 기사는 잘못 전달됐다"는 식으로 넘어가자고 얘기했다. 이것이 신문에 1면 톱으로 보도되자 차지철은 그 신문을 전방부대를 시찰중인 박정희에게 헬기로 공수했다. 그러자 박정희가 노발대발했다고 한다. 차지철은 상가집에 있는 신형식에게 전화해 각하를 화나시게 했다고 무섭게 쏘아붙였다.[42] 김계원과 김재규, 박준규 공화당 의장서리, 태완선 유정회 의장도 10월 3일 회동해 박정희에게 재고를 건의해보자고 했다. 그러나 차지철이 나타나 "각하 뜻은 어떤 일이 있어도 제명하라는 것"이라고 잘라 말했다.

그래도 김재규는 10월 3일 밤 9시경 김영삼을 만났다. 10월 2일 밤 김재규는 늦게까지 박정희와 술을 마시며 제명만은 안 된다고 말하자 박정희가 "이미 다 지시했다"고 잘라 말했다. 그렇지만 마지막으로 만날 테니 시간을 달라고 하자 박정희가 마지못해 승낙했다는 것이다. 김재규는 시종 차분하게 얘기하면서 "이대로 가다가는 이 나라도 총재님도 불행해집니다. 어떤 일이 있어도 막아야 합니다"라고 말하며 반발하는 김영삼에게 10월 4일 국회 기자실

---

42 김진, 앞의 책, 132~135쪽.

에 들러 회견 내용이 와전되었다고만 말해달라고 간청했다. 김영삼은 "절대 그럴 수 없다"고 잘라 말했다.[43]

10월 4일 10시 60여 명의 신민당 의원들이 국회 본회의장 단상을 점거했다. 백두진 의장은 경호권을 발동했다. 오후 4시 의사당 146호에서 찬성 159표로 제명 처리했다. 공화당 유정회 의원 160명 중 반대표가 한 표였다. 다른 사람도 아닌 김종필이었다.[44] 김영삼은 성명서를 기자들에게 나누어주었다. 성명서에는 다음과 같은 구절이 있다.

"나는 나에 대한 제명은 완전 불법이므로 영원히 승복할 수 없으며, 제명을 열두 번 한다고 하더라도 여당이 내세운 징계 사유는 어느 한 구절도 인정할 수 없습니다. 뿐만 아니라 어떠한 탄압이 있다 하더라도 민주 회복을 향한 우리의 목표는 중단될 수 없으며, 민주주의를 위한 나의 신념과 소신은 바꿀 수 없습니다. 공화당 정권은 자유당 정권도 감히 하지 못한 폭거를 자행함으로써 영원히 씻을 수 없는 죄악을 역사 속에 범했으며, 그것은 머지않아 역사의 준엄한 심판을 받을 것입니다."

김영삼은 이런 말도 남겼다. "나는 잠시 살기 위해 영원히 죽는 길을 택하지 않고, 잠시 죽는 것 같지만 영원히 살 길을 선택할 것입니다." 미 국무부 대변인 호딩 카터는 "한국 국회가 오늘 김영삼 총재를 추방한 점에 대하여 깊은 유감의 뜻을 표한다. 이와 같은 행동은 민주적 정부의 원칙에 어긋난 것이다"라고 잘라 말했다. 10월 5일 미 정부는 글라이스틴 대사를 소환했다.

---

43 김영삼, 앞의 책 2, 153~156쪽.
44 조갑제, 앞의 책 1, 166쪽.

김영삼 의원 제명 강행 「김영삼 총재 제명 강행」, 『동아일보』 1979. 10. 4.

10월 13일 이때는 신민당 소속 의원이 66명이었는데, 66명 전원과 통일당 의원 3명 전원이 의원직 사퇴서를 국회에 제출했다. 정운갑 쪽에서도 모두 가담한 것이다. 이틀 후 공화당 유정회 합동회의가 열렸다. 언론에는 일괄 반려하는 온건론 쪽으로 결론이 날 것처럼 보도했다. 그런데 16일 발표는 정반대였다. 일괄 수리 또는 선별 수리를 한 후 보궐선거를 실시토록 하자는 강경론이 압도적으로 우세했다는 것이다. 박정희 유신체제의 마지막 작품인 선별 수리론이 나온 것이다. 한 걸음 더 나아가 사퇴서가 수리된 의원들은 보궐선거는 물론이고 다음 총선에도 출마하지 못하도록 하는 방향으로 국회의원 선거법을 개정하는 문제까지 논의되었다고 발표했다. 들끓는 여론에 기름을 부었다. 이날 부산에서 전고에 없는 시위가 일어났다.[45]

---

45 부산지구 계엄사령관 박찬긍 군수기지사령관은 데모 원인을 합동수사단에 여론조사하도록 지시했던 바, 가장 큰 원인은 경제 침체에 의한 서민·상인층의 불만이었고, 그 다음이 김영삼 의원 제명 뒤 야당 의원들이 낸 의원직 사퇴서에 대한 여권의 선별 수리론이었다. 조갑

6) 부마항쟁

1979년 10월, 16, 17일간의 시위는 4월혁명 이후 최대 규모의 시위였을 뿐만 아니라 민중이 대거 참여했다는 점에서 정부수립 이후 보기 드문 시위였다. 그런데 이렇게 크고 역사적 의미가 있는 시위를 한국인 거의 전부가 알지를 못했다. 긴급조치 9호 때문이었다. 국민들은 계엄이 선포되고 나서야 비로소 부산에서 엄청난 사태가 일어났다는 사실을 알 수 있었다.

10월 16일 오전 10시경부터 시작된 부산대 시위는 학생들이 거리로 나오면서 더욱 커졌다. 버스 기사도 상인들도 학생편을 들었다. 시민들은 학생들을 숨겨주고 음료수를 주었으며 경찰의 진압을 방해했다. 어느 것이나 4월혁명 이후 보기 드문 현상이었다. "유신철폐", "언론 자유"를 외치던 시위대가 오후 3시 30분경 목표가 선명한 "독재 타도"를 외치자 시민들의 호응하는 눈빛이 달라졌다. 오후 5시쯤부터 시민이 다수 가세했다. 6시경이 되면서 민중항쟁으로 변모되고 어둠이 깔리면서 시위의 주도권이 시민들에게 넘어갔다.

오후 7시경 도심 대로가 인파로 넘쳐흘렀다. 넥타이 맨 회사원부터 노동자, 상인, 접객업소 종업원, 무직자, 재수생, 교복 입은 고교생들이었다. 수만 명의 성난 민중은 "유신철폐", "독재타도", "박정희 물러가라", "언론 자유", "김영삼 총재 제명을 철회하라" 등을 목이 터져라 외쳤다. "부가가치세 철회하라"는 구호도 나왔다. "독재타도", "유신철폐"를 마음놓고 외치면서 시위대는 마음이 뿌듯해졌다. 경찰이 몰리기 시작했고, 시위대는 밤 8시 40분경 남포파출소를 습격, 파괴했다. 경찰차도 여러 대 불태우고 부쉈다. 밤 9시 이후 경찰은 더욱 갈피를 못 잡았다. 밤 10시부터 통행금지를 실시한다고 발표했지만 그 시간부터 시위가 더욱 격렬해졌다. 다음 날 1시까지 계속되면서 파출소 11

제, 앞의 책 2, 53쪽.

개가 파괴되었고, 여러 파출소에서 박정희 사진을 떼어내 짓밟고 불질렀다. 부산일보사와 부산 MBC 방송국도 습격당했다. 2018년에 나온 부마민주항쟁 진상규명 및 관련자 명예회복심의위원회의 『부마민주항쟁 진상조사보고서(안)』에 따르면 학생 67명, 경찰 56명이 중경상을 입었고, 학생 282명 등 400여 명이 연행되었다.

유신 쿠데타가 일어난 지 꼭 7년이 되는 10월 17일 동아대와 임시 휴교를 한 부산대 학생, 대동고 등 고교생들이 시위를 벌였고, 밤이 되자 전날과 똑같은 현상이 벌어졌다. 시위대는 KBS를 공격했고, 정상만 2관구사령관 일행 차량 3대도 부쉈다. 미 문화원 앞에서 시민들이 벌겋게 불이 붙은 연탄을 경찰을 향해 던진 것은 경찰에 큰 충격을 주었다. 박정희 사진도 짓밟히고 불태워졌다. 이날도 전날처럼 3,400여 명의 경찰이 투입되었지만 사기가 위축되어 있었다. 18일 1시 30분경까지 시위대는 경찰서 2곳, 파출소 10곳, 경찰 차량 18대를 파괴하거나 불태웠다. 경남도청과 중부세무서, MBC, KBS, 부산일보사 등도 파손되거나 돌팔매질을 당했다. 기독교방송국은 제외되었으나 중구, 서구, 동구에 있는 언론사와 공공건물은 다수가 공격받았다. 학생 75명, 시민 386명이 연행되었고, 학생 23명, 경찰 53명이 다쳤다. 18일 0시를 기해 비상계엄이 선포되었다.

10월 18일 시위가 어느 정도 가라앉은 부산에 온 공수부대는 시민들을 무자비하게 폭행했다. 곤봉으로 머리를 직격했고, 소총 개머리판으로 맞은 시민은 뇌수술을 받았다. 보다 못해 말린 경찰 경위는 형사 2명과 함께 10여 명의 공수부대원들에게 몰매를 맞았다. 그런 속에서도 저녁 7시 20분경 부영극장 앞에서 학생 300여 명이 시위를 벌였고, 8시 30분 지나 해병대가 지키던 서면 로터리에는 1만 5천 명의 군중이 모여들었다. 10월 19일에는 400여 명이 남포파출소를 습격했다.

유신 쿠데타 7년 만에 부마항쟁 「부산에 비상계엄 선포」, 『조선일보』 1979. 10. 18.

　시위는 4월혁명 때 두 차례의 시위(의거)가 일어난 마산에서도 일어났다. 10월 18일 경남대는 오후 2시 지나 휴교령을 내렸으나 학생들이 곧 시위에 들어갔고, 오후 5시 30분경에는 3·15의거탑에 모여 "독재타도", "유신철폐"를 외쳤다. 상가 밀집 지역에서 시위가 확대되면서 시민들이 대거 참여했다. 시위대에는 10대 후반, 20대 초반이 많았다. 이들은 불 켜진 상점, 사무실, 민가에 사정없이 돌멩이를 던졌고 "불 꺼", "불 꺼"를 외쳤다. 시위대는 "박정희는 물러가라"는 등의 구호를 외쳤다. 시위를 주도한 시민들은 경찰 차량을 부수고 공화당사 유리창을 박살냈다. 어둠 속에 경찰은 피신했다. 청년들은 양덕파출소에 들어가 대통령 사진 액자를 박살내고 집기를 부쉈다. "박정희 죽여라"라는 구호도 나왔다. 부유층 소유의 상점들도 공격받았다. 경찰 저지선을 버스를 몰고 돌진해 돌파한 시위대는 여러 파출소와 소방서, MBC를 공격했다. 대통령 경호실장을 지냈던 경남대 교주 박종규의 집도 돌팔매질을 당했다. 밤 11시 45분 조금 지나 마산시청을 공격하고, "부가가치세를 철폐하라"고 외치면서 마산세무소에도 돌멩이를 던졌다. 마산경찰서는 여러 차례 공격했지만 진입에 실패했다. 시위는 다음 날 1시경까지 계속됐다. 법적 근거도 없이 창원에 있던 군대 1개 대대가 투입되어 밤 11시경 주요 공공건물 경비에 들어갔다. 19일 새벽, 군인과 경찰은 골목골목에서 청년들을 무조건 연행했다.

10월 19일 장갑차와 탱크가 시내를 누볐다. 법적 절차를 밟지 않고 박정희 지시로 오후 5시경에는 공수여단 대대 병력이 들어왔다. 4·19의거탑 주변에도 대형 군용버스 등으로 철옹성처럼 에워쌌다. 그렇지만 날이 어두어지자 다시 시위가 시작되었고, 상가, 유흥업소는 셔터를 내렸다. 밤 8시경 시위대의 규모가 커지면서 분수 로터리 주변 건물 유리창이 파손됐고, 헤드라이트를 끄지 않은 관용차 자가용이 몽둥이와 돌멩이에 부서졌다. 돌진하는 시위대에 경찰이 밀리기도 했고, 장갑차가 돌에 맞았다. MBC는 또다시 공격을 받았다. 시위대는 통금시간이 지난 밤 11시 55분경까지 경찰과 투석전을 벌이며 대치하다가 경찰과 군인이 합동으로 총공세를 펴자 흩어지기 시작했다. 20일 새벽까지 시내 곳곳에서 산발적인 시위가 벌어졌다. 이날 시위에는 대학생이 거의 참여하지 않았고, 스무 살 전후의 실업자 노동자와 고교생들이 많았다. 군인들은 골목을 뒤져 청년들을 잡아들이고 두들겨 팼다. 19일 시위로 학생 22명, 시민 165명이 연행되었다. 마산에서 연행된 505명과 구속된 60명은 상당수가 혹독한 고문을 받았다.

마산에서 시위가 끝난 20일 정오를 기해 위수령이 발동되었다. 마산에 18, 19일에 군대가 들어온 것은 위법적 불법적 행위였다. 위수령이 발동된 것은 이러한 위법을 '해결'하기 위한 조치일 수 있다. 그러나 마산에서 위수령이 발동된 자체가 위법이었다. 위수령은 도지사나 광역시장의 요청이 있어야 하는데, 김성주 경남 도지사는 위수령을 요청한 바가 없었다. 위수령은 헌법과 법률 근거가 없다는 논란이 끊임없이 있었는데, 2018년 9월에 와서야 국무회의 결의로 폐지되었다.

"유신철폐", "독재타도", "언론 자유" 등을 외치며 궐기한 부마항쟁은 왜 일어났고, 왜 10대 후반, 20대 젊은층들이 대거 참여했을까. 10월 15일 뿌린 부산대의 민주투쟁선언문이나 그 다음 날의 선언문에는 YH 사건이 직접적인 영향을 미쳤음을 알 수 있다. 또 부산과 마산이 김영삼의 정치적 기반이었다는 점에서 구호는 적게 나왔더라도 김영삼 제명이 직접적 요인이 되었을 수 있다. 그런데 YH 사건은 유신경제의 문제점을, 김영삼 제명은 유신권력의 폭력성을 상징한다고 볼 때, 또 시위대가 외친 구호를 볼 때, 부마항쟁은 반유신운동의 절정이자 유신체제에 대한 결정타였다. 특히 부산과 마산 모두 일반 시민들이 대거 참여해 시위를 주도한 것은 경제불황과 부가가치세 시행, 소수자 위주의 경제정책에 기인한다고 볼 수 있다.

1978년 12·12 선거처럼, 물가, 부가가치세 문제가 우선 직접적인 영향을 미쳤다는 것은 구호에서도 나타난다. 원래 서민들은 유신경제가 몰고온 만성적인 인플레에 시달렸지만, 물가는 특히 1979년 하반기에 들어오면서 제2차 석유파동이 큰 영향을 주었다. 1978년부터 중화학공업의 중복 과다 투자가 심각한 문제로 등장했는데, 가동률 저하는 당장에 노동자들에게 영향을 주었다. 창원기계공단의 경우 평균 가동률이 1979년 12월에 50% 미만이었다. 세계 최대의 창고가 돼버렸다는 창원공단의 현대양행 공장에서 잔업을 마친 노동자들이 퇴근하다가 마산 시위에 가담한 것도 임금체불이 오랫동안 지속되었기 때문이었다.

1979년에 들어가면 전반적으로 불황이 심했지만, 부산·마산 지역은 다른 지역보다도 더 나빴다. 1979년에 부도율이 부산은 전국의 2.4배였고, 수출 증가율도 전국의 18.4%보다 낮아 10.2%였다. 수출공업단지가 있는 마산에서는 24개 업체가 휴·폐업에 들어가 6,000여 명이 일자리를 잃었다.

부마항쟁에는 다른 민주화운동과 다르게 계급 갈등적인 성격이 있었는데,[46] 시위 참여층을 보면 대체로 영세 상인, 영세 기업 노동자들과 반실업 상태의 자유노동자, 구두닦이, 식당 등 접객업체 종사자, 자영업자, 룸펜 부랑아, 무직자가 많았다. 이들은 엄청난 특혜로 거대 기업을 거느린 재벌, 기업주의 비윤리적 행태, 돈과 권력 있는 자의 부동산 투기, 특권층의 스캔들에 대해 불만이 클 수밖에 없었다.[47]

부마항쟁은 YH 노동자 농성 사건보다 전반적이고 직접적으로 박정희 유신체제를 부정한 민중항쟁이었다. 부마항쟁은 4월혁명과는 다른 방식으로 일인 독재권력을 무너뜨리는 데 결정적 역할을 했다. 부마항쟁은 광주항쟁과 여러 면에서 비교될 수 있다. 전자는 유신체제를, 후자는 유신 잔당의 권력 찬탈을 정면으로 반대했다. 두 항쟁은 현대사에서 민중 중심의 항쟁이라는 점에서 4월혁명이나 6월항쟁과도 차이가 난다. 부마항쟁 없는 광주항쟁도 생각하기 어렵다. 부마항쟁이 직접적인 계기가 되어 10·26이 일어났는데, 10·26으로 열린 '서울의 봄'을 유신 잔당인 전두환·신군부가 전복시키려는 데 항거해 일어난 것이 광주항쟁이기 때문이다. 하나의 조(세트)처럼 이어지는 부마항쟁-10·26-'서울의 봄'-12·12, 5·17 쿠데타-광주항쟁은 현대사의 큰 분수령이었다.

---

46 미 CIA 문서에는, 한 소식통에 따르면 "(부마) 사태에는 계급전쟁(class warfare)의 요소가 있다"고 지적한 것이 실려 있다. 지주형, 「미국 정부 기밀문서를 통해 본 부마항쟁—부마항쟁의 정치·사회적 충격」, 『부마항쟁의 진실을 찾아서』, 선인, 2016, 312쪽.

47 부마민주항쟁기념사업회 편, 『부마민주항쟁 10주년 기념 자료집』, 1989; 조갑제, 앞의 책 1·2; 서중석, 「부마항쟁과 박정희 유신국가의 말로」, 『지배자의 국가 민중의 나라』, 돌베개, 2010; 부산민주항쟁기념사업회·부마민주항쟁기념사업회 편, 『부마에서 촛불로』, 2017; 부마민주항쟁 진상규명 및 관련자 명예회복 심의위원회 편, 『부마민주항쟁진상조사보고서(안)』, 2018 참조.

7) 10·26 '대행사'에서의 박정희 김재규 발언

10월 26일 궁정동 대행사[48] 장에서 박정희·차지철과 김재규가 나눈 대화는 1979년에 양자가 보여준 시국관을 엿보게 한다. 이 대화에는 또 불과 8일 전인 10월 18일에, 그때도 김재규가 박정희·김계원·차지철을 만나 저녁식사를 한 후 보고한 뒤 가졌던 발언과 비슷한 내용이 들어 있다. 그것은 파국적인 위기 상황에 처했을 때 어떠한 방식으로 대처할 것인가를 예고하는 발언인 동시에 대단히 참혹한 유혈사태가 일어날 수 있다는 예감을 갖게 하는 발언이기도 하다. 김재규의 법정 진술에 따라 표현에서 차이가 있을 수 있고 필자에 따라 독자 편의를 위해 한두 마디 가감한 것이 있어 자료마다 표현에서 차이가 조금은 있다.[49]

박정희가 김재규에게 "신민당 공작은 어떻소" 하고 물었다. 김재규가 답변했다. "공화당의 (선별 수리) 발표 때문에 다 틀렸습니다. 사표를 내겠다고 한 친구들도 다 강경으로 돌아섰습니다. 암만해도 당분간 정(정운갑) 대행 체제 출범이 어렵겠습니다. 주류들이 강경해져서 다소 시끄럽겠습니다." 박정희가 공화당 간부들이 약간 못마땅하다는 말을 하자 옆에 있던 차지철이 "새끼들, 까불면 신민

---

[48] 박정희의 여자 관계는 몹시 문란했고, 육영수가 죽은 이후 더 심해졌다. 1970년대 중반부터 박정희가 여자와 단 둘이 관계를 갖는 '소행사', 중앙정보부장, 청와대 비서실장과 경호실장 등 유신권력 핵심과 두 여자와 함께 주흥을 즐긴 뒤 박정희가 남은 한 여자와 관계를 갖는 '대행사'로 정착된 것 같다. 대행사는 한 달에 2~3회, 소행사는 한 달에 7~8회 있었다고 한다. 궁정동 안가를 다녀간 연예인은 100명 정도였다. 김재규는 정보부 의전과장으로 채홍사 역할을 한 박선호가 박정희의 여자 관계에 대해 말을 꺼내면 제지하기도 했다. 합동수사본부의 한 관계자는 "김재규는 박 대통령의 여자 관계가 지나칠 정도로 난잡하다고 여러 차례 불평했다"고 말했다.

[49] 저녁 6시 50분쯤 심수봉과 신재순이 들어왔다. 잠깐 뉴스를 본 뒤 심수봉이 〈그때 그 사람〉과 〈눈물 젖은 두만강〉을 부른 뒤 차지철을 지명했다. 차지철이 〈도라지〉와 〈나그네 설움〉을 불렀다. 조갑제, 앞의 책 2, 138쪽.

현장에서 사건을 재연하는 김재규 왼쪽에 앉아 있던 차지철에게 권총 1방을 쏜 후 그의 맞은편에 앉은 박정희 대통령을 겨냥, 권총을 쏘는 장면을 담담한 표정으로 재연하고 있다. 김재규 왼쪽은 김계원 비서실장이다. 경향신문사 소장.

당이고 학생이고 간에 전차로 싹 깔아뭉기겠습니다"라고 하므로 김재규는 마음 속으로 '자식, 여전히 지랄이구나'라고 생각하고 마음이 언짢았다.

이어서 박정희가 "오늘 가보니 삽교천 공기도 좋고 공해도 없는데 신민당은 왜 그 모양이오"라고 하기에 김재규는 "(다수 의원이) 주류가 되어서 신민당이 초 강경으로 돌아섰습니다. 국민들은 비주류를 사쿠라시하고 정운갑이는 친비주 류이기 때문에 주류의 협조 없는 사태 수습이 불가능할 것입니다. 우리가 공 작하던 당직자 백지화는 수포로 돌아갔습니다"라고 말했다. 이때 또 옆에서 차 지철이 나섰다. "그까짓 자식들 국회의원 그만둘 놈 하나도 없습니다. 언론을 타

대통령 서거를 알리는 신문기사
「박정희 대통령 서거」, 『동아일보』 1979. 10. 27. 제주도를 제외한 전국에 비상계엄이 선포되었다.

고 반체제 인사들을 의식해서 그럽니다. 까불면 싹 쓸어버리겠습니다."

김재규는 잠깐 나가 박선호로부터 '사격 준비' 보고를 받은 뒤 돌아왔다. 박정희가 다시 김재규에게 말했다. "미국의 브라운 (국방부)장관이 오기 전에 (김영삼을) 구속 기소하라고 했는데, (정무수석) 유혁인이가 말려서 취소했더니 역시 좋지 않아. 국방장관 회의고 뭐고 볼 것 없이 법대로 하는데 뭐가 잘못이란 말이야. 미국놈은 범법해도 처벌 안 하나." 브라운은 7일 전인 10월 19일 박정희에게 보내는 카터 대통령의 친서를 전달했다고 발표했다. 김재규도 김영삼 구속 기소를 반대했다. "김영삼은 사법조치는 아니지만 이미 국회에서 제명이 된 걸로 국민들이 처벌했다고 봅니다. 같은 건으로 두 번 처벌하는 인상을 줍니다" 그러자 박정희는 언짢은 표정을 지으며 김재규를 힐난했다. "부산 데모만 해도 그렇지. 선량한 시민보다도 식당 보이나 똘마니가 많지 않아. 그놈들이 어떻게 선별 수리인지 뭔지 알기나 하겠어. 신민당이 계획해서 뒤에서 하는 짓인데… 중정은 더 정확한 정보를 수집해야겠어. 또 정보부가 좀 무서워야지. 당신네는 (야당의) 비행

조사서를 움켜쥐고만 있으면 무엇 하나. 딱딱 입건해야지." 김재규는 앞에서와 비슷한 답변을 했다. "알겠습니다. 정치는 대국적으로 상대방에게도 구실을 주고 국회에 나오라고 해야지 그렇지 않고서는 나오지 않을 것입니다." 그러자 차지철이 또 끼어들었다. "신민당 놈들 그만두고 싶은 놈은 한 놈도 없습니다. 언론을 타고 반정부적인 놈들의 선동에서 그러는 거지. 문제가 없다고 봅니다. 그 자식들 신민당이고 뭐고 나오면 전차로 싹 깔아뭉기겠어요."

그때 김재규는 옆에 앉아 있는 김계원의 팔을 툭 치면서 "각하 좀 똑똑히 모시시오." 그러고는 총을 뽑아 "이 버러지 같은 놈" 하고 차지철을 향해 쐈다. 그리고 박정희에게 총을 쐈다. 그러나 차지철에게 쏜 총알이 명중하지 않아 바깥으로 나가 박선호 총을 뺏어 문갑 뒤로 숨었다가 나온 차지철에게 총을 쐈고, 이어서 박정희를 확인 사살했다.[50]

5. 김재규 거사의 간접적 계기

1) 대미 관계

김재규는 항소이유보충서에서 10·26 거사의 주요 이유로 자유민주주의의 회복을 제시하면서, 국가안보도 이와 밀접한 관계가 있다고 강조했다. 그는 독재체제로 북을 닮아서는 적을 이길 수 없고, 자유민주주의를 지키는 길만이 적을 이길 수 있는 강력한 무기라고 주장했다. 그러면서 대미 관계가 국가안보에서 대단히 중요하다는 점을 강조해 그의 거사 이유의 하나가 박정

---

50   김대곤, 앞의 책, 218~219쪽; 김재홍, 앞의 책 상, 71~73, 80~84쪽; 김충식, 앞의 책 2, 323~325쪽.

희 일인 독재체제로 인한 대미 관계 악화에 있음을 시사했다. 그는 항소이유 보충서에 "10월유신으로 독재정치가 계속되면서 외교 관계, 특히 미국과의 관계는 건국 후 최악의 상태에 놓이게 되었습니다. 미국과의 관계가 이처럼 악화되어선 우리의 안보도 끝장인 것입니다"라고 썼다.

정보부는 미 정보기관과 긴밀한 관계에 있기 때문에 한미 관계에 대해서 예민할 수밖에 없다. 더욱이 김재규가 부장이 되었을 때에는 박동선 로비사건, 김한조 사건 등의 코리아게이트가 미국 조야에서 아주 심각한 문제가 되어 있었는데, 그 뒤치다꺼리를 맡아야 했다. 외교관으로 위장한 정보부 요원과 외교관들이 망명한 것도 전대미문의 사건이었다. 거기에 카터가 대통령이 되면서 미군 철수 문제가 대두했는데, 박정희는 미군 철수보다 자신의 권력 유지를 더 중시하고 있었다. 김재규는 법정 진술에서 한국이 처한 형편을 묻는 변호인 질문에 한미 관계 문제를 비중 있게 거론했다. 김재규는 "전 국토를 병영화해서 위에서 명령하면 명령대로 움직이는 식의 능률화는 능률화가 아니"라고 역설하고, "(미국이) 유신체제가 없어질 때까지 한시적으로 정책적으로 한국을 버릴 가능성은 다분히 있습니다. 미국의 정책이 바뀐다면 또다시 6·25가 오지 말라는 법이 없습니다"라고 피력했다.[51]

2) 박근혜 등 박정희 자녀 문제

김재규는 항소이유보충서에서 10·26 거사의 간접적인 동기는 박정희 가족에 관한 것이라고 밝혔다. 그러고는 첫째로 '구국여성봉사단과 관련된 큰 영애의 문제', 두 번째로 '지만 군의 문제'를 들었다. 김재규가 쓴 '옥중 수양록'에는 이러한 구절이 있다. "구국여성봉사단과 큰 영애, 육사의 명예제도와

---

51   김재홍, 앞의 책 상, 130~133쪽.

지만 생도 등에 대해 여러 차례 건의했으나 관여치 말라는 노여움만 삼. 혁명과 직간접적으로 관계 있으나 (법정에서) 일절 언급하지 않았다. 그 이유는 아이들의 일이라서."

당시 정보부 국장들은 '로열 패밀리' 때문에 생긴 스트레스가 10·26의 한 원인이었다고 중언했다. 김진 기자는 유신 말기에 접어들면서 박정희의 분별력이 차츰 빛을 잃어갔던 것 같다고 하면서, 가장 큰 것은 차지철 문제였지만, 근혜와 그 옆에 붙어다니던 최태민의 존재, 이것도 말이 많았다고 지적했다.

박근혜·최태민 문제로 김정렴, 김계원 두 비서실장도 골머리를 앓았다. 박정희 특별보좌관 사이에서도 얘기가 있었다. 비서관 회의 테이블에도 올라왔다. 박근혜에게 최태민과의 관계를 끊으라고 건의한 비서 3명은 그만둘 수밖에 없었다. 박근혜가 최태민을, 그것도 밤에 불러들여 만나는 일이 잦았다는 것이다. 새로 들어온 박근혜 비서는 최태민이 추천한 사람이었다.

박정희 측근 참모로 6년간 민정수석을 지낸 박승규는 친인척 관리도 그의 몫이어서 특히 고민이 많았다. 최태민이 돌아다니며 기부금을 걷거나 이권 관계에 개입한다는 등 진정서가 민정비서실로 왔다. 박승규의 최태민 관련 보고서를 받아쥔 박정희는 얼굴이 벌겋게 상기됐다. 다 읽은 박정희는 슬그머니 그 보고서를 주면서 "자네가 직접 근혜한테 이야기 좀 해봐. 나한테 보고 안 한 걸로 하고" 이렇게 말하는 것이었다. 그 보고서를 읽은 박근혜는 박승규에게 서먹서먹하게 대했다. 박정희는 박승규에게 더 이상 근혜에게 이야기하지 말라고 당부했다.

박근혜는 일찍이 1975년 2월에 치안본부 고위간부에게 최태민에 대해 알아봐달라고 했다. 조사 결과 목사 정규 과정을 밟지 않았다는 등 불미스러운 일들이 드러나 직접 박정희에게 보고했다. 그 뒤로 그는 대통령과 박근혜를 만날 수 없었다.

육영수 사후 퍼스트레이디 역할을 한 박근혜와 최태민의 관계에 대해 최태민이 박근혜의 심신을 지배했다는 말이 사용되기도 한다. 비슷한 말이지만 영육을 지배했다고도 한다. 또 최태민을 러시아 제정 말기에 활약한 괴승 라스푸틴에 비유하기도 한다.

최태민(1912~1994)은 이상하고 복잡한 과거를 가진 사람이었다. 최순실의 어머니는 다섯 번째 부인으로 되어 있다. 이름도 7개나 된다. 일제 때는 친일 경찰이었고, 해방 후에는 경찰 등 여러 직업을 가졌다. 1954년에 6번째 부인과 결혼했는데, 이때 부인으로부터 고소당해 절에 들어갔다. 1969년에는 천주교 성당에서 영세를 받았다. 1971년에는 영등포 호국사에서 불교·천주교·개신교가 혼합된 영혼합일법을 주장했다. 1973년 신흥종교문제연구소장인 탁명환은 불교·기독교·천도교를 합한 신흥종교를 칙사님이 열었다는 『대전일보』 광고를 보고 현장에 가봤다. 그 칙사님이 다름아닌 최태민이었는데, 그때 최태민은 원자경이라는 가명으로 교주 행세를 하고 있었다.

최태민은 육영수가 피격당한 다음 해인 1975년 박근혜에게 육영수가 꿈에 나타나 계시를 했다면서 세 번에 걸쳐 편지를 보냈다. 대단한 배팅을 한 것이다. 그해 3월 6일 박근혜는 목사 안수를 받았다는 최태민을 청와대에서 만났다. 그는 신학 교육을 받은 적이 없었다. 이 무렵부터 '태민'이라는 이름이 고정되었다. 최태민은 박정희가 총력안보 기치를 내건 특별담화가 나온 바로 그날, 그러니까 결코 우연한 일이 아닌데, 4월 29일에 대한구국선교단을 창설해 총재가 되었다. 굉장히 기민하게 움직인 것이다. 단장은 개신교 원로 강신명 목사였다. 최태민은 박정희의 유신체제 수호를 위한 총력안보운동에 협력하는 활동을 적극 펼쳤다. 구국선교단의 구국기도회에는 퍼스트레이디 역할을 하는 박근혜가 최태민과 나란히 모습을 드러냈다. 1976년 역시 4월 29

새마음 발대식에 참석하여 충효사상에 대해 연설하는 박근혜   1978년 10월 23일, 구국여
성봉사단 박근혜 총재가 충북 청주시 충북실내체육관에서 열린 충북 새마음 중고등학
생연합회 발대식에 참석, 새마음갖기운동에 앞장설 것을 결의한 학생들을 격려했다.
박 총재는 격려사를 통해 '충·효·예의 정신을 성실하게 실천해 나갈 것'을 강조했다.
경향신문사 소장.

일인데, 박근혜는 이날 대한구국여성봉사단 발단대회에서 연설을 했다. 대한
구국선교단은 김재규가 정보부장이 되는 1976년 12월에 대한구국봉사단이
되었다. 이 단체는 1978년에는 새마음봉사단으로 이름을 바꿨다(총재 박근혜, 명
예총재 최태민). 대한구국봉사단이건 새마음봉사단이건 행정부 지원으로 전국
조직을 확대해 300만 회원을 자랑했다. 이들 봉사단에서 한 박근혜의 주된 활
동은 충효사상 보급이었다. 결혼도 안 하고 아이도 없는 20대의 박근혜가 전
국 각지에서 노인들을 모아놓고 충효사상을 '고취'한 것이다. 최태민은 행정
부, 정계, 경제계, 언론계 등에 영향력을 행사했다.

　박승규 민정수석과 뜻을 같이하면서 박근혜·최태민 문제로 고민하던 김
재규는 백광현 국장에게 조사를 하게 했다. 최태민이 기업가들이 구국봉사
단에 기탁한 큰돈을 횡령하고, 여기저기 이권 개입을 했으며 여비서들과의
불륜 등 여성 관계도 구체적으로 드러났다. 김재규는 박정희에게 보고서를

올렸는데, 박정희는 박승규의 경우처럼 그것을 박근혜에게 보냈다고 한다. 그런데 더 놀라운 일은 그 다음에 일어났다. 박정희가 직접 친국을 하겠다고 나선 것이다. 자신의 오른팔인 정보부장이 올린 보고서를 믿을 수 없다는 간접적인 '시위'였다. 그래서 한쪽에는 김재규와 백 국장이, 다른 한쪽에는 박근혜와 최태민이 앉았다. 막강한 권부의 수장이 자신이 조사한 파렴치범과 대질심문을 받는 수모를 당한 것이다. 박정희가 딸과 최태민에게 "이게 맞느냐"고 물으면 최태민은 고문으로 그렇게 진술했다고 대답하고 박근혜는 울면서 "그런 일이 없다"고 말했다. 김재규로서는 난처하기 그지없는 상황이었다.

김재규는 박정희에게 이런 말을 했다고 한다. "각하, 일본도 보십시오. 큰 영애는 적십자사 같은 데나 관여하게 해야지 이런 (구국봉사단 같은) 데서는 손을 떼게 해야 합니다." 그리고 울면서 항의하는 박근혜에게 박근혜의 수첩까지 다 공정하게 조사했다면서, "돈이 필요하면 내가 주겠다"고 말하고 손을 떼도록 당부했다고 한다. 박정희가 '친국'이라는 상식적으로 생각할 수 없는 기이한 자리를 만듦으로써 오히려 공개적으로 딸과 최태민의 관계를 인정한 셈이 되었고, 최태민의 파렴치한 행각마저 덮어준 효과가 있었다. 무엇보다 김재규에게는 더 이상 문제삼지 말라는 통고 비슷한 압력이었다. 박정희도 찜찜했던지 검찰에 조사를 지시하긴 했으나, 결과는 비슷하였다. 김재규의 항소이유보충서에는 이런 말이 있다. "(보고서를 본) 결과 최태민의 부정행위를 정확하게 파악하였으면서도 근혜 양을 그 단체(구국봉사단)에서 손떼게 하기는커녕 오히려 근혜 양을 총재로 하고 최태민을 명예총재로 올려놓아 (…)."

김재규는 그 뒤에도 박근혜·최태민에게 눈을 떼지 않았다. 최태민에 대한 추문이 계속 나오자 동향을 감시하라고 지시했다. 1979년 5월에도 국장에게 내사를 시킨 결과 최태민의 이권 개입, 여자 봉사단원들과의 추문 등 비위사실이 탐지되었다. 그 보고서를 보고 김재규는 "최 같은 자들은 백해무익하므로 교통사고라도 나서 죽어 없어져야 한다"고 역정을 냈다.

박근혜와 최태민은 박정희에게 김재규에 대해 나쁜 이야기를 많이 했다. 김계원은 이런 증언을 했다. "약삭빠른 차지철은 근혜 양 눈치를 보느라 최씨 문제를 못 본 척, 못 들은 척했지만, 다소 우직한 김재규 부장은 곧이곧대로 문제삼았다가 박 대통령한테 눈총받고 근혜 양한테 미움을 샀다."[52]

대통령 주변이 맑아야 나라가 제대로 된다고 생각한 김재규는 박지만 문제에 대해서도 골머리를 앓았다. 그는 항소이유보충서에서 "지만 군은 (육사) 2학년 때부터 서울 시내에 외출하여 여의도 반도호텔 등지에서 육사생도로서는 도저히 용납될 수 없는 ○○을 하고 다녔습니다. 그래서 본인이 박 대통령에게 육사의 명예나 본인의 장래를 위하여 다른 학교에 전학시키거나 외국 유학을 보내는 것이 좋겠다고 간곡하게 건의한 일이 있었습니다. 그러나 그러한 건의는 전혀 받아들여지지 아니하였습니다"라고 썼다. 김재규는 박정희의 이러한 태도는 국민을 우매하게 보기 때문이라고 단정했다.

정보부의 어느 국장은 1979년 여름께 김재규가 화가 난 표정으로 씩씩거리며 수표 두 장의 입금인을 추적해보라고 지시했다고 증언했다. 박지만이 유흥장을 돌아다니며 쓴 수표라는 것이었다. 그래서 엉겁결에 "어디서 나온 수표입니까?"라고 물었다. 김재규는 퉁명스럽게 대답했다. "경호실이지 누구야. 차 실장한테 물어봐."[53]

3) 경제

1978년 12·12 선거에서 공화당이 신민당에 패배했을 때 김재규는 경제정

---

52 김진, 앞의 책, 441~453쪽; 조갑제, 앞의 책 1, 24~27쪽; 김충식, 앞의 책 2, 320~321쪽; 서중석 등, 앞의 책 15, 1968, 121~162쪽 등 참조.
53 김충식, 앞의 책 2, 320~321쪽.

책 잘못으로 그렇게 되었다면서 김정렴 비서실장과 남덕우 경제팀을 갈아치워야 한다고 강력히 요구해 관철시킨 바 있었다. 이때 김재규가 부가가치세나 노풍 피해 등의 가장 큰 책임은 박정희에게 있다는 것을 몰랐을 리 없다.

김재규는 정보부장으로 있으면서 경제 문제에 관심이 컸다. 경제나 기업인에 대한 동향 조사가 정보부의 주요 임무 중 하나이기 때문이기도 했지만 '중동건설 특수 붐'을 일으키는 데 자부심이 있었기 때문일 것이다. 오일쇼크로 심각한 타격을 받았던 시기인 1974년 9월에 뜻밖에도 중앙정보부 차장에서 건설부장관에 임명되었다. 김재규는 취임 직후에 자신은 총 만지는 것밖에 모른다고 하면서도 중요한 발언을 했다. "우리 경제가 앓고 있는 병의 진원지는 중동이다. 처방도 중동에서 찾아야 한다."[54] 당시 정무장관이던 신형식은 "김재규가 경제장관 회의에서 다른 장관들의 반대론을 몇 시간이나 맞받으면서 해외건설업체에 대한 국내 은행의 지불보증 제도를 결연하게 밀고 나가는 것을 본 적이 있다. 결국 대통령이 김재규의 안을 지지했고, 이것이 중동건설 붐의 촉진제가 되었다"[55]라고 회고했다. 이 점에 대해 당시 김재규를 지원했던 김정렴도 높이 평가했다. "2년 3개월 건설부장관 재임 중 중동건설 진출에 큰 업적을 남겼다."[56] 중동건설 수주액이 1974년에 8,900만 달러이던 것이 1975년에 7억 5천 1백만 달러가 되었고, 이해부터 연평균 56% 성장해 1980년에는 82억 달러가 되었다. 노동자 송금액도 1975년에 1억 5,800만 달러, 1976년에 3억 3백만 달러가 되는 등 무섭게 증가했다. 1970년대 후반부터 오랫동안 중동건설 특수 경기는 한국 경제의 버팀목이 되었고, 1976년부터 대기업들이 중화학공업에 투자할 수 있게 만든 동력이었다.

---

54 김대곤, 앞의 책, 128쪽.
55 조갑제, 앞의 책 1, 94쪽.
56 김정렴, 『아! 박정희』, 중앙M&B, 1997, 336쪽.

김재규가 글라이스틴 주한 미대사를 마지막으로 만난 것은 10·26 한 달 전이자 부마항쟁 시작 21일 전인 9월 26일이었다. 그 자리에는 브루스터 미 CIA 주한 지부장도 있었다. 현안 얘기가 끝날 무렵 김재규가 한국 경제와 국내 정치의 진행 방향에 대한 대사의 분석을 듣고 싶다고 말했다. 국내 정치보다 한국 경제를 먼저 물은 것이 주목된다. 글라이스틴도 경제를 먼저 얘기했고, 이어서 국내 정치를 얘기하고, 그리고 이란 사태와 한국은 처해 있는 여건이 다르다고 얘기했다.[57] 왜 경제를 잘 알지도 못하는 글라이스틴에게 경제 얘기를, 그것도 정치보다 먼저 물었을까. 1978년부터 나빠지기 시작한 경제는 1979년에 더 악화되었고, 그해 하반기에 들어오면서 석윳값 급등까지 겹쳐 눈에 띄게 나빴다. 김재규로서는 이 경제가 어디로 가느냐가 아주 중요하다고 생각했다. 계엄이 발동되자 10월 18일 미명에 부산에 도착해 관계자들로부터 시위 상황과 요인에 관해 들었을 때 김재규는 자신이 예감한 것들 때문에 '민란'이 터졌다는 점을 확인했다. 그 부분은 항소이유보충서에 잘 정리되어 있다. 그는 박정희에게 그대로 보고했다. 그것에 대한 박정희와 차지철의 반응은 엄청난 유혈사태를 예상케 했다. 그는 부산의 민란이 5대 도시로 확산될 것이라고 박정희에게 보고했는데, 그 주된 원인은 역시 체제 문제와 경제 불안이었다. 뒤에서 살펴보겠지만, 김재규는 박정희와 신현확 경제팀이 박정희식 성장제일주의를 계속 밀어붙이느냐, 그것을 대대적으로 수술한 '안정화 정책'으로 우리 경제를 살려내느냐의 절박한 갈등이 벌어지고 있는 상황에도 관심을 기울였을 것이다. 그는 신현확 팀의 안정화 정책을 지지했다.

---

57 조갑제, 『박정희의 마지막 하루』, 월간조선사, 2005, 131쪽; 글라이스틴 저, 황정일 역, 『알려지지 않은 역사』, 중앙M&B, 1999, 97~98쪽.

6. 박정희에 대해 더 검토할 것들

1) 대한민국 안의 차지철 소왕국

1979년 1월 정무수석 제2비서관으로 청와대에 들어간 고건은 '황당한 상황에 맞닥뜨렸다'(원문 그대로). 수석비서관 회의가 끝나고 김계원이 보충 설명을 하기 위해 따라온 고건과 함께 대통령 집무실 대기실에 갔더니 차지철이 먼저 와 보고하겠다고 서 있었다. 중요 사항이 아니었는데도 그는 절차를 무시했다. 무임소장관 김용태는 유신 7주년 기념식에서 박정희로부터 왜 얼굴을 볼 수 없느냐는 말을 들었다. 그는 6개월 가량 박정희를 만날 수 없었다. 아무리 의전비서실에 면회 요청을 해도 연락이 오지 않았다. 차지철한테 밉보여서였다. 차지철은 장관들에게 대통령 결재를 받을 문서는 꼭 하루 전에 자기 방에 갖다놓도록 요구했다는 증언도 있다. 각종 기밀과 중요 문건을 미리 파악해 정보를 독점하기 위해서였다.

차지철은 청와대 보고 체계, 청와대 시스템만 무너뜨린 것이 아니었다. 군 위계질서나 체계도 흔들었다. 그는 경호실 위상을 높이기 위해 차장에 처음에는 현역 소장을, 나중에는 군단장급인 중장을 임명했고, 차장 밑에 행정차장보, 작전차장보를 두어 현역 준장을 임명했다. 청와대 안과 밖을 경비하는 수경사 30·33대대를 대대급에서 여단급으로 올렸고, 헌병으로 새팀을 만들어 사복 외곽 경호를 맡게 했다. 뿐만 아니라 유사시 수경사령관의 작전지휘권을 민간인인 경호실장이 갖도록 법을 고쳐버렸다. 국군조직법에 위배된다고 박정희에게 말한 장군은 보직에서 밀려났다. 경호실 차장으로는 정병주·문홍구·이재전 등을, 작전차장보에는 이광로·전두환·노태우·김복동 등을 기용했다. 대한민국 안에 위세등등한 실세 군 조직이었다. 경호실 차장이나 차장보는 그 자리를 그만두면 중장 소장으로 한 계급 진급시켜 군에서 선망하

무소불위의 경호실장 차지철 대통령 경호실장 차지철은 안하무인 무소불위의 국정농단으로 보고체계를 무너뜨리고 권력을 독점했다. 사진은 1977년 1월 17일 박정희 대통령 초도시찰을 위해 청와대 책상을 미리 점검하고 있는 차지철 실장. 국가기록원 소장.

는 보직을 주기도 했다.

　가장 꼴불견은 총화단결 궐기대회가 휩쓸던 1975년부터 시작된 매주 금요일 국기하강식에 열리는 사열식이었다. 경호실 요원, 청와대 경비를 맡은 30·33경비단, 공수단, 경찰부대가 참가했고, 그 자리에 거물급 관계 정계 인사, 군고위층, 언론계 등 각계 인사들이 임석한 가운데 경복궁 연병장에서 사열식을 가졌다. 제병 지휘관은 작전차장보였다. 전두환도 칼을 차고 선두에 서서 행진하면서, 사열대 앞에서 칼을 빼 높이 치켜들고 "우로 봐!" 하고 차지철 쪽을 향해 외쳤다. 유신체제 수호자들을 한자리에 모아놓았다고나 할까. 김용태가 차지철한테 밉보인 것도 이 사열식 때문이었다. 국무위원·국회 상임위원장·각 군 참모총장 등을 모아놓고 탱크도 왔다갔다 하고 사열식 하는 것이 못마땅해 경호실 관계관한테 한마디 한 것이다.

군 기강을 허무는 행위는 또 있었다. 차지철은 자신을 찾아오는 군인들에게 금일봉을 주었고, 장성들에게는 지휘봉을 '하사'했다. 예컨대 하나회장인 전두환은 자신이 키우고 싶은 후배 군인들을 차지철에게 데리고 가 인사시켰는데, 그럴 때 금일봉 등이 전달되었다. 차지철은 군 인사에도 관심을 가져주었고, 군 장성, 정보부 및 경찰 고위 인사 300여 명에게 박정희 하사금을 전달해 영향력을 키웠다.

박정희 집권기 경호실장은 할 일이 많았다. 그중 하나가 심기(心氣) 경호였다. 여자로 밤 시중을 들게 해 박정희의 심기를 편안하게 하는 일이었다. 전 경호실장 박종규나 차지철은 채홍사였다. 그래서 박종규는 육영수와 자주 마찰이 있었다. 또 보위(保衛) 경호라는 것이 있었다. 박정희의 신변만 지키는 것이 아니라 정치적 골칫거리를 해결하는 일이었다. 차지철은 "각하를 지키는 것이 국가를 지키는 것이다"를 써붙이고 경호실은 박정희 자리까지도 지켜야 한다고 역설했다. 이후락은 자신이 박정희교 신자라고 말했지만, 차지철은 박정희교를 만들고 있었다. 경호부대를 독일 나치의 SS(친위대)처럼 만들려고 했고, 복장까지 SS를 모방했다. 친위대 대장 히믈러는 히틀러 정권의 제2인자라는 말을 들었다는 것도 상기할 필요가 있다. 차지철이 부르게 한 경호원가 가사는 "이 나라 이 겨레 구원자 되신 님의 뜻을 받들고자 여기 모였네"라고 하여 박정희를 우상시하고 메시아처럼 찬양하는 것이 주내용이었다.[58]

차지철의 행태에 대해서는 차지철을 경호실장으로 추천했고, 비서실장으로 있을 때 사열식에 3, 4번이나 초청받았지만 거절한 김정렴의 글에 다음

---

58 김진, 앞의 책, 73~152쪽; 한용원, 앞의 책, 334~336쪽; 김충식, 앞의 책 2, 287~290쪽; 고건, 앞의 책, 257쪽; 서중석 등, 앞의 책 15, 86~92쪽.

과 같이 정리되어 있다. "내가 떠난 뒤 가장 많이 들려온 우려의 소리는 차지철 경호실장의 안하무인적 무소불위의 농단과 이에 따른 김재규 정보부장과의 마찰에 관련된 내용이 가장 많았다. (…) 내가 듣고 가장 우려한 것은 보좌 기능의 기초가 되는 보고 체계의 문란이었다. 즉 매일 아침 정례화된 비서실장의 종합보고에 앞서 경호실장이 먼저 보고하고 (…) 관계 기관에 '대통령의 뜻'을 지시하는 사례가 차츰 늘어갔으며 이에 따르는 국정 운영 체계의 문란, 책임 소재의 애매화 등의 폐단이 생겨났다. (…) 특히 당시 상황으로 중요했던 정치 분야, 또는 공안 분야에 있어 공작은 엉뚱한 데서 하고 책임은 다른 집행기관이 져야 하는 현상은 박 대통령 말기 국정 장악력 특히 정치 분야에서의 혼선과 무리수의 반복을 거듭하는 큰 원인이 된 것 같다. 이러한 혼란의 근본 원인은 차지철 경호실장의 월권과 이를 억제하는 조정 기능의 상실이 큰 문제였다고 보인다. (…) 우려했던 상황은 결국 10월 26일에 터지고 말았다."[59] 김정렴의 이 글에서 주목되는 한 가지는 비서실장으로 있으면서 2년간이나 정보부장 김재규를 지켜보았는데, 김재규의 문제점은 그다지 언급하고 있지 않다는 점이다.

김정렴은 차지철의 국정농단으로 우려했던 상황이 왔다고 진단했는데, 김재규가 박정희를 살해한 것이 밝혀지기 전까지는 권력의 핵심에서는 차지철이 저질렀다고 믿은 사람들이 적지 않았다. 고건은 이렇게 썼다. "10·26이 터졌을 때 청와대 보좌진이 사태 초반 '차지철이 사달을 냈다'고 집단 착각에 빠진 데는 다 이유가 있었다."[60] 10월 26일 밤 8시 30분경부터 육군본부 벙커에 있었던 국방부장관 노재현과 총소리를 궁정동 현장에서 들었고, 김재규와

59   김정렴, 『아, 박정희』, 337~339쪽.
60   고건, 앞의 책, 257쪽.

함께 육본에 온 육군참모총장 정승화는 박정희 살해범으로 차지철을 의심하고 있었다. 노재현은 "차지철의 평소 소행으로 보아 능히 그런 일을 저지를 사람이라고 생각했다"는 것이다.[61]

정말 10·26은 차지철 때문에 일어났을까. 재판 과정에서 법무사가 물은 방식도 흥미 있다. "애당초부터 차 실장을 살해하려고 했는지, 그렇지 않으면 대통령 각하도 살해하려고 했던 건지 말이죠." 그러자 김재규는 아주 명쾌하게 간략히 답변했다. "솔직히 말해서 차 실장은 덤으로 보낸 거지."[62] 경호실 작전차장보였고, 당시에는 보안사령관이었던 전두환은 "비서실 내부도 엉망이고 우군 싸움이 김일성이와의 싸움보다 더 심했어. 망하려니 그런가 봐. (…) 박 대통령이 돌아갔다는 것을 알게 된 순간 결국은 이렇게 오는구나 하고 생각했어"라고 말했다.[63] 비서실 내부를 엉망으로 만든 것은 누구인가. 박정희 아닌가. '이렇게 오는구나'라고 생각했다는데, 그렇게 만든 사람은 박정희일 수밖에 없다. 김정렴의 위의 글도 차분히 읽어보면 결국 박정희 때문에 사달이 났다고 판단하지 않을 수 없다. '박 대통령 말기 국정 장악력'에 큰 문제가 생긴 것을 지적하고, '특히 정치 분야에서의 혼선과 무리수의 반복' 현상을 강조했는데, 이러한 혼선과 무리수를 만든 것이 누구인가는 자명하다. 윗글에 이어 김정렴은 '근본 원인은' 차지철의 '월권과 이를 억제하는 조정 기능의 상실'이라고 한 것도 그렇다. 차지철의 월권을 억제하는 조정 기능이 상실된 것의 주어는 박정희이다. 당시 권력의 핵에 있던 자들은 주군을 비난하는 것은 불충이고, 보좌를 잘못해서 국정이 어긋났다는 일본 군국주의, 또는 동양식 사고 때문에 박정희를 지목하기는커녕 두둔했고, 그 대신에 차지철을

---

61 조갑제, 앞의 책 2, 178쪽.
62 김재홍, 앞의 책 상, 159쪽.
63 김성익, 『전두환 육성증언』, 조선일보사, 1992, 348쪽.

심하게 비난해야 했다.

장세동이 전두환 분신이었듯 차지철은 박정희, 특히 1979년에는 박정희의 분신이었다. 1979년 백두진 파동에서 김영삼 의원 제명에 이르기까지 공화당이나 유정회 등 여권 간부들은 '차지철이 대통령 지시라고 하는데, 진짜 그런지 모르겠다'고 증언들을 했다. 사소한 것은 차지철이 대통령 지시라고 하면서 챙겼겠지만, 1979년에 무리수를 계속 둔 것은 박정희였고, 차지철은 '비정치적'으로 거칠게 그것을 전달했을 뿐이었다. 분신은 몸통이 없어지면 무력해진다. 최순실이 국정농단을 한 것은 대통령이 박근혜였기 때문이다. 차지철은 유신의 심장이 아니라 '덤'이었고, 유신의 심장이 사라지면 한낱 무력한 '버러지'였다.

2) 박정희의 불안감과 정보 중독증

어떻게 해서 차지철은 무소불위의 국정농단을 할 수 있었을까. 박정희의 판단력이나 정신상태가 우려할 만했기 때문이다. 저널리스트 이상우는 1979년에 박정희는 냉철한 판단력을 잃고 있었고, 유신체제는 일종의 동맥경화 증상을 보였다고 평가했다.[64] 김종필은 박정희가 유신 말기엔 "자만과 독선에 빠지고 맹목적인 얼간이들에게 포위돼 무너져갔다"고 회상했다. 1978년 말경부터 박정희는 오전 11시가 되도록 장관들을 만나지 않고 차지철과만 집무실에 앉아 있는 경우가 잦았다고 한다. 김충식 기자는 신민당 김영삼 총재 직무정지 가처분 신청 소송이 발생했을 때부터 박정희의 정책 판단에는 광기마저 엿보였다고 썼다.[65] 김진 기자의 『청와대비서실』 마지막 장인 「절대권력

---

64 이상우, 『박정희 시대』 2, 중원문화사, 1985, 248쪽.
65 김충식, 앞의 책 2, 287, 319쪽.

자의 마지막 나날들」의 도입은 '술·여자·자식 문제―흔들리는 박 대통령'으로 되어 있다. 박정희가 유신체제 말기에만 술, 여자, 자식 문제에 빠졌던 것은 아니지만, 1979년의 박정희 일인체제의 특징을 떠올리게 하는 중요한 이미지임에는 틀림없다. 김계원에 따르면 박정희 말년 대행사에서 시바스 리갈 한 병 반을 그와 그 자신보다는 조금 약한 박정희 두 사람이 마셨다 한다. 차지철은 술을 입에 못 댔고, 김재규는 간경화증이 심해져 억지로 마시지도 못했다고 한다. 양주 한 병 반을 둘이 마셨다는 것은 결코 적은 양이 아니다. 김계원은 박정희가 정신을 잃을 정도로 대취한 적이 많지는 않지만 경호원이 업고 나간 경우도 간혹 있었다고 증언했다. 대통령인데 정신을 잃을 정도로 대취한 적이 '많지는 않았다'는 표현이 인상적이다. 김진은 유신 말기에 박정희의 분별력이 빛을 잃어갔다고 하면서 가장 큰 부분은 차지철 문제였지만, 또 하나 골칫거리가 최태민 문제였다고 썼다.[66]

분별력에 이상이 오고 차지철에게 과도하게 기댄 것은 유신 말기로 오면서 불안감이 계속 커졌기 때문이다. 육사 동기로 말년에 총무처장관이었고 가까운 사이였던 심흥선은 박정희가 "초조 불안하신 것 같다. 술을 잡수시면 누가 나를 노리고 있는 것 같다는 말씀을 하시고, 머리맡 요 밑에 권총을 숨겨두고 잠을 잔다는 얘기도 하시더라"라고 말했다고 한다. 대구사범 담임 선생이었던 일본인을 1977년에 만나서는 청와대를 무력으로 점령해 주인으로 살고 있는 것에 운명의 불가사의를 느낀다면서, 이런 얘기를 했다고 한다. "그런 저이기 때문에 언제 나 자신이 살해될지 모른다고 각오는 하고 있습니다."[67]

---

66 김진, 앞의 책, 439~442쪽.

67 조갑제, 앞의 책 1, 27쪽.

박정희가 경호실 차장에 현역 소장·중장을, 행정·작전차장보에 준장을 임명하고 30·33대대를 여단급으로 강화하고, 유사시에 수경사 병력을 경호 실장이 지휘하게 해 군 지휘 체계나 군 기강을 문란케 한 것도, 당시 비원에 서 광화문 일대가 철통같은 요새망(網)으로 되어 있다는 말도 돌았지만, 청와 대 주변, 나아가 서울 요소요소에 유사시에 대응해 방어·대비를 철저하게 갖 춘 것도, 골프장에 갈 때도 몇 미터 간격으로 경호원이 늘어선 것도,[68] 대통령 선출도 대통령 취임식도 장충체육관에서 한 이유와 똑같이 불안했기 때문이 었다. 그 불안감이 유신 말기에 가서 더 심해진 것이다.

유신 말기에 접어들면서 박정희는 정보 중독증 증세를 보였다. 불안할수 록, 정신적 핍박과 공황에 시달릴수록 정치에 대한 혐오증은 커졌고, 측근이 가져다주는 정보에 의존하려 했다. 박정희는 18년 동안 정보부가 중심이었 지만 보안사·경찰 등의 정보 기능도 확대해 통치해왔는데, 유신 말기에는 사 설 정보대에 적잖게 힘을 실어주었다. 경호실에는 정보처가 있는데, 차지철 은 박정희 뜻에 따른 것으로 보이지만 이규광을 장으로 하는 비공식 정보기 관을 운영했다. 사설 정보대가 언제 만들어졌는지는 1978년 12월, 1978년 말, 아예 날짜까지 찍어서 1978년 12월 21일 주장들이 있지만, 김정렴이 비서실장 으로 있을 때 박정희가 보고 나서 자신에게 주면서 읽어보라고 한 글에 따른 다면, 1978년 12월 이후 언젠가로 보인다. 어쩌면 12·12 선거 직후였을 수도 있 다. 박정희는 이 선거의 패배로 불안감이 커졌는데, 그때 이규광의 진언에 따 라 차지철이 권유했을 수 있다.[69]

사설 정보대라는 말도 이색적으로 들리지만 흑막 속의 이규광이란 인물

68   김충식, 앞의 책 2, 287쪽.
69   김정렴, 앞의 책, 334~335쪽.

때문에 더욱더 관심을 갖게 한다. '안개 속의 인물'로 얘기됐다는 이규광은 1982년 장영자 어음 사기 사건 때 장영자의 형부로, 그러니까 전두환의 처삼촌으로 구속되어 유명해졌지만, 이승만 정권에서 젊은 나이에 헌병감이 되면서 몇차례 '화제'에 올랐다. 이규광은 박정희와 특이한 인연이 있었다. 그는 1960년 4·19 발포 명령 시비에 휘말렸고, 5·16 쿠데타를 20여 일 앞두고는 하극상 혐의로 장도영 육군참모총장에 의해 군 영창에 갇혔는데, 5·16 후 박정희 덕에 풀려났다가 바로 그해 7월에 예편되었다.[70]

이규광이 세인의 주목을 받은 것은 '군 일부 쿠데타 음모 사건' 때문이었다. 민정 이양기인 1963년 박병권 국방부장관과 김재춘 중앙정보부장 등 온건파 군인들은 박정희가 혁명공약에서 공약한 대로 대통령 선거에 나와서는 안 되고 군에 복귀해야 한다고 주장했다. 이들에 밀려 박정희는 민정에 불참하겠다는 2·18 성명을 국민 앞에 발표했고, 정치 지도자와 군 수뇌부가 모인 자리에서 엄숙히 2·27 선서를 했다. 그렇지만 박정희는 권력에서 물러날 생각이 전혀 없었다. 곧 전체 판세를 뒤집어엎는 역전극이 시작되었다. 3월 11일 군 일부 쿠데타 음모 사건이 대대적으로 발표되었다. 다음 날 박병권은 이 사태에 책임을 지고 물러나겠다고 하지 않을 수 없었다. 그러면서 3월 15일에 모측에서 사주한 군인 데모 사건이 일어난 것을 기회로 복잡한 과정을 거쳐 박정희는 2·27 선서를 뒤집어엎고 대통령에 출마하게 된다. 군 일부 쿠데타 음모 사건은 김동하 전 최고회의 외무국방위원장, 박임항 건설부장관 등 함경도(당시 속칭 알래스카) 군맥을 대표하는 자들이자 최고회의 내 비주류를 대표하는 자들이 연루되어 있는데, 이들은 김종필의 공화당 사전 창당, 공화당의 이원 조직에 앞장서 비판을 해 박정희·김종필이 골머리를 앓았다. 그랬는데

---

70 김진, 앞의 책, 464쪽.

절묘한 시점에 이 사건이 발표되어 박정희가 대통령 후보에 나서는 길을 열어놓았다.

군 일부 쿠데타 음모 사건 재판 과정에서 이규광은 공소사실을 시인했으나, 전 혁명검찰부장 박창암 등은 조작되었다고 소리를 질렀다. 박임항은 김종필 제거인 줄 알고 이규광 제의를 받아들였다고 진술했다.[71] 이규광은 1심에서 사형선고까지 받았으나, 1965년 말 병보석으로 석방되었다. 낭인이 된 이규광은 이후락·김정렴 비서실장도 모를 정도로 은밀히 박정희를 만났다. 차지철과는 차지철이 국회 외무위원장일 때부터 교분이 있었고, 경호실장이 된 뒤부터는 한 달에 한두 번씩 '쥐도 새도 모르게' 경호실 차량을 타고 드나들었다고 한다.[72]

이규광은 청와대에서 가까운 효자동에 본부를 두고 당·정·군·관의 고위 인사들의 부정축재와 비리를 중점적으로 캤다. 김정렴이 비꼬듯이 말한 '소위 고급 정치 정보'를 수집하면 차지철이 대통령에게 그것을 보고했다.[73] 이 정보는 박정희가 고위 인사들에 대한 통제력을 강화하는 데 사용되었고, 차지철 또한 협박용으로 사용하였다.

이규광 정보를 읽어본 3인 중 한 사람인 김정렴은 박정희가 보여준 이규광 정보에 대해 "정치 정보가 주였으며 책임지고 조치할 입장이 아니어서인지 강경한 조치를 건의하는 내용도 간혹 포함돼 있었으므로 이런 정보를 경솔히 올려서는 곤란하다고 느꼈다"고 지적했다.[74] 그러나 박정희는 생각이 달랐다. 차지철은 이규광 정보, 자신이 국회에 심어놓은 '프락치'를 통해서 얻

71 최창규, 『해방 30년사 4. 제3공화국』, 성문각, 1976, 143~161, 174~175쪽.
72 김진, 앞의 책, 457~462쪽.
73 한용원, 앞의 책, 335쪽.
74 김정렴, 앞의 책, 335쪽.

은 정보, 박정희에게 접근권이 용이해서 얻을 수 있었던 각종 정부 내 정보 등 박정희에게 얘기할 정보량이 김재규가 박정희에게 보고하는 정보량보다 자세하고 많았다. 박정희는 자신의 경쟁자가 될지도 모르는 자, 배신할 자에 대한 정보나, 당·정·군·관을 통제할 수 있는 비리에 대한 정보를 중시했는데, 그 부분도 차지철 쪽 정보가 더 많았을 것이고, 그와 함께 박정희가 특히 반길 '강경한 조치를 필요로 한다'는 제안도 들어 있었을 것이다. 박정희는 10월 18일 김재규가 부산에서 돌아와 보고를 할 때 차지철이 데모 대원 1, 2백만 명 죽여도 까딱없다고 말했는데도 제지하거나 나무라지 않았다. 사리분별력이 약해져가고, 정보 중독 증세를 보이고 있던 박정희에게 정확한 정보, 중요한 정보는 다름 아닌 자신이 좋아하는 정보를 의미할 수 있었다.

유신 제2기에 들어가는 각종 절차가 있던 1978년 1월 김종필 집에 정보부가 들이닥쳐 가택수색을 벌였다. 조카사위에 대한 세 번째 가택수색이었다. 김종필이 78년 대권을 꿈꾸고 정치공작을 해왔다는 정보를 최태민이 차지철에게 줬고, 그것을 들은 박정희가 김재규에게 지시한 것이다.[75]

김재규가 총 쏘기 직전 마지막으로 박정희가 한 얘기가 "중정은 더 정확한 정보를 수집해야겠어. 또 정보부가 좀 무서워야지"였다. '더 정확한 정보'는 무엇일까? 그 전날 10월 25일에 한 박정희 말에 고스란히 해답이 담겨 있다. 그날 열린 안보회의에는 총리 부총리와 주요 부서 장관, 비서실장과 특별보좌관, 두 정무수석이 나왔고, 정보부에서 김재규와 현홍주가 참석했다. 현 국장이 부마 사태 원인 분석을 보고하는데, '장기집권'이라는 말이 나오자 박정희가 대뜸 말했다. "정부의 실정보다는 김영삼이의 영향이 더 크다." 보고가 끝나자 박정희가 꾸짖었다. "이번 부마 사태에 대해 정보부와 내무부 등

---

75 김충식, 앞의 책 2, 280~284쪽.

정보기관은 크게 반성해야 한다. 사전에 정보 활동을 충분히 해내지 못했기 때문에 큰 소요로 확대된 것이다"라고 지적하고 또다시 '사전 정보 활동의 부족'을 문제삼았다.[76] 김영삼 쪽이 사주하는 등 영향을 주어 부마항쟁이 일어났고 정보 활동을 못해서 큰 항쟁으로 확대되었다는 것이다.

박정희는 정보부에다가 보안사, 경찰, 검찰 정보가 있고, 경호실에 정보처가 설치되어 있는데 그것도 불안해 사설 정보대를 두어 권력 핵심층을 감시하게 했다. 박정희의 정보 중독 증세가 심할수록 차지철의 박정희 접근권은 커졌고, 차지철이 주는 정보가 박정희를 장악했다는 것은 그만큼 박정희에 대한 차지철의 지배력이 커졌음을 의미했다. 유신 말기에 보안사령관 전두환은 차지철에 관한 보고서를 만들어 박정희에게 올리면, 박정희는 그것을 차지철에게 보여줄 용기가 없어 차지철을 불러 슬그머니 보고서를 (차지철에게) 줘버렸기 때문에 결국 보고서를 낸 사람만 죽었다고 말했다. "정치자금도 차지철을 통해서 하고 신세를 너무 많이 지니 정면으로는 말 못하고 보고서를 주어버리는 거지." 이렇게 말하고 나서 그 다음에 이런 말도 했다. "그러면 누가 박 대통령을 깨우쳐주느냐."[77]

한 기자는 '차지철의 박정희 주무르기'라는 표현을 썼다. 박정희는 불안이 커질수록 차지철의 정보에 의지했고, 차지철의 초강성 발언에 안도감을 느꼈다. 박정희 스스로 심신을 차지철에 내맡겼다. 최태민이 박근혜의 심신을 지배했다면, 차지철은 박정희의 심신을 지배한 셈이다.

---

76 조갑제, 앞의 책 2, 124쪽.
77 김성익 편, 앞의 책, 347쪽.

3) 박정희가 김재규를 중용한 배경

(1) 이율배반적일 수 있는 충직함과 강직함

박정희는 1964년경부터 김재규를 중시했고 중용했다. 1964년 한일회담 반대운동으로 6·3사태가 일어나 계엄이 선포되었을 때 김재규는 6사단 병력을 이끌고 서울에 들어왔다. 계엄군은 쿠데타가 일어난다거나 다른 중대 사건이 있을 경우 막강한 위력을 행사할 수 있기 때문에 박정희가 특별히 신뢰한 사단장만이 서울에 들어올 수 있었다. 다음 해에는 한일협정 비준 반대운동이 격화되자 법적 근거가 논란이 많은 위수령을 발동했는데, 이때도 김재규가 군대를 끌고 서울에 들어왔다. 김재규는 마지막 방첩부대장이었고, 방첩부대가 보안사로 확대, 개편되면서 초대 보안사령관이 되었다. 그는 3군단장에 이어 중앙정보부 차장에 임명되었고, 건설부장관을 지내다가 1976년 12월 중앙정보부장이라는 요직 중의 요직을 맡았다.

김재규가 중용된 것에 대해 대개 박정희와 육사 2기 동창이고 고향이 같다는 점을 떠올린다. 그러나 그것은 지엽적인 문제다. 박정희가 김재규를 자신의 심복으로 중용한 것은 그의 충직함 때문이었다. 뿐만 아니라 박정희를 대할 때마다 깍듯이 모셨다. 박정희를 지칭할 때는 "각하께서는 …하셨습니다"라고 최상의 경의를 표했고, 심지어 10·26 이후 재판 받을 때에도 깍듯이 박정희에 대해서 존댓말을 썼다. 박정희에게 보고할 때는 몸과 머리를 가다듬고 복장도 단정하게 했으며,[78] 치아를 닦고 갔다는 말도 있다.

김재규는 예의 바르고 정중했으며, 단정하고 깔끔했다. 정보부장으로 있을 때도 막강한 실력자란 인상이나 정보부장이란 냄새를 별로 풍기지 않았다. 김재규는 김종필을 좋아하지 않았는데, 각하라고 불렀다.

---

78 김정남, 앞의 책, 323쪽.

김재규와 박정희 1976년 10월 28일, 안동 다목적댐 준공식 현장에서 김재규 당시 건설교통부장관(제일 왼쪽), 박정희 대통령 등이 발전기 가동 버튼을 누르고 있다. (사)경북기록문화연구원 소장.

김재규가 특별히 존경한 사람은 군인으로는 이종찬이었고, 민간인으로는 정구영이었다. 김재규에게 이종찬은 은인이었다. 1957년 송요찬 1군사령관이 돌연히 3사단을 방문해 부사단장인 김재규에게 보고를 하게 했는데, 잘못한다고 여러 장교들이 있는 앞에서 면박을 주며 군을 떠나라고 질타했다. 그런 김재규를 육군대학 총장 이종찬이 받아줘 나중에는 준장으로 진급도 하고 육대 부총장이 되었다. 그 점도 크게 작용했겠지만 이종찬은 군에서 존경받는 인물이었다. 그가 1952년 육군참모총장으로 있을 때 이승만 대통령이 임시수도 부산에 계엄을 선포해 장기집권하려 했다. 그래서 당연히 이종찬에게 군을 끌고 와 계엄사령관을 맡도록 지시했는데, 군은 정치에 개입해서는 안 된다고 하면서 그것을 거부해 참모총장에서 물러났다. 그가 4월혁명 직후 허정 과도정부 국방부장관이 된 것은 군이 엄정 중립을 지키고 쿠데타를 방지하는데 적임자였기 때문이었다.[79] 김재규는 바쁠 때도 이종찬을 찾아 뵙고 인사를 드렸다고 한다.[80]

정구영과의 관계는 조금 복잡한 것이 있다. 공화당 창당시 총재였고, 당원 1호였으며 그 이후 당의장을 맡았고 3선개헌 때는 총재 상의역을 맡은 공화당 원로 정구영은 1967년 대선·총선 이전부터 3선개헌을 반대한다는 뜻을 박정희에게 표명했다. 3선개헌에서 박정희에게 가장 큰 골칫덩어리는 야당이 아니라 여당이었다. 정구영 쪽이 상당수의 의원들을 끌어안고 3선개헌에 반대한 것이다. 1969년 6월 3선개헌안이 수면으로 떠오르고 있을 때 정구영의 부인, 며느리, 아들은 수사기관에 불려가서 각각 10시간 정도 괴롭힘을 당했다. 아들 3명이 월북 등으로 북에 있었는데, 이것과 관련된 건으로 수사를 한다고 했지만, 정구영에 대한 압력이었다. 그런데 6월경에 김재규 보안사령관이 찾아왔다. 두 사람은 5시간이나 얘기했다. 3선개헌 반대 뜻을 분명히 전하니까, 김재규가 말했다. "선생님 신념 저도 존경을 하고 동감"하지만, "개헌이 안 되면 무슨 일이 일어날지 모릅니다. (…) 비상사태와 위기가 닥칠 수 있습니다. (…) 개헌을 관철하기 위해 일어날 일들에 대해서도 유의하셔서 작정하시는 것이 좋지 않겠습니까?"라고 말했다. 이어서 내부 정세 등을 자세히 설명했다. 정구영은 김재규 발언에 경탄하면서도 3선개헌을 하면 "끝내는 파국적 비극을 겪게 된다"는 점을 누차 강조했다. 그때의 김재규에 대해 정구영은 1972년에 저널리스트 이영석에게 이렇게 말했다. "나는 참 김 장군을 애국자라고 봐요. 생각이 단순하거나 천박하지 않아. 아주 깊고 넓게 보는 눈을 가졌

79 허정은 장면 신임 국무총리에게 국방부장관만은 이종찬을 유임시키라고 권했으나, 장면은 말을 듣지 않았다.

80 강성재, 『참 군인 이종찬 장군』, 동아일보사, 1986 참조.

어. (…) 무려 5시간을 얘기했었어. (…) 덮어놓고 맹종만 하는 그런 사람은 아닌 듯해."

3선개헌 문제로 국회 안팎이 시끄럽던 8월 10일, 고향 옥천에 온 정구영은 박정희가 당론으로 개헌을 하기로 확정했으니까 정구영 의원은 탈당을 하든지 개헌을 찬성하든지 양자택일을 하라고 말했다는 라디오 뉴스를 들었다. 그날 밤 11시경 차지철 의원이 와서 박정희 서한을 전달했다. 정구영은 그의 첫 결혼주례였는데, 그저 밀어붙이는 사람을 보낸 것이었다. 다음 날 오전 1시까지 차지철은 둘 중에 하나를 선택하라고 막무가내로 우기기만 했다. 다음 날 기차를 타고 올라와 간신히 차지철을 떼어버렸나 싶었더니 오후 4시경 또 와서 답을 해야만 한다고 우겼다. 1시간을 버티는데 김재규가 왔다. 박정희가 김재규와 차지철 두 사람을 보낸 것은 우연일까. 그렇지 않다. 두 사람은 박정희가 각별히 신임하기 때문에 꼬장꼬장한 노인네 설득을 맡긴 것이다. 제발 찬성해달라며 침통한 표정으로 바라보는 김재규에게 정구영은 또 설명했다. 무거운 표정으로 돌아간 김재규가 저녁 7시경 다시 찾아왔다. 대통령에게 대충 선생님의 뜻을 말씀드렸다고 말하면서 이렇게 매듭지었다. "각하께서 더는 선생님을 괴롭히지 않겠다고 하셨습니다. 그렇게 알고 계세요."[81]

정구영을 모시고 맹렬히 3선개헌을 반대하다가 4·8 항명 사건으로 당에서 쫓겨난 양순직은 김재규가 1969년 8월경 그에게 "자신도 마음으로는 3선개헌을 반대"한다고 말했다고 회고했다. 양순직은 3선개헌안이 통과된 후 정구영이 기피 인물이 되었는데도 "김재규는 정구영이 백담사 부근을 휴양차 갔을 때 극진히 모셨고, 정구영 생전에 늘 친부모처럼 존경했다"고 썼다.[82]

---

81 이영석 편, 『정구영 회고록─실패한 도전』, 중앙일보사, 1987, 162~331쪽; 서중석 등, 앞의 책 11, 2017, 169~183쪽.

82 양순직, 『양순직 회고록─대의는 권력을 이긴다』, 에디터, 2002, 226쪽.

김재규는 박정희에게 항상 깍듯이 최고 예의를 갖추었지만, 정작 그가 존경한 것은 박정희와 다른 길에 서 있는 이종찬과 정구영 두 원로였다. 박정희는 김재규의 충직한 면만 보고 그를 신임했고, 김재규에게 더 소중한 것이 있다는 점을 생각지 못했다. 김재규는 충직할 뿐만 아니라 대의를 더 중시하는 강직한 면이 있었다. 1976년 12월 중앙정보부장에 임명된 후 그는 군의 대선배로 전쟁사 연구가였던 이형석 예비역 육군 소장에게 대의멸친(大義滅親)이라고 쓴 한 폭의 선물을 보냈다. 10·26이 일어나고 법정에서 김재규가 "대의를 위해 박정희를 살해했다"고 말하는 것을 들은 이형석은 '묘한 감흥'을 느꼈다. 김재규는 집무실에도 대의멸친이라는 족자를 걸어두었다고 한다.[83] 김재규는 거사 3일 전인 10월 23일 친척 두 사람을 불러 그가 평소에 써놓은 붓글씨 '위민주정도(爲民主正道, 민주주의를 위해 정도를 가야 한다)', '자유민주주의(自由民主主義)', '위대의(爲大義, 대의를 위하여)', '비리법권천(非理法權天, 이치에 어긋나는 것은 이치를 당하지 못하고 법은 권력을 당하지 못하고 권력은 하늘의 뜻을 당하지 못한다)', '민주민권자유평등(民主民權自由平等)'을 가리키며, 이 말들을 잘 새겨듣고 후손에게 전해달라고 부탁했다.[84]

(2) 박정희의 '권력 실세' 다루기와 김재규

박정희가 김재규를 정보부장에 앉힌 것은 그가 충직할 뿐만 아니라 자신의 독자적 세력을 키우지 않았기 때문이었다. 박정희가 장기집권을 할 수 있었던 데는 잔혹함도 한몫했다. 그는 자신에게 순종하거나 권력과 관련된 쪽에서 영향력이 있거나 유용하게 잘 써먹을 수 있다고 생각한 사람들에게는

---

83 김대곤, 앞의 책, 128~129쪽.
84 김정남, 앞의 책, 316쪽.

많은 배려를 했다. '금일봉'으로 알려진 정치자금을 제공했는데, 재야에 있는 인사에게도 월급처럼 꼬박꼬박 생활비를 보냈다. 중요한 사람들에게는 이권을 떼주기도 했고, 국무위원을 포함한 고위 인사들은 퇴직 후에도 연금이나 다른 방법으로 '배려'했다. 그러나 배신했다고 판단될 때는 잔혹하게 처리했다. 후자는 박정희 권력의 내부를 이해하는 데나 김재규 발탁 이유를 이해하는 데 대단히 중요하기 때문에, 역사적으로 거슬러 올라가 살펴볼 필요가 있다.

박정희의 의향에 맞춰 공화당 내 김종필계, 곧 주류를 끊임없이 견제하고, 3선개헌안을 통과시키는 데 당내에서 가장 공이 컸던 김성곤·길재호 등 이른바 '4인방'(4인 체제)은 김종필계가 거세된 뒤 신주류를 형성해 권력 실세가 되었다. 그러나 김성곤 등이 힘을 써서 국회에서 이들과 사이가 좋지 않았던 오치성 내무부장관의 해임 건의안을 통과시키자(1971년 '10·2 항명') 박정희는 대노하여 곧바로 이들을 체포하도록 지시했다. 김성곤·길재호는 수사기관에 끌려갈 때부터 참을 수 없는 수모를 느끼게 하는 몹시 심한 고문을 당했다. 해임 건의안 통과에 찬성한 박정희의 처남 육인수 등 공화당 의원 23명도 구속영장 없이 체포되어 정보부에 끌려가 가혹한 고문을 겪으면서 닦달을 당했다. 박정희의 형으로 좌익이었던 박상희의 가까운 동지였던 김성곤은 이 사건이 있은 지 4년이 된 1975년에 죽었고, 길재호도 1985년에 62세로 죽었다.

한때 군 최고 실세, 최고 권력자라 불렸던 윤필용 수경사령관도 김성곤, 길재호와 비슷하게 당했다. 윤필용이 문 모 대장 등 군 수뇌들의 '세배'를 받았다고 할 정도로 군 실세로 꼽힌 것은 박정희에게 그만큼 충성심을 보였기 때문이었다. 그는 정승화로부터 방첩부대장을 물려받으면서 충성 경쟁에 뛰어들었다. 1965년 9월 동아일보 변영권 편집국장대리 집 대문이 폭파되는 등 언론인들과 정치인에 대한 테러가 잇달아 일어났다. 1966년에도 테러가 계속되었다. 당시 사람들은 이를 정보부 소행으로 믿고 있었는데, 그 때문에 '피해'를 입은 정보부장 김형욱이 "윤필용 부하들의 과잉 충성 때문에 골머리를 앓고 있다. 대통령에 대한 충성이랍시고 하는 것이라 막을 처지도 아니었다"고 지인에게 발설했다.[85] 윤필용은 군 최고의 좋은 자리로 알려진 수경사령관으로 영전했다. 이때도 테러를 했다. 1971년 2학기에 부정부패 추방운동을 벌이던 고려대에 10월 4일 대표적인 부정부패자 명단이 나붙었고, 거기에는 윤필용의 이름이 들어 있었다. 그러자 그 다음 날인 5일 새벽 1시 30분경 수도경비사 헌병 병력이 들이닥쳐 학교에서 농성 중인 학생 5명을 수도경비사로 납치해 구타하는 테러 사건이 발생했다.[86] 그러나 이러한 군인들의 불법 행위를 박 정권은 묵인했다. 그리고 박정희는 10월 15일 위수령을 발동했다. 전국 각 대학의 시위 주동자가 대거 제적되어 군 전방 소총부대로 끌려갔다. '유신 쿠데타'를 위한 대학가 정지 작업이었다.

그런데 1973년 3월, 박정희는 보안사령관 강창성에게 육사 8기 동창인 윤필용을 수사하고 심지어 이후락까지 조사하라고 지시했다. 술자리에서 윤필용이 이후락 정보부장에게 "형님, 각하가 연만하셔서 노쇠하기 전에 청와대에서 물러나도록 해 영원한 대통령이 되도록 모셔야 한다"고 말했다는데, '형님이 후계자가 되어야 한다'는 뜻으로 얘기했다는 것이다. 윤필용은 쿠데타를 모의했다는 죄목으로 구속되지만, 재판 과정, 그리고 판결에 부각된 것은 인면수심의 파렴치한 범죄였다. '모반'에 대해서는 찾아보기 어려웠고, 횡령, 수뢰, 총포 단속 위반, 군무이탈 방조 등 죄목이 8개인데, 부정부패한 자, 치한, 파렴치범으로 묘사되었다. 손영길 준장 등 다른 피고인 10여 명의 죄목도 비

85 김충식, 앞의 책 1, 1992, 103~106쪽.
86 민주화운동기념사업회 연구소 편, 『한국민주화운동사』 1, 2008, 589쪽.

슷했다. 몰아붙여도 이렇게 몰아붙일 수 있을까 싶은 군법회의 재판에서 윤필용 등은 중형을 선고받았다. 박정희에게 조금이라도 불충한 짓을 하면 군 실세라도 이렇게 당할 수 있다는 것을 보여준, 군에 대한 강력한 경고장이었다. 박정희는 유신 쿠데타를 일으키면서 특히 군이 쿠데타를 일으키는 것을 두려워했다. 그래서 한편으로 군에 대해 특별한 배려, 관리를 하면서 윤필용 사건을 본보기로 삼아 군이 자신에게 절대복종해야 한다는 경고장을 보낸 것이다. 이 사건에서는 손영길 등 윤필용 직계 하나회원들이 걸려든 반면—한때 윤필용은 하나회 대부라는 소리를 들었다—전두환 쪽은 박정희의 배려로 아무 탈이 없었다.[87]

박정희는 그의 조카사위 김종필을 자신이 죽을 때까지 감시했다. 조카사위라고 하지만 보통 조카사위와는 달랐다. 박정희는 대구사범에 다닐 때부터 박상희로부터 경제적 도움을 받았고, 정신적으로도 영향을 받은 것으로 알려졌다. 1946년 10월 대구폭동이라고도 불리고 10월항쟁이라고도 하는 소요 또는 봉기가 경상북도를 휩쓸 때 박상희는 김성곤과 함께 적극 가담했고, 향리 구미에서 죽임을 당했다. 박정희가 남로당 프락치가 된 것을 대개는 형의 죽음과 연관 짓는다. 그 뒤 박정희는 함께 근무한 정보장교 김종필을 죽은 형의 딸과 맺어준 것이다. 김종필은 육사 8기로 동기인 김형욱·길재호 등과 5·16 쿠데타를 모의하다가 나중에 박정희를 천거해 지도자로 모셨으며, 혁명 공약, 중앙정보부 등 쿠데타 권력의 주요 뼈대를 만들었다. 김종필은 7월 2일 정보부 요원을 이끌고 최고회의 의장 장도영을 급습해 체포하고, 그와 함께 5·16 때 포병을 이끌고 온 문재준, 공수부대를 이끌고 온 박치옥과 송찬호 최고위원 등 44명을 체포했다. 박정희·김종필 세력을 제외한다면 최대 세력이

87   서중석 등, 앞의 책 10, 2017, 197~221쪽.

었던 장도영계를 반혁명 사건으로 처단한 것이다. 박정희는 여순 사건 직후 있었던 숙군 때 자신이 몸 담았던 남로당 프락치 조직을 넘겨줘 살아남았고, 얼마 후 백선엽의 힘으로 육군본부 정보국에서 문관으로 일했는데, 장도영이 정보국장으로 와 적극 나서서 박정희를 소령으로 복귀시켰다. 그 뒤 여러 차례 박정희를 부하로 발탁한 장도영은 4월혁명 이후 2군 사령관으로 있으면서 꼼짝없이 예편하게 된 박정희를 2군 부사령관으로 발탁해 박정희를 살려주었을 뿐만 아니라 쿠데타를 일으킬 수 있는 자리를 만들어주었다. 친미 골수파인 장도영은 미국의 작용으로 육군참모총장이 되었는데, 박정희가 쿠데타를 모의한다는 첩보가 장면 정권에 들어가고 장면 총리가 직접 장도영을 호출해 추궁했는데도 그것을 부인하고는 5월 16일 그날에는 양다리를 걸쳐 5·16 쿠데타를 성사시키는 데 대단히 중요한 역할을 했다. 하지만 박정희는 남로당을 배신한 데 이어 자신의 은인인 장도영도 배신한 셈이다. 이런 일들로 미군은 박정희를 '스네이크 박(snake Park)'이라고 부르기도 했다.

박정희가 민정 이양을 약속한 8월 직후 김종필은 민정 이양 발표와 모순되게, 또 계엄 포고로 모든 정치활동을 금지한 상태에서 정보부의 방대한 조직을 이용해 밀실에서 비밀리에 신당 창당 작업에 들어갔다. 박정희·공화당이 장기집권하고 박정희가 강력한 영도자가 될 수 있도록 공화당을 사전 조직하는 작업이었다. 자금은 증권파동 등 '4대 의혹 사건'을 통해 염출했다. 이처럼 김종필은 박정희 대통령 만들기에 절대적인 공로자였다.

김종필은 군사정부 시절부터 적이 많았다. 사전 조직, 이원 조직, 4대 의혹 사건으로 공화당 창당 과정이 비판의 도마 위에 올랐을 때 최고회의 내에서도 김종필 비판이 거세졌고 축출해야 한다는 주장도 나왔다. 그런데 박정희가 대통령에 당선된 뒤 김종필을 견제하고 감시한 사람은 다름 아닌 박정희였다. 그 임무를 맡은 곳이 얄궂게도 정보부였고, 그러다 보니 정보부와 마찰이 생길 수밖에 없었다. 그러면서 같은 육사 8기로 둘 다 쿠데타 음모의 핵심 인물이었던 김종필과 정보부장 김형욱은 앙숙 관계가 되었다.

박정희의 3선개헌 추진은 1967년에 치러진 6·8 부정선거 과정에서도 시 사되었지만, 1968년 국민복지회 사건을 통해 더욱 강력히 시사되었다. 박정 희가 3선개헌을 하는 데 최대의 장애는 김종필 주류계일 수 있었다. 박정희 연임 임기가 끝나면 김종필이 그 뒤를 이어야 한다고 생각할 수 있었기 때문 에, 공화당 내에서 다수의 의원을 끼고 있는 주류는 암적 장애요인일 수 있었 다. 그에 대한 사전 작업으로 일어난 것이 김종필 직계를 제거한 국민복지회 사건이었다. 이 사건으로 김종필계 중간 보스인 김용태와 최영두, 송상남 등 이 1968년 5월 공화당에서 제명되었다. 물론 조사를 맡았던 건 김형욱 정보부 장이었다. 이 사건은 협박이나 테러, 공작을 넘어서서 수사기관이 정치적인 이유로 전·현직 의원들을 공공연히 고문한 최초의 사건으로 알려졌다. 국회 문공위원장을 지낸 최영두 전 의원은 3년도 안 되어 사망했다. 5월 30일 김종 필은 당의장직, 국회의원직을 포함한 모든 공직에서 물러날 뿐만 아니라 공 화당 당적까지 버리겠다고 선언했다. 공화당을 만든 자가 그 당을 떠나겠다 고 했으니 그의 마음이 어땠을까 짐작할 수 있다. 그러나 김종필의 초강수는 박정희가 바라던 바였다. 당연히 말려야 하는데, 기다려도 소식이 없었고, 당 적도 의원직도 다 처리되었다. 당의장에는 이승만 비서였던 윤치영이 서리 로 임명되었다. 무조건 충성파여서 3선개헌 추진에 적합한 인물이었다.

1969년 개헌이 본격적으로 추진되면서 정보부와 이후락 비서실장의 김종 필계 공작도 심해졌고, 김성곤 등 4인방의 공략도 치열해졌다. 김종필이 다부 진 권력의지를 지녔더라면 3선개헌은 어려웠겠지만, 박정희의 협박과 애소 에 나약해졌다. 오랜 공작 공략에 김종필계는 와해되었다.

3선개헌 작업이 완료되자 박정희는 김형욱과 이후락도 해임했다. 주류 측에서 자신들을 심하게 견제, 감시한 두 사람을 물러나게 해주면 개헌을 지지한다고 했기 때문인데, 써먹을 만큼 써먹은 김형욱·이후락을 내치는 것은 박정희도 바라마지 않던 일이었다. 박정희는 3선개헌을 통해 장기집권, 사실상 영구 집권의 길을 텄을 뿐만 아니라, 두려운 존재였던 김종필과 주류도 제거했고, 김형욱·이후락 두 실력자도 겸사해서 제거할 수 있었다. 김형욱의 후임으로는 김계원이, 이후락의 후임으로는 김정렴이 임명되었다. 두 자리 다 실무형이거나 자기 세력을 키우지 않을 인물을 앉힌 것이다.

김정렴은 비서실장에 취임하고 나서 '요인 동향 보고'라는 것이 있다는 것을 알았다. 김종필과 여권 중진에 관한 정보였다. 언제 어디서 누구하고 만났는데 이런 저런 얘기를 했다고 쓰여 있는 것이, 마치 녹음한 것 같았다. 박정희는 3선개헌 이후 무력해진 김종필을 유신체제 옹호에 활용하기 위해 국무총리로 불러들였다. 총리가 되기 전에 김종필이 은연중 불만을 품고 있는 듯한 동향 보고가 종종 있었다. 그것을 읽고 박정희는 "아직도 정신 못 차리고 있군" 하면서 못마땅해 했다.[88] 박정희는 총리 때도 그랬지만, 물러난 이후에도 김재규 등을 시켜 계속 김종필을 사찰하도록 했다. 박정희는 권력을 지키는 데 참으로 무서운 사람이었다. 그래서 나중에 다시 등용된 이후락이 물러난 이후에는 중앙정보부장에 야심이나 보스 기질이 없어 독자적 세력을 갖고 있지 않은 '개인'을 임명했다.

박정희의 계략(計略)은 맞아떨어졌을까? 이후락에 이어 정보부장이 된 신직수는 군 검찰 출신이어서 군에 대한 영향력이 전혀 없었다. 김종필의 경우도 박정희가 워낙 다잡아놔 뿌리를 뽑았기 때문에 군에 자신의 세력이 없었다. 그 때문에 10·26 이후 군의 동향을 제대로 파악하지 못했고, 12·12, 5·17 쿠

---

88 김정렴, 앞의 책, 237~238쪽.

데타에 당하기만 하다가 잡혀 들어가 재산까지 빼앗겼다. 그러나 김재규는 달랐다. 10·26 저녁에 육군참모총장 정승화를 불러내 궁정동에 앉혀놓았다. 그의 부하들이 돌연한 김재규의 엄청난 거사에 따르는 데 심리적으로 힘이 되었을 것이다. 또 3군 사령관 이건영은 그의 제자였고, 특전단 사령관 정병주와도 가까웠으며, 그가 잘 알고 있었던 군에서 일정하게 신망이 있었던 것은 그가 거사하는 데 무언의 힘으로 작용했을 것이다.[89]

(3) 김종필 외유 주장하고, 윤필용과 정면충돌한 것을 높이 평가

박정희는 김재규가 충직하다는 점, 박정희가 특히 꺼렸던 독자적인 세력을 가지고 있지 않다는 점을 중시했지만, 좋아할 만한 다른 이유도 있었다. 박정희가 항상 경계했던 김종필 및 윤필용과 사이가 안 좋았고, 견제를 하려 했거나 다툼이 있었던 점도, 박정희는 그것을 아전인수격으로 해석했겠지만, 김재규를 자신의 심복으로 생각하게 했을 수 있다.

1964년 6·3 사태 때 계엄군을 이끌고 서울에 온 김재규는 바로 김종필이 공화당 의장직에서 물러날 것을 요구했다. 일개 사단장이 박정희 버금가는 권력 실세를 끌어내리겠다고 나선 것이다. 이 부분을 이해하기 위해서는 김종필의 제1차 외유부터 짚어봐야 한다.

1963년 1월 1일부터 정치활동이 허용되고 정보부장 옷을 벗은 김종필이 신당 창당 수순을 밟아 나가자 그 이전부터 있었던 김종필의 독주와 신당이 밀실에서 4대 의혹 사건을 일으키며 만들어졌고, 사무국 조직이 당을 이끌어

---

89 전두환의 다음과 같은 발언도 참고할 만하다. "공화당 때는 군부가 흔들렸다. 장기집권, 부정부패 때문에 박 대통령까지 군부의 존경을 받지 못했어. 그게 부마사태 때도 나타난 거다. 부산에 계엄령을 선포해도 제어가 안 됐었다. 그때 경찰이 데모 진압을 안 하려고 했었어. 김재규가 그런 군부의 동향을 보고 박 대통령을 시해한 것이다." 김성익 편, 앞의 책, 376쪽.

가는 이원 조직이라는 것에 대한 반발이 최고회의와 군부 내에서 표면화되었다. 이들은 김종필의 거세와 함께 박정희도 혁명 공약대로 대통령에 출마하지 않고 군대에 복귀해야 한다고 주장했다.

2월 17일 밤 3군 참모총장과 해병대 사령관, 군에서 성망이 높은 유양수·박태준, 그리고 김재춘 정보부장이 모였다. 박병권 국방부장관, 김진위 수도방위사령관도 뜻을 같이했다. 이들은 박정희 최고회의 의장을 만나려 했으나 밤 9시까지 만나주지 않았다. 박정희는 김종필·길재호·김형욱 등과 같이 있었다. 양자가 대치 중에 길재호 등이 총을 쥐고 있는 자들이 저렇게 나오니 일보 후퇴하자고 해 18일 새벽 2시경에 의장 공관에서 김종오 육군참모총장, 김재춘 등이 박정희를 만났다. 2월 18일 박정희는 민정에 참여하지 않겠다는 유명한 2·18 성명을 발표했다. 2월 19일 박병권 장관은 군수뇌부와 함께 군은 엄정 중립을 지킬 것이며 민간 정부를 지지하겠다고 표명했다. 군부의 압력에 못 이겨 결국 2월 20일 김종필은 공화당 창당준비위원장에서 물러날 뿐만 아니라 당적을 버린다고 발표하고, 25일 김포공항을 떠나 외유에 나섰다. 다음 날 공화당 창당대회는, 박정희가 공화당의 대통령 후보가 될 수 없다면 파산을 맞을 수밖에 없는 암울한 상황에서 열렸다(총재 정구영). 그리고 2월 27일 박정희는 최고회의 주최로 정치 지도자들이 참여한 속에서 몹시 침통한 표정으로 민정에 참여하지 않겠다고 국민 앞에 선서했다(2·27 선서).[90]

1년이 조금 지난 1964년 3월 24일부터 굴욕적인 저자세 한일회담을 성토하는 학생 데모가 거세게 일어났다. 이때 김종필은 굴욕적인 저자세 외교를 상징하는 인물로 학생·야당의 표적이 되었다. 5월 20일에는 박정희·김종필이 주장한 '민족적 민주주의' 장례식이 치러졌다. 학생들은 6월 3일 대규모로 쏟

---

90 서중석 등, 앞의 책 6, 2016, 134~172쪽.

2·27 선서 「정당대표·정치지도자·각군 총장 (참석하에) 정국 수습에 역사적 선서—박 의장 민정 불참을 공식 천명」, 『동아일보』 1963. 2. 27.

아져 나와 "박 정권 물러나라" 등의 구호를 외치며 시위에 나섰다. 박정희의 한일회담을 적극 지지한 미국의 지원 속에 이날 밤 9시 50분에 서울시 전역에 비상계엄이 선포되었다.

6사단 병력 지휘소를 덕수궁에 차린 김재규는 6월 4일 제자이기도 한 공화당 이만섭 의원을 불러 "(장기간 외유 나갔다가 당의장이 된) 김종필 의장을 공직에서 물러나게 하지 않으면 사태 수습의 길이 없소"라고 말하고 자신의 뜻을 각하와 김종필에게 전하라고 당부했다. 이만섭은 민기식 계엄사령관, 김성은 국방부장관 등과 함께 있는 김종필에게 공직 사퇴를 권유했다. 그 다음 날인 5일 이만섭은 박정희에게 김종필의 공직 사퇴와 외유만이 사태 수습책이라

고 말했다.[91]

김종필이 당의장을 사퇴하자 그의 외유설이 나돌았다. 여기에는 김형욱 정보부장이 적극 나섰다. 김종필과 앙숙이 된 김형욱은 박정희와 이심전심으로 교감하고 있었다. 김형욱이 공화당 주류한테 얼마나 밉보였는가는, 공화당이 6월 6일 당무회의와 의원총회를 열고 결의한 사항 가운데 첫 번째가 '중앙정보부를 전면적으로 해체하라'였다는 데서 극명히 드러난다. 김종필이 만들었고 공화당이 밀실에서 비밀리에 조직한 박정희 권력의 핵심 권부, 그 정보부를 없애라고 요구한 것이다.

박정희는 비상계엄을 자신의 권력 강화에 최대한 활용했다. 학생운동이 일어나지 않게 하고 언론에 재갈을 물리는 한편 김종필을 약화시켜 공화당에 대한 장악력을 강화해야 했다. 대통령에 취임하기까지는 김종필이 절실히 필요했으나, 이제 경계의 대상이 되어가고 있었다. 김형욱은 박정희 뜻에 따라 김종필을 다시 내보내기 위한 활동을 전개했다. 김진위 수경사령관(수방사가 수경사가 되었음)도 만났다.[92] 김종필은 6월 18일 '속죄양'으로 2차 외유의 길을 떠났다.

김재규는 방첩대장이었다가 그것을 확대 개편한 국군보안사령부 초대 사령관이 되어 역시 방첩부대장을 지냈고 수경사령관이 된 윤필용과 험악한 관계가 되었다. 김재규가 보안사 임무에 맞춰 군의 실세인데도 감히 윤필용

---

91 김충식, 앞의 책 1, 123쪽.

92 김진위는 김형욱에게 "일주일 내로 안 나가면 내 손으로 없애버리겠다"고 말했고, 김형욱은 이것을 전했다고 한다(김충식, 앞의 책 1, 122쪽). 김형욱은 회고록에서 김종필의 제2차 외유에 대해 구체적으로 대화 내용까지 기록했다. 이 책에 의하면 김진위 수경사령관, 김재규 6사단장, 정봉욱 20사단장, 이병엽 33사단장 등 계엄군 지휘관 4명이 함께 모여 김종필을 성토하고 해외로 내보내는 데 동의했다고 한다. 그러나 김진위, 김재규 등이 이와 관련된 기록을 남기지 않은 것을 보면 신뢰하기가 어렵다. 김형욱·박사월, 『김형욱 회고록—한국중앙정보부』, 아침, 1985, 122~128쪽; 조갑제, 앞의 책 1, 171쪽.

김종필의 2차 외유
「김종필 씨 도미향발」, 「9월
박사학위 받은 뒤 가능하면
더 공부 희망」, 『동아일보』
1964. 6. 18.

도청을 지시한 것이다. 이것을 안 윤필용이 펄펄 뛰면서 일이 커졌다. 박정희의 용인술은 김종필·김형욱·이후락의 3각 관계처럼 서로 싸우게 하고 이간질해 자신의 권력을 강화하는 데 이바지하게 하는 것이었다. 자신이 군에서 특별히 신임하는 윤필용과 김재규도 상호 견제하고 싸우는 게 바람직했지만, 아직 둘 중에 어느 누구도 버릴 생각이 없는데, 정면으로 두 사람이 치고받는 것은 몹시 난처한 일이었다. 박정희는 일단 윤필용 손을 들어주었다. 김재규는 중장이 되어 3군단장으로 강원도로 나갔다.

김재규가 계엄군 사단장으로 지위나 세력이 비교할 수도 없이 높고 강한 김종필을 끌어내리려고 한 것이나 윤필용을 도청 감시하려고 한 것은 엄정하게 사리에 맞게 일을 처리해야 한다는 신념에 따른 것이었다. 그러나 박정희는 김재규가 자신을 위해서 지위고하를 막론하고 가차없이 처리할 사람으로 판단했을 수 있다. 유신 쿠데타를 일으킨 직후 김재규는 박정희가 영구 집권하려고 한다고 생각하고 3군단에 박정희가 올 때 연금시켜놓고 하야하도록 할 계책을 짜고 있었다지만, 박정희는 유신체제를 수호하는 데 요긴하게 쓸 수 있는 김재규를 한가하게 강원도에 놔둘 수 없었다. 우선 유정회 의원에 임명했고, 곧이어 정보부 차장 발령을 냈다.

(4) '배신자' 공포증

박정희가 김재규를 정보부장에 앉힌 것은 또 하나 이유가 있었다. 그 점도 중요하다. 박정희는 이후락을 정보부장에서 해임한 이후 더 이상 김종필이나 김형욱, 이후락 같은 인물을 정보부장으로 이용하고 싶은 마음이 없었다. 이들은 박정희 뜻에 맞춰 일을 만들고 키우고 공작이나 고문을 잘해 '유능'하다는 얘기를 듣기도 했으나 적이 많았고, 비판하고 비난하는 여론도 강했다. 또 거물, 실력자 또는 제2인자라는, 박정희로서는 몹시 듣기 싫은 평을 듣는 권력자들로 정치적 영향력이 있었다. 2인자의 존재를 추호도 용납 못하겠다는 박정희로서는 그 점도 못마땅했지만, 이들이 배신자이거나 배신자가 될 수 있다는 점을 중시하지 않을 수 없었다. 박정희는 미국으로 망명한 김형욱, 그 배신자가 언제 어떻게 자신에게 가해 행위를 할지 모른다는 두려움이 있었고, 이후락도 윤필용 사건을 보더라도 배신자가 될 수 있다고 생각했다. 김종필은 군에 세력이 없고, 공화당에서도 3선개헌이 끝났을 때는 무력한 존재였지만, 그래도 두려운 존재였다. 김종필은 김형욱처럼 밀어붙이는 뚝심이 없어 3선개헌 때 쉽게 공략되었지만, 이후락처럼 꾀가 많았고 지도력이나 국정 수행 능력이 있었으며 대중적 인기가 좋았다. 박정희는 대중적 연설 능력이 없어 대선 때 할 수 없이 김종필에게 다시 손을 내밀지 않을 수 없었다. 그렇지만 유사시에 자신을 대치하려고 하는 사태가 발생하면 김종필은 대안이 될 수도 있었다.

김형욱은 정보부장에서 물러난 지 4년이 안 되어 망명했고, 이후락은 해

임된 지 며칠 되지 않아 도피 행각에 나섰다. 박정희의 성격을 잘 알고 있어서였다. 6년 3개월이나 정보부장을 한 김형욱은 영화에나 나올 법한 수법으로 한국을 빠져나갔다. 어떻게 해서 만들어냈는지 그의 인상과는 맞지 않게, 또 유신 쿠데타 이후 고위직은커녕 아무 일도 안 하는 신세인데, 대만에서 명망 있는 중화학술원이 주는 명예박사를 받게 되었다. 출국 허가를 받는 게 쉽지는 않았지만 중화학술원에서 주는 명예박사를 받으러 나간다고 하는 것이어서 막을 수도 없었을 것이다. 1973년 4월 15일 비서실장이었던 문학림과 함께 김포공항을 나서 도쿄를 경유해 대만에 가 학위를 받았다. 대만에서 김형욱은 문학림에게 갑자기 홍콩행 비행기표를 취소하고 뉴욕행 비행기표를 사오게 했다. 역시 도쿄를 거치게 되었는데, 공항에서 며칠 전 만난 재일본 정보부 책임자인 김기완 공사가 왔다갔다 하는 모습에 김형욱은 아연 긴장했다. 뉴욕행 비행기에서 그는 문학림에게 "(윤필용 얘기를 하면서) 박정희라는 인물은 이제 자신의 심복에게까지도 처참하고 무지막지한 고문을 자행하는 인면수심의 인간으로 표변했소. 생각해보시오. 장차 누가 그를 위해 충성을 하겠소?"라고 말했다고 회고록에 써놓았다.

김형욱이 언제 망명을 생각했는지는 알 수 없다. 그는 1971년 10·2 항명 사건으로 자신과 함께 3선개헌 통과에 앞장섰던 김성곤, 길재호와 여당의원 상당수가 모진 고문을 받은 것에 영향을 받았을 것이다. 김형욱 부인은 1973년 1월 5일 먼저 미국으로 갔다. 재산 정리 같은 것을 생각하면 김형욱이 망명을 생각한 것은 좀 더 빨랐을 수 있다. 김형욱은 "윤필용 일파가 모진 고문을 당한다는 정통한 정보를 거의 매일이다시피 듣고 있던 1973년 4월 12일 아침"이라는 표현을 회고록에 썼다.

이후락의 해외 도피는 김형욱의 망명보다 훨씬 극적인 요소가 있다. 런던으로 돌아가던 이종찬은 1973년 12월 19일 타이베이에서 한쪽 구석에 선글라스 끼고 있는 사람이 12월 3일까지 자신의 상관이었던 이후락이라는 것을 알았다. 두 사람은 홍콩에 함께 갔다.

이후락은 12월 19일 짐도 없이 단벌 신사로 서울을 빠져나왔다. 박정희도, 새로 정보부장이 된 신직수도 몰랐다. 홍콩에서 박 정권 유력자들이 보여 호텔방에서 몰래 밥을 시켜먹으며 이종찬이 어디로 갈 것이냐고 물으니 무조건 빠져나왔다고만 대답했다. 얼마나 황급했으면 치밀하기로 유명하고 5·16 쿠데타가 일어나기 전에 벌써 정보 계통에서 베테랑으로 소문나 있던 '천하의 이후락'이 12월 19일 몰래 빠져나와 갈 곳 없는 신세가 되었을까.

이후락은 김형욱과 다르게 비서실장에서 주일대사로 옮겼다가 정보부장이 되었다. 1971년 대선에서 야당은 김대중을 후보로 내세웠는데, 김계원으로는 감당이 안 되겠으니까 이후락을 중용한 것이다. 대선에서는 방대한 전국적 정보망을 가진 정보부가 공화당보다도 더 큰 역할을 하기 마련이었다. 박정희가 '이번이 마지막 선거'라고 하면서 다음에는 선거에 나서지 않을 터이니 꼭 찍어달라고 호소하여 부동표를 끌어들인 것도, 백중지세의 여론에 놀란 정보부가 공들여 만든 작품이었다. 이후락은 그야말로 혼신의 노력을 기울여 대선을 승리로 이끌었다. 뿐만 아니라 박정희의 뜻에 맞춰 유신 쿠데타를 일으키기 위한 명분을 조성하기 위해 평양으로 가서 7·4 남북공동성명을 발표했으며, 7년 후 10·26이 일어나게 되는 바로 그 궁정동 안가에서 박정희와 함께 비밀리에 유신헌법안을 만들었다. 박정희가 쿠데타를 일으키고 1963년 대통령이 되기까지 절대적인 역할을 한 사람이 김종필이었다면, 이후락은 그 이후 박정희의 '권력 쌓기'에서 일인 독재권력을 만들어내기까지 최대의 공신이었다.

그런 이후락이지만, 유신체제가 출범하면서 그는 두려움에 휩싸였다. 1973년 3월에 일어난 윤필용 사건은 그 자체론 별 것 아니었다. 그런데 술자리에서 말 한마디 한 것을 가지고 인면수심의 파렴치한으로 만들어 중형을 내리는 것을 옆에서 지켜보아야 했다. 더 나아가 박정희는 술자리에서 듣기만 한 자신을 수사하라고 지시하지 않았던가. 주위에서 말려서 그렇게까지 가지는 않았지만, 이후락으로서는 두려움을 갖지 않을 수 없었다. 그러던 중 8월에 이후락 정보부에 의한 김대중 납치 사건이 일어났다. 8월 28일, 북에서 김대중 납치 사건을 거론하고 이후락 같은 자와는 대화할 수 없다며 대화 중단 통보를 했다. 애초에 북과 대화할 의향도 없었던 박정희는 이후락이 납치 사건 책임자라는 것을 공공연히 인정하는 모양새가 되는데도 12월 3일 그를 해임했다. 이후락은 '팽'당했다는 것을 직감했고, 공포에 휩싸여 무작정 서울을 빠져나왔다.

이종찬은 이후락에게 런던에 가 있으면 따라가겠다고 하면서 먼저 출발하라고 했지만 런던에서 기다려도 소식이 없었다. 그래서 그는 정보부에 상황을 알렸고, 그때서야 정보부가 발칵 뒤집혔다.[93] 1974년 2월 중순 이후락은 자신이 카리브해 바하마에 있다고 알려왔다. 이후락 아들의 장인인 한국화약 김종회 회장이 박정희의 메시지를 전달한 뒤 2월 27일 서울에 돌아왔다. 신변 안전을 보장한다는 메시지였을 것이다.

(5) 중앙정보부도 '친정체제'로

박정희가 정보부장에 신직수를 임명한 것은 앞에서도 언급했지만, 김형욱이나 이후락처럼 거물급 권력형 부장이 아니라, 김정렴 비서실장과 같은 충직하면서도 실무형인 부장을 앉히겠다는 의사 표시였다.

그와 함께 박정희가 신직수나 김재규를 정보부장에 앉힌 것은 김형욱이

---

93 이종찬, 『이종찬 회고록—숲은 고요하지 않다』 1, 한울, 2015, 264~271쪽.

나 이후락 같은 자들의 '역할'이 더 이상 필요없다고 판단한 것도 작용하였다. 이 부분은 대단히 중요한데도 간과되었는데, 유신체제의 성격이나 작동과 관련해서 이해할 필요가 있다. 대개 1971년 10·2 항명 파동 이후 박정희는 공화당 또는 정치에 대해 친정체제를 펴는 것으로 이해하는데, 그것은 유신체제로 가는 코스로 파악할 수 있다. 유신체제는 박정희 일인체제로, 권력을 승계할 수도 있는 2인자가 용납되지 않는 체제였다. 유신체제를 진정으로 수호하려는 자는 박정희가 보기에는 박근혜 같은 자식을 제외한다면, 또 차지철 같은 자들도 있기는 하지만, 그 자신밖에 없었다. 따라서 모든 일을 직접 챙기는 친정체제로 해야 안심이 되었고, 그렇게 할 수밖에 없다고 생각했다. 그 '친정체제'가 일정하게는 중앙정보부에 대해서도 적용되면서 신직수나 김재규가 중앙정보부장이 되었다고 볼 수 있다.

원래 궁정동 밀실에서 극소수가 유신헌법 초안을 만들 때에도 권력 배분과 관련 있는 중요한 부분은 박정희가 아이디어를 냈고 결정했지만, 유신체제에서는 박정희가 모든 것을 주도하고 지휘하였고, 참모들은 그것을 집행하면 되었다.

1974년 민청학련·인혁당재건위 사건이라는 대형 조작 사건을 연출할 때도, 그러니까 긴급조치 4호를 발동해서 인혁당재건위·민청학련 관련 8명을 법의 이름으로 학살하기에 이른 것도 박정희가 지휘하고 주도한 것이다. 신직수 정보부장이 중요한 역할을 했다는 자료나 증거는 나오지 않고 있다. 박정희는 신직수의 보고도 들었지만, 이 사건의 실무 담당자인 6국장 이용택을 직접 자주 만났다.[94]

---

94 서중석, 「인혁당재건위 사건 조작과 박정희 유신체제」, 『인혁당재건위 사건 재심 백서』 1, 4·9통일평화재단, 2015 참조.

1975년 인도차이나 사태 이후 광풍처럼 사회 병영화 운동으로 총력안보 체제 구축 운동이 일어난 것도 박정희가 기획한 작품이다. 총력안보궐기대회는 4·29 박정희 특별담화가 나오면서부터 시작되는데, 긴급조치 9호 발동, 4대 전시입법, 반상회, 학도호국단 부활 등 굵직굵직한 것은 부분적으로 참모들의 조언을 받아들인 것도 있었겠지만, 전체적인 틀은 박정희가 기획하였다. 정보부 및 문교부 등 정부 부서는 보조적인 역할이나 구체적인 집행을 맡았을 뿐이다. 박정희는 4·29 담화에서 "1975년이 북한에서 남침이라는 불장난을 저지르려 하는 가장 위험한 시기"라고 거듭 역설하고 "땅굴 완공 시기가 금년 여름"이라고까지 확언했는데, 이것은 그 이후 전개되는 극단적인 반공 운동의 기본틀과 연관된다.[95]

'총력안보체제-전 사회의 병영화'와는 형태를 달리하여 유신체제 수호에 큰 기여를 한 것이 1976년 1월 연두 기자회견에서 나온 포항 석유설이다. 1975년 12월 5일 박정희는 에너지 정책, 중화학공업을 총괄하는 경제 제2수석비서관 오원철에게 포항에서 석유가 나왔다고 하면서 시커먼 액체가 들어 있는 링거병 크기의 약병을 보여주었다. 오원철은 그것을 미국 칼텍스 쪽에 의뢰한 결과 원유가 아니고 경유라고 판정했다. 그래서 그것을 김정렴에게 보고했고, 김정렴은 박정희에게 "오 수석 보고에 따르면 그것이 아니라고 합니다"라고 말하면서 오 수석에게 설명하라고 해 오 수석이 박정희에게 그대로 자세히 설명했다.[96] 그런데도 박정희는 1976년 1월 15일 연두 기자회견에서 포항 지구에서 시추 결과 지난 연말 12월 초로 기억된다면서 석유와 가스가 나왔다고 말했다. 몇 드럼 정도라고까지 '정확히' 얘기했다. 그것도 한 번이

95 서중석 등, 앞의 책 13, 2018, 30~93쪽 참조.

96 오원철, 『한국형 경제 건설 6—에너지 정책과 중동 진출』, 한국형경제정책연구소, 1997, 294~309쪽.

포항에서 석유가 나왔다! "박정희 대통령은 15일 '작년 12월 초 우리나라 영일만 부근에서 처음으로 석유가 나온 것은 사실'이라고 밝히고 '정부는 이달 말이나 내달 초부터 본격적인 매장량 탐사작업을 실시, 앞으로 4~5개월이 지나면 그 결과가 밝혀질 것'이라고 말했다." 『조선일보』 1976. 1. 16.

아니고 무려 5번에 걸쳐 포항 영일만 부근에서 석유가 나온다고 말했다. 그날부터 그해에 한국인들은 엄청난 희망에 부풀어 하루 속히 석유가 쏟아져 나와 1973년 제1차 석유파동으로 갑자기 떼부자가 된 중동 산유국처럼 되기를 기다렸다. 사람들이 몹시 궁금해하자 그해 여름 박정희는 기자들에게 "기름이 조금씩 나오긴 했지만 아직까지 만족스러운 결과는 못 됩니다" 또 이렇게 기만적인 발언을 했다. 석유 문제라면 당연히 맡아야 할 부처가 정해져 있는데, 기이하게도 신직수의 정보부가 처음부터 끝까지 그것을 맡았다. 1975년 4월에 정보부 국장을 단장으로 한 특별석유탐사단이 발족해 그 다음 달부터 시추에 들어가 석유탐사가 아무 소득 없이 슬그머니 문을 닫을 때까지 정보부가 이 일을 맡았던 것도, 박정희 기자회견 이전인 1975년 연말에 석유가 나온다는 소문을 모처에서 일부러 퍼뜨려 많은 사람이 그 소문을 들은 것도 다 시사하는 바가 있다.[97] 이처럼 유신체제를 수호하는 데 중요한 일은 박정희가 직접 기획하고 지시하며 정보부장은 그것을 따르기만 하면 되었다.

그런데 1976년에 들어와 박정희는 코리아게이트로 곤경에 처했다. 대통령 선거운동에서 민주당의 카터 후보는 한국의 인권 문제와 주한 미군 철수를 연계시켰다. 그해 9월 조지 맥거번 상원의원은 "유신헌법에 관한 (1975년 2월의) 국민투표는 사기극"이라고 말하고, "박정희 대통령은 북한의 위협을 국내 정치에 악용했다"고 비난을 퍼부었다. 그로부터 한 달 후인 10월 『워싱턴 포스트』에서 박동선 사건을 크게 보도하면서 미국은 발칵 뒤집혔고, 한미 관계는 코리아게이트에 걷잡을 수 없이 휘말려 최악의 상태로 치달았다.

『워싱턴 포스트』가 대대적으로 보도하자 미국의 다른 유명지와 통신사들이 가세해 코리아게이트가 불붙고 있을 때인 11월 23일, 주미대사관 참사관으로 정보부 요원인 김상근에게 귀국 명령이 떨어졌다. 김상근에게는 1975년에 '백설작전'이라는 특별 임무가 부여되었다. 박정희가 '불국사 주지', 신직수가 '도지사'로 불린 이 작전은 나중에 007 영화에나 나올 법한 사건으로 소문나고 그래서 김상근은 덩달아 제임스 본드로도 불렸지만, 성과는 미미했다. 60만 달러라는 거금도 공작에 제대로 쓰이지 못하고 로비스트인 김한조 등의 호주머니로 들어갔다.

귀국 명령을 받은 김상근은 다음날 근무지를 이탈했고, 26일 FBI에 연락해 정치망명을 신청했다. 미국 정부의 보호를 받은 것은 직속 상관이었던 김

---

97 서중석 등, 앞의 책 13, 184~200쪽.

형욱의 도움을 받은 것으로 알려졌다. 김상근 망명 사건으로 1976년 12월 신직수가 물러났다.

김형욱이 아직 엄청난 포문을 열기 이전 김상근 망명에 개입한 것이었지만, 그리고 결국 김형욱은 의문의 죽음을 맞게 되지만, 신임 정보부장은 절대로 배신하지 않을, 심복 중의 심복이면서 관리형이어야 했다. 그는 건설부장관으로 평판도 괜찮은 김재규를 콕 찍었다. 박정희는 김재규를 신직수처럼 자신의 지시에 잘 따르는 실무형 조직 관리자로 판단했을 것이다. 이로써 박정희는 자신을 지켜줄 정보부와 경호실에 김재규와 차지철이라는 각별히 신뢰했던 두 인물을 책임자로 배치해 거느리게 되었다.

박정희는 김재규를 정보부장에 임명했을 때 신직수와는 다른 것도 기대하지 않았을까 싶다. 신직수는 지시에 따르기만 하는 자인데, 김재규는 박정희에게 쓴소리도 할 사람이었다. 처음에는 이 점도 생각을 하지 않았을까 싶다. 유신체제를 유지하는 데 김재규 같은 사람도 있어야 한다고 판단했던 것 같다.

그러나 1978년 유신 2기를 맞으면서 민심의 이반 등 위기가 밀어닥치자 박정희 및 차지철과 김재규 사이의 골이 깊어졌고, 부마항쟁이 일어나면서 김재규와 박정희 사이의 골은 메울 수가 없게 되었다.

7. 10·26의 역사적 의의

1) 배신자와 의인의 차이

부천서 성고문 사건 피해자 권인숙의 항소이유서에는 다음과 같은 글이 나온다.

"10·26은 커다란 충격이었습니다. 중·고등학교 선생님들은 한결같이 유신헌법을 한국적 민주주의의 토착화된 산물이라고 극구 칭찬했었고, 저는 박정희가 죽을 때까지 대통령을 했으면 좋겠다고 몇 번이나 친구들과 얘기했는지 모릅니다. 그러던 제가 반 친구들과 다 같이 '대통령 서거' 소식에 접해서 마치 부모님 초상이라도 난 듯이 엉엉 통곡을 했던 것은 어쩌면 자연스러운 일이었을 것입니다."[98]

당시 많은 여중생이나 여고생들이 권인숙처럼 울었고, 나라를 이끌어온 영도자를 잃었으니 이제 우리나라는 어떻게 되나 걱정했다. 권인숙 등 초중고생들에게 대통령은 오로지 박정희 한 사람만 있었고, 박정희와 유신체제에 관해 심하게 세뇌 교육을 받았다. 1980년대의 맹렬한 민주화운동이나 급진적 정치 이념은 이러한 교육에 대한 반동도 작용했다. 권인숙처럼 대학에 와서 바로 달라진 사람들도 있지만, TV나 다른 여러 경로를 통해 비슷한 교육을 받은 사람들 중 상당수는 후유증이 박정희가 죽은 지 3, 40년이 지났는데도 그대로 남아 있다.

주한미국대사 글라이스틴의 회고록에는 권인숙의 글과 정반대되는 대목이 나온다.

"일반 국민들의 반응은 조심스러웠다. 박 대통령 암살 소식이 알려지자 처음에는 반신반의하는 듯했으며, 그의 죽음을 애도하는 사람은 극히 적었다."[99]

---

98 사상계 편집부 편, 『항소이유서』, 사상계, 1988, 10쪽.

99 윌리엄 글라이스틴, 앞의 책, 92쪽.

이 정보의 출처는 일반 시민이라기보다는 정재계 인물들이 아니었을까 싶다. 유신체제 옹호의 선봉에 섰던 유신정우회에서는 어떤 반응을 보였을까. 10월 27일 유정회에서는 "박 대통령 각하의 유지를 받들" 것을 표명하기는 했다. 그러나 "'10·26 사태'는 10월유신 이후 권력을 인격화하고 특정 인격을 권력화했던 유신헌법의 밀핵(蜜核)을 유고토록 하였으므로" 이제는 유정·공화 측과 신민·통일당 측이 정치적 공방을 할 필요가 없게 되었다고 주장했다. 하룻만에 급변한 것이다. 그래서 박정희 국장이 끝난 지 2일 만인 11월 5일 (김영삼 의원 제명으로 발생한) 야당 의원들의 의원직 사퇴서를 일괄 반려키로 결정했다.[100]

유신 말기로 갈수록 많은 사람이 불안해했고, 1979년 9, 10월이 되면 더욱 불안해했다. 글라이스틴도 그러한 불안감을 전해주고 있다.

"내가 (김영삼 제명으로 본국에서 소환된 뒤) 워싱턴에서 돌아온 날부터 박이 죽을 때까지 며칠 동안 나는 체제 내의 정부의 강경 정책이 한국을 어디로 이끄는가에 대한 우려가 팽배했다는 느낌을 받았음. 거의 모든 부문의 모든 수준에서 사람들은 그들의 불안감에 대해 토로했으며, 박 대통령을 잘못된 결정을 하는 사람으로 지목하는데 점점 더 과감해지고 있었음."[101]

앞에서 박정희를 무한히 존경하고 최장 비서실장을 지낸 김정렴이 차지철의 국정농단으로 "우려했던 상황은 결국 10월 26일에 터지고 말았다"고 쓴 것을 비교적 자세히 언급한 바 있었다. 또 전두환이 청와대 내부가 엉망이고

---

100 유신정우회사 편찬위원회, 『유신정우회사』, 1980, 242~243쪽.
101 지주형, 「미국 정부 기밀문서를 통해 본 부마항쟁—부마항쟁의 정치·사회적 충격」, 『부마항쟁의 진실을 찾아서』, 선인, 2016, 319쪽에서 재인용.

우군(友軍) 싸움이 심했다면서 "망하려니 그런가 봐"라는 말을 하는가 하면, 박정희 죽은 것을 알게 된 순간 "결국은 이렇게 오는구나"라고 말한 것도 언급한 바 있다. 두 사람 다 '올 것이 왔다'는 뜻에서 같은 의견을 피력했다. 1972년 10·17 유신 쿠데타에서부터 유신체제 보위(保衛)의 임무를 맡은 군부도 착잡했을 것이다.

공화당 사무총장 신형식도 묘한 여운을 남기는 말을 했다. 앞에서 신형식이 김영삼 의원 제명을 막으려고 신민당의 황낙주 총무를 만났는데, 차지철이 방해를 해서 추진을 못했다는 것을 언급한 바 있는데, 죽기 직전에 이런 증언을 남겼다. "10·26이 터지고 나니까 누구누구가 그럽디다. '차지철이 때문에 나라 망할 뻔했다'고…. 허참, 그게 말이 되나요. 유신 말기에 나라가 그 모양으로 뒤틀려버린 게 어디 차 실장 한 사람 탓인가요. 그때 권부 내에서 무게깨나 잡았던 공화당 간부들 중에 누구 하나 나서서 박 대통령한테 바른 말 한 사람이 있었나요? 나도 당 사무총장을 했으니 입이 열 개라도 할 말이 없어요. 그 시대는 우리 모두의 책임이에요"

신형식은 진정한 용기[眞勇]가 없어 거센 시류에 묻혀버린 게 부끄럽다는 얘기도, 박준규 공화당 의장도 (김영삼 의원) 제명만은 막아보려고 고민 많이 했지만 박정희에게 간언할 용기가 없었다는 얘기도 했다.[102]

'나라가 그 모양으로 뒤틀려버린 것'은 차지철 한 사람의 잘못이 아니라 공화당 간부 모두의 책임이다, 아무도 박정희에게 바른말하려는 용기가 없었다는 신형식의 말은 음미해볼 가치가 있다. 김정렴, 전두환의 말에서도 그런 의미를 간취할 수 있는데, 사실은 그렇게 뒤틀리게 한 사람이 다름 아닌 박정희라고 해석할 수 있는 여지가 있다. 앞에서 필자는 1979년 백두진 파동

---

102 김진, 앞의 책, 134~135쪽.

에서부터 시작되는 차지철의 행위는 큰 줄기는 박정희의 뜻에 따른 것이고, 차지철의 잘못은 사실 박정희의 잘못이었다고 지적하였다.

10·26이 일어났을 때 신형식이나 박준규, 그 밖에 적지 않은 여권 인사들이 안도의 쉼을 쉬지 않았을까. 불행한 일이지만 차라리 잘된 것이 아니냐 하는 안도의 마음을 갖지 않았을까.

신형식의 말에 묘한 여유가 있다는 것은 다른 지적을 하려는 것이 아니다. 신형식 말대로라면, 1978년 12·12 선거에 임한 김재규의 태도, 선거 결과에 대한 강력한 책임추궁, 이 글에서는 지면 관계로 언급하지 않았지만 백두진 파동에서 보인 김재규의 행위, 그리고 5·30 신민당 전당대회에서 부하들의 건의조차 묵살하고 김대중을 그 전날 풀어준 결정, 김영삼 제명을 둘러싸고 보인 활동, 부산항쟁에 대한 진솔한 보고, 박근혜·최태민 문제에 대한 과감한 고언을 한 김재규는 어떻게 평가받을 수 있을까, 이 점을 여러 모로 생각해보게 한다는 것이다. 김재규는 유신권력 내부에서 용기를 보여준 거의 유일한 인물이 아닐까. 그것만이 아니다. 초중고생이나 일반 사람들은 잘 몰랐지만, 당시 정부나 여당의 상층에서는 신형식이 시사한 바와 같이 10·26이 없었더라면 정치로나 경제로나 다른 면에서나 나라꼴이 뒤틀릴 대로 뒤틀려 아무도 예측하기 어려운 파국으로 치다를 수도 있다는, 박정희의 건강이 좋았기 때문에도 그러한 파국이 더 참담한 형태로 나타날지 모른다는 생각이 들지 않았을까. 부마항쟁에 관해 상당한 정보를 갖고 있었던 그들은 경우에 따라서 엄청난 유혈사태가 발생할지도 모른다고, 게다가 차지철에 대한 반감까지 겹치면 심지어 내란이나 내전이 일어날지도 모른다고 생각하지는 않았을까. 그렇다면 유신의 심장을 쏨으로써 피해를 최소화한 김재규는 나라를 구한 의인이 아닌가.

특히 전두환 등이 김재규 재판과 관련해서 주장했지만, 일각에서는 김재규를 배신자로 비난했다. 그러나 많은 여당계 사람들도 10·26 때문에 유혈사태를 막을 수 있었던 것 아니냐 하는 생각은 했을 것 같다. 두 차례 쿠데타를 일으키고 광주에서 피의 학살을 저지른 전두환 등을 제외한다면 말이다.

2) 유혈 방지

1979년 9, 10월 이후의 정국은 칠흑 같은 어둠 속에 미친 듯이 차가 질주하는 형국이었다. 이 차를 멈추게 하기도, 대형사고가 나지 못하도록 조정하기도 어려웠다. 김영삼 의원 제명 이후 정국은 한 치 앞도 보이지 않은 채 파국으로 치닫고 있었다. 10월 18일 부산에서 올라온 김재규가 보고하는 자리에서 보인 박정희와 차지철의 반응, 10월 26일 총성이 울리기 직전 박정희·김재규·차지철이 나눈 대화는 정치를 전차로 깔아뭉개겠다는 발상을 넘어서지 못했다. 여권 정치세력은 박정희·차지철에 맹종했다. 김영삼 제명에 유정회는 "무책임한 선동으로 폭력혁명 노선을 치닫는 반민주적 정치 폐풍을 추방하기 위해서"라는 성명을 냈다. 신민당 의원 전원이, 그리고 통일당 의원 3명 전원이 제명에 항의해 의원직 사퇴서를 제출하자 당연히 일괄 반려를 기대했는데, 공화당 유정회 합동 의원 총회에서 선별 수리가 우세했다면서 한 발더 나아가 사퇴 의원들은 보궐선거에 나오는 것까지 막겠다고 나왔다. 막가파식이었는데, 여권의 어느 누구도 정치적 파국을 막기 위해 나설 용기가 없었다. 경제도 1979년 하반기부터 1980년에 걸쳐 한국전쟁 이후 최악의 상태로 악화되었고, 사회적 갈등이나 대립도 더욱더 심해지고 있었다.

10월 16일 부산에서 격렬한 민중항쟁이 전개되자 마산뿐만 아니라 다른 지역으로도 급속히 파급되었다. 이러한 시위는 긴급조치 9호에 묶여 보도되지 않았지만, 미 CIA 자료에 따르면 10월 17일 전남대에서 시위를 기도했고, 18일에는 대구, 청주, 진주와 서울대에서 시위가 일어났다. 20~21일에는 한양대에서 시위가 일어나 성동경찰서까지 학생들이 진출했다. 학생들의 움직임이 심상치 않자 경북대·영남대 등이 문을 닫았으며, 계명대에서는 25일 학생약 1,000명이 시위를 벌였다. 10월 29, 30일에는 연세대와 이화여대에서 시위가 일어날 예정이었고, 서울에서 10월 29일부터 11월 2일까지 학생 시위가 있을 것이라는 소문이 돌았다. 11월 3일 학생의 날에도 대규모 시위를 하려고 한다는 제보가 들어왔다.[103] 학생운동의 특성상 한 번 시위가 벌어지면 일파만파로 순식간에 여러 대학에서 시위가 일어날 가능성이 컸다. 김재규는 부마항쟁에 이어 다른 여러 지역에서 유사한 시위가 일어날 것이라고 주장했다. 박정희가 부산에 18일 계엄을 선포한 것도 불티가 다른 지역으로 튀기 전에 신속히 진화하기 위해서였다. 김재규가 10월 18일 새벽 2시경 부산에 와 계엄사령관 박찬긍 중장에게 박 대통령의 지시를 구두로 전달했는데, 지시의 골자는 "데모의 징후가 여러 타지역에서도 엿보이니까 빨리 사태를 진정시키라"는 것이었다.[104] 미 CIA 문서에 의하면 "지방 경찰에는 학생 시위에 대처할 역량이 없을지도 모른다는 한국 정부의 우려로 서울에서 전문가들이 여러 도시로 급파"되었다.[105] 그리고 그러한 우려는 사북 사태(항쟁)와 광주항쟁에 의해 어느 정도 입증되었다. 이처럼 1979년 10월 이후 한국은 언제 어디서 돌발적으로 큰 사태가 일어날지 알 수 없는 일촉즉발의 위험한 상황이었다. 그런데 이러한 사태를 대단히 심각하게 하는 것이 박정희의 단호한 태도였다. "앞으로 부산 같은 사태가 생기면 이제는 내가 직접 발포 명령을 내리

---

103 지주형, 앞의 글, 317~325쪽.

104 조갑제, 앞의 책 2, 49, 51쪽. 미 CIA 문서에는 이러한 지적이 있다. "부산에서 그렇게 강력한 억제 전술을 사용한 것을 보면 다른 도시들의 상황에 대해 상당히 우려하고 있음에 틀림없음." 지주형, 앞의 글, 315쪽.

105 지주형, 앞의 글, 320쪽.

겠다. 자유당 때는 최인규나 곽영주가 발포 명령을 하여 사형을 당하였지만, 내가 직접 발포 명령을 하면 대통령인 나를 누가 사형시키겠느냐."

광주항쟁 이전 시위에서 가장 사망자가 많았던 것이 1960년 '피의 화요일' 4월 19일이었다. 이날 서울에서 1백 명 이상이 발포로 사망했는데, 발포 명령 자는 명확하게 밝혀졌다고 보기 어렵다. 허정 과도정부, 장면 정부, 박정희 군 사정부에서 당시 내무부장관이었던 홍진기, 치안국장 조인구, 시경국장 유충 렬, 시경경비과장 백남규, 대통령 경호책임자 곽영주 등이 재판을 받았지만, 모두가 자신은 발포 명령자가 아니라고 발뺌했다.[106] 그 당시는 시위 진압이 나 발포 명령이 일사불란하게 움직이지 않았다.

유혈사태와 관련해 박정희와 이승만은 여러 가지로 비교된다. 1960년 4월 19일 오후 계엄이 선포되었을 때 군은 중립을 지켰다. 이승만과 이기붕에게 충성파였던 육군참모총장이자 계엄사령관인 송요찬은 이승만의 기대에 어 긋나게 시위 진압에 적극적이 아니었다. 4·19 시위 때부터 이승만 정권에 비 판적이었던 미국의 영향도 있었을 것이고, 군 내부의 동향도 무시할 수 없었 지만, 사태의 추이가 미묘한 점도 크게 작용했다. 그는 이승만이 하야 쪽으로 기울고 있던 4월 26일 아침에 시민·학생 대표 5명을 경무대 이승만 앞으로 데 려왔는데, 이들은 노골적으로 이승만 사임을 요구했다. 이승만은 떨리는 목 소리로 망명을 원하느냐고 물었다.[107] 서울지구 계엄사령관 조재미 준장은 "상관의 명령 없이 절대로 총을 쏘지 말 것"을 지시했다.[108]

그러나 박정희는 이승만과 달리 군인이었고, 쿠데타를 결행한 사람으로, 특히 유사시 그가 동원할 수 있는 병력에 관해서는 집권 기간 내내 특별히 신

106 『혁명재판』, 학사림, 1960. 8; 학민사 편집부 편, 『혁명재판』, 학민사, 1985 참조.
107 민주화운동기념사업회 연구소 편, 『민주화운동사』 1, 2008, 142쪽.
108 위의 책 1, 132쪽.

경을 썼다. 유신 후기에 와서 경호실 관련 병력을 크게 늘리고 유사시에는 경호실장이 수경사의 30·33단을 장악해 지휘하도록 해 군 계통을 문란하게 했다는 점은 앞에서 지적한 대로이다. 수경사 특전사 해병대 20사단 등에 대해서는 지휘관들이 나중에 대부분이 전두환·하나회 군인들로 알려졌지만, 박정희에게 절대적으로 복종할 인물을 배치했다. 그는 '잘 훈련된 특전사 병력을 주머니의 호신용 권총 뽑듯 부리는 경향도 있었다'는 지적 그대로 특전사를 자신의 권력을 지키는 사병처럼 생각했다. 부산에 특전사 병력에 대한 급파 지시도 지휘계통을 무시하고 차지철이 내렸고, 정병주 특전사령관은 자신도 모르게 예하 병력이 징발된 것을 알고 허둥지둥 현지로 달려갔다.[109]

무엇보다도 이승만 사임에는 나이도 영향을 미쳤다. 그는 4·19 때 만 85세였다. 당시로는 아주 희귀하게 오래 산 노인이었다. 노쇠는 어쩔 수 없었던지 1958년경부터는 국회의장으로 자유당 제2인자인 이기붕에게 정사를 상당 부분 맡긴 상태였다. 4월 26일 아침 그는 사면초가였다. 4월 25일 오전에 민주당은 이승만의 하야를 요구했고, 이날 교수들도 시위하면서 같은 주장을 했다. 이날 시위대도 "이승만 정권 물러가라"고 밤늦게까지 외치다가 다음 날 일찍부터 같은 구호를 외쳤다. 군대가 이승만 편이 아니었고, 미국도 26일에는 정치적 결단을 요구했으며, 측근들도 하야를 권하는 절망적인 상황에서 85세의 노인은 하야를 결정했다. 이날 오후에 열린 국회는 다수파인 자유당을 포함해 만장일치로 "이 대통령은 즉시 하야할 것"을 결정했다. 27일 국회에 사임서를 제출할 때 이승만은 한동안 사임을 주저해 주위를 당황케 했으나 허정 등 측근들이 강력히 주장해 정식으로 사임서를 국회에 제출했다.

박정희는 10·26 때 62세였다. 그의 육체 건강은 좋아서 대행사 소행사를

---

109 김충식, 앞의 책 2, 290쪽.

자주 치렀고, 과음을 이기지는 못했으나 술도 자주 했고 잘했다. 그러한 박정희는 청년시절부터 군국주의적인 일본 군인정신을 견지하고 있었다. 그는 만주군관학교에 다닐 때부터 1936년 2·26 쿠데타를 기도한 군국주의 청년 장교들에게 강한 영향을 받았다. 그는 또 권력에 대한 집념과 연결되어 있는 사무라이적 사생관을 지니고 있었다.[110] 죽음 말고는 그 무엇도 권력으로부터 그를 떼어놓기가 어려웠다. 10·26까지 장기간에 걸쳐서 정치담당 수석비서관이었던 유혁인은 이렇게 말했다.

> "요즈음 발표되는 회고물 기사에 보면 박 대통령이 10·26 직전에 자신의 거취에 관한 구상을 하고 있었고, 누가 대통령에게 물러날 것을 권했다는 증언이 나오는데, 나는 두 가지 점을 확언할 수 있다. 대통령 면전에서 그만두라고 한 사람도 없고, 대통령이 장기집권 체제 자체를 양보하려고 한 적도 없다."[111]

박정희는 일인권력체제에서 물러날 의사가 없었을 뿐만 아니라, 유신 말기에는 판단력에 큰 문제가 있었다. 김영삼의 신민당 총재직을 박탈하려는 행위나 의원직을 제명하고 구속하려는 결의에 찬 모습은 정상적인 사고에서 벗어나 있다고 볼 수밖에 없다. 카터 미 대통령을 만났을 때도 그랬지만, 9, 10월에 들어서서는 자신에 대한 통제력이 상실되고 있었고, 어느 기자가 쓴 것처럼 광기마저 엿보였다. 그는 부마항쟁에 대해서도 진실을 마주하기를 두려워했고, 김영삼이나 신민당이 영향을 미쳐 그런 사태가 발생한 것으로 자신의 사고를 가두려 했다. 그러면서 그러한 사태에 자신이 직접 발포 명령을

---

110 노재현, 『청와대 비서실』 2, 중앙일보사, 1993, 239쪽.
111 조갑제, 앞의 책 2, 117쪽.

내리겠다고 한 것이다. 그리고 그러한 결의, 결단의 한가운데에 사무라이 사생관이 자리잡고 있었다.

이승만의 처지와 박정희의 위세를 잘 보여주는 것이 제2인자 또는 조력자 문제였다. 이기붕은 4월 19일 이전까지는 명실공히 제2인자였으나 4·19 시위 앞에서 어쩔 줄 몰라 했다. 현직 국회의장이고, 부통령 당선자로 공고된 자였지만, 당시에는 그를 지켜줄 어떤 무력도 없어 불치의 병을 앓고 있던 이기붕은 부인과 함께 허겁지겁 6군단으로 피신했다. 4월 25일 밤 데모가 격화되자 이기붕은 다시 6군단으로 도피했다. 서울로 돌아온 그는 갈 곳이 없어 경무대 관사에 들어갔다가 28일 이화여대 부총장인 부인 박마리아, 두 아들과 함께 자살했다.

공수부대 대위로 5·16 쿠데타에 참여한 차지철은 경호실 무력을 장악하고 있었고, 여차하면 수경사 무력도 지휘할 수 있었다. 10월 18일 저녁에 박정희가 자신이 발포를 명령하겠다고 하자, 캄보디아 예를 들면서 "우리도 데모대원 1, 2백만 명 정도 죽인다고 까딱 있겠습니까"라고 거들었고, 10월 26일 밤 총소리 나기 직전에도 "새끼들, 까불면 신민당이고 학생이고 간에 전차로 싹 깔아뭉기겠습니다"라고 호언한 위인이었다. 3선개헌을 반대했던 양순직과 예춘호·박종태는 1979년 4월 청와대에서 차지철과 만나 장시간 얘기를 나누었다. 양순직이 얘기 끝에 대통령이 물러나는 것을 생각할 때인 것 같다는 말을 하자 차지철은 자리에서 일어나면서 고함을 질렀다.

"정신 나간 것 아닙니까? 내가 지금 우리나라를 보위하는 제일차적인 책임을 지고 있는데 (…) 유신에 반대하는 학생들이나 재야는 한꺼번에 쓸어버리면 아무 문제도 안 됩니다. 요즘 사회가 다소 어수선한 것은 유신체제 때문이 아니라 오일쇼크로 인한 물가고 때문이에요 (…) 유신정권은 약한 정권이 아닙니다.

청와대에 수소폭탄을 직격탄으로 투하한다 해도 우리는 끄떡없어요."[112]

차지철은 박정희의 불안 증세가 심해지는 상태에서, 또 박정희가 좋아하는 정보를 계속 제공함으로써 박정희의 심신에 상당 부분 영향력을 미쳤다. 차지철은 칠흑 속에 제정신이 아닌 상태에서 질주하는 운전기사에게 옆에서 계속 "더 세게!" "더 세게!" 하고 소리지르고 있었다.

언론의 태도도 달랐다. 학생 다음으로 언론의 공로가 컸다고 할 정도로, 4월혁명 당시 언론은 강렬하게 때로는 자극적으로 자세히 시위를 보도해 이승만 하야를 이끌어냈다. 그러나 유신체제에서, 특히 긴급조치 9호 아래서는 달랐다. 부산에서 엄청난 항쟁이 연 이틀이나 일어났지만, 계엄이 선포되기 전에는 부산에 있는 두 신문사조차 한 줄도 쓸 수 없었다. 박정희는 긴조 9호를 해제할 생각이 없었다. 언론이 막혀 있으면 아무리 끔찍하고 무서운 유혈 사태가 일어난다 하더라도 국민만 모르는 것이 아니라 여권 정치인들도 군부조차도 잘 알 수 없는 상태에 처할 수 있다. 이런 상황에서는 어느 쪽에서도 박정희·차지철을 견제하기가 어렵다.

3) 민주주의를 향하여

김재규의 항소이유보충서는 이렇게 시작한다. "본인이 거행한 이번 10·26 거사는 자유민주주의의 회복을 위한 혁명이었습니다." 10·26은 민주주의의 길을 열어놓았다. 유신체제는 박정희 일인을 위해 박정희가 만든 것이어서 박정희가 죽으면 함께 종언을 고하게 되어 있었다.

1979년 11월 2일자에서 『뉴욕타임스』는 한국 군부의 고위 장성들이 10월

---

112 양순직, 앞의 책, 219쪽.

30일 비밀회합을 갖고 유신헌법을 폐기하기로 비공식 합의를 봤다고 보도했다. 다만 전두환 등 일부 젊은 장성들이 빠른 시일 안에 유신헌법을 폐기하는 것에 반대해서 폐기 시기에 대해서는 의견 일치를 보지 못했다고 전했다. 이건영 당시 3군 사령관은 "얼마 전까지도 유신의 정당성을 장병들에게 강조했는데, 다시 그 부당성을 설명하려면 어려움이 있지 않겠느냐" 정도의 우려가 있었다고 증언했다.[113] 박정희 국장일인 11월 3일, 육군참모총장으로 계엄사령관인 정승화는 "우리 군은 하루 빨리 국토방위라는 군 본연의 임무에 전념하고 싶다"고 밝혔다. 정승화는 군이 정치에 관여할 생각을 하지 말아야 한다고 강조했다.[114] 11월 10일 대통령권한대행 최규하는 "현행 헌법에 규정된 시일 내에 국법이 정하는 절차에 따라 대통령 선거를 실시"하되, "새로 선출되는 대통령은 현행 헌법에 규정된 잔여 임기를 채우지 않고 현실적으로 가능한 빠른 시간 내에 (⋯) 헌법을 개정하고 그 헌법에 따라 선거를 실시해야 한다"고 언명했다.

변화는 정치계가 가장 빨랐다. 11월 5일 속개된 국회는 야당 의원들의 사표를 일괄 반려했다. 이날 김영삼은 신민당 총재로서 기자회견을 열고 제3공화국 헌법으로 돌아가는 것을 원칙으로 3개월 내에 개헌하자고 주장했다. 1972년 10·17 유신 쿠데타 이전으로 돌아가자는 주장은 김대중과 같았고, 김종필과도 차이날 것이 없었다. 11월 17일 김영삼과 김종필이 만나 평화적 정권교체가 이뤄지도록 노력하기로 했다. 11월 22일에는 최규하가 김영삼을 초치해 장시간 정치발전에 관해 의견을 나누었다. 11월 26일 국회는 여야 만장일치로 헌법개정심의특별위원회 설치를 가결했다.

---

113 정병진, 『실록 청와대 궁정동 총소리』, 한국일보사, 1992, 145쪽.
114 정승화, 『12·12사건 정승화는 말한다』, 까치, 1987, 87쪽.

김재규는 항소이유보충서에서 "국무총리를 비롯한 전 각료, 공무원과 공화당의 당원들조차도 겉으로 드러내지만 못하고 있었을 뿐 내심으로는 유신체제의 철폐와 자유민주주의의 회복을 다 같이 원하고 있다"고 주장했는데, 여권은 카멜레온보다도 더 빠르게 변했다. 서영희 유정회 의원은 10·26 직후 백두진의 국회의장 사임을 권유했다. 같은 유정회 의원 이형호는 "유신은 반민주적인 조치로서 있어서는 안 되는 일이었다"고 말하는가 하면 태완선 유정회장은 자신이 강제징집을 당했다고 '고백'했다. 공화당 총무를 지낸 김택수 의원은 "유신의 피해자"라고 주장했다. 그는 국회 개헌특위 위원장으로 선임되었다.[115] 12월 1일 신민당 의원들은 백두진 의장 불신임안을 냈고, 백두진은 12월 3일 사직했다. 유신헌법 제정에 개입했고, 유신헌법을 이론적으로 뒷받침하는 활동을 벌여온 한태연 유정회 의원은 유신헌법이 이론과 실제가 달랐다는 변명을 했다. 역시 한 교수와 함께 유신헌법 제정에 헌법적 기초를 제공한 갈봉근 유정회 의원은 나중에 (유정회) 청산위원회 위원장이 되었다.[116] 유신 중반에 정보부장으로 민청학련·인혁당재건위 사건 조작에 참여했고, 유신 말기에 법률담당 특별보좌관으로 대야 강경책을 많이 건의한 것으로 알려진 신직수는 "이제는 유신체제를 정리하고 민주주의를 해야 할 때"라고 말했다.[117]

1979년 12월 6일 최규하가 유신헌법에 따라 체육관 대통령에 선출되었다. 7일에는 0시를 기해 긴급조치 9호를 해제하기로 국무회의에서 의결했다. 8일 김대중이 연금에서 해제되었다. 정승화 계엄사령관은 글라이스틴 주한미대사와 식사하면서 계엄 해제가 언제쯤 될 것으로 기대하느냐는 질문에 치안

---

115 노재현, 앞의 책 2, 118~120쪽.

116 위의 책, 118, 122쪽; 이상우, 『비록 박정희 시대 (1)』, 중원문화사, 1984, 232쪽.

117 조갑제, 앞의 책 2, 192~193쪽.

확보가 가능하면 명년 4월이나 5월에 해제할 생각이라고 답변했다.[118]

10·26으로 유신의 심장이 제거되자 거의 모든 국민이 민주주의가 될 것으로 믿었고, 그러길 기대했다. 이러한 기대가 열매를 맺지 못한 것은 유신 잔당이 두 차례에 걸쳐 쿠데타를 일으켜 권력을 탈취했기 때문이었다. 박정희·차지철이 키워놓은 전두환·하나회가 군의 핵심 권력에 포진하고 있었다는 사실의 의미를 군의 상층부도, 민간인도 제대로 인지하지 못했다. 정승화는 전두환 등 자신이 지목하고 있었던 정치군인들을 제거하는 것을 서둘지 않다가 12·12 쿠데타를 맞았다. 김대중·김영삼과 김종필, 최규하도 12·12 쿠데타에 성공해 군권을 장악한 자들에 대해 적절히 대처하지 못했다.

4) 성장제일주의의 변화—박정희와 신현확 경제팀의 사사건건 충돌

(1) 경제 안정화 정책과 박정희

10·26이 늦춰지거나 없었더라면 정치 위기 못지않게 경제 위기가 심각해질 수 있었다. 유신 말기에 경제적 위기와 정치적 파국은 상호 긴밀히 연결되어 있었다. 1978년 12·12 선거에서 공화당이 패배한 것은 "공화 위에 재벌 있다"는 구호가 선풍적인 인기를 끌었던 것이 말해주듯 경제 문제 때문이었다. 김재규 정보부 등에서는 김정렴 비서실장과 남덕우 등 유신경제를 이끌어온 경제팀의 퇴진을 강력히 요구함으로써 신현확을 경제기획원장관으로 한 새 경제팀이 들어섰다. YH 여성 노동자들의 신민당사 농성 사건 이후 박정희와 야당의 대립은 한층 심해지고 그러면서 부마항쟁이 일어났다. 부마항쟁에 민중이 적극적으로 가담해 시위를 주도한 것에는 경제 문제가 가장 큰 영향을 미쳤음을 앞에서 강조한 바 있다. 미 CIA도 비슷하게 보고 있었다.

---

118   정승화, 『정승화 자서전—대한민국 군인 정승화』, 휴먼앤북스, 2002, 411쪽.

미 CIA는 경제기획원의 고위 관료들, 국무총리실 직원들, 청와대 경제 수석 등을 만나 부마항쟁의 경제적 요인에 대해 조사했다. CIA가 부마항쟁의 요인에서 경제를 얼마나 중시했는가를 알 수 있다. 부마항쟁, 특히 마산항쟁에는 한국 민주화운동에서 보기 드물게 계급 갈등적인 요소가 있었다. 미 CIA 문서는 부마항쟁에 "계급 전쟁의 요소가 있으며, 따라서 정부에게 매우 심각한 근심거리가 되고 있다"는 것, "이 가정이 맞다면 이는 단순한 학생 시위보다 '더 중요한 문제'(따옴표—인용자)를 박 정권에 제기한다"는 정보를 담고 있다. 미 CIA는 소득 분배의 양극화, 불공정한 세금 혜택, 물가 폭등, 서민들에게 문턱이 너무 높은 특혜 금융, 부가가치세 등의 "주요한 불만들 가운데 몇 가지를 시정하기 위한 조치가 취해지지 않는다면 한국의 경제정책에 대한 대중의 불만이 미래에 시위를 일으키는 데 더 중요한 촉매제가 될 수 있음"을 두려워했다.[119] 뒤에서 살펴보겠지만 미 CIA가 지적하고 있는 경제적 문제점은 신현확 팀이나 당시 경제 관련 전문기구의 진단과 거의 맞아떨어진다는 점에서 주목할 만하다.

10·26 얼마 후 신현확이 총리가 되면서 경제기획원장관 겸 부총리가 된 이한빈은 1970년대 말의 경제 상황에 대해 중화학 공장, 원유가(오일쇼크), 차관 이자가 감당하기 어려운 무거운 부담이었다고 회고했다. 성장 둔화, 국제수지 악화, 물가앙등의 3중고에 시달렸다는 것이다.[120] 경제평론가 이장규는 이보다 더 신랄하게 비평했다. "희한하게도 위기 도래 직전인 1977년은 박정희도 믿기 어려운 국제수지 흑자와 대호황이었지만, 그것은 일장춘몽이었다. 이내 극심한 인플레이션과 부동산 투기, 그리고 국제수지 악화라는 악순

---

119   지주형, 앞의 글, 312, 317쪽.

120   이한빈, 『일하며 생각하며』, 조선일보사, 1996, 319~320쪽.

환 구조에 빠져들기 시작한 데다가 제2차 오일쇼크까지 겪게 된다. 그러나 이 것은 어느 날 갑자기 찾아온 재앙이 아니었다. 무리를 무릅쓴 성장 일변도 정 책들의 해묵은 부작용들이 마침내 터져나오기 시작한 것이다." 그런데도 "박 정희는 중화학 투자, 수출 주도, 새마을사업에 대해 근본적인 재검토를 하지 않았다." 수출 추락, 국내 기업 도산, 부동산 투기, 불황 속의 물가폭등, 부가가 치세에 대한 저항으로 "민심도 어느 때보다도 흉흉하게 돌아갔다. 정치는 차 치하고 경제 쪽에서만도 이처럼 시커먼 먹구름이 몰려오면서 박정희 정권의 종말을 예고하고 있었던 것이다."[121]

1978년 12월 22일 경제기획원장관 겸 부총리로 임명된 신현확은 취임하 자 '경제 안정화'를 내걸고 박정희의 성장제일주의에 칼을 댔다. 수출 지상주 의, 중화학공업 정책, 새마을사업, 물가지수 관리 등이 수술대 위에 올랐다. 그 러면서 박정희와 신현학의 알력이 관가에 퍼져 나갔다.[122]

경제 안정화 정책은 대만으로부터도 영향을 받았을 것이다. 1977, 78년, 두 차례에 걸쳐 재무부장관 등 고위 관리들로 구성된 방문단이 경제 안정을 이 룩하면서 어떻게 성장을 함께 누렸는가를 배우기 위해 대만을 방문했다. 대 만은 1973, 74년의 제1차 석유파동에 충격을 받자 저성장 정책으로 항로를 틀 었다. 저축률은 물가가 안정되면 자동적으로 올라갈 것이고, 물가가 안정되 면 환율도 안정되고 수출도 늘어난다고 보고 안정 위에서 성장을 하는 정책 을 채택했다.[123]

1978년에 들어와 대통령에 대한 연두 보고 후 경제기획원의 기획국을 중 심으로 KDI 박사, 관련 경제 부처 중견간부들이 테스크 포스를 꾸렸다. 물가

121 이장규, 『대통령의 경제학』, 기파랑, 2014, 171, 174쪽.
122 신철식, 『신현확의 증언』, 메디치미디어, 2017, 259쪽.
123 서중석 등, 앞의 책 15, 2018, 260~261쪽 참조.

상승과 부동산 투기 등 심상치 않은 문제가 생기는 근본 원인을 찾아내 대책을 세우기 위해서였다. 그 결과를 3월 말경 '한국 경제의 당면 문제와 대책'이라는 보고서로 만들어 남덕우 부총리 겸 경제기획원 장관에게 보고했다. 그러나 부총리는 청와대에 보고할 기미가 없었다.[124] 여기서 눈여겨볼 것이 있다. 박정희 경제개발계획의 견인차였던 경제기획원 관료들을 중심으로 박정희의 성장정책에 제동을 건 경제 안정화 정책이 모습을 드러낸 것이 경제불황이 아직 심화되지 않았던 1978년 3월경이라는 점이다.

이 보고서 내용을 다듬고 정책 전환의 불가피함을 강조하는 특별보고인 '80년대를 향한 새 전략'이 박정희와 마주한 것은 1979년 1월 11일 신현확 장관의 연두 보고에서였다. 이 특별보고는 성장보다는 안정, 규제보다는 자율과 경쟁 촉진, 보호 장벽보다는 개방으로 경제 운용의 방향을 바꿔야 한다는 것이 주된 내용이었다.[125] 이날 연두 보고에서는 중화학 집중 문제도 부각했다. 경공업 부문 생산액은 48.4%인데 경공업 부문 투자는 18.1%밖에 안 된다, 투자 대부분은 중화학으로 81.9%나 된다, 경공업은 소득 증대와 수출 증대로 수요가 크게 늘고 있다, 반면 중화학은 생산 능력은 대폭 확대되지만 수요 부진으로 가동률이 하락하고 있다고 지적했다.[126] 그때까지의 정책을 정반대로 바꿔야 한다는 것이어서 그랬는지 박정희는 보고 내용에 가타부타 언급하지 않았다. 그러고는 낙농가들이 바라는 대로 우윳값을 올리라고 지시했다. 업무보고에서도 특별보고에서도 분유 가격이 국제가격의 7~8배에 이르기 때문에 분유의 국산화 추진은 지양해야 한다고 주장했는데, 이러한 지시를 한

124   강경식, 『국가가 해야 할 일, 하지 말아야 할 일』, 김영사, 2010, 328~348쪽.
125   신철식, 앞의 책, 260쪽.
126   강경식, 앞의 책, 349쪽.

것이다.[127]

1979년 1월 19일 연두 기자회견에서 박정희는 경제기획원 보고와는 정반대로 "1986년까지 우리나라 중공업을 세계 10대 강국 대열에 올려놓겠다"고 기염을 토했다. 1978년 12월 8일 포항제철 확장사업 준공식에서 한 말을 다시 반복해 다짐한 것이다.[128] 너무나도 현실과 동떨어진 박정희식 '웅비' 담론이었다.

(2) 경제 발목 잡은 중화학공업

중화학공업화는 비슷한 시기에 대만, 스페인에서도 강력히 추진되었지만 한국의 경우도 특별히 육성책을 마련했다. 중화학공업은 유신 초기부터 중화학공업기획단을 두어 적극 추진했다. 그러나 1977, 78년경에는 중화학공업 투자 과열화 현상이 심각한 양상을 보였고, 그러면서 중복 과다 현상 등이 점차 '한국병'으로 드러났다. 이 시기에 이러한 현상이 나타난 것은 유신체제 수호와 직결되어 있는 고도성장을 이뤄내야 한다는 성장제일주의가 작동해 유신정권이 앞장서서 '중화학 과열'을 부채질했기 때문이었고,[129] 그것이 대기업의 이해관계와 맞아떨어졌기 때문이었다. 제1차 오일쇼크가 직접적인 영향을 미쳤지만, 미국과 일본, EC에서는 사양산업화한 노동집약적 중화학공업, 에너지 집약적 산업을 타지역으로 떠넘겼다. 외국 기업은 이러한 산업의 생산 설비를 한국에 수출하기 위해 상업차관도 제공했다.[130] 기업들이 1976~78년에 중화학공업에 집중 투자한 것은 유신정권의 엄청난 금융 특혜

---

127 위의 책, 362~363쪽.
128 박병윤, 『재벌과 정치』, 한국양서, 1982, 317~318쪽.
129 위의 책, 253쪽.
130 박섭, 「산업정책, 협력에서 저항으로」, 『박정희의 맨얼굴』, 시사in북, 2011, 208쪽.

등 각종 특혜 정책도 영향을 미쳤지만, 이 시기에 정부 보증에 의한 해외 차관 도입이 쉬워져 자기자본 비율이 아주 낮더라도 대규모 사업을 벌일 수 있었다는 점, 중동건설 특수 등에 의한 기업의 투자 의욕이 크게 작용했다. 그뿐만이 아니라 중화학공업이 워낙 덩치가 커 재계 서열을 바꿀 수 있었기 때문에 영토 분할 경쟁에서 우위에 서고자 하는 재벌들의 욕구가 몹시 강하게 작동했다.

중복 과다 투자가 얼마나 심했는지 예를 들어보자. 상공부가 1978년 4월에 조사한 바에 의하면, 건설용 중기, 석유화학, 발전설비, 강철, 전동차 제조설비가 각각 국내 수요의 25배, 12배, 10배, 4배, 4배로 나와 있다.[131] 한 자료에 따르면 발전설비의 경우 현대양행이 제시한 연간 생산능력 50만KW 4기(총 200만KW)를 비롯해 대우, 삼성, 현대중공업 등이 제시한 발전설비 총량은 1,290만KW에 달했다. 그런데 1980년대 초반까지 국내 수요는 연 1백만KW에 불과했고, 1980년대 중반에 가서야 200만KW가 될 것으로 예측되었다. 그런데도 유신정권은 국내 수요의 10배가 넘는 과잉 투자 계획에 대해 분명한 단안을 내리지 않았다. 제철설비, 시멘트설비, 화학설비, 공해방지설비 등도 엄청난 중복투자가 예상되었다.[132] 이미 준공된 공장도 가동률이 낮을 수밖에 없었다. 현대양행의 거대한 공장은 한때 일거리가 없어 자물쇠를 채워놔 IBRD로부터 세계 최대의 창고라는 말을 들었다. 창원의 기계공단이나 자동차, 조선용 엔진, 전자산업 모두 평균 가동률이 50%를 밑돌거나 50%에서 맴돌았다. 중전기는 30% 안팎이었다.[133]

고도성장 유혹은 대만, 스페인과 다르게 재벌 위주의 중화학공업 건설을

---

131   위의 글, 210~211쪽.

132   박병윤, 앞의 책, 314쪽.

133   김의균, 「중화학공업 투자 조정의 내막」, 신동아 1980. 12월호, 254쪽.

초래했는데, 이 시기에 재벌 몸통이 크게 불어났다. 1974년 말과 1978년 말을 비교하면, 현대가 9개 계열기업군에서 31개로(현대양행계 6개사 제외), 삼성이 24개사에서 33개사로, 대우가 10개사에서 35개사로, 럭키가 17개사에서 43개로 체중이 불과 4년 사이에 2~3배 불어났다.[134] 대기업의 독과점화도 심화되었다. 내수 출하 총액 20억 원 이상을 대상으로 조사한 결과 1976년에서 1978년에 오면 시장점유율이 1개사가 100%인 경우 27개에서 41개로, 2개사가 100%인 경우 13개에서 21개로, 3개사가 100%인 경우 7개에서 30개로, 70% 이상인 경우 42개에서 115개로 각각 증가했다.[135]

중화학공업은 스케일 메리트가 중요하기 때문에 정부가 기업의 집단 도산을 막고 자원의 효율적 배분을 위해 과열경쟁을 막을 필요가 있었다. 정부의 구획정리는 기업들의 강력한 반발을 샀다. 정부의 중화학 구획정리는 원칙이 없었고, 모처럼 원칙이 세워져도 룰이 지켜지지 않았다. 1978년 말에 다다르면서 중화학 과열은 클라이맥스로 치달았다.[136]

(3) 10·26으로 경제 살아나

박정희 및 상공부 재무부는 경제기획원과 정반대의 정책을 발표했고, 따로놀고 있었다. 한 지붕 아래 두 식구가 딴살림을 차리고 있었던 것이다. 박정희는 신현확 경제팀에 대한 불만을 쏟아냈다. 부총리가 된 지 한 달이나 되었을까, 1979년 1월 하순경 신현확은 안정화 정책 입안에 깊이 관여한 기획차관

134 박병윤, 앞의 책, 312쪽.

135 강경식, 앞의 책, 273~274쪽; 고승철·이완배, 『김재익 평전』, 미래를소유한사람들, 2013, 196쪽. 독점규제 및 공정거래에 관한 법률은 전윤철이 김재익의 도움을 받으며 추진했는데, 1980년 12월 23일 국보위 입법회의를 통과했다.

136 박병윤, 앞의 책, 312~318쪽.

보 강경식을 불러 부총리 그만두어야 할 모양이라고 말했다. 물가 관련 행정 규제 1백여 개를 1월 말까지 풀겠다고 했는데, 청와대에서 소식이 없다는 것이었다. 박정희는 1월 말에 대표적인 성장론자인 남덕우 전임 부총리를 경제 특보로 임명했다.[137] 신현확을 견제하고 반격하겠다는 노골적인 의사표시였다. 상공부가 2월 2일 연두 보고에서 1월 24일의 무역진흥회의에서의 발표에 이어 중화학공업 확장에 박차를 가하겠다는 '10대 전략산업 육성계획'을 보고했다. 박정희는 최각규 장관을 따로 불러 "모처럼 시원한 얘기를 들었다"고 칭찬했다.[138]

박정희가 1978년 12월 8일, 1979년 1월 19일 잇달아 중공업을 10대 강국 대열에 올려놓겠다고 언명하고 상공부가 10대 전략산업 육성계획을 발표한 것은 재계를 엄청나게 충동질했다. 그러나 언론에서는 통제경제를 비판하고 중화학 중복 과다 투자에 문제를 제기했다. 박정희는 무언가 석연치 않아 사실을 확인하기 위해 2월 진해해군사관학교 졸업식 참석 후 느닷없이 창원중공업단지를 방문했다. 공장마다 설비가 비슷했고 생산 품목에 중복이 많았다. 가동률은 형편없이 낮았다. 브리핑조차도 비슷했다.[139]

1979년 3월 15일 청와대에서 대통령 주재 아래 회의가 열렸다. 신병현 한국은행 총재, 김만제 KDI 원장, 장덕진 경제과학심의회 상임위원이 경제의 문제점과 정책 방향에 대해 보고했다. 경제 총수인 부총리는 부르지 않았다. 3월 31일 다시 박정희 주재 아래 회의가 열렸다. 신병현·김만제·장덕진이 보고하고 공통으로 건의한 핵심은 ① 행정규제 위주의 물가 대책을 지양하고 가격 현실화를 서두를 것, ② 금융긴축 기조 견지, ③ 금리 현실화를 단행해 투

---

137 신철식, 앞의 책, 262쪽.
138 고승철·이완배, 앞의 책, 160~161쪽.
139 신철식, 앞의 책, 263쪽.

자 억제와 저축 증대, ④ 중화학 산업 과감히 조정, ⑤ 민생 및 내수 부문 생산 적극 지원할 것 등이다. 명백히 성장제일주의에 비판적이었고 안정화 정책과 비슷한 제안이었다.

4월 17일 드디어 경제기획원이 안정화 정책 추진 계획을 발표했다. ① 생필품 수급의 원활화, 수입 개방 확대, ② 재정 긴축의 견지, ③ 중화학 투자 조정—투자 비중을 경공업 18%에서 22%로 높이고, 중공업은 82%에서 78%로 낮추고, 중화학 사업을 선별 추진해 경쟁력을 확보하며, ④ 금융산업의 가장 큰 문제점인 정책자금 축소, 금융제도 개편, ⑤ 새마을운동 지원 축소 등이 4·17 선언의 골자였다. 성장 일변도의 정부 정책에서 시장경제주의, 경제 자율화 등 안정·개방·자율을 기조로 한 정부 정책으로의 일대 전환이었다.[140] 지켜지기만 하면 대전환이라고 할 수 있었다. 그러나 실제는 그렇게 되지 않았다. 박정희는 이 발표를 재가해줄 때 씁개 씹는 듯한 표정이었다고 한다. 그러니 결국 이 중요한 정책은 '캐비닛 속의 정책'이 되고 말았다.[141] 김재규 중앙정보부가 안정화 정책을 지지한 것이 관심을 끈다.[142]

5월 25일 중화학투자조정사업위원회(위원장 신현확)에서 조정 내용을 발표했다. 첫째, 한전 전원개발계획의 4~5배에 달하는 발전설비 분야를 정리했다. 발전설비는 세계적으로도 공급과잉 상태였다. 이 부문에서 현대가 현대양행과 통합하고, 대우와 삼성이 하나의 그룹을 만든다는 것이었다. 건설 중장비 부문도 앞으로 구체화하기로 했고, 석유화학단지 건설도 다시 논의하기로 했다. 5·25 투자 조정은 원래 신현확이 계획했던 것과 달리 발전설비 부문에 대한 교통정리로 끝맺었다. 이렇게 용두사미로 끝난 것은 재계의 반발도

---

140 강경식, 앞의 책, 363~383쪽; 신철식, 앞의 책, 264~266쪽.

141 고승철·이완배, 앞의 책, 163쪽.

142 이장규, 앞의 책, 181쪽.

있었고, 상공부·재무부·농수산부 등 다른 부처의 반대도 있었지만, 박정희가 경제 안정화 정책에 적극적인 의지가 없었던 것이 관건이었다. 그나마 연초에 상공부에서 발표한 10대 사업 추진 계획이 백지화되었고, 오일쇼크에 어느 정도 신축성을 가질 수 있었다는 것이 소득이었다. 5·25 발표조차 발전설비 통합이 안 되는 등 지지부진했다. 되는 것이 별로 없었다.

금리도 당면한 과제였다. 다른 금리도 그렇지만 수출과 직결된 정책금융은 물가상승률보다 턱없이 낮았다. 경제기획원은 5월에 업계의 반대가 심했지만 수출금융을 악용하지 못하도록 얼마간 손질을 했다. 그러나 뜻밖의 방식으로 사달이 났다. 신현확이 파리에서 열리는 대한(對韓) 국제경제협력회의에 나가 있는 사이에 청와대에서 남덕우 경제특보가 주재해 수출업체의 자금난과 채산성 악화를 이유로 신현확이 축소했던 연불수출금융지원을 원래대로 되돌려놓은 것이다. 당시 한 신문은 이를 '일종의 경제 쿠데타'라고 평했다. 10·26이 일어날 때까지 금융개혁은 한 발짝도 앞으로 나아가지 못했다. 언론은 남덕우 등 성장론자들을 비판했다. 박정희가 자신과 생각이 맞는 남덕우와 최각규 상공부장관, 정재석 경제기획원 차관을 청와대로 불러 연불수출금융지원 문제에 대해 직접 지시했다는 것은 훨씬 뒤에서야 알았다.[143]

박정희와 신현확은 사사건건 생각이 달랐다. 신현확이 수출 기업, 중화학공업 지원을 줄여야 한다고 하면 박정희는 "당신은 이것도 저것도 왜 자꾸 줄이자고만 하느냐?"고 못마땅해 했다. 신현확도 물러서지 않았다. "빚이 여기서 더 불어나면 감당 못하고 자빠지게 됩니다. 이대로 가면 폭발합니다." 박정희는 가격 통제도 불만이었다. "생필품 가격을 눌러놔야 물가가 잡히는 것 아니오." 그러면 또 대답했다. "경제 원리에 맡기지 않으면 부작용만 커집니

143 강경식, 앞의 책, 427~431쪽; 신철식, 앞의 책, 267~269쪽.

다. 종이 값을 올리지 못하게 하니 수입 펄프 값보다도 그걸 원료로 만든 종이 값이 더 싸다고 합니다." 박정희는 어느 자리에서 분을 참지 못하고 소리쳤다고 한다. "당신이 내 기본 이념을 누를 작정이요?" 새마을사업의 일환인 농가주택 개량사업을 가지고도 심한 마찰이 있었다. 박정희가 "이건 내 통치 철학"이라며 강경하게 나왔으나 신현확은 물러서지 않았다.[144]

박정희는 사사건건 신현확 경제팀과 부딪쳤고 오일쇼크의 파장이 심해지는데 옆에 김정렴도 없어 한층 불안했다. 그는 남덕우 경제팀의 일원으로 12·12 선거 패배 책임으로 물러났던 김용환 전 재무부장관을 불러 재기용 언질을 주고 준비할 것을 지시했다. 해가 바뀌면 그는 다시 성장론자들을 불러들이려던 참이었다. 안정화 정책을 이끌고 있는 신현확의 경질은 시간문제였다. 막판에는 신현확의 면담 요청 자체를 받아주지 않았다.[145]

경제기획원은 중화학공업 검토를 계속했다. 8월에는 '중화학공업의 당면 과제와 대책'을 마련해 9월부터 시행에 들어가기로 했지만 잘되지 않았다. 박정희가 살아 있는 한 중화학공업 투자 조정은 기대하기가 어려웠다. 이러한 상태에서 10·26을 맞은 이후 중화학에 대해 이장규는 이렇게 썼다.

> 중화학공업 추진은 하루아침에 천덕꾸러기 신세로 전락했고, 실무 총책이었던 오원철은 신군부로부터 경제를 망쳤다는 죄목으로 심한 고초를 겪어야 했다. 박정희의 경제개발 공적은 막판의 중화학공업 투자 실패로 몽땅 날아갔다는 분석이 정설처럼 여겨졌었다. 그만큼 중화학 육성의 부작용이 심각했던 것이다.[146]

---

144 신철식, 앞의 책, 269~274쪽.

145 이장규, 앞의 책, 177~178쪽.

146 위의 책, 161쪽.

중화학공업 투자 조정은 10·26 후 신군부에 의해 본격적으로 손보게 되었다. 안정화 정책도 10·26 이후 자리를 잡았다. 만약 10·26이 없었더라면 한국 경제는 어떻게 되고 그로 인한 사회적 갈등은 어떻게 표출되었을까. 앞에서 인용한 바와 같이 30여 년간 경제부 기자 등 저널리스트로 활동한 이장규는 박정희가 중화학 투자, 수출 주도, 새마을사업에 근본적인 재검토를 생각하지 않는 상태에서 "정치는 차치하고 경제 쪽에서만도 (여러 문제로) 이처럼 시커먼 먹구름이 몰려오면서 박정희 정권의 종말을 예고하고 있었다"고 썼는데, 당시 경제기획원 기획차관보였던 강경식은 10·26의 경제적 의의를 다음과 같이 완곡하게 표현했다.

> 1979년 하반기부터 본격화한 2차 석유파동 속에 박 대통령의 갑작스런 서거라는 변고가 일어나 정치권력 공백을 맞았으나, 경제정책 면에서 엇갈렸던 여러 갈래의 목소리들이 한 가닥으로 수렴되는 현상을 보였다. 10·26이라는 상상도 못한 사태로 3공(4공의 오기임—인용자) 말기에 심한 표류를 거듭했던 안정화 시책은 오히려 정치적 격랑 속에서 정착의 계기를 마련했다.[147]

5) 반공주의-병영체제-군사문화의 약화, 탈각

대개 유신체제의 폐해는 정치를 중심으로 논의해왔다. 그러나 앞에서 본 바와 같이 경제적 문제, 특히 박정희식의 성장제일주의도 심도 있게 논의되어야 할 것이다. 유신체제는 전체주의 체제의 성격을 띠고 있기 때문에 다른 전체주의 국가에서와 비슷하게 문화나 사회도 전체주의 방식으로 작동해 정치·경제 못지않은 문제를 낳게 된다. 지금까지 지적한 정치·경제 문제 못지

---

147 강경식, 앞의 책, 447쪽.

않게 중요한 문제가 유신체제에서 전체주의적 방식으로 주입된 반공주의, 그것과 표리의 관계에 있는 군사문화다. 박정희식 성장제일주의도 많은 한국인에게 오늘날까지 영향을 미치고 있지만, 한국인의 극우적 사고나 반공주의, 반북주의는 유신체제 반공주의의 유산이라고 볼 수 있는 면을 많이 가지고 있다. 극우세력의 시위문화에도 다분히 유신체제 반공주의의 성격이 담겨 있다. 이처럼 유신체제의 반공주의는 그 이후 한국인의 정신 또는 사고에 계속 큰 영향을 미치고 있다는 점에서 그것의 실상을 밝히는 작업은 현실적 의의도 결코 적지 않다.

반공주의는 일제 말기부터 주요 정책으로 활용되었다. 그러나 유신체제에서의 반공주의는 이승만의 반공주의나 제3공화국의 반공주의와 차이가 난다. 강도가 훨씬 셌고 작동 방식이나 동원 방식도 달랐다. 유신체제에서의 반공주의는 '총력안보체제', '총화 단결', '남침 임박', '(주로 한국전쟁기나 이승복, 판문점 도끼 사건과 연결된) 북괴 만행' 등 군사문화와 연결되어 있고, 전 사회의 병영체제를 꾀했다는 점에서 그 이전의 반공주의와 구별된다. 유신체제에서도 박정희의 1975년 4·29 특별담화 이후에 병영체제의 성격이 분명한 모습을 드러냈다는 점에서 그 이전과 차이가 있다. 박정희는 유신체제를 수호하는 데 긴급조치와 함께 반공주의가 가장 효과적이라고 믿었다. 총력안보체제란 다름아닌 병영체제였는데, 박정희는 한 손으로는 한 사람의 지도자가 이끄는[148] 병영국가를 만들어, 다른 한 손으로는 긴급조치 9호로 유신체제를 반석

---

[148] 1975년 4·29 특별담화가 나오자마자 일어난 수많은 총력안보궐기대회에서는 죽느냐 사느냐의 위기에 처한 국가를 대통령이 총력안보로 이끌어달라고 호소했다. 곧 영도자가 우리나라를 이끌어달라는 주장이었다. 여러 종류의 궐기대회에서, 특히 휴교 중인 각 대학에서 교직원들이 다수 참여해 가진 궐기대회에서 빠짐없이 그러한 호소가 담긴 '대통령에게 보내는 메시지'가 채택되었다. 서중석 등, 앞의 책 13, 2018, 34~43쪽 참조. 궐기대회가 유신체제 수호와 어떻게 연결되는가를 '영도자 국가'를 통해서 살펴볼 수 있다.

위에 올려놓고자 했다.

반공 이데올로기-병영체제에는 흑백 TV의 급속한 보급이 큰몫을 해냈다. TV는 1970년대 중반부터 대량으로 보급되었다. 1964년에는 3만여 대에 불과했고, 1970년대 초에도 미미했는데, 1975년에는 180만 대가 되었고, 그 뒤부터는 기하급수적으로 증가해 1980년에는 690만 대가 되었다. 100가구당 86.7가구가 TV를 갖고 있었다. TV는 그 당시에 별다른 정보전달 수단이나 오락매체가 없었기 때문에 정보와 오락문화에서 제왕 같은 위치에 있었다. 흑백 TV에 비치는 반공 뉴스를 비롯해 연속극이나 실화, 코미디, 특별기획 등으로 전달되는 반공이데올로기나, 국가지상주의를 강조하는 총력안보 이데올로기는 일반 대중에게 당시뿐 아니라 그 뒤에도 장기간 자신의 인생과 철학의 중요 구성 부분으로 깊이 침전되었다.

박정희의 반공주의-병영국가 캠페인에는 일본 군국주의자나 나치처럼 기만성이 있었다. 박정희는 1975년 4·29 특별담화에서 1975년이 북한에서 남침이라는 불장난을 저지르려 하는 가장 위험한 시기라고 거듭거듭 역설했다. 1976년 해군사관학교 졸업식에서도 "북한 공산 집단은 지금도 계속 호시탐탐 남침의 기회를 노리고 있습니다"라고 말했다. 한국인들은 '남침', '남침 임박', '무력 증강에 광분', '호시탐탐'이라는 말을 무수히 들어야 했다. 박정희가 한번 말하면 예비군 훈련장이나 학교, 반상회, 관제언론에서는 그것을 더 키워 쇼킹하게 전달했다. 한국인은 '북괴의 침략'이 내일 올지 모레 올지 몰라 두려움과 불안 속에 전전긍긍하고 살았다. 그러나 이러한 선전은 국민을 1인 독재에 순응하고 순종하게 만들기 위한, 한 사람의 지도자 아래 총화 단결하는 병영국가를 만들기 위한 세뇌 작업이었다.

그런데 박정희는 영향력 있는 외국 언론에는 자신이 전쟁광이 아니라는 것을 알리고자 했다. 박정희는 1975년 8월 18일 뉴욕타임스 기자와의 인터뷰에서 "북한 공산 집단이 외부의 지원 없이 우리에게 공격을 해올 경우 우리는 미국의 해·공 지원과 적절한 병참 지원을 받는다면 성공적으로 격퇴할 수 있을 것"이라고 호언했다. 당시 상황에서 북의 남침을 중국, 소련이 지원할 리는 만무였기 때문에 박정희 말대로라면 남침을 걱정할 필요가 없었다. 박정희는 이 회견에서 남침에 주한미군 지상군의 개입은 필요 없다고까지 장담했다.[149] 프랑스 AFP통신과의 인터뷰에서는 "북한 공산 집단이 전쟁을 도발해오지 않을 수도 있습니다"라고 말했다. '남침' '남침 임박'과는 전혀 다른 소리였다. 그렇게 얘기하고 그 이유로 "우리 국군과 주한미군이 힘을 합쳐 북한 공산주의자들의 남침에 단호히 대처할 것이기 때문에 그들에게는 전혀 승산이 없기 때문"이라는 점을 들었다.[150]

박정희는 외신기자들 앞에서만 진심을 털어놓은 것이 아니라 가끔은 국내 기자들에게도 허물없이 얘기했다. 물론 어느 것도 보도는 안 되었다. 예컨대 1976년 7월 31일 진해에서 휴가를 즐기며 청와대 출입기자에게 북괴군보다 우리 국군이 더 강하다고 생각하지만 '먼저 도발'하지는 않겠다고 말했다. 그 전에도 박정희는 이들에게 맥주에 막걸리 탄 술을 마시면서 "김일성이가 까불면 평양이나 원산 함흥까지 때리고 올라가는 건 문제도 아니야"라고 말했다.[151] 이것은 '남침'과는 전혀 다른 상황이 될 수 있었다.

1976년 8월 18일, '판문점 미루나무 사건'이라고도 부르고 당시는 '도끼만행 사건'이라고 불렀던 사건이 일어났을 때 보인 박정희의 태도는 신중하게 분석할 필요가 있다. 그때 청와대 비서실장이었던 김정렴은 "(미군이) 미루나무를 자르는 과정에서 그들이 총 한 방이라도 쏘면 개성을 탈환하고 연백평

149   대통령 비서실, 『박정희 대통령 연설문 선집』, 대통령 비서실, 1976, 276~277쪽.
150   위의 책, 323쪽.
151   김충식, 앞의 책 2, 217~218쪽.

야 깊숙이까지 밀고 올라간다는 계획"이 있었다고 회고했다. 김충식에 따르면 군 관계자들은 김정렴이 기억한 부분이 철두철미 박 대통령의 구상이고 전략이었다고 지적한다. 그것은 미루나무 절단 활동에 참여한 한국 측 특공대의 '돌발적' 행동에서도 간취된다. 박희도 공수부대 여단장이 이끈 특공대는 미군 측이 절대로 있어서는 안 된다고 본 '힘의 행사'에 들어갔다. 특공대가 갖고 간 몽둥이로 북한 측 초소 4개를 박살내는 등 북측 시설물을 부쉈다. 만약 이때 북이 사격을 했더라면 바로 전쟁으로 확대될 수 있었다. 주한미군 사령관 스틸웰 대장은 크게 분노해 한국군에 유감의 뜻을 밝히고 진상규명을 요구했다.[152] 이 부분에 이르면 누가 전쟁을 일으키려고 했느냐 하는 복잡한 문제가 제기될 수 있다. 이틀 후인 8월 20일 박정희는 제3사관학교 졸업식에서 판문점 사건을 언급하면서 "미친개한테는 몽둥이가 필요"하다는, 그 당시 학교 반공 포스터로 여기저기 붙어 있게 되는 유명한 말을 했다. 그러고는 '도발'에는 "크고 작건 간에 즉각적인 응징 조치"를 하겠다고 밝혔다. '즉각적인 응징 조치'는 몽둥이질 치고는 너무 위험한 사태를 초래할 수 있었다.

북이 남침하려고 하는 증거가 있었나. 박정희의 수사를 제외하고는 유일한 증거는 땅굴밖에 없었다. 4·29 특별담화에서도 북이 1975년에 남침을 일으키려고 한다는 판단을 뒷받침하는 사례로 땅굴을 들었다. 그러면서 금년(1975년) 여름이 땅굴 '완공' 시기라고까지 역설했다. 박정희는 1976년 5월에 있는 세계반공연맹 치사에서도 "최근 발견된 땅굴이 무력 남침을 위한 것임은 의심할 바 없습니다"라고 말했다. 1970년대 후반기에 '남침'과 '땅굴'은 귀가 아프도록 많이 들었던 단어였다.

그러나 외신, 특히 땅굴 관련 논쟁이 많이 있었던 일본 언론에 대해서는

---

152 위의 책, 224~229쪽.

박정희가 다른 소리를 했다. 1975년 11월 13일 마이니치 신문기자와 한 인터뷰에서 "남침용 지하 땅굴"이라고 말했다가 곧이어 "이 말(남침용 지하 땅굴)을 쓰지만 전쟁을 일으키겠다는 것이 아니고 폭동 또는 공산혁명의 계기로 이용하기" 위한 것이라고 말했다.[153] 땅굴이 전쟁을 일으키기 위한 것이 아니라는 설명이었고, 폭동 또는 공산혁명의 '계기'로 수위가 대폭 낮아졌고 의미가 크게 다른 견해를 밝혔다. 폭동 또는 공산혁명도 남침과는 다른 상황을 가리키지만, 특히 여기서 '계기'라는 어휘는 구체성이 결여된 아주 애매한 뜻으로 사용되었다. 어째서 박정희는 외신기자에게는 합리적인 발언을 한 걸까? 국민들이 읽을 수 없다는 것을 알기 때문에 그렇게 말한 것은 아닐까?

간첩 잡기 동원 정책도 기만적인 성격이 있다. 간첩 잡기 운동은 1950년대부터 있어왔지만 1970년대 중후반에 특히 심했다. 이 시기 표어를 가지고 살펴보자. '간첩 잡아 애국하고 유신으로 번영하자', '우리 부락 간첩 있나 다시한 번 살펴보자'는 그저 평범한 표어라고 생각할 수 있다. 그러나 "우리 마을은 이웃 살펴주기 마을입니다. 수상한 행동을 하는 사람은 경찰관서에 즉각신고됩니다" 같은 표어에 와서는 뭔가 심상치 않다는 생각이 들지 않을 수 없다. 얼핏 '이웃 사랑' 같은 말이 들어갔다는 생각이 들다가도, 그게 아니고 이웃집 사람이 간첩인지 아닌지 살펴보라는 의미로 해석되기 때문이다. 비슷한 것으로 '오랜만에 만난 친척 간첩인가 다시 보자' 이런 표어도 있었다. 그런가 하면 '사랑하는 애인도 알고 보니 간첩'도 있었다. 이웃도, 친척도, 사랑하는 애인도 간첩일 수 있다는 것은 전 국민이 감시의 대상이라는 것에 다름아니다. 1975년부터 10·26 그날에도 존속했던 긴급조치 9호에는 정부를 비방

---

153   대통령 비서실, 앞의 선집, 302~303쪽.

하는 자, 유언비어를 퍼뜨리는 자를 모두 신고하라고 했는데,[154] 간첩 잡기와 긴조 9호는 하나의 짝을 이루어 국민 모두가 서로를 감시하라는 전체주의적 병영국가 체제 만들기의 중요한 통로였다.

전체주의적 방식으로 전개된 간첩 잡기 운동이 유신체제 수호에는 일익을 맡았지만, 그러나 1970년대, 특히 1975~79년 사이에는 남파 간첩이 대폭 줄었고, 조작 간첩은 대량으로 늘어났다는 사실이 의미하는 바를 파악할 필요가 있다. 정보부 후신인 국가정보원에서 낸 자료에 의하면 1952년부터 1996년 사이의 북측 공작원 숫자는 4,495명으로, 남한에서 보낸 북파 공작원(정보사 요원만 포함) 11,273명의 절반에 약간 못 미친다. 세부적으로 보면 1950년대, 1960년대는 간첩이 각각 1,674명, 1,686명이었는데, 1970년대에는 681명으로 대폭 줄었다. 1970년대를 다시 1970~74년과 1975~79년으로 나누어보면 전자가 487명, 후자가 194명으로 후자가 전자의 절반에도 훨씬 못 미친다.[155] 그런데 유신체제 얼마 후부터 사법부가 권력의 요구에 순응해 대법원 판례로 국가 기밀이 신문에 난 공지사항이라도 그것을 적에게 알리면 유죄가 되었고, 피의자가 기밀을 북에 전달하지 않고 탐지만 해도 유죄가 되는 함량 미달의 간첩이 나오는 등 크게 부풀려졌다. 이 시기에는 간첩 조작도 심해졌다. 총력안보 운동의 일환으로 1975년 11월 22일에는 재일동포 모국 유학생 간첩단 사건을 터트려 21명을 구속 송치했다고 발표했고, 12월 11일에는 제2차 모국 유학생 간첩단 사건이 발표되었다. 그와 함께 일본 없이는 간첩 사건이 성립되지 않는다는 점을 실감케 한 1970~80년대 간첩 조작의 '황금어장' 재일 한국인, 또

---

154 서중석 등, 앞의 책 13, 80~93, 164~182쪽 참조.

155 국정원과거사건진실규명을 통한 발전위원회 편, 『과거와 대화, 미래의 성찰―학원·간첩 편 6』, 국가정보원, 2007, 245~247쪽.

하나의 황금어장 남북 귀환 어부 등의 간첩 조작이 빈번하게 일어났다.[156] 박정희 유신권력은 간첩은 대폭 줄고 조작 간첩은 대량 생산되는 상황에서 범국민적으로 국민 모두가 상호 감시하는 감시체제를 간첩 잡기로 엮어낸 것이다.

남침, 땅굴과 함께 반공운동에서 많이 사용하고 초중고 교육과 포스터에 자주 나온 '북괴 학살 만행'의 구체적 예로 제시된 주민 집단학살은 1987년 6월항쟁 이후 개인이나 공공기관, 국가에 의해 진상규명이 상당한 수준으로 이루어졌다. 해방 직후의 경력을 볼 때 박정희는 제주 4·3에서부터 전쟁기에 있었던 대규모 학살의 진상을 어느 누구보다도 잘 알고 있었을 터인데, 이승만 정권도 이용하기를 꺼린 이 학살을 '북괴 만행'으로 하여 유신정권 수호에 활용한 것이다. 박정희는 이미 5·16 쿠데타를 일으키면서 이승만이 하야한 뒤 주로 경상도와 제주도에서 있었던 집단학살 진상규명과 위령 활동을 벌이던 유족회 관계자들을 대거 체포하여 그들을 용공 이적 행위를 했다 하여 단죄하고, 거창 등지의 합동묘소를 파헤치고 비석을 쪼아 파묻는 등 '제2의 학살 만행'을 저지른 바 있었다. 학살을 저지른 군경에게 면죄부를 주는 한편, 극우반공체제를 강화하고 집단학살이나 의혹사건 진상규명을 봉쇄하기 위해서였다.[157] 그런데 유신체제에 와서 반공 교육의 구체적 실례로 '주민 집단학살이 곧 북괴 만행'이라는 등식으로 대대적으로 선전하고 교육한 것이다.

박정희 유신권력에 의해 구축된 반공이데올로기, 병영체제, 군사문화는 6월항쟁 이후와 같은 변화는 아니더라도 10·26 이후 적지 않은 변화가 예상되었다. 그러나 5·17 쿠데타를 일으켜 권력을 탈취해 유신체제의 변형으로 5

---

156 위의 책, 257~307쪽; 서중석 등, 앞의 책 13, 137~182쪽.

157 서중석, 『조봉암과 1950년대』 하, 역사비평사, 1999, 798~805쪽.

공 체제, 곧 신군부 체제를 만든 전두환·신군부에 의해 그러한 변화는 장벽에 부닥쳤다. 그렇지만 민주화운동이 계속 일어났고 세월의 변화는 어쩔 수 없는 면이 있는 데다가 신군부에는 선동·선전에 뛰어난 자들도 있어 일반 사람이 너무 식상해하는 것은 강요의 강도를 낮추고 개방적인 조치도 함으로써 10·26이 가져올 수 있었던 반공주의의 변화가 그런대로 얼마간은 있게 되었다.

긴급조치 9호는 10·26 직후 해제되었다. 총력안보궐기대회 같은 반공 궐기대회도 1986년 직선제 개헌 분쇄 분위기 조성을 위해 개최한 금강산댐 관련 궐기대회, 대한항공 폭파 궐기대회 등 몇을 제외하고는 별로 없었다. 남침, 땅굴, 북괴 만행 얘기도 줄었다. 북괴라는 말도 점차 북한으로 대체되었다. 대학사회는 학생들의 저항에 부딪혀 전방 입소, 교련, 학도호국단이 이완 약화되고 해체의 운명을 맞았다. 반상회도 내용이 바뀌어 갔고, 민방위 교육도 조금씩 약화되었으며, 시멘트로 만든 이승복 상은 볼썽사납게 변질되어 점차 사라져갔고, 이승복 관련 교육이나 영화 관람 등도 약화되었다.

오후 6시가 되면(동절기는 5시) 그 자리에 서서 국기에 대해 경례를 하던 것도 점차 약화되었고, 극장에서 영화 상영 전에 나오던 애국가에 맞춰 기립하던 것도 얼마 있으면 사라지게 될 터였다. 반공 뉴스가 많았던 〈대한뉴스〉도 달라졌고, 나중에는 아예 없어졌다. 1982년 정초에는 1945년 9월 미군이 군정 포고 제1호로 내렸던 통금이 없어졌다. 이미 통금은 벌써 없어져도 치안에 아무 영향이 없었으나 박정희가 국민을 '단속' 통제하기 위해 계속 없애지 않았다. 통금이 없어지기 3일 전에는 두발도 학생들의 자율에 맡겼다. 박정희는 일제 말의 군국주의에 익숙해져 있어서 특히 장발을 혐오했다. 1970년대에는 장발단속이 음주운전 단속처럼 심했고, 머리가 긴 남자 연예인은 TV 출연도 못하게 했다. 1983년에는 학생들 교복도 자율에 맡겼다.

6) 금지·통제의 대중문화와 충효사상의 변화

총력안보체제 광풍이 불던 1975년 6월 한국예술문화윤리위원회는 공연 활동 정화 방안으로 새로운 심의 기준을 내놨다. 국가안보와 국민 총화에 악영향을 줄 수 있는 것, 외래 풍조를 무분별하게 도입하거나 모방한 것, 선정적이고 퇴폐적인 것, 패배적이고 자학적인 것들은 제외한다는 것이었다. 그러면서 이미 나와 있는 음반도 재심사를 했다. 1차 재심사에서 신중현의 〈거짓말이야〉 등 43곡이, 2차 재심사에서는 이장희의 〈그건 너〉 등 45곡이 금지되었다. 3차까지 하면 200여 곡이 금지됐다. '한국적 록'의 새 경지를 연 것으로 얘기되는 '신중현과 엽전들'이 부른 가요가 22곡이나 금지되었다. 당시 선풍적인 인기를 끌던 곡들이 대거 포함되었는데, 가요 대학살이었다. 12월에는 팝송 규제 조치도 발표했다. 1차에 135곡, 2차에 126곡이 방송 및 음반 발매 금지 대상이었다. 2차에는 51개 그룹의 외국 '좌익' 작사가, 작곡가, 가수 목록이 포함되었는데, 밥 딜런의 노래 등 91곡이 저항, 반전 내용을 담았다고 해서 금지되었다.

대중, 특히 젊은이나 30, 40대에 사랑 받는 가수들도 구속이라는 수난을 당했다. 1975년 말에 이장희·윤형주·이종용 등 8명이 구속된 것에 이어 1976년 초까지 신중현·김추자 등 연예인 100여 명이 '대마초 연예인'으로 불리며 입건되었고 그중 수십 명이 구속되었다. 석방이 된 후에도 이들 중 상당수가 음악 활동을 장기간 중지했다.

1975년 9월 문공부는 새로운 방송 편성 지침을 하달했다. 새마을정신을 생활화하고 퇴폐성 프로그램은 편성하지 말라는 지시였다. 다음 해에 들어가면 문공부가 아예 시간대별 편성 지침까지 하달했다. MBC, KBS, TBC 3개 채널에서 동일한 시간대에 동일한 성격의 프로그램을 편성하게 한 것이다. 예컨대 저녁 8시대에는 일제히 안보, 새마을 같은 주제를 가지고 프로그램을 제작해 방송케 했다. 영화도 안보 중심의 새 가치관 수립이 촉구되었다. 퇴폐, 저속의 영화 제작을 중지하고 민족 주체성을 확립해 총력안보의 새 가치관을 수립하자는 것이다. 안보 영화 외에 새마을 영화도 있었다. 영화 검열도 아주 심했다. 1978년의 경우 공연윤리위원회에서 심의한 각본 161편 중 무수정은 18편에 불과했고, 수정 통과 100편, 개작 지시 24편, 반려 19편이었다. 제작이 완료되자 또 검열을 해 무수정 통과가 33편이었고, 화면 삭제가 256개소, 화면 단축이 94개소, 대사 삭제가 114개소였다.[158]

1970년대를 전후한 시기에 점차 산업화가 이루어지면서 한국도 대중사회의 성격을 띠게 되고 대중문화의 수요가 늘어났다. 젊은층은 기성세대의 문화에 식상해 했고, 새로운 문화를 추구했다. 이때는 세계적으로도 커다란 변화의 시기였다. 젊은층의 대중문화가 폭을 넓힐 수 있는 매체도 발달되었다. 통기타나 음반의 수요가 늘어났고, 라디오나 TV의 보급도 점차 커졌다. 그러나 3선개헌을 한 박정희는 영구집권의 기회를 넘보고 있었다. 교련 등으로 대학을 병영화하기 시작했고, 1971년 10월에는 위수령이 선포되어 학생들을 대량으로 제적하고 강제 입영하게 함으로써 대학가가 크게 위축되었다. 곧이어 박정희가 국가비상사태 선언이라는 것을 했고, 1972년 10월에는 유신 쿠데타가 일어났다. 장발, 미니스커트, 통기타 단속이 이 시기에 계속되었다. 대중문화 매체에 대한 간섭이 심해졌다. 대중문화는 총력안보체제 열풍이 몰아닥친 1975년을 맞아 한층 위축되었다. 분명 대중사회인데, 대중이 즐길 수 있는, 청소년 청년들이 즐길 수 있는 대중문화는 위축되는 사태가 벌어졌다.

1975년에서 1976년 초에 걸쳐 일어난 가요 대학살, 가요계 대학살은 1975년 박정희의 4·29 특별담화에서부터 시작된 총력안보 활동의 일환이었다는

158　김종원·정중헌, 『우리 영화 100년』, 현암사, 2001, 310, 312, 314쪽.

점을 인식하는 것이 대단히 중요하다. 일반적으로 파시스트들은 독일의 경우처럼 폭력으로 정적들을 탄압하고 대중들을 통제하는 것만이 아니라 문화면에서도 파시스트 철학이나 문화론을 가지고 대중사회를 조작한다. 박정희는 개성, 자유분방함을 싫어했다. 젊은이들의 문화나 새로운 문화도 좋아하지 않았다. 박정희는 미국 문화를 포함해 서구 문화를 혐오했다. 군사정부 시기에 나온 박정희의 정치 이념과 철학을 대표하는 저서인 『우리 민족의 나갈 길』(1962), 『국가와 혁명과 나』(1963)에서 서양 문화 배격을 누차에 걸쳐 반복해 역설했다. 박정희는 일제 말의 향수에서 벗어나지 못했다. 다른 일본군 출신과도 차이가 나게 체질적으로 그때가 좋았고, 사고나 취향도 신기할 정도로 변하지 않은 일본 군인정신의 소유자였다. 그는 예산안 제출에 즈음한 시정연설(1976. 10)에서까지 "사회 기강을 해치고 국민정신을 좀먹는 저속하고 퇴폐적인 일부 대중예술을 과감히 정화해 나가겠습니다"라고 연설했다. 1975년에 '거국적으로' 전개된 '총화단결'의 총력안보운동이 대중문화면에서는 박정희의 취향과 연결되어 흑백논리로 자유와 젊음을 추구하는 대중문화, 새로운 대중문화와 그 활동가를 사회로부터 격리, 배제한 것이다.

10·26 이후 유신체제의 일부 핵심적인 사상·문화 이데올로기는 힘을 잃어갔다. 이승만 정권도 1950년대 후반기에 들어오면서 상하관계를 중시하는 삼강오륜의 유교문화를 장려했는데,[159] 유신정권도 삼강오륜을 중시했다. 문교부에서 1976년에 고등학교용으로 낸 국민윤리에는 조선왕조 때의 오륜이 과거보다도 오늘의 우리에게 더욱 절실하다고 하면서 오륜의 인간관계를 따라야 한다고 가르쳤다. 유신정권은 특히 충효사상 고취에 힘을 쏟았다. 심지

---

159 서중석, 「이승만의 퍼스낼러티와 유교문화」, 『이승만의 정치이데올로기』, 역사비평사, 2005 참조.

어 구국봉사단-새마음봉사단 총재인 박근혜가 전국을 다니며 20대 미혼 여성인데도 할아버지 할머니들을 모아놓고 충효사상을 고취하는 촌극을 벌였다. 그러나 10·26 이후 국민윤리 교과서를 그대로 사용하고 충효 사상 고취 행사도 이어가긴 했지만, 퇴색해가는 것을 막을 수는 없었다. 노인층을 제외하고는 전근대의 케케묵은 유교 이데올로기 교육을 현대 산업사회에서 한다는 것은 너무 현실과 동떨어진 것이었다. 과거 지향적인 복고주의에 사람들을 가두어 두는 데는 한계가 있었다.

야당을 선조 때 간신으로 비유하면서 이순신을 신성시하는 '성웅' 작업은 이미 1966년경부터 있었지만,[160] 이이의 10만 양병설과 함께 이순신을 유비무환을 상징하는 인물로 강조한 것은 유신체제에 들어와 본격화되었다. 유비무환은 남침에 총화 단결로 대처하자는 총력안보운동 이데올로기의 한 측면을 맡으면서 이순신 우상화는 더욱 심해졌다. 유비무환은 총력안보체제-병영국가 건설 지향의 일환으로, 4월혁명 후 사라졌던 학도호국단이 부활하여 '일면면학 일면호국'의 기치를 내거는 데에도 유용하게 작동했다. 그러나 10·26 이후 이순신 우상화나 유비무환은 형해화, 박제화의 길을 걸었고, 사람들 뇌리에서 사라졌다.

전두환·신군부 정권은 박정희 유신체제의 방식대로 폭력 폭압의 방법을 사용하는 한편 통금 철폐, 두발과 교복의 자율화 등 개방적인 측면도 보여주었고, 다른 한편으로는 3S(섹스, 스크린, 스포츠) 장려처럼 물꼬를 이상한 방향으로 틀기도 했다.

대중문화의 창구인 언론에 대해서도 언론 통폐합, 언론인 추방, 언론 악법 제조 등으로 통제하였으나 컬러 TV 허용은 새로운 변화를 가져왔다. 통금 철

---

160 서중석 등, 앞의 책 13, 277~279쪽.

폐와 똑같은 일이 일어난 것이다. 박정희가 컬러TV를 생산할 수 있었는데도 흑백TV를 고집한 것은 여러 가지로 생각해볼 수 있다. 남침, 땅굴, 총화 단결, 학살 만행 등을 흑백논리로 전달할 수 있다는 점, 다시 말하면 진실을 캐려고 하거나 회의하거나 비판하려는 행위를 용납하지 않고 유신권력이 선전하는 것을 받아들이게 하는 데 흑백이 더 낫다는 판단을 하지 않았을까 싶다. 거기에는 다양함, 복잡함, 자유분방함, 개성의 발휘, 새로움, 이런 것보다 단순한 사고를 갖게 하는 데, 또 군국주의자들의 엄숙주의를 요구하는 데, 군사문화 병영문화를 유지하는 데 흑백TV가 낫다는 생각이 작용했을 수 있다.

1980년 12월 1일 KBS에서 컬러TV 시험방송이 있었다. 컬러TV 방송시대가 열린 것이다. 사람들은 크게 환영했고 색채혁명이 일어났다고 반겼다. 컬러TV 방영은 기업을 위해서도 필요했다. 1977년경부터 주로 미국에 수출했는데, 1979년에 미국이 수입 물량을 규제해 전자업계가 어려운 사정에 빠진 것이다. 컬러TV는 무섭게 팔려나가 1985년과 1986년 사이에 500만 대를 돌파해 전 가구의 절반 정도가 보유하게 되었다. 그러면서 전자산업도 급속도로 성장했다.

1946

1948

1950

제4부
민주주의를 향한 새 장정

1960

1975

1979

광주항쟁과 천주교회의 진실 알리기

1. 머리말

1980년 5월 광주의 시민·학생들은 부마항쟁-10·26과 유신체제 붕괴로 열린 자유와 민주주의의 부활을 압살하고 군부독재정권을 구축하려는 전두환·신군부의 5·17 쿠데타에 대항해 불굴의 항쟁을 전개했다. 그리하여 그 이후 자유와 민주주의를 위한 투쟁에 거대한 동력이 되었으며, 어떠한 권력도 불의·불법으로 권력 탈취를 기도하면 혹독한 대가를 치를 수 있다는 전범(典範)을 보여주었다. 광주항쟁은 3·1운동, 4월혁명을 이어받았고, 1980년대 내내 생생히 살아 민주화·반미 자주화 운동을 추동했다. 광주항쟁은 1980년 5월 27일로 일단락되었지만 결코 지나간 역사적 사건으로 잠들지 않았다.

광주항쟁의 역사적 의미를 이해하기 위해서는 세 시기로 나누어 살펴볼 필요가 있다. 첫 시기는 1980년 5월 18일부터 5월 21일 저녁, 공수부대가 철수하기까지의 시기이다. 이 시기와 관련해서 무엇 때문에 신군부가 보낸 공수부대가 시위 진압 차원을 넘어서서 시위에 관계없는 사람들까지 무차별적으로 테러를 가하고 살상을 자행했느냐 하는 문제와, 그러한 공수부대의 잔혹

행위에 맞서 싸우고 공수부대를 물러서게 한 항쟁의 힘이 어디서 나왔느냐를 밝혀내는 것이 중요하다.

두 번째 시기는 공수부대가 일단 외곽으로 물러감으로써 박정희 유신체제를 이어받은 계엄사·신군부의 억압 통제로부터 해방된 시기였던 5월 22일부터 5월 27일까지의 시민자치 시기이다. 이 시기에는 첫 시기의 광주항쟁 정신을 어떻게 계승할 것인가의 문제와 한 사람이라도 희생을 적게 하여 평화적으로 광주사태를 해결해야 한다는 문제가 최대의 과제로 떠올랐다. 문제는 광주항쟁 정신을 계승하는 과제와 평화적으로 수습해야 한다는 과제는 상호 충돌하기 쉬웠다는 점에 있었다. 무기 회수에 중점을 둔 수습 활동은 쟁점이 될 수밖에 없었다.

세 번째는 5월 27일 이후의 시기이다. 광주항쟁 초기부터 진실을 알리는 작업이 중시되었지만, 5월 27일 이후에는 진실 알리기가 특히 중요했다. 그것은 계엄사, 전두환·신군부의 의도적인 왜곡과 맞서 싸우는 작업이자 광주항쟁 정신을 계승하여 민주화운동을 펼쳐 나가는 데도 필수적이었다. 그와 함께 광주학살 책임자 처단 투쟁과 전두환 정권 타도 투쟁도 광주항쟁을 이어받고 민주화운동을 발전시키는 데 중요한 과제였다. 광주항쟁 진실 알리기는 과잉·초강경 진압으로 일관한 전두환·신군부의 의도와 살상 등의 책임 소재를 밝혀내는 작업이자 광주항쟁의 의의를 살리는 작업이기도 하다.

천주교회는 광주항쟁과 관련해 대단히 중요한 활동을 했다. 무기 회수 활동이든 정부의 과잉진압에 대한 사과 요구든, 수습위원회에서 신부들이 주도적인 역할을 할 수 있었던 것은 공신력이 있었고 신념에 의거한 활동이자 정치적 의도가 없는 순수한 정의의 활동이기 때문이었다. 천주교회는 특히 진실 알리기에서 큰 역할을 했다. 진실을 알리는 데 가장 소중한 시기였던, 5월 27일 항쟁이 일단락된 시점에서부터 1980년 6, 7월에 이르는 이 시기에 진실 알리기는 천주교회를 중심으로 전개되었다고 봐도 좋을 것이다. 이 시기에 천주교회의 진실 알리기는 일반 사람들의 신뢰를 얻을 수 있었기 때문에 더욱 큰 의미를 지니고 있다. 천주교회는 구속자의 석방 운동과 지원사업도 활발히 전개했다.

따라서 천주교회가 광주항쟁과 관련해서 어떠한 활동을 했는가를 밝히는 작업은 광주항쟁을 이해하는 데도 대단히 중요하고, 한국 천주교회의 사회활동이나 민주화운동을 이해하는 데도 대단히 중요하다. 이 글은 이러한 문제의식을 가지고 천주교회가 광주항쟁에서 어떠한 역할을 했는가에 대해 살펴볼 것이다.

이 글에서는 먼저 신군부의 과잉·초강경 진압 의도를 밝히고, 이어서 어째서 다른 지역과는 달리 광주에서 공수부대에 맞서고 그 부대를 물러나게 할 정도로 강렬한 민중항쟁이 일어났는가를 구명한 뒤, 천주교회가 광주항쟁을 어떻게 이해하고 대처하였는가를 살펴볼 것이다. 그 다음 수습위원회의 활동, 그중에서도 무기 회수 활동이 왜 쟁점이 되었는지 살펴보고, 천주교 신부들이 어떠한 신념에서 무기 회수 활동을 벌였는지, 그리고 어떻게 정부의 사과와 진실규명을 요구하였는지 살펴볼 것이다. 특히 이 글에서는 천주교회의 진실 알리기에 보다 큰 비중을 둘 것이다. 천주교회의 석방 운동과 지원활동 고찰도 중요하지만 체계상 제외하고자 한다.

이 글에서는 광주항쟁과 관련된 천주교회의 활동을 1987년 6월항쟁까지 살펴볼 것이다. 천주교회의 진실 알리기는 6월항쟁 이후에도 계속되었지만, 광주항쟁의 전개 과정과 성격에 대해서는 이미 2·12 총선으로 선명 야당이 등장한 1985년에 여러 편의 저서와 글을 통해 분석되고 고찰되었다.[01] 특히 전

---

01 1985년에는 전남사회운동협의회 편, 황석영 기록의 『죽음을 넘어 시대의 어둠을 넘어—광주

남사회운동협의회가 펴내고 황석영이 기록한 『죽음을 넘어 시대의 어둠을 넘어』는 광주항쟁에 대한 상세하고 깊이 있는 기술로, 출판되자마자 판금되었으나 손에서 손으로 은밀히 전해져 꽤 많이 읽혔고,[02] 『신동아』 1985년 7월호에 실린 윤재걸의 「광주, 그 비극의 10일간」은 초판 30만 부가 순식간에 다 팔렸기 때문에 광주항쟁의 실상이 상당히 알려졌다고 볼 수 있다. 또 6월항쟁 직전에 광주에서 천주교회 측에 의해 광주항쟁 사진 전시회가 열린 것도 참고할 만하다. 그러나 6월항쟁으로 이 글의 시한을 정한 것은 무엇보다도 6월항쟁으로 자유와 민주주의 시대가 열렸기 때문이다.

광주항쟁을 다룬 논문, 각종 글, 자료집, 증언은 4월혁명이나 부마항쟁, 6월항쟁, 1970년대의 반유신 투쟁, 1980년대의 민주화운동-민주민족운동을 다룬 논문이나 글, 자료집, 증언에 비하면 월등히 많다. 그만큼 광주항쟁에 대한 관심이 크다는 증거이기도 하지만, 관련 재단과 연구소의 생산이 활발했던 것도 한몫했다. 광주항쟁과 천주교회의 활동에 대해서도 자료집이나 증언은 적다고 할 수 없다. 그렇지만 김영택의 『10일간의 취재수첩』이나 그의 방대한 역작 『5월 18일 광주』를 제외하면 천주교회의 활동을 전반적으로 기술한 글은 드물고, 연구논문으로는 윤선자의 「5·18 광주 민주화운동과 종교계의 역할」 정도가 눈에 띈다. 천주교의 역할이나 활동을 생각해볼 때 지금까지 연구가 방치되지 않았나 하는 생각이 들 정도다.

5월 민중항쟁의 기록』이 풀빛출판사에서 출간되었고, 한국기독학생총연맹에서 「아! 광주여! 민족의 십자가여!」, 전국민주연합에서 「광주민중항쟁의 현대사적 재조명」, 윤재걸의 「광주, 그 비극의 10일간」(『신동아』 7월호), 전남대학교 총학생회 학술부의 「5·18 민중혁명성 고찰」 등 상세하게 광주항쟁을 분석하고 그것의 성격을 고찰한 글이 나왔다.

02 안종철, 「광주민중항쟁의 배경과 전개 과정」, 『광주민중항쟁과 5월운동 연구』, 전남대학교 5·18연구소, 1997, 26쪽.

2. 광주항쟁의 성격과 천주교 사제들의 태도

5월 18일 아침에서 오후까지 학생들이 중심이 된 항의시위는 규모도 그다지 크지 않은 데다 아직 시민들도 가담하지 않아 경찰력으로도 진압할 수 있었다.[03] 이날 오후 3시 이전 계엄사는 "경찰력만으로도 진압할 수 있는 학생들만의 소규모 시위"밖에 없다고 보고받았다.[04] 따라서 통상적인 진압 방법을 동원했더라면 민족적 비극은 일어나지 않을 수 있었다.[05]

그런데 18일 오후 4시, 광주 시내에 공수부대 군인들이 출현했고, 곧이어 "거리에 나와 있는 사람 전원 체포하라"는 명령이 떨어졌다. '해산'이 아니고 응징을 가하기 위한 '체포'였다.[06] 그때부터 군인들은 무차별적으로 폭력을 사용했다. 그뿐만이 아니었다. 그날 오후에는 광주에 공수부대 11여단의 증파 지시가 떨어졌고, 정호용 공수특전단사령관은 최웅 11여단장에게 오후 3시경 "광주에 7여단 2개 대대가 계엄군으로 나가 있는데 소요 진압 작전을 못 하고 매우 고전을 면치 못하고" 있으니 가서 임무 수행을 잘 하라고 지시했다.[07] 아직 공수부대가 광주 거리에서 '작전'을 펴지 않았는데 고전을 면치 못하고 있다고 거짓말을 한 것이다.

공수부대 군인들은 오후 4시경부터 무자비한 '작전'을 개시했다. 광주대교구에서 활동 중이던 골롬반회의 신고르넬리오 신부가 목격한 바대로 젊은 이들에 대한 끔찍한 만행이 저질러졌다.[08] 시위 학생들에게만 과잉진압 작전

---

03 정상용··유시민 외, 『광주민중항쟁』, 돌베개, 1990, 160쪽.

04 위의 책, 166쪽.

05 김영택, 『10일간의 취재수첩』, 사계절, 1988, 326쪽.

06 김영택, 『5월 18일, 광주』, 역사공간, 2010, 261쪽.

07 정상용··유시민 외, 앞의 책, 164~166쪽.

08 윤공희 외, 『저항과 명상』, 빛고을출판사, 1989, 109~111쪽(신고르넬리오).

을 편 것이 아니라, 남녀 가리지 않고 눈에 띄는 대로 무차별적으로 군홧발로 차고 대검으로 찌르고 피투성이인 채로 끌고 갔다.[09] 19일 오전 추가로 광주에 온 11여단의 만행은 전날 7공수보다 훨씬 더 잔인했다.[10] 18일 오후 4시경부터 발생한 '작전'은 살기가 느껴지는 진압이었고, 상급자들은 사병들의 만행을 제지하기는커녕 큰 소리로 독려했다.[11]

어째서 이러한 사태가 벌어졌을까. 그것은 전두환·신군부의 정권 탈취 및 그 권력의 영속화 계획과 밀접한 관련이 있다. 그것은 5월 18일 오후 2시 45분에 계엄사가 사회 불안 조성 및 학생·노동조합 소요의 배후조종 혐의자로 김대중 등 26명을 연행했다는 발표와 연관지어 분석할 필요가 있다. 전두환·신군부가 '충정작전'[12]이라는 폭동 진압 훈련을 받은 공수부대와 해병 1사단을 5월 14일부터 이동시켜 광주뿐만 아니라 서울의 주요 대학과 대전·전주·부산·대구의 주요 대학에 배치한 것은[13] 자신의 정권 탈취 시나리오에 저항하는 시위에 대해서 폭동 진압 작전과 같은 '작전'을 펴려고 했음을 말해준다. 또한 전두환·신군부는 권력 탈취 시나리오의 중요한 한 부분으로 김대중을 처단하려는 계획을 세워 집행하고 있었다.

그런데 5·17 쿠데타 이후 학생들의 시위가 광주를 제외하고 다른 지역에서 일어나지 않자 다목적으로 광주 지역에 초강경 조치를 취한 것이다. 광주에 대해 전두환·신군부는 심한 지역적 편견이 있었고, 광주는 자신들이 제거하려고 하는 김대중의 정치적 고향이었다. 그래서 광주에서 시위가 있다고

---

09 김영택, 앞의 책, 262쪽.

10 정상용·유시민 외, 앞의 책, 161쪽.

11 김영택, 앞의 책, 687쪽.

12 충정작전 개요에 대해서는 정상용·유시민 외, 앞의 책, 101쪽 참조.

13 5월 17일 24:00 현재 충정부대의 대학 배치에 대해서는 위의 책, 146쪽 참조.

하자 특수 목적으로 훈련된 공수부대를 대거 내려보내 초동에 본보기로 철저히 본때를 보여줌으로써 자신들의 정권 탈취에 가장 큰 위협 요소가 될 수 있는 지역을 원천적으로 무력하게 만듦과 동시에 김대중 체포에 대한 항의도 제거하고, 서울이건 어느 지역이건 누구든 자신들의 권력 탈취에 반대하면 이렇게 광주처럼 당한다는 것을 보여주고자 했다. 또한 전두환·신군부는 그러한 무차별적인 잔인무도한 '작전'이 자신들의 권력을 영속화하는 데 필요하다고 판단했다.

자신들의 음모 또는 기획을 기필코 달성하기 위해 전두환·신군부는 무차별적인 작전을 펼쳤다. 광주 지역 주민들에게 무한한 공포를 주기 위해서였다. 곧 공포를 통해 철저히 제압하고자 했는데, 실제로 광주 시내 사제들 대부분이 무서워했고,[14] 윤공희 대주교 같은 분도 두려움을 느꼈다.[15]

그렇지만 전두환·신군부의 의도는 계획대로 진행되지 못했다. 5월 19일 공수부대의 만행을 주시하던 주민들이 어느 틈에 성난 민중, 분노에 치를 떠는 민중으로 변해 적극적 능동적으로 공수부대에 대항했다. 민중항쟁으로 타오른 것이다. 20일에는 광주의 거리 거리가 분노한 민중들의 함성으로 가득찼고, 특수훈련을 받은 사납기 짝이 없는 군인들이 점과 선을 지키는 위치로 몰려 언제 어디서 나타날지 모르는 불특정 다수의 공격에 직면하였다. 급기야 신군부는 전술상 후퇴하지 않을 수 없어 5월 21일 오후에 병력을 시 외곽으로 철수시켰다.

---

14 윤공희 외, 앞의 책, 110쪽(신고르넬리오). 특히 이 책 171~172쪽(윤공희·김성용·조철현)을 참조할 것.

15 김영택 기자가 1986년에 윤 대주교를 취재차 내방했을 때, 윤 대주교는 "어떤 젊은이가 두 군인에게 붙들려 수없이 두들겨 맞고 있었어요. 머리를 무엇으로 찍어버렸는지 모르지만, 피가 낭자했어요. 내가 보기에도 그대로 놔두면 죽게 될지도 모른다는 생각이 들었어요. 그런데도 내 자신 무서움이 앞서 감히 쫓아내려가 만류하지 못했어요"라고 말했다. 김영택, 앞의 책, 293쪽.

어째서 이러한 사태가 벌어졌을까. 대개가 공수부대의 만행에 대한 시민·학생의 분노로 이 점을 설명한다. 그러나 그것만으로는 다 설명되지 않는다. 시위대는 "전두환 유신잔당 물러가라", "전두환을 ×× 죽이자", "계엄령을 해제하라", "김대중을 석방하라"고 외쳤는데, 10·26으로 소생하던 민주주의가 전두환·신군부에 의해 짓밟힌 데 대한 분노도 항쟁의 큰 흐름을 이루었다. '부끄러움'도 소극적 자세에서 성난 민중으로 바뀌게 했다. 많은 학생·시민들이 공수부대 폭력에 놀라 일시적으로 피신하기도 했는데, 만행을 목격하고도 두려움에 도피했던 그들은 자신의 무력감이나 비굴함에 심한 양심의 가책을 느끼고 괴로워하다가 다시 거리로 나갔다. 그 거리에는 자기뿐만 아니라 수많은 학생·시민이 함께 있었다. 양심의 결단으로 노도와 같은 투쟁 대열에 서게 된 것이다.[16] 필자 역시 독재에 항거하지 못한 데 대한 학생들의 자괴감이 유신체제하 최초의 시위였던 1973년 10·2 서울대 문리대 시위나 부마항쟁, 또는 6월항쟁에 다수의 학생이 참여하는 데 역할을 했다고 기술한 바 있다.[17]

그와 함께 김대중 연행, 지역 차별, 계엄사에서 주장한 이른바 유언비어도 학생 시위를 민중항쟁으로 변화시키는 데 중요한 역할을 했다. 김대중은 박정희 유신체제 최대의 피해자였고, 박정희는 경제적으로나 인사정책에서 특정 지역을 기반으로 하면서 호남 차별이 심했던 바, 10·26 이후 김대중은 민주화와 광주 지방의 염원을 상징하는 정치인으로 자리 잡았다. 호남 사람들은 편중된 인사와 경제정책으로 특정 지역에 기반을 두었던 유신체제가 붕

---

16 최정운, 「절대공동체의 형성과 해체」, 『5·18민중항쟁사』, 광주광역시5·18사료편찬위원회, 2001, 321쪽.
17 서중석, 「부마항쟁과 박정희 유신국가의 말로」, 『지배자의 국가 민중의 나라』, 돌베개, 2010, 307, 320~322쪽; 서중석, 『6월항쟁』, 돌베개, 2011, 237~238쪽.

괴되자 민주주의도 살아나고 지역 차별도 없어질 줄 알았다. 하지만 그 특정 지역에 기반을 둔 유신 잔당들이 박정희처럼 김대중을 희생의 제물로 삼고 권력을 탈취하는 것을 보았을 때 엄청난 분노를 느끼지 않을 수 없었다. 천인공노할 공수부대의 만행에다가 김대중 제거, 전두환·신군부의 권력장악이 겹쳐 일어난 것이다.

이러한 문제와 관련해서 두 가지를 짚고 넘어갈 필요가 있다. 하나는 5·17 쿠데타가 일어났을 때 왜 광주에서만 학생 시위가 일어났는가 하는 점이다. 서울에서는 5월 15일 오후에 학생 7~8만 명이 서울역에 집결했는데도 '회군'을 결정했고, 곧이어 전국총학생회장단은 병력이 이동한다는 소식에 잠정적으로 시위를 중단하기로 결정했다. 부산의 경우 5·17 쿠데타 직전에도 별다른 시위가 없었고 그 이후에도 그러했다.[18] 5월 18일 광주에서의 학생 시위는 5월 14일부터 5월 16일까지 있었던 시위와 연결되어 있는 점이 있다. 5월 14일부터 시위가 시작되어, 그 다음 날 도청 분수대에 1만 6천여 명의 학생·시민이 운집했고, 16일에는 3만여 명이 같은 장소에 집결했던 바, 이러한 시위는 경찰관 1명을 포함해 7명이 사망한 1960년 4월 19일 광주 시위보다도[19] 규모가 훨씬 컸다. 광주는 유신반대 투쟁에서 부마항쟁이 일어난 부산·마산이나 서울보다 약했다.[20] 5월 16일 광주의 시위대는 오후 8시부터 횃불 시위에 돌입해 광주 주요 도로를 행진했다. 한 가지 유념할 것은 이처럼 많은 학생들이 계엄하에서 시위를, 그것도 횃불 시위까지 벌였는데, 경찰이나 군이 그다지 제지하지 않았다는 점이다. 그 점은 서울도 비슷했다. 신군부-계엄사는 시위를 유도해서 자신들의 5·17 쿠데타를 합리화하려는 계획이 있었다고 봐야 할

---

18   부산민주운동사편찬위원회 편, 『부산민주운동사』, 부산광역시, 1998, 450~454쪽.

19   김재희 편, 『청춘의혈―광주 4·19 학생의거 전모』, 호남출판사, 1960, 100~101쪽.

20   민주화운동기념사업회 편, 『민주화운동사』 2, 돌베개, 2009 참조.

어두운 밤거리에서 햇불을 들고 시위하는 광주 시민들 5월 16일 광주의 시위대는 오후 8시부터 햇불 시위에 돌입해 광주 주요 도로를 행진했다. 경향신문사 소장.

것이다.

광주에서 5월 15, 16일에 대규모 시위가 일어나고, 그것과 부분적으로 연결되어 5월 18일 아침부터 전남대 앞에서 시위가 전개된 요인에 대해서 필자는 특히 광주 지역이 10·26 이후 민주주의와 지역 차별 없는 세상을 더 강렬히 갈구했다고 보고 있고, 그래서 '민주주의', '김대중', '지역 차별'이 키워드가 아닐까 생각하지만 앞으로 분석해야 할 과제다.

두 번째는 계엄사에서 '광주사태'의 주범으로 지목한 유언비어다. 3·1운동, 4월혁명, 6월항쟁에서도 그랬지만, 출처가 불분명한 소문이나 과장된 소식이 시위에 영향을 미치는 일은 전 세계 어디에서나 쉽게 볼 수 있는 현상이다. 한 연구자는 5월 18일부터 광주 시내에 퍼진 각종 소문이 군중들을 홍분시켰다고 기술했지만,[21] 필자도 각종 소문이 적지 않은 영향을 미쳤다고 본다. 당국에서 유언비어를 조작하거나 의도적으로 유포한 의혹도 보이고,[22] 계엄사에서 예로 든 유언비어는 약간 과장되긴 했지만 사실인 경우도 있었다.[23] 어느 경우든 유언비어가 공수부대 군인의 만행이나 지역 차별과 연관되어 있을 때 그 위력은 더욱 컸다. 1988년 천주교 광주대교구 정의평화위원회에서 펴낸 『광주 시민 사회의식 조사』에 따르면, '군인들이 임산부의 배를 갈랐다'는 소문에 응답자의 17.7%가 사실이라고 답변했고, 54.7%가 상당 부분 사실일 것이라고 답변했다. '군인들에게 술과 흥분제를 먹여서 투입했다'는 문항에 대해서는 25.7%가 사실로, 55.8%가 상당 부분 사실일 것이라고 답변해[24] 더 높다. 1988년에 와서도 사실이라고 답변한 것이 적지 않은 것은 그만큼 군인들의 행위가 잔인했고, 신고르넬리오 신부가 "마약을 먹었는지 눈이 번쩍번쩍했다"라고 기술할 정도로[25] 비정상적이었다는 점이 기억되고 있어서일 것이다. 1980년 5월 21일 경상도 말씨를 쓰는 동아일보 취재 기자에게 한 아낙네가 "경상도 기자 양반이 와서 보기를 잘했소 서울 가거든 군인들이 광주 사람 다 죽인다고 좀 알려주시오"라고 말하며 통곡했는데,[26] "경상도 군인이 전라도 씨를 말리러 왔다"는 소문 속에는 전두환 등 신군부의 실세가 경상도 사람이라는 것이 은연중 떠오르고, 어쩌면 이들에게 연행된 김대중도 생각

21 안종철, 앞의 글, 34쪽.
22 정상용·유시민 외, 앞의 책 200쪽; 김성, 「5·18과 매스커뮤니케이션」, 『5·18민중항쟁사』, 358~359쪽.
23 김영택, 앞의 책, 481~482쪽.
24 천주교 광주대교구 정의평화위원회 편, 『광주 시민 사회의식 조사—광주민중항쟁을 중심으로』, 빛고을출판사, 1988, 30쪽. 이하 정의평화위원회는 정평위로 약칭한다.
25 윤공희 외, 앞의 책, 110쪽.
26 김충근, 「금남로 아리랑」, 『5·18특파원 리포트』, 풀빛, 1997, 224쪽.

이 나지 않았을까.

이 시기에 광주에 있던 사제들은 다른 주민들과 비슷하게 공수부대 군인들의 만행에 분노했고 두려워했다. 이러한 상황에서 김수환 추기경은 수습의 방도를 찾았고, 광주대교구의 사제들은 초기에는 계엄사 측과 항쟁 측의 완충역 또는 거중조정역을 맡으려고 했다.

시내 중심가에 있는 가톨릭센터 6층 교구청에서 기거하던 이영수 신부는 5월 18일 계엄군의 잔혹한 행위에 대해 도경찰국장에게 엄중 항의했다. 그리고 윤 대주교에게 어떻게 했으면 좋겠느냐고 물었으나 윤 대주교는 갑자기 무어라 대답할 수 없었다.[27] 다음 날 윤 대주교는 가톨릭센터 6층 창문에서 피를 흘리고 쓰러지기를 반복하는 사람을 보고 응급조치를 해야겠다고 생각했지만 내려가지 못했다.[28] 이날 오후 윤 대주교는 서울로 가 서울교구청에서 김수환 추기경을 만나 광주 상황에 대해서 말했다.[29]

5월 20일 김 추기경은 전두환을 찾아갔다. 유혈사태를 지속시키지 말라고 부탁하기 위해서였다. 대좌한 지 한 시간도 채 안 되어 전두환은 "지금 내란사태가 벌어졌다"고 하면서 바로 국방부를 가야 하니 도저히 얘기할 수 없다며, 도리어 김 추기경에게 사태가 악화되지 않도록 노력해달라고 말했다. 거꾸로 된 것이다. 그 다음 날인가 김 추기경은 위컴(John Wickham) 주한미군사령관, 글라이스틴(William Gleysteen) 주한미대사에게 전화하기 위해 여러 통로를 이용했으나 되지 않았다. 교황대사를 통해서도 연결되지 않았다. 그 다음 날, 김 추기경은 글라이스틴을 만나 유혈사태를 막아야 한다고 말했다. 글라이스틴

---

27 윤공희 외, 앞의 책, 11쪽.
28 이때 윤 대주교는 착한 사마리아 사람의 비유가 떠오르면서 자책감이 들었다고 한다. 위의 책, 41, 172쪽.
29 위의 책, 14쪽.

도 무력 충돌은 막아야 한다고 답변했다. 이날 오후 김 추기경은 이희성 계엄사령관과 만나 "무력으로 진압해서는 안 되지 않느냐, 평화적 방법으로 최대한 노력해달라"고 당부했다. 김 추기경이 윤 대주교에게 편지라도 보내고 싶다고 하니까 이희성은 그것은 해주겠다고 약속했다.[30]

5월 19일 오후에는 가톨릭센터 7층에 있는 기독교방송국에 파견나온 군인들을 공수부대 군인들로 오인한 군중들이 가톨릭센터에 난입해 철문으로 굳게 닫힌 6층을 제외하고 거의 전체 사무실을 부수고 유리창을 박살냈다.[31]

광주 시내 사제들은 무엇인가를 해야 한다는 생각에 이영수 신부가 제안해 5월 21일 오후 2시경 호남동성당에 시내 신부 9명 중 8명이 모였다. 신부들은 장백의를 입고 군인과 시민 사이에서 완충 역할을 해 극단의 사태가 일어나지 않도록 해야 한다는 데 의견을 모았다. 그리하여 단체행동 허가를 받기위해 계엄사에 전화를 했으나 책임질 수 없다는 답변에 무산되었다. 그때 밖으로 나온 조철현 신부가 헬리콥터에서 쏘는 총소리를 들었다.[32]

광주항쟁에 관한 천주교회 최초의 조직적인 대응은 전주교구에서 있었다. 전주교구는 5월 20일 교구 정의평화위원회를 소집해 광주항쟁에 대한 대책으로 ① 대표를 광주교구에 파견해 위문하고, ② 광주항쟁에 대해 올바른 계도 활동을 적극적으로 전개하기로 결의했다. 그리하여 다음 날 김재덕 주

---

30 천주교 광주대교구 정평위·5·18기념재단 편, 『5·18민중항쟁 구술자료집』, 44~46쪽. 이하 『구술자료집』으로 약칭.

31 윤공희 외, 앞의 책, 120, 136~137, 169쪽; 『구술자료집』, 154쪽. 5월 20일 자정을 전후해 박상수 신부는 시위대가 가톨릭센터로 다시 쳐들어온다는 말을 들었다. 윤공희 외, 앞의 책, 139~140쪽.

32 윤공희 외, 앞의 책, 124(정규완), 172~173쪽(조철현 등). 그런데 김성용 신부의 「분노보다는 슬픔이」에는 '시민의 생명과 재산을 보호합시다', '계엄 철폐, 민주 인사 석방'이라고 쓴 두 개의 플래카드를 마련했다고 쓰여 있으나(위의 책, 51쪽) 김성용 신부 구술에서는 양측이 다 받아줄 만한 문구를 써 가지고 나가기로 했다고 증언해(『구술자료집』, 6쪽), 플래카드를 만든 것에 대해서는 언급이 없다.

교와 김봉희 신부가 광주를 향해 떠났으나 장성에서 통제를 받아 되돌아왔다.[33]

광주대교구가 항쟁 초기에 조직적으로 대응하지 않은 것은 1970년대에 그러한 경험이 적었기 때문일 것이다.[34] 전주교구는 1970년대에 민주화운동 경험이 많았고, 김재덕 주교가 교구 신부들의 의견을 잘 반영해서 교구가 단결이 잘 되었다.[35]

광주항쟁 초기에 천주교 광주대교구의 대응이 늦은 것은 광주항쟁의 성격에 기인한다고도 볼 수 있다. 광주항쟁은 3·1운동이나 4월혁명, 6월항쟁은 물론이고 부마항쟁과도 약간 다르게 불특정 다수의 민중항쟁 성격이 강해 지도층이나 주도세력이 없었다. 광주에서 민주화운동을 벌이던 재야인사들이 광주를 탈출하였고, 운동권 학생·청년은 사전 검거되었거나 쫓기거나 피신했다. 유인물 제작팀이나 역시 홍보에 간여한 윤상원팀이 있었지만 여러 단체 및 개인에 의해 분산해서 제작되었고, 따라서 그들이 광주항쟁을 지도했다고 보기 어려웠다.[36] 5월 20, 21일에 전옥주(전춘심) 등이 자발적으로 확성기를 설치하고 시내를 누비며 시민들의 투쟁을 격려하고 선동했지만, 그야말로 개별적인 행동이었고 조직적으로 활동한 것은 아니었다.[37] 이러한 상황 때문에 광주대교구도 참여할 마땅한 통로가 없었다.

---

33 기쁨과희망사목연구소 편, 『암흑 속의 횃불』 4, 가톨릭출판사, 1997, 60쪽.

34 윤선자, 「5·18 광주 민주운동과 종교계의 역할—천주교회를 중심으로」, 『5·18 민중항쟁과 정치·역사·사회』 3, 5·18기념재단, 2007, 597쪽.

35 5·18기념재단·천주교광주대교구정평위 편, 『5·18 민주화운동 구술기록수집 결과보고서』, 2012, 126~128쪽 박창신 신부 증언. 이하 『구술기록수집결과보고서』로 약칭.

36 5·18기념재단 편, 『5·18의 기억과 역사』 2, 심미안, 2006, 17, 25쪽(강신석), 196쪽(윤한봉), 269쪽(정동년); 5·18기념재단 편, 『5·18의 기억과 역사』 3, 2009, 132쪽(배종렬); 정상용·유시민 외, 앞의 책, 285~286쪽; 김영택, 앞의 책, 400~401쪽; 김성, 앞의 글, 374쪽.

37 최정운, 앞의 글, 324쪽; 김성, 앞의 글, 346쪽; 김충근, 앞의 글, 217~218쪽.

3. 시민자치 시기 시민수습위원회

광주항쟁을 이끈 민중은 대안적인 새로운 정부를 구상하거나 계획하지 않았다. 그들은 공수부대의 과잉진압과 만행에 분노했고, 그와 함께 전두환·신군부가 물러나고 김대중이 자유의 몸이 되기를 바랐다. 그렇기 때문에 5월 21일 오후, 계엄군의 철수로 '갑자기' 해방자치 또는 시민자치를 맞았지만 그것에 대응하는 조직을 만들어내기가 쉽지 않았다. 당장 시민군을 지휘, 통제하고 질서를 유지해야 하는 일에 직면했고, 항쟁을 계승하는 활동과 '사태'를 수습하는 문제가 제기되었다.

맨 처음 시민군 리더로 등장한 사람은 20세의 김원갑이었다. 그는 5월 22일 아침 몇몇 젊은이와 함께 무장을 한 우왕좌왕하는 젊은 사람들을 시민군으로 편성하고 그들을 통제했다. 그는 이날 오후 뒤늦게 구성된 학생수습위원회에 시민군 지휘권을 넘겼다.[38]

최초로 계엄군 측과 협상을 한 것은 전옥주 등이었다. 5월 21일 오전 시위대열에서 뽑힌 전옥주와 김범태 등 협상대표 4명은 유혈사태에 대한 도지사의 사과, 계엄군의 철수 등을 요구하며 장형태 도지사와 협상했으나, 협상 결과를 발표할 도지사가 시위대 앞에 나타나지 않아 무위로 돌아갔다.[39]

윤 대주교는 더 큰 희생이 없기를 바랐다. 그는 5월 22일 오전 소준열 계엄사 전남북분소장에게 전화를 걸어 군이 난폭한 진압에 대해 사과해야 수습된다고 말했다.[40] 5월 22일 아침 정시채 전남부지사는 이종기·이기홍·조철

38 김영택, 앞의 책, 401~402쪽.
39 황석영, 『죽음을 넘어 시대의 어둠을 넘어』, 풀빛, 1985, 110쪽; 정상용··유시민 외, 앞의 책, 216~217쪽; 김영택, 앞의 책, 355~356쪽.
40 윤공희 외, 앞의 책, 14, 16쪽.

현·최한영·윤영규 등 각계 인사들과 함께 사태 수습책을 논의했다. 정시채는 윤 대주교에게도 참석을 요청했다. 정오 지나 홍남순 변호사와 박윤종 적십자사 전남지사장까지 참석한 회의에서 각계 인사 15명으로 광주사태수습시민대책위원회가 구성되었고, 이들은 위원장으로 윤 대주교를 선출했지만, 윤 대주교는 조철현 신부에게 수습 관련 임무를 대신 수행하도록 하고 교구청으로 돌아갔다. 위원장은 이종기 변호사가 맡았다.[41]

수습위원들은 사태 수습 전 군 투입을 하지 말 것, 연행자를 전원 석방할 것 등 대체로 온건한 내용의 7개 항을 마련해 상무대로 갔으나, 소준열 계엄분소장은 협상 자체를 거부했다. 그것은 예견된 일이었다. 5월 20일 내각 사퇴로 21일 총리서리가 된 박충훈이 오전에 상무대에 왔으나 시민들의 부푼 기대와는 달리 시내에 들르지 않고 '보고'만 듣고, "극소수의 폭도와 불순분자들의 터무니없는 유언비어에 현혹되거나 부화뇌동하지 말라"는 호소문만 내놓고 서울로 가 저녁에 전국에 중계된 TV 및 라디오 방송으로 비슷한 내용의 담화를 발표했다.[42] 신군부는 시민들과 협상할 의사가 없었다. 상무대에서 돌아온 수습위원들은 도청 광장에 모인 시민들에게 보고를 했다. 그러나 맨 먼저 말을 꺼낸 장휴동이 "이런 식으로 하면 폭도밖에 안 됩니다. 빨리 무기를 반납하고 치안 질서를 경찰에 넘겨야 합니다"라고 말하자 사람들이 웅성거렸다. 그리고 이종기 위원장이 합의된 것이 없다고 말하자 한 시민군이 공포를 쏘았고, 시민들이 야유를 보냈다.

시민수습위원들은 희생을 줄이기 위해서는 무기 반납이 우선되어야 한다고 생각했다. 일반 시민이나 학생 중에도 그러한 의견이 많았다. 수습위원

41 위의 책, 16(윤공희), 175~176쪽(조철현); 김영택, 앞의 책, 413~415쪽.

42 황석영, 앞의 책, 144~145쪽. 윤 대주교도 총리와 만날지 모른다는 기대가 있었다. 윤공희 외, 앞의 책, 54쪽.

무기 자진 반납
1980년 5월 22일, 수습위 관계자들이 자진 반납한 무기들을 정리하고 있다. 경향신문사 소장.

들은 5월 22일 오후까지 무기 200여 정을 회수했다. 무기 회수 문제는 시민자치 시기 큰 쟁점이 되었다. 22일 오후 구성된 학생수습대책위원회에서도 23일 무기 반납 문제를 둘러싸고 격렬한 논쟁이 붙었다. 위원장 김창길은 무기회수 및 반납을 강력히 주장했으나 김종배 등 일부 학생은 반대했다. 이날 시민수습위원회가 개편되었는데, 이 무렵부터 반유신 민주화운동을 벌였던 윤상원·정상용·이양현 등의 활동이 두드러져 대표적인 리더 그룹으로 부상했다.[43] 이들은 무기 회수 및 반납에 대단히 비판적이었다.

---

43 김영택, 앞의 책, 414~425쪽.

시민수습위원들의 활동, 그중에서도 무기 회수 문제에는 광주항쟁을 바라보는 시각 차이뿐만 아니라 시국관·인생관·세계관 등이 얽혀 있었다. 이 때문에 광주항쟁에서 적극적인 역할을 한 사람들뿐 아니라 그것에 거리를 두고 있던 사람들도 예민하게 반응했다.

무기 반납을 거부한 사람들은 기층 민중 출신의 시민군이 대부분이었다. 그들은 사태를 확대시켜놓고 오히려 몸을 사리는 학생들과 무조건적 무기 반납을 주장하는 수습위원들에 대해 매우 분개했다.[44] 하지만 희생을 줄이기 위해, 또 광주항쟁이 국가에 대한 반란이 아니라는 것을 보여주기 위해 무기 회수를 주장한 시민들은 총을 들고 다니는 시민군을 두려워하거나 위험시했다. 총을 잡은 사람들은 대부분 날품팔이, 구두닦이, 하층 노동자로, 이들은 가장 적극적으로 공수부대와 싸웠고 희생도 가장 컸다. 그러나 이들과 함께 광주항쟁에 참여했더라도 학생이나 중산층 이상은 이들에 대해 이질감을 가졌고, 이들과 같은 부류가 되기 싫어서도 총을 잡지 않았다.[45] 무기 회수에 적극적이었던 조철현 신부는 5천여 점의 무기와 1천여 점의 폭발물이 15~16세의 철부지 소년으로부터 실로 다양한 성분의 청년과 학생들의 손에 쥐어져 있다고 지적하면서, 치안 부재로 야기된 혼란과 무질서의 현상을 우려했다.[46]

복면부대의 수상쩍은 거동도 심상치 않았다. 22일부터 등장한 총든 복면 시민군 또는 복면부대는 강경론을 펴면서 무기 회수에 강력히 반대했다. 이들 중 상당수는 모처의 특수요원일 가능성이 높았다.[47]

강경파로 알려진 사람들도 무기 회수에는 회피할 수 없는 점이 있기 때문

44 정상용·유시민 외, 앞의 책, 282쪽.
45 최정운, 앞의 글, 329쪽.
46 조비오, 『사제의 증언—진실을 말해도 안 믿는 세상』, 빛고을출판사, 1994, 150쪽.
47 나의갑, 「5·18의 전개 과정」, 『5·18민중항쟁사』, 247쪽; 김영택, 앞의 책, 435~438쪽.

에 상당 부분 동의하였지만, 수습위원들의 성격이나 태도에 문제가 있다고 보았다. 수습위원들은 실제로 무기 회수 말고는 어떠한 대안도 제시할 수 없었기 때문에 "어용"이라는 얘기를 들었는데,[48] 22일 도청에서 만들어진 수습위원회 위원 중에는 친여 인사로 의심을 받는 사람들이 일부 있었다.[49] 일부 수습위원들은 당국의 지시를 받는 듯한 인상을 주었고, 군에 대해 사북 사태와 같은 사후 보복을 하지 말아달라고 애원하는 경우도 있었다고 한다.[50] 수습위원 중에는 신군부의 정권 탈취 음모를 제대로 인식하지 못한 인사들이 많았다.[51] 또한 그들은 정의감과 양심으로 나섰지만 항쟁을 지도할 수 있는 사람들은 아니었다.[52]

무기 회수 문제와 함께 항쟁의 지속 또는 계승 문제를 검토할 필요가 있다. 이 문제는 광주항쟁의 의의를 어디에 둘 것인가의 문제에 따라 차이가 있을 수 있다. 청년들은 수습위원들이 계엄군과의 치열한 싸움에서 얻은 것을 포기해버리는 투항주의적 모습에 안타까워했다는 지적이 있는데,[53] 광주민중항쟁은 그 이후 생생히 살아 있는 역사로서 1980년대 민주민족운동의 추동력이었고, 그리하여 민주주의를 쟁취하게끔 한 핏빛 깃발이었다.[54] 그런데 김성용 신부가 계엄사와 협상할 때 주장한 것처럼 경찰력만으로도 '최후의 항전'을 충분히 진압할 수 있었는데도[55] 철저히 응징 보복할 계획 아래 항복

---

48 윤공희 외, 앞의 책, 179쪽(조철현).

49 정상용·유시민 외, 앞의 책, 280쪽.

50 김성용, 앞의 글, 54~55쪽 참조.

51 김영택, 앞의 책, 424쪽.

52 정상용·유시민 외, 앞의 책, 283쪽.

53 황석영, 앞의 책, 163쪽.

54 김창진, 「시민의 저항과 무장항쟁」, 『5·18민중항쟁사』, 316쪽.

55 윤공희 외, 앞의 책, 187~188쪽(정규완·김성용).

만 요구한 계엄군에게 결연한 투쟁의 의지를 보이지 못하고 무기를 회수하여 반납하는 데 치중하였더라면 어떻게 광주항쟁이 평가받을 수 있었을까를 생각해보지 않을 수 없다. 최후까지 굴복하지 않고 저항함으로써 '군부 통치자들이 치러야 할 대가를 점차적으로 최대화하는' 윤상원의 '고립 지역 사수' 전략[56]의 성공 여부는 더 논의해보아야겠지만, 최후의 항전을 치르다 죽은 윤상원과 그의 동지들의 죽음은 1980년대 5월투쟁에서 부활하여 계속 살아났다. 6월항쟁으로 받아낸 6·29 항복 선언도 광주항쟁에 대한 기억이 미친 영향이 컸다. 6·29선언이 나온 것은 전두환·신군부가 민주주의에 호의를 가져서가 아니었고, 군을 출동시킬 수 없어서였다. 필자는 전두환이나 군이 6월항쟁 시기에 거리에 나서는 것을 무척 꺼렸다는 사실을 확인할 수 있었다. 이들은 6월 10일 밤부터 시작되어 6월 15일까지 계속된 명동성당 농성 투쟁이나 부산·서울 등지에서 있었던 수많은 거리 시위에서 보여준, 전두환 표현을 빌자면 학생·시민들의 '사생결단'의 결연한 투쟁 자세가 광주항쟁에서 겪은 기억과 너무나 흡사하다고 생각했고, 6월항쟁의 전개를 목도하면서 '전국적 규모의 광주사태'를 감당할 수 없다고 판단했던 것이다.[57]

그런데 윤 대주교, 조철현 신부가 무기 회수를 중시한 것은 평화와 비폭력, 사랑을 키워드로 한 사목의 관점이나 가톨릭평화관 등 종교적 신념이 크게 작용했을 것이므로 이 점을 각별히 주목할 필요가 있다. 윤 대주교는 무기 회수를 중시했다. 그는 신문기자가 인터뷰에서 "총기를 든 것은 잘못된 것이다"는 부분만 듣고 기사화해도 좋겠느냐고 묻자 '군인들이 얼마나 잔혹하게

---

56   블레들리 마틴, 「윤상원 그의 눈길에 담긴 체념과 죽음의 결단」, 『5·18 특파원리포트』, 풀빛, 1997, 153~154쪽.

57   서중석, 『6월항쟁』, 돌베개, 2011, 549~568쪽.

했으면'이라는 문구만 덧붙이면 좋다고 허락했다.[58] 그는 구술할 때 면담자가 군인 쪽에서 평화적 방법은 없다는 메시지를 계속 보내지 않았느냐고 묻자, 그래도 낙관적인 전망 속에 평화적인 해결 방법을 포기할 수 없었다고 답변했다.[59] 조철현 신부는 무기 회수에 대해서 어느 누구보다도 확고한 신념을 가지고 헌신적으로 노력했다. 그는 각지를 돌며 여러 차례 위협을 받으면서도 시민군에게 무기를 내놓을 것을 설득했고, 학생수습위원회 위원장 김창길에게도 무기 회수 및 반납에 흔들리지 말라고 역설했다.[60]

5월 24일 제2차 민주수호범시민궐기대회를 계기로 수습위원회는 새로 개편되었다. 23일 계엄군과 두 번째 회의를 가진 수습위원회가 10만 명 가까이 운집하여 도청 광장 일대를 메운 제2차 궐기대회 참석 시민들에게 전날의 협상 결과를 보고했다. 그러나 수습위원을 대표하여 이종기 변호사가 마이크를 잡자 한두 번 박수도 있었으나 여기저기서 "집어치워라" "간단히 말하라", "끌어내려라" 등의 고함소리가 나왔다. 시민의 불신의 외침은 무서웠다.[61] 그 뒤 계엄사령부와 수시로 연락하며 총기 회수에만 초점을 맞추려던 일부 관변인사가 물러나고 김성용이 주임신부인 남동성당에 모인 재야 측 대표 중심으로 수습위원회가 구성되었다.[62]

5월 25일 오후 2시, 홍남순·이성학·이기홍·명노근·송기숙·정규완·김성용·이양현·조아라·조철현 등 광주 민주화운동을 대표할 만한 변호사, 교수,

58 윤공희 외, 앞의 책, 41쪽(윤공희).

59 『구술자료집』, 176쪽(윤공희).

60 『구술자료집』, 276~278쪽(조철현); 조비오, 앞의 책, 151~158쪽.

61 윤공희 외, 앞의 책, 55쪽(김성용); 김영택, 앞의 책, 504쪽. 이날 뿌려진 '5·18사태수습대책위원회 일동' 명의의 「계엄분소 방문협의 결과보고」는 천주교광주대교구정평위 편, 『광주여 우리나라의 십자가여』, 1985, 10쪽 참조.

62 김성용, 앞의 글, 55쪽; 조비오, 앞의 책, 193쪽.

민주화운동 청년, YWCA 측 인사, 신부 등이 남동성당에 모여 도청 부지사실에서 김성용 신부가 제안한 ① 이번 사태는 정부의 잘못임을 시인할 것, ② 사죄와 용서를 청할 것, ③ 모든 피해는 정부가 보상할 것, ④ 어떤 보복 조치도 없을 것 등 '사태 수습을 위한 4개 항'을 만장일치로 통과시켰다. 이 회의에서 김성용 신부가 강하게 발언했다. 수습위원들은 이 4개 항을 광주에 내려오는 「최규하 각하께 드리는 호소문」에 끼워넣었다.[63] 또한 이들은 광주사태수습대책위원회 이름으로 "5월 18일과 19일에 자행된 공수특전단의 살상 만행이 80만 시민을 분노케 하고 정당방위로써 시민 봉기(의거)에로 유도했다", "사상자에 대한 허위 보도와 자위권을 행사한 민주시민에 대하여 난동 및 무장폭도라고 한 일방적인 허위 보도가 시민을 더욱 분노케 했다" 등 4개 항으로 되어 있는 「광주사태 원인에 대한 우리의 견해」와 "80만 광주 시민의 피맺힌 한과 응어리진 마음의 상처를 전 민족적 차원에서 치유해야 한다", "공수특전대의 책임자는 처단되어야 한다" 등 역시 4개 항으로 되어 있는 「광주사태 해결에 대한 우리의 견해(주장)」에도 합의를 보았다.[64] 광주항쟁을 시민 봉기나 의거로 본 것은 그 이전 수습위원들의 시각과 분명히 달랐다. 「광주사태 원인에 대한 우리의 견해」도 사태를 정확히 본 것이지만, 「광주사태 해결에 대한 우리의 견해」도 당당히 주장해야 할 내용이었다. 최규하 대통령은 국방부장관 등 4명의 장관, 계엄사령관 등을 대동하고 오후 6시경 상무대에 도착했으나, 현지 보고를 듣고 담화문을 발표한 뒤 서울로 가버렸다.[65]

5월 25일 학생수습위원회는 무기 회수 문제를 둘러싸고 논쟁을 벌이다가

63 김성용, 앞의 글, 57~58쪽; 『구술자료집』, 11~12쪽; 나의갑, 앞의 글, 251~252쪽.
64 전남사회문제연구소 편, 『5·18광주민중항쟁자료집』, 광주, 1988, 125쪽.
65 최규하는 광주 시내로 들어가 수습위원회 당사자들을 만나려 했으나, 장관들과 군인들이 완강히 반대했다고 한다. 김영택, 앞의 책, 493~494쪽.

김창길이 위원장에서 물러나고 김종배가 위원장이 되면서 진용을 적극 투쟁자들로 대폭 바꾸었다. 김성용·조철현·이성학·홍남순·이기홍 등 새 수습위원들은 25일 밤 이들을 방문하여 격려했다. 김 신부는 "이번 광주사태는 수십 년 동안 누적된 광주 시민들의 울분의 표현이다. 같이 노력하여 우리의 요구사항을 관철시키자"고 말했다.[66] 이들은 다음 날 새벽까지 청년들과 함께 있었다. 김성용 신부 등의 이러한 용기 있는 언행은 무기 회수를 원활히 하는 데 도움을 주었다.[67]

5월 26일 새벽 5시 30분 탱크가 진입해오는 소리에 도청에 있던 시민군과 학생들은 혼란에 빠졌다. 김성용 신부는 함께 철야한 수습위원 17명에게 "① 1시간 이내에 군은 본래의 위치로 철퇴하라, ② 그렇지 않으면 전 시민의 무장화를 호소하고, ③ 게릴라전으로 싸웁시다. ④ 최후의 순간이 오면 TNT를 폭발시켜 전원 자폭합시다"라고 제의해 전원 찬동을 얻었다. 방송반이 10시까지 도청 앞에 모이라고 시민들에게 호소했다. 수습위원들은 죽음의 행진을 시작했고, 수백 명의 시민이 따랐다. 외신기자도 따라붙었다. 행진 중 김 신부가 대변인이 되었다. 4km 정도 행진해 9시경 바리게이트 앞까지 갔을 때 계엄군이 발포 태세를 갖췄다. 그때 계엄분소 부사령관이 나타났다. 김 신부가 어젯밤 위치로 후퇴할 것을 강력히 요구해 탱크가 사라졌다.

상무대에서 학생 대표를 포함한 11인과 계엄분소 부사령관 김 소장 등이 대좌했다. 김 소장은 무기를 회수해 군에 반납할 것을 막무가내로 요구했다. 4시간 이상 대좌했으나 진전은 없었다. 김 소장은 밤 12시까지 수습하지 않으면 안 된다는 최후통첩까지 내놓았다. 시민 대표들은 시민들에게 호소하기

---

66 위의 책, 509쪽.

67 윤공희 외, 앞의 책, 181쪽(김성용) 참조.

위해 되돌아왔다. 도청에 들어가니까 YWCA에서 홍남순 변호사와 이성학 장로가 "김 신부가 탈출해야 한다, 서울에 가서 만행을 알려야 한다"고 말했다는 전갈이 왔다.[68] 김성용 신부는 이날 가까스로 탈출해 5월 27일 밤 10시경 김 추기경을 만나러 명동성당에 갔다.[69]

윤 대주교는 5월 25일 상무대까지 왔지만 정작 광주에는 들르지 않고 서울로 올라간 최 대통령에게 광주사태의 본질을 알려줘 평화적인 방법으로 수습해야겠다고 생각하고 5월 26일 편지를 썼다. '존경하는 최규하 대통령 각하'로 시작되는 이 서한에서 윤 대주교는 "사태 발단의 진실을 정부와 군이 인정을 하고 겸손한 사죄의 표시를 하여야 할 것이고, 군인들의 만행에 대한 명령 책임자를 엄중히 처단할 것을 약속"해야 사태 수습이 가능할 것이라고 진언했다.[70]

4. 광주항쟁 진실 알리기—천주교회를 중심으로

1) 진실 알리기에서 천주교회의 위상

천주교회는 세 가지 이유로 국내외에 광주항쟁에 대한 진실을 알리는 데 중요한 역할을 할 수 있었다.

첫째, 천주교회는 광주항쟁에 관해 미사 강론이나 개인이나 집단에 의한

---

68 김성용, 앞의 글, 59~64쪽; 『구술자료집』, 14~23쪽.
69 전남사회문제연구소 편, 앞의 자료집 126쪽에는 5월 26일 '광주사태수습위원회 일동 / 대변인 김성용 신부 올림' 명의로 계엄군에 의해 짐승처럼 치욕과 학살을 당하고 폭도, 난동분자, 불순분자로 지목되었다는 내용의 「김수환 추기경 각하께 드리는 호소문」이 실려 있다.
70 윤공희 외, 앞의 책, 23~26쪽.

진상 발표 등으로 진실 알리기에 큰 역할을 했다. 특히 진실 알리기가 매우 중요한 시기였던 1980년 5월 27일을 전후한 시기부터 그해 6, 7월에 걸쳐 천주교회는 다른 어느 종교나 단체보다 적극적으로 활동했다. 그러나 이러한 활동은 개별적으로 활동한 것을 제외하면 광주대교구 및 전주교구에 한정되었고, 대부분의 교구는 침묵했다.

둘째, 천주교회가 광주항쟁 진실 알리기에 중요한 역할을 할 수 있었던 것은 언론이 계엄사나 전두환·신군부 정권의 발표나 보도지침에 따라 진실을 알리기는커녕 왜곡 보도를 일삼았기 때문이다.

광주 지역 신문의 경우 5월 19, 20일자 신문에서 공수부대의 과잉진압을 보도하지 못했고, 전남북 계엄분소장의 담화문 등을 실었다. 검열로 광주의 상황이 보도되지 못하자 전남매일신문 기자들은 5월 20일 "사람이 개 끌리듯 끌려가 죽는 것을 두 눈으로 똑똑히 보았다. 그러나 신문에는 단 한 줄도 싣지 못했다"는 성명을 내고 제작 거부에 들어갔다. 이 신문은 21일부터 발행을 중단했는데, 전남일보가 뒤따라 발행을 중단해 두 신문 다 6월 2일에야 속간했다. 광주MBC와 광주KBS의 경우 신문보다 더 많은 항의와 협박을 받았다. 광주MBC는 20일 밤 8시 30분경 사옥이 전소되면서 방송을 중단했고, 광주KBS는 21일 새벽까지 몇 차례 공격을 받고 방송을 중단했다.[71] 『부산일보』는 5월 22일 「광주시위 연 5일 인근 확산, 수십 명 사망 수백 명 부상」이라는 제목으로 호외를 내보냈다.[72]

왜곡 보도는 중앙일간지도 비슷했다. 동아일보의 경우 편집국 기자들이 5월 18일 이후 퇴근하지 않고 대기 상태에서 제작을 거부하다가 5월 21일 기사

---

71 김성, 앞의 글, 340~341쪽; 송정민, 「광주민중항쟁에서의 언론의 선택과 역할」, 『광주민중항쟁과 5월운동연구』, 94~95쪽.
72 류종환, 「경상도 기자의 위기일발」, 『5·18 특파원리포트』, 256쪽.

를 썼다. 이 기사는 현지 기자가 보낸 것으로 5월 18일부터 20일까지의 광주 상황이 비교적 사실에 가깝게 자세히 쓰여 있었으나,[73] 검열로 나가지 못했다. 따라서 극소수만 이 기사를 돌려가면서 읽을 수 있었다. 5월 22일자 『동아일보』는 1면과 7면을 크게 할애하여 18일부터 22일까지의 상황을 비교적 자세히 기술했는데, 검열 때문에 제한적으로밖에 싣지 못했다.[74] 5월 22일부터 중앙일간지는 광주 기사를 많이 실었으나 대개는 계엄사 발표를 확인하지 않고 실은 것으로, 광주를 '폭도의 도시'로 고착화시켰다.[75] 조선일보의 경우 '광주의 소요'와 '간첩의 준동'을 자연스럽게 연결시키는 등 신군부의 의도를 뒷받침해주는 것이 아닌가 하는 의구심이 들게도 했다.[76]

외신의 경우 5월 21일부터 보도되었다. 국내 신문기자들은 취재하는 데 제약이 많았고, 심지어 일부 신문·방송사 소속 기자에게는 심한 반감을 보이며 출입을 봉쇄하기도 했지만, 외신기자들은 출입이 자유로웠을 뿐만 아니라 오히려 안내를 받아가며 시위 현장과 시민들을 자유롭게 만날 수 있었고, 별도의 브리핑을 받기도 했다. 그래서 광주의 비극은 외국 언론을 통해 국내로 거꾸로 유입되기도 했다. 외신기자들은 그만큼 바깥세상으로 진실을 알려줄 수 있는 통로로 여겨졌다.[77]

광주 시내에도 언론은 있었다. 5월 18일 첫날부터 전남대의 '대학의 소리' 팀, '극단 광대' 팀, '백제야학' 팀에 의해 여러 종류의 유인물이 만들어졌다. 윤

---

73 이 기사는 전남사회문제연구소 편, 앞의 자료집, 160~165쪽에 수록되어 있음.

74 5월 22일자 『동아일보』는 가판으로 인쇄한 40여만 부가 금방 매진되었다고 한다. 자초지종은 김영택, 앞의 책, 474~477쪽 참조.

75 김성, 앞의 글, 341~342쪽.

76 송정민, 앞의 글, 101~103쪽.

77 김영호, 『한국 언론의 사회사』 상, 지식산업사, 2004, 68~69쪽; 김성, 앞의 글, 342쪽; 김영택, 앞의 책, 477~478쪽.

상원이 중심이 된 '들불야학'팀에서는 19일부터 유인물을 제작했는데, 21일부터는 들불야학팀에서 본격적인 소식지를 만들기 시작해 『전남민주회보』와 8호까지 나온 『투사회보』를 제작했다. 그리고 그 다음에 나온 유인물은 호수는 『투사회보』 연장의 의미로 9호를 사용하면서 명칭은 『민주시민회보』로 바꾸었다. 제호를 '투사'에서 '민주시민'으로 바꾼 것은 의미가 깊을 수 있다. 커다란 변화를 보인 것이다. 제10호 『민주시민회보』는 27일 인쇄만 하고 미처 배포하지 못한 채 계엄군이 진입했다.[78] 그러나 이러한 유인물은 광주 일원에서 배포되었을 뿐 널리 읽히지 않았고, 사실을 전달하기보다 선전이나 투쟁의식 고취에 역점을 두었으며, 광주 시민들의 공감대 형성에는 기여하였으나 희생자 숫자 등의 보도에서처럼 과장이나 추측이 많았다.[79]

셋째, 천주교회의 진실 알리기는 공신력이 있었다. 한국 현대사에서 광주항쟁처럼 일반 사람들이 서로가 각각 사실을 다르게 알고 있는 경우도 드물었다. 언론이 사실을 보도하지 못하는 상황에서 현지 상황이 어떤지 사망자가 몇 명인지 알 수가 없었고, 아는 것이 있다 하더라도 제각기 달랐다. 천주교회도 진실을 정확히 알고 있는 경우는 많지 않았다. 김성용 신부가 서울에 와 김 추기경을 만났을 때 김 추기경이 "하도 이 소리 저 소리 소문이 막 들려오니 소문에 따라가지 말고 진실대로 쓰라"고 말한 것도[80] 그 때문이었다. 그런데 일반 사람들은 천주교회가 말하는 것은 신뢰할 수 있었다.

계엄사와 전두환·신군부가 광주사태에 대해 모략과 중상, 기만에 가득 찬 발표를 하고, 일부 언론이 이것을 여과없이 보도했을 뿐만 아니라 해설 등의

---

78 황석영, 앞의 책, 153~154쪽; 김성, 앞의 글, 342~343쪽; 박찬승, 「선언문·성명서·소식지를 통해 본 5·18」, 『5·18민중항쟁사』, 378~401쪽.

79 김영택, 앞의 책, 464~465쪽.

80 『구술자료집』, 44쪽(김수환).

명목으로 악의적으로 잘 짜깁기해서 내보내 국민을 오도했는데, 천주교회는 국민의 신뢰성을 바탕으로 진실을 알리는 데 많은 노력을 기울였다. 초기에 계엄사에서 광주사태에 대해 상세히 언급한 것은 5월 21일 계엄사령관 이희성의 담화문이었는데, 그 핵심은 다음과 같다.

> 지난 18일 수백 명의 대학생들에 의해 재개된 평화적 시위가 오늘의 엄청난 사태로 확산된 것은 상당수의 타 지역 불순 인물 및 고첩들이 사태를 극한적인 사태로 유도하기 위하여 여러분의 고장에 잠입, 터무니없는 악성 유언비어의 유포와 공공시설 파괴 방화, 장비 및 재산 약탈 행위 등을 통하여 계획적으로 지역 감정을 자극, 선동하고 난동 행위를 선도한 데 기인된 것이다"[81]

계엄사, 전두환·신군부의 광주항쟁에 대한 발표는 약간씩 차이가 있으나, 5월 21일의 발표와 대동소이하다. 심지어 1985년 2·12 총선으로 김대중·김영삼이 이끈 선명 야당의 의원이 국회에서 광주학살의 진상규명을 요구했을 때에도, 윤성민 국방장관은 시위대에 의해 경찰이 중경상을 입는 등 경찰력만으로는 질서유지가 안 되어 부득이 군이 나섰다고 하면서, 광주항쟁을 불순분자가 온갖 유언비어를 조작했다는 등 난동으로 몰고갔고, 시위 확산 이면에는 일부 정치세력에 의한 배후조종이 있었다고 주장했다.[82]

천주교회는 계엄사나 정부의 발표, 언론의 보도로부터 진실 지킴이 역할을 했을 뿐만 아니라, 국내외에서 유포된 각종 광주항쟁에 관한 글의 진실 여부를 가리는 데도 준거가 되었다. 당시 유포된 글 가운데는 출처가 불분명하

---

81 전남사회문제연구소 편, 앞의 자료집, 148쪽.
82 윤성민 국방장관의 광주사태 보고 전문은 위의 자료집, 290~294쪽 참조.

여 신뢰하기 어려운 경우도 적지 않았지만, 과장이나 왜곡이 심한 경우도 있었다. 예컨대 「어느 목격자의 증언」이라는 부제가 붙은 「찢어진 깃폭」은 국내외에서 꽤 많이 읽혀 영향력이 컸다. 일본 가톨릭정의평화협의회에서 번역해서 돌렸는데, 이 글에 대해 맨 앞에서 필자에 대해 해설을 붙인 뒤, 맨 끝에 부기 형식으로 "이 자료는 우리에게 보내기 전에 내용의 타당성을 입증한 한국가톨릭교회의 믿을 만한 소식통으로부터 입수된 것이다. 우리는 내용의 진실성에 책임을 진다"고 1980년 6월 6일 썼다.[83] 「찢어진 깃폭」은 북아메리카 한국인권연맹에서 1980년 9월 펴낸 『한국 사태의 보고』에도, 같은 달에 나온 독일 『코리아 자이퉁』지의 「한국 사태 보고서」에도 수록되어 있다.[84] 「찢어진 깃폭」은 김 추기경도 읽어보았는데, 나중에 이 글이 사실과 다르다는 것을 알게 되었다.[85] 김성용 신부 또한 서울로 탈출했을 때 이 글을 읽었는데, 임산부를 공수부대 군인이 콱 찔러 아랫배를 갈라 태아를 끄집어내 내던졌다고 쓰는 등 표현이 대단히 실감나게 아주 소름 끼치게 묘사되어 있는 것을 보았다. 그는 이 글에 대해 "이런 것은 파다하게 소문이 돈 것이다", "이것은 과장된 것이다", "이런 부분에 대해서는 모르겠다" 등의 판단을 내렸는데, 이것을 마리안느 수녀가 녹음을 해 돌렸다.[86] 광주대교구에서는 정부의 발표뿐만 아니라 「찢어진 깃폭」 등 광주항쟁에 관해 과장되거나 왜곡된 글들에 대해서도 공신력 있는 단체의 증언이 필요하다고 판단해 후술할 「광주사태의 진상」을 내놓았다.[87]

---

83 광주광역시5·18사료편찬위원회 편, 『5·18광주민주화운동자료총서』 2, 1997, 122~129쪽.

84 두 글은 전남사회문제연구소 편, 앞의 자료집, 230~233, 235~238쪽에 수록되어 있다.

85 『구술자료집』, 42쪽(김수환).

86 『구술자료집』, 27~28쪽(김성용).

87 『구술기록수집결과보고서』, 165~166쪽(정형달 서면 인터뷰).

2) 광주항쟁기의 진실 알리기

이 시기 교회 외에 공신력 있는 명의의 발표로는 5월 24일 민주주의와 민족통일을 위한 국민연합 공동의장 윤보선·함석헌과 김대중 공동의장을 대신한 이희호 세 명이 낸 시국성명서가 있다. 이 성명서는 전두환의 즉각 사퇴, 김대중 등 민주 인사의 즉각 석방 등을 요구하면서 광주항쟁은 짤막히 언급했지만, 평화적 시위를 한 학생과 시민에 대해 '목불인견적 잔인한 살상'이었다고 표현했다.[88]

천주교회의 '5월항쟁 진실 알리기'는 우연도 겹쳐 전주교구에서 먼저 시작되었다. 전주교구는 이미 5월 20일에 정의평화위원회 상임위원회를 열어 광주항쟁에 대한 올바른 계도 활동을 적극적으로 전개할 것을 결의한 상황이었다. 그런데 마침 이곳에 광주를 빠져나온 김현장이 찾아왔다(그는 나중에 부산 미문화원 방화 사건의 배후 인물로 지목받게 된다). 5월 21일 광주에서 빠져나와 남원에서 「전두환의 광주살육작전」을 쓴 김현장은 21일 오후 늦게 전주에 도착해 이 글을 1만 매 인쇄하여 유인물로 만들어 서울로 보냈다. 다음 날 전주교구청에 모인 김재덕 주교와 신부들의 비상총회에서 김현장은 목격담을 증언했다. 또한 전주교구는 사무국장 김봉희 신부 중심으로 김현장이 작성했으나 명의는 전남대학교 민주투쟁위원회로 되어 있는 「전두환의 광주살육작전」을 1만 부 정도 자체 제작해 교구청과 각 본당 신자들에게 살포하기로 결정하고[89] 이날 제작에 들어갔다.[90] 전주교구에서는 5월 23일 긴급 사제총회를

이 시국성명서는 한국기독교교회협의회 인권위원회 편, 『1980년대 민주화운동—광주민중항쟁 자료집 및 상반기 일지』 6, 1987, 169~171쪽 참조.

89 김양래는 김봉희 신부로부터 2만 부를 제작한 것으로 들었다. 『구술기록수집결과보고서』, 8, 105, 118쪽.

90 김현장은 전주에서 대학생들에게 유인물을 건네줘 살포하게 했다. 그는 대구와 부산에도 살포하려 했으나 실패했다. 서울로 보낸 유인물은 기독교회관 등 여러 곳에서 뿌려졌고, 그 뒤

다시 열고 광주항쟁에 대한 올바른 계몽에 주력하기로 결의하고, 중앙성당에서 김재덕 주교의 주례로 사제단 60여 명과 신자 300여 명이 '광주항쟁 희생자를 위한 위령미사'를 봉헌했다.[91] 목포에서 서상채 신부는 5월 22일 한밤중에 "만나는 분들에게마다 전해주십시오. 우리 전남 사람들은 모두가 싸우다 죽는다고"라고 절규했다. 전주교구 김봉희 사무국장은 5월 23일 "전주에서 광주 현장 목격자들의 증언을 종합한 결과 중앙지에서 유언비어라고 보도된 내용은 모두가 어김없는 사실일 뿐만 아니라 국민들은 상상도 못할 대규모의 학살과 참상임을 확인하였다. (…) 지금의 침묵과 방관은 배달겨레 최후의 죄악이 될 것"이라고 진실 알리기에 동참할 것을 호소했다.[92]

「전두환의 광주살육작전」은 전주교구 본당을 통해 신자들에게 배포되었다. 또 신부들은 강론할 때 되도록 옥외 마이크를 사용해 군인들의 광주 시민 학살 만행을 폭로하기로 했다.[93] 이 과정에서 어린 천주교 신자들이 연행되는 사건이 발생했다. 충남과 이웃하고 있는 여산성당 박창신 신부는 「전두환의 광주살육작전」을 더 만들어 충남 쪽 공소에도 전달했다. 그런데 전북경찰은 감히 전주교구 사제나 신자들을 연행하지 못했지만, 충남은 달랐다. 중학생 공소 교리교사 3명과 한 지역 공소회장이 유인물을 돌리다가 강경경찰서에 끌려가 2~3개월 고생했다.[94]

에도 계속 제작해 천주교회와 재경호남향우회를 중심으로 살포되었다. 김현장은 6월 8일 원주교육원으로 가기 며칠 전 평양방송에서 자신이 만든 「전두환의 광주살육작전」을 낭독하는 것을 들었다. 김현장, 『빈첸시오, 살아서 증언하라』, 사회평론, 1994, 68~127쪽. 이와 함께 5·18기념재단 편, 『구술생애사를 통해 본 5·18의 기억과 역사』 3, 2009, 60~61쪽(노금노), 392~393쪽(최성호) 참조.

91 기쁨과희망사목연구소 편, 앞의 책 4, 60쪽.
92 한국기독교교회협의회인권위원회 편, 앞의 자료집 6, 155쪽.
93 윤선자, 앞의 글, 596쪽.
94 『구술기록수집결과보고서』, 118~121쪽(박창신).

서울에서는 5월 23일 천주교주교단이 모였다. 이 자리에서 주교들은 광주 사태에 대해 깊은 우려를 표명하고 김수환 추기경 이름으로 전국 신자들에게 '시국 안정을 위해 특별기도'를 해줄 것을 요청했다. 중립적 태도를 유지하면서 이 호소문은 "정확한 숫자를 알 수 없는 사상자를 낸 유혈사태가 광주시를 비롯한 인근 전역에 확대되었고, 이로 인하여 전 국민이 참으로 긴장과 불안과 슬픔 속에 내일을 걱정하게 되었습니다"라고 밝히고 형제들끼리 피를 흘리는 비인간적 충돌은 저지해야 하겠다고 피력했다.[95] 김 추기경은 5월 25일 이억민·장용복 두 신부를 광주에 보내 사태를 알아보게 하는 한편 윤 대주교에게 "광주의 진실을 알려야 합니다. 따라서 진실이 필요합니다"라고 쓴 서신과 금일봉을 보냈다.[96]

광주대교구 차원의 광주항쟁에 대한 입장 표명은 윤 대주교의 5월 24일 특별서한을 통해 이루어졌다. 성신강림주일에 교구 내 모든 본당에서 읽혀지도록 되어 있는 이 서한을 통해 윤 대주교는 광주 시민들이 역사에 없는 처참한 시련을 겪었음을 지적하고, 고통과 슬픔에 몸부림치고 계신 사상자 가족들에게 주님의 위로와 사랑과 격려가 충만하기를 빌어마지 않는다고 밝혔다.[97] 온건한 내용이었다. 5월 25일 성신강림대축일을 맞아 김성용 신부는 신자들에게 대주교의 메시지를 읽어주고 가슴을 쥐어짜는 듯한 비통한 심정의 격정적 강론을 했다.[98]

한편 5월 25일 목포역 광장에서 기독교장로회 소속 목사와 목포NCC가 중심이 되어 목포시 기독교연합회 비상구국기도회를 열고 「광주시민혁명에

---

95 천주교광주대교구정평위 편, 『광주여 우리나라의 십자가여』, 8~9쪽.

96 김영택, 앞의 책, 584쪽.

97 윤공희 외, 앞의 책, 19~21쪽.

98 김성용, 앞의 글, 56~57쪽.

대한 목포 지역 교회의 신앙고백적 선언문」을 발표했다.[99] 이 선언문은 광주·목포의 시위 항거는 동학혁명, 3·1운동, 광주 학생 사건, 4·19와 명동 민주구국 선언의 법통을 잇는 시민혁명이자, 하나님의 정의와 자유를 파종하려는 그리스도의 군병과 그리스도를 또 한 번 못박고 군벌 독재를 구축하려는 적과의 의로운 투쟁이라고 규정했다. 또한 유혈 참극을 막는 길은 민주 헌정을 조속히 수립하는 데 있으며, 현 사태의 책임은 전적으로 실권을 잡고 있는 군벌 몇 사람에게 있다고 역설했다.[100] 광주항쟁의 의의와 성격, 광주사태의 원인 파악, 대안 제시에서 주목할 만한 관점을 보여준 선언문으로, 천주교회의 진실 알리기와는 성격이 다른 주장이었다. 광주항쟁 수습 과정에서 이성학 장로나 개신교 평신자들은 김성용 신부와 함께 중요한 역할을 했지만 개신교 교역자들은 눈에 보이는 활동이 미약했는데, 그런 점에서 이 선언문은 주목을 끈다. 또한 개신교 진보세력의 입장을 밝힌 이 선언문의 정신이 1980년대에 광주·목포 지역 개신교 진보세력에 의해 일정하게 계승된다는 점에서도 의미가 깊다.

3) 광주항쟁 이후의 진실 알리기

광주항쟁은 경찰이 해결할 수 있는 사태를 병력, 그것도 특수 목적에 투입되는 특전사 병력을 대거 투입해 많은 인명을 살상하면서 일단락되었다. 하지만 바로 그 5월 27일까지 벌어진 광주의 진상을 알려야 한다는 사명감에 많은 사람들이 때로는 감옥행도 불사하고 각종 유인물을 제작해 서울 등지에 뿌렸다. 그러나 이러한 유인물은 거의 다 출처가 불분명해 신뢰성에 문제

---

99   한규무, 「80년 5·18과 기독교」, 『주먹밥』, 2012 봄, 16쪽.

100 광주광역시5·18사료편찬위원회 편, 앞의 자료총서 2, 69쪽.

가 있었다. 그런가 하면 진실을 알리기 위해 죽음을 택하는 사태까지 일어났다. 1976년 서강대 무역학과에 입학한 김의기는 광주에 직접 내려가 항쟁을 목격했다. 그는 광주봉기가 유신 잔당의 악랄한 언론 탄압 때문에 왜곡과 거짓과 악의에 찬 허위 선전으로 분칠되는 현실을 타개하기 위한 방법을 모색하던 중 기독교회관에서 5월 30일 오후 6시에 금요기도회가 열린다는 것을 알았다. 그는 「동포에게 드리는 글」을 써 제작해 그곳으로 갔다. 김의기는 오후 5시경 서울 종로 5가에 있는 기독교회관 6층 EYC 사무실에서 유인물을 뿌리며 뛰어내려 기독교회관을 감시하고 있던 계엄군의 장갑차 사이에 떨어져 즉사했다. 그가 시민들에게 그토록 알리고 싶어 했던 「동포에게 드리는 글」은 경찰에 의해 현장에서 전부 수거되고 말았다.[101]

천주교회는 6월에 광주항쟁에 대한 진실을 알리는 활동을 여러 통로를 통해 진행했다. 6월 2일 주교회의 상임위원회는 5월 26일 윤공희 대주교가 작성한 「최규하 대통령에게」라는 공한을 최 대통령에게 보냈다. "애절한 호소를 진지하게 들으시고 부드러운 방법으로 광주 시민의 마음속 깊은 상처를 어루만져"주기를 요청하는 글이었다. 6월 4일에는 김 추기경이 시민들을 위로하기 위해 광주교구청에 왔다. 그 자리에는 전주교구 김봉희 신부 등 다른 교구 신부도 있었다. 참석자 중 한 사람이 죽음의 공포에 떨고 있는 광주 시민들이 추기경이 오는 것으로 위로받을 수 있다고 생각하느냐며 반발했다.[102] 당시 광주의 분위기를 읽게 해주는 대목이다.

김 추기경은 6월 25일 발표한 담화 「6·25 동란 30주년을 맞이하여」에서 "광주사태는 통탄과 통분을 금치 못할 사실"이었다고 밝히고, "힘에 의한 외

---

101 김의기열사추모사업회 편, 『동포여! 우리는 지금 무엇을 하고 있는가』, 1985, 앞부분 사진 설명과 75~79쪽 참조. 「동포에게 드리는 글」은 이 책 80~81쪽 참조.
102 『구술기록결과보고서』, 164쪽(정형달).

형적 해결은 장차 국민의 화합과 단결을 크게 저해하는 요인으로 계속 남아 있게 될 것"이라고 지적했다.[103] 가톨릭의 수장이 강한 메시지를 담아 발표한 이 담화문은 널리 복사되어 광주 지역 성당마다 나눠 읽었다.[104] 전주교구도 힘을 얻었다. 6월에 발표된 위 두 편의 글은 천주교 신자들뿐만 아니라 일반 사람들에게도 널리 읽히면서, 천주교회의 진실 알리기에서 중요한 위치를 차지했다. 김 추기경은 스스로 앞장서서 윤보선·함석헌·천관우와 함께 성명서도 냈다.[105]

5월 26일 광주를 탈출하면서 김성용 신부는 광주 상황을 알리고 살인자들의 만행을 폭로하는 것이 자신에게 주어진 유일한 임무라고 생각했다. 서울대교구에서 그는 오태순 신부 등의 권유로 「분노보다는 슬픔이」로 알려진 글을 집필했다. 이 글은 녹음해 테이프로도 돌려졌다. 서울에서 장덕필·오태순 신부 등이 중심이 되어 김성용 신부의 글에서 강한 곳을 빼는 등 '느슨하게' 해 유인물을 만들어 본당 신부들과 여러 군데에서 돌리게 했다.[106]

6월 2일 명동성당 주교관에서 천주교정의구현사제단 회의가 열렸다. 이 자리에는 광주대교구 김성용·정형달 신부와 이미 5월 30일 자신이 목격한 바를 「광주사태보고」라는 제목으로 유인물을 낸 바 있는 이성애(로사리아)[107] 등이 참석해 광주항쟁에 대해 증언했다. 참석자들은 앞에서도 언급했지만, 「찢어진 깃폭」 등의 내용이 과격하거나 과장되어 있어서 공신력 있는 단체의 증언이 필요하다는 데 의견을 모았다. 이 일은 광주대교구 정형달 신부가 맡았

---

103   천주교광주대교구정평위 편, 『광주여 우리나라의 십자가여』, 22~24쪽.

104   『구술자료집』, 48~49쪽(김양래).

105   이 성명서는 『동아일보』에 조그맣게 보도되었다. 당시로서는 그것도 드문 일이었다. 『구술자료집』, 47~48쪽.

106   『구술자료집』, 22~28쪽(김성용); 『구술기록결과보고서』, 22~23쪽(양홍), 33쪽(양홍).

107   광주광역시5·18사료편찬위원회 편, 앞의 자료총서 2, 107~119쪽.

다. 정 신부가 작성한 「광주사태에 대한 진상」은 박상수 신부가 제작 배포했다.[108] 정의구현사제단 광주·전주·부산·안동·마산·수원·춘천·원주·인천·청주·서울교구와 수도회 사제단은 6월 30일 즉각 "우리는 천주교광주대교구 사제단이 발표한 「광주사태에 대한 진상」이 진실임을 믿는다"는 성명서를 냈다.[109] 대구교구 사제들의 서명이 빠져 있는 것이 눈길을 끈다.

광주대교구 사제들은 다른 교구에도 가서 진실을 알리는 활동을 벌였다. 광주항쟁 시기에는 정형달·김충호 신부가, 7월 초에는 윤 대주교와 정형달·김재영 신부가 전주교구에 가서 군인들의 만행을 중심으로 광주사태의 진상에 대해 설명했다.[110]

가톨릭 관계 단체가 많았지만, 해외에서도 광주항쟁 진실 알리기에 동참했다. 6월 3일 독일 튀빙엔대학교 한인학생회에서는 광주항쟁과 관련해 「우리의 결의」를 발표했다. 이틀 후인 6일에는 일본 가톨릭정의평화위원회가 앞에서 언급한 대로 「찢어진 깃폭」을 번역해서 돌렸다. 6월 10일에는 로마에 있는 한국인 성직자 수도자들이 「재로마 성직자, 수도자가 드리는 글」을 발표했고, 16일에는 미국에서 가톨릭 주교회의 의장 명의로 김 추기경과 윤 대주교에게 서신을 보내 한국 교회의 인권 옹호를 위한 과감한 노력을 지원하겠다고 밝혔다.[111] 그해 9월 미국의 인권단체 '북미한국인권동맹' 의장 페기 빌링스(Peggy Billings)는 「광주사태보고」를 냈고, 미주 한민통 남가주지방위원회 회원 일동은 9월 17일 「전두환과 그 일당에게 선언한다」를 발표했다.[112]

108 『구술기록결과보고서』, 166쪽(정형달); 윤공희 외, 앞의 책, 140쪽(박상수).
109 기쁨과희망사목연구소 편, 앞의 책 4, 67쪽; 천주교광주대교구정평위 편, 『광주여 우리나라의 십자가여』, 15쪽.
110 『구술기록결과보고서』, 164쪽(정형달).
111 기쁨과희망사목연구소 편, 앞의 책 4, 63~64쪽.
112 광주광역시5·18사료편찬위원회 편, 앞의 자료총서 2, 157~158쪽.

개신교의 강신석 목사는 5월 26일 광주를 '탈출'해 서울에 머무르면서 광주항쟁 관련 자료와 서한을 보내 독일·캐나다 등 여러 나라에 5·18을 알리는 데 전력을 기울었다.[113]

광주항쟁에서 수습위원으로 활동하고 진실 알리기에 노력한 사제들은 대가를 치러야 했다. 6월 초 윤 대주교는 현상금 50만 원에 지명수배된 김성용·조철현 신부에게 보안사에 자진출두하도록 권유했던 바, 이들은 6월 14일 연행되었다. 19일에는 남재희 신부가, 21일에는 정규완 신부가, 23일에는 이영수·장지권 신부가, 7월 12일에는 정형달 신부가 끌려갔다.[114] 서울대교구에서는 오태순·양홍·김택암·안충석·장덕필 신부와 노동문제상담소 정마리안느 수녀가 연행되었다.

진실 알리기에 앞장선 사제와 수녀들에게는 혹독한 시련이 따랐다. 정마리안느 수녀는 보안사 지하실에서 심한 고문으로 뇌가 손상되고 하반신이 완전히 마비되었으며 언어도 잘 안 되었다.[115] 전주교구 박창신 신부는 끔찍한 테러를 당했다. 여산성당 주임신부였을 때 박 신부는 「전두환의 광주살육작전」 유인물을 배포하다가 충남쪽 공소 신자 4명이 연행된 이후에도 본당뿐만 아니라 공소에서도 엠프를 틀어놓고 광주사태를 고발했다. 당시 여산성당 금마공소 부근에는 광주에 파견되었던 공수부대 7여단이 주둔하고 있었다. 6월 25일, 박 신부는 금마공소에서 미사를 집전하고 여산으로 돌아왔다. 그날 밤 11시가 지나 스포츠 머리를 한 군인 같은 괴한들이 들이닥쳐 쇠파이프를 휘둘렀다. 박 신부는 쇠파이프에 맞아 실신했는데도 계속 두드려 맞고, 다섯 군데나 칼에 찔렸다. 박 신부는 한 달 동안 몸을 움직이지 못했다. 물

---

113   5·18기념재단, 『5·18의 기억과 역사』, 2, 심미안, 2006, 26~28쪽(강신석).

114   윤선자, 앞의 글, 600쪽.

115   『구술자료집』, 28, 35쪽.

론 수사는 제대로 이루어지지 않았다. 6월항쟁 이후 박 신부는 문정현·이수현 신부와 함께 도경찰국에 가서 시위를 하면서 진상규명을 요구했지만, 진상규명이 될 리가 없었다.[116]

광주대교구 사제단이 「광주사태에 대한 진상」을 발표하는 한편, 교구에서 시내 여러 본당을 순회하며 광주항쟁 진상규명을 위한 시국기도회를 열었던 것은 외딴섬에 갇힌 것 같았던 광주 시민들에게 위안이 되었고, 큰 힘이 되었다.

6월 23일 연행된 조철현 신부가 주임신부로 있던 계림동성당에서 미사를 드린 것은 교구 사제단과 신자들이 한자리에 모여 광주항쟁 관련 미사를 올린 첫 번째 사례였다는 점에서 의미가 컸다. 계엄 당국은 이 미사가 불법집회라는 큰 입간판을 세워놓고 신자들의 출입을 막으려 했지만, 당국의 방해와 차단에도 불구하고 많은 교우들과 신부들이 참석했다. 이 미사 후 사제들은 쉬는 날인 월요일마다 모여 미사를 지내기로 했다. 다음 주인 6월 30일 오후 8시, 김성용 신부가 주임신부로 있던 남동성당에서 미사가 예정되었다.

6월 30일, 남동성당은 이미 6시부터 경찰에 의해 봉쇄되었고, 미사를 강행하면 체포하겠다는 내용의 전남경찰국장 공문과 전남북계엄분소장의 경고장이 날아들었다. 성당에는 정형달·고재영 등 신부 10여 명과 일부 신자가 들어와 있었지만, 착검한 군인들의 철저한 통제로 신부들조차 더는 들어오기 어려워졌다. 신자와 시민들은 퍼붓는 비를 맞으며 정문 앞에서 묵주기도를 올리고 성가를 불렀다. 미사 시간이 가까워질수록 인파가 불어나자 윤 대주교는 미사를 취소하는 것이 좋겠다고 말했으나 신부들은 강행하자는 의견이

---

116 『구술기록수집결과보고서』,120~123쪽; 기쁨과희망사목연구소 편, 앞의 책 4, 64~66, 127~132쪽.

많았다. 결국 윤 대주교 의견대로 미사는 포기했지만, 윤 대주교는 이후 남동성당 미사 포기를 후회하면서 다음부터는 교구 사제들과 상의해서 실행하는 원칙을 지켰다.[117]

7월 7일에는 연행된 정규완 신부가 주임신부로 있던 북동성당에서 미사가 있었다. 윤 대주교가 주례했다. 이날 박상수·서상채·정형달 등 광주대교구 방인 사제단 20명은 광주사태의 원만한 해결과 연행된 사제 석방을 위해서라면 어떠한 희생도 감수하겠다는 요지의 글을 대주교 앞으로 보냈다.[118]

7월 15일 열린 남동성당 미사에서 윤 대주교의 강론은 이전보다 기조가 강했다. 그는 너무나 엄청난 만행이 저질러졌다는 사실을 그대로 덮어버릴 수 없다고 지적하고, 지휘관이 어떠한 명령을 받았는지를 포함해 광주사태에 대해 온전한 진실을 밝힐 것을 촉구했다.[119] 이 강론은 7월 12일 계엄사에서 광주사태에 대한 유언비어 조작 및 유포로 정의구현전국사제단 소속 신부 6명과 수녀 1명을 연행하여 조사 중이라고 발표한 것에 대한 대응이기도 했다. 7월 15일 광주대교구 사제단은 보고서로 「제2의 광주항쟁 진상과 우리의 결의」를 작성해 다시 날짜별로 광주사태의 전개 과정을 설명하고, 당국은 사태의 전모를 정확히 발표하고 계엄군은 사과하라고 요구했다.[120] 광주교구 사제 8명, 서울교구 사제 5명이 계속 구금 상태에 있자 7월 17일 광주대교구 사제단은 주교단에서 이 난국에 적극 대처해줄 것을 요망하는 건의문을 발송했다.[121]

---

117   윤공희 외, 앞의 책, 29~30쪽; 『구술기록수집결과보고서』, 168쪽.
118   천주교광주대교구정평위 편, 『광주여, 우리나라의 십자가여!』, 29쪽.
119   윤공희 외, 앞의 책, 31~32쪽.
120   기쁨과희망사목연구소 편, 앞의 책 4, 149~159쪽.
121   위의 책 4, 69쪽.

광주대교구는 월요일마다 광주항쟁과 관련된 강론과 기도회를 가졌다. 10~15명의 사제와 150~200명 정도의 신자·주민들이 모여 미사를 봉헌하고 그동안 발생한 일들에 대해 소식을 나누었다. 1981년 2월 정형달 신부가 교구 정의평화위원회 위원장이 되면서 정평위 주최로 남동성당에서 월요미사가 열렸다. 그해 8월 15일 김성용 신부가 석방된 이후 미사는 한 달에 한 번씩 열리다가 1982년 12월 24일 광주사태 관련자들이 모두 석방되자 끝맺음을 했다.[122]

1980년 7월 이후 천주교회는 광주항쟁 관련자 석방 사면 운동과 지원활동에 역점을 두었고, 그 점은 1981년에도 마찬가지였다. 그렇지만 진실 알리기는 1981년에도 계속되었다. 그해 5월 9일 광주대교구 사제단은 수원 말씀의 집에서 「광주항쟁 1주년을 맞는 우리의 주장」을 발표해 진상규명과 석방 등을 요구했다. 이날 광주대교구 신부들은 서울 명동성당으로 향했고, 윤 대주교도 그곳에 왔다. 다음 날 성소주일인 5월 10일, 김 추기경은 자신이 집전하기로 되어 있는 미사를 양보해 윤 대주교가 명동성당에서 강론을 했다. 명동성당에서 광주사태에 대해 강론을 한다는 것은 아주 드문 '사건'이었다. 성당은 입추의 여지없이 꽉 들어찼다. 이 자리에서 윤 대주교는 "광주사태는 처음에는 평화적인 학생들의 시위였는데, 이것을 진압하는 단계에서 공수특전단이 너무나도 잔악한 만행을 저지르는 바람에 이에 격노한 시민들이 궐기하고 무기까지 탈취해 가지고 항거하게 된 것입니다"라고 말해 항쟁이 일어난 원인을 어느 때보다도 명확히, 그것도 서울 사람들에게 밝혔다. 강론이 끝나자 광주대교구 신부들은 다른 곳도 아닌 명동성당에서 5·18을 앞두고 강한 의사표시를 한 것에 대해 고마워했다. 이 자리에서는 유인물도 배포했는데,

---

122 『구술기록수집결과보고서』, 170쪽(정형달); 김영택, 앞의 책, 589~590쪽.

이로써 광주항쟁의 진상이 서울 사람들에게 폭넓게 알려지게 되었다.[123] 5·18 1주년을 맞아 광주교회 주변과 시내 곳곳에 삼엄한 경계가 펼쳐진 가운데 남동성당에서는 1천여 명의 신자와 시민, 학생들이 참여해 추도미사가 거행되었다.[124]

개신교의 경우 1981년 5월 22일 광주NCC 주최로 연합추도예배를, 24일 광주기독교연합회와 기장전남노회 주최로 연합추도예배를 드렸다.[125]

천주교회의 광주항쟁 2주기 추모미사도 남동성당에서 가졌다. 이날 YWCA회관에서 열린 광주기독교청년협의회와 기독교장로회 전남교회 교사위원회 등 개신교 단체 주관으로 열린 추모예배에는 교직자 신도 유족들 2천여 명이 참여해 인원수도 많았지만, 추모회 행사도 열기 힘들었던 시기에 예배 후 1천여 명이 스크럼을 짜고 거리 진출을 기도했다는 점에서 주목을 받았다. 이 시위로 4명이 구속되었다.[126]

1983년 5월 18일 천주교회의 광주사태 희생자를 위한 3주기 추도미사 역시 남동성당에서 열렸다. 이날 미사에서는 광주대교구 정의평화위원회의 추모사와 광주대교구 사제단의 성명서가 낭독되었다.

1984년부터 대학가에서 5월투쟁이 불붙었다. 개신교는 1982년부터 광주항쟁 관련 활동이 활발해졌는데, 1984년 4·19를 맞아 광주기독교연합회와 광주기독청년협의회는 "광주사태는 결코 아직 끝나지 않았다. 유신독재체제를

---

123 윤공희 외, 앞의 책, 37~39쪽; 『구술기록수집결과보고서』, 172쪽(정형달).

124 기쁨과희망사목연구소 편, 앞의 책 4, 364~365, 390~391쪽.

125 한규무, 앞의 글, 16쪽.

126 한국기독교교회협의회 인권위원회 편, 앞의 책 6, 271, 273쪽. 이 시위 직전인 4월 26일 명동성당에서는 4천여 명이 참석해 '최기식 신부와 고통받는 형제들을 위한 특별미사'가 있은 뒤 1천여 명이 시위를 벌이다 무차별적으로 구타당하고 연행되었다. 기쁨과희망사목연구소 편, 앞의 책 5, 1998 54쪽.

무너뜨리고 솟구쳐 오르던 민주화의 열망을 총칼과 군화로 짓밟은 1980년 5월의 비극이 4년이 지난 오늘에까지 이어져 전국 방방곡곡에서 그날의 함성과 분노는 계속되고 있다"고 강조한 성명서를 발표했다.[127] 그해에 한국기독교협의회에서 광주사태진상조사위원회를 조직했고, 1985년에는 광주민중항쟁기념위원회를 조직하고 전국기독교민주쟁취대회와 5·18 추모행사를 열었다.[128] 그해 5월 18일 목포기독교교회협의회 등 6개 단체는 1980년 5월 25일 채택한 「신앙고백선언문」을 재확인하고, 대학살 책임자가 정계에서 물러나야 한다고 강조했다.[129]

1985년에는 서두에서 언급한 대로 광주항쟁에 관한 저서와 여러 종류의 글들이 쏟아져 나왔다. 광주 망월동에서는 조철현 신부, 강신석 목사 등이 참여한 가운데 처음으로 광주항쟁 진상보고대회가 열렸다. 학생들이 망월동 일대를 메웠다.[130] 5월 17일 광주대교구 정의평화위원회는 남동성당에서 '5·18 광주의거 추모미사와 추모식'을 가졌다. 이 추모미사에서 함세웅 신부는 강론 「광주여! 우리나라의 십자가여!」를 통해 장시간에 걸쳐 광주항쟁의 진상을 밝히기 위한 그때까지의 각계 각인의 고투(苦鬪)어린 활동을 요점 중심으로 짚고, 그러한 투쟁을 통해 광주항쟁의 의미와 성격을 드러나게 했다. 이날 광주대교구 사제단은 「광주의거 5주기를 맞이하여」라는 제목의 성명서를 통해 광주의거를 독재권력의 폭력 앞에서 민주제단에 선혈을 뿌린 민중봉기로 규정했다.[131] 1984년 광주항쟁 4주기를 맞아 남재희 신부가 강론한 「진

---

127   광주광역시5·18사료편찬위원회 편, 앞의 자료총서 2, 378쪽.

128   한규무, 앞의 글, 16~17쪽.

129   광주광역시5·18사료편찬위원회 편, 앞의 자료총서 2, 608쪽.

130   『구술자료집』, 257쪽(정재희).

131   광주광역시5·18사료편찬위원회 편, 앞의 자료총서 2, 606, 610~620쪽.

광주 남동교회에서 열린 5·18 6주기 추모 미사에서의 시위 1986년 5월 18일. 정태원 소장.

리는 거짓보다 위대하다」에서 밝힌 바를[132] 더 간명히 요약한 것으로, 1983년
까지 천주교회에서 밝혔던 입장에서 한 걸음 더 나아간 것이었고, 진보적 개
신교 측 주장에 상당히 접근한 주장이었다. 그해 5월 광주대교구 정의평화
위원회는 천주교회의 광주항쟁과 관련된 자료를 모아 『광주의거자료집』을
냈다. 이 자료집은 전주교구 문규현 신부를 통해 전주 지방으로도 배포되었
다.[133]

　1987년 6월항쟁 직전인 5월에 지금은 세계문화유산으로도 등재되어 있는
나경택의 필름 제공이 큰 힘이 되어 광주대교구 정의평화위원회가 가톨릭센

132　위의 책, 395쪽.
133　『구술기록수집결과보고서』, 65쪽(김양래), 154쪽(임창옥).

터에서 광주항쟁 사진 전시회를 가진 것은 의미가 크다.[134] 부산교구 박승원 신부가 이 사진을 가져다가 6월 초에 부산에서 사진전을 연 것은 6월항쟁 시기 부산 지역에서 유달리 큰 시위가 전개된 것에 영향을 미쳤다.[135] 이어서 이 사진들로 만든 『오월 그날이 오면—광주항쟁사진자료집』 또한 민주화운동에 영향을 미쳤다.[136]

5. 맺음말

광주항쟁은 10·26 김재규 거사로 찾아온 '서울의 봄'을 압살하고 12·12, 5·17 쿠데타를 일으켜 군부독재정권을 수립하려는 전두환·신군부에 맞서, 공수부대의 과잉진압과 만행에 맞서 불굴의 투쟁을 전개한 위대한 민중항쟁이다. 광주항쟁은 불의·불법에 의한 권력 탈취 기도는 혹독한 대가를 치른다는 것을 보여주었고, 1980년대 내내 자유와 민주주의를 쟁취하려는 투쟁에 거대한 동력이 되었다.

적극적 능동적 민중항쟁으로 공수부대 등 계엄군을 몰아내고 5월 22일부터 시민자치를 맞음으로써 이제 광주는 새로운 상황에 어떻게 대처하여야 하느냐가 초미의 긴급 과제가 되었다. 또한 광주는 계엄사, 전두환·신군부의 광주항쟁에 대한 왜곡 모략 선전에 맞서 진실을 알리는 문제에 직면하였다. 수습하고 진실을 알리는 데 천주교 광주대교구는 지울 수 없는 중요한 역할을 맡았다.

---

134 『구술자료집』, 313쪽(면담자).
135 『구술기록수집결과보고서』, 89쪽(박승원), 158쪽(면담자).
136 『구술기록수집결과보고서』, 70~72, 75쪽(김양래).

광주대교구가 교구 차원에서 초기의 광주항쟁과 자치 시기의 과제에 항상 적극적으로 대응했다고 보기는 어렵지만, 평화적 해결에 입각해 무기 회수를 벌인 초기 수습 활동에서나, 항쟁의 정신을 살려 당당히 주장할 것을 주장하려 했던 후기 수습 활동에서나 중요한 위치에서 일정한 역할을 맡았던 것은 중시해야 할 것이다. 또한 천주교회는 광주항쟁에 대한 진실 알리기가 절실히 요구되었으나 그러한 활동을 다른 공신력 있는 단체에서 하지 못할 때 적극적으로 나섰고, 월요미사를 통해 위안과 용기를 주었으며, 구속자 석방 활동에서 적극적 역할을 맡았다.

가톨릭교회는 어느 때보다도 민중이 처한 고통의 현장에 가까이 가 그들의 아픔에 동참했다. 광주대교구는 1970년대만 해도 민주화운동에 소극적이었다. 5월 19일 가톨릭센터가 습격당한 것을 보면 그때까지만 해도 광주 시민의 신망이 그다지 크지 않았을 수도 있다. 그러나 수습 활동과 진실 알리기, 그리고 민중의 고통에 적극 동참한 이후에는 사망자 유족이나 구속자와 그 가족들이 아니더라도 광주대교구에 대한 광주 지역 주민들의 신뢰가 컸다는 것은 여러 자료가 전하고 있다.[137] 그것에 이어 1987년 4월 21일 광주대교구 소속 사제 19명이 직선제 개헌을 위한 단식기도에 들어간 것은 대학교수들의 시국선언과 함께 호헌철폐 투쟁의 수위를 높여 6월항쟁으로 나아가게 하는 데 기여했다.

세계에서 유례가 드물게 공수부대에 맞서 싸운 민중들의 가열찬 투쟁, 평화주의에 입각한 무기 회수 활동, 광주 시민의 입장을 당당히 주장한 후기 수습위원들의 활동, 광주항쟁을 발전시키기 위한 윤상원 등의 철저한 항쟁, 공수부대의 과잉 탄압을 사실대로 전달하고 과잉 탄압 책임자 처벌을 요구한

---

137 『구술자료집』, 56쪽(면담자), 230쪽(전계량).

광주대교구 사제들의 진실 알리기, 구속자 석방 운동 등을 펼친 월요미사와 윤 대주교 등의 활동, 광주학살의 최고 책임을 묻고 전두환·신군부 정권의 타도를 외친 5월투쟁은 마치 각각이 역할을 나눈 것처럼 광주항쟁, 1980년대의 광주항쟁 계승투쟁, 6월항쟁과 민주주의의 쟁취에 모두 다 한몫을 했다.

그러나 조철현 신부가 대부분의 교구와 교회 언론이 침묵으로 독재권력에 동조한 것이 가슴아팠다고 회고한 대로,[138] 한국천주교회 전체가 광주 지역 민중의 고통에 동참한 것은 아니었다. 전주교구는 처음부터 적극적이었지만, 김 추기경과 일부 사제가 애쓴 것을 제외한다면, 대부분의 교구와 사제들이 침묵을 지켰고, 주교회의도 소극적이었으며, 심지어 입법회의에 대구교회의 두 사제는 의원으로 참가해 전두환·신군부 정권의 군부독재 권력 수립에 기여했고,[139] 1981년 조선교구 설정 150주년 기념미사에서도 한 학생의 기도를 제외한다면 외면당했다.[140]

광주항쟁과 관련된 천주교회의 활동에 관한 연구는 더 많은 자료의 확보나 심층적 연구도 필요하지만, 천주교회가 차지하고 있는 위상을 객관적으로 이해하기 위한 노력도 필요하다. 그러기 위해서는 개신교의 활동, 학생·재야단체의 5월투쟁과 관련된 여러 형태의 활동과 비교 연구가 있어야 할 것이다. 개신교의 활동과 관련해서 한규무의 연구가 있고, 1970년대 투쟁에 대한 탄압으로 광주항쟁 시기 및 그 이후에 투쟁을 하기가 어려웠다는 김영택의 주장,[141] 윤선자 논문에서의 기술이 있지만, 개신교 활동에 대해 구체적으로 밝혀진 것은 많지 않아 이 부분에 관한 연구도 요청된다.

---

138   조비오, 앞의 책, 200쪽.
139   기쁨과희망사목연구소 편, 앞의 책 4, 347쪽.
140   위의 책, 349쪽.
141   김영택, 앞의 책, 595쪽.

[덧붙이는 말]

　지인으로부터 가톨릭 광주대교구에서 천주교회와 광주항쟁의 관계를 이제 본격적으로 살펴보기로 했다면서 간곡한 원고 청탁을 받았다. 자료도 많이 봐야 할 것 같고, 공정하게 다루기도 쉽지 않을 것 같아 거절했지만, 거듭 요청을 해서 천주교 측 자료를 제공받는다는 조건으로 받아들였다. 보내준 자료들 중 어떤 것은 판독하기가 쉽지 않았지만, 작업이 끝나니 이렇게라도 광주항쟁에 접근할 수 있어 다행이라는 생각이 들었다. 이 글을 작성하는 데 자료 제공 등 광주대교구 정의평화위원회 김양래 씨의 역할이 컸음을 밝혀 둔다.

　※ 이 글은 광주가톨릭대학교 신학연구소·광주인권평화재단 공동주최로 열린 학술회의 『5·18과 천주교—역사적 철학적 관점』(2012)에서 「5·18과 한국 천주교회의 진실 알리기」라는 제목으로 발표되었고, 같은 해 『신학전망』 178에 「광주항쟁과 천주교회의 진실 알리기」라는 제목으로 실렸다. ※

5·3 인천투쟁, 그 의미와 쟁점

1.

지금부터 30년 전에 일어났던, 광주항쟁 이후 최대 규모의 반정부 가두 투쟁이었던 1986년 5·3 인천사태에 대해서는 당시부터 여러 평가가 있었다. 군사파쇼정권의 간담을 서늘하게 했다는 평가도 있고, 과감히 혁명적 투쟁을 했다는 주장도 있다. 군사독재정권의 억압적인 정치적 상황과 노동운동의 흐름에서 독자적인 정치적 목소리를 내려고 했다는 평가도 있다.[01] 후자와 유사한 주장이지만, 5·3 인천투쟁을 통해서 민주변혁운동이 제도 야당으로부터 분화되고 독자적인 실체로서 전면에 등장했다는 평가도 있다.[02] 이러한 평가는 민족민주세력의 힘을 유감없이 과시해 민주화운동사에서 한 획을 그었다는 주장과 일맥상통하는 점이 있다. 그때까지 싸움다운 싸움 한 번 한 적 없었는데, 5월 3일 인천에서 여한 없이 싸워봤다는 소리도 있다. 당시 민주

---

01 김지선, 「5·3 인천항쟁과 노동자」, 『인천 5·3 민주항쟁과 한국의 민주화』, (사)인천민주화운동계승사업회, 2014, 58쪽.

02 조현연, 「5·3에서 미래로―1986년 5·3 인천투쟁과 '위기의 민주주의'」, 『5·3에서 미래로』, (사)인천민주화운동계승사업회, 2006, 31쪽.

화운동청년연합(민청련)은 5·3 인천집회는 몇십 년 만에 반외세 민족자주화를 선언한 대중집회였고, 민족민주운동이 보수야당세력에 대해 차별성의 획을 분명히 그어내고 자기 주체 선언을 했다고 평가하면서도, 그날 투쟁 형태에서는 난맥상을 보였다고 지적했다.[03]

5·3 인천투쟁에서는 1980년대에 들어서면서 선명히 모습을 드러낸 이념투쟁이 혁명적으로 분출되었다. 당시 운동권은 수도권에 많았는데, 수도권 운동권이 역사상 처음이자 마지막으로 한자리에 모여 각각 따로 집회를 갖고 자신의 혁명적 목소리를 격렬히 쏟아내고 과감히 싸웠다. 그러나 그 자리에서 자신들의 정치적 목적을 달성하기 위한 투쟁 방안을 제시하지 못했고, 이날 투쟁에서 성과를 거두었다고 보기가 어렵다. 5·3 인천투쟁은 1985년 2·12 총선 이후 고양된 민주화운동-개헌투쟁을 한 단계 더 높이겠다는 의욕이 강했으나, 이날 이후 군부독재정권은 민주화운동-개헌투쟁을 분열시키고 무력화하기 위해 전면적으로 반격을 가했다. 그 반면 학생, 재야운동권, 노동운동세력과 야당은 큰 타격을 입고 퇴각했고 대중성을 그해 연말까지 회복하지 못했다. 5·3 인천사태가 역전의 계기가 된 것이다.

앞 문단에서 언급한 바 있는 평가를 가지고 말하든 뒤의 문제점과 역전현상을 가지고 말하든, 5·3 인천투쟁은 민주화운동-개헌투쟁에서 하나의 분수령이었다. 이 글에서는 두 가지 기준을 중심으로 5·3 인천투쟁을 들여다보려고 한다. 하나는 민주통일민중운동연합(민통련)이 1985년 하반기에서부터 5·3 인천대회에 이르기까지 견지하고 있었던 개헌투쟁 노선에 5·3 인천사태가 긍정적인 역할을 했는가 그렇지 않은가를 중심에 놓고 논의를 전개하고자 한다. 민통련은 1985년 11월 20일 발표한 민주헌법쟁취위원회 결성 선언문

---

03   한국기독교사회문제연구원 편, 『개헌과 민주화운동』, 민중사, 1986, 75쪽.

과 그 이후 나온 여러 주장에서 개헌은 군사독재와 싸워서 쟁취하는 것이라고 하면서, 군사독재 퇴진 또는 타도에 의한 민주헌법 쟁취가 되어야 한다고 선언했다. 따라서 이 글에서는 5·3 인천투쟁이 군사독재를 퇴진시키거나 타도하고 민주헌법을 쟁취하는 데 적절했는가를 살펴볼 것이다. 다른 하나는 앞 문제와 연결되어 있지만, 5·3 인천투쟁이 대중성을 획득하거나 대중투쟁을 하는 데 적절한 형태로 전개되었는가를 살펴보는 데 초점을 둘 것이다.

2.

5·3 인천집회는 여러 운동세력이 각각 따로 자기의 집회를 가졌을 뿐만 아니라 외친 구호도 제각기 달랐다. 학생단체들도 제각기, 노동단체들도 제각각 장소를 달리 해서 다른 주장을 펼쳤다. 신민당의 개헌추진위원회 경기도 및 인천시지부 결성대회가 열릴 인천시민회관 대회장 안에는 당원과 시민들이 가득찼는데, 최루탄 가스가 들어차 수라장이 되었다. 이러한 와중에서 민통련과 서울노동운동연합(서노련)은 공동집회를 열어 함께 투쟁하자고 합의했으나 민통련에서 서노련 시위대가 들어올 수 있도록 공간을 비워주는 순간 서노련 시위대가 스크럼을 짜고 그냥 지나가 민통련 집회만 엉망이 되었다. 민청련은 민통련 산하단체인데도 신민당과 민통련의 제휴를 비판하고 민민투(반제반파쇼민족민주투쟁위원회)-민민학련(전국반제반파쇼민족민주투쟁학생연합)과 함께 "헌법제정 민중회의 소집하자"고 외쳤다.

5·3 인천집회에서는 전두환·신군부와 함께 김영삼·김대중이 이끄는 야당이 몰매를 맞았다. 신민당은 미국의 도움 없이는 정권 장악이 불가능하다고 생각하고 전두환 정권과 보수대연합을 꾀하는 기회주의자로 매도당했고, 신민당의 개헌 서명 운동과 각 지부 결성대회도 함께 비난받았다. 그보다도 일반 대중들과 야당, 언론사를 깜짝 놀라게 한 것은 격렬한 반미 구호였다.

미제축출 파쇼타도   1986년 5월 3일, 반미반독재 투쟁을 벌이며 야당을 비난하는 시위를 하는 모습. "속지말자 신민당, 몰아내자 양키놈" 플래카드가 보인다. 경향신문사 소장.

"미국의 사주에 의한 개헌술책 폭로한다", "이원집정부제 강요하는 미국은 물러가라"는 온건한 편이었고, "속지 말자 신민당 몰아내자 양키놈", "친미로 망한 나라 반미로 되살리자"는 구호도 나왔다. 더 나아가 "미제 축출", "철천지 원수 미제와 그 앞잡이 깡패적 반동정권의 심장부에 칼을 꽂자"라는 구호도 외쳤고 성조기 화형식도 있었다.

각 운동단체의 5·3 인천집회는 대중들과 함께하지 못하고 자신들의 주장을 외치고 있었다. 오후 5시경 중구난방의 어수선한 상황을 방관하는 듯하던 경찰이 기다렸다는 듯이 다연발 최루탄을 발사하며 '작전'을 펴자 큰 저항 없이 무너졌고, 주안과 제물포·동인천 일대에서 밤늦게까지 산발적인 시위를 벌이는 것으로 일단락되었다.

3.

5·3 인천대회에서 일어난 일은 돌연히 그날 일어난 것이 아니었다. 그동안 운동권의 움직임을 볼 때 그렇게 될 수밖에 없었다. 학생단체, 노동단체, 재야단체는 5·3대회에서만 따로 활동한 것이 아니었다. 1985년 하반기에 개헌투쟁이 전개될 때부터 제각기 다른 주장을 폈다. 1986년 8월에 한국기독교사회문제연구원에서 펴낸 『개헌과 민주화운동』에는 다음과 같이 쓰여 있다.

"[진보세력이 개헌 서명 운동과 현판식 집회를 자신들의 운동과 상호 결합시키지 못했는데, 그 이유는] 운동권이 재야 정치권과의 전술적 제휴를 원하지 않았고, 대중집회 정치의 장을 마련한다는 측면에서만 '활용'하려 한 데 있었다. 또한 운동권 안에서도 개헌투쟁을 통일적으로 연합하여 전개하지 못하고 개신교, 가톨릭, 민통련, 학생운동(여기서도 민민학련과 서울대 자민투), 노동운동 등이 제각기 산발적으로 전개하였고, 그 수준 또한 각기 자신들의 개헌투쟁론을 천명하는 데만 역점을 두었다."

이 책에서는 최소한 가톨릭, 개신교, 민통련, 민청련 범위에서만이라도 연합적으로 일을 추진했어야 했다고 지적했으나, 5·3 이전에 그러한 작업은 이루어지지 않았다. 이 시기 운동권은 개헌에 대한 주장이 시기에 따라 바뀌기도 해 자신들의 내부조차 통일성을 갖지 못한 경우가 있었다. 민청련은 1985년 하반기에 민주제 개헌투쟁을 밝혔으나 1986년 상반기에는, 그래서 인천집회에서는 헌법제정회의 소집을 주 슬로건으로 내놓았다.[04]

이러한 상황에서 5·3에서 민통련의 주된 구호인 "군부독재 타도하고 민

04 한국기독교사회문제연구원 편, 앞의 책, 48~49쪽, 75쪽.

주정부 수립하자"는 다른 단체에 영향을 주기 어려웠고, 오히려 민청련에 의해서조차 비난을 받을 수 있었다. 5·3 인천집회에서 나온 구호는 민주헌법 쟁취를 넘어선 것이었다.

일각에서 주장한 삼민헌법은 그 내용이나 쟁취 방안이 분명히 제시되어 있지 않다. 오히려 '삼반정권 타도하자'고 외칠 때 삼반의 내용은 짐작이 가지만 어떠한 것이 민중·민주·민족 헌법인가는 명확하지 않다. 그 점은 '헌법제정회의 소집'도 비슷하다. 민청련의 경우 "군사독재의 즉각적인 종식-군사독재의 잔재를 일체 배제하고 민중들이 주체적으로 참여하는 헌법제정회의 소집"을 주장했으나, 어떻게 해야 군사독재를 종식시킬 수 있는지, 헌법제정회의는 국회와 어떻게 다른지, 또 그곳에서 어떠한 헌법을 제정할 것인지가 제시되지 않았다.

이러한 주장이 대중성을 지니고 있는지도 불확실하다. 일반 지식인이나 기자들도 잘 모르는 주장이어서 직접적인 대중의 반발을 사지는 않았으나 대중의 지지를 받지도 못했다. '헌법제정회의 소집'을 요구하는 쪽에서는 그러한 주장을 대중에게 부각시켜 장차 민중 봉기 조직화의 단초를 여는 기초를 마련했다고 하지만, 그러한 단초는 5·3집회에서도 다른 곳에서도 마련되지 못했다. 6월항쟁에서도 '제헌의회 소집'은 서울의 경우 기백 명이 주력 시위대의 투쟁 장소에서 약간 떨어져서 구호로만 외쳤을 뿐이다.

4.

5월 3일 인천에서 신민당의 개헌위 경기도 및 인천시지부 결성대회와 현판식이 좌절되고 당 총재가 대회장에 아예 접근도 못하고, 각 운동단체가 제각기 마이크를 잡게 된 데에는 그 이전 신민당 개헌 대회에서 재야가 독자적인 활동을 했던 것도 하나의 요인이 되었다. 인천대회에서는 학생·노동단체

뿐만 아니라, 민통련도 처음부터 신민당과 별도로 투쟁을 벌이려고 했던 것으로 보인다. 인천대회에서 민통련은 원래 10만 이상의 군중을 모아놓고 개헌에 대한 확답을 줄 때까지 농성에 들어가려고 했다. 민통련은 이 농성이 야간까지 이어져 횃불 시위로까지 간다면 전국이 변혁적 공간으로 넘어갈 수 있다고 판단했다. 민통련은 대중을 동원하기 위해 신민당 행사장인 주안동 시민회관 앞에 집회를 위한 터를 잡아놓았다. 민통련이 서노련에 대해 공동집회를 갖자고 한 것도 평화적 집회를 유지해 농성으로 발전시켜야 한다고 판단했기 때문이었다. 그러나 시민회관 안에 운집했던 시민들은 학생 측의 최루탄 발사로 쫓겨났고, 각 단체의 개별적인 투쟁으로 시민들은 어디로 가야 할지 어떻게 해야 할지 방황하다가 흩어졌다. 마지막까지 남은 시민들은 경찰의 최루탄으로 흩어졌다. 민통련의 농성 계획은 실패로 돌아갔고, 농성 불가능에 대비한 제2의 장소였던 주안성당에도 열댓 명 정도만 올 수 있었다.

학생들도 노동운동 관계자도 재야운동가들도 가두시위의 경험이 적었다. 유신체제에서 가두시위의 경험이 거의 없었고, 광주항쟁 이후 그러한 경험을 가질 기회가 별로 없어서였다. 이 점에서 신민당의 개헌 집회는 절호의 기회를 제공했다. 3월 11일 신민당 개헌추진위원회 서울시지부 결성대회에는 시민들이 그다지 많이 모이지 않았고, 가두행진이 벌어졌지만 경찰과 별다른 충돌도 없었다. 그렇지만 3월 23일 열린 부산시지부 결성대회 및 현판식에서부터 뜨거워지기 시작했다. 이 집회에서 신민당 인사들이 빠져나간 뒤 학생들과 시민들이 가두시위를 벌였으나 곧 해산되었다.

5·3 인천사태로 가게 할 수 있는 큰 충격은 그 다음에 일어났다. 3월 30일 광주대회에서 3시간 동안 집회가 진행될 때 금남로, 충장로 등 도심과 도청

앞 광장 분수대 로터리 일대에 시민과 학생이 꽉 들어찼다.[05] 오후 6시가 되어도 사람들이 대회장을 떠나지 않자 김영삼 당 고문을 선두로 당원과 시민들은 1km 떨어진 광주 제1지구당 사무실까지 행진을 하여 현판식을 가졌다. 신민당 집회가 종료된 뒤 민통련 지역 단체인 전청련(전남민주청년운동연합) 간부들이 전면에 나서 학생들과 함께 9시 30분까지 시위를 벌였다. 오랜만에 벌인 시위 투쟁이었다.

광주의 상황이 전해지자 민통련의 분위기는 흥분과 긴장으로 고무되었다. 이러한 전달은 대개 과장되고 일방적일 수도 있는데, 운동은 이러한 전달을 통해서 확대되는 경우가 적지 않다. 더구나 현장에 가본 적이 없는 학생·노동운동단체의 경우 과장된 전달에 더 분위기가 뜰 수 있었다.

3월 31일 열린 민통련 총회에서는 전청련 간부들이 참여해 대중의 열기와 정세의 변화에 대해 설명하고 민통련의 모든 역량을 신민당의 개헌 현판식 투쟁 활용에 집중할 것을 건의했다. 민통련은 개헌 현판식에 결집한 대중들과 함께하기 위해 민통련 조직 역량을 적극 투입하기로 결정했다. 개헌 열기는 3월 28일부터 시작된 교수 시국선언 발표로 더 지펴졌다.

박정희·전두환 등 군부 통치 실력자들의 연고지인 대구에서의 4월 5일 대회에도 많은 인파가 모였다. 이 대구 현판식에서부터 민통련 가맹단체는 신민당과 별도의 집회를 갖고 최루탄이 난무하는 가운데 가두투쟁을 벌였다. 이날 밤 학생 약 1,500명은 시청을 점거하려 했고, 경찰은 강제로 시위대를 해산했다. 야당의 집회를 활용한 것인데, 신민당과의 차별성을 어디에 두느냐에 따라 양자의 갈등은 심화될 수 있었다. 또한 이러한 독자적 투쟁은 신민당

05 이준한, 「인천의 5·3 민주항쟁과 한국의 민주화」, 『인천 5·3 민주항쟁과 한국의 민주화』, (사)인천민주화운동계승사업회, 2014, 11쪽.

의 집회가 있음으로 해서 가능했는데, 그것이 경시될 수도 있었다. 대구에서 민통련 단위의 독자적 민중대회를 개최한 민통련은 야당과 달리 자신들이 민중적 요구를 수렴하고 민중투쟁을 이끄는 주체세력으로 부각되었다고 판단하고 4월 19일 대전, 4월 26일 청주 신민당 개헌 집회에서도 독자적인 투쟁을 전개했다.

4월 말경에는 5·3 인천사태로 가게 하는 또 하나의 사태가 일어났다. 부산 미문화원 방화사건 4주년이 되는 1986년 3월 18일, 서울대에 반전반핵투위가 발족하면서(위원장 이재호) "반전반핵 양키 고 홈", "친미독재 타도하고 미제국주의 몰아내자"는 구호를 외쳤다. 4월 28일 이재호와 김세진이 400여 학생들과 신림 사거리에서 "양키의 용병교육 전방입소 결사반대"를 외치다가 경찰이 다가오면 분신하겠다고 했는데도 연행하려 하자 분신하는 사태가 벌어졌다. 두 학생이 분신해 위독한 상태에 처한 것은 반미투쟁에 영향을 미쳤고, 경찰의 잔인함과 함께 운동권에 충격을 주었다. 그런데 다음 날 민주화를 위한 국민연락기구(민국련)의 이민우 신민당 총재, 김대중 민추협 공동의장, 문익환 민통련 의장 등은 학생들의 반미·반핵·민족자주화 투쟁을 지지하지 못한다고 선언했다. 그 다음 날인 4월 30일 전두환은 3당 대표와 회담을 갖고 개헌 불가의 입장을 바꿔 '전 대통령의 임기 내 여야 합의 개헌'에 합의해주었다. 운동권은 다수가 이 합의가 보수대연합이자 야당의 기회주의적 성격을 드러낸 것으로 판단했다. 그들은 이 합의가 어쨌든 전두환이 양보한 것으로, 여권의 온건파 주장이 작용한 것이고, 무엇보다도 광주, 대구 등지에서의 개헌 열기에 대한 두려움이 작용했다는 점은 생각에 들어오지 않았다. 다음 날인 5월 1일 민통련은 29일의 민국련 기자회견은 보수 정치인들의 외세 의존적이고 타협적인 자세에 기인한 것이라고 규정하고, 민국련에서의 탈퇴와 의장단을 비롯해 집행부 전체가 사퇴하기로 결의했다. 야당과의 느슨한 연대마저 위기에 처한 것이다.

인천집회는 부산, 광주, 대구, 대전 등지의 야당 개헌 집회와 다를 수밖에 없었던 또 다른 점도 주목할 필요가 있다. 그때까지 민청련 같은 단체도 야당의 개헌 집회에 대해서 소극적이었고, 그 점은 다른 운동권 단체도 비슷했다. 이것에는 역량의 문제도 작용했을 것이다. 그러나 수도권에는 강렬한 이념을 갖춘 노동·학생운동단체와 재야단체들이 포진하고 있었고, 이들은 야당의 인천집회를 자신의 이념의 혁명성이나 우월성을 드러내고 그것을 알릴 수 있는 기회로 생각하고 있었다. 민통련은 이 단체들을 통제하기 어려웠고, 5월 3일 직전에 야당에 대한 비난과 공격, 반미 운동에 수위조절을 하기가 쉽지 않았다.

5.

임기 내 개헌을 하지 않겠다던 전두환이 4월 30일 '양보'를 한 것은 5월 3일 수도권 한복판에서 개헌 집회가 열리게 되어 있었던 것도 한 요인이었다. 전두환은 이 집회를 분열시키고 약화시키기 위해서도 개헌을 할 수도 있다고 밝힌 것이다.

야당은 부산, 광주, 대구의 열기를 몰고 인천집회에서 전두환 정권을 압박할 수 있는 대규모 집회를 구상할 수도 있었다. 그러나 그러한 계획은 없었던 것으로 보인다. 한편으로 대중의 열기가 뜨거운 것에 두려움이 있을 수도 있었겠지만, 그보다 자신의 개헌 집회를 '활용'해 민통련이 독자적인 집회를 갖는 것에 신경이 쓰였다. 특히 3, 4월에 잇달아 있었던 서울대생의 반미 집회와 분신 사건은 그들로서는 우려할 만한 사태였고, 그것은 4·29 민국련 기자회견으로 표명되었다. 4월 30일 전두환과의 회담에서 이민우가 "소수이겠지만 좌익 학생들을 단호히 다스려야 하며 민주화운동에 이런 사람들이 끼어서는

스크럼을 짜고 가두행진을 하는 신민당 1986년 5월 3일, 신민당 의원들이 "민주개헌 쟁
취하자"는 띠를 두르고 신민당 개헌추진위원회 경기도 및 인천시 지부 결성대회가 열
릴 인천시민회관을 향해 가두행진을 하고 있다. 경향신문사 소장.

안 된다"고 말한 것에는[06] 이민우의 솔직한 심정이 담겨 있었다. 이 때문에 신
민당은 대중을 적극 끌어들이기 위해 당력을 기울이기보다 재야 등 운동권
에 신경을 쓰게 되었다.

그렇다고 하더라도 인천대회는 중요했다. 그런데 그 인천대회장에 당 지
도부가 접근조차 할 수 없는 상황이 벌어졌고, 대회장은 최루탄이 터져 수라
장이 됨으로써 대단히 중요한 위치에 있는 인천집회가 어처구니없게 무산되
어 발걸음을 돌린 김영삼 등은 어떠한 심정이었을까.

양 김은 물론이고 이민우도 운동권이 주장한 바처럼 전두환의 4·30 양보
가 야당과 운동권을 분열시키기 위한 작전이었다는 것을 알았을 것이다. 그

---

06 조현연, 앞의 글, 25쪽.

러면 운동권은 적절히 대처했는가. 운동권은 야당보다도 더 전두환의 분열 작전에 말려든 것은 아니었을까.

5·3 인천사태는 1986, 87년의 국면에서 운동권이 야당과 어떠한 관계를 갖는 것이 바람직한가를 묻게 했다. 먼저 야당의 개헌 집회 없이 대중집회가 가능했겠느냐는 물음에는 대답이 어렵지 않다고 본다. 대중의 동원은 대중의 지지나 열기가 뜨거울 때 가능하다. 그 열기를 더 뜨겁게 할 수 있느냐는 그 다음 문제다. 개헌 열기가 뜨거웠던 부산만 해도, 그곳이 김영삼의 정치적 고향이라는 점과 무관하지 않았을 것이다. 광주의 뜨거운 열기는 광주항쟁과 김대중을 제외하고 이해하기는 어려울 것이다.

개헌 현판식 집회는 개헌 운동의 투쟁 국면을 창출해냈고, 2·12 총선의 열기를 한 단계 끌어올려 독재권력에 대한 민중적 저항으로 발전시켰다.[07] 민통련이 민국련 결성을 추인한 것은 운동권이 독자적으로 싸우는 것은 역량부족이라는 판단에서였다.[08] 광주의 전청련 등 민통련 산하 지역 운동단체들은 신민당과의 차별성은 신민당을 공격하는 데서 나오는 것이 아니라, 누가 진정으로 대중투쟁을 잘 하느냐에 달려 있다고 판단했다. 그러나 5·3은 이러한 점들이 무시되었다. 5·3 이후 운동권의 대중투쟁은 어려워졌고, 한동안 대중의 지지로부터 멀어졌다.[09]

5·3집회를 전후해서 이원집정부제가 집중적으로 비판과 비난의 표적이 되었다. 그러나 이 시기 전두환은 이원집정부제를 모색한 적이 없었다. 다 알다시피 독재권력은 결코 권력의 분산을 원치 않는다. 4·30 '전두환-3당 대표 회의' 이후 전두환·민정당이 한동안 내걸었던 내각제도 이승만·자유당 말기

---

07 위의 글, 17쪽.

08 위의 글, 18~19쪽.

09 이우재, 「5·3 인천사태를 되돌아보며」, 『5·3에서 미래로』, 83쪽.

의 그것처럼 대통령 권한이 강대한 형식뿐인 내각제였을 뿐이다.

운동권은 야당의 기회주의를 보수대연합과 연결시켜 맹렬히 매도하고 공격했지만, 양 김이 보수대연합을 획책한 적은 없었다. 김영삼은 개헌 집회 이전에 한때 내각제도 고려할 수 있다고 봤지만, 김대중과 보조를 맞추며 대통령직선제를 강력히 주장했다. 직선제는 6월항쟁 전에는 전두환이건, 민정당 온건파(당권파)건 전혀 고려한 적이 없었고, 당시 민통련은 직선제는 군부 퇴진과 같은 것으로 판단했다.

일부 운동권은 자신들의 논리를 합리화하기 위해 신민당을 단일한 당으로 전제했지만, 신민당 내에는 민한당 인사들이 다수 들어왔고, 당 총재인 이민우만 해도 유진산 직계로 활동한 보수적 인사였다. 1986년 말에서 1987년 봄까지 개혁만 하면 내각제도 고려할 수 있다는 '이민우 구상'이 유령처럼 양김을 괴롭혀 결국 새 당을 만들게 했는데, 그때 이철승 등이 유신 시기를 상기시키는 행위를 했다.

5·3사태에서 급진적이었던 세력의 주장은, 야당의 기회주의적 성격을 강렬히 부각시키며 1984년 12월경에 총선 거부론을 폈던 주장,[10] 2·12 총선 이후 한때 개헌투쟁 무용론을 폈던 주장을[11] 상기시킨다. 실제로 5월 3일 인천집회에서 여러 단체가 그와 유사한 논지를 폈다.

6.

혁명 또는 변혁은 기존 권력이나 제도, 기존 정치인과 정치조직을 부정한다. 활동가들에게는 몹시 정서가 고양되고 흥분될 때가 있다. 벅찬 감성에 세

---

10 일송정 편집부, 『학생운동논쟁사』, 일송정, 1988, 71~75쪽.
11 한국기독교사회문제연구원 편, 앞의 책, 1986, 18~19쪽.

상을 바꿔야 한다는 사명의식 또는 소명의식이 있을 때 환상이나 낭만이 들어올 수도 있다. 5월 3일 인천대회장 일대에 집결한 각 단체의 관계자들 상당수는 혁명적 열정과 변혁 의지를 가지고 나왔다. 선배들이 5월 3일은 혁명 투쟁의 날이니 그러한 각오로 나오라고 얘기했다는 증언도 있다. 분단정부 수립 후 혁명적 공간이 있었다면 5월 3일 인천 개헌 대회장 일대가 그것에 가까웠다고 말할 수 있지 않을까.

여러 노동·학생운동단체 관계자들 중에는 자신이 최근에 급격히 갖게 된 정치 이념이 다른 누구도 갖지 못한 혁명 이념이라는 자부심을 가진 청년·학생들이 있었다. 그들은 잘못된 세상을 혁명가의 혁명적 투쟁으로 분쇄하고 새 세상을 건설하여야 한다고 보았다. 이러한 이념을 지니게 된 데는 당시 자본주의의 성격 또는 노동자·농민·빈민의 존재 양태가 영향을 미쳤을 수 있고, 전두환 군부 정권, 나아가 극우반공체제를 타도하려면 혁명적 방법밖에 없다는 판단이 작용했을 것이다. 그러나 그것 못지않게 자극을 주거나 영향을 미친 것들이 있었다. 급진적 정치 이념들이 그것이었는데, 사회구성체 이론도 한몫을 했다.

1980년대에 들어서면서 서울대를 중심으로 이념투쟁이 계속되었다. 개헌 투쟁에서 헌법제정회의를 소집하자는 주장도 1917년 러시아에서의 상황을 상기시켰는데, 기존 헌법체제를 부정하는 성격이 들어 있는 혁명적 이념이었다. '양키 고 홈' 주장도 한국에서는 혁명적 주장이었다. 1986년 4월에는 대학에 민민투(반제반파쇼민족민주화투쟁위원회), 자민투(반미자주화반파쇼민주화투쟁위원회) 같은 조직이 생겨났는데, 두 조직은 서로 자신이 진짜 혁명성을 지녔음을 내세우며 심한 경쟁을 벌였다. 광주에서의 개헌 집회도 혁명적 분위기를 띄우는 데 영향을 주었다. 민통련도 그 대회 직후 대중의 변혁 열기가 폭발적으로 고양되고 있으며, 군사독재 타도 투쟁과 함께 민중 궐기를 촉구한다는 투쟁 방향을 세우기에 이르렀고,[12] 앞에서 언급한 바대로 5월 3일 개헌 대회장 옆에서 대규모 농성 투쟁에 들어가 그것이 야간에 횃불 시위까지 간다면 전국이 변혁적 공간으로 넘어갈 수 있다고 판단했다. 그래서 그 준비를 위해 사흘 전에 먼저 가 있던 사람들이 있었고, 서노련 등도 서둘러 가 혁명적 투쟁을 위한 준비를 했다. 그러나 5월 3일 인천에서의 혁명적 투쟁은 힘없이 무너졌다.

반미 자주화 투쟁은 운동권에 신선한 충격을 주어 파급력이 컸다. 그것은 역사적으로도 대단히 심대한 의미가 있었다. 그렇지만 수위는 조절될 필요가 있었고, 특히 북과의 관련성은 신중해야 했다. '미제 축출', '철천지 원수' 같은 표현은 일반 대중뿐만 아니라 야당 정치인에게도 두려움을 줄 수 있었고, 김대중, 김영삼도 우려를 가질 수 있었다. 보수반공적이지만 야당의 개헌집회를 호의적으로 보도했던 『동아일보』가 인천 시위는 시위 군중과 경찰의 충돌, 방화, 폭력의 과격성 시비의 차원을 넘어선 것이라고 지적하고, '민주세력'에 대한 개념 정립 등 민주화 추진, 전략상의 본질 문제까지 한꺼번에 재고의 대상으로 대두되었다고 지적한 것은 반미 구호의 충격이 얼마나 컸는가를 말해준다.

7.

5·3 인천사태가 미친 영향은 바로 드러났다. 전두환과 민정당은 호재를 만났다고 반겼다. KBS와 MBC는 시위대의 폭력성과 방화를 부각시키는 데 열을 올렸다. 기다렸다는 듯이 전두환은 군 작전을 펴듯 운동권세력 초토화 작전에 나섰다. 전정권은 인천사태를 극렬좌경 용공폭력 세력에 의한 난동

---

12   조현연, 앞의 글, 20쪽.

으로 몰아갔다. 전두환은 1987년 6월 1일 흥미 있는 발언을 했다. 3월부터 6월까지 정부·여당이 수세적이다가 7월부터 새해 1, 2월까지 밀고 간다는 발언이었다.[13] 전두환은 인천사태로 5월부터 폭압적 공세로 나아가게 되었다. 그는 야당과 민주화운동권이 결합해 민중이 강력한 힘을 보여줄 때가 무섭지, 뿔뿔이 흩어져 있을 때는 걱정할 것이 없다고 생각했다. 5·3집회 직후 민정당은 김영삼과도 만나자고 하더니만 전과는 반대로 국회 내에 헌법특위를 구성하자고 나왔다.

신민당은 난감했다. 비록 5·3 사태는 정권의 공작에 의해 야기되었다고 발표했지만, 몹시 곤혹스러웠다. 그러다가 5월 29일 여야는 국회에 헌법특위를 구성하기로 합의했다. 그러나 민정당이 내각제를, 양 김이 직선제를 고수하는 한 헌특은 아무 의미가 없었다. 9월 29일 야당은 헌특 활동을 중지하겠다고 결정했다. 10월 유성환 의원 발언에 전두환은 면책특권을 깔아뭉개고 새벽에 전격 체포했다. 11월 5일 김대중은 직선제가 되더라도 대통령 후보에 출마하지 않겠다는 불출마 선언을 했지만, 야당은 이제는 '이민우 구상'이란 복병으로 혼선을 거듭했다.

수도권 학생들에게 5·3 개헌 대회는 가두투쟁을 실습할 수 있는 좋은 기회였다. 그러나 자민투, 민민투 관계자들은 재야·노동단체 관계자들처럼 쫓기고 체포당했다. 5월 이후 관계자들이 속속 체포되던 자민투의 '이면 조직' 구학련(구국학생연맹)은 10월 서울대 대자보 사건으로 와해의 위기를 맞았다. 학생운동 참여자들은 특히 10월 말 건국대에서 경찰에 포위되어 떠밀려서 건물로 쫓겨 들어가 3박4일에 걸쳐 있었던 '공포 속 농성'과 농성 학생들의 다섯 배가 넘는 무장경찰 7,950명에 헬기 2대까지 동원한 잔혹한 '육·해·공'

---

13 김성익, 『전두환 육성 증언』, 조선일보사, 1992, 372쪽.

진압·체포 작전에 영향을 받았다. 자민투 계열의 학생들은 가을 이후 대학에서 우세했지만, 박종철 고문 사망 사건 이후 민주 대연합의 분위기 속에서 조금씩 대중적 힘을 얻어가던 야당과 달리 2·7 추도식, 3·3 평화행진에도 적은 수가 참여했다. 전두환의 4·13 호헌조치 이후 교수와 종교인 중심으로 각계각층에서 호헌철폐 운동이 거세게 일었지만, 주요 대학 학생회의 대부분을 장악하고 있던 자민투 계열은 별다른 움직임을 보이지 않았다. 그러다가 5월 투쟁 이후, 그것도 5월 하순부터 적극적인 투쟁에 나섰고, 6월항쟁에서는 가두투쟁의 주력이 되었다. 이처럼 학생들의 투쟁력이 약화된 것은 여러 요인이 작용했겠지만, 4·28 신림동 시위, 5·3 인천사태, 구학련 사건-서울대 대자보 사건, 특히 건국대 사태 등을 겪으며 투쟁의 정신적인 자세가 갖춰지지 못한 것도 작용했을 것으로 보인다.

8.

성유보는 인천집회에서의 중구난방은 때와 장소를 잘못 고른 커다란 실책이었다고 반성했다.[14] 서두에서 언급한 바 5·3 인천집회에서 '독자적인 목소리를 냈다', '과감히 혁명적 투쟁을 했다', '여한 없이 싸워봤다'는 주장은 인정할 만한 점이 있다고 본다. 그와 함께 5·3항쟁이 반면교사가 되어 다음 해에 국민운동본부가 탄생하였으니, 5·3항쟁은 비록 반면교사였지만, 6월항쟁의 밑거름이 되었던 셈이라는 이우재의 평가도 음미할 만하다.[15]

---

14 이우재, 「'5·3 인천사태' 국가가 폭력 기관임을 다시 보여줬다」, 『인천 5·3 민주항쟁과 한국의 민주화』, 119쪽.

15 이우재, 「인천 5·3항쟁의 영향」, 『인천 5·3 민주항쟁과 한국의 민주화』, 70쪽.

[덧붙이는 말]

    이 글은 1985년 민통련 30주년 기념 발표 때 (사)인천민주화운동계승사
업회 측으로부터 요청받았고, 1986년에 다시 요청을 받았다. 주최 측이 '인천
5·3 민주항쟁'으로 쓰고 있는데, '5·3 인천사태'로 발표해 미안했다.

    1986년경부터 요원의 불처럼 타오른 반미 자주화 운동은 현대사에서 획
기적인 역할을 수행했다. 한국인은 40년 가까이 반공주의-반공 이데올로기
에 갇혀 있었고, 가위에 눌린 것처럼 사고의 억압을 받았다. 이승만은 여순 사
건 이후 극단적인 반공정책을 썼지만, 그것이 내면화된 것은 전쟁 이후였다.
주민 집단학살 등 전쟁의 참혹함을 경험하거나 목도하면서, 조봉암의 표현
을 빌면 골방에 갇혀 사고·사상 등 모든 면에서 억눌려 기를 펴고 살지 못했
고, 권력의 횡포, 부정 불의에 입을 열지 않았다. 4월혁명으로 새 세상을 만난
듯했으나 반공을 국시로 내건 5·16 쿠데타로 다시 억압받았고, 일인 독재권
력 유지를 위해 유신체제 후반기에는 특히 극렬한 반공 캠페인이 전체주의
방식으로 전개되었다. 이러한 반공주의-반공이데올로기를 정면으로 깨고 나
온 것이 반미운동이었다. 한국인은 반미운동을 거치면서, 또 사회 전반에 걸
쳐 민주화가 진전되고 냉전체제의 해체를 겪으며 사고·사상의 지평을 열고
자립성, 균형감각, 다양성을 갖게 되었다.

    ※ 이 글은 (사)인천민주화운동계승사업회 주최 '인천 5·3 민주항쟁 30주
년 기념 토론회' 『5·3 인천항쟁 30년을 되돌아보다』에서 「인천 5·3 사태의 평
가—대중성과 군부독재 타도 문제를 중심으로」라는 제목으로 발표되었다.
※

6월항쟁의 전개와 의의

1.6월항쟁 30주년에 맞는 특별한 의미

6월항쟁은 3·1운동, 4월혁명, 부마항쟁, 광주항쟁과 함께 한국 근현대의 분수령을 이루는 민주항쟁이다. 3·1운동을 독립운동이자 민주주의운동으로 보는 것에 의아해 할지도 모르지만, 당시 민중이 외친 "만세", "독립 만세"에는 억압·전제·무단통치에 대한 항거의 성격이 강했고, 그것은 자유의 갈구이기도 했다. 이러한 투쟁으로 일제는 언론·출판·집회·결사의 자유를 부분적으로 인정했고 지방제도도 변경했다. 그리고 3·1운동으로 출현한 대한민국임시정부 등 독립운동단체는 민주공화제를 명시해서 표방했다. 독립운동-민족해방운동은 기본적으로 반봉건 민주주의 근대국가를 지향했고, 그런 점에서 해방 후 민주화운동의 선구라고 볼 수 있으며, 민주화운동은 독립운동-민족해방운동의 대의(大義)를 이어받았다고 할 수 있다.

4월혁명에 비해 6월항쟁을 통해 쟁취한 기본적 민주주의와 자유는 폭이 컸고, 그것의 생명력도 더 장구성을 지니고 있다. 4월혁명을 통해 쟁취한 자유와 민주주의는 6월항쟁에 비해 그 폭이 좁았을 뿐만 아니라, 그 다음 해에 일어난 박정희의 5·16 쿠데타에 의해 심각하게 훼손되었고, 12년 후 박정희의 10·17 유신 쿠데타에 의해 무참히 유린당했다.

6월항쟁으로 그 이전의 시기와는 다르게 자유와 민주주의가 자리를 잡아 가는 것 같았으나 이명박·박근혜 정권이 등장하면서 자유와 민주주의는 위기에 봉착했다. TV가 특히 심했지만 언론의 자유가 현저히 제한되었고, 집회의 자유와 노동운동도 갖가지 방법으로 탄압받았다. 심지어 절차적 민주주의도 국정원의 선거 개입 등에 의해 훼손되었다. 방대한 블랙리스트에 의해 수많은 사람이 활동에 제약을 받아 헌법정신이 유린되었다. 남북 관계는 다시 과거로 되돌아가는 양상을 보여주었고, 한반도 평화는 위기에 처했다. 이명박 정권기에도 유신체제를 상기시키는 정책이나 행태가 적지 않았지만, 박근혜 정권은 출범하면서부터 역사 교과서를 국정화하기까지, 또 그 이후에도, 줄곧 유신체제로 회귀하는 것 아니냐는 비판을 받았고, '비선 실세'에 의해 국정이 농단 당하는 사태가 벌어졌다.

금년(2017년)으로 6월항쟁이 30주년을 맞았다. 우리의 굴곡진 현대사를 되돌아보면서 6월항쟁을 뜻깊게 보내는 것도 의미가 있지만, 6월항쟁과 유사한 촛불시위로 무혈혁명에 가까운 변화가 일어나고 있다는 점이 6월항쟁 30주년을 더욱 뜻깊게 하고 있다. 촛불시위는 민주주의와 자유, 남북 관계와 한반도 평화를 이명박 정권 이전 상태로 되돌려놓을 가능성이 크고, 더 나아가 6월항쟁과 그 이후 민주화의 잘잘못을 교훈 삼아 정치개혁 등을 하면 6월항쟁의 성과를 한 단계 더 높일 수도 있다. 그러나 단단한 각오로 합심하여 그러한 노력을 기울이지 못하면 6월항쟁 이후보다 더 심각한 한계를 노출할 수도 있다. 그러므로 금년의 6월항쟁 30주년은 더욱 의미 있게 보내야 할 것이고, 그 속에서 6월항쟁의 뜨거운 함성과 그 이후의 한계에 대해 냉엄하고 깊이 있는 성찰이 이루어져야겠다. 6월항쟁 그날 그때의 함성, 외침을 30주년에 다시 돌아보는 것은 촛불시위 이후의 새 정치와 경제, 사회문화를 창출해내는 데 더없이 큰 격려와 힘, 교훈이 될 수 있다. 2002년 두 여중생이 미군 장갑차에 깔려 죽자 일어난 촛불 항의 시위대가 광화문과 시청 일대를 뒤덮을 때도, 이명박 정권 첫해에 광우병과 관련한 항의 촛불시위가 전국을 뒤덮을 때도, 그보다 훨씬 더 규모가 크고 지속적으로 일어난 이번 촛불시위에서도 6월항쟁 세대는 다음 사회를 만들어갈 제2세대 아이들을 데리고 열렬히 참여했다. 이 글에서는 6월항쟁의 역동적 전개와 여러 쟁점을 냉정하게 짚어가면서 6월항쟁의 총체적 성격과 그 의미, 그리고 한계를 살펴보고자 한다.

2. 6월항쟁의 배경

6월항쟁이 일어나게 된 배경은 박정희의 1972년 10·17 쿠데타로 등장한 유신체제로 거슬러 올라가 찾아야 한다. 6월항쟁은 '호헌철폐', '독재타도', '직선제 쟁취' 구호가 말해주듯 기본적 민주주의와 자유를 쟁취하기 위한 투쟁이었다. 김대중·김영삼은 그것을 유신체제 이전의 정치로 되돌아가는 것이라고 역설했다. 또한 6월항쟁은 유신체제의 후속이자 그것의 변형으로 출현한 전두환·신군부 체제를 타도하기 위해 궐기한 항쟁이었다.

1972년에 등장한 박정희 유신체제는 민주공화제를 유린했다. '통일주체국민회의'를 국민의 주권적 수임기관이라 못박아 국민주권을 제약했고, 언론·출판·집회의 기본권도 법률로 제한할 수 있게 했다. 3권 분립 또한 유신헌법에 의해 형해화되었다. 이처럼 유신헌법은 민주공화제를 유린한 헌법이었는데, 실제는 그보다 훨씬 더 심각했다. 박정희 유신체제는 긴급조치에 의한 통치였는데, 긴급조치는 법률과 똑같은 효력을 가졌고(입법권 유린), 법원도 긴급조치가 정한 규정에 따라 재판을 해야 했다(사법권 유린). 긴급조치는 국민의 기본적 자유를 철저히 제한하고 말살한 '조치'로, 긴급조치에 의한 통치는 유신체제가 박정희 일인의 권력을 위한 체제라는 점을 극명히 보여주었다.

6월항쟁 비슷한 민주화운동은 유신체제 시기부터 일어났다. 박정희 유신체제가 등장한 후 1년도 안 되어 '유신반대', '독재타도'를 외치며 반유신 민주화운동이 거세게 일어났다. 민주화운동은 1975년 인도차이나 사태에 맞춰 박정희의 4·29 특별담화가 나오고 그 후속으로 총력안보운동이 펼쳐지면서 주춤하는 것 같았으나, 1977년경부터 다시 거세게 일어났다. 1978년 12월 12일의 국회의원 선거는 긴급조치 9호 아래서 치러졌는데도 신민당이 민주공화당보다 득표율에서 1.1% 높았고, 다른 야당까지 합치면 8.5%나 야당이 우세했다. 민심이 박정희 유신체제를 떠나고 있었다. 그것은 1979년 5월에 선명 야당을 출현케 했다. 그해 10월 부마항쟁은 학생과 함께 부산과 마산 시민이 대거 가담한 민중항쟁이었고, 그 현장에 온 중앙정보부장 김재규에 의해 10월 26일 박정희가 살해됨으로써 유신체제는 종말을 고했다.

박정희가 죽자 육군 고위 장성들은 회합을 갖고 유신체제를 폐기하기로 합의했고, 최규하 대통령 권한대행은 빠른 시일 내에 헌법을 개정하겠다고 약속했다. 박정희 한 사람이 죽자 유신체제는 붕괴한 것이다. 김종필, 김영삼, 김대중이 이끈 국회에서는 신속히 헌법을 개정하기 위한 활동에 들어갔다. 국민들도 민주화가 이루어질 것으로 믿었다. '서울의 봄'이 온 것이다. 그러나 '서울의 봄'은 박정희가 키운 군대 내 사조직인 하나회 소속 군인들이 중심이 된 쿠데타에 의해 무너졌다. 12·12 쿠데타에 의해 군권을 장악한 전두환·신군부는 계엄을 전국으로 확대하고, 국회를 무력으로 봉쇄하고, 불법적으로 김대중을 구속하고, 김종필 등을 권력형 부정축재자로 잡아들이는 등 5·17 쿠데타를 일으켰다. 이들은 즉각 국가보위비상대책위원회를 설치해 전두환·신군부 체제를 출범시켰다. 세계 역사상 유례가 드문 2단계 쿠데타를 일으킨 것이다. 전두환·신군부 체제는 대통령 임기를 7년 단임제로 하고, 국회의원 3분의 1을 실질적으로 대통령이 임명하던 것을 변형시키는 등 약간의 변화가 있었으나 기본틀은 유신체제와 비슷했다.

6월항쟁으로 이어지는 투쟁은 광주에서 일어났다. 유신 잔당들인 전두환·신군부의 5·17 쿠데타에 맞서 궐기한 광주항쟁은 1980년대의 민주화·반미 자주화 운동에 심대한 영향을 주었다. 또 광주항쟁은 6월항쟁으로 전두환·신군부를 굴복시키는 데 중요한 역할을 했다. 뒤에서 상세히 살펴보겠지만, 광주항쟁 당시 공수특전단 군인들에 대한 과감한 투쟁은 군을 광주 외곽으로 물러나게 했는데, 그러한 투쟁은 6월항쟁에서 군이 출동하지 못하게 한 기본 요인으로 작용해 노태우·전두환은 6·29선언을 하지 않을 수 없었다.

1980년대에는 6월항쟁이 전개될 수 있는 여건이 어느 때보다도 성숙해 있었다. 유신체제에서는 학생운동이 지역적으로 국한되어 있었다. 대개 서울에서 일어났는데, 유신체제에서 시위가 없었던 부산대 등 부산 지역의 대학생과 마산 지역의 경남대 학생들이 선도적 역할을 하면서 유신 마지막 해에 부마항쟁이 일어났다. 1980년 '서울의 봄'에서 규모가 큰 학생 시위는 서울과 광주에서 일어났다. 1982년경부터 학생운동의 범위는 점차 넓어졌다. 1982년에 부산 미문화원 방화사건과 같이 반미 자주화 운동에서 하나의 이정표를 긋는 큰 사건이 부산에서 일어났고, 그해부터 호남과 영남 지방의 대학에서 시위가 점차 커졌다. 학생 시위는 1984년 이후 전국적 규모로 전개되었다. 1984년 '5월투쟁'의 경우 5월 16일에 서울에서 14개 대학이, 지방에서 25개 대학이 시위를 벌였고, 다음 날에는 더 많은 대학의 학생들이 5월투쟁에 참여했다.[01]

---

01   민주화운동기념사업회 한국민주주의연구소 엮음, 『한국민주화운동사』 3, 돌베개, 2010, 238

6월항쟁에서 전국 각 대학이 거리로 나오는 데는 다른 요인도 작용했다. 전두환 정권은 학생운동을 막기 위해 졸업정원제를 실시해 학생 수를 대폭 늘렸다. 그뿐만 아니라 서울의 대학들이 지방에 분교를 두는 것을 장려했고, 지방대학 육성책도 써 지방대학 학생들이 크게 증가했다. 6월항쟁에서 천안, 안산 등 여러 지역에서 지방 분교들이 활약하는 것을 볼 수 있거니와, 학생들의 증가, 특히 지방에서의 증가는 6월항쟁에서 전국적인 동시다발 투쟁을 전개하는 데 기본적인 동력이 되었다.

6월항쟁 당시 많은 도시에서 투쟁이 가능했던 것은 민주화운동단체가 지방의 중소도시까지 확산, 확충된 것도 한 요인이었다. 1970년대에 민주화운동단체는 '천주교정의구현전국사제단'이나 '가톨릭농민회' 등 처음부터 전국 조직으로 출발한 단체를 제외하면 대개 경인 지역에 있었다. 그러나 1980년대 들어 지역운동단체가 확충되거나 새로이 조직되었다. 1983년에 조직된 '민주화운동청년연합'은 학생운동 이후에도 민주화운동에 전념하겠다는 '전업적' 민주화운동자들의 조직이라는 점에서 의미가 있다. 그 다음 해 조직된 '민중민주운동협의회'는 명망가들의 단체가 아니라 정의구현사제단 등 12개 단체가 결집해 결성했다는 점에서 의미가 있다. 같은 해에 조직된 '민주통일국민회의'는 경남지부, 경북지부, 강원지부 등 지방 지부를 갖추고 있었다. 지역 민주화운동단체 결성은 1985년 이후 더욱 활기차게 진전되었다.[02]

6월항쟁은 시민 참여가 두드러졌고, 종교계가 재야단체와 함께 중요한 역할을 했다. 유신체제 등장 이후 민주화운동은 학생과 재야세력 중심이었고, 일반 시민 참여는 부마항쟁 이전에는 없었다. 부마항쟁과 광주항쟁은 학생

~239쪽.

02 이명식, 「민통련, 지운협, 지역국본, 6월항쟁」(미발표 원고), 2013, 1~13쪽.

보다 시민이 더 많았고, 더 격렬한 투쟁을 전개하기도 했다. 그러나 부마항쟁은 부마 지역 시민에 국한되었고, 광주항쟁은 광주 지역을 제외하면 목포 등 일부 전남 지역에 국한되었다. 시민운동의 형태로 시민들의 참여가 적극적으로 이루어진 것은 1986년경부터라고 볼 수 있지만, 그때까지 적지 않은 시민들이 종교단체와 연계하여 여러 형태의 민주화운동에 참여했다.

종교계의 민주화운동 참여는 1980년대에 들어와 더 적극적이었고 조직적이었다. 1970년대에 천주교정의구현사제단은 유신체제에 격렬히 투쟁한 대표적인 민주화운동단체였고, 'NCC 인권위원회'도 투쟁 형태는 달랐지만 민주화운동에 적극적으로 참여했다. 개신교는 '금요기도회'를 통해서도 민주화운동에 참여했고, 천주교의 경우 신자들이 기도회나 유인물 배포 등을 통해 민주화운동에 동참했는데, 대개 교회를 통해서였다. 1980년대에 들어와 개신교 측은 여러 형태로 민주화운동에 참여했다. 1984년에는 진보적인 성직자운동 조직으로 '전국목회자정의평화실천협의회'(목협)가 조직되었다. 천주교는 1982년 부산 미문화원 방화사건으로 모진 시련을 겪었다. 1984년에는 천주교 민주화운동세력의 연합조직으로 '천주교사회운동협의회'(천사협)가 탄생했다. 천주교는 특히 1986년 1월 박종철 고문 살인 사건 이후 민주화운동에서 중요한 역할을 했다. 불교계에서도 1983년에 '청년불교도연합'이, 1984년에 '민중불교운동연합'(민불련)이 조직되었다.

3. 6월항쟁 전야

1) 6월항쟁의 문을 연 2·12 총선

대통령 선거 2년을 앞두고 치러진 1985년 2·12 총선은 개헌 정국을 열어놓았다는 점에서 6월항쟁의 문을 열어놓기도 했다. 이 선거에서는 뜻밖에도 학생들이 선거 바람을 일으켰는데, 그러면서 새 야당의 선명성이 강하게 부각되었다. 야당 측의 선명 바람은 김영삼 단식에서부터 시작되었다. 1983년 5·18 광주항쟁 3주년을 맞아 시작되어 23일간 계속된 김영삼의 단식은 전두환·민정당을 당황하게 했고, 야당에 새바람을 일으켰으며, 다음 해 5월 18일 민추협(민주화추진협의회)으로 결실을 맺었다. 2·12 총선을 앞두고 민추협은 신당(신한민주당)을 결성했다.

전두환은 박정희 유신체제에서 있었던 1978년 12·12 선거처럼 국민들의 선거에 대한 관심을 최소화하기 위해 총선 날짜를 선거운동 하기도 투표하기도 나쁜 시기인 2월 12일로 잡았으나, 후보자 합동 유세장은 2월에 들어서자마자 뜨거운 열기에 휩싸였다. '선거 바람'으로 표현된 이러한 열기를 불어넣는 데 학생들이 선도적 역할을 했다. 학생들은 서울 등 대도시에서 떼를 지어 다니며 신군부의 민정당 후보가 연설할 때 야유를 퍼부었고, 제1야당인 민한당 후보들을 사쿠라로 몰아세웠다. 초기에 유세장에서는 여전히 권력에 대한 두려움에 '성역'을 넘는 발언이 나오지 못했으나, 학생들이 "헌법에는 대한민국이 민주공화국이라 했지만, 실제는 군사공화국이다", "요즈음 박사 위에 육사가 있다더라", "광주사태 최고 발포 명령자는 누구인가"라고 외치면서 후보자도 유권자들도 '수위'를 높였고, 하고 싶은 말이 봇물 터지듯 나왔다. 2월 6일 정치 1번지 종로의 유세장에는 1971년 대통령 선거에서의 유세 이후 최대 인파가 몰렸는데, 회사원, 여성 등 일반 시민이 많았다. 이 선거에서 김영삼, 김대중의 인기는 하늘을 찌를 듯 높았다. 그것은 2월 8일 김대중이 미국에서 귀국할 때 최고조에 달했다. 비록 유세장 중심이었지만 13년 만에 정치가 되살아나고 있었다.

2월 12일 투표날 아침부터 젊은 유권자들이 많이 나타났다. 투표율은

되살아난 정치 광주 제12대 국회의원 선거 후보자 합동연설회장에 구름떼처럼 몰려
든 유권자들. 경향신문사 소장.

84.6%로 5·16 쿠데타 이후 가장 높았다. 서울에서 김영삼·김대중의 신민당은
42.7%를 득표해 민정당의 27.0%보다 월등 높았고, 민한당의 19.5%까지 계산하
면 민정당 지지율이 얼마나 떨어졌는가를 실감할 수 있게 했다. 부산도 비슷
한 득표율을 보여주었고, 심지어 대구에서도 28.8% 대 28.7%로 신당인 신민당
이 앞섰다. 민정당은 1구 2인 선거제와 전국구에 힘입어 148석을, 신민당은 67
석을, 민한당은 겨우 35석을 차지했다. 유권자의 58%를 차지하는 20, 30대의
'괴력'이었고, 이 돌풍을 일으킨 것은 학생이었다. 민주화운동세력은 강력한
추진력을 얻었고, 전두환·신군부 체제는 심각한 도전에 직면했다.

　2·12 총선을 계기로 시민들의 정치의식은 점차 적극성을 띠게 되었다. 시
민들은 유신체제 아래서 줄곧 억눌려 있었다. 그렇지만 1978년 12월 12일에
치른 국회의원 선거에서 야당에 여당보다 더 많은 표를 주었다. 10·26 이후
'서울의 봄'에 기대를 갖기도 했지만, 전두환·신군부 정권에 다시 눌려 지냈

다. 그러나 도시민들은 2·12 총선에서 신당에 많은 표를 주었고, 총선 이후에는 개헌 문제에 큰 관심을 보였다.

학생들은 새 학기가 시작되자 4월에 '전국학생총연맹'을 조직했고, 5월에는 '삼민투'로 널리 알려진 '민족통일 민주쟁취 민중해방 투쟁위원회'를 비롯해 여러 조직을 만들었다. 5월 하순에 있었던 서울 미문화원 농성 투쟁은 국내외 언론의 주목을 크게 받았고, 광주학살에 대한 전두환 정권과 미국의 책임을 묻는 등 그동안 학생들이 주장하던 바를 널리 알렸다. 장소가 장소인지라 미문화원 농성장을 쳐다보기만 할 수밖에 없었던 전두환 정권은 심리적으로 타격을 받았다.

2·12 총선 이후 민주화운동권이 활성화되면서 1985년 3월에는 전년에 결성된 민중민주운동협의회와 민주통일국민회의가 통합해 '민주통일민중운동연합'(민통련)을 결성했다. 민통련에는 재야 원로와 종교계, 각 부문 민주화운동단체나 관계자들이 고루 참여했다. 민통련에는 전국적 조직을 갖춘 단체도 들어왔고, 산하에 각 도지부도 있었다. 민통련은 부문운동협의회와 함께 지역운동을 활성화하는 데 기여하게 될 '지역운동협의회'(지운협)를 조직했다. 나중에 민통련은 6월항쟁의 중심 단체인 '국민운동본부'(국본)의 한 축을 형성했다.

무엇보다도 2·12 총선은 정치를 소생시켰다. 파시스트들은 정당정치를 혐오하기 때문에 정당에 큰 비중을 두지 않았다. 여당인 민정당도, 제1야당인 민한당도, 제2야당인 국민당도 정보기관에서 만들어주었고, 진보정당으로 민주사회당을 만들게 하고 당수까지 정해줘 1중대(민정당), 2중대(민한당), 3중대(국민당)가 국회를 이끌어가도록 했다. 그러나 한 신문이 사설에서 "제1중대 제2중대 식으로 불리던 정당의 기본 체제는 바뀔 수밖에 없게 되었다"고 쓴 것처럼[03] 이제 정치는 달라질 수밖에 없었다. 그것도 전두환·신군부가 극도로 기피하고 경계한 개헌 문제를 중심으로 정치가 펼쳐지게 되었다. 이미 신한 민주당(신민당) 창당준비위원장 이민우는 1985년 1월 연두 기자회견에서 직선제 개헌을 촉구했고, 신민당은 창당되자 총선 공약 첫 번째로 직선제 개헌을 제시했다. 직선제 개헌 주장은 유세장을 달구는 데 일역을 맡았다. 총선 후 민한당까지 흡수해 거대 야당이 된 신민당은 직선제 개헌을 강력히 주장했다. 그렇지만 전두환·신군부는 야당의 존재를 인정하려 하지 않았고 6월항쟁 시기까지 국회를 중심으로 한 정치는 대단히 미약하게, 그것도 잠시 있었을 뿐이었다.

2) 직선제 개헌투쟁과 전두환의 반격

2·12 총선으로 열린 개헌 정국에서 야당은 장외에서 개헌 열기를 달구었고, 전두환·신군부는 어떻게 해서라도 그것을 무력화하려 했다. 뿐만 아니라 야당은 민주화운동세력 때문에도 어려움에 부닥쳤다. 학생운동권과 재야운동권이 야당의 기회주의 속성을 비판하면서 야당이 몹시 기피하고 두려워한 반미 자주화 투쟁을 전개한 것이다. 개헌 정국에서 야당과 운동권의 갈등은 피할 수 없게 되었는데, 이것을 어떻게 보느냐가 중요한 쟁점이 될 수 있다.

대통령 선거를 한 해 앞둔 1986년에는 1년 내내 개헌 공방전이 치열하게 벌어졌다. 전두환은 1월 국정연설에서 1989년까지 개헌 논의를 유보해달라고 요구했다. 다음 해에 대통령 선거를 전과 똑같이 체육관 선거로 치르겠다는 의사를 밝힌 것이다. 총선 1주년이 되는 1986년 2월 12일 신민당은 1천만 개헌 서명 운동에 돌입했고 3월에 장외투쟁에 들어갔다. 대학교수들도 시국

---

03 『동아일보』 1985. 2. 13.

선언을 했고, 종교인들도 개헌 대열에 참여했다. 신민당 장외집회에 대중의 반응은 뜨거웠다. '개헌추진위원회' 각 지역 지부 결성대회와 현판식이 이어졌다. 3월 23일 부산 집회에도 수만 명이 모였지만, 3월 30일 광주에는 광주항쟁 이후 최대의 인파가 몰렸다. 신민당 집회가 끝나자 민통련 가맹단체인 전남민주청년연합은 야간까지 시위를 이끌었다.

광주에서의 열기는 운동권에 심대한 영향을 미쳤다. 일각에서는 혁명적 투쟁으로 전변시켜야 한다는 주장도 나왔다. 4월 5일 대구에서 민통련 등 운동권은 신민당 개헌 집회와 별도로 거리투쟁을 전개했고, 그런 양상은 4월 19일 대전, 4월 26일 청주에서도 나타났다. 야당과 운동권의 분열은 서울대를 중심으로 반미투쟁이 강렬하게 전개되면서 더욱 심화되었다. 4월 29일 반미는 있을 수 없다고 생각한 야당 인사들은 학생들의 반미투쟁을 지지하지 못한다고 선언했고, 여기에 운동권은 즉각 반발했다. 4월 30일 전두환은 3당 대표와의 회담에서 자신의 임기 내에 개헌을 할 수 있다고 밝혔다. 뜨거운 개헌 열기에 한 발 물러선 것이지만 민주화운동세력을 분열시키기 위해 야당에 미끼를 던진 것이기도 했다. 5월 3일 인천 개헌 집회는 이런 상황에서 열렸다.

당시 운동권은 수도권에 많이 몰려 있었는데, 이들은 대거 인천에서 자신의 진보적 정치 이념을 알리고자 했다. 5월 3일, 정작 주최 측인 야당 관계자들은 대회장에 접근도 못한 상태에서 재야·학생·노동운동 등 여러 운동단체가 대회장 일대에서 각각 따로 집회를 갖고 각자의 주장을 격렬히 폈다. 외친 구호도 달랐다. 이들은 전두환·신군부 못지않게 신민당을 기회주의자로 사정없이 비난했고, 강렬한 반미 구호를 외쳤다. 그동안 중구난방의 어수선한 상태를 방관하던 경찰이 오후 5시경 다연발 최루탄을 난사하며 작전을 펴자 시위는 큰 저항 없이 무너졌다.

5·3 인천사태는 오랫동안 뜨거운 쟁점이 되었다. 그만큼 평가가 다양했고

극과 극을 달리기도 했다. 5·3항쟁으로 민주변혁운동이 민주화운동과 민주변혁운동의 핵심 주체이자 독자적인 실체로 스스로를 정립했다는 주장[04] 등 긍정적 평가도 많다. 그러나 5·3 인천사태는 야당과 학생·노동·재야 민주화운동세력을 분리시켰고, 개헌 집회를 통해 결합된 대중과 민주화운동세력을 분리시켰다. 야당은 궁지에 몰렸고, 학생·노동·재야운동권은 심한 탄압에 직면해 '정치적' 투쟁을 더 이상 하기가 어렵게 되었으며, 조직의 보존조차 쉽지 않게 되었다. 개헌투쟁과 운동권에 어느 정도 동조적이던 언론과 보수세력은 반미 구호에 기겁했다.

대중의 개헌 열기로 한동안 크게 수세에 몰렸던 전두환은 5·3 사태를 계기로 개헌세력을 약화시키고 분쇄하기 위해 모든 수단과 방법을 동원해 전방위로 총력전을 폈다. 전두환·신군부 헌법은 단임제를 명시했기 때문에 자신의 연임은 불가능했다. 전두환은 12·12, 5·17 쿠데타, 광주항쟁에서 자신이 한 행위로 볼 때 자신이 통제할 수 있는 후계자가 집권하지 않으면 자신의 안위가 위태로울 수 있다는 불안감이 강했다. 그렇기 때문에 모든 수단과 방법을 동원해 개헌투쟁을 분쇄하고자 했다. 그 기회를 5·3사태가 일정하게 제공한 것이다. 5·3사태는 1986년의 개헌투쟁, 민주화운동에서 분수령이었다.[05]

KBS와 MBC는 시위대의 폭력성을 부각시키는 데 열을 올렸다. 5월 5일 학생운동권의 양대 세력인 자민투·민민투 관계자 27명이 수배되었고, 이어서 민통련과 재야단체 관계자 37명에 대해 수배령이 내려졌다. 이로써 1986년 상반기에 수배자는 400여 명이나 되었다. 궁지에 몰린 야당은 민정당이 제

04   조현연, 「5·3에서 미래로―1986년 5·3 인천투쟁과 '위기의 민주주의'」, 『5·3에서 미래로』, (사)인천민주화운동계승사업회, 2006, 27~32쪽.
05   서중석, 「인천 5·3사태의 평가―대중성과 군부독재 타도 문제를 중심으로」, 『5·3 인천항쟁 30년을 되돌아보다』, 2016, 15~25쪽.

안한 국회 '헌법개정특별위원회' 설치에 동의했다. 그렇지만 전두환은 직선제를 받아들일 의사가 추호도 없었고, 신군부 장기집권 복안으로 내각제를 내놓았다. 9월 29일 이민우와 김대중·김영삼은 개헌특위 활동을 중단하겠다는 결정을 내렸다. 상호 용납할 수 없는 내각제와 직선제로 티격태격하는 것은 시간 낭비였다.

아시안게임으로 더욱 유리한 국면에 들어섰다고 판단한 전두환은 9월에 들어와 개헌세력에 대한 공세를 한층 강화했다. 다시 정치는 실종되고 공안 통치가 자행되었다. 이때 전두환은 비상조치 카드를 만지작거렸다. 소문으로 돌던 이 시기 비상조치에 대해서는 당시 안기부장 특보였던 박철언이 2005년에 낸 『바른 역사를 위한 증언』에 자세히 나와 있다. 9월 26일 전두환은 장세동 안기부장, 박희도 육군참모총장 등을 불러 비상조치로 계엄을 선포하는 것에 관해 지시했다. 안기부는 비상조치 스케줄을 마련하는 작업에 착수했다. 비상조치의 주요 목표는 직선제 개헌을 강력히 주장하는 김대중에게 향해 있었다.

비상조치 카드를 만지작거리면서 전두환은 개헌세력을 무력화시키기 위해 박정희가 유신체제를 수호하는 데 가장 크게 활용한 반공·공안 카드를 꺼내들었다. 지금까지 전두환의 공안 통치가 개헌세력에 대한 초토화 작전의 일환으로 전개된 것에 대해 그다지 주목하지 않았는데, 이 시기 전두환은 개헌세력 초토화에 군사작전을 펴듯 모든 힘을 쏟아부었다. 그것을 단적으로 보여준 것이 유성환 의원 국시 발언 사건이었다. 10월 14일 유성환 의원이 '통일 국시'를 발언하자 전두환은 자신의 그물에 걸려들었다고 쾌재를 불렀다.[06] 면책특권이 있는 국회 본회의에서의 발언이었는데도, 전두환 지시로 유 의

---

06 김성익, 『전두환 육성증언』, 조선일보사, 1992, 198~199쪽.

유성환 국시 발언에 항의 집회를 갖는 관변단체　신한민주당 소속 국회의원 유성환이 국회 본회의에서 우리나라 국시는 반공이 아닌 통일이어야 한다고 발언하자 관변 단체인 반공연맹, 대한민국재향군인회 등은 '반공이 국시다!'라는 구호를 내걸고 '용공분자 유성환의 즉각 처단'을 주장했고 대학생들은 유성환 발언을 지지하는 시위를 벌였다. 10월 16일 밤 10시 40분, 국회의장 이재형이 경호권을 발동해 야당 의원들의 출입을 막은 가운데 유성환 체포동의안을 만장일치로 통과시켜버림으로써 유성환은 17일 새벽 2시 30분에 구속되었고 이는 국회의원이 회기 중 면책 특권이 있는 원내 발언으로 구속된 최초의 사례가 되었다. 전두환 정권은 유성환 발언 이후 색깔론으로 야당의 개헌 요구에 역공을 펼쳤다. 경향신문사 소장.

원은 전격 구속되었다. 박정희가 1976년 정월에 석유가 한 방울도 나지 않는다는 보고를 받았으면서도 포항 석유설을 발표해 거의 1년 동안 한국인들을 들뜨게 하고 유신체제에 대한 관심을 다른 곳에 쏠리게 한 것처럼, 전두환은 금강산댐 사건과 김일성 사망설을 통해 그러한 정치적 효과를 보고자 했다. 포항 석유도 시추에서부터 모든 것을 중앙정보부가 관장했지만, 금강산댐 사건도 중정의 후신인 안기부가 처음부터 관장했다. 안기부는 10월 30일 이규효 건설부장관의 북한의 어마어마한 수공 작전 '폭로'를 시작으로 국방부

김일성 피살설 『조선일보』 1986. 11. 16.

장관 등 관계 장관의 잇단 '경고', 전국적으로 대대적으로 진행된 북괴 음모 규탄 행사, 평화의댐 성금 모금까지 시나리오대로 움직이게 했다.[07] 금강산댐 사건이 한창 진행 중이었던 11월 16일, 『조선일보』 보도에서부터 시작된 김일성 사망설은 어처구니없는 사건이었지만, 전두환의 정치적 목적이 작용하면서 엄청나게 커졌다. 11월 16, 17일 전두환은 관계 회의에서 김일성 사망설이 신빙성 없다고 판단했는데도 보도가 필요하다고 발언해 17일 오전에 국방부 대변인이, 그리고 진실이 일부 드러난 그날 오후에는 이기백 국방부장관이 국회에서 김일성 사망설에 무게를 둔 발표, 발언을 함으로써 사태를 걷잡을 수 없이 커지게 했다. 전두환·신군부가 권력을 탈취할 때부터 적극 협력한 조선일보가 '세계적인 특종'이라고 자화자찬하며 여러 날 대서특필한 것도 눈여겨볼 필요가 있다.

민주화운동세력에 대한 초토화 작전은 10월 28일부터 31일에 걸쳐 일어난 건국대 사태에서 절정에 달했다. 비슷한 시기에 잇달아 일어난 공안당국의 '좌경용공' 사건 발표도 작용해서 학원가는 얼어붙었다. 학생들은 그 다음해 초봄까지 투쟁에 적극적으로 나서지 못했다.

비상조치설이 김대중을 겨냥하여 은연중에 퍼지는 가운데, 11월 5일 김

---

07 국정원과거사건진실규명을통한발전위원회 편, 『과거와 대화 미래의 성찰』 5, 국가정보원, 2007, 222~227쪽.

대중은 현 정권이 대통령직선제를 수락한다면 사면 복권이 되더라도 대통령 선거에 나서지 않겠다는 불출마 선언을 발표했다. 일단 전두환 작전의 승리 같았다. 11월 29일 신민당이 서울에서 열려던 '대통령직선제 개헌쟁취 및 영구집권 음모 분쇄 범국민대회'는 3만 2,000명이 동원된 경찰병력에 의해 원천봉쇄되었다. 12월 24일 이민우 신민당 대표가 민주화가 어느 정도 이루어지면 내각제 개헌안을 긍정적으로 검토할 수 있다는 '이민우 구상'을 발표하면서 신민당은 심한 내분에 휩싸였다. 이민우 구상은 미국의 지지도 받고 있었다. 전두환의 개헌-민주화운동세력에 대한 초토화 작전은 성공하는 것처럼 보였다.

3) 박종철 고문치사와 6·10 국민대회 기본 뼈대의 형성

1987년은 대통령 선거가 예정된 해였다. 1987년 1월 12일, 전두환은 국정연설에서 '여야 합의가 이루어지지 않으면 중대 결단을 내려야 할 것'이라고 협박성 발언을 했다. 그리고 이틀 후인 14일 서울대생 박종철이 치안본부 남영동 대공분실에서 고문으로 사망했다. 박종철 고문치사는 전두환이 5·3 인천사태 이후 총력전으로 벌인 개헌-민주화운동세력에 대한 초토화 작전의 성과를 일거에 무색하게 만들었다. 민주화-개헌을 바라는 민심에 역행하는 폭주는 결코 성공할 수 없었다. 그뿐만 아니라 박종철 사망은 전두환의 자업자득이었다. 그의 분신인 장세동처럼 초강경으로 치닫던 내무부장관 김종호가 고문치사 하루 전인 1월 13일, 치안 총수로는 처음으로 남영동 대공분실에 직접 들러 초강경 지침을 내렸던 것이다.

박종철 고문치사 없는 6월항쟁은 상상하기 어렵다. 2·7 추도대회, 3·3 평화대행진이 모두 그의 죽음과 직결되어 있다. 6월항쟁으로 가는 데 중요한 역할을 한 5·18 박종철 고문치사 은폐조작 폭로도 마찬가지다. 6월항쟁의 시작

치안본부의 박종철 군 사망 사건 발표 「물고문 도중 질식사」, 『동아일보』 1987. 1. 19.

인 6·10 대회 명칭도 원래는 '6·10 고문 살인 은폐규탄 및 호헌철폐 국민대회'였다. 전두환의 4·13 호헌조치를 제외하고 6월항쟁으로 가는 길목에서 일어난 투쟁이나 사건이 모두 박종철의 죽음과 관계있는 것은 6월항쟁의 한 단면을 보여준다고 하겠다.

박종철 고문치사가 알려지자 『동아일보』 등은 나름대로 진실을 보도하려고 했고, 관련 의사들은 용기 있는 모습을 보여주었다. 또 즉각 항의시위가 뒤따랐다. 1960년 4월 11일 김주열 시신이 발견되었을 때도 마산에서 여성들이 궐기하였는데, 이 시위 역시 여성들이 앞장섰다. 자식을 둔 부모들은 분노했다. 전 정권은 고문치사 혐의로 경관 2명을 구속했다. 1월 20일 내무부장관 김종호를 인책 해임하고, 그 자리에 노태우 민정당 대표와 이춘구 사무총장의 강력한 건의로 전두환이 마지못해 육사 동기인 정호용을 임명했다. 이것은 권력 내부의 한 변화였다.

앞에서 동시다발 투쟁의 형성 과정을 살펴봤지만, 6·10 국민대회의 기본

2·7 박종철군 국민추도회 후 가두시위를 벌이고 있는 시민들 정태원 소장.

뼈대가 박종철 고문치사에 대한 2·7 추도대회가 열리면서 마련된 것은 6월항쟁을 이해하는 데 대단히 중요하다. 6월항쟁을 승리로 이끄는 데 기축적 역할을 한 민주대연합과 동시다발 투쟁의 기본 형태가 여기에서 형성된 것이다. 신민당은 5·3 인천사태 이후 계속 몰렸는데, 박종철 사건이 커지자 항의운동에 동참했고, 2·7 추도대회에도 적극 참여했다. 야당과 종교인을 포함한 재야 사이에 연합이 이루어진 것이다. 2·7 추도대회는 서울뿐만 아니라 박종철의 고향인 부산과 광주 등 여러 지역이 참여하기로 했다. 2월 7일에 여러 지역이 공동으로 투쟁하게 된 것이다.

6월항쟁을 이끈 국민운동본부의 선행 조직도 꾸려졌다. 1985년 9월 남영동 대공분실에서 민주화운동청년연합 김근태 의장이 혹독한 고문을 당한 것이 알려지자 11월에 민통련 등 재야와 종교계, 여성계, 정치인들이 고문 및 용공조작 저지 공동대책위원회(고문공대위)를 조직해 김근태 고문과 그 이후에 일어난 부천서 권양 성고문 사건 등에 공동 대응을 해왔다. 박종철 사건이 일어난 지 3일 후인 1월 17일, 고문공대위는 이 사건에 대한 고문폭로대회를 열기로 결정했다. 고문공대위는 회의를 거듭하면서 고문폭로대회 대신 박종철 고문치사에 대한 국민추도회로 명칭을 바꾸기로 했고, 1월 27일 김대중, 김영삼, 계훈제, 송건호, 박영숙 등이 모여 조직 명칭도 '고 박종철군 국민추도회 준비위원회'로 바꿨다.

이날 국민추도회 준비위는 2월 7일을 박군에 대한 국민추도일로 선포하고 오후 2시에 명동성당에서 추도회를 개최함과 동시에 전국 각지에서 추도식을 거행한다고 발표했다. 그리고 준비위원회는 6월항쟁에서 중요한 의미를 갖는 또 하나의 투쟁 방식을 발표했다. 2월 7일 2시에 모든 국민은 각자의 위치에서 추도 묵념을 올리고 모든 자동차는 경적을 울리며 종교 기관은 추도 타종을 울린다는 '참가 요령'이 그것이다. 1972년 박정희의 유신 쿠데타 이후 고난의 민주화 투쟁 과정에서 얻은 노하우가 쌓이고 민주화운동세력이 강화되면서 이러한 조직과 투쟁 방안을 찾아낸 것이다. 6월항쟁 주역의 한 부분인 종교계도 적극적이었다. 특히 천주교는 전국의 여러 중요 성당에서 추도미사를 올리며 2·7 추도대회에 적극 참여하기로 했다.

2월 7일 전두환 정권은 총 경찰병력 12만 명 가운데 3만 6,000명을 서울에 투입하는 등 5만 3,660명을 추도대회 진압에 동원하고 명동 일대를 차단해 명동성당에서의 추도대회를 막았다. 그렇지만 서울의 경우 도심 여러 곳에서 약식 추도회와 시위가 있었고, 일부 지역에서 자동차가 경적을 울렸으며, 시위자가 연행되면 시민들이 경찰에 야유를 보냈다. 부산에서도 시위와 추도회가 열렸다. 광주에서는 교회와 성당에서 종이 울렸고, 승용차 경적에 시민들이 박수를 쳤다. 대구, 인천, 전주, 수원 등지에서도 추도집회가 열렸다.

2·7 추도대회가 끝나자 국민추도회 준비위원회에서는 박종철 49재인 3월

3일에 고문추방 민주화 국민평화대행진을 갖는다고 발표했다. 불교계가 적극 나섰다. 그러나 이러한 움직임에 재를 뿌리기 위해 전두환 정권은 일본 나카소네(中曾根 康弘) 정부의 협력으로 북의 김만철 일가를 2월 8일 서울에 들어오게 했다. 3월 3일 평화대행진도 서울과 부산, 광주, 대구, 대전 등지에서 행해져 49재를 지내거나 시위를 벌였다.

2·7 추도대회와 3·3 평화대행진은 야당과 재야, 종교 세력이 연합했고, 미약한 대로 학생들이 시위에 나섰다. 시위도 전국 주요 도시에서 일어났다. 국민추도회 준비위원회는 두 집회를 이끌어갔다. 또 행동지침에 따라 경적과 타종이 있었다. 시민들의 표정, 행동도 과거와 달랐다. 여러 면에서 6월항쟁의 기본 뼈대가 짜인 것이다.

4) 호헌철폐 투쟁에서 국민운동본부 결성으로

일각에서는 6월항쟁으로 가는 데 전두환의 4·13 호헌조치를 중시하지 않고 그저 잘못된 정책으로 경시하지만, 전두환의 4·13 호헌조치가 6월항쟁이 일어나는 데 아주 중요한 촉매 역할을 했다는 것은 역사의 아이러니다. 축구로 따지면 일종의 자살골인 4·13 호헌조치를 이해하려면 전두환이 자신의 안위 때문에라도 어떻게 해서든지 전두환·신군부 헌법에 의해 후임 대통령을 선출하려 한 것을 각별히 주목할 필요가 있다. 국회에서 헌법개정특위 구성이 가결된 직후인 1986년 7월 7일에 열린 청와대 당·정·청 회의에서 내각제 개헌안으로 가닥을 잡았으면서도 이 자리에서 전두환은 "야당과의 타협이 안 된다는 시기가 중요"하다며 그때 자신이 호헌 논리를 제시하겠다고 호언했다. 그래서 1987년 2월에 호헌 특별선언을 준비하도록 지시했고, 3월 25일 사실상 자신의 후계자로 노태우를 지목한 다음 김영삼·김대중이 신민당에서 나와 통일민주당 발기인 대회를 여는 날 호헌 선언을 한 것이다.

4·13 호헌조치가 없었어도 6월항쟁이 일어날 수 있었을까. 일어났어도 좀 더 늦게 일어났을 것이다. 그 이유는, 우선 민주화운동세력은 3·3 평화대행진 이후 투쟁 방안을 가지고 있지 않았다. 그뿐만 아니라 학생들도 새 학기가 시작되었는데도 이상할 정도로 시위투쟁이 적었다. 그런데 3·3 평화대행진이 있고 1개월이 조금 지난 4월 13일, 그야말로 적시에 전두환이 호헌조치를 내려 다시금 투쟁의 대열을 가다듬게 한 것이다. 이 점 못지않게 중요한 것은 박종철 고문 사망 이후 투쟁의 열기가 민주연합, 동시다발 형태로 되살아났지만, 그 투쟁은 추도와 항의의 성격이 컸고, 87 대선과 직결된 개헌투쟁이 아니었다는 점이다. 그런데 전두환이 호헌 선언을 함으로써 민주화운동세력이 5·3 인천사태 이후 약화된 개헌투쟁을 다시금 전개할 수 있는 결정적 계기를 만들어주었다. 다른 면에서도 이 호헌조치는 큰 역할을 했다. 노태우계인 이춘구 민정당 사무총장은 1987년 2월에 어떤 경우도 호헌은 없을 것이라고 단언했다. 퇴임 후 안위가 불안한 전두환과 달리 다음 정권을 구상하던 노태우 쪽은 국민에게 한 개헌 약속은 지킬 필요가 있다고 보았다. 야당과 개헌 문제로 옥신각신하다가 차기 대통령 취임 문제로 더 이상 시간을 끌 수 없다고 하면서, 이춘구가 2월에 말한 대로 6, 7월에 내각제로 개헌을 하면 국민에게 어느 정도 설득력을 지닐 수 있었다. 그러나 전두환은 이러한 '합리적' 방안마저 차단해버렸다. 전두환은 또 6월항쟁 초기에 민정당이 대응책을 마련하는 것을 차단했다. 파시스트 권력에서 지도자가 한 말은 번복이 있을 수 없다. 그래서 전두환이건 노태우건 6월 중순까지 국민에게 아무런 방안을 제시하지 못하고 있다가, 6월항쟁이 절정으로 치닫고 있던 6월 17일에야 전두환은 노태우·민정당이 4·13 호헌조치에 융통성을 갖고 대안을 마련해오라고 지시했다. 노태우와 민정당은 6월 20, 21일부터 대책 마련을 위한 의견 수렴에 들어갔다. 전두환의 4·13 호헌조치는 이렇게 역사적으로 큰 역할을 했다. 또 전두

4·13 호헌 선언 "현행 헌법으로 정부 이양. 대통령 선거 연내 실시. 개헌 논의 올림픽 뒤 생각할 일." "전두환 대통령은 13일 현행 헌법으로 88년 2월 정부를 이양하고 그에 따른 대통령 선거인단 및 대통령 선거를 연내에 실시하겠다고 천명하고 조속한 시일 내에 민정당 전당대회를 열어 후임 대통령 후보를 뽑도록 하겠다고 밝혔다." 『동아일보』 1987. 4. 13.

환 호헌조치는 아주 미약하나마 국회를 중심으로 돌아가던 정치를 실종시켰고, 다시 대결만이 있게 하였다.

전두환 호헌조치에 대한 반대 투쟁은 4월 13일 당일부터 시작되었다. 4월 21일 천주교 광주대교구 신부들의 단식투쟁은 천주교 거의 모든 교구와 개신교 목회자, 불교 승려들에게 퍼져 나갔다. 4월 22일 고려대 교수들로부터 시작된 시국선언은 전국 대학으로 번져 50개 대학 1,527명이 참여했다. 연극인, 영화인, 노동조합원, 음악인, 공연예술인, 기자, 미술인, 의사, 치과의사, 출판인, 변호사, 대중 연예인, 한의사 등 그야말로 각계각층이 호헌철폐 투쟁의 대열에 나섰다. 이들의 투쟁 열기는 6월항쟁에서 용광로의 붉은 쇳덩어리처럼 타오르게 된다. 이러한 투쟁을 결집해 더 강력한 투쟁을 전개하기 위한 새로운 조직이 5월부터 모색되었다.

전두환 신군부 정권은 4·13 호헌조치에 이어 5·18 광주항쟁 6주년을 맞아 또 하나의 큰 도전에 직면했다. 그날 명동성당에서 천주교정의구현전국사제단이 "박종철 군 고문치사 사건의 진상이 조작되었다"고 폭로한 것이다. 대단히 충격적인 폭로였지만, 2월 8일 김만철 일가 입국 이래 언론이 민주화운동을 외면하는 행태가 이어짐으로써 거의 보도가 되지 않아, 정의구현사제단 폭로에 대해서도 시민들이 알 수가 없었다. 그런데 5월 22일 『동아일보』에 '범인 축소 조작 모의'가 대문짝만하게 보도되면서 엄청난 파장을 불러일으켰다. 5월 29일 수십 년 동안 대공경찰의 대부격이었던 박처원 치안감 등이 구속된 것도 의미가 있었지만, 6월항쟁에 영향을 미친 것은 대규모의 문책 개각이었다. 총리와 권력의 핵심인 내무·법무·검찰총장·치안본부장·서울시경국장이 싹 바뀌었다. 총리·내무 등에 온건 인물들이 임명된 것도 주목할 만하지만, 특히 전두환의 '분신'으로 5·3 인천사태 이후 전두환과 함께 초강경 일변도로 몰고 온 안기부장 장세동이 물러난 것은 6월항쟁에 유리하게 작용할 수 있었다. 노태우계인 정호용 내무부장관의 물귀신 작전으로 함께 물러나게 된 것이다. 전두환 측과 차기 정권을 맡겠다는 노태우 측이 정국 대응에 차이가 있다는 것이 여기에서도 드러났다. 사실은 박종철 고문 은폐 조작도 장세동이 주도한 관계기관대책회의에서 이루어졌지만, 이제 6월항쟁에서 관계기관대책회의 같은 움직임이나 초강경 정책이 쉽지 않게 되었다.

5월부터 준비한 새로운 투쟁기구 결성은 하순경에 구체화되어 5월 27일 민주헌법쟁취국민운동본부(국본)가 결성대회를 가졌다. 여기에는 각 부문 대표, 각 지역 대표와 천주교·개신교·불교계와 정치인이 참여했다. 국본은 지방 지부의 조직에 들어갔고, 민정당 대통령 후보 지명 대회날인 6월 10일 '고문살인 은폐 규탄 및 호헌철폐 국민대회'(6·10 국민대회)를 열기로 했다.

앞에서도 지적했지만, 대학이 새 학기를 맞았는데도 학사징계철회 투쟁을 제외하면 조용한 편이었고, 4·19 투쟁도 예년과 비슷했는데, 4·13 호헌조치에 시민들이 호헌철폐 투쟁을 벌이지 않았더라면 어떻게 되었을까. 이러한 점에서도 이 시기는 운동의 주체가 점차 학생에서 시민으로 옮겨가는 교체기적인 성격이 엿보였다는 점에서 대단히 중요하다. 시민들이 독재타도 민주주의운동에 꽤 큰 규모로 적극적·능동적으로 나서기 시작한 것이다.

대학가는 5·18을 전후해 5월투쟁을 벌였고, 5월 23일에는 5월 8일 결성된 서울지역대학생대표자협의회(서대협)가 중심이 되어 탑골공원 앞에서 시위를 벌였다. 학생 시위는 5월 25일경부터 커졌고, 5월 29일에는 시위투쟁을 선두에서 이끌어갈 조직으로 호헌철폐와 민주개헌 쟁취를 위한 서울지역학생협의회(서학협)가 조직되었다. 학생들은 국본에는 참여하지 않았지만, 이 시기 주요 학생회 등 학생운동 조직은 직선제와 야당과의 제휴에 호의적인 NL계가 장악했다. 학생들은 건국대 사태 이후 상당히 좌절에 빠져 있었다. 그러나 4·13 호헌철폐 투쟁, 고문조작 은폐 폭로에서 분출된 시민들의 분노에 영향을 받으면서 투쟁 열기가 살아났다. 6월 9일 이한열이 최루탄에 맞아 빈사상태에 빠진 것도 학생들이 가열한 투쟁에 나서게 하는 데 크게 작용했다.

4. 6월항쟁의 역동적 전개

1) 아무도 예상 못한 대규모 시위—6·10 국민대회

국본은 6·10 국민대회에 최대한 많은 시민이 참여할 수 있도록 과거 대회와 달리 시간을 오후 6시로 정했다. 주된 구호는 "호헌철폐, 독재타도"였다. 2·7 추도대회, 3·3 평화대행진에서 예행연습을 했으므로 행동 요강이 훨씬 구체적이었다. 역시 6시에 애국가를 제창하고, 경적을 울리고 타종을 하고 만세삼창이나 1분간 묵념을 하기로 했다. "오후 9시부터 10분간 소등하고 KBS·MBC 뉴스 시청을 거부함으로써 민정당의 6·10 전당대회에 항의"한다는 항목도 들어갔다. 국본은 전국 22개 지역에서 국민대회를 치른다고 예고했다.

6월 10일 오전 10시부터 민정당 전당대회에서 노태우를 대통령 후보로 지명하는 절차를 밟고 있을 때 전국 각 대학에서는 출정식이 치러졌고, 곧이어 서울 도심 등 전국 곳곳에서 시위가 전개되었다. 천안에서는 단국대 등 네 개 대학이 연합 출정식을 가졌다. 서울에서는 학생 참여를 독려하기 위해 이틀 연달아 두 번 출정식을 가졌다. 서울 26개 대학을 포함해 전국에서 80여 개 대학이 출정식을 마치고 거리로 나섰다. 이날 시위에 대비해 경찰이 서울에 2만 2,000명 등 전국에 5만 8,000명이 동원되었다.

서울에서의 대규모 시위는 4시 35분경부터 시작되었다. 미리 들어간 국본 대표들에 의해 성공회대성당에서 6·10 국민대회가 열린 6시경, 신세계백화점에서 을지로 입구에 이르는 거리, 종로 일대, 성공회대성당 일대에서 차량 경적이 3분 정도 요란하게 울렸다. 다른 여러 도시에서도 차량 경적이 크게 울렸다. 4·19 때는 서울시청 부근에서부터 경무대(지금의 청와대) 입구까지가 격전지였는데, 이날은 을지로 입구에서 신세계백화점, 퇴계로 고가도로 일대가 최대의 격전지였다. 이후에도 6월항쟁에서 서울 시위는 이 지역과 서울역 일대에서 가장 격렬하게 전개되었다. 부마항쟁을 상기시키듯 부산과 마산에서도 큰 규모의 시위가 벌어졌다. 광주, 대구, 성남에서도 큰 시위가 있었다.

이날 시위에서 조직적으로 시위를 이끌어간 이들은 '비폭력'을 외치기도 했으나 전국에서 14개 파출소가 파손되거나 불타는 등 격렬한 투쟁도 많았다. 규모가 큰 시위는 대체로 비폭력과 폭력 양상이 섞여 나타났는데, 그러한 양상은 이후 시위에서도 계속되었다. 이날 대구, 인천, 마산, 광주, 성남, 서울 등 몇몇 지역에서 나타난 대중집회 또는 시민대회는 즉석 연설과 토론이 중심이 된 직접민주주의의 한 형태로, 이후 시위에서 '민주주의의 꽃'으로 빈번히 열렸다.

6·10 국민대회는 같은 날 비슷한 시간에 수많은 도시에서 똑같이 한마음으로 '호헌철폐', '독재타도', '민주쟁취'를 외치며 시위를 벌였다는 점에서 대단히 의의가 크다. 1960년 4·19날 서울 외에 부산과 광주에서도 큰 시위가 있었고 사망자도 적지 않았지만, 이렇게 폭넓게 많은 지역이 참여하지는 않았다. 정부수립 이후 처음 시위를 한 곳도 있었고, 이전에는 시위가 없었던 도시들도 다수 참여했다. 이날 시위는 학생과 재야, 정치인이 보기 드물게 혼연일체가 되어 잘 싸운, 현대사에서 처음으로 민주 대연합이 성공적으로 작동한 놀라운 사례였다. 시민들도 적극 참여하여 시위대에게 음료수와 먹거리를 제공했다. 남대문시장의 상인들처럼 학생 시위에 적극 '협력'한 상인들도 많았다. 안동, 천안, 전주, 마산 등 농민운동이 활발했던 지역에서는 농민들이 적극 참여했다. 인천에서는 노동자들이 참여했다.

국본이 예고한 대로 22개 도시에서 시위가 전개되었다. 서울 시위는 서울시경 한 간부가 1980년대 들어 가장 규모가 크다고 했을 만큼 4·19 이후 가장 격렬한 시위였고, 규모도 아주 컸다. 전국 시위 참여자 수에 대해서는 여러 견해가 있지만, 국본 상임집행위원 황인성이 말한 22만 명이 근사치일 것이다. 국본도 학생도 전두환도 예상하지 못한 시위였고, 아무도 경험해본 적 없는 장대한 시위였다. 전두환 정권은 경찰 총병력 12만 명 가운데 5만 8,000명이나 투입했지만, 서울, 부산, 성남 등지에서는 경찰이 무장해제를 당했고 안동에서는 진압을 포기했다. 전두환·신군부가 처음으로 맞닥뜨린 대규모 동시다발 투쟁의 위력이 드러남으로써 군부 파시스트 권력은 위기에 처했다.

전두환·노태우 등은 6·10 시위의 경험을 남다르게 치렀다. 대통령 후보 지명 리셉션에 참석하기 위해 퇴계로 힐튼호텔로 가는 길에 노태우는 격렬한 시위투쟁을 직접 목도했고, 호텔 안까지 최루탄 가스가 들어와 전두환·노태우 일행은 곤욕을 치렀다. 6·10 국민대회에 간담이 서늘해졌겠지만 대처 방안이 없었다. 반면 학생들과 시민들은 뿌듯한 자부심을 가졌다. 6월이라 날씨도 좋았다. 88올림픽에 대비해 서머타임을 실시해 오후 8시인데도 대낮이었다. 투쟁하기에 더없이 좋았다.

2) 6월항쟁의 확충·심화─명동투쟁과 대규모 후속 투쟁

6월항쟁에서 큰 논쟁은 명동성당 농성 투쟁을 포함한 명동투쟁에 대한 평가를 두고 전개될 수 있다. 과거에 6월항쟁 하면 6·10 시위, 6·18 시위, 6·26 시위에 초점을 맞추어 파악했다. 명동투쟁은 6·18로 가는 징검다리 역할로 이해하기도 했다. 이러한 이해에는 명동투쟁이 제한된 장소에서 일어났고, 보도도 잘 안 되었다는 면도 작용했다. 그러나 명동투쟁 없는 6월항쟁이 있을 수 있을까. 명동투쟁으로 6월항쟁이 있게 되었다고 보아야 하지 않을까.

역사에는 우연 같아 보이는 것이 큰 역할을 하는 경우가 있다. 황인성은 국본이 앞으로 계속 투쟁을 전개해 나가야 될 것으로 예상은 했지만, 6·10 국민대회가 바로 전국에서 독재타도의 화염으로 변화할 거라고는 예상하지 못했다고 썼다.[08] 국본은 6·10 국민대회를 2·7, 3·3 대회처럼 하루에 끝내는 것으로 계획을 세웠다. 전두환, 노태우도 그렇게 알고 그날 밤 잠자리에 들어갔을 것이다. 첫날 밤 명동성당에서 해산 문제로 심각한 논의가 벌어졌을 때, 국본 대변인 인명진은 "6·10 국민투쟁은 6월 10일 24시를 기해 종결되었고, 명동성당 농성 투쟁은 국본과 무관하다"고 발표했다. 국본과 서대협은 이 농성이 '계획'에 없었고, 사태가 예기치 않은 방향으로 나아갈 수 있다고 판단해서 중지하기를 바랐던 것으로 보인다. 시위자들은 경찰에 떠밀려 우연히 명

---

08 황인성, 「투쟁의 구심─민주쟁취국민운동본부」, 『역사비평』 1997년 가을, 51쪽.

명동성당 농성장　농성장 한 켠에서 시민들이 자발적으로 모금함을 마련하여 농성자들을 위한 모금 활동을 벌이고 있다. 박용수 소장(민주화운동기념사업회).

동성당에 들어갔지만, 농성 장소로는 최상이었다. 1985년 5월 학생들이 농성한 서울 미문화원과는 차이가 있었으나, 천주교의 상징적 장소이고 신부들도 시위대 편에 서 있어서 경찰이 작전을 펴는 데 어려움이 따랐다.

　명동성당 농성장 시위대의 투지는 초인적이었다. 경찰병력이 여러 차례 근접 거리에서 우박처럼 최루탄을 퍼부으며 진입하려고 했지만 한 치도 물러서지 않고 최루가스를 견디며 여러 날을 싸웠다. 이들이 이렇게 잘 싸우자 서울대와 서울시립대 등 동부 지역 학생들이 지원 투쟁을 하러 명동으로 향했다. 명동에는 특히 금융기관이 밀집되어 있어 사무원이 많았는데, 점심시간에 거리로 쏟아져 나와 호응 투쟁을 벌였다. 유신체제와 전두환·신군부 체제에서 대학을 다녔던 '넥타이 부대'가 출현한 것이었다. 남녀 사무원들은 시위가 벌어지면 사무실 밖으로 두루마리 휴지를 통째로 뜯어 날려 보내 명동

일대가 흰 꽃바다가 되기도 했다. 일반 시민들도 지원 투쟁을 벌였다. 이웃한 계성여고 학생들도 도시락 등을 걷어 예쁜 편지와 함께 농성장으로 보냈다.

지금까지 6월 10일 밤부터 해산한 6월 15일까지의 투쟁을 대개가 명동성당 농성 투쟁이라고 불렀다. 그렇지만 을지로 입구에서 남대문시장 일대에 걸친 학생들의 지원 투쟁, 넥타이 부대와 일반 시민들의 호응 투쟁을 다 포함하는 명칭이 더 적합하지 않을까 한다. 6월 15일 명동성당 시위대가 해산하면서 '명동투쟁 민주시민 학생 일동' 명의의 「명동투쟁을 마치면서」라는 성명을 발표했는데, 이들이 사용한 '명동투쟁'이라는 명칭이 적절하다고 본다.

전두환은 명동성당 농성을 건국대 사태처럼 다루고 싶었지만 방법이 마땅치 않았다. 경찰과 검찰이 으름장을 놓았을 뿐, 전두환이 주재한 13일의 관계 장관회의, 14일의 관계 장관과 군 수뇌부 합동회의도 예전처럼 충성을 경쟁하며 초강경 조치를 내놓지는 않았다. 예전과 같은 안기부 주도의 관계기관 대책회의도 보이지 않았다. 14일 회의에서 전두환은 군 병력 출동 준비를 지시했으나 결론은 명동성당 농성자들을 체포하지 않겠다는 것이었다. 농성자들은 15일 해산했다.

6·10 국민대회 이후 시위는 지방에서도 있었다. 6월 11일 대전, 전주, 익산, 순천, 안산 등지에서 시위가 벌어졌다. 12일 시위는 부산과 마산에서도 벌어졌는데, 명동투쟁의 영향도 있었을 것이다. 토요일인 13일에도 부산, 마산, 대전에서 시위가 벌어졌다. 14일은 일요일인데도 부산, 광주, 인천, 전주, 익산 등지에서 시위가 있었다. 토·일요일에도 시위가 계속 일어난다는 것은 심상치 않은 사태였다.

6월 15일부터 17일에 걸쳐 전개된 투쟁도 명동투쟁처럼 그 중요성을 간과하기 쉽다. 군부독재 타도의 심상치 않은 분위기는 명동성당 농성 시위대가 해산한 그날부터 후속 투쟁으로 나타났다. 이날부터 대전, 부산, 진주 등지에서 여러 날에 걸친 시위가 대규모로 전개되었다. 대전에서 학생들은 한 신문의 표현대로 경찰과 격렬히 맞서며 유성 시가지를 점거하다시피 했다. 그리고 대전 역사상 처음으로 도심 한복판인 중앙로를 점거했다. 경찰은 속수무책이었다. 부산에서도 여러 대학 학생들이 부마항쟁 때와 유사하게 경찰과 공방전을 벌이며 흩어졌다 모이는 방식으로 싸웠다. 진주에서 시위대가 시청 앞에 집결했을 때 그 일대는 해방구가 된 듯했다. 수원에서는 고속도로 수원 진입로가 막혔고, 인천에서도 거리를 휩쓸었다. 서울, 광주, 마산, 대구, 경주, 안산에서도 시위가 있었다. 6월 16일에도 대전은 무방비 상태나 다름없었고 중앙로를 민주광장으로 만들었다. 진주에서 학생들은 고속도로를 점거했다. 이날도 부산 등 여러 도시에서 시위가 일어났다. 그 다음 날인 17일에도 파시스트 권력은 시위대 앞에서 여지없이 허점을 노출했다. 진주의 풍경은 100여 년 전의 진주민란을 상기시켰다. 이날도 고속도로를 3시간이나 점거했고, 열차를 정지시켰다. 대전 역시 격렬한 시위가 계속되는 등 전국에서 파출소 17곳, 민정당사 3개소, 지방 KBS 2곳이 습격당할 정도였다. 전국이 문자 그대로 들끓고 있었다. 부산에서는 오후 10시 넘어 시민·학생 3만여 명이 KBS 부산방송본부를 습격하며 경찰과 전쟁터를 방불케 하는 공방전을 주고받았다. 전두환·신군부 체제는 위기에 몰리고 있었다.

3) 투쟁의 격화와 전두환의 비상조치 포기

세계 어디에서나 파시스트 권력은 혼란에서 국가를 구하기 위해 궐기했다거나 구했다고 주장한다. 그래서 치안을 확보했다는 것이다. 명동성당 농성 투쟁을 자진해산으로 끝나게 한 것도 전두환으로서는 참을 수 없는 치욕이었지만, 6월 15~17일의 시위에서 치안 부재 현상이 그대로 드러난 것은 군부 파시스트들로서는 참을 수 없는 수치요, 모욕이었다. 그러나 전두환의 표현 그대로 사생결단하고 나선 '독재타도', '민주쟁취'의 함성에 압도당해 전두환·노태우는 물론 안기부장 등 치안 관계자들도 어떻게 해야 할지 방안이 서지 않았고 망연자실할 뿐이었다. 6월 16일 민정당은 4·13조치를 제외한 모든 현안을 협상하겠다고 밝혔으나, 4·13 조치가 걸림돌이라는 점만 밝혀졌을 뿐 잠꼬대 같은 소리였다. 6월 17일 저녁 전두환은 노태우와 안무혁 안기부장, 당 간부들을 초치해 "우리가 지금 밀리고 있다"면서 "나는 카드를 다 썼어요. 이제 없어"라고 토로했다. 그는 이 자리에서 노태우와 민정당이 방안을 강구해 오라고 지시했다. 두 달이 지나서야 비로소 4·13조치에 융통성 있게 대응할 수 있다고 밝힌 것이다.

6월 18일 최루탄 추방대회가 열렸다. 국본은 6월 13일부터 명동투쟁을 이어갈 투쟁 방안을 논의하다가 16일에 18일을 '최루탄 추방 국민 결의의 날'로 정했다. 전국이 활화산처럼 들끓는 뜨거운 민주쟁취 열기에 멍석을 깔아준 것이다. 그러나 그 전날 야당은 국회 등원을 결정해 어긋난 행보를 보였다. 6월 18일 서울에서는 6·10 국민대회와 비슷하게 수만 명의 시위대가 을지로 입구에서 명동, 신세계백화점과 퇴계로 고가도로, 시청 앞, 서울역 일대에서 최대의 격전을 치렀고, 여러 차례 전경을 무장해제시켰다. 이날 최대의 격전은 부산에서 있었다. 새벽부터 광주항쟁을 상기시키듯 택시 시위가 벌어졌고, 오후 4시 지나면서부터 서면 로터리를 중심으로 부산진시장에 이르는 왕복 8차선 5km 도로를 시위 인파가 가득 메웠다. 6월항쟁 최대의 인파였다. 자정을 넘기면서 KBS 부산방송본부를 사이에 두고 사력을 다해 지키는 경찰과 장시간 치열한 '전투'를 벌였다. KBS 점거에 실패한 시위대는 대형 트럭 등을 앞세우고 시청으로 돌진했다. 대구와 대전, 성남, 인천에서도 큰 시위가 있었다. 6·18 최루탄 추방의 날에는 18개 도시에서 시위가 일어났고 6·10 국민대회보다 더 많은 인원이 참여했다. 대도시와 여러 중소도시에서 경찰이 밀렸다. 경찰은 파출소 21개소, 경찰 차량 13대가 불타거나 파손되었다고 발표했다. 이 무렵부터 비상조치설이 퍼졌다.

6월 19일 오전 청와대에서 안기부장과 군 수뇌부가 모였고, 전두환은 비상조치를 전제로 한 전국 주요 지역 군 병력배치 계획을 지시했다. 출동한 군은 6월 20일 새벽 4시까지 해당 지역에 진입해 배치되도록 했다. 전두환은 오후 9시에 생방송으로 비상조치 담화를 발표한다고 밝혔다.

6월항쟁 참여자와 기자, 연구자 가운데는 6월항쟁에 군이 나오지 않은 것은 미국이 반대했기 때문이라고 알고 있는 사람이 많다. 릴리(James Lilley) 주한 미대사는 자신이 6월 19일 오후 2시에 전두환을 만났을 때 군 출동을 반대했다고 썼다. 19일 이후 미 국무부 관계자들이 공개적으로 군 출동을 반대한다고 밝힌 것은 사실이다. 그렇지만 릴리가 전두환을 만나 전한 레이건(Ronald Reagan) 미 대통령 친서에는 군 출동과 관련해 아무런 언급이 없었다. 전두환은 그날 오후 4시 30분경에 군 출동을 유보했는데, 실제로는 2시 이전에 이미 군 출동을 하지 않으려 했고, 그 이후 6·29선언까지 다시 군 출동을 하려는 의사 표시가 없었다. 군이 출동하지 않은 것은 미국과 직접 관계가 없다고 볼 수밖에 없다. 전두환이 이미 오후 2시 이전에 군 출동을 유보하려고 했다는 것은 그날 오후 2시에 또 다른 회의가 있었기 때문이다. 노태우와 이춘구, 안무혁 등이 모인 당정회의에서 이춘구는 비상조치를 발동하더라도 먼저 정치적 대응을 해본 후 해야 한다고 말했다. 안무혁은 오전 회의에도 참석했는데, 전두환의 군 출동 방침이 확고하다면 이러한 발언은 있을 수 없었을 것이다. 앞서 언급한 6월 17일 모임에서도 전두환은 "군부를 동원하고 비상계엄을 선포하는 그런 걸 반복해서는 안 되지 않겠어"라고 말해 비상조치를 자제하겠다는 의사를 밝혔다. 19일 오전 회의에서도 김성익 비서는 전두환의 표정에 긴박감이 감돌지 않았다고 평했는데,[09] 6월 14일 군 수뇌부에게 군 출동을 준비하라고 지시할 때도 긴박감이 없었다. 6월항쟁에서 왜 전두환이 군을 동원하지 않았는가는 뒤에서 살펴볼 것이다.

비상조치설이 나돈 6월 19일에도 여러 도시에서 격렬한 시위가 일어났다. 6월 20일부터는 호남지방의 시위 규모가 커졌다. 6월 21일은 일요일인데도 호남을 비롯해 각처에서 시위가 있었다. 6월 22일 전주 시위가 한층 격렬했다. 이날까지 103개 대학 중 90개교가 조기방학에 들어갔다. 6월 23일에는 광주에서 격렬한 시위가 전개되었다.

국본은 6월 17일부터 국민평화대행진 실시를 결정하려고 했으나 김영삼, 김대중 쪽은 시위가 격렬해지고 비상조치설이 유포됨에 따라 신중론을 폈고 대행진 연기를 역설했다. 국본은 6월 23일에 6월 26일 오후 6시에 '민주헌법 쟁취를 위한 국민평화대행진'을 갖되 정부가 김영삼 민주당 총재와의 회담 등을 통해 민주화를 행동으로 보여준다면 환영하겠다고 말했다. 대행진 행동지침도 제시했다.

노태우는 6월 22일 전두환을 만나 개헌 논의의 재개, 김대중 가택연금 해제를 건의했고, 여야 영수회담을 권했다. 전두환은 6월 24일 김영삼, 이민우, 이만섭 등 야당 당수 3명과 순차적으로 회담했다. 이때 김영삼은 3시간에 걸친 회담에서 집요하게 4·13조치 철회 및 직선제와 내각제의 선택적 국민투표 등을 강력히 요구했다. 그러나 전두환은 개헌 논의를 하겠다고만 말했을 뿐 노태우와 얘기해보라며 노태우에게 미루었다. 전두환과의 회담이 끝나자 김영삼은 신속히 움직여 영수회담이 결렬되었다고 밝히고 평화대행진을 강행하겠다고 말했다. 김영삼의 언명은 전두환·노태우에게 큰 충격을 주었다. 전

---

09 김성익, 앞의 책, 419~421쪽.

두환은 이민우에 이어 이만섭과 만났다. 김성익 비서에 의하면, 이만섭이 직선제를 권하며 이길 수 있다고 말할 때 전두환은 진지한 청강생이 되었다고 한다.

박철언의 저서에 의하면, 전두환은 6월 22일경 노태우에게 직선제를 권했다고 한다.[10] 그러나 『노태우 회고록』에는 야당 총재와의 회담이 끝난 24일 저녁에 받아들이라고 한 것으로 나온다.[11] 6월항쟁기에 전두환과 노태우에게 몇 사람이 직선제를 받아들이라고 권했지만, 전두환이 직선제를 받아들이자고 '지시'에 가깝게 노태우에게 말한 것은 6월 24일 저녁이었다. 그 점은 6·24 영수회담 과정에서도 확인된다고 하겠다. 두 사람은 또 직선제를 할 경우 '반드시' 김대중을 사면 복권시켜야 한다는 점에 의견을 같이했다. 그러나 두 사람은 6월 24일에도 최종 결정을 하지는 않았다. 6월 26일 평화대행진을 보고 최종 판단을 하여 노태우가 구체화해서 노태우 독단으로 발표하는 것처럼 하자고 합의했다.

이 무렵 전두환이 직선제를 발표한다면 영수회담 전에 하는 것이 가장 효과가 컸을 것이다. 또 6월 25일 발표했어도 효과가 아주 컸을 것이다. 그렇게 했더라면 6·26 평화대행진을 취소시킬 수 있었고 민주화운동세력이 분열될 수도 있었다. 그뿐만 아니라 6월항쟁에 굴복해서 6·29선언이 나왔다는 주장도 설득력이 제한적일 수 있었고, 전두환·노태우는 결과적으로 민주화의 일역을 담당했다고 주장할 수도 있었을 것이다. 그렇게 되면 6월항쟁의 의의는 반 토막이 되어 크게 축소되었을 것이다. 그러나 두 사람은 마지막까지 요행을 바라고 있었다. 6·26 대행진을 경찰이 초동에 꺾을 수도 있을 것이라는 미

---

10 박철언, 『바른 역사를 위한 증언』 1, 랜덤하우스중앙, 2005, 261쪽.
11 조갑제, 『노태우 육성 회고록』, 조갑제닷컴, 2007, 160~162쪽; 노태우, 『노태우 회고록』 상, 조선뉴스프레스, 2011, 342~343쪽.

련을 버리지 못했다. 그래서 노태우는 박철언에게 문안을 준비하라고만 말했다.

4) 전두환·신군부의 굴복—6·26 평화대행진에서 6·29선언으로

국본은 6월 24일 6·26 국민평화대행진에 참여할 지역이 22개 도시라고 발표했다. 민주당도 적극 참여하기로 했다. 전두환은 이때만은 이례적으로 직접 권복경 치안본부장에게 초동 단계에서 꺾으라고 강력히 지시했다.[12] 경찰은 6·26 집회와 시위가 예상되는 24개 도시에 5만 6,000명을, 서울에 2만여 명을 배치했다. 경찰은 그동안 6월항쟁 시위 진압에 나름대로 노하우가 쌓여 있었다. 언론에 대한 보도지침도 강력했다.[13]

6·26 평화대행진은 특히 호남지방과 서울에서 격렬히 전개되었다. 광주는 고등학생도 적지 않게 나왔는데, 오후 8시경 금남로 4, 5가 사이의 차도와 인도를 가득 메웠다. 시민·학생들은 자정이 넘어선 이후에도 시위를 벌이며 대중토론회를 가졌다. 이날 시위는 광주항쟁 이래 가장 많았다.[14] 전주에서는 수만 명이 전경을 무력화하고 거대한 한판의 민주축제를 가졌다. 익산, 목포, 순천, 여수에서도 1만 명 또는 수만 명이 참여했다. 부산도 퇴근길에 시민들이 대거 가세하면서 4만여 명이 서면으로 향하는 도로마다 가득찼다. 대구, 대전, 성남, 마산에서도 큰 시위가 있었다. 서울은 특히 경찰 폭력이 심했다. 6·10대회와 달리 경찰은 김영삼 총재 일행도 전광석화처럼 빠른 동작으로 낚아채 닭장차 등에 실었다. 서울에서는 동대문에서 서울운동장 사이, 영등포시장과 로터리 일대, 서울역, 남대문, 시청 일대에 각각 수만 명이 집결해

---

12   김성익, 앞의 책, 454~455쪽.
13   서중석, 『6월항쟁』, 돌베개, 2011, 491쪽.
14   『동아일보』·『한국일보』·『조선일보』·『경향신문』 5만여 명, 『말』 30여만 명.

밤늦도록 경찰과 공방전을 벌였다. 특히 서울역 일대에서의 장시간에 걸친 공방전은 장관이었다. 서울 지역에서 학생들은 시위하면서 유난히 비폭력을 강조했는데, 『동아일보』 등이 보도한 그대로 경찰은 몹시 난폭했다. 각목과 쇠파이프를 휘둘러대 서울역 일대는 몇 번이고 아수라장이 되었다.

6·26 국민평화대행진에는 무안, 완도, 거창, 광양 등 군 지역까지 포함해 37개 시·군, 『동아일보』 보도대로라면 강릉까지 포함해 38개 시·군에서 참여했다. 3·1운동 이후 처음 보는 놀라운 광경이었다. 역사상 한날한시에 이렇게 많은 지역에서 시위가 일어난 것은 처음이었다. 참여 인원도 6·10대회보다 훨씬 많았고, 6·18대회보다도 더 많은 것으로 추정된다. 경찰은 초강경 진압 정책을 폈고 그것도 전두환 지시대로 초동에서 진압하려 했지만, 수많은 지역에서 대처 능력이 없음을 보여주었다. 경찰은 경찰관서 29개소, 시청 등 관공서 4개소, 민정당사 4개소, 경찰 차량 20대가 불타거나 파손되었다고 발표했다.

전두환과 노태우의 기대는 물거품처럼 사라졌다. 6월 27일 오후 5시 15분경부터 노태우와 박철언은 다섯 시간이 넘도록 선언문을 가다듬었다. 중간에 안무혁이 다녀갔다. 6월 29일 노태우가 직선제 개헌과 김대중 사면 복권을 골자로 한 특별선언을 읽었다. 거의 모두가 환영했다. 김대중은 각별한 느낌을 받았다. 6·29선언은 핵심이 1972년 10·17 유신 쿠데타 이전으로 돌아가겠다는 것이었지만, 15년간 민주주의가 유린당했기 때문에 느낌이 다를 수 있었고, 전두환·노태우가 바로 그 직전까지 폭압 일변도로 나왔기 때문에 뜻밖이라는 느낌을 줄 수도 있었다. 김영삼과 김대중은 이번에는 국민의 기대에 어긋나지 않게 단결된 모습을 보이겠다고 약속했다.

6·29선언이 나온 이유는 그렇게 복잡하지 않았다. 6월항쟁에서의 시위를 볼 때 전두환·노태우는 직선제라는 특단의 조치 말고는 다른 방도가 없다고

판단했다. 6·29선언은 6월항쟁에 무릎 꿇은 것이었다. 그와 함께 군이 나오기 어려운 상황이었고, 김대중, 김영삼이 틀림없이 각각 대통령 후보로 나올 것으로 확신한 것도 크게 영향을 주었다. 당시 유권자 분포를 볼 때 김대중, 김영삼이 각각 나오면 노태우가 당선되는 것을 확신할 수 있었다.

전두환이 비상조치를 내리지 않은 것은 미국의 눈치를 보지 않을 수 없었고, 88올림픽에 대한 국내외의 우려를 불식시킬 필요가 있었던 점도 작용했다. 그러나 더 큰 이유는 내부에 있었다. 계엄을 선포하려면 국무위원의 서명이 필요한데, 총리서리나 내무부장관 등은 계엄에 반대할 수 있었다. 더 큰 이유는 노태우와 민정당에 있었다. 노태우는 6월 19일 군 출동 준비 지시를 듣고 이기백 국방부장관, 안기부장 등에게 "어떤 일이 있어도 군의 출동만은 불가하다는 점을 건의해달라"고 말했다. 19일 오후 2시 긴급 당정회의에서도 노태우 등은 정치적 해결을 주장했다. 노태우와 민정당 당직자들은 군이 나오면 모든 정치 일정이 뒤바뀌어 자신들의 제2기 권력 창출이 위태로워질 수 있다고 판단했을 것이다. 만일 군의 출동이 쿠데타로 바뀌면 자신들이 희생양이 될 수도 있었다. 군부도 나오지 않으려 했다. 워싱턴포스트 등 여러 외국 언론은 군이 동원에 반대 입장을 밝힌 것이 비상조치가 발동되지 않은 주요인이라고 보도했다. 6월 19일 오전, 전두환이 비상계엄을 예고하자 고명승 보안사령관 주재로 참모회의가 열렸는데, 일제히 군 동원을 반대해 그날 오후 고명승이 청와대로 가 보류할 것을 건의했다는 기록도 있다.[15] 군이 나오지 않으려는 요인의 하나는 광주항쟁에 있었다. 광주항쟁에서의 경험과 그이후 운동권의 광주 학살자 처단 주장은 군을 괴롭게 했을 터인데, 6월항쟁에서도 광주처럼 사생결단하고 시위를 벌이고 있었기 때문에 군이 출동하

---

15 조갑제, 『국가안전기획부』 2, 조선일보사, 1988, 48~49쪽.

면 어떠한 사태가 벌어질지 알 수 없었다. 『뉴욕타임스』가 7월 6일자에서 한국군 지휘관들이 국민들의 뜻에 어긋나는 일에 동원되어 그때마다 군의 명예가 훼손되었다고 하면서 이번에는 개입을 원치 않는다고 보도한 것도 의미가 있다. 전두환도 6월항쟁에 군이 나서지 않기를 바라고 있었다. 전두환은 어느 누구보다도 광주항쟁이 뇌리에서 떠날 수 없었다. 또 6·29 전날인 6월 28일 전두환은 "군대가 나오면 항상 쿠데타 위험이 있어"라고 말했는데, 이 부분이 특히 중요하다. 12·12, 5·17 쿠데타를 일으킨 장본인인 전두환은 쿠데타가 일어나면 자신도 정승화(12·12 쿠데타)나 김종필(5·17 쿠데타)처럼 당할 수 있다는 것을 무시할 수 없었다. 더구나 6월항쟁은 쿠데타 군이 전두환을 처단하는 데 더없이 좋은 명분이 될 수 있었다.

6·29선언은 김대중과 김영삼이 모두 대통령에 출마한다는 것을 전제로 나왔다고 볼 수 있다. 전두환은 퇴임 후 자신의 안위에 대해 굉장히 신경을 썼다. 전두환·노태우에게 직선제를 해도 이긴다고 권한 사람들도 대개는 양김이 경합할 것임을 깔고 권했을 것이다. 전두환이 6월 24일 이만섭 국민당 총재의 이야기를 진지한 청강생이 되어 귀담아들을 때도 이만섭은 양김이 머리 처박고 싸울 것이라는 점을 강조했다. 6·29 전날 전두환은 "김대중을 풀어주면 김영삼과 부딪치게 돼"라고 말하며 두 사람이 모두 대통령에 안 나올 리가 없다고 단언했다.

전두환이 퇴임 후 자신의 안위에 대해 얼마나 고심했는가는 국정원로자문회의 설치를 통해서도 알 수 있다. 6월항쟁 이후 헌법을 개정할 때 이것을 헌법에 명문화하지 않으면 고분고분 물러나지 않을 것 같아 여야는 할 수 없이 개정 헌법 제90조에 그것의 설치를 명문화했다. 전두환 퇴임 이틀 전인 1988년 2월 23일에는 야당의 반대를 무릅쓰고 민정당에 의해 국정원로자문회의법 통과가 강행되었다. 그러나 그해 4월 26일 치른 총선에서 여소야대 국회가 출현하여 다행히 이 법은 폐기처분되었다. 전두환은 대통령 선거가 끝난 지 열흘만인 1987년 12월 26일 군 핵심 요직 인사를 단행해 자신의 직계가 군 요직을 장악하게 했다.[16] 있을 수 없는 처사로 자신의 후임 대통령을 깔아뭉갠 행위였다. 자신을 오랫동안 잘 따르던, 그래서 후임자로 정한 노태우가 대통령이 되었을 때도 이랬는데, 김대중이나 김영삼이 대통령 가능성이 있었다면 어떻게 나왔을까는 충분히 짐작할 수 있다. 확률이 1%도 안 된다 하더라도 6·29선언 이후 양 김이 단합할 가능성을 완전히 배제할 수는 없었을 터인데, 그 경우는 어떻게 하려고 했을까. 전두환은 그에 대한 대책까지도 세워두지 않았을까.

5. 6월항쟁의 성격과 의의

1) 6월항쟁의 기본 동력

6월항쟁은 해방 이후 최대 규모의 시위였다. 호헌철폐 독재타도 투쟁은 전두환의 4·13 호헌조치 이래 노태우의 6·29선언 직전까지 계속해서 전개되었고, 6·10 국민대회에서 6·26 평화대행진까지 17일간은 토·일요일을 포함해 큰 규모의 시위가 잇달았다. 4월혁명의 경우 2·28 대구 학생 시위에서부터 4·26 '승리의 화요일'까지 전개되었지만, 3·15 마산 시위, 4·11~4·13 제2차 마산 시위, 4·18 고려대 등의 시위, 4·19 '피의 화요일', 4·25 대학교수 시위, 4·26 '승리의 화요일'을 제외하면 대개 중간에 고등학생들이 시위를 벌였다. 6월항쟁은 장기간에 걸쳐 그것도 큰 규모로 지속적으로 전개되었다는 점에서 다

---

16 강준만, 『한국 현대사 산책—1980년대편』 3, 인물과사상사, 2003, 249~250쪽.

른 시위와 구별된다. 지역적으로도 전국 각지에서 일어났다는 점이 과거의 시위와 큰 차이가 있다. 6·10 국민대회는 22개 지역에서, 6·18 '최루탄 추방의 날'에는 18개 도시에서, 6·26 평화대행진은 38개 시·군에서 일어났다. 4월혁명에서 가장 큰 규모의 시위가 있었던 4·19날에 주로 서울, 부산, 광주에서 시위가 있었던 것과도 대비된다.

6월항쟁은 꼬리에 꼬리를 물고 상승, 확대되었다는 점에서도 특징이 있다. 6·10 국민대회로 일단 끝나는 줄 알았는데, 명동성당 농성 투쟁이 전개되면서 서울에서 시위가 계속되었고, 6·10 국민대회의 여파로 지방에서도 시위가 이어졌다. 6월 15일 명동투쟁이 일단락되었을 때 그날부터 대전, 부산, 진주 등지에서 대규모 시위가 17일까지 계속되었고, 그것은 6·18 '최루탄 추방의 날' 시위로 확대되었다. 6월 19일경부터는 광주, 전주, 익산은 물론이고 순천, 여수, 목포 등 호남지방에서 대규모 시위가 전개되었다. 마치 대서사시나 웅장한 심포니가 울려 퍼지듯 6월항쟁은 그렇게 전개되었다.

무엇이 이토록 화음을 이루며 거대한 항쟁으로 전개되게 했을까. 그것은 기본적으로 시민의식이 확충되면서 국민을 우민시하고 우롱하는 체육관 대통령에 대한 거부이자 권력에 의해 철저히 통제된 언론에 대한 거부의 표현이었다. 그리고 그것은 민주 대연합과 동시다발 투쟁으로 구체화되었다. 민주 대연합과 동시다발 투쟁이 어떻게 해서 가능했는가는 6월항쟁을 이해하는 데에 핵심적 위치에 있다.

6월항쟁의 주력부대인 학생들의 경우 1986년 5·3 인천사태에서 절정에 이른 야당에 대한 불신과 변혁에 대한 기대를 가지고 볼 때 학생과 재야운동권, 야당과의 민주대연합은 도저히 불가능한 것처럼 보였다. 그러나 재야운동권의 중심세력인 민통련의 경우 5·3 인천사태 이전에 이미 민주헌법이 쟁취되어야 한다고 하면서 그것이 대통령직선제 개헌투쟁과 부합될 수 있다고 주장했다.[17] 학생운동권은 1986년 하반기에 반제투쟁론(NL)이 커졌는데, NL 쪽은 민주 대연합에 부응하는 면이 있었고, 이들이 주도한 건국대에서의 전국 반외세반독재애국학생투쟁연합(애학투) 결성 때 내놓은 문건에서 직선제 쟁취 투쟁이 유용하다고 주장했다. 그 뒤 대중성을 강조한 NL계가 주요 대학 학생회를 장악했고, 소수파였던 제헌의회(CA)계를 제외하고는 대부분의 학생운동세력이 6월항쟁 내내 직선제 쟁취에 적극적으로 보조를 맞추었다. 오히려 민주 대연합 실천에서 소극적인 것은 야당이었다. 야당은 6·10 국민대회에는 적극적이었으나 그 뒤의 항쟁에 소극적이었다가 6·26 평화대행진에 합류했다.

일반적으로 민주 대연합을 야당과 재야운동권, 학생들의 연합으로 이해하고 있으나 3·1운동에서와 비슷하게 각계각층이 참여한 측면을 간과해서는 안 될 것이다. 민주 대연합은 6월항쟁에 학생 외에도 일반 시민, 넥타이 부대로 불린 사무원, 노동자, 택시기사 등 운수 노동자, 농민, 중소상인 등 각계각층이 적극 참여함으로써 실질적으로 이루어졌다는 점을 특히 주목해서 중시할 필요가 있다.

전두환 정권의 치안력을 상당 부분 무력화시킨 것이 동시다발 투쟁이었다. 동시다발 투쟁은 반유신 민주화운동 이래 재야운동권이 확충되면서 가능하게 된 측면과 학생운동이 그것을 뒷받침해줄 수 있는 여건이 조성되었다는 측면이 결합해 구체화되었고, 투쟁의 목표가 전국적으로 단일했다는 점이 그것을 가능하게 했다. 전두환 정권은 사회적 경제적 변화로 불가피하기도 했지만, 제도적으로 학생들의 동시다발 투쟁 여건을 마련해준 측면이

---

17 서중석, 「한국민주화운동사에서 민통련의 평가와 반성」, 『다시! 함께! 민주와 통일을 향하여』, 2015, 32~33쪽.

있다. 전 정권은 출범 초기에 학생운동을 막기 위해서 졸업정원제를 실시했는데, 이것은 대학의 팽창을 가져오는 데 기여했다. 또 전 정권은 서울 소재 대학의 지방 이전을 적극 권장했는데, 그것은 서울 소재 대학의 지방 분교 설립과 지방대학 설립으로 귀결되었다.

6월항쟁에서 민주헌법쟁취국민운동본부(국본)가 어떠한 역할을 했는가도 쟁점이 될 수 있다. 6월항쟁은 3·1운동이나 4월혁명, 부마항쟁, 광주항쟁과 달리 중앙 기구로 국본이, 지방에는 국본 지방본부가 조직되어 있었다는 점에서 다른 운동이나 항쟁보다 한층 더 계획적이고 조직적·체계적이었다. 3·1운동은 33인이 선도했을 뿐이고, 따로 중앙 조직이 있지 않았다. 4월혁명은 3·1운동보다 더 비조직적이었고, 자연발생적인 성격이 강했다. 부마항쟁은 학생운동이 일정한 역할을 했으나 시민과의 결합이 조직적으로 이루어졌다고 보기 어렵다. 광주항쟁의 경우 군이 시내에서 철수한 후 시민과 학생 수습위원회가 각각 있었고, 민주수호범시민궐기대회도 여러 차례 열렸으나 국본과 같은 위치에 있지 않았다. 그렇지만 국본이 6월항쟁 전체를 이끌어갔다고 보는 것은 사실에 부합된다고 보기 어렵다.

국본은 많은 학생과 시민들로부터 중앙본부로 인정을 받았지만, 6월항쟁은 국본이 이끈 투쟁과 자발적인 투쟁이 잘 배합되어 전개된 것이라고 보아야 할 것이다. 국본은 6·10 국민대회를 성공적인 대회로 이끌어 가는 데 주도적인 역할을 했지만, 그 이후의 투쟁에 대해서는 계획이 없었고, 그 이후 거대한 투쟁으로 이어지리라는 것도 예상하지 못했다. 명동성당 농성 투쟁 등 명동투쟁은 6·10 국민대회가 6월항쟁으로 발전하는 데 결정적이라고 할 만큼 중요한 역할을 했다. 그러나 국본과 서대협은 명동투쟁 초기에는 그 중요성을 충분히 인식하지 못했다. 6월 15일부터 있었던 대전, 부산, 진주 등지에서의 투쟁은 국본과는 관계없이 일어났다. 그렇지만 6·18항쟁이 전국적으로 일어나는 데 국본은 또다시 중앙 기구로서 역할을 했고, 한때 야당에서 견제를 했으나 6·26항쟁을 성공적으로 이끌어감으로써 전두환·신군부를 굴복케 하고 6·29선언을 받아내는 데 큰 역할을 했다.

국본이 비폭력 평화 시위를 주장한 것도 쟁점이 될 수 있다. 국본은 6·10 국민대회에서 비폭력 평화 시위를 강조했고, 6·26 평화대행진에서는 야당의 비폭력 주장도 작용해서 한층 더 강력히 역설했다. 그러나 여러 지역에서 경찰이 최루탄을 난사하며 시위를 원천적으로 봉쇄하려고 하는데 비폭력 평화를 외치는 것은 현실과 동떨어진 주장이 아니냐는 비난을 받았다. 특히 논쟁이 될 수 있는 것은 야당은 폭력적 시위로 비상조치가 발동되지 않을까 우려했으나, 야당이 바라마지 않았던 6·29선언은 반드시 평화적 시위를 통해 쟁취한 것이라고 판단하기가 쉽지 않다는 점이다. 전두환·신군부가 두려워한 것은 동시다발로 전개된 대규모 시위가 여러 지역에서 경찰력을 마비시켜 치안 부재 현상이 나타나게 한 것이었다. 특히 대전이나 부산, 진주 같은 지역에서의 투쟁은 전 정권을 당혹하게 했다. 전 정권은 이와 같은 격렬한 투쟁에 대해 박정희처럼 군의 투입을 고려하였으나, 군의 투입으로 사생결단하고 싸우는 시위대의 투쟁을 제압하기가 쉽지 않다는 데 최대의 고민이 있었다. 그리고 군을 투입하지 못할 경우 직선제를 받아들일 수밖에 없었다.

국본의 비폭력 평화 시위 강조는 많은 일반 시민이 시위에 참여하도록 했다. 또 시위대가 경찰에 맞서는 데 가장 강력한 무기였던 화염병 사용 금지로 나타나지는 않았다. 이 점도 아주 중요하다. 국본에도 성향을 달리하는 관계자들이 있었지만, '폭력적' 투쟁에 부정적인 것만은 아니었다. 6월항쟁이 위력을 발휘할 수 있었던 것은 '폭력적' 투쟁과 비폭력 평화 시위 강조가 적절히 배합되어 나타난 데 있었다. 그리고 6월 26일 특히 서울에서 경찰의 폭력적 저지에 학생들이 비폭력으로 대응한 것이 인상적이었지만, 이날 전국 각지에서의 시위가 대체로 평화적이었다는 점은 6월항쟁에서 각별히 눈여겨 봐야 할 것이다.

6월항쟁에 대해서 적지 않은 민주화운동 관계자들이나 6월항쟁 연구자들이 민주화운동 그 자체에만 초점을 맞춰 설명하고 대통령 교체기에 전두환·신군부의 내부 입장 차이가 6월항쟁에 어떠한 영향을 미쳤는가에 대해 간과했다. 그러나 6월항쟁의 전개에서 그 부분에 관한 연구를 경시해서는 안 될 것이다. 6월항쟁은 2·12 총선에 드러난 민심을 등에 업고 1987년 대선을 더 이상 체육관 선거로 치르게 해서는 안 된다는 시민의식의 발로가 항쟁으로 나타난 것으로 볼 수 있다. 2·12 총선 이후를 크게 보면 개헌 정국이라고 할 수 있는 것도 같은 논리에서다.

개헌 정국 또는 대통령 교체기에서 중요한 변수의 하나는 전두환과 전두환이 선택한 후계자의 정국 구상이 다를 수 있다는 점이다. 전두환은 퇴임 후 자신의 안위에 관심을 기울일 수밖에 없었고, 노태우 측은 조금이라도 민심을 끌어안으려는 노력을 하지 않을 수 없었다. 이러한 모순은 박종철 고문치사 이후 계속 현안으로 떠올랐다. 4·13 호헌조치 및 그와 관련된 그 이후의 정국 정책에서 그 점은 더 분명해지는데, 특히 5·25 개각은 6월항쟁에 적지 않은 영향을 미쳤다. 장세동 안기부장이 주도했던 관계기관 대책회의도 없었던 것 같고, 총리 등 주요 관계자들이 과거와 같이 초강경 조치를 주장한 자료도 찾기 힘들다. 노태우 측에 대해 '사망선고'가 될 수도 있는 군의 출동을 노태우 측이 적극 반대한 것도 주목할 필요가 있다.

경제가 6월항쟁에 미친 영향은 앞으로의 연구 과제다. 4월혁명은 경제가 악화된 상태에서, 부마항쟁과 광주항쟁은 경제가 몹시 안 좋은 상태에서 일어났는데, 경제성장률이 1986년에 12.9%, 1987년에 13.0%, 1988년 12.4%로, 6월항쟁과 88올림픽이 있었던 시기는 그야말로 '단군 이래 최고 호황'이었다. 4

월혁명, 부마항쟁, 광주항쟁 중 부마항쟁을 제외하고는 경제가 미친 영향이 설득력 있게 제시되지 못했는데, 그 점은 6월항쟁도 비슷하다. 분명한 것은 경제단체는 4·13 호헌조치를 환영했지만, 넥타이 부대와 함께 노동자, 농민, 택시기사, 중소상인, 소생산업체 노동자, 서비스업 노동자, 도시빈민, 무직자 등 소외계층이 6월항쟁에 가담했다는 점이다.

2) 문화·사회 민주화로의 이행과 통일운동

6월항쟁으로 가장 놀라운 변화를 보인 부문 중 하나가 유신체제 이래 크게 억압, 왜곡 당했던 문화·학문 쪽이다. 대학은 감시받는 병영체제였고, 영화, 가요 등은 난도질과 금지가 일상화되어 있었다. 이 때문에도 학생·교수는 억압 체제에 대한 강력한 도전세력이었고, 대학은 6월항쟁으로 민주화가 이루어질 때 일시적이었지만 빠르고 급진적으로 민주화되기도 했다. 민주화운동세력은 이 시기에 북한 바로알기 운동, 국가보안법 철폐 운동을 벌였는데, 그것은 NL계의 정치적 입장을 반영한 측면도 있지만, 기본적으로는 사상과 학문의 자유 쟁취 운동에 다름 아니었다. 해방 직후사에 관한 서적들이 잘 팔리고 북한 관계 책들이 대량으로 나돈 것도 그러한 운동과 밀접히 관련되어 있다. 6월항쟁 직후부터 공연 금지 가요, 방송 금지곡이 해제되었고, 금서도 크게 풀렸으며, 보고 싶은 영화도 볼 수 있게 되었다. 미술계, 연극계, 영화계에 새 바람이 불었고, 언론계에서도 반성과 함께 진실 보도 운동이 전개되었으며, 새로운 형태의 언론이 탄생했다.

중등학교에는 교육이라는 수단으로 박정희 유신체제, 전두환·신군부 체제의 정당성을 선전해야 하는 임무가 권력으로부터 부여되었기 때문에 대학보다 더 참담한 교육 현실에 처해 있었다. 교사들은 6월항쟁 이전부터 이러한 현실에 저항하면서 참교육을 모색했다. 1985년에 일어난 『민중교육』지 사건이나 1986년 5월에 800여 명의 교사가 제1회 교사의 날 행사를 갖고 교육 민주화 선언을 발표하고, 곧이어 5월 15일 교육실천협의회 창립총회를 가진 것은 이러한 활동의 일환이었다. 어느 것이나 심한 탄압이 따랐다. 참교육운동은 6월항쟁 이후 더욱 거세게 일어났다. 6월항쟁 직후인 7월에 교사들은 광주와 서울에서 교육 민주화를 위한 대토론회를 가졌고, 9월에는 경찰의 봉쇄를 뚫고 민주교육추진전국교사협의회(전교협) 결성 대회를 열었다. 전교협은 1988년 11월 1만 3,000여 명이 참가한 가운데 민주교육법 쟁취 전국교사대회를 가졌고, 1989년 상반기까지 약 3만 명의 교사가 가입했다. 드디어 1989년 5월 28일에는 민족·민주·인간화 교육 실천을 위한 참교육운동을 전개할 것을 다짐하며 전국교직원노동조합(전교조)이 탄생했다. 그러나 전교조의 길은 멀고 험했다. 대학은 한때 총장은 물론 학장까지도 교수가 선출하는 학교가 많았고, 진보적 연구자가 강단에 서기도 했으나, 교사들은 1990년 1월로 파면 164명, 해임 939명, 직권면직 416명 등 1,519명이 교단에서 쫓겨났다.

6·29선언이 나온 6월 29일부터 시작된 대규모 노동쟁의는 10월 31일까지 파업 3,235건을 포함해 3,311건의 쟁의가 일어났다. 8월에는 하루 평균 83건의 쟁의가 있었다. 1987년 8월 말 현재 10인 이상 사업체 상용 노동자 333만 명의 37%에 해당하는 노동자 122만 명이 쟁의에 가담했다. 그해 6월 말까지 2,725개였던 노동조합이 그해 말에는 4,086개로, 조합원은 105만 명에서 127만 명으로 증가했다.

무엇이 노동계에 한국 역사상 최대 규모이자 전 세계적으로도 드문 예에 속하는 이와 같은 노동운동을 일으키게 했을까. 그것은 약간의 시차는 있지만 노동계는 정치·문화·학문 못지않게 박정희, 전두환 권력의 주요 통제 대상이었기 때문이다. 1960년대 후반기부터 급속히 산업화가 이루어짐에 따라 산업노동자가 급속히 증가했으나, 박정희 정권은 1970년대에 들어서면서 노동삼권에 대한 통제를 강화했고, 그것은 1971년 12월에 여당 단독으로 전격 통과한 국가 보위에 관한 특별조치법과 유신체제에 의해 훨씬 심화되었다. 박정희 유신체제는 동일방직 노동자들의 경우가 말해주는 것처럼 노동운동을 야수적 탄압으로 짓눌렀다. 전두환·신군부 정권은 1980년 12월 노동관계법을 한층 더 개악해 제3자 개입금지 조항을 신설하고 노조설립 요건을 강화했으며 단체교섭 위임을 금지시켰다. 따라서 시민들이 체육관 대통령만은 안 된다고 주장했던 것처럼 노동자들은 우선 기초적인 최소한의 노동권 쟁취가 요구되었는데, 그것이 6월항쟁으로 가능해졌던 것이다.

6월항쟁에 각계각층이 참여했듯이 7, 8, 9월의 노동자 대투쟁은 중화학 분야의 대기업 생산직 노동자들이 중심에 섰으나, 서비스직에 이르기까지 거의 모든 산업 분야의 노동자들이 참여했다. 또 생존권과 노동권 등 기본권리 보장, 억압적·병영적 노무관리 철폐, 노조 결성과 조합활동 보장 등을 요구했던 바,[18] 최소한의 기초적 노동권 쟁취가 중심이었다. 인천, 부산, 성남, 익산, 안양 등 여러 지역에서 노동자들이 6월항쟁에 참여했는데, 그때도 호헌철폐 독재타도와 함께 기초적 노동삼권 보장을 요구했다. 그것을 한 단계 높이는 것은 그 이후의 과제였다.

조금 늦지만 1988년 봄부터 통일운동이 거세게 일어났다. 통일운동도 6월항쟁의 성격과 의미를 이해하는 데 중요한 위치에 있다고 말할 수 있을까. 그것은 통일운동이 민주주의와 자유에 직결되어 있느냐는 물음이 될 수 있다. 통일운동이 민주주의와 자유에 직결되어 있다는 것은 4월혁명 후에, 그것도 조금 늦은 1960년 가을에 들어서면서부터 주목을 받다가 1961년 전반기에 강렬히 일어났다는 점에서 시사를 받을 수 있다. 현대사에서 친일파 등이 중심

---

18 이원보, 『한국노동운동사 100년의 기록』, 한국노동사회연구소, 2005, 334쪽.

이 된 극우세력은 해방된 지 얼마 안 된 시점에서부터 단정운동을 벌였던 바, 이들은 분단과 미국이라는 양대 축을 기반으로 권력과 기득권을 유지했다. 이승만 정권이나 박정희 정권, 전두환·신군부 정권은 때로는 통일을 내세워 독재를 할 때도 반공주의가 없었더라면, 다시 말해서 분단이 되지 않았더라면 과연 그러한 정권이 유지되었을까 싶을 정도로 분단과 직결된 반공독재로 권력을 잡았고 유지했고 강화했다. 따라서 4월혁명과 같은 계기가 오지 않으면 통일운동은 조봉암 사형이 시사하듯 어려웠다. 5·16 군부 쿠데타 이후 통일에 대한 관심은 1972년 7·4 남북공동선언을 전후해서 커졌으나 곧 억압당했다. 그것은 1983년 KBS의 남남 이산가족찾기 방영과 1985년 남북 이산가족 상봉에 의해 다시 살아났다. 이때는 재야운동권에서도 지대한 관심을 쏟았다. 1984년에 출범한 민중민주운동협의회와 민주통일국민회의, 그리고 양자의 통합체로 1985년에 결성된 민주통일민중운동연합(민통련) 모두 다 민주통일국민회의 창립 선언문에서 표명한 대로 "분단의 극복 및 민족통일이 실현되지 않고는 민족해방, 민족자주가 이루어질 수 없으며, 민주화의 길을 통하지 않고는 분단의 극복 및 민족통일이 성취될 수 없다"는 인식을 공유하고 있었다. 학생운동권은 1985년경부터 반제 투쟁론이 급속히 부상했고, 그것은 1986년에 반미 자주화 투쟁으로 구체화되었는데, 이 세력이 6월항쟁에서 학생운동권을 주도해 나갔다. 이러한 재야운동권, 학생운동권의 노선을 볼 때 6월항쟁이 일단락되면 통일운동이 전개되리라는 것은 예측될 수 있었다.

3) 정치적 민주주의와 그 한계

6월항쟁의 성과와 한계는 정치 민주화 과정에서 잘 드러났다. 재야운동권이든 학생운동권이든 6월항쟁 투쟁 과정에서 야당이 주장한 직선제 쟁취 이상으로 민주주의와 기본권을 확충, 심화시킬 수 있는 정치적 주장을 별로 하지 않았다. 6월항쟁에서는 여러 이유로 그렇게 할 수밖에 없었다고 하더라도 헌법개정 과정에서는 6월항쟁 이전부터 주장했던 민주헌법을 쟁취하기 위해 대통령 권력 견제 장치의 마련이나 기본권, 노동권, 산업민주화 등 여러 문제에서 강력히 민주적이고 진보적인 의견을 개진했어야 했고, 그러한 통로나 방안이 없었던 것이 아닌데, 그러한 노력을 그다지 하지 않았다. 야당은 1980년 '서울의 봄'에서도, 2·12 총선 이후의 개헌 정국에서도, 6월항쟁에서도 유신 쿠데타 이전의 헌법, 곧 제3공화국 헌법으로 되돌아가면 그것이 민주주의라고 강조했는데, 결국 4월혁명 이후 내각책임제로 바뀐 헌법개정(제2공화국 헌법), 장면 정부 초기에 있었던 헌법개정 이후 처음으로 여야 합의의 새 헌법이 마련되기는 했으나, 헌법 전문에 저항권을 설정한 것과 대통령직선제와 헌법재판소 신설을 제외하고는 제3공화국 이전의 헌법보다 더 낫다고 할 만한 내용이 없었다. 대통령은 4년 중임제가 되지 못하고, 전두환·민정당과 타협해 5년 단임제로 낙착되었다. 노동관계법 개정에서도 제3자 개입금지 조항 등이 여전히 살아 있었다.

당시는 민주화운동세력이건 일반 시민이건 헌법개정보다도 대통령 선거가 어떻게 되느냐에 관심이 쏠려 있었다. 앞에서 노태우와 전두환이 6·29 선언에 합의한 큰 이유 중 하나는 직선제를 채택하면 김영삼, 김대중이 각각 후보로 나설 것이라고 확신했기 때문이라고 지적한 바 있다. 일반 시민들도 양 김이 단일후보를 내느냐 1980년처럼 분열하느냐가 최대 관심사였다. 6·29 선언 직후 양 김은 단합된 모습을 보이려고 노력하였으나, 7월 17일 김대중이 1986년 11월의 불출마 선언은 전두환의 4·13조치로 백지화되었다고 밝히면서 양 김이 대결할 가능성이 커졌다. 김대중은 통일민주당(민주당)에서 나와 평화민주당(평민당)을 만들었고, 양 김은 각각 대통령 후보에 나섰다. 그러면서 재야운동권도 단일화 추진 세력, 비판적 지지 세력, 독자 후보 세력으로 삼분되었다. 그와 함께 노태우, 김대중, 김영삼, 김종필이 모두 입후보하면 김대중이 승리한다는, 지역주의에 기반을 둔 4자필승론이 유포되었다.

이 대통령 선거전에서 민주화운동세력에 지대한 영향을 미치고, 그 이후의 민주주의 진전에도 영향을 미친 것이 민통련의 김대중 후보에 대한 비판적 지지 선언이었다. 그런데 노태우·전두환 측은 양 김이 함께 나오면 승리한다고 확신했고, 선거 후반에 가서는 여유를 부리기도 했다. 민통련은 결성 직후부터 신군부의 장기집권 야욕을 분쇄하겠다고 역설했는데, 비판적 지지는 그것에 배치될 수 있었다. 선거 결과 노태우는 투표자의 36.6%를, 김영삼은 28.0%를, 김대중은 27.1%를 획득했다. 양 김이 단합하면 충분히 이길 수 있었고 호남과 영남의 갈등이 완화될 수 있었다. 이 선거로 6월항쟁의 성과는 반토막이 되었다. 그것에 덧붙여 영호남 갈등이 심화되었으며, 민주화운동세력의 정치력은 현저히 약화되었고, 상당 부분 일반 대중으로부터 외면당했다.

대선과 관련된 논쟁은 부분적으로 있었지만, 총선에 대한 논란은, 특히 두 야당의 통합과 선거구제에 대한 논란은 거의 없었다. 그러나 이 부분은 대선에서의 비판적 지지와 함께 6월항쟁의 성격과 의미를 고찰하는 데 중요하다. 대선에 패배하면서 야당과 민주화운동세력 일각에서는 민주당과 평민당의 통합을 주장했다. 대선에서의 표 분포를 볼 때 양 김이 단결하면 대승은 확실했고, 그러면 대선에서의 잘못도 상당 부분 만회할 수 있었다.

1988년 4·26 총선에서 대단히 중요한 문제가 선거제도였다. 김대중과 김영삼이 대선에서처럼 분열된 상태에서 소선거구제가 채택되면 대선 못지않게, 실제로는 그보다도 더 심하게 지역주의를 악화시키고 심화시킬 수 있었다. 김대중 쪽은 소선거구제를 주장했고, 김영삼·민주당은 중·대선거구제를, 민정당은 상당수가 중선거구제를, 노태우 쪽은 소선거구제를 주장했다. 김종필은 대선거구제를 선호했다. 민주당과 평민당의 경우 대선의 표 분석과 관련된 이해관계의 반영이라고 볼 수는 있지만, 중·대선거구제는 지역갈등을 완화시킬 수 있었고, 진보적 정당이나 소외층 대변 세력의 원내 진출을 가능케 할 수 있었다. 소선거구제의 경우 양 김이 화합하면 대승할 수 있지만, 분열하면 지역당이 출현해 치유하기 어려운 심각한 지역주의에 빠질 수 있었다.

이 선거가 소선거구제로 된 것에 하나의 전환점이 된 것이 김영삼이 양당 통합을 위해 김대중을 만나 소선거구제에 합의해주었다는 점이다.[19] 김영삼이 중·대선거구제를 강력히 주장했으면, 민정당의 분위기도 작용해 중·대선거구제 또는 소선거구제가 가미된 중·대선거구제가 될 수 있었다.[20] 그러나 김영삼은 민주당의 반대를 무릅쓰고 김대중 쪽과의 통합 정당을 만들기 위해서 그러한 '결단'을 내렸다. 그러나 김대중은 민주당과 평민당의 통합을 끝내 외면했다. 결국 양 김은 또 분열되었고, 노태우가 당리당략으로 밀어붙여 소선거구제가 된 4·26 총선은 대선 못지않게 지역주의가 선거판을 휩쓸었다. 다만 여소야대 국회가 출현했는데, 신군부에 악감정이 많은 김종필·신민주공화당이 평민당·민주당과 보조를 맞춰줌으로써 헌정사상 초유로 5공 청문회 등이 열리는 등 민주주의에 유리한 국면도 열렸다.

그러나 소선구제였기 때문에 김대중의 평민당이 제2당으로 되고 김영삼의 민주당은 제3당이 됨으로써 김영삼의 운신 폭이 좁아지고 다음 대선에서의 향방이 불확실해지자 김영삼이 노태우·민정당, 김종필의 신민주공화당과 합작해 총선이 끝난 지 불과 2년도 안 된 1990년 2월에 거대 여당으로 민자당

---

19 김영삼, 『김영삼 회고록—민주주의를 위한 나의 투쟁』 3, 백산서당, 2000, 142쪽.

20 민정당 간부였던 이종찬은 김영삼의 '태도 변화' 이전에 민정당 이대순 총무 등 4당(민정당, 민주당, 평민당, 신민주공화당)은 농촌은 1인, 대도시에서는 2~3인을 선출하는 선거제에 합의했다고 기술했다. 이종찬, 『숲은 고요하지 않다』 2, 한울, 2015, 80~83쪽.

이 만들어졌다. 민자당의 출현은 6월항쟁에 대한 첫 번째 중요한 정치적 '반동'이라는 점에서도 중요하지만, 그 뒤 수십 년간 87 대선, 88 총선 못지않은 지역주의 선거 구도를 만들어냈다. 부산과 경상남도가 주요 지지기반이었던 김영삼 세력은 김영삼 정부에서는 민주적 개혁에 적극 동참하기도 했지만, 김대중 정부가 들어선 이후 민자당의 후신인 신한국당에 계속 남게 되었고, 결국 전두환·노태우 쪽, 나중에는 이명박·박근혜 쪽과 일체가 되어버렸다. 그리고 영남 전체 유권자가 이쪽을 지지함으로써 이 지역에서의 과거 야당의 중요 기반이 무너지고 말았고, 일부 특정지역 주민들을 포함해 수구냉전세력이 기승을 부리는 데 기여했다. 진보와 수구적 보수가 호남 영남의 지역주의와 겹쳤고, 이러한 상황에서 민주주의에 대한 신뢰가 약화되고 정치적 허무주의가 커지면서 독버섯처럼 박정희 신드롬이 퍼져 나갔다. 엄청난 정치적 파행이자 퇴행이었다.

6월항쟁이 일어나는 데, 그 6월항쟁을 이끌어가는 데 중요한 역할을 한, 그런 점에서 한국 민주주의의 쟁취와 진전에 지대한 공헌을 한 민주화운동세력은 6월항쟁의 성과를 담아내야 할 정치적 과정에서 적절하게 대응하지 못했고, 6월항쟁 이후 민주주의를 한 단계 진전시키는 데 앞장섰어야 할 민주화운동세력의 정치적 무력화를 초래했다. 그뿐만 아니라, 일부 운동권과 지식인들은 구체성과 실천성이 결여된 민중민주주의를 내세우며 6월항쟁이 가져온 정치적 성과였던 민주주의를 부르주아민주주의 또는 자유민주주의로 비판하거나 배격하고, 사회민주주의도 기회주의 노선으로 비난하는 관념적 급진주의에 머무른 채 현실정치에 대한 대안을 제시하지 못함으로써 현실정치에 별다른 영향을 주지 못하고 고립되었다.

6월항쟁 30주년을 맞으면서 우리는 촛불시위에 의한 새 정치 창출로 이번에는 민주주의를 제대로 해야 한다는 거대한 실험에 마주하고 있다. 현재의 상황은 6월항쟁 직후보다 더 유리한 국면이라고 말하기는 어렵다. 그러나 4월혁명 시기와 6월항쟁 직후의 정치 과정이 주는 교훈을 잘 소화해낸다면 6월항쟁 이후보다 더 나은 민주주의를 창출해낼 수 있다. 정파나 개인(대통령)의 선의보다 제도 등의 장치를 통해 비민주주의 요소를 걸러내고 정치·경제·사회·문화·언론 등이 공공성 또는 공정한 룰에 따라 운용되게 함으로써 민주주의가 굳건한 토대를 갖게 하는 데 치중해야 한다고 본다. 그러한 점에서 거듭 강조하지만, 어느 때보다도 6월항쟁의 의미와 한계에 대해서, 특히 그 한계에 대해서 각별히 더 깊은 관심을 기울여야 할 것이다.

[덧붙이는 말]

6월항쟁 30주년이 다가오자 민주화운동기념사업회에서는 필자와 정해구 교수 등으로 편집회의를 열었다. 이 회의에서 필자는 총론을 맡게 되었다. 그런데 필자는 민주화운동기념사업회에서 펴낸 『민주화운동사』 3에 6월항쟁에 대해 쓴 바 있었고, 이어 『6월항쟁』이라는 두툼한 저서를 낸 바 있었다. 그래서 편집회의에서는 먼저 나온 글과 어떻게 다른 글을 쓸 수 있느냐가 논의되었다. 결국 쟁점 중심으로 쓰기로 해 이 글이 나왔다.

※ 이 글은 민주화운동기념사업회 한국민주주의연구소 엮음, 『6월 민주항쟁』(한울, 2017)에 「총론: 6월항쟁의 전개와 의미」라는 제목으로 실렸다. ※

민통련과 민주화운동, 1987 대통령 선거

1. 들어가며

1980년대는 1920년대, 해방 직후, 4월혁명기와 함께 우리 역사에서 대단히 역동적인 시기였다. 80년대에 들어서면서 광주항쟁이 일어났고, 80년대 내내 광주항쟁을 상기하면서 민주화운동과 반미 자주화 운동이 치열하게 전개되었다. 노학 연대가 이루어졌고, 수천 명의 대학생들이 기득권을 버리고 노동자와 하나 되기 위해 노동 현장에 뛰어들었다. 이는 세계사에 보기 드문 '민중 속으로' 현상이었다. 1980년대는 뜨거운 열정과 정치이념의 시대였다. 2·12 총선에서 놀라운 현상이 벌어졌고, 그것은 장엄한 6월항쟁의 함성으로 이어졌으며, 6월항쟁은 7, 8, 9월 노동자 투쟁, 통일운동과 삼위일체를 이루었다.

1980년대 반미 자주화 운동과 민주화운동에서 대표적인 단체를 꼽으라면 '민주통일민중운동연합(민통련)'을 떠올리는 사람들이 많을 것이다. 80년대 민주화운동에서는 학생운동 외에도 재야운동이 이전 시기보다 훨씬 더 큰몫을 하였다. 재야운동도 명망가 중심이 아니었다. 민통련에는 학생운동 출신과 언론 민주화운동 출신, 그리고 노동운동, 농민운동, 문화운동, 종교계 등이 골고루 포함되어 있었다. 1960, 70년대와 80년대 초에 민주화운동, 각 부문 운동을 한 세력이 다수 포진한 단체였다.

민통련은 1984년 6월 29일에 창립된 '민중민주운동협의회'와 1984년 10월 16일에 출범한 '민주통일국민회의'가 통합해 1985년 3월 29일에 결성되었다. 2·12 총선 직후에 조직된 것이다. 2·12 총선은 통합 선언문 「민주화와 통일의 역사적 과업을 위해 단결하자」에서 밝힌 대로 "민중의 울분과 군사독재에 대한 반감이 화산처럼 폭발한 것"으로, 개헌과 선거를 통해 전두환·신군부 정권을 종식시키자는 염원이 표출된 선거였다. 그런데 민통련은 군사독재를 타도하는 운동에 선봉을 섰다는 점에서 민주화운동에 전력투구했다고 볼 수 있지만, 민통련 자료를 중심으로 볼 때 1985~86년 당시 반미 자주화와 통일운동, 노동·농민운동 등의 민중운동에 중심을 두고 있었고, 보수 야당과의 민주연합보다는 민중 연합을 중시했다. 3월 29일에 출범하면서 제시한 당면 과제 13개 항 가운데 앞의 3개 항이 민족통일과 관련된 사항이었고, 이어서 노동자 권익, 농민·농업 문제, 도시빈민 문제, 여성 권익, 공해 문제, 민족문화 건설과 교육·언론, 종교계의 민주화운동 과제를 꼽았다. 13개 항 어디에도 개헌 문제와 대통령 선거 문제는 없었다.

민통련이 한국 사회에 가장 큰 족적을 남긴 것은 6월항쟁에서였다. 민통련은 국민운동본부(국본)를 조직하는 데 재야의 대표적 단체로 종교계, 정치계와 함께 참여해 6·10 국민대회, 6·18 최루탄 추방대회, 6·26 국민평화대행진에서 중요한 역할을 했다. 특히 민통련의 지역운동협의회(지운협)에 속한 단체들은 6월항쟁에서 대단히 중요한 역할을 했던 바, 이 점에서 민통련은 우리 역사에서 지울 수 없는 큰일을 해냈다. 그렇지만 6월항쟁에 굴복해 나온 6·29 선언으로 16년 만에 직선제로 치르게 된 대통령 선거에서 평화민주당의 김

민주통일민중운동연합 결성식 민주통일국민회의와 민중민주운동협의회가 통합하여 1985년 3월 29일 민통련을 결성했다. 박용수 소장(민주화운동기념사업회).

대중 후보를 '비판적으로 지지'함으로써 논란을 야기했다.

아래에서는 1980년대 민주화운동에서 민통련이 어떤 역할을 했으며, 어떤 것이 논쟁이 될 수 있는가를 세 시기로 나누어 살펴볼 것이다. 첫 시기는 1985, 86년의 개헌 정국이다. 둘째 시기는 1987년 1월 전두환 정권의 박종철 고문 사망 사건으로 일어난 2·7 추도대회에서부터 6·26 국민평화대행진까지이다. 세 번째는 1987년 대통령 선거에서의 '비판적 지지'에 관해서다.

그런데 민통련이 민주화운동사에서 중요한 역할을 한 두 번째 시기는 자료가 적어서 논의하기가 쉽지 않다. 그 이유는 간부들 다수가 구속되거나 쫓기고 있었고, 회의를 갖기도, 기관지 『민중의 소리』를 발행하기도 어려운 상황이었기 때문이기도 했다. 그러나 그보다 더 크게 작용한 것은 2·7 추도대회나 3·3 평화대행진에서 '고 박종철 군 국민추도회'에 들어가 함께 활동했고, 6·10 국민대회, 6·18 최루탄 추방 대회, 6·26 국민평화대행진 또한 국본의 일원으로 참여했기 때문에 독자적인 민통련 활동으로 논의하기가 어려워서 자료를 남기기가 어려웠기 때문일 것이다. 그래서 발표자 또한 이 부분에 관한 서술과 문제제기는 적을 수밖에 없었다.

'비판적 지지'에 문제가 있었다는 것은 민통련에서도 우회적인 수사로 인정한 바 있었다. 민통련은 1988년 3월 21일 제4차 정기 대의원총회를 열어 통과시킨 「결의문」에서 "민통련은 선거투쟁에서 운동권의 단결을 이루지 못하고, 그 결과 국민이 열망하던 민주정부 수립에 실패한 책임을 통감하고, 이를 반성"한다고 적시했다. 이제 이 문제를 좀 더 심도 있게 논의해보려 한다.

2. 1985, 86년 개헌 정국과 민통련

1) 개헌 정국 초기 민통련의 입장

2·12 총선 직전에 급조된 신한민주당(신민당)은 1월 18일에 발표한 10개 항 총선 공약의 첫 번째로 직선제 개헌을 제시했다. 총선이 끝난 지 3개월이 지난 5월 20일 신민당은 국회 내에 '직선제개헌특별위원회'를 둘 것을 제안했고, 8월 1일 열린 전당대회에서 당의 제1차 목표가 개헌투쟁임을 명백히 했다. 그러나 야당의 개헌투쟁은 다음 해인 1986년에 가서야 본격화되었다.

개헌 문제는 학생운동권이나 재야운동권, 노동운동권에서도 제기되었지만, 각 단체에 따라 다양했고 각 단체도 시기에 따라 약간씩 달라졌다. 서울대에서 9월에 나온 『민주선언』 창간호는 헌법제정 의회에서 '민주제 헌법'이 제정되어야 한다고 역설했다. 이들에게 야당은 타격의 대상이었다. 10월 5일 서노련 등 4개 노동단체는 삼민헌법 제정을 주장했다. 학생들은 11월에 들어와 파쇼헌법철폐 투쟁을 제기했다. 11월 18일 전학련 소속 서울 시내 14개 대학 학생들은 민정당 중앙정치연수원을 3시간이나 점거해 파쇼헌법철폐 투쟁을 행동으로 보여주었다. 1986년 2월 4일 서울대에서는 15개 대학 학생들이 '86년 전학련 파쇼헌법철폐 신년투쟁대회 및 개헌서명운동 추진본부 결성대회'를 가졌다.

민통련은 1985년 11월 20일 '민주헌법쟁취위원회'(민헌쟁위)를 조직했다. 고문에 김재준·함석헌·지학순을 모시는 등 민통련의 본부, 부문과 지역의 모든 역량을 총동원하겠다는 의지가 들어 있었다. 지역에서도 보조를 맞춰 12월 16일에는 민통련 경북지부가 '민헌쟁위' 대구·경북 현판식을 가졌고, 다른 지역에서도 민헌쟁위를 조직해 나갔다.

민통련의 개헌 주장은 다른 재야운동권과 달리 온건했고, 학생운동권이나 노동운동권과 분명히 달랐다. 당시 나온 문서들을 볼 때 민통련의 입장은 야당에 더 가까웠다고 볼 수 있다. 1986년 2월에 발행된 『민주통일』 제4호에는 편집부에서 작성한 「민주헌법을 쟁취하기 위하여」라는 문서가 실려 있다. 이 문서는 직선제는 개헌 내용의 한 부분을 이룰 수 있을 뿐이라고 지적하면서 직선제가 다가 아니라고 주장했다. 또 삼민헌법의 슬로건도 현실적이며 실천적인 과제가 그와 병행하여 제시되지 못한다면 공허한 주장에 그칠 가능성이 결코 적지 않다고 지적해 삼민헌법 개헌론을 비판했다. 그런데 1985년 12월 홍제동성당에서 개최하려고 했으나 경찰의 방해로 무산되어 민통련 사무실에서 약식으로 열렸던 민헌쟁위 제1차 실천대회에서 나온 「나가자! 민주헌법 쟁취를 위해!」라는 글을 보면, '신민당에게' "국민에게 공약했던 대통령직선제 개헌을 위한 투쟁을 국민의 기대에 어긋나지 않게 앞장서서 전개해줄 것을 당부한다"고 하여 야당의 직선제 개헌투쟁을 적극적으로 평가하고 있다. 1986년 1월 7일에 나온 민통련 신년사 「1986년을 민주화의 해, 민족통일의 해, 민중해방의 해로」에서도 민주헌법쟁취 범국민서명운동을 전개할 것을 제창하면서 민주헌법의 권력 구조는 대통령직선제 취지에 부합되어야 한다고 주장했다. 이 점은 전두환이 1월 16일 국정연설을 통해 1989년까지 개헌 논의를 '유보해줄 것'을 요구한 것에 대한 대응으로 1월 31일 나온 「현 시국에 대한 민통련의 입장—국정연설과 여야의 정국 견해 표명을 보고」에서도 비슷하여 "(이민우 야당 총재가) 대통령직선제 개헌이 이루어져야 한다고 밝힌 것은 올바른 입장의 천명으로 높이 평가할 만하다"라고 지적했다.

민통련이 대통령직선제 쪽에 선 것은 의미가 적다고 할 수 없다. 1987년 6월항쟁을 성공적으로 나아가게 한 민주 대연합은 직선제 개헌에서 입장을 같이했기 때문에 가능했다. 여기서 재삼재사 강조할 것은, 민통련이 여러 문서를 통해 직선제 개헌이 이루어져야 한다고 피력한 것은 그 길만이 군사정권을 퇴진시키는 길이라고 확고히 믿었기 때문이라는 점이다. 직선제가 노태우의 집권을 가져올 가능성이 있다고 보았다면 민통련은 그런 주장을 하지 않았을 것이다.

2) 야당의 장외 개헌투쟁과 민통련의 독자적인 군부독재 퇴진 투쟁

신민당은 2·12 총선 1주년이 되는 1986년 2월 12일 민추협과 함께 전격적으로 천만 개헌서명운동에 들어갔다. 야당의 장외투쟁은 3월 11일부터 시작되었다. 이날 신민당은 서울에서 개헌추진위원회 서울시지부 결성식과 함께 중앙당 현판식을 가졌다. 개헌의 열기는 3월 23일 열린 부산에서부터 끓어오르기 시작해 3월 30일 광주지부 결성대회 및 현판식에서 절정에 달했다. 2·12 총선에서 보여주었던 민심이 확연히 드러난 것이다.

재야운동권은 부산지부 결성대회 및 현판식에 적극 가세하지 않았다. 민통련의 경우 이 대회에 기민하게 대응하자는 논의 체계를 미처 갖지 못했다. 그러나 광주대회는 달랐다. 1980년 5월을 상징하는 도청 앞 분수대에서 광주은행까지 충장로의 6차선 도로 500m가 인파로 가득찼다. 이 자리에서는 민주헌법 쟁취와 군사독재 퇴진 요구의 외침이 분출되었다. 야당은 불상사가 일어날까 봐 황급히 집회를 마무리했다. 신민당 집회가 끝나자 민통련 가맹단체인 '전남민주청년운동연합(전청련)'이 야간까지 시위를 이끌었다.

광주의 뜨거운 열기는 재야운동권뿐만 아니라 학생운동권, 노동운동권에도 엄청난 영향을 미쳤다. 야당에 대한 불신이 커졌고, 독자적인 반군부 투쟁에 자신을 갖게 되었으며, 혁명적 투쟁으로까지 전변시키려는 움직임도 생겼다. 여기서 생긴 투쟁 의지가 5·3 인천사태로 나아가게 했다. 야당만이 개헌 집회에 많은 대중을 모을 수 있고, 운동권은 그러지 못하다는 점에 대해서 별 관심이 없었다.

민통련은 광주 집회 다음 날인 3월 31일에 2차 총회를 열었다. 이 자리에 참석한 전청련 간부들은 민통련의 모든 역량을 야당의 개헌 현판식 집회 활용 투쟁에 집중할 것을 건의했다. 민통련은 야당의 개헌 집회에 지역 가맹단체를 비롯한 전 조직 역량을 투입할 것을 결의했다.

야당의 4월 5일 대구 개헌 집회도 뜨거웠다. 대구·경북의 민통련 간부들은 다른 민통련 가맹단체들과 함께 신민당과 별도의 집회를 갖고 최루탄이 난무하는 가운데 거리투쟁을 전개했다. 대구에서 민통련 단위의 독자적 민중대회를 개최한 민통련은 야당과 달리 자신들을 민중적 요구를 수렴하는 세력으로 부각시켰다고 판단하고, 4월 19일 대전, 4월 26일 청주에서 열린 야당의 개헌 집회에서도 독자적인 투쟁을 전개했다. 이제 민통련에게는 신민당과의 차별성을 어떻게 풀어 나가느냐가 중요한 문제가 되었는데, 내부의 의견 차가 컸다. 그러던 중 민국련 사태가 발생했다.

민통련 의장단과 야당 지도자들이 연락 기구로 만든 '민주화를 위한 국민연락기구(민국련)'의 이민우 신민당 총재, 김대중 민추협 공동의장, 문익환 민통련 의장 등은 4월 29일 모임을 갖고 학생들의 반미·반핵·민족자주화 투쟁을 지지하지 못한다고 선언했다. 민통련은 5월 1일 대표자 회의와 집행위원회의 연석회의를 열고 29일의 민국련 기자회견은 보수 정치인들의 외세 의존적이고 타협적인 자세에 기인한 것이라고 규정했다. 그리고 민국련 탈퇴와 의장단을 비롯한 집행부 전체 사퇴를 결의했다.

　민국련 사태로 야당과 민통련 관계에는 큰 균열이 생겼다. 민통련과 야당의 갈등은 3·30 광주 개헌 집회에서부터 대구·대전·청주 개헌 집회에서 예고되었다고 볼 수 있다. 그러나 그보다 훨씬 더 큰 요인은 반미투쟁에 있었다. 민통련은 연석회의 직후 발표한 「민국련 기자회견과 왜곡보도에 대한 민통련의 입장」에서 4월 28일 서울대의 두 학생이 분신하고 학생들 수백 명이 연행된 사태에 대해 이미 28일 기본 입장을 밝힌 바 있었는데, 민통련 관련자 대다수는 학생들의 강렬한 반미 자주화 투쟁을 지지하거나 동의하고 있었다. 그렇지만 김대중이나 김영삼, 이민우는 강한 친미 성향을 지니고 있었고, 그러한 반미투쟁이 사태를 예기치 않은 방향으로 가게 할 수 있다는 우려를 품고 있었다.

3) 5·3 인천사태와 대탄압

　5월 3일 토요일 오후 2시에 인천시민회관에서 열릴 예정이었던 신민당의 개헌추진위원회 경기지부 결성대회는 운동권, 야당, 전두환 정권 모두의 비상한 관심을 모았다. 신민당의 이민우 총재와 김영삼 고문은 11시경 주안에 나타나 대회장까지 가두행진을 했지만 경찰과 공방전을 벌이고 있는 시위대에 둘러싸여 입장할 수 없었다. 신민당 개헌 대회는 무산되었다.

　화염병과 보도블록으로 무장한 학생들과 서노련 등 노동단체들은 "미국의 사주에 의한 개헌 술책 폭로한다", "속지 말자 신민당 몰아내자 양키놈" 등을 외치며 '살인 정권 전두환 일당과 미제놈들'을 몰아내고 인천을 해방구로

신민당 개헌추진위원회 경기지부 결성대회장인 인천시민회관 앞　시위대의 화염병으로 차량이 불타고 있다. 경향신문사 소장.

만들기 위해 격렬히 싸웠다. 이날 곳곳에서 미국, 전두환 정권과 함께 신민당을 규탄하는 목소리가 높았다. 일부 운동권은 혁명의 열기에 과도하게 고양되어 있었다. 오후 3시가 조금 넘을 무렵 민통련을 대표해 장기표가 서노련 김문수를 만나 공동집회를 열어 함께 투쟁하자고 합의했다. 그러나 민통련에서 공간을 비워주는 순간 서노련 시위대가 그냥 지나가버리는 바람에 민통련 집회만 엉망이 되었다.

　민통련은 원래 신민당의 공식 대회는 무난히 치르게 하고, 그동안 연좌농성 등을 통해 분위기를 고조시킨 후 현판식이 끝난 다음부터 본격적인 투쟁을 벌이고자 했다. 그러나 노동운동권 등 여러 단체들은 제각기 따로 판을 만들어 자신들의 입장을 선전하기에 바빴다. 대중투쟁에 대한 공통된 인식이나 합의 없이 대회에 나왔기 때문이기도 하지만, 여러 단체들의 헤게모니 집착이 의외로 강했고, 일부에서 당시 상황을 혁명적인 것으로 파악한 것도 한 요인이었다.

민통련은 구호가 상대적으로 온건했고, 운동권 단체들이 통합적으로 투쟁하도록 하기 위해 노력했으며, 어느 정도 질서 있게 진행되도록 하려고 했다. 그러나 야당에 대해서는 목청을 높였다. 이 날짜로 나온 「군사독재 타도하고 민주정부 수립하자!」에서 민통련은 야당은 민중의 민주화 의지를 외면하고 대타협이라는 미명 아래 광주학살 정권을 상대로 개헌을 청원 또는 애원하고 있다고 비판했다. 민통련 일각에서는 3·30 광주 대회에서 변혁의 열기가 폭발적으로 고양되었다고 생각하고 민중 궐기를 주장했다. 5·3 인천사태 이후 신민당은 5월 10일 마산에서, 5월 31일 전주에서 개헌 대회를 열었는데, 이때도 민통련은 독자적으로 움직였다. 전주의 경우 조직 동원이 잘되어 1,500명 정도가 신민당 개헌 대회와 전혀 관계없이 독자적으로 대회를 가지고 시가행진을 했다.

5·3 인천대회 이후 두 가지 중요 변화가 일어났다. 한 가지는 야당이 여당의 개헌특위에 참여했다는 점이다. 야당의 변화는 5·3 인천사태에서 큰 영향을 받았다. 어용적인 언론이 폭력성을 부각시키는 데 열을 올린 것은 그러려니 할 수 있었지만, 일부 보수언론이 인천 집회에서의 반미투쟁과 관련해 "폭력성 시비를 넘어선 것"이라고 보도한 것은 야당도 동조했을 가능성이 크다. 인천사태에 신이 난 여당은 전에 반대했던 헌법특위를 국회에 두자고 나섰다. 5월 27일 김영삼·김대중은 국회 헌법특위에 참여할 의사를 밝혔다. 7월 30일에는 국회 헌법개정특별위원회가 열렸다. 그러나 결국 9월 29일 이민우와 양 김은 개헌특위 활동을 중단하겠다는 결정을 내렸다. 전두환은 야당 등 민주화운동세력에 빼앗긴 정국의 주도권을 빼앗고 개헌 운동을 무력화하기 위해 비상조치 검토를 지시하고 김대중 재수감 등의 조치도 검토하라고 지시하는 등 당장에 무슨 사태가 일어날 것 같은 험악한 정세를 조성했다. 11월 5

일 김대중은 현 정권이 대통령직선제를 수락한다면 사면 복권이 되어도 출마하지 않겠다고 선언했다. 비상조치 검토 등은 비밀리에 이루어졌지만, 여러 형태로 야권 핵심부로 들어가게 되어 있었다. 12월 24일 이민우는 여당의 내각제 개헌안을 검토할 수도 있다고 말해 직선제 개헌 당론에 위배되는 발언을 하고 나섰다.

운동권의 공격과 반미투쟁으로 난처해진 야당은 지푸라기라도 잡으려는 심정으로 개헌특위에 참여했으나, 1985년 11월 20일 민통련이 민주헌법 쟁취위원회(민헌쟁위)를 결성하면서 낸 「민주헌법 쟁취위원회 결성 선언문」에서 지적한 대로, 여야가 의견 차이가 워낙 커 개헌특위는 아무 일도 할 수 없었다. 야당은 개헌특위를 나왔으나 갈 데가 없었고, 이민우 발언으로 심각한 내부 분열에 휩싸였다.

인천사태라는 호기를 만난 전두환은 대탄압의 칼을 빼들었다. 전두환은 1986년 봄부터 맞은 개헌 대회에서의 무서운 민심에 당황하고 곤혹스러워 했다. 결국 한 걸음 물러설 수밖에 없어 4월 30일 3당 대표와 회담을 갖고 임기 내 개헌불가 방침을 철회했다.

전두환·신군부에 가장 무서운 것은 민중의 힘이었다. 그런데 개헌 대회가 3·30 광주대회 이후 분열되고 5·3 인천사태가 일어나면서 야당·운동권과 민중의 결합이 약해진 것이다. 5월 5일 자민투·민민투 관계자 27명을 수배한 것에 이어 장기표 등 민통련과 재야 관계자 57명에 대해 수배령을 내렸다. 6월 2일 치안본부는 5·3사태 배후 인물로 45명을 지목해서 특별 수배령을 내렸다. 7월 9일까지 문익환, 장기표, 김문수 등 172명이 체포되었다.

유성환 의원이 면책특권이 있는 국회 본회의에서 '통일 국시'를 발언했다가 전두환의 지시로 구속된 10월 이후, 야당과 운동권은 전두환의 폭풍 같은 탄압에 곤경에 처했다. 최대의 탄압은 건국대 사태에서 일어났다. 공포의 초토화 작전과 함께 1,525명이 연행되었고, 1,288명이 구속되었다. 그 직후인 11월 8일, 경찰은 민통련 본부와 4개 지부에 대해 해산 명령을 내렸고, 12일에는 용접기, 해머 등을 가지고 민통련 사무실을 폐쇄했다. 이 와중에 이재오·이부영·강희남·성유보·박용수·김정환·임채정 등 민통련의 주요 간부들이 구속되었다. 11월 19일 신민당의 마지막 개헌 대회인 서울 대회가 경찰의 저지로 무산되었고, 2,255명이 연행되었다. 봄의 개헌 정국을 반전시켜 호헌체제로 나아가기 위한 전두환의 대탄압은 끝이 없는 것 같았다.

민통련은 한참 후에야 부분적으로나마 5·3 인천사태에 대해 논쟁, 혹은 반성을 수행했다. 국회 헌법개정특별위원회 구성 결의에 대해 1986년 6월 7일 발표한 「민중이 주도하지 않는 헌법 논의는 원칙적으로 무효이다」에서 신민당을 비판하면서 신민당이 민중 노선에서 이탈하는 것은 스스로 무덤을 파는 길이라고 주장했다. 9월 15일에 발표한 「전 민중의 역량으로 헌법개정 특위 분쇄하자」에서도 야당의 비타협적 투쟁을 촉구했을 뿐이고, 개헌 대회의 분열과 5·3 인천사태로 민중의 힘이 약화되었기 때문에 전두환의 소나기 같은 초토화 작전-대탄압이 가능했다는 부분에 대해서는 언급이 없었다. 8월 14일에 있었던 민통련 지역지부와 민통련 본부의 토론 〈민주헌법쟁취 투쟁의 평가와 반성〉에서 '5·3 인천대회'에서 중요한 역할을 한 민통련의 인천지역사회운동연합(인사련)이 민통련이 5·3에 대한 반성도 회피하고 반대로 그에 따른 성과에도 자신이 없는 지극히 기회주의적인 태도를 보였다고 생각한다고 발언한 것은 5·3 인천사태에 대한 민통련의 태도에 대해 시사하는 바가 있다.

3. 6월항쟁—민주 대연합과 동시다발 투쟁

1) 민주 대연합

민주화운동세력을 초토화 작전으로 무력화하여 호헌으로 나아가려던 전두환의 초강경 정책은 바로 그 초강경 정책 때문에 상상할 수 없을 정도의 강한 저항에 부딪혔다. '태강즉절(太剛則折)'이란 말이 맞아떨어진 것이다.

치안본부가 1987년 1월 7일 전국 경찰서장 대공과장 연석회의를 열어 수배자들을 3월 개강 전에 모두 검거하라는 강경 지시를 내린 지 일주일도 안 된 1월 13일, 내무장관 김종호가 내무장관으로는 처음으로 치안본부 남영동 대공분실에 들러 똑같은 지침을 전달했다. 다음 날 그곳에서 박종철이 고문으로 사망했다.

박 군 사망이 그렇게 큰 파장을 불러올 것이라고는 박 군의 서울대 친구들도, 민주화운동세력도, 야당도 예상하지 못했다. 1960년 4월 11일 부두에 떠오른 김주열의 시체가 제2차 마산항쟁을 불러일으키고, 급기야 4·19를 촉발했던 것과 비슷한 현상이 일어났다. 동아일보를 선두로 한 언론이 크게 보도했는데, 그 언론의 뒤에는 자식을 둔 분노한 시민들이 있었다. 박 군 사망은 6월항쟁을 촉발시켰다. 4월혁명과 6월항쟁은 분명히 큰 차이가 있지만, 한 학생의 죽음이 계기가 되었다는 점에서 자연발생적인 측면이 있었고, 그러한 점에서 운동권은 수동적인 면이 있었다.

그렇지만 박종철 고문 살인 사건을 언론에서 크게 보도한 것을 시민운동 차원으로 발전시켜 2·7 추도대회를 연 것은 재야운동권이었다. 이 점에서 운동권은 역동적으로 운동으로 진전시켜 나갈 수 있는 능력이 있다는 것을 보여주었고, 민통련은 그러한 활동에 일정한 역할을 했다.

2·7 추도대회는 '고 박종철 군 국민추도회'에서 열었는데, 이 조직은 '고문

및 용공조작 저지 공동대책위원회'(고문공대위)가 기반이 되어 만들어졌다. 고문공대위는 '민주화운동청년연합'(민청련) 의장 김근태가 남영동 대공분실에서 혹독한 고문을 당했다는 사실이 폭로되면서 민통련 등 재야단체와 천주교·개신교·불교 등 종교계, 언론·여성운동 관계자, 구속자 가족, 신민당·민추협의 정치인이 1985년 11월 4일 발족시켰다. 고문공대위에서 부천서 권양 성고문 사건 등에 항의투쟁을 전개할 때 민통련이 적극적으로 가세했다.

고문공대위–'고 박종철 군 국민추도회' 조직은 당시 학생운동권을 제외한 민주화 세력을 거의 망라했다는 점에서 민주 연합적인 성격을 띠고 있었다. 그러나 2·7 추도대회가 민주 대연합의 초기적 성격을 띤 것은 학생과 정치인이 이 대회에 참여했기 때문이다.

고문공대위에는 양 김과 신민당·민추협의 간부들이 들어가 있었으나, 민국련 사태 이후 정치세력과 재야운동권은 불편한 관계에 있었다. 정치세력이 다시 재야세력과 결합하는 데는 박종철의 죽음이 결정적 계기가 되었다.

신민당은 박종철이 사망한 이틀 뒤에 열린 당직자 간담회에서 박 군 문제를 중요하게 다루지 않았지만, 그 다음 날인 1월 17일부터 적극적인 자세로 나왔다. 언론의 태도와 사회 여론이 끓어오른 것에 영향을 받은 것이다. 야당이 적극적으로 나온 것은 신민당이 이 시기에 할 수 있는 일이 없었고, 이민우의 크리스마스 전날 발언으로 뒤숭숭해져 있었던 것도 큰 원인이었다. 양김은 돌파구를 찾고 있었는데, 박 군 사건이 터지면서 재야와 공조하면서 직선제 개헌투쟁과 접목시킬 수 있는 길을 찾은 것이다.

위대한 학생·시민의 민주항쟁으로 6월항쟁이 진전된 것은 민주 대연합과 동시다발 투쟁이라는 양대 축이 있었기 때문이다. 민주대연합이 이루어지기 위해서는 민주화의 최소한의 조건인 대통령직선제에 의견을 모으는 것이 요구되었다. 앞에서 살펴본 것처럼, 민통련은 직선제야말로 파쇼군부를 퇴치할 수 있다고 믿었기 때문에 대체로 야당의 주장에 동의하는 입장이었다. 문제는 학생운동권이었다. 만일 제헌의회(CA) 쪽이 1987년에 주요 대학의 학생회를 장악하고 있었더라면 6월항쟁은 다르게 나타날 수 있었다.

1986년 봄 대학 운동권에서는 '반미자주화반파쇼민주화투쟁위원회'(자민투)와 '반제반파쇼민족민주투쟁위원회'(민민투)가 양대 세력을 형성하고 있었는데, 여름 가을을 지나면서 자민투가 우세해졌다. 그렇지만 10월 말 건국대 사태로 운동권 학생이건 일반 학생들이건 엄청난 타격을 입었다. 이 때문에도 자민투 계열에 의해 대중 노선이 더욱 강조되었다. 자민투는 등장 초기부터 직선제가 갖는 대중성을 중시했다. 자민투는 직선제를 가장 광범하게 대중을 결집하고 투쟁을 불러일으킬 수 있는 범국민적, 대중적 요구로 파악했다.[01] 대중 노선과 직선제 지지는 언제고 민주 대연합에 어떠한 형태로든 적극 참여할 수 있다는 것을 말해준다. 그렇다고 자민투 계열의 학생들이 2·7, 3·3 투쟁에 적극 뛰어든 것은 아니었다. 1987년 3월 주요 대학 학생회를 거의 대부분 장악하고 있었던 그들은 4·13 호헌조치 이후 범국민적으로 전개된 호헌철폐 투쟁에도 참여하지 않다가 1987년 5월 8일 '서울지역대학생대표자협의회'(서대협)를 결성했고, 부분적으로 5월투쟁에 참여했다가 1987년 5월 하순에 와서야 대규모로 민주화 투쟁-개헌투쟁에 뛰어들었다.

2) 동시다발 투쟁과 민통련 지역운동협의회

2·7 추도대회와 3·3 평화대행진은 4월혁명 이후 처음으로 전개된 동시다발 투쟁이었다. 대부분의 지역에서 시위투쟁은 경찰의 저지로 성공적이었다고 보기 어려웠지만, 경찰력을 분산시켰다는 점에서는 성공적이었다. 6월항

---

01 일송정 편집부 편, 『학생운동 논쟁사』 1, 일송정, 1988, 134쪽.

쟁은 전국 각 지역에서 동시다발로 전개되었기 때문에 여러 지역에서 경찰이 제대로 진압하지 못했고, 결국 파쇼군부 정권이 굴복하기에 이르렀다. 이러한 동시다발 투쟁을 가능하게 하는 데 민통련의 지역운동협의회(지운협)가 지대한 역할을 했다.

지역 조직은 이미 민주통일국민회의 때도 있었다. 경남지부, 경북지부, 강원지부가 그것이다. 민통련은 부문운동협의회와 지운협의 두 축을 중심으로 운영했는데, 창립할 때 위의 세 지부에 서울지부가 더 있었다. 1985년 9월 20일 민통련 확대개편대회가 열렸을 때 인사련, 충남민주운동협의회, 충북민주화운동협의회, 부산민주시민협의회, 전북민주화운동협의회, 전남민주청년운동협의회 등 6개 지역 운동단체가 더 들어왔다. 이로써 사실상 전국에 걸친 지역 조직을 확보할 수 있었다.

지운협은 서울뿐만 아니라 각 지역을 순회하면서 논의를 거듭했다.1986년 하반기 대탄압 이후, 지운협은 폭압적인 탄압 국면을 돌파하기 위해서는 민통련 본부 조직을 사수하여 이를 중심으로 부문 운동·지역 운동 연대를 강화하기로 했다.[02]

2·7 추도회를 앞두고 지운협은 동시다발 투쟁을 하기로 의견을 모았다. 1986년 상반기 부산, 광주, 대구, 대전, 청주, 마산 등지의 개헌투쟁에서 지운협이 긴밀히 협조하는 가운데 각 지역 지부가 큰 역할을 했지만, 한 지역에서만 싸울 경우 경찰의 저지를 뚫을 수 없다는 것을 체감했고, 그것은 여러 차례 있었던 부천서 성고문 규탄대회나 11월29일의 신민당 서울 개헌대회에서 다시금 실감할 수 있었다.[03] 1987년 2월 25일 발행된 『민중의 소리』 26호는 「해설:

---

02 이상은·이명식, 「민통련, 지운협, 지역 국본, 6월항쟁」, 2013에 의거했음. 민주화운동기념사업회에서 펴내려 한 『6월항쟁』의 일부로 미발표 원고임.

03 이명식, 2015년 2월 9일 증언.

2·7 추도회에서 무엇을 배울 것인가」를 통해 동시다발 대중투쟁을 주목하자고 했고, 3월 31일에 발행한 27호에는 「민중운동, 〈3·3 대행진〉 계기, 동시다발 투쟁의 시대로」라는 부제가 붙은 기사가 실렸다.

동시다발 투쟁은 민주화운동의 성장으로 각 지역 운동이 독자적으로 꾸려질 만한 역량을 갖추게 된 점도 중요한 역할을 했지만, 각 지역에서 시민들이 적극적으로 싸울 의사를 보인 것도 기반을 이루었다. 그와 함께 졸업정원제 등도 영향을 미쳐 대학생들의 숫자가 1980년대 들어 1970년대와는 비교가 안 되게 증가했고, 전두환·신군부의 분산 정책으로 서울 지역 대학교의 지방 분교와 신설 지방대학이 많이 늘어난 것도 아주 중요하게 영향을 미쳤다.

6월항쟁은 6·10대회로 시작되었지만, 국본은 6·10대회 이후 무엇을 할 것인지 계획이 없었다. 6·10대회가 6월항쟁으로 진전된 데는 명동투쟁과 지방에서의 대규모 투쟁이 중요한 역할을 했다. 명동성당 농성 투쟁, 그에 대한 넥타이 부대의 성원, 명동 외곽 지대에서의 학생·시민 투쟁이 큰 역할을 했고, 이어서 6월 15일에 시위가 전국적으로 확산되어 그날부터 부산, 대전, 진주 등지에서 잇달아 학생들의 시위가 큰 규모로 일어나 여러 지역에서 경찰력을 마비시켰다. 그러면서 6·18 최루탄 추방대회가 열렸다.

6월항쟁이 전국적 시위가 된 것은 호헌철폐 직선제 개헌이라는 누구나 수긍할 수 있는 구호를 중심에 두었던 것도 중요 요인이다. 또 NL계(자민투계)의 운동 이론을 서울은 물론 지방 대학생들도 쉽게 수용할 수 있었다는 점도 작용했다.

3·3 평화대행진 이후 민통련이 개헌투쟁에 적극적이지 못했다는 생각이 들게 하는 부분이 있다. 3·3 평화대행진 이후 전두환의 4·13 호헌조치가 없었더라면 과연 6월항쟁이 가능했을까. 민정당이 개헌을 하자고 계속 얘기하고 언론이나 지방자치와 관련된 몇 가지 민주화 조치를 하겠다고 하면서 6, 7월

까지 시간을 끌다가, 그 이후에 시간상 어쩔 수 없어 호헌으로 가겠다고 '융통성 있게' 나왔더라면 항쟁은 늦춰질 수도 있었다. 이 점에서 4·13은 전두환의 자살골이었다. 그런데 적어도 『민중의 소리』를 중심으로 본다면, 민통련이 4·13 이후 신부나 목사, 대학교수나 문화인들처럼 적극적인 호헌철폐 투쟁을 벌였다고 볼 만한 근거로서의 투쟁 활동이나 투쟁 방침 자료를 찾아보기가 어렵다.

민통련은 국본을 조직할 때 의미 있는 기여를 했다. 개신교 측은 통일민주당과 투쟁 과정에서 협력관계를 갖되 새로 조직할 단체에 직접 들어오는 것은 찬동하지 않았다. 그러나 민통련 측에서 국민 대중의 참여를 적극적으로 끌어들이기 위해서는 정치인의 책임 있는 연합전선 참여가 필요하다고 역설했다. 그간의 경험이 민통련으로 하여금 양 김과 야당의 참여를 적극 주장하게 한 것이다. 초기에는 민주당도 1986년의 경험 때문인지 재야와 한 조직에서 일하는 것을 망설였지만, 여러 차례에 걸친 협의 끝에 국본에 모든 민주세력을 망라하자는 천주교 측의 의견이 받아들여졌다. 학생들은 자동적으로 협력할 터여서 명실공히 민주 대연합이 이루어졌다.

4. 민통련의 비판적 지지를 둘러싼 논의

1) 6월항쟁 이후 양 김의 행보

(1) 세 가지 미리 살펴볼 것

민통련이 대선에서 김대중 후보에 대해 비판적 지지를 한 것에 대한 논의를 하기 전에 살펴봐야 할 것이 세 가지 있다.

첫째, 6월항쟁에 야당 또는 김대중·김영삼이 기여한 것을 살펴봐야 한다.

야당이 6·10 국민대회에 적극 나섰다는 점은 평가할 만하다. 오후 5시경 민주당 당원과 민추협 회원들이 시위에 나섰고, 5시 35분경 김영삼 민주당 총재와 의원들, 민추협 회원 등이 노란색 완장을 차고 행진을 벌였다. 국민대회가 열리는 6시경 민주당 의원들이 탄 차량 10여 대가 경적을 울렸고, 김영삼 일행은 국민대회가 열리는 성공회대성당 정문 앞에서 몸싸움을 벌였다.

그러나 6·18 최루탄 추방대회에 야당은 소극적으로 임했다. 6월 18일 상오 민주당은 긴급 총재단회의를 열고 "우리 당은 서울을 비롯한 전국 주요 도시의 과격한 시위에 대해 그 충정은 이해하지만 그 방법에 대해서는 깊은 우려를 표하지 않을 수 없다"는 성명을 발표하여 이날 대회에 거리를 두었고, 일반 시민들이 이날 시위에 대해 경계심을 갖게 했다.

6·26 국민평화대행진에 대해 야당은 복잡미묘한 반응을 보였다. 국본은 최루탄 추방대회가 열리기 전날인 6월 17일 상집위에서 국민평화대행진을 갖기로 결정했으나, 18일의 공동대표회의에서는 야당 쪽의 신중론을 존중해 상황을 예의 주시하기로 했다. 19일 밤 열린 상임공동대표와 상집위원 연석회의에서도 상도동계, 동교동계 모두 신중론을 폈다. 설훈 등 동교동 측은 특히 더 신중론을 폈다. 6월 20일 국본은 4·13조치 철회, 구속자 및 양심수 전원 석방 등 4개 항을 22일까지 받아들일 것을 촉구하고, 받아들이지 않으면 23일 대행진의 날짜와 방법을 발표할 것이라고 밝혔다. 김영삼은 21일 밤 대행진의 연기 가능성을 국본 간부에게 타진했다. 이 무렵 또는 얼마 뒤 김영삼이 제의한 영수회담이 이루어질 것으로 알려졌다. 6월 23일, 국본은 6월 26일 대행진을 결행하겠지만, 여야 영수회담에서 민주화를 위한 실질적 행동을 보여준다면 적극 환영한다고 밝혔다. 6월 24일 전두환과 김영삼의 회담은 3시간이나 끌었다. 전두환은 개헌 논의를 하겠다고만 했다. 사실상 4·13조치를 철회한다는 뜻으로 해석될 수 있었지만, 정치감각이 뛰어난 김영삼은 회담

이 끝나자 내외신 기자회견을 갖고 4·13조치를 철회하라고 요구했으나 응하지 않았고, (직선제와 내각책임제에 대한) 선택적 국민투표에 대해서도 반응을 보이지 않았다고 전두환을 몰아세웠다. 그 뒤 가진 기자와의 일문일답에서 김영삼은 대행진을 강행하겠다고 밝혔다. 6월 26일 김영삼과 야당은 역사적인 6·26 국민평화대행진에 참여했다.

야당은 4·19 때와 비슷한 점이 있었다. 6월항쟁의 의미를 충분히 평가하지 않은 채 대규모 시위가 격화되어 자신들이 원하지 않는 사태가 올 것을 두려워했다.

둘째, 왜 6·29선언이 나왔는가를 살펴봐야 한다. 6·29선언은 명백히 6월항쟁에 굴복해서 나온 것이다. 야당 당수들과의 영수회담이 끝난 6월 24일 저녁, 전두환과 노태우가 직선제로 갈 것을 합의한 것도 이제는 어쩔 수 없다고 생각했기 때문이다. 또 합의를 봤으면 바로 발표했어야 했다. 그러면 6·26 대행진을 혼란에 빠트리고 야당·운동권을 분열시키고 6월항쟁의 의의를 반감시킬 수 있었다. 그렇지만 그렇게 하지 않고 6·26 대행진을 진압할 수도 있지 않을까 하는 미련이 남아 전두환이 직접 치안본부장에게 강경진압을 지시했던 것이다. 결국 6·26 대행진이 전국 38개 시·군에서 사상 최대 규모로 동시다발 시위의 형태로 벌어지자, 노태우는 6월 27일 오후 5시 15분경부터 다섯 시간 이상 힘들여 6·29선언 문안을 작성했다.

6·29선언이 나온 데는 군이 나올 수 없었던 점도 작용했다. 민정당 대통령 후보로 지명받은 노태우 측은 군이 나오지 않도록 노력했다. 판이 전면적으로 뒤집힐 수 있어서였다. 군도 이를 원치 않았다. 거기에는 광주의 경험이 큰 몫을 했다. 전두환도 두려워했다. 자신이 12·12 쿠데타에서 정승화 육군참모총장을 체포했는데, 6월항쟁의 전개 양상을 볼 때 군인들이 자신처럼 하극상을 저지르지 말라는 법은 없었다. 계엄을 선포하려면 총리 이하 국무위원의

노태우의 6·29선언 보도
"민정당의 노태우 대표위원은 28일 대통령중심제 직선제 개헌을 수용하고 김대중 씨 사면복권과 모든 시국 관련 사범의 석방 등 시국 수습을 위한 8개 항을 자신의 「특별선언」으로 (…) 밝혔다." 『동아일보』 1987. 6. 29.

연서가 있어야 하는데, 이한기 총리나 고건 내무부장관이 응하지 않을 수도 있었다. 주한미대사 릴리는 6월 17일부터 레이건 미 대통령 친서를 가지고 만나려 했으나, 6월 19일 오후 2시에야 전두환에게 친서를 전달하면서 자신은 계엄에 반대한다는 의견을 밝혔다. 이날 오전 전두환은 군 지휘관들에게 즉각 출동할 준비를 하라고 지시했으나 계엄을 선포할 의사는 없었다. 그것은 그날 오후 2시에 노태우 등이 참석한 긴급 당정회의에서 정치적 대응을 해본 후 비상조치를 해야 한다는 의견이 나온 것을 보더라도 짐작할 수 있다. 그러나 미국 측이 뒷북치듯 늦게서야 군의 출동을 반대한 것은 그것대로 의미가 있었다.

6·29선언이 나온 데는 또 하나의 이유가 있다. 전두환과 노태우는 김영삼·김대중이 반드시 둘 다 대통령 후보로 나설 것이고, 그러면 노태우가 승산이 있다고 본 것이다. 전두환은 일부 측근이 직선제를 하자고 할 때 양 김이 다 나올 터이고 그러면 승산이 있다는 얘기를 들었다. 6월 24일 전두환은 김영삼

과의 회동 후 국민당 총재 이만섭과 화기애애한 회담을 가졌다. 전두환이 흡족했던 것은 이만섭이 "동교동, 상도동 머리 처박고 싸우게" 하면 승산이 있다는 것을 오랜 경험을 바탕으로 얘기했기 때문이었다. 그날 저녁 전두환과 노태우가 만났을 때 두 사람은 "직선제를 한다, 김대중 씨를 사면 복권한다" 이 두 가지만 합의 보았다고 딱 부러지게 말했다. 그날 자정 5분 전에 마포경찰서 서장이 김대중 자택을 찾아와 자정을 기해 연금이 해제된다고 통보했다. 전두환은 6·29 전날인 6월 28일 오후에 공보비서 김성익에게 "김대중을 풀어주면 김영삼과 부딪치게 돼"라고 말했다. 또 6·29의 전말을 김성익에게 얘기할 때도 "직선제를 받아들이는 것은 곧 김대중을 풀어 출마하도록 하는 것을 의미한다. (…) 야당 사람들과 만나서 깊이 있는 얘기를 들어보면 양 김씨는 서로 안 믿는다고 했다. 철천지원수라는 거였다"라고 털어놓았다.

셋째, 6·29선언 직후 김영삼·김대중이 보인 태도다. 6·29선언에 대해 김영삼은 "국민의 뜻을 받아들인 중요한 결심을 했다고 봅니다"라고 말했다. 김대중은 회포가 남달랐다. "이제 이 나라의 정치가 새로운 장을 실현해 나갈 조짐을 보게 됩니다"라고 말하고, "민주화가 될 수 있도록 국민과 협력하는 것이 나의 소원이지 대통령에 대해서는 관심이 없습니다"라고 피력했다.

7월 1일 양 김은 공개 회견을 갖고 "두 사람의 단합을 염원하는 국민의 뜻을 우리는 결코 어기지 않을 것"이라고 강조했다. 김영삼은 네 가지 사항을 분명히 지키겠다고 말했다. ① 양 김은 단합하며, ② 양 김은 민주화될 때까지 협력하며, ③ 양 김은 표 대결로 싸우지 않겠으며, ④ 양 김은 1980년과 같은 우매한 짓을 하지 않겠다. 이 중에서 4항이 각별히 중요하다고 생각한다. 7월 4일 외교구락부에서 두 사람이 회동했을 때 김대중은 "우리 두 사람은 어떤 문제도 합의를 못 볼 것이 없다"고 말했다. 입당 문제에 대해 김영삼이 김대중을 상임고문으로 추대하겠다고 말하자, 김대중은 "입당하는 것은 당연하지"

라고 화답했다.

(2) 김대중 김영삼 후보단일화 과정

이제 김대중이 사면 복권된 7월 9일 이후 야권의 단일후보 문제가 어떠한 변화를 보이는가를 살펴보자. 이 부분에 관해 소중한 자료가 김대중의 『김대중 자서전』(1권, 삼인, 2010)과 김영삼의 『김영삼 회고록』(3권, 백산서당, 2000)이다. 그런데 『김대중 자서전』 1권에 서술된 후보단일화 과정은 불과 7쪽에 불과하지만, 『김영삼 회고록』 3권에서는 그 부분을 40쪽 이상이나 서술했다. 김영삼이 후보단일화 문제에 대해 할 말이 많았기 때문일 것이다.

사면 복권으로 정치활동이 가능해진 김대중은 7월 11일 김영삼과 또다시 외교구락부에서 만났고, 두 사람은 7월 중 민주당 입당에 합

양 김씨 단일화 의지 표명
「두 김씨 표대결 않겠다」,
『동아일보』 1987. 7. 1.

의했다.[04] 그런데 이날 김대중이 한 잡지와의 인터뷰에서 "작년의 불출마 선언은 전두환 정권이 자발적으로 개헌하면 불출마한다는 의미였지, 이번 경우처럼 국민 압력에 의해 이루어진 것과는 상관이 없다"고 말했다. 7월 13일 김영삼이 기자회견 할 때 다음과 같은 일문일답이 있었다.

김 의장(김대중 민추협 공동의장)의 불출마 선언은 유효하다고 보는가?

---

04 『김영삼 회고록』, 81쪽.

- 그 얘기는 나에게 묻지 말라.

김 의장이 지방에 갔다 오면 출마 의사를 밝힐 것으로 예상되는데, 김 총재의 의중은?

- 이 문제가 온 국민의 초점이다. 김 의장과 후보단일화는 자신 있다.

이날 국내 언론은 양 김이 모두 출마하면 패배할 가능성이 있다는 외신 보도를 게재했다. 『워싱턴포스트』는 "어느 한 사람이 물러서지 않는 한 야당 표가 분열돼 노태우 대표에게 대통령직이 돌아갈 가능성이 있다는 점에 대해서도 (양 김은) 알고 있다"고 썼다. 『뉴욕타임스』는 "김대중 씨가 출마할 경우 두 가지 사태가 예상될 수 있다. 하나는 군부 개입 가능성이며, 다른 하나는 김영삼 총재도 함께 출마하여 야당 표가 분열되고 결국은 노 대표가 당선될지도 모르는 가능성"이라고 주장했다. 군부 개입 가능성이 먼저 언급된 것이 시선을 끈다.

7월 17일 김대중은 "1986년 11월 5일에 했던 대선 불출마 선언은 4·13 호헌 조치로 백지화됐다"고 밝혔다. 여론은 이 선언에 호의적이지 않았다. 『김대중 자서전』에는 이렇게 쓰여 있다. "언론들은 원천무효가 되어버린 불출마 선언을 계속 '살아 있는 약속'으로 왜곡 보도했다. (···) 당시 언론은, 내가 나를 채찍질하며 소중하게 지켜온 '행동하는 양심'에 비수를 꽂았다"(525쪽).

8월 8일 김대중은 통일민주당 상임고문으로 입당했다. 8월 24일 김영삼은 모 일간지 회견에서 '김영삼은 빨리 후보 조정을 하자고 하고 김대중은 급할 게 없다는 것 같은데 의견이 어떠냐'는 기자의 질문에 '빨리 되어야 한다'고 답변했다. 8월 27일 민주당 내 동교동계는 김대중의 후보 추대를 공식화했다.

9월 들어 여야의 직선제 개헌 협상이 완전 타결되고 12월 중순 이전 대선 실시에도 합의를 보았다. 이제 후보단일화가 초미의 중대사가 되었다. 9월 8

光州인파 延50萬

金大中고문 오늘 木浦방문

김대중 호남 방문 "김대중 민주당 고문은 전남 지역 방문 이틀째인 9일 오전, 광주를 출발해서 71년 대통령 선거 이후 16년 만에 목포에 도착, 시민들의 뜨거운 환영을 받았다." 「광주 인파 연 50만―김대중 고문 오늘 목포 방문」, 『동아일보』 1987. 9. 9.

일 김대중은 16년 만에 광주 땅을 밟았다. 환영인파가 인산인해였다. 그 뒤 목포, 대전, 인천, 청주 등 여러 지역을 방문했다. 9월 12일 상도동계의 민족문제연구소는 김영삼을 대통령 후보로 추대하겠다고 발표했다. 9월 14일 양 김 회동에서 김대중은 '단일화만 되면 되지 빨리 하는 것은 바람직하지 않다'고 기자들에게 답변했다. 그와 함께 분당설은 무책임한 얘기라고 비판했다. 일본 『아사히신문』은 9월 21일 조간에 양 김 인터뷰 기사를 싣고 "두 김씨 모두 자신이 국민의 지지를 절대적으로 받고 있다고 생각, 전혀 입후보를 사양할 기미가 없다"고 썼다.

9월 21일 양 김 회동에 이어 9월 29일 외교구락부에서 두 사람은 다시 만났다. 『김대중 자서전』에 따르면 후보단일화를 위한 마지막 담판이었다. 이 자리에서 김대중은 "나는 상상을 초월한 국민적 지지와 출마 요구를 확인한 이상 국민 여망을 거절하기 어렵다고 생각하니 김 총재가 이번에는 양보를 했으면 좋겠다고 간곡하게 설득했다. 그러자 김 총재는 다시 비토 그룹 얘기를 꺼냈다"(529쪽).

비토 그룹이란 다름 아닌 군부였다. 워싱턴포스트 도쿄 특파원 오버도퍼(Don Oberdorfer)는 『두 개의 한국』(길산, 2002)에서 이렇게 썼다. "필자가 김대중의 자택을 찾아가기 며칠 전 박희도 육군참모총장은 김대중의 대통령 출마에 반대한다는 군부의 의견을 공개적으로 선언했다. 따라서 김대중이 선거에서 승리한다 해도 군 지도부가 그를 대통령으로 용납할 것인가에 대한 우려감이 팽배했으며 군부에서 김대중 암살을 기도할지도 모른다고 생각하는 사람들도 적지 않았다."

9월에 동교동계 민주당 부총재인 이중재, 양순직, 그리고 유제연 의원 등은 일단 김대중이 먼저 양보하는 것이 좋겠다는 공감대를 형성하고 동교동 지하벙커에 갔다. 양순직은 군부는 아직도 오해와 편견을 가지고 있고, 노태우, 양 김, 김종필 등 4인이 나오면 반드시 노태우가 이기게 되어 있다고 주장하면서 "각서를 통해 분명한 약속을 하고 YS가 먼저 디딤돌 역을 하게 해줍시다"라고 말했으나, 김대중과 가신들은 그 말을 귀담아 듣지 않았다.[05]

10월 10일, 김영삼은 후보 출마를 선언했다. 10월 22일, 김영삼은 김대중을 만나 김대중에게 양보할 의사가 없다는 것을 재확인한 후 전당대회에서의 경선을 제의했다. 시간을 달라고 한 김대중은 며칠 후 탈당을 통고했다. 김대

---

05 양순직, 『대의는 권력을 이긴다』, 에디터, 2002, 296~302쪽.

중은 10월 30일 신당 창당과 선거 출마를 공식 선언했다.[06] 신당준비위원회에서는 11월 12일 창당대회를 열어 김대중을 대통령 후보로 선출했다. 이중재·양순직·이용희·노승환·최영근·유제연·박영록 등이 부총재였고, 당명은 평화민주당이었다. 이미 10월 30일 김종필은 신민주공화당을 창당해 대통령 후보가 되었고, 11월 9일 통일민주당은 김영삼을 대통령 후보로 추대했다. 백기완은 11월 23일 무소속으로 대통령 후보 등록을 마쳤다.

(3) 민통련의 '비판적 지지'에 대한 논의

6·29가 있은 지 석 달이 되고, 후보단일화 문제가 막바지에 오른 9월 28일 민통련은 「범국민 대통령 후보 추천을 위한 민통련의 입장」을 내놓았다. 이 글에서 민통련은 반군사독재 민주세력의 후보 선정에서 방관적 태도는 잘못이라며 범국민적 후보를 내야 한다고 주장했는데, 그 '범국민적 후보'를 결정하는 것은 '범국민'이 아니라 민통련이었다.

10월 5일 민통련은 양 김 초청 간담회를 열어 정치 등 11개 항목에 대해 질의했다. 이를 바탕으로 10월 12일 중앙위원회에서 24개 가맹단체 표결을 진행했는데, 김종철은 비판적 지지 17표, 기권 7표 정도로 기억했다. 10월 13일 민통련은 "범국민적 후보로 김대중 고문을 추천한다"고 발표했다. 군사독재 종식의 결의, 민생 문제, 통일 정책, 광주항쟁 계승 등에서 김영삼보다 김대중이 상대적으로 적극적이기 때문이라고 설명했다. 그래서 민통련의 김대중

---

06 10월 28일 김대중 통일민주당 고문이 대통령 출마와 신당 창당을 선언하고 10월 30일 창당 발기인대회를 열어 김대중을 준비위원장으로 모신 것으로 보도되었고(국사편찬위원회 편, 『대한민국사 연표』 2, 2008, 909쪽), 『김영삼 회고록』 3에도 그렇게 쓰여 있다(116쪽). 그러나 『김대중 자서전』 1에는 10월 30일 신당 창당과 대통령 선거 출마를 공식 선언했다고 쓰여 있고(530쪽), 『이희호 자서전─동행』(웅진지식하우스, 2008)에도 10월 30일 김대중이 출마와 함께 신당 창당을 발표했다고 쓰여 있다(283쪽).

지지는 '비판적 지지'로 명명되었고, 민통련은 '비지 그룹'으로 불렸다.

11월 17일 민통련은 '군부독재 타도 공동투쟁위원회를 결성하고 범국민 후보를 적극 지원하자!'고 호소했고, 11월 24일에는 「백기완 선생의 대통령 출마에 관한 민통련의 입장」을 발표해 백기완 독자 후보를 비판했다. 선거 직전인 12월 11일에는 민통련 가맹단체와 노동운동단체, 기타 민주화운동단체의 이름을 열거하여 '범국민적 단일후보는 김대중 선생으로 결정되었다'는 부제가 붙은 공동성명서를 발표해 단일후보론, 독자후보론을 비난하고 "유세 열기나 권위 있는 주요 여론조사 결과에 따르면 김대중 후보의 압도적 우세가 판명되고 있음을 분명히 밝혀두고자 한다"고 주장했다. 이제 민통련의 비판적 지지에 대해 검토해보자.

첫째, 민통련은 기본 과제 또는 우선적 과제나 필수적 과제를 부차적 과제 또는 2차적 과제와 혼동했다. 민통련은 1985년 11월 20일 발표한 「민주헌법쟁취위원회선언」에서 독재권력과 단호한 투쟁을 통해 장기집권 야욕을 분쇄해야 한다고 밝혔거니와, 이러한 민통련의 자세는 6월항쟁에 이르기까지 초지일관했다. 그 점은 6월항쟁에 참여한 학생·시민들도 똑같았다. 민통련이나 학생·시민이 직선제 쟁취를 외친 것도 같은 목적에서였다. 그렇다면 민통련은 양 김 중 누가 상대적으로 진보적인가를 가지고 대통령 선거에 임해서는 안 되었다. 한 학생단체가 주장한 대로 특정의 판단이나 이해관계, 지역감정으로 누구를 대통령 후보로 지지하느냐가 중요한 것이 아니라, 무엇이 보다 중차대한 민주화, 자주화, 조국의 평화적 통일이라는 온 국민의 갈망을 실현시킬 수 있는 지름길인가에서 출발해야 했다. 대통령 선거에서 모든 것을 군부독재 타도에 두고 그 길을 모색했어야 했던 것이다.

둘째, 민통련 자료 중 「대통령 선거 투쟁 시기의 민통련(87.6.~88.2)」에는 6·29선언이 "미국과 군사독재의 선심이 아니라 전 민중의 가열찬 투쟁에 의해 쟁취된 것이며, 여전히 신보수 대연합을 통한 장기집권 음모가 도사리고 있음을 부인할 수 없다"라고 쓰여 있다. 6·29가 신군부의 장기집권 음모이며, 그것이 미국의 의도라는 주장은 민통련의 여러 문서에 나온다. 민통련은 이 점을 유의하고 있었다. 앞에서 살펴본 대로 6·29가 나온 것은 전두환과 노태우가 양 김의 단일화가 불가능하다고 판단한 것이 주요 요인 중 하나였다. 다시 말해서 전두환·노태우는 양 김이 모두 다 나올 것을 예상하고, 그렇지 않으면 나오도록 해서 장기집권 음모를 획책한 것이다. 그것을 깰 수 있는 지름길이자 유일한 방법이 바로 후보단일화였다. 양 김이 대통령 후보로 나오는 것을 기정사실로 받아들이고 민통련이 김대중 후보를 지지했다면, 이는 결과적으로 장기집권 음모를 획책한 전두환·노태우 등의 신군부 의도에 부합될 수 있었다.

셋째, 김대중이 김영삼보다 상대적으로 낫다는 주장도 일반 사람들이 납득하기 어려웠다. 통일 문제에 대해서는 분명히 김대중이 진보적이었지만, 예컨대 민통련이 수많은 성명서에서 주장한 '완전한 노동권의 확보'는 두 사람에게 기댈 수 없었다. 하물며 유권자들은 통일 문제에 김대중이 진보적이라는 사실 자체를 잘 모르고 있었다. 뿐만 아니라 장기간에 걸친 군부독재 아래서 극단적인 반공·반북 이데올로기를 주입받았기 때문에, 통일 문제에 진보적이라는 사실이 과연 유권자에게 어떻게 어필했을지, 오히려 역효과를 가져오지는 않았을지도 더 검토해야 할 과제다. 한 가지 덧붙일 것은 '비판적 지지'에서 김영삼이 민주화운동에서 한 역할은 감안하지 않았다는 점이다. 1979년 6월 이후 김영삼은 박정희 유신권력에 정면으로 도전해 한 치의 양보도 없이 투쟁했고, 그것은 10·26이 오게 하는 데 일정하게 기여했다. 또 전두환·신군부체제에서 야당은 무력하기 짝이 없었는데, 1983년 5·18 3주년에 시작된 김영삼의 단식이 야당·재야인사의 투지력을 일깨웠고, 그러면서 1985

년 2·12 총선에서 신당 바람이 일어난 것은 주지의 사실인데, 이러한 점들이 충분히 고려되지 않았다.

김대중·김영삼에 대한 평가에서 6월항쟁에 누가 더 큰 기여를 했는가가 하나의 잣대가 될 수는 있었다. 그러나 여기에도 타당한 기준은 없었다. 6월항쟁에서 양 김은 긍정적 부정적 역할을 모두 했다. 6·26 국민평화대행진 계획과 관련해서도 양 김은 계속 신중론을 폈다. 6월 19일 밤 꼰벤뚜알프란치스코 수도원 회의에서도 그랬지만, 동교동 측이 더 신중함을 보였다.

대선과 관련해서 양 김을 평가할 수 있는 좋은 자료가 1980년이다. 1980년 '서울의 봄'에서 양 김은 전혀 단합된 모습을 보이지 않았다. 김영삼이 현충사를 방문한다고 하면 같은 날 동교동 측 의원들은 김대중과 함께 윤봉길 생가를 방문하는 식으로 어깃장을 놓았다. 사실 양 김은 6·29 직후 7월 1일 민추협 모임에서 "80년에 우매한 짓을 했다"고 반성했지만, 그 정도가 아니라 '민주주의의 죄인'이라는 말을 들을 정도였다. 12·12 쿠데타로 전두환이 군권을 장악해 이제 대권으로 행보를 옮기고 있는데, 양 김은 대통령이 될 꿈을 꾸고 있었으니 말이다. 아무리 정치 9단이라 하더라도 아주 조금이라도 대통령이 될 가능성이 보이면 '서울의 봄'에서처럼 사리분별력이 약해졌다.

1987년 정국에서 양 김이 문제가 많았다는 것을 두 가지만 지적하자. 양 김 측과 민정당은 상의해서 헌법과 노동관계법을 개정했는데, 제3자 개입 금지, 복수노조 금지, 노조 정치활동 금지 조항은 여전히 살아 있었다. 양 김이 자신의 집권을 대비해서 동의해준 것이다. 5년 단임제도 양 김 측이 패배에 대비해서 자신들의 안을 접고 민정당 주장에 합의해준 것으로 볼 수 있다. 민통련은 『민주통일』 6호에 실린 「선거 투쟁 평가서」에서 김대중의 상대적 진보성은 맞지만, 10월 12일의 시점에서는 그것이 대중적으로 확인되지 못해 김영삼을 지지하는 대중들이 납득하지 못했다는, 이해하기 어려운 논리를 제시했다.

1987년 대선에서는 김영삼에게 상대적으로 평가해줄 만한 부분이 있었다. 6월항쟁을 계승하는 데 가장 중요한 과업은 신군부를 제거하는 작업이었다. 그런데 1980년대 후반부터 1990년대에 얘기되던 것이지만, 김대중은 여러 이유로 군부를 꺾기 어려울 것이라는 평가를 받았다. 대법원에서 장기형이 확정된 전두환·노태우를 김영삼이 대통령 임기 말년에 풀어준 것도, 차기 대통령으로 당선된 김대중 측의 요청이 작용한 것으로 알려졌다. 김영삼은 뚝심이 강해서 군부를 정리하는 데 상대적으로 나은 면이 있었다. 그래서 김영삼을 먼저 대통령으로 밀어 군부개혁 등 개혁을 추진하고 그 뒤를 이어 김대중이 대통령이 되면 달라진 상황에서 통일 정책 등을 펼 수 있었다는 점도 고려할 필요가 있다. 덧붙인다면 진보성과 관련해 민주화운동세력이 김대중·김영삼에게 할 수 있는, 그리고 반드시 해야 할 일은 두 지도자에게 경쟁적으로 진보성을 유도하는 작업이었다.

한 가지 더 눈여겨볼 대목이 있다. 앞에서 언급한 『김대중 자서전』 1권에 보면, 1980년 4월 7일 김대중이 신민당 입당을 포기하는 성명을 발표했을 때 박형규·문익환·계훈제·김승훈·함세웅 등이 지지 입장을 밝혔다고 한다. 이들 중 상당수는 '비판적 지지'를 했다. 그런데 1987년 대선과 관련해서 성유보·김종철, 감옥에 있던 이부영·장기표 등은 '비판적 지지'에 신중을 기했다. 장기표를 제외하면 이들은 모두 언론인 출신이었다. 언론인의 현실감각이 이러한 신중함을 갖게 하지 않았을까.

비판적 지지 일각에서는 김대중이 승리할 수 있었다고 주장한다. 그러나 전두환·노태우·신군부 누구도 그렇게 판단하지 않았고, 대다수 유권자들도 그렇게 생각하지 않았다. 여의도와 보라매공원 유세장에 모인 인파를 보고 김대중이 승리할 것으로 생각했다는 주장도 있다. 하지만 노태우, 김영삼도 마찬가지였듯이, 유세장을 포함해 엄청난 인파가 운집한 곳에는 늘 '동원된 군중'이 많았다. 지방에서 올라온 엄청난 버스 대열이 그것을 말해준다. 이는 지역 경쟁·싸움으로 비칠 수 있었다. 김대중 유세장이 열광적이기는 했으나 그것은 승산과 별 상관이 없었다.

(4) 민통련과 후보단일화 작업

양 김이 워낙 대통령에 대한 미련이 컸기 때문에 후보단일화가 이루어지기는 아주 어려웠다. 그렇다고 하더라도 6월항쟁을 계승하여 민주주의를 한층 진전시키기 위해서는, 또 12·12, 5·17 쿠데타의 주역이자 광주학살에 책임이 있는 노태우의 당선을 방지하기 위해서는 후보단일화의 길밖에 없었다. 진지하게 성의껏 후보단일화를 하는 것은 민주주의를 바라는 시민들의 염원에 부응하는 일이기도 했다. 물론 후보단일화에 진보세력의 역할이 제한적이기는 하지만, 민통련은 도덕성이라는 큰 무기가 있었고 양 김 중 어느 편도 들지 않고 불편부당하게 노력한다는 것이 입증되면 단일화를 추동할 수 있는 힘은 그만큼 커지고 민주화운동권에 대한 국민의 신뢰도 높아졌을 것이다.

이희호는 후보단일화 문제에 대해 고민을 많이 했다. 자서전 『동행』에는 이런 말도 썼다. "참 괴롭고 힘든 시간이었다. 내가 역사의 죄인이 되는 것 같은 고통이었다"(284쪽). 이 책에는 단일화 방법과 관련해 아주 중요한 말이 나온다. "투표 이틀 전 후보단일화 결단을 내릴 수 있는 마지막 기회가 있었지만 '4자필승론', '승리는 필연'이라고 끝까지 주장한 사람들이 있었다"(286쪽).

후보단일화를 초반전에 하기는 무척 힘들었다. 그러나 종반전에는 가능할 수 있었다. 종반전에는 판세나 여론조사 같은 것을 통해 양 김이 다 버티고 사퇴하지 않으면 노태우가 당선될 가능성이 아주 높다는 것을 초반전보다 훨씬 인지하기 쉬웠다. 또 전두환이나 신군부는 초반전에 후보단일화가 이루어지면 엄청난 사달을 일으켜 선거판을 뒤집어엎을 수 있었다. 군부의 협박은 단순한 공갈만은 아니었다. 그러나 선거를 불과 며칠 앞두고는 그런 짓을 하기가 어려웠을 것이다. 그렇기 때문에 민통련 등 민주화운동세력이 양 김에게 각서 같은 것을 받고 두 사람 중 한 명이 후보를 사퇴해야 한다고 적극적으로 나섰다면, 이희호 같은 분도 있었기 때문에 실현성이 아예 없었던 것은 아니었다.

실제로 종반전에 단일화가 이루어질 기회도 있었다. 투표를 일주일 앞둔 12월 9일, 백기완 후보 측과 민통련 본부와는 달리 단일화 운동을 벌였던 서울 민통련 등 재야, 학생단체로 구성된 단일화 쟁취 국민협의회에서 양 김과 백기완, 재야 대표가 참석하는 4자 회담을 제의했다. 김영삼은 즉각 응했다. 12월 10일 김영삼과 백기완이 회동하여 김대중과 재야 13개 단체 대표가 참여해 민주연립정부 구성을 위한 4자 비상정치회담을 갖자는 데 합의했다. 이때 민통련 등 재야 중심 세력이 강력하게 나왔더라면 역사의 대전환이 일어날 수 있었다. 그러나 김대중에게 강력하게 권고할 수 있는 재야세력이 어디에도 없었다. 단일화 기회는 더 있었다. 1960년대에 공화당의 주류였던 김종필의 핵심 측근이었던 양순직에 따르면, 김종필이 투표일이 임박했을 때 극비리에 양 김에게 회동을 제의했다. 김종필은 5·17 쿠데타 때 체포되어 재산도 빼앗기고 수모를 당해 신군부에 대해 거부감이 강했다. 그러나 양 김의 거부로 김종필의 제의는 무산되고 말았다.[07]

후보단일화는 지역주의를 막기 위해서도 절대적으로 요구되었다. 11월 14일 김영삼은 광주에서 유세를 가졌지만 군중들의 소란으로 중단되었다. 다

---

07 양순직, 앞의 책, 2002, 304~305쪽.

음 날에는 김대중이 대구에서 유세를 가졌는데, 김영삼 지지를 외치는 청년들의 폭력으로 방해를 받았다. 박정희가 권력을 유지하기 위해 키운 지역주의가 전두환·신군부 정권에 의해 강화되었지만 독재정권 아래에서 음성적으로만 존재했었는데, 1987년 대선에서는 모측의 공작까지 작용해 양성화해서 폭발하는 듯한 양상을 보여주었다.

민통련의 창립에서 6월항쟁까지의 활동을 볼 때, 또 동교동 측 중진들도 대세를 알고 후보단일화에 적극적이었는데, 민통련처럼 중요한 민주화운동 단체가 대통령 후보단일화에 소극적이었다는 것은 참으로 불가사의하고 이해하기 어려운 수수께끼이다. 결과적으로, 민통련은 때로는 후보단일화 작업의 방해물이나 장벽 같은 작용을 한 것은 아닌가 하는 의아심이 들 때도 있었다.

(5) 4자필승론과 지역주의

재야세력이 동교동 측의 4자필승론을 비판하지 않은 것은 문제가 있었다. 4자필승론은 기본적으로 지역주의에 기반을 둔 논리였기 때문이다. 양순직·이중재·유제연 등이 김대중에게 4명이 나오면 반드시 노태우가 이기게 되어 있으니 이번에는 김영삼에게 양보하는 것이 좋겠다고 건의했을 때, 김대중은 이렇게 말했다고 한다. "노태우가 이긴다고 말씀하는데 오히려 4파전이 되어야 내가 이길 수가 있다고 봅니다. 우선 영남은 표가 갈릴 것이고 충청은 JP가 표를 많이 가져갈 겁니다. 내가 호남과 서울에서 압승만 거두면 승리가 가능합니다."[08]

김대중 말대로라면 4인은 각자 자기 지역에서 최대의 표를 가져가기 위

---

08   위의 책, 301쪽.

해 지역주의를 부추길 것이다. 사실 이 선거 이후 충청도에서 지역주의가 기승을 부렸고, 강원도에서도 매사를 지역 중심으로 생각하는 지역 이기주의가 나타났다. 또 4자가 나왔기 때문에 전두환 정권이 지역주의를 선동하고 부채질하는 등 지역주의에 바탕을 둔 폭력 사태나 각종 음모를 꾸미기 쉬웠다. 심지어 조선일보는 폭력 사태 책임이 단일화를 하지 못한 양 김에게 있다는 식의 논리를 펼쳤고, TV도 양 김과 연결시켜 노태우에게 유리하게 지역감정을 부추겼다.

4자필승론의 가장 무서운 함정은 후보단일화 문제와 관련이 있었다. 이 논리의 가장 큰 전제는 '경상도와 서울 지역의 영남표를 분산시켜야 호남 쪽이 당선될 수 있다'는 것이다. 그렇게 되려면 김영삼이 후보로 나와야 하는 것이다. 단일화가 되지 말아야 호남 쪽이 희망을 가질 수 있다는 논리에는 어떤 수단과 방법을 써서라도 당선이 되어야 한다는 함정이 도사리고 있었다. 4자필승론에 대해 양순직은 "한마디로 아집과 망상에 빠진 논리였다. 그들은 권력의 과정보다 권력의 결과에 눈먼 나머지 현실을 철저히 자의적으로 해석하고 있었던 것이다"라고 말했다(302쪽). 직설적인 표현이지만 귀담아들을 부분이 있다고 생각한다.

4자필승론에는 1971년 대선의 경험이 영향을 주었다. 그러나 1971년 이후 산업화로 인한 계층 변화나 의식 변화, 유신체제와 신군부 체제로 인한 영남인들의 반(反)김대중 정서의 경직성은 충분히 감안하지 않았다. 이러한 경직성은 그 뒤의 대선에서도 드러났다. 서울의 경우 1971년 김대중은(1963년 윤보선의 득표율에는 많이 미치지 못했지만) 119만여 표 대 80만여 표로 박정희를 크게 눌렀다. 그러나 1987년 대선에서는 김대중 183만여 표, 노태우 168만여 표, 김영삼 163만여 표로 세 사람 사이에 별 차이가 없었다. 부산에서 1971년에 김대중은(1963년 윤보선의 득표율에는 미치지 못하지만) 30만여 표 대 38만여 표로 박정희와 큰 차이가 없었다. 그러나 1987년에는 김영삼 111만여 표, 노태우 64만여 표에 비해 김대중은 18만여 표밖에 얻지 못했다.

김영삼이 왜 이번에는 자신이 후보로 나가고 다음에 김대중이 하는 것이 순리라고 주장했는지도 검토해보자.

먼저 비토세력 문제다. 비토세력이 무서워 대통령 후보에 나서지 않는다는 것은 있을 수 없는 일이라는 주장도 맞다. 그런데 전두환·신군부가 정권을 빼앗기는 것은 결코 용납하려 하지 않았다는 점도 당시 정황상 인정된다. 그 경우 자신들이 사건을 조작해 사형시키려 했고, 박정희 유신체제 이래 특히 군부를 중심으로 김대중에 색깔을 칠하면서 나쁜 사람으로 선전해왔고, 신군부가 경상도 중심이어서 그 점도 작용해 김대중을 용납하지 않으려는 강도가 높았던 것 또한 인정하지 않을 수 없을 것 같다.

둘째는 지역감정 문제다. 이희호의 『동행』에는 김영삼 쪽에서 얘기했다는, 다음과 같은 주장이 나온다. "DJ가 양보하고 YS가 후보가 되면 전라도 사람들은 YS에게 투표하지만, 반대로 YS가 양보하여 DJ가 후보가 되면 경상도 사람들이 안 찍는다"(282쪽). 『김영삼 회고록』에도 이와 비슷한 주장이 두세 번 나온다. 이러한 김영삼의 주장에는 부분적으로 수긍할 수 있는 점이 있었다. 유신체제·신군부체제에서 김대중에 대해 계속 악선전을 했고, 15년 동안 김대중은 수난의 길을 걸으며 대중 활동을 못했기 때문에 특정 지역 주민이나 일부 층에서 김대중에 대한 편견이 있었다. 이런 점 때문에도 동교동 측이 후보단일화에 소극적이었던 것이 아니냐, 그래서 4자필승론에 희망을 걸었던 것이 아니냐는 생각을 갖게 한다.

4. 끝맺으며

12·16 대통령 선거의 결과는 다음과 같았다. 노태우 8,282,738표(36.6%), 김영삼 6,337,581표(28.0%), 김대중 6,113,375표(27.0%), 김종필 1,823,067표(8.1%). 12·16 선거는 6월항쟁 계승의 목줄이 걸려 있는 선거였는데도 노태우 당선이 확실시되었기 때문에 6월항쟁에 참여한 수많은 유권자가 양 김과 운동권에 배신감을 안고서, 또 분노와 허탈감을 가지며 투표장으로 향했다. 양 김을 지지하는 유권자가 노태우·신군부를 지지하는 유권자보다 압도적으로 많았음에도, 양 김이 단합하지 않아 유권자의 36.6%밖에 득표하지 못한 노태우가 당선되었다. 양 김이 1987년 후보와 1992년 후보를 적절히 합의보고 단합하여 선거에 임했더라면 민주주의 세력에 대한 기대가 작용해 부동표까지 상당수 쏠릴 수 있었을 것이다. 당시 보도를 보면 노태우 표에는 양 김이 단결하지 못한 데 대한 부동층의 실망감이 작용해 쏠린 표가 적지 않았다.

양 김 단일화가 되지 못함으로써 미친 영향은 대단히 컸다. 요지만 적자. 1987년 대선은 6월항쟁의 의의를 퇴색시키고 변질시켰다. 민주적 선거제도에 의해 노태우가 대통령이 된 것은 광주를 피로 물들이고 민주주의와 인권, 기본권을 철저히 유린해 단죄 받고 처단되어야 할 노태우·신군부 세력을 다시 살아나게 했다. 전두환 일가를 제외하고 신군부는 국가의 요직을 차지했다. 그들은 자신들의 행위를 합리화하는 짓을 서슴지 않았다. 노태우·신군부 집권으로 박정희 유신체제, 전두환·신군부 체제를 추종했던 자나 언론계를 제재하는 것은 불가능해졌다. 나아가 노태우·신군부가 6·29선언은 자신들이 민주주의로 가기 위해 내놓은 조치였다고 강변하고 부분적으로 개혁을 하면서 민주세력으로 자임하는 현상까지 나타나게 되었다. 그들은 민주화운동세력을 DJ파, YS파로 부르며 하나의 파당에 지나지 않는 것처럼 몰아세웠다. 해방 직후 친일파를 처단하지 못한 것이 친일파 세상을 불러오고 가치관이나 사회 기강이 허물어지고 혼탁해졌는데, 그러한 현상이 다시 나타나 가치관이 혼란해지고 민주주의와 현대사, 정치에 대한 허무주의가 다시금 팽배해졌다. 한국 사회를 이끌어갈 도덕적 정신적 지주가 약화되거나 불분명해졌고, 박정희 신드롬이 고개를 들고 전염병처럼 무섭게 퍼졌으며, 젊은이들은 투표장에 가려 하지 않았다. 그나마 전두환·노태우 등 광주학살 책임자들이 부분적으로 처단된 것은 김영삼 정부에 와서였다.

반면 양 김은 이미 12·16 대선 때부터 전두환·노태우·신군부를 비판하면 '단일화도 못한 자들이 비판은 무슨 비판이냐'는 소리를 들었다. 민주화운동 세력도 비슷하게 비난을 받았고, 노태우 정권 비판이건 수구냉전세력 비판이건 자신들과 성향이 비슷한 사람에게 설득력이 있었을 뿐 일반 사람들에게는 그다지 설득력 있게 다가가지 못했다. 양 김이든 민주화운동세력이든 대선 이후에는 단일화도 못해 정권을 빼앗기고 6월항쟁을 계승하지 못했다고 비난을 받았고, 그것들이 일종의 주홍글씨처럼 따라다녔다.

12·16 대선에서는 지역갈등이 극대화되어 남북 분열에 영호남 분열이 더해졌고, 지역 이기주의는 충청도와 강원도로까지 확대되었다. 원래 지역주의는 박정희 정권, 그중에서도 유신체제와 전두환·신군부가 장기적으로 독재 권력을 유지하기 위해 권력 분배나 경제 면에서 특정 지역에 편중된 정책을 쓰면서 나타났다. 그와 함께 극단적인 반공·냉전 의식과 결합된 이기주의가 사회 전체에 퍼져 시민의식 또는 공동체의식이 약화된 것이 기본 바탕을 제공했다. 수구적인 반공·냉전 이데올로기, 물신숭배적인 근대화 지상주의가 양식과 양심을 마비, 마멸시킨 것이다. 이러한 지역주의가 음성적으로 퍼져 나가다가 6월항쟁으로 쟁취해낸 직선제 대통령 선거에서 악의 꽃으로 활짝 폈다는 것은 비극이었다. 유권자들은 어느 후보가 더 지역주의를 유도하

◇1분만에 "통과" 8일 새벽 2시11분을 국회 경위들의 호위를 받으며 회의
안상정, 통과를 외치며 방망이를 서둘러 12번 두드리고 있다. 장에 들어온 張炯萬국회부의장이 단 1분만에 회의속개, 의
<사진=李炳稷기자>

소선거구제 국회 통과 「소선거구법 국회 통과—민정, 오늘 새벽 장 부의장 사회로 국
회경위 호위 속 1분 만에」,『조선일보』1988. 3. 8.

는지 판별할 수 없었다. 지역주의가 몰고 온 쓰나미 현상은 6월항쟁에서 보여
줬던 능동적이고 적극적인 민주시민의식을 일시에 삼켜버리고 주민들을 각
각의 지역 안에 가둬버렸다.

대선에서 악의 꽃을 활짝 피운 지역주의는 1988년 4·26 총선에서 지역주
의에 바탕을 둔 소선구제가 채택됨으로써 한층 더 구조화·제도화되었다. 대
선에서 양 김 같은 특정 지역에 바탕을 둔 후보는 1992년 대선으로 끝났지만,
총선은 4년마다 소선거구제로 치러지기 때문이었다. 1987년 대선이 어이없
게 끝나자 문익환 등 일부 재야인사와 양 김계의 정치인들은 통일민주당과
평화민주당의 통합을 강력히 촉구했다. 대통령 후보 문제처럼 단일화 문제

도 없었으므로 통합은 당연한 순리로 이해될 수 있었다.

그런데 총선에는 선거구제 문제가 있었다. 민정당은 사정이 복잡했다. 노태우는 소선거구제를 원했는데, 도시의 정치인들은 유신체제, 신군부 체제에서처럼 중선거구제를 원했다. 김영삼은 부산 경남 지역으로나, 서울 경기 지방으로나 중·대선거구제가 절실했다. 김대중은 서울과 경기도도 다당제에서는 소선거구제가 유리했기 때문에 소선거구제를 고집했다. 김종필은 김영삼과 사정이 비슷해 중·대선거구제를 선호했다. 6월항쟁 이전처럼 야당이 영호남 등 전국을 포괄하는 경우에는 유신 쿠데타 이전에 실시된 소선거구제도 나쁘지는 않았다. 야권 통합을 주장하며 일부 의원이 탈당했고, 평민당으로 분당하기 이전의 동교동계, 상도동계 민주당 부총재들도 야권 통합에 적극적으로 나섰으나, 김대중은 매우 소극적이었고 소선거구제를 강력히 고수했다. 결국 김영삼이 당론을 무시하고 통합을 위해 소선거구제를 받아들인다고 선언했지만, 김대중은 여전히 통합에 소극적이었다. 한때 민정당·통일민주당·평화민주당·신민주공화당 총무는 1선거구 1~3인제에 어렵게 합의했는데, 통일민주당과 평민당이 삐걱거리는 사이에 3월 8일 새벽 노태우는 당리당략으로 민정당 단독으로 소선거구제를 통과시켰다. 그리고 야당 통합은 무위로 끝났다. 이때부터 장기간에 걸쳐 각각의 지역에 지역당이 있어 유권자들이 그 당을 찍는 방식으로 지역주의가 구조화·제도화된 것이다.

총선 결과 민정당은 33.9%의 득표율로 지역구 87석에 전국구 포함 125석을, 평민당은 19.2%의 득표율로 지역구 54석 등 70석을, 통일민주당은 23.8%의 득표율로 지역구 46석에 총 59석을 차지했다. 통일민주당은 전국 각지에서 고른 득표를 보였는데도 3등이 되었다. 국회에서 제1야당과 제2야당은 큰 차이가 있었다. 김영삼은 대권에 대한 강한 욕구를 가지고 있었고, 김대중에 대해 한층 더 강한 반감을 갖게 되었다. 노태우 측은 대선 이후 더욱 강해진 충청도 지역주의에 의거해 상당수 의석을 확보한 김종필을 끌어들여 김영삼과 함께 민자당을 출범시켰다.

1992년에 대통령에 당선된 김영삼은 하나회 군인들을 제거하는 등 과감한 군부 개혁을 감행하고, 안전기획부 개혁, 공직자 재산등록 의무화, 전교조 교사 복직, 금융실명제 실시, 부동산 실명제 실시, 지방자치제 전면 실시를 추진했다. 또한 전두환·노태우 등 광주학살의 주범이자 12·12, 5·17 쿠데타의 주범들을 과감하게 법정에 세웠다. 그러나 김영삼이 물러난 뒤 과거의 통일민주당원들은 대다수가 영남당으로 흡수되고 말았다.

지방당 차원의 소선구제는 충청도 사람들까지 '뭉치게' 하여 완벽한 지역주의, 구조화되고 제도화된 지역주의를 만들어냈다. 부마항쟁으로 박정희 유신체제를 붕괴시키는 데 기여하고 6월항쟁에서 최대 인파를 집결시켰던 부산·경남 지역 주민들의 상당수는 오늘날까지 한반도 평화나 통일 문제, 민주주의에 냉담한 반응을 보이고 있다. 1950년대에 야당 도시로 유명했던 대구·경북에서 소수가 된 민주화운동세력은 장기간에 걸쳐 고립을 면치 못하는 상황이다.

1987년 대선에서 분열된 이후 민주화운동세력은 단결하지 못했고, 민주화운동세력의 도덕성이나 영향력은 훼손되었다. 민주화운동세력의 상당수는 더 이상 민주화·자주화·통일운동에 나서려 하지 않고, 뿔뿔이 흩어졌다. 수구냉전세력은 1990년대에 들어와 언론을 앞세워 박정희 키우기, 이승만 살리기에 공을 들였고, 2000년대에는 뉴라이트까지 등장해 친일파 살리기에 나섰다. 그런데 민주화운동세력은 참신한 사고나 진보적 정치 이념을 발전시키지 못하고, 20세기가 다 가도록 1980년대나 1990년대 초에 머물러 있는 경우가 적지 않았다.

민주화운동이 새롭게 등장한 것은 21세기 벽두에 한국사의 새 지평을 연

6·15 남북정상회담이 이루어진 얼마 후, 부분적으로 세대교체가 이루어지면서 나타난 촛불시위였다. 2002년 6월 두 여중생이 미군 장갑차에 깔려 죽자 촛불 항의 시위가 일어나 그해 12월에는 수만 인파의 촛불이 광화문과 시청 일대를 뒤덮었다. 박정희 신드롬이 기승을 부리던 2008년 대통령에 취임한 이명박은 광우병 파동을 불러일으켰던 바, 5월에 여중고생들이 시작한 촛불시위는 6월항쟁 21주년인 6월 10일에 절정을 이뤄 거대한 강물이 도도히 흐르듯 전국 주요 도시 한복판을 가득 메웠다. 놀란 이명박은 대운하 사업을 보류했다. 가장 큰 규모였고, 6월항쟁의 정신을 일정하게 계승한 촛불시위는 2016년 11월부터 일어나 박정희 유신체제에 대한 향수에 젖어 퇴행적인 정치를 추구하던 박근혜 대통령을 퇴진시켰다.

[덧붙이는 말]

민통련30주년기념행사준비위원회에서 기조발제를 요청할 때 민통련이 1987년 대선에서 한 활동에 비중을 두고 평가해줄 것을 부탁했다. 이제 30주년이 되었으니 그 부분을 냉정히 검토할 필요가 있다는 말도 덧붙였다. 이번에 원래의 발제문에 87년 대선 부분을 보충했고 88년 총선을 첨부했다.

※ 이 글은 2015년 민통련30주년기념행사준비위원회가 주최한 『다시! 함께! 민주와 통일을 향하여』에서 「기조발제 1. 한국 민주화운동사에서 민통련의 평가와 반성」이라는 제목으로 발표되었다. ※

부록

색인 _ 인명

색인 _ 사건, 자료 등